江山年鉴

JIANGSHAN ALMANAC

2022

中共江山市委　江山市人民政府　主办

江山市档案馆（市委史志研究室）　编

方志出版社
Publishing House of Local Records

江山市地方志编纂委员会

《江山年鉴》编辑部

编辑说明

一、《江山年鉴》旨在全面系统按年度记载江山市自然、政治、经济、文化、社会、生态建设等方面的基本情况，为各级党政机关和社会各界人士及中外投资者了解、研究、建设江山，提供丰富、翔实的资料。

二、《江山年鉴（2022）》的编纂，以马克思列宁主义、毛泽东思想、邓小平理论、“三个代表”重要思想、科学发展观、习近平新时代中国特色社会主义思想为指导，坚持辩证唯物主义和历史唯物主义的立场、观点和方法，严格遵循国务院《地方志工作条例》，全面客观记载2021年在中共江山市委、市人民政府的领导下，江山人民建设江山大花园、发展地方经济的新理念、新举措、新变化、新成就和新经验，着力体现时代特征、年度特点，为江山市经济和社会发展服务。

三、《江山年鉴（2022）》记事时间为2021年1月1日至12月31日，个别资料适当延伸。

四、《江山年鉴（2022）》以文字记述为主，辅以表格和图片，采用分类编辑法编纂。基本结构为类目、分目、条目3个层次。3种标题分别以不同的字号和字体表示。条目名以黑体字加【】引出，以便查阅。

五、《江山年鉴（2022）》以市机关各部门、乡镇（街道）和驻江山的单位为基本记述主体，以事物性质分类。同时，在卷首设特载、专辑、大事记和市情概览，卷末设文件选辑、文件选目和附录。

六、《江山年鉴（2022）》资料由全市各部门、乡镇（街道）和驻江山的省、市直属单位提供，稿件由各单位指定专人撰写，经编辑部编定，再经市委办、市府办审核后定稿。未署名的插图均由撰稿单位提供。

七、《江山年鉴（2022）》凡涉及江山市国民经济和社会发展全局性的数据，以市统计局编纂的《江山统计年鉴（2021）》为准，其他数据由各供稿单位提供。

▲ 城市风貌（2021年）

▲ 旱田坂村（2021年）

▲ 山水家园（2021年）

▲ 清湖码头（2021年）

领导调研

▲ 7月13日，省委书记袁家军（中）在江山市调研省委十四届九次全会精神贯彻落实情况

▲ 7月28日，省委副书记、省长郑栅洁（左二）在江山市调研共同富裕、产业发展、项目招引等工作

▲ 9月28日，生态环境部党组书记孙金龙（左三）在江山市石门镇清漾村调研美丽乡村建设和生态环境保护工作

▲ 3月4日，省委常委、秘书长、改革办主任陈金彪（中）在江山市调研数字化改革工作

▲ 8月25日，副省长王文序(左二）在江山市调研民政工作

▲ 6月4日，副省长卢山（右）在江山市调研信访工作、接待来访群众

▲ 11月26日，衢州市委书记汤飞帆（左三）在江山市调研基层党建、基层治理和共同富裕工作

▲ 9月22日，衢州市委副书记、市长高屹（中）在江山市调研工业强市工作推进情况

▲ 12月30日，中国共产党江山市第十五届委员会第一次全体会议召开，选举产生朱素芳、徐明峰、何日根、俞耀根、温胜浩、杨君、朱永平、程佳华、高峰、毛香水、毛晓荣为中国共产党江山市第十五届委员会常务委员会委员；选举朱素芳为市委书记，徐明峰、何日根为市委副书记

◀ 12月6日，市委书记朱素芳，市委副书记、代市长徐明峰为“中共江山市委社会建设委员会”揭牌

7月1日，江山市“两优一先”表彰大会暨“光荣在党50年”纪念章颁发仪式举行 ▶

◀ 12月28日，中国共产党江山市第十五次代表大会开幕

▲3月18日，全市党史学习教育动员会召开

◀ 6月30日，江山市开展庆祝中国共产党成立100周年“红色根脉・薪火相传”主题党日暨新党员集中宣誓活动

5月31日，市四套班子在大陈乡乌龙村开展沿着红色足迹学党史活动 ▶

▲9月17日，全市公务员考核工作推进会召开

▲8月20日，国防教育新生军训8090新时代理论宣讲活动举行

▲10月28日，“睦邻有礼”党建联盟各支部书记观摩市心社区党建品牌——“五社联动”工作

▲7月31日，“我心向党”全市职工大合唱比赛总决赛举行

工业发展

▲ 2月20日，全市干部大会暨“三个年”活动动员会召开

▲12月21日，“聚力三个年，奋进十四五”2021年项目谋划活动暨第七届项目谋划擂台赛举行，图为颁奖现场

▲ 9月30日，2021中国·江山数字消防产业发展大会暨第四次江山人发展大会召开

欧派公司智能生产车间

浙江科润智能控制股份有限公司智能生产车间

科力公司5G示范工厂

研一公司年产15000吨新型锂盐项目

江山永利百合智能机器人生产车间

▲ 浙江省江山木门产业创新服务综合体建成投用

乡村振兴

▲ 4月16日，江山市委农村工作会议暨全国农村宅基地制度改革试点工作动员会召开

▲11月19日“丰收中国·衢州有礼”——三衢农民颂党恩系列活动之“共富向未来”农民艺术节在江山市举行

▲ 4月，仙霞古道获省首批大花园耀眼明珠称号

▲ 长台镇健康公园

▲10月22日，举行“庆丰收·感党恩”——峡口镇第四届农民丰收节暨第十三届峡里风文化节

▲ 10月，华欣牧业湖羊生态示范园投入使用

▲ 高端民宿山田花舍

▲ 9月15日，全省冷链、冻干食品等现代农业技术主题科普暨江山市全国科普日启动仪式在江山市举行

十大名菜

碗窑水库大鱼头

江郎药膳冬白鹅

清漾毛氏红烧肉

保安黄精乌鸡煲

大桥特色煸泥鳅

廿八都镇风炉仔

峡口农家烙蛋饼

清湖码头炒地衣

石门神仙草豆腐

锦绣江山大团圆

文体事业

▲1月1日，“中国体育彩票”2021全国新年登高健身大会中心主会场活动在江山市举行

◀4月15日至25日，全国举重锦标赛暨第十四届全国运动会举重比赛预赛在江山市举行

攀岩比赛

泥地拔河比赛

▲10月18日，全国美丽乡村攀岩系列赛在新塘边镇毛村山头村举行

▲10月29日，浙江省农村文化礼堂运动会总决赛在凤林镇白沙村举行

▲10月23日，奥运冠军石智勇被聘为江山市城市品牌形象代言人

▲ 6月5日至6日，浙江省幼儿体育大会暨浙江省首届幼儿啦啦操表演在江山市举行

▲10月23日至25日，浙江省第四届体育大会风筝比赛在江郎山举行

▲浙江省微电影评选活动拍摄基地取景点——峡口镇文昌桥

▲ 6月20日至21日，“迎建党百年·享美好生活”浙江省群众（乡村）合唱大赛在江山市举行

▲ 9月30日，第三十六届“三山”艺术节“红色江山·三山共富”文艺晚会在江山市举行

▲ 4月22日，录制第七期电视问政《请江山人民阅卷》

▲ 8月2日，江山市治水主题公园入选全省首批“五水共治”实践窗口

▲ 9月，江山城南路口改造完成

▲ 11月22日，江山市纪念建县1400周年座谈会召开

▲ 3月15日，江山市创建全国文明城市动员会召开

▲ 5月，医保智慧服务大厅投入使用

▲ 9月，江山市双塔小学建成投用

▲ 1月14日，江山市综合客运枢纽启用

▲ 5月16日，江山市开展庆祝中国共产党成立100周年暨第31次全国助残日活动

新修建的梅泉书院

改造后的五星级江城菜市场

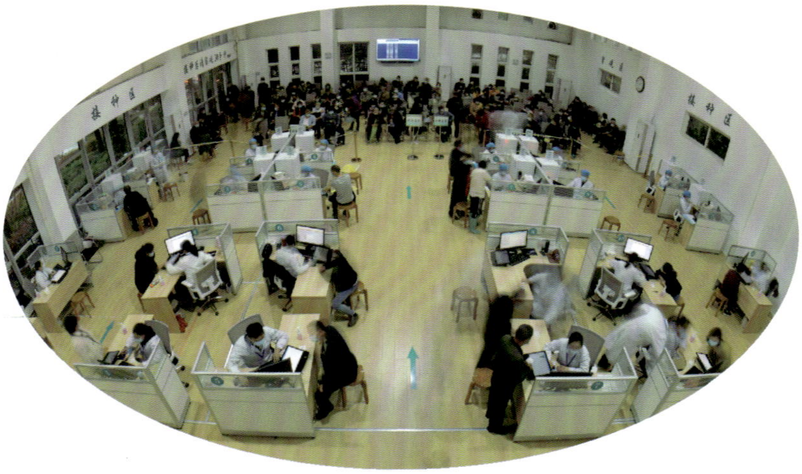

▲ 3月19日，位于周家青社区的衢州市首个新冠病毒疫苗方舱接种点正式启用

大陈乡红星村“共享食堂”

▲ 12月18日，江山市生活垃圾焚烧发电项目点火试运行

摄影：
沈天法　毛武俊
陈荣贤　姜层层
徐雪良　毛小燕
姜永高　金梅珍
戴　维　姜　波
邵梦婷　等

目 录

江山市人民代表大会

江山市人民政府

政协江山市委员会

中共江山市委纪律检查委员会
江山市监察委员会

民主党派

群众团体

法　治

军 事

公共管理

工　业

商务经济

商　贸

招商引资

农业农村

林　业

水利　水电

交通运输

城乡建设

信息产业

生态环境

经济管理

财政　税务

金　融

教育　体育

科　技

卫生健康

文化旅游

传 媒

乡镇街道

人　物

文件选辑

文件选目

附　录

特 载

衢州当龙头 全省争上游 奋力争当跨越式高质量发展共同富裕排头兵

——在中国共产党江山市第十五次代表大会上的报告

中共江山市委书记 朱素芳

（2021 年 12 月 28 日）

市委书记 朱素芳

中国共产党江山市第十五次代表大会，是在庆祝建党百年、共同富裕示范区建设全面推进的关键时期召开的一次十分重要的会议。这次大会的主要任务是：高举中国特色社会主义伟大旗帜，坚持以习近平新时代中国特色社会主义思想为指导，深入贯彻党的十九大和十九届二中、三中、四中、五中、六中全会精神，深刻领会习近平总书记在庆祝中国共产党成立 100 周年大会上的重要讲话精神，回顾总结市第十四次党代会以来的工作，研究部署未来五年目标任务，选举产生中国共产党江山市第十五届委员会和第十五届纪律检查委员会，团结带领全市各级党组织和广大党员干部群众，为实现“衢州当龙头、全省争上游，争当跨越式高质量发展共同富裕排头兵”而努力奋斗！

现在，我代表中国共产党江

山市第十四届委员会向大会作报告，请予审议。

一、过去五年工作回顾和经验总结

市第十四次党代会以来的五年，是江山经受多重考验、付出艰辛努力、取得显著成绩的五年，更是江山主动开放融入，开展前瞻性、创造性工作的五年。五年来，市委始终坚持以习近平新时代中国特色社会主义思想为指导，在省委和衢州市委的坚强领导下，带领全市上下圆满完成市第十四次党代会确定的主要目标任务，胜利实现高水平全面建成小康社会的奋斗目标。

五年来，我们坚定不移沿着习近平总书记指引的方向奋勇前进，政治判断力、政治领悟力、政治执行力得到锤炼。始终把学懂弄通做实习近平新时代中国特色社会主义思想作为首要政治任务，进一步增强“四个意识”、坚定“四个自信”，推动全市上下做“两个确立”忠诚拥护者、“两个维护”示范引领者。严格落实市委常委会第一议题、意识形态工作责任制等制度，第一时间深入学习领会习近平总书记发表的重要讲话、重要论述、重要文章。常态化组织“五进”活动，体系化设立“最美微宣讲”、微党课、8090新时代理论宣讲、“六讲六做”大宣讲活动等载体，持续推进党的创新理论学习走深走实。扎实开展“两学一做”学习教育、“不忘初心、牢记使命”主题教育、党史学习教育，精心开展“组团联企”“组团联村”以及“五个我为”专题实践活动。全面贯彻落实习近平同志主政浙江期间来江山调研作出的指示要求，确保重要指示精神在江山落地生根、开花结果。

五年来，我们坚定不移发挥“把方向、谋大局”的核心作用，发展方向、发展目标、发展路径不断清晰。贯彻全省“四大建设”和衢州市打造“活力新衢州、美丽大花园”决策部署，把握大花园核心区定位，确立建设“实力支撑、美丽著称、活力开放、人民幸福”江山大花园的奋斗方向。对标全省建设“重要窗口”的新目标新定位，确立打造“一地三区”的发展目标。立足新发展阶段，主动扛起高质量发展建设共同富裕示范区、争创社会主义现代化先行县的历史使命。迎合区域一体化发展，部署实施“融衢接杭”战略举措，明确规划互接、交通互联、产业互促、平台互建、要素互动、机制互通工作重点，推动全面融入衢州、精准对接杭州。聚焦工业经济，部署开展全面振兴工业，全力打造工业强市升级版。

五年来，我们坚定不移贯彻新发展理念、融入新发展格局，综合实力、创新活力、辐射能力实现跃升。统筹疫情防控和经济社会发展“两手抓、两战赢”，地区生产总值跃上300亿元台阶，财政总收入预计突破40亿元，三年两夺省26个县发展实绩考核第一名。欧派、永利百合、健盛、研一（一期）等一批10亿元以上产业园建成投产，成功培育中国木门第一股，5家企业挂牌新三板，时尚门业智能家居被列入省第二批“一县一策”试点，经济开发区成功争列省级高新技术产业园区创建名单、国家级应急产业示范基地；数字和美丽“两大经济”贡献度不断攀升，荣膺首批国家全域旅游示范区。科技创新体系持续建强，木门、输配电、数字消防等一批产业创新服务综合体落地运行。开放协作格局持续打开，杭衢高铁（江山段）开工建设，综合客运枢纽、通景公路、江广公路等一批重大交通项目建成投用。浙大紫金、江山—江干科创飞地开园运营，江山—柯桥产业飞地、江山—钱塘合作共建特色生态产业平台加快推进。连续四年举办江山人发展大会，异地商会实现副省级以上城市全覆盖。

五年来，我们坚定不移推进绿色生态发展、城乡协调发展，生态环境、城乡环境、营商环境持续改善。全域推进“污水零直排区”建设，两夺“大禹鼎”银鼎，成功创建国家级生态示范区、国家森林城市、省级生态文明建设示范县。城东、城南、通禄门等城市片区征迁实现“清零”，城市主干道综合改造基本完成，城北旅游综合体建成投运，老火车站商圈等城市赋能项目开工建设，通禄门、周家青列入省级未来社区创建名单。谋划启动“衢州有礼”诗画风光带建设，扎实推进大陈和江郎山未来乡村、农房整治风貌提升、全国农村宅基地制度改革试点等乡村振兴系列行动，江山港流域综合治理项目全面动工，荣膺部省共建乡村振兴示范县、首批省美丽乡村示范县，实现省新农村建设优秀单位“十连冠”。“最多跑一次”改革、政府数字化转型加快推进，连续3年上榜赛迪全国营商环境百强榜单、跻身50强。

五年来，我们坚定不移以人民为中心、持续保障和改善民生，群众获得感、幸福感、安全感大幅提升。高质量打赢脱贫攻坚战，城乡居民收入比缩小至1.83∶1。民生事业持续改善，乡镇公办幼儿园实现全覆盖，开发区小学等23所学校新建投用，教育现代化发展水平居26个县第一；医联体、医共体贯通运行，第二人民医院、城北医学康复中心建成投用，人民医院“三乙”创建取得实质性进展，成功创建国家卫生城市。文化艺术中心二期、虎山运动公园等设施主体完工，农村文化礼堂、健身场所实现行政村全覆盖，连续成功承办全国新年登高大会、中国村歌大赛等重大文体活动。城乡供水一体化、D级危房拆除解危等一大批民生实事办结见效。连续9次荣获全省“双拥模范城”称号。“1+4”国资公司组建运行，新增融资28.4亿元。农户小额普惠贷款入选全省争先创优“最佳实践”案例。残疾人服务数字化应用亮相省新闻发布会，并入选数字社会全省首批最佳应用，“县乡一体、条抓块统”改革深入破题，创新“清湖模式”，“网格+”融治理模式获省部级领导批示肯定，成功创建全国法治先进县。

五年来，我们坚定不移加强党的建设、全面推进从严治党，风清气正、心齐气顺、干事创业的政治生态不断巩固。圆满完成党政机构改革和乡镇、村（社）组织换届，深化基层党建“1+6”指数化考评管理，基层组织战斗堡垒进一步建强。创新打出“专业培训+一线历练+专项考察”组合拳，干部“两专”能力全面提升。中央省委巡视、省委衢州市委“七张问题清单”系列整改深入推进，干部尽责豁免、“十条军规”正反典型通报等机制常态化落实，干事创业氛围进一步浓厚。全面深化清廉江山建设，推行“大数据+巡察”智慧模式，实现全市93个部门单位、309个村（社）党组织巡察全覆盖，公权力大数据监督创新推进，“合”字型基层监督体系基本构建。

回顾过去五年，取得的成绩令人鼓舞。这是以习近平同志为核心的党中央领航定向的结果，是省委、衢州市委坚强领导的结果，是全市上下奋力拼搏的结果，更是历届市委不懈努力，广大老干部老同志、党外人士、人民团体、驻江部队、在外乡贤大力支持的结果。在此，我代表中共江山市委，向全市广大党员干部群众，向关心支持江山发展的各界人士，表示衷心的感谢、致以崇高的敬意！

过去五年，积累的经验弥足珍贵。我们深切地感受到：一是党建统领全局，惟有加强党的领导才能行稳致远。从重大民生项目的一度暂停到原址重启、顺利投运，再到“6·30”抗洪救灾“零伤亡”，一个个生动案例，让我们体会到党建统领是推进工作“活的灵魂”。二是担当成就精彩，惟有不畏艰难才能破除万难。从成功争创江郎山—廿八都国家AAAAA级景区，到打赢江化基地关停、城东新城征迁等一场场硬仗，让我们体会到，只要我们永葆拼搏向上、进取攀登的激情，就没有克服不了的困难。三是格局决定出路，惟有开放融入才能闯出新路。从融入市域一体，到深化山海协作，再到全面部署实施“融衢接杭”战略举措，一次次的成功实践让我们越来越感受到，走出去世界就在眼前，走不出去眼前就是世界，只有加速融入，才能抢得发展先机。四是改革赢得主动，惟有破立并举才能追赶跨越。从“最多跑一次”改革带来政府数字化转型先发优势，到数字化改革推动质量变革、效率变革、动力变革，让我们体会到改革是加快跨越发展的最大牵引。五是人民创造历史，惟有心系人民才能赢得民心。从“学在江山”“健康江山”“文化江山”品牌进一步打响，到平安建设实现“十一连冠”，再到疫情防控取得阶段性胜利，让我们体会到，广大人民群众是江山发展的根基，只有千方百计办好民生实事，才能最大限度地凝聚民心、集中民智、激发民力。

回顾过去五年，成绩有目共睹，经验弥足珍贵，但也要清醒地看到存在的问题：一是经济规模总量偏小。工业强市建设步伐缓慢，创新驱动力、平台承载力仍然不强，经济发展与发达地区差距逐渐拉大。二是城市功能品质不高。城市建设历史欠账较多，设施功能与群众对美好生活的期待还存在差距，城市人口外流严重。三是资源要素制约趋紧。有限资源的节约集约利用水平不高，用地保障、能耗指标、环境容量、人才资源等供需矛盾日益突出。四是全面从严治党仍需加强。部分党员干部“两勤”“两专”能力还有提升空间，担当意识、执行力度、争先精神有所下滑，“四风”问题尚未彻底根除，少数领域仍存在廉政风险。对此，我们将高度重视，做到不遮掩、不回避，全力以赴解决问题。

五年历程，步履坚实，足音铿锵；五度春秋，砥砺奋进，硕果累累。五年的实践充分证明，路在脚下，事在人为！不管发展的道路多么坎坷艰辛，只要我们党政一心、上下齐心，就一定能克服艰难、冲破险阻、创造佳绩、铸就辉煌！

二、未来五年的展望和奋斗目标

未来五年是江山实现跨越赶超最为重要、最为关键的时期。我们肩负新的历史使命。“两个大局”相互交织、“两个百年”历史交汇，开启了全面建设社会主义现代化强国的新征程。特别是习近平总书记和党中央赋予了我省打造“重要窗口”和高质量发展建设共同富裕示范区的历史重任，全省上下踏上了为实现第二个百年奋斗目标先行探路的伟大历程。我们迎来新的时代机遇。长三角一体化、全省“四大建设”、衢州建设四省边际中心城市等国家级和区域性重大战略的多重叠加，形成了难得的机遇“窗口期”，特别是全省超常规支持26个县跨越式高质量发展，量身定制“一县一策”，给我们带来了强劲的助推引力。我们处于新的发展节点。经过一直以来的发展积累，江山稳的态势不断夯实、进的力度不断加大、新的动能不断成长、好的因素不断积累，特别是全市上下谋发展、抓发展的氛围更加浓厚，想干事、干成事的激情更加澎湃，已经处于由量变积累到质变升华的转折点。

面对新使命、新机遇、新节点，江山怎么办？江山人怎么干？必须更加强化“四种意识”，以此来引领我们的思想、指导我们的行动。

1. 始终强化“抢第一、创唯一”的争先意识。树牢“过得去就是过不去、差不多就是差得多”的理念，敢和最好的比、跟最强的赛，敢定“使劲跳才能够得着”的目标，敢做“全力拼才能办得到”的事情，各项工作都要锚定“全国先进、全省典型、26个县前列、衢州第一”的目标，不达目的誓不休。要拿出敢为天下先的勇气、敢闯敢试的锐气，主动试、大胆钻、创新干，由“跟跑者”向“领跑者”转变、从“按惯例”向“创先例”转变。

2. 始终强化“观大势、谋大局”的站位意识。深刻理解“国之大者”，增强时代眼光、战略眼光、历史眼光，站高一层、想深一步，做到胸怀全局、放大格局，自觉把各项工作放到宏观大势中考量。要增强高度自觉的大局思维，主动把江山的发展摆到全国、全省以及衢州市的“一盘棋”中去思考定位，切实找准发展“坐标系”，想尽一切办法、用尽一切力量、发挥一切优势，以江山的一域之光为全局添彩。

3. 始终强化“对外看、向上争”的开放意识。坚决摈弃自我封闭的“鸵鸟心理”、小富即安的“阿 Q 精神”，进一步打开山门、城门、脑门，放开心胸、放宽眼界、放大格局，坚持跳出江山看江山，联动衢杭看江山，站在全省看江山，放眼长三角、放眼全中国。每一个江山人都要争做开放发展的“行动者”“实干家”，绝不放过每一次开拓合作的可能、绝不放过每一个获取资源的渠道，全力争、全力抢，抢到无能为力、抢到感动自己。

4. 始终强化“合力干、尽力拼”的担当意识。全市上下要想在一起、站在一起、干在一起，有困难一起上，有压力一起扛，一家人一条心、一个目标一起拼；要始终坚持定了就干、干就干最好，勇于拿出“一天当作三天干”的狠劲、“甩开膀子奋力干”的拼劲、“解放思想创新干”的巧劲、“干一件成一件”的韧劲，苦干实干、只争朝夕，不负韶华，再造一个激情燃烧、干事创业的火红年代，干出一番新天地，拼出一座新江山！

未来五年全市工作的指导思想是：高举中国特色社会主义伟大旗帜，坚持以习近平新时代中国特色社会主义思想为指导，深入学习贯彻中共十九大和十九届二中、三中、四中、五中、六中全会精神，以及习近平总书记在庆祝中国共产党成立 100 周年大会上的讲话精神和对浙江工作重要讲话指示精神，立足新发展阶段，贯彻新发展理念，融入新发展格局，牢牢把握稳中求进工作总基调，以推动高质量发展为主题，以改革创新为根本动力，以满足人民日益增长的美好生活需要为根本目的，忠实践行“八八战略”、奋力打造“重要窗口”，深化落实“八个嘱托”“八大任务”，扛起新使命、抢抓新机遇、奋进新起点，聚焦工业、大抓产业、狠抓城乡建设，全力取得突破性转型、标志性成果，确保衢州当龙头、全省争上游，奋力争当跨越式高质量发展共同富裕排头兵。

围绕上述指导思想，立足“十四五”规划指标，按照“使劲跳一跳、用力摘桃子”的要求，明确未来五年全市经济社会发展的主要预期目标是：地区生产总值年均增长 8.5%，达到 525 亿元；财政总收入和一般公共预算收入年均增长 7.3%和 8.5%，分别达到 60 亿元和 38.5 亿元；固定资产投资年均增长 11%，达到 210 亿元；城乡常住居民人均可支配收入年均增长 8.5%和 10%，分别达到 86000 元和 50800 元。

未来五年具体工作目标是：全力打造“六个新江山”：

——打造产业高端集群、工业经济全面振兴的新江山。成功打造产城融合、活力创新的高能级产业平台，科技、数字赋能产业加速发展，全社会 R&D 经费支出占国内生产总值比重达到 3%，成功培育一批百亿龙头企业，形成时尚门业智能家居、智慧能源装备两大区域性产业链集群，数字消防、健康生活、新材料三大特色产业实现规模扩张、提质增效，规上工业总产值和增加值实现翻番，力争分别突破 700 亿元和 160 亿元，衢州龙头地位更加巩固。

——打造城市现代大气、百姓诗意栖居的新江山。构建形成定位明晰、功能完善的城市形态，城东新城成为城市未来休闲新区，城南新城成为产城融合发展新样本，城北新城成为融衢接杭门户和科创小镇，城区面貌焕然一新，现代气息更加浓郁。城乡公共服务水平显著提升，实现更高水平的幼有所育、学有所教、劳有所得、病有所医、老有所养、住有所居、弱有所扶，“扩中提低”取得明显成效，中等收入群体为主体的橄榄型社会结构基本形成，市民群众诗意栖居，引人留人的城市魅力更加凸显，成为衢州打造四省边际中心城市的重要支撑版块。

——打造区域协作开放、融入衢杭一体发展的新江山。交通格局、开放格局全面重塑，区域综合立体交通网络更加完善，目的地和集散地功能更加完备，以现代运输业为重点的“物流”、以商贸旅游业为重点的“人流”在江山深度交融。长三角区域协同共享更加紧密，衢杭一体化发展格局构建形成，山海协作迈向“全方位、多领域、立体化”的更高层次，资源要素、资金政策、产业项目、科技人才加速涌入，陆海联动、互促共济的协作通道全面拓宽，成为浙西南区域开放开发“桥头堡”。

——打造生态绿色美丽、天蓝地绿水清的新江山。生态环境质量在全省持续领先，夺得“五水共治”大禹鼎金鼎，成功创建省清新空气示范区、仙霞岭国家级自然保护区、国家级生态文明建设示范县，成为诗画浙江最美核心花园。“绿水青山就是金山银山”理念更加深入人心，国土空间开发保护格局更加优化，生产生活方式绿色转型成效显著，与全省同步实现碳达峰，加速实现碳中和。生态产品价值实现机制更加健全，GEP 实现稳步增长。

——打造文明有礼彰显、文旅融合发展的新江山。“衢州有礼·锦绣江山”城市品牌持续打响，争创全国文明城市，打造全省新时代文化文明高地。8090 新时代理论宣讲深入推进，成为学习宣传实践习近平新时代中国特色社会主义思想的重要载体，伟大建党精神在江山大地得到大力弘扬，新时代江山人精神更加激扬。“4+1”区域特色文化内涵更加凸显，深度融入浙皖闽赣国家生态旅游协作区、衢黄南饶“联盟花园”建设，成功打造全省文旅融合发展样板地。

——打造党建统领整体智治、社会和谐安定的新江山。“县乡一体、条抓块统”整体智治改革取得重大突破，市域社会治理现代化试点高质量完成，“清湖模

一江两带夜景（2021 年）

式”深化提升成为全省基层智治的示范样本，未来社区基层治理新单元全面建强，整体智治水平走在全省前列。平安江山、法治江山、清廉江山建设纵深推进，社会主义民主法治更加健全，重大风险防范化解能力显著增强，防灾减灾救灾和应急体系更加完善，群众安全感满意度全省领先。

各位代表、同志们，打造“六个新江山”，衢州当龙头、全省争上游，奋力争当跨越式高质量发展共同富裕排头兵，是江山的勇气与担当，是61万江山儿女的重托与期盼。全市上下必须在思想上同心同德、在目标上同心同向、在行动上同心同行，用赤诚与激情、智慧和汗水，展现新担当、实现新作为！

三、未来五年的主要任务

习近平总书记指出，奋斗创造历史，实干成就未来。当好排头兵，绝不是轻轻松松就能实现的，必须咬定目标，举全市之力、展全新之姿，埋头苦干、久久为功。

（一）聚力产业升级，在推动经济高质量发展上开创新局面。江山实现跨越赶超希望在工业，关键在工业。要旗帜鲜明唱响“产业为王、工业强市”主旋律，营造全市上下抓工业、抓制造业、抓实体经济的浓厚氛围，全力实现工业经济五年倍增。一是打造产业链集群。抢抓列入省第二批“一县一策”试点的政策窗口期，确保研一新材料、欧派特种门窗、交通安全设施等重大产业园项目建成投产，全力打造时尚门业智能家居和智慧能源装备两大重点产业链集群，力争规上总产值分别突破200亿元和150亿元。高标准完成南方水泥绿色建材产业园等重大产业项目，推动建材等传统产业转型升级。顺应产业发展趋势，加快培育数字消防、健康生活、新材料三大新兴产业。二是打造高能级产业平台。强化“一主三副”平台架构，突出经济开发区主平台地位，全力完成江东化工园区“园中村”等重点区块搬迁，打造4平方公里特色生态产业平台；全面完成江贺公路土地有机更新和整治提升拆迁攻坚，确保盘活存量用地6000亩。聚焦经济开发区基础设施配套有机更新，一体谋划、滚动推进产城融合提升项目，建成产业邻里中心、众创中心、商业综合体等一批园区生产生活配套，全省排位每年进3名，力争由2020年的第39名上升到第24名。三是打造“链主型”企业队伍。狠抓培大育强，深入开展营商环境“清障”行动，深化健全政企沟通机制，倾心倾力解决企业用工、融资、物流等难点堵点问题，让企业“轻装前行”。大力实施“1122工程”，力争培育11家挂牌上市企业，20家10亿元以上企业，2家百亿产值企业。狠抓招大引强，深化专职招商“百人团”、基金招商、飞地招商、产业园招商等新机制、新模式，发挥在外优秀乡贤力量，全力做好江山人经济转化文章，尽可能招大商招好商招“链主”，力争引入亿元以上项目达160个，10亿元以上项目达30个。四是打造产业创新转型高地。借力衢州市的浙大两院、成都电子科大和中试基地等科技创新资源，加大科技投入，加快创新主体培育，力争高新技术企业、科技型中小企业数实现翻番，分别突破160家和500家。大力推进智能制造提质扩面，以木门行业“轻量化智改+样本化推广”模式为突破口，推动企业向智能工厂、未来工厂升级，力争实现规上工业企业数字化改造全覆盖。抓牢“亩均论英雄”改革，统筹打好“腾笼换鸟、凤凰涅槃”行动、“十类地”综合处置、“两高一低”企业整治等组合拳，力争5年盘活低效闲置工业用地3000亩以上，规上工业亩均税收达到28万元/亩。

工业是江山命脉，工业强、江山强；企业旺、江山旺。只要我们集中精力、集中要素，用非常之力、下恒久之功，江山工业就一定能实现全面振兴。

（二）聚力城乡协调，在推进全域一体化发展上开创新局面。高质量完成国土空间规划，以城市未来社区和未来乡村协同推进为突破点，按照全域未来社区理念推动城乡融合发展、一体发展。一是推动城市品质再升级。借势征迁清零，聚焦城东片区，高标准、大手笔投入建设一批人文空间、社会公共服务设施，丰富新业态，打造城市未来休闲新区。高质量推动老城有机更新，全力实施绿化美化亮化“三化改造”，全面完成29个老旧小区综合改造，打造老火车站商圈、风情鹿溪等项目系统；全力建好通禄门、周家青未来社区，打造共同富裕现代化基本单元。推动城南新城与经济开发区“产城人文融合”发展，提升城北科技服务、数字智慧经济等业态，打造未来科创金融中心。以成功争创全国文明城市为抓手，大力提升城市精细化经营管理水平。二是推动幸福乡村再升级。聚焦“衢州有礼”诗画风光带，大力推进“一县一园”、标杆村和花园门户风光段建设，打造乡村振兴主平台。深入实施农业“双强行动”，做大做精“3+X”农业特色产业，全力建设一批特色产业园、产业联合体，推动农业高质高效发展。大力实施农村人居环境提升行动，精心打造一批未来乡村，确保全域创成新时代美丽乡村，争创省级美丽乡村标杆县。启动禁建自然村整村搬迁，加快城南、贺村、峡口等万人集聚区建设。深入开展乡村共同富裕示范点、示范带建设，带动增收促富。深化全国农村宅基地制度改革试点，激活农村沉睡资产，助推强村富民。全力实施村级集体经济巩固提升行动，推广抱团项目、飞地物业、强村公司等模式，确保年经营性收入50万元以上行政村占比达到50%以上。三是推动美丽城镇再升级。强化中心镇集聚辐射、统筹城乡发展功能，加速贺村省级小城市新一轮试点培育，通盘考虑江贺一体化发展，加快打造市域副中心、浙闽赣边界第一重镇。深化峡口省级中心镇建设，打造江山的南部副中心。谋划探索镇村两级行政区划调整，加快城镇化步伐。以美丽城镇圈层建设为重点，积极引导集镇区块组团联动发展，健全商贸物流等公共服务，力争创建一批美丽城镇省级样板镇，建成全省城乡风貌样板区。

城市承载着百姓对美好生活的向往，建好美丽江城，江山百姓期盼已久、憧憬已久。我们必须以更大的魄力、更高的标准，系统谋划、系统推进，让江城成为人人向往的诗意栖居之地。

*（三）聚力扩大开放，在融入新发展格局上开创新局面。*抢抓省域一体化、长三角一体化发展的重大机遇，加快融入新发展格局。一是打通综合交通通道。突出交通先导，谋划建设外通内畅的立体交通网络，加快构建三省边际县级交通枢纽、大通道浙西南门户黄金节点。全力确保甬金衢上高速（江山段）、江玉公路开工，并力争完成建设；推动杭衢高铁（江山段）、清湖大桥改建、虎山大桥拓宽、桑淤大桥、迎宾大道西延伸等项目建成投用。加快推进205国道峡口至保安路口段外移等项目建设。深化江山江航道、衢南铁路、缙云至江山高速公路、江衢快速路、319省道东移、江遂公路、通用机场、轨道交通等项目前期。高水平推进“四好农村路”建设，提升智能化、一体化、普惠化、便捷化的公交服务水平。二是打通政策资源通道。牢牢抓住26个县跨越式高质量发展的重大机遇，尽全力用足用好省市超常规、综合性、大集成政策“大礼包”。全力把握住政策制定的“窗口期”，落实“脑勤、腿勤”要求，持续关注、精准跟进，力争更多江山诉求、江山元素纳入国家、省及衢州市“盘子”，更多试点、政策、要素落地江山。吃准吃透，全力用足上级各类政策支持，真正把政策优势转化为发展优势。三是打通区域协作通道。牢牢抓住全省打造山海协作工程升级版的重大契机，拓展迭代山海协作方式、载体、内涵，高质量建设好运营好现有产业飞地、消薄飞地、科创飞地，加快推进江山—钱塘特色生态产业平台建设。积极推进与

上海市辖区、长三角核心区的交流合作，加快融入长三角和杭州都市圈产业发展、科技创新、金融服务生态链，全力推进产业链、供应链协同创新、提升合作，积极促进教育医疗、文化体育、生态保护等公共服务便利共享。

无数的地区实践证明，开放的广度决定发展的高度。我们必须主动走出去、融进去，在城市群、都市圈的竞合大潮中抢得更多发展先机。

（四）聚力绿色低碳，在建设全域美丽大花园上开创新局面。深入践行“绿水青山就是金山银山”理念，尊重自然、保护自然，走绿色低碳发展之路，真正实现人与自然和谐共生。一是强化综合治理，塑造“环境美”。全面推进“幸福河湖”建设，完成污水处理厂清洁排放改造，推进工业园区、生活小区、镇（街）污水零直排区全覆盖。坚持铁腕治污，全面推进挥发性有机物与氮氧化物协同减排，实现PM2.5和臭氧“双控双减”，城区空气优良天数比例达95%以上。严格落实禁限塑制度，实施固体废物全过程闭环管理，全域建成“无废城市”。严格落实环境准入和生态资源有偿使用制度，健全环境污染问题闭环管控机制，坚决惩治破坏生态环境行为。二是统筹保护修复，守护“自然美”。全面落实“三线一单”为核心的生态环境分区管控，严守生态保护红线，加快构建以江郎山世界自然遗产为主体的自然保护地体系。推进土地整治和基本农田连片整治千亩方万亩方工程，确保整治土地5万亩以上。坚决遏制耕地“非农化”，严格管控“非粮化”。加快“森林江山”建设，落实新增百万亩国土绿化行动、千万亩森林质量精准提升工程，全面推行绿色矿山创建。加强生物多样性保护，争列省生物多样性友好城市试点。三是倡导绿色低碳，共创“家园美”。推动生产生活方式绿色转型，高质量落实碳达峰碳中和行动，启动抽水蓄能电站开工建设，并加快推进力争早日完成。聚焦工业、建筑等六大重点领域，加快能源结构调整，推进企业绿色低碳技改，倡导绿色低碳生活方式，实现可再生能源消费占比逐年提高。加大“双碳”场景应用，推进碳账户体系建设，着力打造一批绿色低碳工厂、低零碳试点镇村，全力争创“零碳县”。充分发挥“两山银行”平台公司作用，构建完善GEP核算、应用体系，以“生态账户”“生态币”等形式，拓宽生态产品价值转化路径。

绿色是江山最厚实、最靓丽的底色。我们必须要像保护眼睛一样保护生态环境，像对待生命一样对待生态环境，努力把江山打造成为天更蓝、水更清、空气更清新的美丽大花园。

（五）聚力民生优先，在提升人民生活品质上开创新局面。坚持尽力而为、量力而行，以实打实的惠民成果为民生“提质”、为幸福“加码”。一是从生活最困难的群体入手，兜住底线民生。要格外关注、关心、关爱困难群体，确保基本生活得到有效保障。大力实施全民参保计划，加快实现法定人员社保全覆盖。强化基本医疗保险、大病保险、医疗救助保障能力，实现低收入群体医疗补充政策性保险全覆盖。以“1+8+X”大救助体系迭代升级为牵引，深化残疾人服务、低保救助等民生领域工作数字化改革，加快构建“全面覆盖、精准响应、政策集成”的智慧大救助模式。二是从受惠最广泛的领域着眼，保障基本民生。抓牢富民增收这个民生之本，深入实施“居民收入、中等收入群体规模、低收入群体收入”三大倍增计划，实施更加积极的就业政策，强化初次分配的基础作用，发挥再分配的调节作用，加快“扩中”、全面“提低”，确保家庭人均年收入13000元以下现象全面消除，力争城乡收入比缩小至1.7∶1。抓紧住房这个民生之要，坚持“房住不炒”定位，促进地价、房价保持在合理区间；扩大保障性住房供给，有效解决重点人群住房问题。抓实养老这个民生之盼，加快康养联合体建设，推动居家养老、医养结合等服务提档升级，全力争创中国长寿之乡。三是从群众最关注的事情抓起，打造幸福民生。以更大的力度、更硬核的举措，进一步打响“学在江山”“健康江山”品牌。全力优化教育资源布局和体制机制，大力建设高水平教师队伍，加快学前教育普惠发展、义务教育高质发展、高中教育特色发展、职业教育创新发展、社会教育多元发展，确保创成全国学前教育普及普惠县、全国义务教育优质均衡发展县。全力推进医联体、医共体深度融合，完成人民医院、中医院、妇保院等空间扩容、异地迁建，确保人民医院成功创建“三乙”医院，力争向“三甲”迈进，全面启动中医院创“三乙”。谋划推进重点乡镇（街道）卫生院迁建工程，持续加强社区卫生服务中心、村卫生室规范化建设，努力实现“小病不出村、大病不出县”。加快健全公共卫生安全防控体制机制，提升平战结合能力。全力落实生育配套支持政策和相关措施，推动婴幼儿托育服务优质普惠。

悠悠万事，民生为大。不管什么时候，我们都将尽全力办好人民群众牵肠挂肚的民生大事，尽全力做好人民群众天天有感的关键小事，让大家的日子过得有盼头、有甜头！

（六）聚力特色挖掘，在打造文化文明高地上开创新局面。全面实施新时代文化江山工程“1366”发展体系，充分挖掘区域特色文化资源，实现创造性转化、创新性发展，打造新时代文化文明高地。一是弘扬文明有礼新风尚。以全国文明城市创建为引领，聚焦新时代文明实践，创新“理论铸魂”“理论走心”“以史育人”三大载体，健全完善学习宣传贯彻习近平新时代中国特色社会主义思想长效机制，提档升级8090新时代理论宣讲，弘扬传承伟大建党精神，持续巩固深化党史学习教育成果。大力弘扬社会主义核心价值观，深化推进新时代文明实践中心（所、站）建设、全域文明创建、公民道德建设、最美系列评选，进一步打响“衢州有礼·锦绣江山”城市品牌。二是焕发特色文化新魅力。推动特色文化传承保护，实施重点文物系统保护、城市记忆、文化研究“三大工程”，加快廿八都国际非遗活化（手造）街区等项目建设，广泛开展群众性特色文化活动，推动“4+1”区域特色文化守正创新。深化建设“四馆一院”、文化站（中心）、南孔书屋、农村文化礼堂等县乡村三级公共文化阵地。建强融媒体中心，做精“多娇江山”客户端，构建精准触达的现代传播体系。三是推动文旅产业新提升。围绕进一步擦亮国家首批全域旅游示范区“金字招牌”，全面落实我省“一体两翼”旅游发展战略，积极融入浙皖闽赣国家生态旅游协作区、衢黄南饶“联盟花园”等区域共建。加快春风江山、廿八都古镇、清湖古镇、大夫第田园综合体等一批重大文旅项目建设，争创江郎山国家级旅游度假区，推动江郎山—廿八都旅游区向千万级核心景区冲刺。实施全域旅游共富工程，丰富乡村旅游供给，高质量打造2.0版景区村庄。坚持文化赋能，扶持壮大文化企业，创新文化业态，打造大陈古村等一批文旅融合金名片，建设通禄门等一批历史文化街区，构建以中心城区为核心、“衢州有礼”诗画风光带为脉络的全域旅游大美格局。

江山高质量发展需要文化支撑，人民美好生活需要文化滋养。我们一定要坚定文化自信、厚植文明沃土、点亮精神灯塔、做强文旅融合，让江山的文化“软实力”展现出独特魅力、时代价值。

（七）聚力高效协同，在构建和谐安定社会之美上开创新局面。坚持以数字化改革为牵引，不断推进体制机制、方法手段创新，全面推进治理体系、治理能力现代化，切实营造公平正义、和谐稳定的社会环境。一是深层次推动社会治理变革。以“线上+线下”深化“县乡一体、条抓块统”改革。线上，做实县级社会治理中心、乡镇“四平台”智治中心、村社网格“浙智兴村”移动端三级工作界面，迭代升级多跨场景应用，推动“152”与“141”体系衔接贯通。线下，深化“网格+”融治理模式，提升推广“清湖模式”、网格“一讲三评”工作机制，强化网格员考核、薪酬管理，确保问题早发现早介入、矛盾早化解早处置。二是全方位深化平安江山建设。严格落实下访接访、信访包案制度，坚决预防遏制“民转刑”案件发生。强化经济安全风险预警、防控机制和能力建设，确保不发生区域性金融风险。建立健全消防、道路交通、食品药品、危化品等重点行业领域风险闭环管控机制，坚决遏制重特大安全生产事故。常态化抓好疫情防控、扫黑除恶工作。构建完善网络综合治理体系，严厉打击电信网络诈骗等违法犯罪。完善自然灾害防治体系和应急管理体系，全面提升防灾减灾抗灾能力，力夺平安建设一星金鼎。三是高水平推进民主法治建设。深入学习贯彻习近平法治思想，突出法治江山、法治政府、法治社会一体建设，成功争创全国法治政府建设示范县。深化“大综合一体化”行政执法改革，加快构建协同高效的综合行政执法体系。强化法律服务供给，构建普惠均等、便捷高效、智能精准的公共法律服务体系。深化“四治融合”基层治理体系，全面开展“八五”普法，深入推进法治建设示范乡镇（街道）、民主法治示范村（社区）等创建，大力提升全民法治素养。

安全和发展是一体之两翼、驱动之双轮。我们必须要增强忧患意识、底线思维，勇于战胜一切风险挑战，让江山高质量发展和高水平安全良性互动。

四、弘扬百年建党精神，纵深推进全面从严治党

实现未来五年宏伟目标，关键在党，关键在人。要大力弘扬伟大建党精神，以永远在路上的执着纵深推进全面从严治党，坚决走好实现第二个百年奋斗目标新的赶考之路。

（一）始终强化“把方向、明是非”的政治力。提高政治力，核心是要锻造绝对忠诚的政治品格。要始终把牢政治方向。每一名党员干部都要胸怀“两个大局”，牢记“国之大者”，牢牢把握“十个坚持”，深刻领悟“十个明确”，增强“四个意识”、坚定“四个自信”，永葆对习近平总书记的忠诚之心、爱戴之心、拥护之心、感恩之心，坚决做“两个确立”忠诚拥护者、“两个维护”示范引领者。要始终增强政治能力。时刻强化政治能力训练和政治实践历练，不断提高政治判断力、政治领悟力、政治执行力。尤其要健全党总揽全局、协调各方的全面领导制度体系，贯彻执行党委议事决策机制，完善“七张问题清单”整改落实机制，真正把坚持党的领导贯穿各项工作的全过程各领域。要始终严守政治规矩。将党的政治纪律和政治规矩挺在前面，全面落实党内各项法规制度，把“三会一课”、民主生活会、组织生活会等抓在平常、融入日常，用好批评和自我批评武器。高质量全面落实意识形态工作责任制，推动党员干部持续深化思想淬炼、实践锻炼，做到任何时候都不变质、不变色、不变味，任何时候都同上级党委保持一个声音、一个步调、一贯到底。

（二）始终强化“敢挑担、能干事”的战斗力。战斗力是党员干部勇于冲锋、敢于拼抢的最大底气。要打造一流的战斗堡垒。牢固树立“大抓基层、重抓党建”的鲜明导向，聚焦加快建设变革型组织，深入推进“红色根脉强基工程”，以“八大指数”“七个规范化建设”为抓手，全面提升农村、城市社区、两新等领域基层组织建设水平，推动“两个覆盖”向基层末梢延伸、向新兴地带进军、向更大空间拓展，让党的基层组织“铺天盖地”建起来、“顶天立地”强起来。要培养一流的战斗能力。以“两勤”“两专”兼备，推动干部队伍能力素养系统重塑。要在“勤”上下苦功，推动干部不仅要勤于思考，主动突破思维定势，对标对表，弥补

自身之不足，全面增强工作的预见性和创造性；更要拿出挤破脑袋、跑断双腿的姿态，勤于跑、善于借、勇于争，变不可能为可能、变可能为现实。要在“专”上找突破，既要千方百计招引留住好用实用的专才、高才、英才，更要全面提升每一名党员干部的专业技术能力、专业科学精神，做到心中有数、心中有底、心中有术，以新方法取得新突破，以新思路开创新局面。要营造一流的战斗氛围。干部为事业担当、组织为干部担当。坚决树立干部能上能下、能进能出，能者上、庸者下、劣者汰的正确导向，对有初心、有情怀，责任强、担当硬的“敢闯敢试敢干者”，关心关爱、容错纠错，打破隐形台阶，放到重要平台，给予关键岗位；对占着位子混日子、顶着帽子摆样子的干部，坚决挪位调整，真正让干部想干就有舞台，敢干就有支撑，干成定有回报，全力营造“九牛爬坡、个个出力”的浓厚氛围。

（三）始终强化“马上干、干到底”的执行力。没有执行力，一切都是空谈。要激发“舍我其谁”的闯劲。持续推动党员干部思想破冰，坚决摒弃“躺平心态”“看客心态”，激发骨子里“不甘于平庸、不止于安逸”的特质，释放内心深处“为江山发展着急、为江山发展出力”的激情，全身心沉到岗位上、扑到任务上。从市四套班子领导到普通党员干部，人人要做行动派、个个争当实干家，用我们的辛苦指数换取江山的发展指数。要拿出“分秒必争”的拼劲。牢固树立“今天再晚也是早、明天再早也是晚”的效率意识，拿出“时不我待、只争朝夕”的劲头，把紧张快干作为总要求、把提速冲刺作为主基调，不等不靠、迅速行动，领导一布置，马上抓落实；工作一部署，马上去推动；任务一完成，马上有反馈，以倒计时的姿态分秒必争、一鼓作气、全力冲刺。要保持“一抓到底”的韧劲。干部不给自己留退路，江山的发展才有出路。要强化答卷意识、结果导向，尤其对于制约江山经济社会发展的堵点、难点问题，要以“钉钉子”的精神、“善始善终、善作善成”的要求和“功成不必在我、功成必定有我”的境界抓落实，定下的事阻力再大也要干下去，一步一个脚印走，一个一个难点攻，确保抓一件是一件、干一件成一件。

（四）始终强化“抵得住、守得牢”的免疫力。增强免疫力是党员干部立身之本、成事之要。要强化不敢腐的震慑。持续释放全面从严、一严到底的强烈信号，聚焦事关民生的“微腐败”、权力集中的“高发区”、资金密集的“要害点”，重点治、治重点，反复治、治反复，锲而不舍落实中央八项规定及其实施细则精神，持之以恒纠治“四风”，巩固发展反腐败斗争的压倒性胜利。要扎牢不能腐的笼子。充分发挥政治巡察“利剑”和公权力大数据监督应用“探头”作用，加强“四项监督”统筹衔接、贯通融合，强化对各级“一把手”和领导班子的监督，构建同级协同、多级联动的“合”字型基层监督体系，最大限度消除监督真空地带和权力寻租空间，把各种形式主义、官僚主义减下来，把干部责任担当加上去。要增强不想腐的自觉。每一名党员干部要始终保持“赶考”的清醒，发扬“唯实”的作风，常拿党性“照镜子”，常与法规“对对表”，常以良知“悟悟心”，将廉洁自律融入血液、植入灵魂，不存“下不为例”的侥幸，不打“仅此一次”的幌子，不找“法不责众”的理由，确保台上台下一个样、人前人后一个样，做政治上的明白人。

五年看头年，明年是新一届市委市政府的开局起步之年，也是中共二十大召开之年，做好明年的工作至关重要，考虑到明年年初不召开市委全会专题部署，这里简要再强调下明年的重点任务：一是聚焦聚力工业强市。全力拓展平台空间，全面完成江东化工园区、江贺经济走廊低效企业腾退。深化实施“雄鹰”“雏鹰”“凤凰”三大行动，打好为企服务、政策激励组合拳，确保“1122”工程取得突破性进展。全力招大引强，做优招商体系，充分发挥优秀乡贤力量，千方百计引进一批成长型、创新型、链主型企业。二是系统推进城市建设。聚焦城东新城打造，以人民医院搬迁为启动点，全面推进基础设施配套项目建设，提升功能品质。聚焦老城升级，深化实施城市美化亮化、新业态网红街打造、断头路打通、老旧小区改造、城市未来社区建设等重点工程，丰满城市内涵。三是加快发展开放型经济。抢抓中国（浙江）自贸试验区衢州联动创新区建设契机，全面实施“品牌出海”计划、“外贸回归”工程，优化提升跨境电商综试区江山园区等开放平台承载力、吸引力，推动开放型经济实现突破性发展。四是借力提速科技创新。与衢州市的浙大两院、成都电子科大和中试基地等科研院所建立常态化合作，加大科技投入，优化各类科创平台，深化实施高新技术企业、科技型企业“双倍增”计划，加速推动科技、数字赋能产业。五是加快建设美丽大花园。全面实施城乡风貌整治和新时代美丽乡村建设行动，持续放大优质旅游资源和“衢州有礼”诗画风光带建设成果的叠加优势，以微改造·精提升工程做精做优乡村旅游业态，推动美丽乡村加速迭代升级，“美丽资源”加速向“美丽经济”转化。六是全力抢抓重大项目建设。积极用好用足明年稳增长的宏观政策，聚焦交通建设、能源安全、民生实事、山海协作等领域，争取更多窗口类项目纳入上级规划盘子，争取更多专项债券、资金补助，推动一批事关江山长远发展的重大建设项目落地实施，切实把政策红利转化为跨越动力。七是着力抓实做优民生。在建设高质量就业创业体系、完善高质量社会保障体系、“扩中提低”缩小收入差距、缩小城乡区域差距、推进公共服务优质共享、精神生活共同富裕上取得更大突破性成果。八是持续深化重大改革。聚焦数字化改革、“县乡一体、条抓块统”改革、全国农村宅基地制度改革试点等一系列重大改革，全力做好“后半篇文章”，力争探索形成一批具有江山特色的改革成果、改革经验。九是防范化解重大风险。慎终如始常态化抓好疫情防控，全力做好信访维稳，狠抓公共安全和安全生产，进一步完善风险闭环管控大平安机制，坚决守好安全底线。

各位代表、同志们，奋力争当跨越式高质量发展共同富裕排头兵是全市上下的共同目标、共同追求、共同责任。市委将充分发挥总揽全局、协调各方的领导核心作用，支持人大、政府、政协履行职权职能，推动“两院”依法独立公正行使职权，巩固和发展最广泛的爱国统一战线，充分发挥民主党派、工商联、无党派人士和老干部积极作用，加强对工会、共青团、妇联、关工委等人民团体的领导，加强民宗、侨务、人民武装等工作，更好地凝聚党心民心，形成推动发展的强大力量。

百年大党风华正茂，千年江山未来可期。站在新的历史起点，踏上新的赶考之路，让我们更加紧密地团结在以习近平同志为核心的党中央周围，在省委、衢州市委的坚强领导下，以一往无前的奋斗姿态、风雨无阻的精神状态，拉高标杆、乘势而上、实干争先，全力谱写“衢州当龙头、全省争上游，奋力争当跨越式高质量发展共同富裕排头兵”的华美篇章！

政府工作报告

——在江山市第十七届人民代表大会第一次会议上

江山市人民政府代市长 徐明峰
（2022 年 1 月 24 日）

江山市人民政府代市长　徐明峰

本届政府工作回顾

过去五年，是江山发展史上爬坡过坎、负重前行、奋发有为的五年。面对百年变局和世纪疫情，我们在上级党委政府和市委的坚强领导下，在市人大、市政协的监督支持下，以习近平新时代中国特色社会主义思想为指导，全面贯彻中共十九大和十九届历次全会精神，在把握大势、抢抓机遇中开拓进取，在应对挑战、化解风险中砥砺前行，在狠抓实事、改善民生中担当作为，圆满完成本届政府确定的各项目标任务。预计地区生产总值从2016 年的 248.6 亿元增至 365 亿元；财政总收入从 24.1 亿元增至 42.6 亿元，年均增长 12.1%，其中一般公共预算收入从 15.9 亿元增至 25.6 亿元，年均增长 10.1%；社会消费品零售总额从 113.8 亿元增至 176.1 亿元，年均增长 9.1%；城乡人均可支配收入分别达到 5.7 万元、3.2 万元，年均分别增长 8.5%和 9.7%，城乡居民人均可支配收入比 1.8∶1，连续 21 年优于全国、全省平均水平。两夺省山区 26 个县发展实绩考核第一名，江郎山·廿八都旅游区成功创建国家 AAAAA 级景区，荣获国际花园城市、首批国家全域旅游示范区、国家卫生城市、国家森林城市、首批省美丽乡村示范县等金名片。

五年来，我们调结构、促转型，产业生态持续优化。工业稳步发展。江山欧派成为中国木门“第一股”，天际、科润入选国家专精特新“小巨人”企业。国家高新技术企业达到 103 家，是 2016 年的 4.5 倍。欧派、健盛、研一（一期）等产业园建成投产。全面启动江山南方、衢州南方水泥搬迁整合。智能制造提质扩面，规上工业企业数字化改造覆盖率达 47%。省级木门产业创新服务综合体建成投用。推进江山经济开发区整合提升，构建“一区三园”空间格局，全省排名从 42 名进位至 34 名。农业特色发展。水稻单产在全省率先突破 1000 公斤，连续 5 年入选“浙江农业之最”，连续 3 届获评省“河姆渡杯”粮食生产先进县。江山猕猴桃、绿牡丹茶、黄精获国家农产品地理标志认证。千红蜂产品获国家级金奖。全国单体最大的湖羊养殖基地投产，君缘食用菌、汇农蛋鸡产业园加快建设。服务业蓬勃发展。连续 4 年跻身县域旅游竞争力百强县，景区年游客接待量较 2016 年翻番。廿八都古镇入选《中国古镇》特种邮票。金陵、君澜国际获评五星级旅游饭店。引进迈微、赢家等电商总部 11 个，2021 年实现网络零售额 216.7 亿元，占衢州 43%。春风江山（一期）基本建成，城北旅游休闲综合体、网营物联投用。

五年来，我们重品质、补短板，城市能级持续提升。规划更明晰。高质量完成城市发展战略、中心城区总体城市设计、综合交通战略规划，以及教育、医疗、物流、给排水、城市水系等专项规划，城市建成区面积从 17.5 平方公里扩大至 18.9 平方公里。功能更完善。西山西路、西山路南段、江滨南路建成通车，城南城北实现快速通达。综合改造城市主干道 12.5 公里，基本完成全域“污水零直排区”创建。西山公园及“三泉”恢复保护、乌木山公园（一期）、梅泉书院向市民开放。活力更彰显。通禄门片区、城南新城征迁全面“清零”。江山有史以来涉及范围最广、体量最大、参与干部最多的城东新城征迁，仅用 24 天即“清零”，城市建设迈入“跨江发展”新时代。综合客运枢纽建成投用，虎山运动公园、文化艺术中心二期、档案馆迁建等项目主体完工。

五年来，我们优环境、提颜值，乡村振兴持续推进。“中国幸福乡村”金名片不断擦亮。建成新时代中国幸福乡村 81 个、新时代美丽乡村 240 个，“乡村景区化”做法全省推广，成功承办撤县设市以来影响力最广、规模最大的全省美丽乡村现场会。荣膺部省共建乡村振兴建设示范县、省首批农村文化礼堂建设示范县。江山港流域综合治理项目完成形象进度 75%。农房体系构建和风貌提升成效显著，累计整治农房 8.3 万宗、430.6 万平方米。脱贫攻坚全面胜利。所有行政村经营性收入均突破 15 万元，24 个行政村突破 100 万元。低收入农户人均可支配收入达 1.7 万元，居衢州第一。污染防治卓有成效。空气质量优良率从 88.3%升至 93.4%，出境水水质历史性恢复Ⅱ类水标准，四夺“五水共治”大禹鼎，其中两获银鼎。垃圾焚烧发电项目原址重启、成功点火运行。江化平稳关停，群众期盼十余年的民生大事终成现实。统筹生态保护修复。共垦造耕地 2.1 万亩、复垦建设用地 6387 亩、盘活土地 8542 亩，“峡风牧歌”全域土地综合整治项目被列入全国试点。仙霞岭省级自然保护区成功挂牌。

五年来，我们抓改革、扩开放，发展活力持续激发。迭代深化“最多跑一次”改革，“百名局长驻窗口”、企业水电气网便利化改革工作获省委省政府主要领导批示，农户小额普惠贷款入选省争先创优“最佳实践”案例、省共同富裕示范区经典案例，跻身赛迪营商环境全国 50 强。深化“亩均论英雄”改革，改造提升低效企业 336 家，盘活低效工业用地3736亩。国资改革破题，建立“1+4”国资公司框架，完成融资28.5亿元，城建投、开建投、交投获得AA信用评级，“两山银行”发放全国首张夯土房资源储蓄单。“一支队伍管执法”全市域覆盖，贺村镇试点获省政府县乡法治政府建设“最佳实践”。成功争列全国农村宅基地制度改革试点县。坚持以区域开放为突破，基本形成“融衢接杭”、山海协作、四省边际合作等多层次、全方位区域合作体系。杭衢高铁江山段主线完成形象进度70%，建成后杭州—江山通勤有望缩短至50分钟。甬金衢上高速、缙云至江山高速、江山江航道纳入省级规划。通景公路、姜家公路通车。抽水蓄能电站被列入国家规划。公铁联运无水港建成投用。浙大紫金、江山—江干科创飞地开园运营。异地商会实现省会城市全覆盖。累计引进亿元以上项目149个，其中10亿元以上项目16个，永利百合、百源建材、捷尔世等产业项目竣工投产。

五年来，我们强供给、惠民生，社会事业持续进步。新增财力2/3以上投向民生领域，累计支出261.4亿元。实现城乡低保标准一体化。农村饮用水达标提标工程惠及29.2万人。江东科技幼儿园、开发区小学、锦绣江外等27所学校投用。公办幼儿园、示范型儿童之家实现乡镇全覆盖。全学段教育质量居衢州首位。江山技工学校升格为高级技工学校。获评教育基本现代化市。以坚决的态度、迅速的行动、果敢的措施打赢疫情防控的人民战争、总体战、阻击战，科学落实源头查控、硬核管控、精密智控等一系列举措，有效抵御多轮疫情输入风险。医共体、医联体建设走在全省前列，第二人民医院、第四人民医院建成投用，连续三年获健康浙江建设考核优秀。养老机构数量实现翻番，新增示范型居家养老服务中心20家。新建改造江城等菜市场12个。连续6年承办全国新年登高健身大会。农村文化礼堂、新时代文明实践站（所）实现乡镇（街道）全覆盖。全力落实优抚安置政策，实现省“双拥模范城”九连冠。社会大局和谐稳定，安全生产事故数、亡人数分别下降78.2%和78.8%，扫黑除恶专项斗争圆满收官，“网格+”基层治理模式入围省社会治理创新项目，实现平安江山“十一连冠”。

五年来，我们转作风、提效能，政府建设持续加强。扎实开展“两学一做”学习教育、“不忘初心、牢记使命”主题教育、党史学习教育，从严从实抓好省委巡视和审计整改，省委“七张问题清单”整改深入推进，政府系统党的建设全面加强。健全完善每周钉督、市长交办单、“十条军规”正反典型通报等抓落实机制，形成双回路闭环体系。全国基层政务公开标准化规范化试点通过国家级验收并获全省优秀。乡村振兴、脱贫攻坚等6项工作获省政府督查激励。强化脑勤腿勤、向上对接，累计争取资金245.1亿元、土地指标1.3万亩。财政绩效管理工作连续三年位列全国百强。成功创建全国法治先进县、全国“七五”普法先进县、省首批法治政府建设示范县。主动接受人大法律监督和政协民主监督，累计办理人大议案建议1704件、政协提案1292件。严守政治纪律、政治规矩，驰而不息纠治“四风”，保持了风清气正的政治生态。全面实施“两专工程”，在城乡征迁、村社换届、耕地“非粮化”整治、土地整治等“大战大考”中锻炼、培养干部，“想干事、能干事、干成事”成为强烈共识。

各位代表，五年成绩硕果累累，2021年可圈可点。这一年是“十四五”开局之年，我们以“开局就是决战、起步就要冲刺”的状态，全力以赴推进各项工作。一是打好产业培育突破战。时尚门业智能家居列入省“一县一策”试点，“轻量化智改+样本化推广”智能制造新模式全省推广，门业产业集群入选省产业集群新智造试点。8家企业入选省“专精特新”中小企业名单。新能源产业布局实现重大突破，江东化工园区征迁15天即完成444户签约“清零”，征收土地1114.5亩，总投资近25亿元的研一（二期）锂盐项目从决策到动工仅耗时40天。70家企业进驻数字消防创新大厦，实现营收2.4亿元。二是打好项目推进攻坚战。建立“四个一”项目推进机制，开展“金牛奖”“蜗牛奖”评比，常态化推行市领导每周督查项目机制，固投增长10.7%，天际未来工厂、双氧水技改等项目开工建设。迭代升级招商打法，新引进亿元以上项目41个，其中10亿元以上项目5个。吉成智能制造产业园、浙江交通安全设施产业园、坚膜科技、芯岛晶圆载具、超重力产业化应用等重大产业项目落地。三是打好城乡品质提升战。实施城市管理“6项治乱+4项提升”专项行动，江滨二区等9个老旧小区基本完成改造，防盗窗改造惠及3922户，中山路等8条道路完成综合改造。周家青、通禄门、乌木山社区列入省未来社区创建名单。启动全国文明城市创建。“衢州有礼”诗画风光带完成投资20.9亿元，城市花园门户示范段初具雏形。大陈古村获评国家AAAA级旅游景区。江郎山入选省十大名山公园。大陈未来乡村建成投用。四是打好改革赋能争先战。数字化改革走在全省前列，“智慧助残”应用入选全省数字化改革最佳应用。基层公权力大数据监督平台等16个应用场景纳入“揭榜挂帅”名单。一体化智能化公共数据平台建设跻身全省15强。“县乡一体、条抓块统”改革深入破题，“清湖模式”获省委主要领导肯定。农村宅基地制度改革有序推进，盘活利用农房及宅基地2000余宗、发放农房抵押贷款220万元。

同时，政府咨询、公共资源交易、供销、外事侨务、台湾事务、国防动员、民族宗教、工会、妇女、儿童、青少年、通信、慈善、消防、红十字等事业都得到了新发展。

各位代表！回望过去的岁月，我们上下同欲、干群同心，共克时艰、砥砺奋进，点点滴滴、历历在目。奋斗的足迹记录历史的荣光，每一位逆行者都值得铭记，每一位奋斗者都值得尊敬，每一位追梦人都值得点赞！在此，我谨代表市人民政府，向所有关心、支持、参与江山建设，为江山发展付出心血和汗水的同志们、朋友们表示衷心的感谢，并致以崇高的敬意！

在肯定成绩的同时，我们也清醒地认识到，经济社会发展和政府工作仍然存在不少困难和问题。主要表现在：一是产业层次不高，结构调整较慢，重大产业项目储备不足，平台支撑不强，创新能力偏弱；二是基础设施欠账较多，中心城区品质亟待提升，群众关注的教育、医疗、住房、养老等还有不少短板；三是土地、能耗、资金、人才等要素保障瓶颈依然突出，安全生产、疫情防控、应急管理等方面仍需加强；四是少数干部精气神、“两专”能力不足，争先领跑、担当作为意识有待提升，部门间团结协作有待加强，“四风”问题和腐败现象仍有发生。对此，我们将高度重视，采取有力措施，切实加快解决。

新一届政府主要目标任务

今后五年，是江山加快转型发展、实现赶超跨越的关键期和机遇期。随着碳达峰碳中和上升为国家战略、全省超常规支持省山区26个县跨越式高质量发展推动共同富裕，我们必将面临发展理念、发展方式和发展路径的重大转变，迎来更多的政策红利、发展机遇。我们必须因势而动、顺势而为、乘势而上，奋力书写江山跨越式高质量发展新篇章。

十七届市政府工作的指导思想和总体要求是：以习近平新时代中国特色社会主义思想为指导，深入学习贯彻中共十九大和十九届历次全会精神，忠实践行“八八战略”、深化落实“八个嘱托”，围绕市第十五次党代会决策部署，提振信心、实干担当、奋力攻坚，确保衢州当龙头、全省争上游，争当跨越式高质量发展共同富裕排头兵，努力绘就“江山如此多娇”新画卷。

各位代表，市第十五次党代会擘画了多娇江山的新蓝图，吹响了争先进位的冲锋号。启航新征程，奋进正当时！我们必须大干快干拼命干，实干巧干争先干，干出一番新天地、干出一股精气神、干出一片喝彩声，力争一年一台阶、五年大跨越，全力打造“六个新江山”：

一是重振工业雄风。力争通过五年持续奋斗，再造一个江山工业，规上工业总产值、增加值分别突破700亿元、160亿元，规上工业亩均税收达到28万元。紧盯培大育强，大力实施“1122工程”，培育挂牌上市企业11家、10亿级以上企业20家、百亿级企业2家。紧盯招大引强，围绕时尚门业智能家居、智慧能源装备两大重点产业，数字消防、健康生活、新材料三大新兴产业开展上下游项目招引，力争引进亿元以上项目160个，其中10亿元以上项目30个。全面实现水泥行业优化升级。紧盯平台赋能，每年滚动开发2000亩工业熟地，重点破题用能、用工等难题，江山高级技工学校打造万人技师学院，构建“一区一园一院三体N中心”的科创格局，打造4平方公里特色生态产业平台，开发区力争跻身全省24强。

二是重塑城乡风貌。要做到“集中发力”而不“全域开花”，“超品质”而不“超规模”，全面开展城乡风貌示范区创建。统筹打好老城有机更新、新城赋能、公共服务提升等“组合拳”。城东新城初具雏形。完成市区所有老旧小区综合改造，新增老火车站广场商业综合体、通禄门未来社区、风情鹿溪等城市新风景线，让更多年轻人扎根江山、爱上江山。进一步建设幸福乡村，打造“衢州有礼”诗画风光带，推进“一县一园”、标杆村、未来乡村建设和产业发展，创建一批美丽城镇省级样板镇，让乡村成为令人向往的诗和远方。深化农村宅基地制度改革，统筹推进村庄搬迁、人口集聚，激活农村沉睡资产，助推强村富民，确保年经营性收入50万元行政村达50%以上。

三是重构开放格局。突出交通先导，开通杭衢高铁（江山段）、甬金衢上高速，建成江玉公路、桑淤大桥、清湖大桥、205国道峡口段外移等项目，深化衢南铁路、江山江航道、江衢快速路、缙云至江山高速、江遂公路等项目前期，全力构建三省边际县级交通枢纽、大通道浙西南门户黄金节点。抢抓省山区26个县跨越式高质量发展、长三角一体化、省“四大建设”、山海协作工程升级版等重大机遇，立足三省边际区位优势，运营好产业飞地、消薄飞地、科创飞地，推进产业链、创新链深度融合、协同创新。

四是重整发展方式。推动生产生活方式低碳绿色转型，高质量推进碳达峰碳中和行动。启动抽水蓄能电站和张村水库建设，深化碳账户改革，推进低碳农场、牧场、林场等改革，单位国内生产总值能耗下降17%。深化“两山银行”建设，构建完善GEP核算、应用体系，健全生态产品价值实现机制。强化环境综合治理，全方位抓好治水、治气、治土、治废，城区PM2.5平均浓度小于32微克/立方米，城区空气优良天数比例达95%以上，出境水断面水质稳定达到Ⅱ类，力夺大禹鼎金鼎，全域建成“无废城市”，成功创建国家级生态文明建设示范县。统筹推进生态保护修复，制止耕地“非农化”，防止耕地“非粮化”。推进土地整治和基本农田连片整治千亩方万亩方工程，确保整治土地5万亩以上，深化“森林江山”建设和生物多样性保护，创建仙霞岭国家级自然保护区。

五是重树文化文明。以全国文明城市创建为引领，深化推进新时代文明实践中心建设、全域文明创建、公民道德建设、最美系列评选，进一步打响“衢州有礼·锦绣江山”城市品牌。全面实施新时代文化江山工程，推动

"4+1"区域特色文化创新转化，挖掘壮大西砚、婺剧等经典文化产业，全面提升区域文化软实力。积极融入浙皖闽赣国家生态旅游协作区、衢黄南饶"联盟花园"，加快创建江郎山国家级旅游度假区，创成江郎山·廿八都旅游区千万级核心景区，推进仙霞古道、清湖古镇、红岩顶江浦旧址等文旅项目建设，打造非遗活化、美丽乡村、红色记忆等文旅融合"金名片"。持续打响"学在江山""健康江山""运动江山"等品牌，争创全国义务教育优质均衡县、学前教育普及普惠县、省体育现代化县，打造三省边际县域医疗高地。

六是重组治理模式。深入推进"县乡一体、条抓块统"改革、"152""141"体系衔接贯通，深化"网格+"治理模式，全力提升"清湖模式"，迭代升级多跨应用场景，全面推进县域治理体系、治理能力现代化。深化平安江山建设，常态化抓好安全生产、疫情防控、信访稳定、扫黑除恶等工作，力夺"一星平安金鼎"，争创新一轮国家、省双拥模范城。纵深推进法治江山建设，全面开展"八五"普法，争创全国法治政府建设示范县，全力营造和谐稳定的社会环境。

各位代表！蓝图变现实，愿景变实景，关键在落实。具体工作中，要做到"五个坚定"：

一是坚定争先进位、赶超跨越。精气神是生产力，快发展是硬道理。要坚持"新江山要有新追求"，紧扣"衢州当龙头、全省争上游"目标，实现各项工作在衢州抢第一、创唯一，省山区26个县综合考核和工业经济增速排名在全省争上游、走前列。思路决定出路、格局决定结局。要不破法规破常规，全力突围、换道超车，敢教日月换新天、干出美好新江山。

二是坚定产业为王、工业强市。工业振兴是江山人的夙愿，实干兴业是江山人的天性。要把江山人实打实的性格、硬碰硬的个性、直对直的秉性转化为大抓产业的强大动能，为实现共同富裕注入最大增量。要旗帜鲜明唱响工业强市主旋律，抢抓省"一县一策"试点政策窗口期，举全市之力推进江山工业全面振兴。

三是坚定系统观念、重点突破。既要统筹兼顾、全面推进，又要突出重点、以点带面。要强化系统整合，以全局全域视野构建指标体系、工作体系、政策体系、评价体系，防止头痛医头、脚痛医脚，避免政府工作零敲碎打。要突出问题导向，集中优势兵力，集聚各类要素，着力破解产业升级、平台能级、城市品质、国资改革等事关江山长远发展的大事要事难事。

四是坚定开放创新、改革赋能。改革创新是动力源，开放合作是加速器。要强化沿海意识、开放意识、创新意识，全力对接长三角创新和资金要素、内陆自然和劳动力资源，吸引吸附、借势借力推动江山高质量发展。要突出改革赋能，破除因循守旧的思维定势，摒弃经验主导的路径依赖，以数字化改革引领撬动各领域各方面改革，全力破除体制机制障碍。

五是坚定民生为先、除险保安。江山就是人民，人民就是江山。共同富裕的路上一个都不能少。民生"关键小事"，件件都是"头等大事"，要把群众"表情包"当成我们工作的"晴雨表"，努力让群众看到变化、得到实惠。要坚持底线思维，防控重大风险，全面提升本质安全水平，保持社会大局平安稳定。

2022年主要工作安排

各位代表，2022年是新一届政府开局之年。我们将以新的状态、新的作为，深入推进共同富裕示范区建设，以优异成绩迎接中共二十大胜利召开。

全市经济社会发展的主要预期目标为:地区生产总值增长8.5%以上；一般公共预算收入增长11%；固定资产投资增长10%；社会消费品零售总额增长8%左右；城乡居民人均可支配收入分别增

长9%、10%；城镇登记失业率控制在3.5%以内；单位生产总值能耗确保完成上级下达目标任务。

一、突出产业为王、工业强市，高质量推进共同富裕

营造全市上下抓工业、抓制造业、抓实体经济，尊重企业家的浓厚氛围，滚动实施工业强市九大专项行动，筑牢稳增长基本盘。

推进培大育强。实施主导产业培育行动，激发本地企业内生动力，推动产业延链、产能扩张。积极推动时尚门业智能家居产业融入全省智能家居产业链、智慧能源装备产业融入衢州新材料标志性产业链，重点推进研一新能源、绿色智能数字化新材料、金石资源、天际未来工厂、芯岛（二期）等项目，力争两大主导产业规上总产值达到205亿元。实施“雄鹰行动”，重点扶持20家目标企业，推动研一新能源、浙交金属等企业产值突破10亿元。实施“雏鹰行动”，深化新一轮科技企业“双倍增”行动，新增高新技术企业17家、科技型中小企业42家以上。实现“小升规”30家以上，支持科力争创国家专精特新“小巨人”，科润、为康制药争创省“隐形冠军”。实施企业家培育行动，对领军型、科技型、成长型、初创型企业家分类培育，滚动推出融资服务、专精特新、风险管理等主题培训，营造尊重企业家、支持企业家、关爱企业家的浓厚氛围。实施惠企助企行动，用心、用情、用力服务企业，出台“工业新政十条”，重点破解企业用工、子女就学等难题。全面落实上级组合式减税降费措施，确保综合融资成本稳中有降，以真金白银换企业轻装上阵。持续擦亮营商环境“金名片”，抓实企业服务、清障行动、政企协商等载体，让企业家潜心抓创新、安心搞经营、放心办企业。

推进招大引强。坚持招商引资“一把手工程”不动摇。完善市领导挂联服务招商大项目机制，优化项目流转、研判、决策流程，用好“招商在线”系统，健全“招商—落地”链条式管理机制。构建经济部门主力招商、招商员专职招商、企业以商招商、寓外乡贤协助招商等立体多维的招商体系。深化专职招商“百人团”机制，建立以实绩论英雄导向，探索成立新能源材料、消防应急产业小组。形成“专业抓洽谈、平台抓落地”招商格局，突出产业链精准招商，加快研一（三期）、万里扬独立储能电站、浙江交通安全设施产业园（二期）、杭州热威电加热器产业园、金华金氟隆高端化工装备等龙头型、成长型项目落地。力争全年新引进亿元以上项目35个，其中50亿元以上项目1个、20亿元以上项目3个、10亿元以上项目7个。

推进平台提升。坚持开发区主平台不动摇，全面提升平台承载力、吸引力、竞争力，力争跻身省级经济开发区30强。抓空间拓展。完成江东化工园区“园中村”444户搬迁、36家非化企业腾退、15家低效企业收储，启动江贺经济走廊工业用地有机更新，腾出工业用地1800亩以上。加快莲华山园区礼贤、朱坞垄、松毛岗和城南工业园荷塘等区块2000亩土地征收。抓配套提升。推进莲华山工业园与贺村、江东化工园与上余及城北新城、城南工业园与城南新城融合发展。建设城南、莲华山、江东产业邻里中心、双创中心、污水处理厂、贺村新城中学，加快高新东路延伸、电镀中心等生产生活性配套项目建设。抓平台整合。推进乡镇功能平台提升提质，四都围绕承接江东化工园区非化腾退企业拓空间，贺村、峡口等功能区通过整治提质优空间。加快小微园区建设，江贺公路沿线布局建设科创型、初创型数字化产业小微园，建成吉成、安通等小微园，新增面积21万平方米以上。

推进企业上市。开展新一轮“凤凰行动”，抢抓北交所设立重大机遇，聘请券商为目标企业提供专业研判，量身定制上市路径和方案。加大对企业股改、募投项目、上市融资、人才引进、并购重组等方面扶持力度，确保能耗、土地等资源要素优先向上市

公司倾斜，营造“想上市、谋上市、争上市”的浓厚氛围。全面落实“一企一策”、企业股改“绿色通道”等，建立企业保护容错机制，着力降低企业规范成本。推动科润在北交所上市，三禾生物进入创新层，科力等4家企业进行股改，天际进入辅导期。

推进质量变革。力争规上工业亩均税收达到17.1万元，同比增长18%以上，亩均增加值达到88.5万元，规上制造业全员劳动生产率达到22万元/人。实施数字化改造行动，全面推广“6250轻量化智改+样本化推广”模式，推进天际、欧派未来工厂建设，鼓励开洋、科力、科润争创省级智能工厂，力争实施智能制造项目70个，轻量化智改项目30个以上，规上企业数字化改造覆盖率70%以上。实施新一轮“腾笼换鸟、凤凰涅槃”攻坚行动，盘活供地两年以上未达到约定投资强度或已供未用空闲土地500亩以上。开展化工、塑胶等行业整治，力争关停化工企业12家以上，整治提升塑胶企业200家以上。实施“品牌建设”行动，新增“浙江制造”标准3个以上、“品字标”认证企业2家以上，建立省级知识产权公共服务网点，引进3家知识产权服务机构。

二、突出城市赋能、能级提升，高品质推进共同富裕

加快重塑城市风貌，着力优化空间布局、基础设施、功能品质，推动内涵式发展、精细化管理、人性化服务，全面提升城市能级。

有序更新老城。合理安排项目建设时序，做到早完工、强管理、少扰民。持续推进老旧小区改造三年行动，完成民声、县前、城南（二期）3个片区改造。实施道路综合改造工程，完成解放路、礼贤路、江滨北路等6条中心城区道路综合改造。启动江滨路下穿城中路地下通道、江山二中地下停车接送系统建设。开展江滨路、双塔底、老虎山等节点微改造。加快老火车站广场商业综合体、通禄门和乌木山未来社区建设。完成城中片区基础设施配套建设、大修新村、江滨路江汇电器等片区征迁，探索启动航埠山、中秋桥、环城南路与鹿溪南路周边等老城区地块竞争性征收，谋划启动凝秀南路等安置房建设。

加速打造新城。抢抓城市跨江东进历史性机遇，实施景星东路东延伸、江东大道南延伸、凯旋路综合路网，江东一街、二街雨污分流改造等基础设施建设，完成城东万人安置小区形象进度30%，开展市民服务中心搬盘整合工作前期。打造城北科创基地，加快迎宾入城口、火车站房改扩建、城北保障房进度，建设数字经济产业园，打造未来科创金融中心。启动城南邻里中心、农民集聚安居工程建设，加快城南商业综合体建设，完成城南安置公寓楼（一期）。完善跨江通道，加快建设桑淤大桥，拼宽江山大桥，改建清湖大桥。

精细管理城市。以绣花功夫抓好城市精细化管理，让城市运行更具韧性、更加高效、更有温度，打造一座“最有礼的城市”。打好全国文明城市创建、国卫复审、城市治乱等组合拳，完成南门、县前、民声片区防盗窗整治，做好“线乱拉”、背街小巷整治等，下大力气治理违停、违建、毁绿乱象，重塑城市风貌。结合老旧小区改造，布局共享晾晒区等公共服务空间，增设电动自行车充电桩500个。加快红色物业联盟、社区社会组织、“邻礼通”建设，激发市民主人翁意识，构建城市“共建共治共享”新格局。推进城市管理数字化，投运“智慧城管”，强化“办公地点在路上”，做实做细“网格+执法”，提高路面见警率、见勤率。

繁荣城市经济。做好总部经济培育文章，加快江山虎总部大楼建设、欧派总部大楼落地，支持永利百合、研一等企业建设总部大楼。加强电商总部、运营中心、分拨中心、结算中心等项目招引，力争招引电商总部项目3个，网络零售额增长20%以上。盘活消防安保城、万商城，加快

二手车交易市场发展。创建数字生活新服务样板县，谋划建设数字生活经济产业园。实施城市夜间经济培育工程，建设解放路、鹿溪路等特色商业网红街区，争创AAAA级景区城。

三、突出乡村振兴、缩小差距，高水平推进共同富裕

围绕农业高质高效、乡村宜居宜业、农民富裕富足，打造共同富裕大场景下乡村振兴标志性成果。

实施农业“双强”行动。组织实施新品种推广、农业技术攻关项目6个，发挥科技特派员服务基层长效机制，扶持建设农业科技园区、星创天地等平台，促进科技与产业深度融合。推进集中连片土地流转5000亩以上，加大对丘陵山区机耕路和排水渠道的建设力度，因地制宜推进猕猴桃等园地宜机化改造，加快农机“一县三基地”建设。毫不松懈抓好粮食和重要农产品生产供应，启动粮食水源安全保障工程。做大做强“3+X”特色产业，推进君缘食用菌、汇农蛋鸡、天蓬种猪、胚芽米等产业园建设，新建湖羊全产业链，办好全国蜂业两会。支持推广工业化循环水养鱼、顶尖大闸蟹等新模式新业态。推进农业强镇建设，大桥创成国家级水稻产业强镇，保安争创茶叶产业强乡。强化品牌引领，做好“江山味道”品牌运营，争创1个地域品牌，抓好4个地域品牌、3个国家地理标志农产品营销推广。

实施乡村建设行动。持续推进“衢州有礼”诗画风光带示范段、标杆村建设，加快清湖古镇、大夫第田园综合体项目落地，春风江山商业街、民宿集群开业运营。完成江山港流域综合治理工程6个标段、15公里河道治理，加快建设惠及全市人民的幸福水网。扎实推进农村人居环境整治，开展“清溪锁钥”“仙霞探古”全省首批城乡风貌示范样板区建设。深化新时代美丽乡村“微改造、精提升”行动，争创新时代美丽乡村52个、新时代中国幸福乡村25个，争创省新时代美丽乡村标杆县。持续开展农民建房服务管理和农村特色风貌提升工作，完善农民建房“一件事”。推进凤里、浔里、大陈、广渡4个历史文化传统村落保护利用重点村工作。持续推进江郎山、枫石、大陈3个未来乡村建设，新启动3个未来乡村建设，争列第二批省级试点2个。

实施扩中提低行动。开展共同富裕示范点、示范体、示范带建设，建立健全小农户与现代农业优势互补、利益共享的联结机制，积极推广“菜单式”扶持项目，继续扩面实施雨露计划、低收入农户医疗补充政策性保险，增设公益性岗位300个，稳步提高低保标准，全面消除家庭人均年收入1万元以下群体，确保农村居民和低收入农户人均可支配收入增幅分别达11%、13%。实施农民集聚安居工程，加快贺村、峡口、城南三个万人集聚区建设。深化实施村集体经济巩固提升行动，大力推进“飞地抱团”，鼓励组建“强村公司”，扶持兴建标准厂房、农贸市场、光伏发电等经营性物业项目，实现所有行政村经营性收入达20万元以上。

四、突出改革破题、开放创新，高效能推进共同富裕

以全面深化改革激活江山发展潜能，向改革要红利、向试点要效益、向开放要活力，全力破解影响发展的体制机制障碍。

深化重大改革。持续深化数字化改革，加快公共数据平台、改革门户、智慧警务（三期）等续建项目建设，“智慧助残”应用争创改革突破奖，争列省级最佳应用1个、“一本账”项目2个以上。深化国资改革，与央企、省属国企加强产业、创新合作，拓展光伏、储能等经营性业务，力争经营性业务收入增长50%以上，全年融资40亿元以上。全市推广全国农村宅基地制度改革，大力实施农村综合改革集成项目，完善人口集聚、两进两回、金融赋能、数字宅改配套政策，带动农户抵押500余户，健全农村宅基地全流程数字化管控机制。

深化对外开放。杭衢高铁江山段主线完成形象进度90%，迎宾大道西延伸建成通车。启动甬金衢上高速、江玉公路、205国道峡口段外移建设。深化江衢快速路、江山江航道、315省道外移、浙闽赣边际交通服务集聚区等前期。深入推进新一轮山海协作，打造江山—柯桥"产业飞地"，加快智能家居整装生产基地、一汽四环发电机制造等项目建设，推动光学级功能性膜材料制造项目落地。打造江山—钱塘"特色生态产业平台"，加快新兴产业项目招引。开展外贸提档升级百亿行动，推进龙头培育、外资招引、外贸回归，力争实现外贸进出口总额51亿元、增长20%以上。

深化科技创新。申报省企业研究院1家，新增省级研发中心1家以上、衢州市工程技术研发中心4家以上。申报省"双尖双领"重大关键核心技术攻关项目、重大引领性项目2项以上，衢州市竞争性攻关、指导性攻关项目各5项以上，力争立项省级、衢州市级各类科技计划项目各1项以上。启动建设国家数字消防产品质量监督检验中心。继续实施规上企业研发经费"清零"行动，力争有研发经费的规上企业达75%以上，全年规上企业研发经费投入达14亿以上，R&D经费支出占国内生产总值比重达2.1%。

五、突出绿色低碳、生态转化，高层次推进共同富裕

深入践行"绿水青山就是金山银山"理念，严守生态保护红线、环境质量底线、资源利用上线，让绿色低碳成为江山最鲜明的城市特色和发展优势。

推进节能降碳。抢抓碳达峰"窗口期"，编制实施碳达峰及重点领域行动方案，严控高耗能项目，开展生产方式绿色低碳循环化改造，争创衢州市级绿色低碳工厂4个。推动能源结构调整，严控煤炭消费总量，积极发展光伏等可再生能源，新增光伏装机15万千瓦。加快抽水蓄能电站前期，促进新能源消纳，可再生能源消费占22%以上。全力推进"碳账户"改革，持续深化"低碳牧场"、健盛针织品碳足迹应用场景试点，探索形成科学合理的碳账户建设指标体系。实施重点行业碳排放强度分类管理，全面开展"零碳"示范点创建，规范碳中和抵消机制。

提升生态品质。全面完成中央、省委生态环保督察交办件整改、销号。打好治水长效战，确保出境水水质稳定达到Ⅱ类水标准，创建省"美丽河湖"1条，创成全省"五水共治"工作优秀县，再夺"大禹鼎"银鼎。打好治气攻坚战，抓好道路保洁抑尘、工地扬尘、工业废气治理，确保空气质量优良率达93%以上。打好治土持久战，推进工业固废综合利用项目建设，基本建成一般工业固废收运体系，实施涉废企业网格化管理，迁建再生资源分拣中心，争创国家级生态文明示范县、省"无废城市"。

促进两山转化。与省国贸集团合作设立1亿元乡村振兴发展基金，探索两山转化新路径。深入推进"两山银行"试点改革，争取政策性银行贷款8亿元，完善生态共富标准地开发运营机制，谋划建设一批夯土房民宿集群。完善规划布点方案，收储光伏载体用地资源5000亩以上，实施华电上余光伏生态产业园、大唐林光互补光储一体化示范项目。开展全域旅游共富工程，争创5家省高等级民宿、省文化主题民宿，创成江郎山省级旅游度假区。编制完成国土空间总体规划，全面落实以"三线一单"为核心的生态分区管控，坚决遏制耕地"非粮化"，确保整治土地1万亩以上。

六、突出共建共享、民生提档，高标准推进共同富裕

聚焦以人为核心的共同富裕，尽力而为、量力而行，持续提高公共服务供给质量，不断增强人民群众获得感、幸福感、安全感。

夯实社会保障。高质量完成十大民生实事项目。加快构建以基本医疗保险为主体、医疗救助

绿色环保生态家园(2021年)

为托底、商业医疗保险为补充的高质量医疗保障体系。全力帮扶重点群体就业。完成殡仪馆改造和灵山公墓建设。扎实开展全省婚俗改革试点工作，推进惠民殡葬改革提质扩面。全面开展退役军人、优抚对象优待证办理，加快江山烈士纪念馆和烈士陵园改造提升工程建设。争创“中国长寿之乡”，实施养老服务提质提标工程，完成峡口、石门敬老院改扩建，积极引进民营团队参与养老服务。建成城市社区共享食堂5个以上，完成增量困难老年人家庭适老化改造。建设育儿友好型城市，完善婴幼儿托育服务体系，让普通家庭想生、敢生、愿生。重视发挥慈善第三次分配的作用，积极发展公益慈善组织，开展“慈善一日捐”等活动，支持慈善事业发展。

打响民生品牌。持续打响“学在江山”品牌，加快学前教育补短，城南安置小区、上余、长台、石门等幼儿园建成投用，黄陈清华园小区、城南毛墩地块小区、城东新城安置房地块幼儿园完成主体建设，力争公办园、普惠园覆盖面分别保持在40%、90%以上。加快江山观成实验学校、廿八都未来乡村小学建设。优化城北片区义务教育学区调整。继续落实好“双减”政策。打响“健康江山”品牌，坚持“外防输入、内防反弹”，慎终如始做好常态化疫情防控，全面提升“八大能力”，牢牢守住“四条底线”。确保人民医院成功创建“三乙”医院。开工建设人民医院迁建工程，加快第三人民医院建设。深化医联体、医共体建设，加强村卫生室规范化建设。打响“运动江山”品牌，实施全民健身提升工程，打造国家举重训练基地。承办省第三届生态运动会等大型赛事。力争虎山运动公园、文化艺术中心二期、档案馆迁建、江东邻里中心等项目竣工投用。

打造文化高地。全面实施新时代文化江山工程“1366”发展体系。推动特色文化传承保护，实施重点文物系统保护、城市记忆、文化研究三大工程，加快廿八都国际非遗活化博览园等项目建设。推进传统婺剧传承发展，完成传统婺剧《清漾曲》首演。加强“四馆一院”、文化站、南孔书屋、农村文化礼堂等公共文化阵地建设，打造“15分钟品质文化生活圈”。实施文化标识资源普查，加快建设“清漾毛氏”文化标识。以列入省旅游业“微改造、精提升”试点县为契机，加快项目建设、节点改造，力争进入全省前20。

提升治理水平。常态化抓好“七张问题清单”整改。严格落实安全生产责任制，切实守住信访稳定、安全生产、生态环保、防汛抗旱等红线，坚决遏制重特大安全事故发生，护航冬奥会、亚运会，争创平安江山“十二连冠”。常态化推进扫黑除恶斗争。防范企业“两链”风险，加大化旧控新力度，确保不发生系统性金融风险，创建全国社会信用体系建设示范区。扎实推进全国高质量气象现代化建设先行试点。争创省食品安全示范市。推进“县乡一体、条抓块统”改革，加快“152”“141”体系衔接贯通，全面推广“清湖模式”。

加强政府自身建设

各位代表，新形势、新任务对政府自身建设提出了更高要求。我们将始终以数字化改革赋能现代化先行，以“两勤两专”提升政府执行力，以赶考的心态、赶超的状态，增强忧患意识、强化担当精神，全力打造“整体智治、唯实惟先”的现代政府、人民满意政府。

铸忠诚之“魂”。自觉用习近平新时代中国特色社会主义思想武装头脑、指导实践、推动工作，坚决做“两个确立”忠诚拥护者、“两个维护”示范引领者。坚持党对一切工作的领导，只要是市委决定的事，只要是对江山加快发展有利的事，只要是群众关注的民生实事，政府都将坚定不移抓执行、抓落地。

增干事之“能”。困难面前有我们，我们面前没困难。全面实施“两专工程”，全力向上争项目、争政策、争资金、争试点，用我们的奋斗指数换江山的发展指数、百姓的幸福指数。推行政府专题学习会制度，推动干部到招商引资、项目攻坚等一线历练，全面提升干部队伍学习能力、对话能力、创新能力、实操能力。

优行政之“效”。抓而不紧，等于不抓；抓而不实，等于白抓。要健全政府工作抓落实体系，层层压实责任，让“躺平式干部”躺不住，让混日子干部没市场。要加强整体政府建设，打破条块分割、各自为政，明确牵头部门、责任部门职责边界，破解牵而不统、统而不实问题，推动部门间高效协同办公，防止“内卷”。

严法治之“纲”。深入学习贯彻习近平法治思想，牢固树立法治思维、法治意识，把政府行为全面纳入法治轨道。高标准实施“八五”普法，坚持依法科学民主决策，全面推进法治政府建设。依法接受人大监督，自觉接受政协民主监督，加强审计监督、司法监督、统计监督、舆论监督。

守廉洁之“纪”。认真履行全面从严治党主体责任和“一岗双责”，推动政府系统全面从严治党向纵深推进。加强财政绩效管理，严控“三公”经费和一般性支出，以政府过“紧日子”保障群众过“好日子”。加强巡视巡察审计结果运用，完善公共资源交易等重点领域的廉政风险管控机制，永葆为民务实清廉的政治本色。

各位代表，生逢伟大时代，肩负使命担当，唯有不懈奋斗，方能勇毅前行！让我们更加紧密地团结在以习近平同志为核心的党中央周围，在市委的坚强领导下，在市人大、政协的监督支持下，团结和依靠全市人民的智慧和力量，迎着挑战上、顶着压力闯、奔着目标干、用尽全力拼，为实现“衢州当龙头、全省争上游，争当跨越式高质量发展共同富裕排头兵”而努力奋斗！

专　　辑

江山衢州当龙头　全省争上游

奋力争当跨越式高质量发展共同富裕排头兵

江郎山（2021 年）

江山如此多娇，引无数儿女竞相为之奋斗不已。从融入市域一体，到深化山海协作，再到全面部署实施“融衢接杭”战略举措；从“最多跑一次”改革带来政府数字化转型先发优势，到数字化改革推动质量变革、效率变革、动力变革；从“学在江山”“健康江山”“文化江山”品牌进一步打响，到平安建设实现“十二连冠”，再到疫情防控取得阶段性胜利；从全域推进“污水零直排区”建设，两夺“大禹鼎”银鼎，到成功创建国家级生态示范区、国家森林城市、省级生态文明建设示范县；从高质量打赢脱贫攻坚战，城乡居民收入比缩小至 1.83∶1，到统筹疫情防控和经济社会发展“两手抓、两战赢”，地区生产总值跃上 300 亿元台阶，财政总收入预计突破 40 亿元，三年两夺省 26 个县发展实绩考核第一名……过去的五年，江山人民奋力拼搏，圆满完成江山市第十四次党代会确定的主要目标任务，胜利实现高水平全面建成小康社会的奋斗目标。

未来五年是江山实现跨越赶超最为重要、最为关键的时期。面对新使命、新机遇、新节点，江山将以全新的姿态、奔跑的状态，扛起新使命、抢抓新机遇、奋进新起点，聚焦工业、大抓产业、狠抓城乡建设；努力打造产业高端集群、工业经济全面振兴的新江山，打造城市现代大气、百姓诗意栖居的新江山，打造区域协作开放、融入衢杭一体发展的新江山，打造生态绿色美丽、天蓝地绿水清的新江山，打造文明有礼彰显、文旅融合发展的新江山，打造党建统领整体智治、社会和谐安定的新江山；以一往无前的奋斗姿态、风雨无阻的精神状态，拉高标杆、乘势而上、实干争先，全力谱写“衢州当龙头、全省争上游，奋力争当跨越式高质量发展共同富裕排头兵”的华美篇章。

聚力工业强市　推动经济高质量发展

江山实现跨越赶超希望在工业，关键在工业。要旗帜鲜明唱响“产业为王、工业强市”主旋律，营造全市上下抓工业、抓制造业、抓实体经济的浓厚氛围，全力实现工业经济五年倍增。

一是打造产业链集群。抢抓列入省第二批“一县一策”试点的政策窗口期，确保研一新材料、欧派特种门窗、交通安全设施等重大产业园项目建成投产，全力打造时尚门业智能家居和智慧能源装备两大重点产业链集群。高标准完成南方水泥绿色建材产业园等重大产业项目，推动建材等传统产业转型升级。顺应产业发展趋势，加快培育数字消防、健康生活、新材料三大新兴产业。

二是打造高能级产业平台。强化“一主三副”平台架构，突出经济开发区主平台地位，全力完成江东化工园区“园中村”等重点区块搬迁，打造4平方公里特色生态产业平台；全面完成江贺公路土地有机更新和整治提升拆迁攻坚，确保盘活存量用地6000亩。

三是打造“链主型”企业队伍。狠抓培大育强，深入开展营商环境“清障”行动，深化健全政企沟通机制，倾心倾力解决企业用工、融资、物流等难点堵点问题，让企业“轻装前行”。大力实施“1122 工程”，力争培育 11 家挂牌上市企业，20 家 10 亿元以上企业，2 家百亿产值企业。狠抓招大引强，深化专职招商“百人团”、基金招商、飞地招商、产业园招商等新机制、新模式，发挥在外优秀乡贤力量，全力做好江山人经济转化文章，尽可能招大商招好商招“链主”。

四是打造产业创新转型高地。借力衢州市的浙大两院、成都电子科大和中试基地等科技创新资源，加大科技投入，加快创新主体培育，力争高新技术企业、科技型中小企业数实现翻番。大力推进智能制造提质扩面，以木门行业“轻量化智改+样本化推广”模式为突破口，推动企业向智能工厂、未来工厂升级，力争实现规上工业企业数字化改造全覆盖。抓牢“亩均论英雄”改革，统筹打好“腾笼换鸟、凤凰涅槃”行动、“十类地”综合处置、“两高一低”企业整治等组合拳。

同时，抢抓省域一体化、长

智能车间（2021 年）

航拍江山（2021 年）

三角一体化发展的重大机遇，打通综合交通通道、政策资源通道和区域协作通道，走出去、融进去，加快融入新发展格局，在城市群、都市圈的竞合大潮中抢得更多发展先机。

建设全域美丽大花园 筑牢文化之魂

绿色是江山最厚实、最靓丽的底色。江山将深入践行“绿水青山就是金山银山”理念，一方面强化综合治理，塑造“环境美”。全面推进“幸福河湖”建设，完成污水处理厂清洁排放改造，推进工业园区、生活小区、镇（街）污水零直排区全覆盖。坚持铁腕治污，全面推进挥发性有机物与氮氧化物协同减排。严格落实禁限塑制度，实施固体废物全过程闭环管理，全域建成“无废城市”。另外一方面，统筹保护修复，守护“自然美”。全面落实“三线一单”为核心的生态环境分区管控，严守生态保护红线，加快构建以江郎山世界自然遗产为主体的自然保护地体系。推进土地整治和基本农田连片整治千亩方万亩方工程，坚决遏制耕地“非农化”，严格管控“非粮化”。加快“森林江山”建设，落实新增百万亩国土绿化行动、千万亩森林质量精准提升工程，全面推行绿色矿山创建。三是倡导绿色低碳，共创“家园美”。推动生产生活方式绿色转型，高质量落实碳达峰碳中和行动。聚焦工业、建筑等六大重点领域，加快能源结构调整，推进企业绿色低碳技改。加大“双碳”场景应用，全力争创“零碳县”。充分发挥“两山银行”平台公司作用，构建完善 GEP 核算、应用体系，以“生态账户”“生态币”等形式，拓宽生态产品价值转化路径。

江山高质量发展需要文化支撑，人民美好生活需要文化滋养。江山将聚力特色挖掘，在打造文化文明高地上开创新局面。全面实施新时代文化江山工程“1366”发展体系，充分挖掘区域特色文化资源，打造新时代文化文明高地。一是弘扬文明有礼新风尚。以全国文明城市创建为引领，创新“理论铸魂”“理论走心”“以史育人”三大载体，持续巩固深化党史学习教育成果。大力弘扬社会主义核心价值观，深化推进新时代文明实践中心（所、站）建设、全域文明创建、公民道德建设、最美系列评选，进一步打响“衢州有礼·锦绣江山”城市品牌。二是焕发特色文化新魅力。推动特色文化传承保护，实施重点文物系统保护、城市记忆、文化研究“三大工程”，加快廿八都国际非遗活化（手造）街区等项目建设，广泛开展群众性特色文化活动，推动“4+1”区域特色文化守正创新，深化建设县乡村三级公共文化阵地。三是推动文旅产业新提升。加快春风江山、廿八都古镇、清湖古镇、大夫第田园综合体等一批重大文旅项目建设，争创江郎山国家级旅游度假区，推动江郎山—廿八都旅游区向千万级核心景区冲刺。坚持文化赋能，扶持壮大文化企业，创新文化业态，构建以中心城区为核心、“衢州有礼”诗画风光带为脉络的全域旅游大美格局。

提升城市品质 建设诗意栖居美丽江城

城市承载着百姓对美好生活的向往，建好美丽江城，江山百姓期盼已久、憧憬已久。江山将以更大的魄力、更高的标准，系统谋划、系统推进，让江城成为人人向往的诗意栖居之地。

一方面，高质量完成国土空间规划，以城市未来社区和未来乡村协同推进为突破点，按照全域未来社区理念推动城乡融合发展、一体发展。推动城市品质再升级和老城有机更新，推动城南新城与经济开发区“产城人文融合”发展，提升城北科技服务、数字智慧经济等业态，打造未来科创金融中心。以争创全国文明城市为抓手，大力提升城市精细化经营管理水平。另外一方面，推动幸福乡村再升级。聚焦“衢州有礼”诗画风光带，大力推进“一县一园”、标杆村和花园门户风光段建设，打造乡村振兴主平台。大力实施农村人居环境提升行动，精心打造一批未来乡村，确保全域创成新时代美丽乡村，争创省级美丽乡村标杆县。深入开展乡村共同富裕示范点、示范带建设，带动增收促富，全力实施村级集体经济巩固提升行动。三是推动美丽城镇再升级。强化中心镇集聚辐射、统筹城乡发展功能，加速贺村省级小城市新一轮试点培育，深化峡口省级中心镇建设。以美丽城镇圈层建设为重点，积极引导集镇区块组团联动发展，健全商贸物流等公共服务，力争创建一批美丽城镇省级样板镇，建成全省城乡风貌样板区。

悠悠万事，民生为大。江山将继续聚力民生优先，在提升人民生活品质上开创新局面，以实打实的惠民成果为民生“提质”、为幸福“加码”。一是从生活最困难的群体入手，兜住底线民生。二是从受惠最广泛的领域着眼，保障基本民生。抓牢富民增收这个民生之本，深入实施“居民收入、中等收入群体规模、低收入群体收入”三大倍增计划，加快“扩中”、全面“提低”。抓紧住房这个民生之要，坚持“房住不炒”定位，促进地价、房价保持在合理区间；扩大保障性住房供给，有效解决重点人群住房问题。抓实养老这个民生之盼，加快康养

增进民生福祉（2021 年）

联合体建设，推动居家养老、医养结合等服务提档升级，全力争创中国长寿之乡。三是从群众最关注的事情抓起，打造幸福民生。以更大的力度、更硬核的举措，进一步打响“学在江山”“健康江山”品牌。

城市是最大的平台，也是最大的民生，抓城市就是抓发展，抓城市就是抓人才。江山将按照丰满南北、改造老城、启动城东、江贺一体的总体思路，充分利用好创建全国文明城市这个重要载体和抓手，铆足干劲，全力补短，握指成拳，凝聚合力打好创文翻身仗，全力打造一座最有品位的县城，全面重塑江山城市风貌，努力让老百姓更有获得感、幸福感。

（作者 毛慧娟）

摘自《衢州日报》2022年4月10日

八千里路云和月

——写在江山建县1400年

引　言

2021年是江山建县1400年。这是浙闽赣边界、三衢大地上一段光辉灿烂的历史，这是江山人民值得自豪、自信、自强的日子。

“三十功名尘与土，八千里路云和月。”当我们吟诵民族英雄岳飞这句豪迈大气的诗句时，不禁追忆风雨千年、坎坷千里的江山建县历史。

历史翻到唐武德四年（621）那一页。唐高祖李渊在统一天下后，采纳大臣的建议，按照自然地理条件、政治经济现状、民族和人口分布、军事防御需要等要素，重新调整全国各州县设置。那年11月，天高气爽，硕果累累，天下一片祥和。唐高祖手指江浙东阳郡，决定于信安县置衢州，又析信安县南境置须江县。从此，在巍峨挺拔的江郎山下，在汹涌澎湃的瀔水溪旁，诞生了一个新的县城。

县名变化

唐代大诗人孟浩然有一诗云：“人事有代谢，往来成古今。”春秋战国时期，中华大地开始有了“十二州”“九州”“五服”等行政区划，并在一些边远地置县，这才有了县级政权的开始。公元前221年，秦始皇统一中国，全国设12州、36郡、1000余县，郡县正式成为全国统一的行政区划。江山这片地域曾先后属春秋战国时期的姑蔑国、越国、楚国，随着这些古国的灭亡，开始属扬州会稽郡太末县。东汉初平三年（192），析太末县西部置新安县，江山地域属会稽郡新安县。西晋太康元年（280），因避讳，改新安县为信安县，江山地域属信安县，并经历晋代、隋代，一直到唐初。

江山地域建县时为啥叫须

江县？

各个朝代、各种版本的志书史料常自相矛盾，各有不同说法。清《康熙江山县志》沿用《二十四史》中的《旧唐书》说法，其地理志中云：“以城南有须江得名”。而吾冔编纂的《弘治衢州府志》、叶秉敬编纂的《天启衢州府志》和赵镗编纂的《嘉靖衢州府志》等却载：“武德四年，以信安为衢州，始析州之南境置须江县，以县南有江郎山，北有须女泉，故名。”

据笔者从天文星野分析，须女即婺女星也。江山县城西山北面有一弘清洌的泉水，据传正对应须女星，故称须女泉。汩汩泉水，形如半月，大旱不涸，可灌溉农田数百亩，最后汇聚其他溪水，流入大溪，此大溪后改为须江。从此，须女泉名声大振，曾建有“清流映月、绿树闻莺、杉桥悬帘、郭陇耕云、绕坝花卉、浴露闲鹤、疏烟翳堞、爽气宜秋”八景。

据说当时县城东的那条大溪，初始并不叫须江，而叫鹿头溪、瀔水、大溪等。汉《志》曰：“太末县有瀔水，东北至钱唐入江。”《元和志》曰：“瀔水在须江县东南一里……源出仙霞绪岭。”晋江文人蒋德璟在《天启江山县志》序言中也曰：“江山，越之东南偏也。其野扬州，其星婺宿，其山锦文，其泉须女，其交闽楚，其隶太末。”由此可推，江山地域广大，毗邻闽楚，对应婺星，应先有须女泉，才有须江县，再有须江溪。须江县名是因有须女泉、江郎山而得名，而不是以须江溪得名。泉得星名，县以泉名，相得益彰。

须女泉(《康熙江山县志》图)

谁知风云突变，政事更迭。唐武德六年（623），不知唐高祖又听从什么建议，废衢州，撤须江县，仍并入信安县，改属婺州。可怜须江县只存在短短的两年时间就消失了。在这里也说明一下，《旧唐书》却讲唐武德八年，废衢州及须江。不管如何，须江县在唐初只存在 2 年或 4 年，令人惊讶、叹息。

历史也经常开玩笑。唐永昌元年（689），朝廷见江山地域广大，加上离州府远，与闽越、赣楚近，许多政务，如赋役、水利、农桑、防寇等，常令信安县官吏头痛万分，鞭长莫及。权衡利弊，决定将中断66年的须江县恢复建制，仍属衢州。而衢州改为信安郡，不久又从信安郡改回衢州，从州到郡，从郡到州，衢州州郡级别反反复复多年。须江县虽属衢州或信安郡，但县名未变，一直延续到五代。可以这么说，江山地域从唐武德四年建县，到撤县，又到唐永昌元年恢复县，须江这一县名前前后后、风风雨雨走过了 230 多年历史。

一个地域是有生命的，一个县名也是有生命的。县名不仅仅是符号，还有生命活力的意义，有独特的历史文化遗存，有潜在的亲和力、凝聚力、影响力。当然，随着历史的变迁、统治者的意志和经济发展的需要，一些县名也经常变化着、更新着。

春秋战国前后，江山地域虽有人类在刀耕火种，击壤而歌，繁衍生息，但相对黄河流域中原一带，还是蛮荒之地。随着秦汉统一，经济发展，人口南迁，江浙一带开始繁荣。尤其是盛唐之后，在闽粤通道中，有一条仙霞古道引人注目。古道边上雄伟壮观、峰高孤峙的三爿石得到许多官宦硕儒、文人墨客的关注和青睐。《隋书·志·卷二十六》记载“信安有江山”。这三爿石，开始叫江山、金纯山、须郎山，或许有江姓家族管理，后改江郎山。唐代著名宰相姚崇、张九龄、陆贽和大诗人白居易等，慕名而来游览江郎山时，留下了许多脍炙人口、笔力豪放的诗文。其中，白居易作的七绝“林虑双童长不食，江郎三子梦还家。安得此身生羽翼，与君往来醉烟霞”，使江郎山身价大增。五代吴越宝正六年（931），朝廷根据大臣建议，决定借江郎山之大名、大观，将须江县改为江山县。从此，“江山”这一大气、醒目、响亮的县名，嵌镶在这方热土上。

一路风雨，一路坎坷。“江山”这一县名，沿着五代十国、北宋，走过了300多年。谁知北方金军大起，直入中原，烽火连天，北宋难以抵挡，灭亡在即。宋高宗赵构只好迁都于临安（杭州），从此政权南渡，人口南迁，经济南移。北宋时，江山的礼贤为三衢的大镇，通驿、通航，地理位置优越。同时，礼贤这两字儒雅、隽永，有礼贤下士、见贤思齐之诗意，便于咸淳三年（1267），将江山县城搬入礼贤镇，县治设在太平寺，县名改为礼贤县。至今，贺村镇礼贤村仍有太平寺遗址和较规范完整的城隍庙。太平寺系明成化二十年（1484）重建，现址为今礼贤小学，尚存《重建太平寺记》石牌一爿。城隍庙在设礼贤县时兴建，后屡毁屡修，现城隍庙为清末所建，檐牙高啄，雕梁画栋，傍街临水，香火旺盛，内刻有如下联对：“代历五朝，久仰鸣琴旧治；庙间两社，永瞻画阁新模。”

历史发展的趋势有时也符合“否定之否定”哲理，礼贤之名尽管典雅，但总压不住霸气的江山。元至元十三年（1276），礼贤县复名为江山县，并迁旧治，隶衢州路总管府，礼贤县名前后只存在不到10年时间。如今，这座南宋礼贤古县城，沧海桑田，从县治到乡治，后又改为光辉、新建两个村。幸亏前几年在广大民众的呼吁下，两个村合并，终于保留了这古老的“礼贤”名字，留住一段难以忘却的历史和乡愁。幸哉！

从须江到江山，从江山到礼贤，又从礼贤回到江山。1000多年来，只有这铿锵、大气的江山才能盖压这方热土。江山这一县名经历唐、宋、元、明、清等朝代及中华民国，一直延伸到今天生机勃勃、创新富强的中华人民共和国。

县域变更

古代设郡县，必据形胜之地，以为壮固永久之。江山地域高山深谷，山势摩天，道途萦纡，气象万千，仍闽浙之要冲。在隋末唐初，属于东阳郡信安县的江山地域，山川秀丽，阡陌纵横，加上民务本业，士知向学，很有建县之需求与必要。唐武德四年，终于析信安县置须江县。后又改江山县、礼贤县，又复名江山县。

唐初至宋末，须江县（江山县）也好，礼贤县也罢，其县域面积究竟有多大，县城等级如何？我们只能在一些零零碎碎的史料中，分析、推测其规模。

唐初建须江县之始，县境包括今江西省玉山县、广丰区一部分，面积较大。唐证圣元年（695），析须江县西边部分地域及常山县、江西弋阳县地域置玉山县。乾元元年（758），划须江县镇头墟至块头墟一带归玉山县管辖，又划须江县西南之地归上饶县永丰镇，置永丰县（广丰县）。据推算，须江县共划出400多平方公里土地，县域面积减少五分之一。

明弘治《衢州府志·疆域》载：江山县“东至西安县界纡溪源青山三十五里，自界至县四十里。西至玉山县界粟木七十里，自界至县十里。南至浦城县界至小竿岭底一百三十五里，自界至县一百五里。北至常山县界竹荆二十五里，自界至县二十五里。东南到遂昌县东积岭底一百里，自界至县三百里。西南到永丰县界岩后九十里，自界至县三十里。东北到西安县界后溪三十五里，自界至县四十里。西北到常山县界马驹四十里，自界至县一十五里”。

《大清统一志》也载：江山县在府（衢州）西南，去府治七十五里。东西广一百五里，南北袤一百六十里。又据中华民国25年（1936），姜卿云主编的《浙江新志》载：江山县城平地1313方（市）里，山地6628方（市）里，道路11方（市）里，河湖73方（市）里，沙涂17方（市）里，总面积8042方（市）里。其面积比现在市域略多，大致相当。

从全县人口来看，与如今毗邻的常山县相比，江山县人口要比常山县多得多。据《康熙衢州府志·户口》叙：南宋端平年间（1234—1236），衢州府共有125992户，人口253677丁（指16岁以上男女）；江山县共有21142户，人口50953丁；常山县15435户，人口35385丁。明洪武年间（1368—1398），衢州府共有123089户，人口536960人；其中江山县有21227户，人口119990人；常山县有15856户，人口86819人。

从田赋来看，明嘉靖年间（1522—1566），衢州府秋粮米税为92283石4斗，其中江山县为20748石5斗，常山县为16797石4斗。衢州府农桑丝折绢为200匹，其中江山县为42匹，常山县为36匹。

清朝共有1549个县，按地域规模、人口数量、缴纳赋税多少，江山县可定为中等县。

民国时期，全国各县又有不同的等级划分。

南京国民政府成立之初，各省县等级划分不一致，有分一二三四等者，有分甲乙丙丁等者。为改变这一混乱局面，民国19年（1930）7月7日，南京国民政府公布修订后的组织法其第四条规定：“各县县政府按区划大小、事务繁简、户口及财富多寡，分为三等，由省政府编定，咨内政部呈行政院请国民政府核准公布之。”据民国23年（1934）统计，浙江省共有75个县，其中一等县27个，主要有杭县、海宁、萧山、衢县、江山、兰溪、东阳等，江山县名列其中；二等县27个，主要是富阳、龙游、金华、义乌、永康等；三等县21个，主要是余杭、临安、昌化、武义、汤溪、松阳等。江山县能成为一等县，可能与地处闽浙要冲、杭江铁路建成通车和经济繁荣、人口集聚有关。

民国38年（1949年9月30日止），全省共78个县，排列又有变化，分六等。其中，一等县13个，有嘉兴、衢县、兰溪等；二等县13个，有金华、江山、永康、平阳等；三等县14个，有海宁、慈溪、义乌、乐清等；四等县17个，有富阳、嘉善、龙游、常山等；五等县11个，有余姚、崇德、安吉、武义等；六等县8个，有新登、桐乡、三门、寿昌等；还有四明、瀚州（舟山）未列入等级。江山县能进入二等县，也凸显其繁荣。

中华人民共和国成立后，浙江省共设77个县。1950年9月27日，浙江省政府颁布各县等级，根据人口多少、面积大小，并考虑政治、经济、军事等条件，分为五等。其中：特等县2个，有绍兴、定海等；甲等县9个，有吴兴、平阳、东阳等；乙等县12个，有嘉兴、衢县、义乌等；丙等县27个，有镇海、江山、金华、龙游等；丁等县27个，有丽水、常山、开化等。此年，江山县为丙等县，其规模和繁华列入全省中下水平。

随着新中国民主建政的推

进，根据社会经济发展的需要，江山县境域又有一定的细小变化。1951 年，江山县的大桥乡大桥村大爿地自然村划归江西省玉山县管辖。1952 年 3 月 10 日，政务院批准将江西省广丰县苗青头村划归浙江省江山县管辖，同年 5 月 30 日，将江山县淤头区官溪乡和南坞乡的 3 个村划归江西省玉山县管辖。1958 年 10 月 18 日，国务院批准将江山县大桥乡岭头村划归本省常山县白石乡管辖。从此，江山县地域总面积一直稳定，保持在 2019.03 平方公里，占浙江省土地总面积的 2.02%。其中，东西宽处径距 41.75 公里，南北最长处径距 70.75 公里，边界总长 402.85 公里。市（县）境最东端在今塘源口乡仓源村阴源东，最南端在廿八都镇坚强村里山南，最西端在大桥镇陈家村马车坳西，最北端在四都镇傅筑园村柿村坞口北。人口从民国 38 年（1949 年 9 月 30 日止）的 65081 户、273836 人，到 1982 年第三次全国人口普查全县 114707 户、512977 人。在全省 90 个县市区中，从地域面积上看，仍是上等县，但从人口、经济发展水平等方面，只能处于中等水平。

令人可喜可贺的是，1987 年 11 月 27 日，经国务院批准，江山撤县设市。从此，江山千年历史和全体江山市人民进入了新的起点。如今江山市在大变革、大转型、大发展中，坚持改革，擅于创新，取得不可磨灭的成就。从产业来讲，已从过去的水泥之乡、白鹅之乡、白菇之乡进入了猕猴桃之乡、蜜蜂之乡、消防器材之乡、木门之都、中国村歌之乡。尽管江山经济总量还处于全省中等偏下，但亮点颇多。2007 年 1 月，江山市被命名为中国优秀旅游城市。2008 年 10 月，江郎山风景区被列入世界自然遗产名录。2017 年 6 月，江山市被命名为国家卫生城市。2018 年 10 月，江山市被命名为国家森林城市。2019 年 12 月，江山市又获国际花园城市……一张张金名片，使江山市在浙闽赣边界地区，甚至在全国闻名遐迩。

江山县人民政府大门（1983 年）

县乡变革

县治是一个县的政治、经济、文化中心。衡量一个县的建置大小、规模档次，除地域范围、乡村区划、经济状况、军事要地等外，还应视县城的形胜和布局，尤其是要看县城的公共建筑，如城墙、县衙、街坊、里弄、祠堂、庙宇等。

江山古县城三面环山，东为奇峰秀出的渐山（又名大灵山），南为突兀挺拔的老虎山（古名景星山、突星山），西为怪石嶙峋的鸡公山（旧名步鳌山、骑石山），惟北面空旷平整，是一片由须江和支流冲积的平原。城东大溪（须江）和小溪（鹿溪圳）左右环抱，中亘沙滩，形如莲叶浮水面，故称妙莲州。整个县城南北长、东西短，似一片树叶，雅称玉叶城。

江山自唐武德四年建县以来，其城垣、县署、街巷、乡村等县治建设，年年有变化，朝朝有兴衰。

老城墙

古代建造城墙，除彰显雄壮美观外，主要是为了防寇御敌，保障城内官员和民众的安全。据《弘治衢州府志（卷之七）·古迹》载，“江山旧有土城，高寻二尺，今不存，惟濠水自景星门入，环县治如带焉。”这高寻二尺，是指一寻二尺，古代一寻为八尺，寻二尺共十尺。建城初，城墙用泥土筑就，大多采用夯土墙，很少用砖石。然而，随着历年的风吹雨打，或洪水冲击，或战乱兵燹，这高才十尺的土城，难免因雨水冲刷和兵寇攀爬而破落不堪，逐渐失去功能。明嘉靖四十五年（1566），婺源进士余一龙莅任江山县令，始倡建筑城垣。这个余一龙，春秋鼎盛，廉明慈爱，果断有为，不同凡响，是当朝御史中丞赵镗（江山石门人）的得意门生。余一龙不忘恩师重托，到任第二年，便认真踏勘，筹募资金，组织民工，始筑城墙。当然，县令余一龙组织造城墙，不会用夯土墙，而是开山取石和烧窑制砖。修筑前，先画好图纸，聘用师傅，然后要求民工在下层用条石，上层用条砖，逐步建筑，逐段验收。城墙底宽大，约四五米，顶窄小，约两三米，高度五

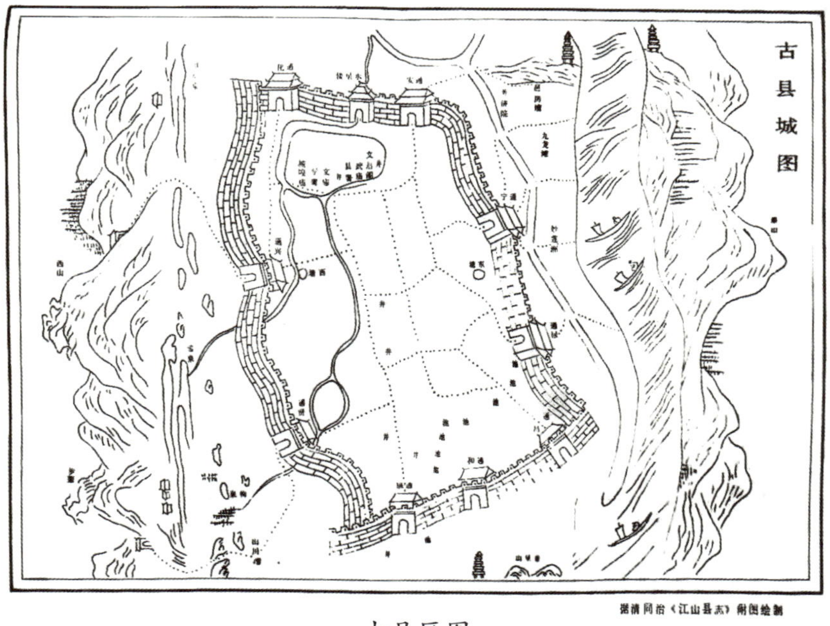

古县区图

六、七八米不等，成一矩形。新建的城墙“延袤五里，高二丈有奇，厚一丈五尺有奇，长一千丈有奇”。整个城墙周长有3000余米，内城约0.65平方公里。同时在城墙四周，辟有九个城门和一个水门。东曰通昌门、通禄门，东北曰通宁门，北曰通安门，西北曰通化门，西曰通兴门，西南曰通贤门，南曰通福门，东南曰通和门。水门叫水星门，只通水不通人，楼上悬额“天一楼”三字，遗址在今西城华庭东大门一带。虽说水星楼在民国30年（1941），被日本侵略军飞机炸毁，但令人欣慰的是至今仍保留公交车站的站名，留下一段乡愁。有人说，通福门指通福州，通贤门指通进贤，通化门指通开化，通宁门指通宁波，通安门指通西安等等，笔者不敢苟同，那只能是人们美好的猜想，其实各城门名称与江南大多数县城一样，均取吉祥、安康、和顺之语。各门又设高大的城楼，雉堞鳞次，金碧辉煌，雄伟壮观。

江山古城墙历经风雨、战乱，屡损屡修。到了清代，先后有知县朱彩、汪浩、杨椿、宋成绥、杨绍霆、陶鸿勳等募捐修建。自明代始建，古城墙历经清代、民国，随着朝代变迁，毁坏越来越重。尽管也有修缮，但难以保持原貌。新中国建立初期，由于城市发展的需要，城墙陆续拆除，只有城西（江二中）操场西北角尚留数米老城墙痕迹。呜呼，古城墙伴随江山人民走过了400多年的风风雨雨，完成了沧桑历史使命，只留下史料中零散的碎片

记忆。

老县署

县级政府在官员组织架构和国家政权结构中处于承上启下的关键环节，县级主政官员在发展经济、保障民生、维护稳定中发挥重要作用。明清时代县令直接面对百姓，谓之亲民官，又被视为有关百姓生计痛痒的父母，称为父母官。当然，在江山建县历史上，不乏有为百姓所敬重、所怀念、甚至崇祀的清臣廉吏，也出现过一些贪赃枉法、欺压百姓的贪官酷吏。

县署俗称县衙。江山于唐初建须江县，县令是谁，县衙门在何处，至今尚未找到可靠的史料。只在《嘉靖衢州府志（卷之八）·官守纪二》中简述，唐须江县丞最早有记载的名叫第五琦，后为京兆尹。至于在何处办公，是新建衙宇还是暂时借用民房，或借用祠宇，也不得知。现查江山历代县志，大多文人认为旧县衙除南宋一段时间（10年左右）设在礼贤镇外，其余均设在城中北面。唐宋旧县衙毁于元至元十九年（1282），即南宋灭亡之际，元军进入江山之时。

元皇庆二年（1313），元朝的马合谋，字均章，回族人，来到江南，任江山县达鲁花赤，蒙古语指“镇守者”，意指“掌印官”，也即相当于县令。其到任后，见旧衙破败不堪，召集县绅毛攀龙、徐仲和、周瑞等人，筹措资金，广备建材，首建县衙大门、议事厅，后建厨房、马厩、仓库、牢狱等，新衙门初具规模。元延祐元年（1316），衢州知府许应祈曾作《重建县治记》，称其新衙门“厚基博础，楹桷丰硕，民来观者，倾动惊骇，忘其石年之陋而以为瑰杰丽伟。”元至正十二年（1352），红巾军湖北徐寿辉部攻入江山县，一把火又烧毁县衙部分公房。

尽管有“官不修衙，客不修店”之说，但历代官员仍热衷于修建官署，且一朝比一朝布局严谨，一代比一代富丽堂皇，既图谋威武严厉，又彰显政绩辉煌。明洪武元年（1368），江山知县程万里加以修葺，洪武三年（1370）县丞刘有恒、洪武八年（1375）知县刘瓛等相继组织修建完善。明弘治七年（1494）知县杨俊、明嘉靖二十一年（1542）知县黄纶重修。明万历九年（1581），知县张斗又重建。

到了明末，清军大举南侵，江山县令方召见大势已去，出于民族气节和忠义之心，慷慨题诗于县堂之壁，诗云：“独守孤城谁是伴，只留烈骨可招魂。”继而从容更衣，肘悬官印，投署内一水井而殁。后吏民将方公尸体从井中捞出，犹见其面如生，骨冷泉香，乃名其井为“冷香井”。20世纪80年代初，笔者刚调到县委办公室工作时，还见到这方沾满血泪的古井，并常在冷香井周围盘桓、瞻仰。后因建造市府大楼，这方古井被填埋。清顺治八年（1651）知县孙遂在原署中重建内

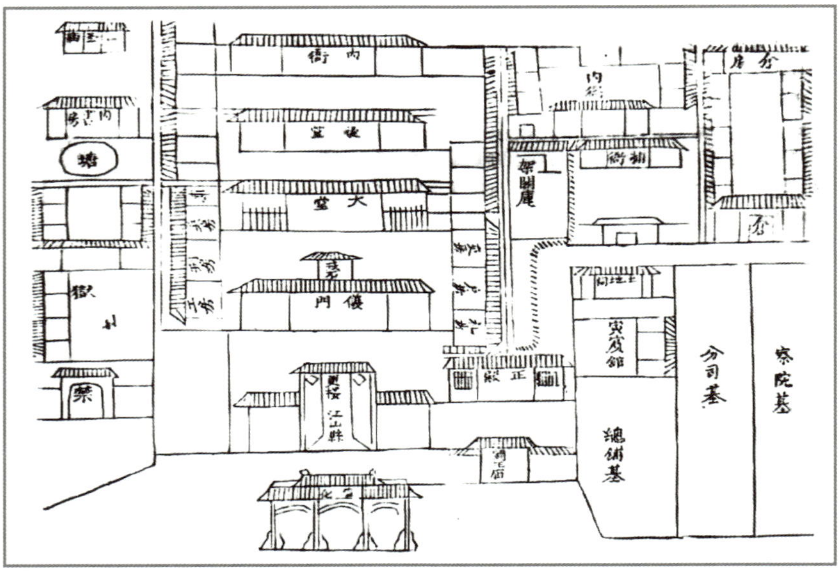

古县署（《康熙江山县志》图）

衙，清康熙元年（1662）知县万里侯建署内书院，康熙三十一年（1692）知县杨窓重建谯楼，康熙五十二年（1713）知县汪浩又组织大规模整修。清乾隆十三年（1748）知县刘守城建县署宾馆，乾隆二十八年（1763）知县雷士佺重修牢房，乾隆三十二年（1768）知县宋成绥修建正堂、书房及头门、仪门等。清咸丰八年（1858），太平军攻入县城，一把大火烧毁县衙大部。同治和光绪年间，历届知县又筹措资金，先后进行复建、修建、改建。县署两旁分别修建文庙、武庙、城隍庙、文昌阁、分司、总铺等公署。其中，文庙设在县衙西旁（现江山市人武部内）。如今文庙内的文明池、泮桥、泮宫、大成殿、崇圣堂、明伦堂等建筑早已拆除，但文庙中的照壁还在，仍能看清上首的阳文“数仞之墙”四字。民国时期，县衙门改称为县政府。县长周心万、林希岳等对旧衙的部分建筑又进行修葺，并开始引进一些现代新潮建筑。

1949年，由人民当家作主的县政府搬入旧县署，先后有意识地拆除旧建筑，增建新楼房。先在旧大堂两旁建立两排平房，东为县政府，西为县委。20世纪70年代拆除大堂，在原址建一座3层办公楼；80年代初期和中期，又先后新建两幢东西并排的4层大楼，东为县政府办公，西为县委办公。1993年，市政府拆除3层办公楼，于1995年建成在当时有一定档次的8层办公大楼，同年市政府大门也重新建造。后又在大院内建造5层档案大楼和3层行政服务中心大楼，至此旧县署的一切旧建筑全部拆除。2021年，为了让绿于民，美化政府大院，开展拆墙透绿工作，县政府大院靠中山路边的一幢5层大楼和大门、围墙全部拆除。大院内，只剩5幢精致的大楼，布局严谨，车道有序，花木扶疏，蔚为大观。

老衙门石础（2021年10月）

如今在大院内见到的旧衙遗物，只有5块直径约80厘米的石础和2棵300多年的银杏树。它们静静地躺在地上或挺立在政府大院内，见证着几百年来战争烽火、朝代变迁和历史风云。

老街坊

整个江山玉叶古城，从明代砖石城墙建好后，其街坊布局按地势、方位展开。最宏大、最显眼的县署建于城北，县衙八字大门朝南，面向雄伟挺拔的景星山。衙前有一横街、一直街。横街不长，从东到西不过300余米长，叫县前街；直街无雅号，从北至南也只有800余米，称大街。县前街与大街成丁字形，以示人丁兴旺、国泰民安。坊间说，县衙前丁字街，既能挡住北风袭击，也可聚财、聚运、聚福、聚才，防寒沐阳，护佑黎民。

据清康熙五十二年（1713）《江山县志》载，清代前期，玉叶城有9街12坊17巷。9街为横街、大街、中街、下街、后街、雅儒底街、上门头街、下门头街、上埠头街等，12坊为澄清坊、安和坊、文明坊、兴贤坊、山泉坊、声和坊、泰宁坊、仁寿坊、处仁坊、太平坊、崇善坊、来桂坊等，17巷为金街巷、景明巷、寺巷、化鹏巷、明街巷、兴福巷、大夫巷、孝子巷、流砥巷、麻车巷、通明巷、琚祠巷、顺孙巷、柴家巷、布政巷、县河巷、金嘉巷等。到了清同治年间，城内又增蓝田坊、最乐坊、树声坊、丹桂坊等，巷弄也增至80多条。

民国初期，街巷变化不大。民国24年（1935），国民革命军第四路军总司令张发奎率部驻江山，见大街不大，东西两边商店的凉棚张开，几乎相接，不便车辆通行。他很有能力，从上头筹得部分资金，以半强制半动员的手段，用以工代赈的办法，拓宽大街至八九米，并改名为中正路（即今解放路）。横街也同时拓宽改造，改名中山路。民国29年（1940）夏，日本侵略军侵占江山时，飞机轰炸，机枪横扫，生灵涂炭。城区街巷遭到严重破坏，大街西侧房舍焚毁过半。

中华人民共和国成立后，城区街巷先后进行了修缮。如1952年，县政府曾投资2.27万元，整修解放路和中山路的路面和下水道、人行道，并浇筑成水泥路面。在20世纪70年代初，城区只有2平方公里，2万人左右。改革开放后，特别是撤县建市后，根据市域总体规划，拓宽、改造，延伸了解放路、中山路，新开辟了江滨路、云宾路、通宁路、江城北路、解放南路等10多条新街道，同时新建了江山电影院、工人文化宫、青少年宫、望江楼、中山大厦、江山体育馆、农行大楼等公共建筑，城市面貌大为改观，市区建成面积从20世纪70年代的2平方公里发展到1999年的10.93平方公里。进入21世纪，尤其是铁路西移后，城市框架进一步拉大，新建了10多个住宅小区和文化广场、城北广场等，开辟了鹿溪路、江东大道、东岳路、凝秀路、礼贤路、西山路、文教路、迎宾路等，形成了老城区、城北区、城南区、江东区等几个片区。城建大楼、报社大楼（现为水利大楼）、电力大楼、财政大楼、医院大楼、时代广场、虎山汽车站、新江山火车站等拔地而起，金陵大酒店和君澜国际大酒店两个五星级酒店屹立在须江两旁。整个市区，高楼林立，街道纵横，广场点缀，小区遍布。2020年，建成市区18.7平方公里，市区人口达17万多人。

老乡里

从唐初至清末，各州府不仅加强对县城的建设和管理，而且重视乡村一级的布局、管辖和统治。

唐武德四年江山地域建县，下设乡里，百户为里，五里为乡，以县统乡，以乡统里。然，至于设多少乡、多少里，尚未找到有关历史文献说明，直到宋代才有乡、里的资料。

北宋前期，江山县共设12乡、34里。北宋熙宁四年（1071），乡以下设都、保。南宋时期，共设12乡、44都，而且这12乡编制一直延续到清末民初。明清时又编图，其中明代133图，清初131图。清雍正年间，又设88庄。

古代江山县的12乡，为归厚乡、崇善乡、须江乡、布政乡、景星乡、利宾乡、常山乡、江山乡、道成乡、齐礼乡、感化乡、兴贤乡等。34里为奉信里、奉清里、思安里、永康里、甘泉里、清胡里、忠义里、天泉里、光政里、鹿溪里、灵善里、灵溪里、忠孝里、忠溪里、山西里、清泉里、南塘里、新兴里、文成里、崧高里、文溪里、吴开里、三公里、新垣里、池湖里、邱泉里、文溪里、官溪里、饶恩里、横江里、惠安里、怀义里、崇化里、盐亭里等。其中，34个里中，有两个里名称相同，即江山乡的文溪里和道成乡的文溪里。

乡名和里名一般以道德仁义、礼教人生的主旨为主，如崇善乡、齐礼乡、兴贤乡、感化乡

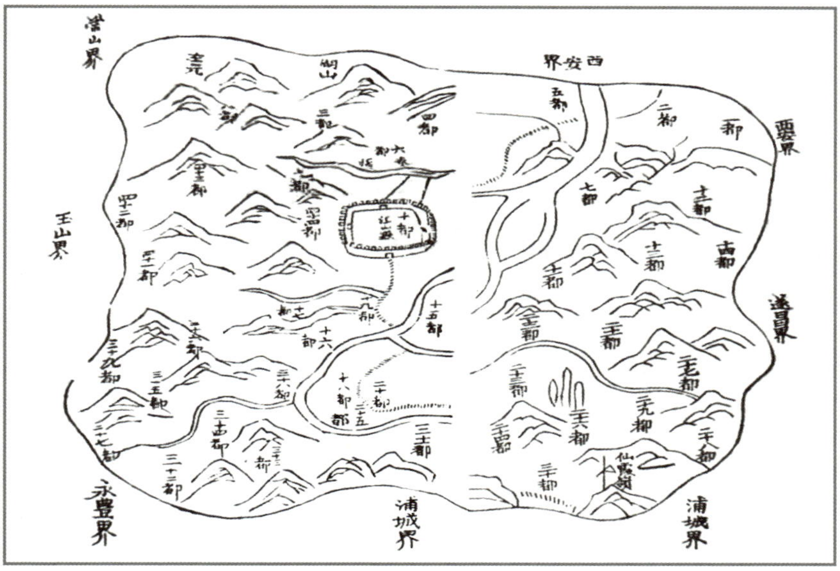

江山县乡都图(《康熙江山县志》图)

和奉信里、忠义里、忠孝里、怀义里等，也有以附近著名的山川为名，如城区和城郊桑淤紧靠须江，就命名为须江乡；石门、界牌、江郎、峡口一带紧靠挺拔险峻的江郎山（古又称江山），故叫江山乡。还有，鹿溪里、灵溪里、天泉里、南塘里、崧高里、文溪里、官溪里等，也以山水取名。乡名也好，里名也罢，大多雅致、温馨，也蕴含着一定的诗意、禅心和哲理，可惜这些雅致的乡名大多没有承续下去。

尾 声

大江东去，斗转星移。江山建县1400年的历史，既是一部跌宕起伏、波澜壮阔的奋斗历史，也是一部厚重坚实、可歌可泣的发展历史。她穿过惊涛骇浪，越过急流险滩；她吟过唐朝的诗，品过宋代的词；她沐浴过明清雨雪，经历过民国的风霜。如今，全市人民心齐气顺，共筑新时代中国梦。

1400年的历史，说她长，她确实很长。她被须江水系的灵气滋润着，被礼贤和合文化孕育着，被江郎山脉的挺立感染着。她走过了1400个春夏秋冬，她走过了50多万个日日夜夜。说她短，她确实也短。在地球45亿多年、人类100万多年的历史长河中，她只是平凡的一节、短短的一瞬，但她留下了凝重的一笔，写下了灿烂的一页。

历史重在挖掘，贵在细读，更须反思。同1400年建县的历史对话，能更好地认识过去，把握当下，面向未来。我们坚信，随着争当山区县高质量发展建设共同富裕示范区的先行示范的不断推进，江山将会变得更加美丽、繁荣、富强，江山人民的明天定将更加美好、灿烂、辉煌。

（作者 戴明桂）

摘自《今日江山》2021年11月22日

以史为鉴　开创未来

——江山建县1400周年座谈会精彩发言

编者按：2021年是江山建县1400周年。拥有1400年建县历史的江山，美如画卷、底蕴深厚、人才辈出、沧桑巨变，孕育出了江山人身上“敢闯敢拼、勇敢坚毅、崇学重教、重情重义”的精神和气质。11月22日，江山建县1400周年座谈会召开。会上，一些专家学者及老领导代表结合工作实际和研究领域，围绕江山“前世今生”作了交流发言。现撷取部分精彩发言，从中吸取经验、获得启示、指引发展，为江山市争当山区县高质量发展建设共同富裕示范区的先行示范添砖加瓦。

江山人文与江山精神

都说“一方水土养一方人”，江山人对江郎山情有独钟。我们江山人爱江郎山的正气、清气、傲气和硬气。山川之气，钟于人文。人的精神和山水高度融合，历经千百年，化育成风俗，代代相应，便形成一方儿女独特的性格。宋人辛弃疾的一首诗生动概括了江山人的性格：“三峰一一青如削，卓立千寻不可干。正直相扶无倚傍，撑持天地与人看。”

江山人众多的英雄品质，用一个字概括，那就是“硬”。这个“硬”不仅指江山人为人坚如山石、刚正不阿，也指江山人说到做到、初心不改的诚信品德，还体现了江山人踏石有印、抓铁有痕的实干精神。一个“硬”字统领，便把“孝、悌、忠、信、礼、义、廉、耻”八德落到了实处。

回看江山历史，彪炳江山人硬骨头精神的事迹比比皆是。从官场上看，宋代的祝允哲、祝梦熊，明代的徐霈、毛尚书、余一龙等等，充分体现了江山人忠贞爱国、刚正不阿、清正廉洁、爱民如子的浩然正气。

从商场上看，清末民国初清湖公泰酱园的吴新民、城关仙霞旅社的王寿昌、药店老板王晋绅等，充分展示了江山商人勇于开拓、诚信经营、重义轻利，产品质量和服务质量双过硬的儒商精神。这些儒商美德也植根于基层。比如江山船帮，这些人发迹于唐宋，盛于明清。他们团结奋斗、诚实信义，用竹竿撬动了经济动脉的同时，也开通了众多的“江山村”“江山弄”“江山街”。

江山人勇于开拓、艰苦奋斗的精神历来过硬。新中国成立前，一批批江山人前往衢州开荒，现在衢州老城区的小南门村、大南门村、官庄、礼贤街的很多居民都是江山移民的后裔，如今沈家还有大片的江山方言区。这种精神一直延续到今天，从30年前的弹簧大军到现在的消防大军，全国到处可以看到艰苦创业的江山人,可以看到抱团共济的江商商会。

建县1400年来,江郎精神被官方、家族和乡风民俗长久地宣扬着，造就了江山人顶天立地、清正刚直、诚实守信、铁骨柔肠的可贵品德。

在纪念建县1400年之际,我们是否应该检查一下，一千多年来江郎常高、须水长流、天地未变，江山人变了吗？在经历无数运动折腾和商品大潮冲击之后，江山人的“胆”是否还清，生性是否还硬，生活富裕起来的江山人是否还吃得起苦？我们的弹簧大军已经消失了，究其原因就是我们的弹簧质量不过硬，我们今天的消防器材质量是否过硬呢？我们应该警惕，应该积极弘扬优秀的乡土文化，让可贵的江山人精神发扬光大。

（作者祝瑜英曾任江山市副市长、衢州市政协副主席）

撤县设市
促千年古县发展更辉煌

1987年上半年，浙江省民政厅吴敌处长来江山指导民政工作时提供信息说，浙江已有7个县撤县设市了,萧山县也在申报中。他认为江山地处三省边界，衢州地区还没有一个县级市，这符合民政部布点精神，只要基本条件具备，撤县设市很有希望。至于建市的条件，除了城市的辐射条件外，主要是经济发展、城镇人口、市政设施建设等情况，并透露已批下来的市，工农业总产值都在7亿元以上。县委、县政府领导非常重视，徐仁敏县长立即召开会议，汇集申报材料，讨论申报条件。大家一致认为要抓住我县地处浙西边陲、三省边界、台侨胞众多这些独特的建市条件。当时匡算工农业生产总值按不变价统计仅6.5亿元左右，但如果把水泥按销售价统计，就可达7.5亿元。为增加城镇人口的比例，又特报批了几个建制镇。为了增添城市风貌，除加快公园和游览桥建设外，又新开通了市区一路公交车。写好申报报告和编辑好录像汇报资料后，提请县委常委会审查、讨论。县委同意申报，并确定由时任县人大常委会主任的我和羌悟成副县长负责，带领有关人员上北京申报。

申报小组于8月中旬出发，先到浙江省民政厅汇报。由于民政部行政区划处的朱处长正在兰溪家中为父治丧，而他是专管的关键人物，我们立即研究决定，由府办副主任周根德同志回江山汇报，另派人员去兰溪，其余成员按原计划上京申报。等周根德汇报后，徐仁敏县长立即去兰溪拜访，把朱处长邀请到江山，汇报情况并陪同参观视察，得到朱处长的认可。我们申报组人员到民政部，递送了申报报告，约请陈司长观看了录像汇报。陈司长是浙江丽水人，他认可了我们的报告，并表示等朱处长回来研究后报请国务院审批，让我们回去“等待好消息”。

申报后等了几个月还没有信息，于是，县委书记叶锡宏率领四套班子的主要领导和有关部门负责人，于11月下旬二次进京。到了民政部，朱处长说：“江山的申报报告分管副总理已批准，正由民政部代国务院起草文件，你们回去就差不多可收到文件了，可准备撤县设市的庆祝会了。”大家听了非常高兴，在北京就讨论起撤县设市庆祝活动的筹备工作了。

我们回县不久，省委办公厅即电告我县，国务院于1987年11月27日，同一文件批准萧山、江山两县撤县设市。1988年元月5日，我市召开了隆重的撤县设市庆祝大会，同时须江公园、江滨游览桥建成剪彩启用。江山翻开了历史新篇章。

（作者杨芝荣曾任江山县县长、江山市人大常委会主任）

中华游圣徐霞客与江山古道山川

据现存《徐霞客游记》所载，徐霞客曾先后三次探游江山烟霞山水，写下多篇文章，给我们留下了一笔特殊而宝贵的历史遗产，至今润养、造福和影响着江山。

约略而言，对徐霞客的江山游记，值得关注以下方面：

一是审美慧眼。要学习徐霞客，做一个欣赏美、懂得美、追求美的人，培养和打造一双“审美的慧眼”，挣脱生活的粗鄙化、硬砺化和快餐化，真正地拥抱、融入和更好地建设中共十九大指明的美丽中国、美好生活，不负山河，不负时代，不负故乡、祖国与民族。这对于中国建设文化强国和走向新时代，意义深远。

二是科学考察。徐霞客在寻胜探险中，考察探索水源山系和大自然奥秘，取得了许多重大的科学成就。他深入多地，弄清来龙去脉；亲身实践，知晓成因事理。徐霞客不畏艰难，忘我投身野外探险与科学考察，梳理清楚和研究发现仙霞山脉的内在体系、结构特点、地质地貌及其自然奥秘，他的江山游记具有古代地学科考的重大价值，足以给后人研究、垂范和启迪。

三是人文精神。徐霞客立志奇异，他把自己的人生、家产甚至性命都扑到旅游考察之中。后人应大力弘扬徐霞客的这种人文精神，热爱祖国，献身科学，尊重实践，追求真理，跳出世俗的外在束缚，升华生命的灵性境界。

江山在2021年3月正式成立了市徐霞客研究会，聚集全市人才精英，举起徐学研究旗帜，得到了省徐霞客研究会和中国徐霞客研究会的全力支持。呼吁结合乡村振兴和共富发展，高度重视与积极推进霞客文化村的创建。霞客古道、霞客博物馆、霞客文化长廊、徐霞客浮盖山游线图、霞客名言录（或墙绘）、霞客研究村级分会、霞客小学（研学基地）、霞客游江山乡土教材、霞客故事讲解员、霞客谣（江山腔）、霞客文化广场、霞客栈站、霞客亭、金竹纸坊、霞客茶、霞客庙会等，今后都可以成为发掘霞客资源、注入霞客文化、弘扬霞客精神的具体项目或载体。

（作者周少雄系杭州师范大学人文学院教授、区域文化与经济研究院院长）

振兴江山工业经济

江山建县1400年，也是新中国成立72周年，撤县设市34周年。

现在，国民生产总值是衡量一个地区经济发达程度的主要指标。如果全省按100个县（市、区）计算，江山国内生产总值在全省的排名：2000年78位、2010年60位、2015年62位、去年是70位；同样的年份，对应的工业产值排位，江山分别是：78位、60位、67位、71位。

分析这两组数据可以发现，近20年来，江山在全省经济总量中的地位总体呈下降的趋势。同时，说明一个道理，工业经济与国内生产总值高度相关，江山与先进发达地区相比，落后在工业。工业落后，没有人气，商贸业也好不了。

这些年来，江山的城市建设、文化旅游事业、新农村建设、乡村振兴等等，取得的成就有目共睹。浙江是全国共同富裕示范区，江山作为全省26个山区县（市），如何跟上全省的发展水平？必须更加重视工业经济。工业强市建设仍是今后江山高质量发展的主旋律。欧派公司的创业史可以给我们三点启示：

一是江山经济内生性强，民众创业热情高。政府很重要的一项工作，是如何鼓励和引导创办实体经济，把民众的创业热情转化为生产力。二是工业的竞争最终是企业家的竞争。企业家的素质有多高，决定企业能走多远，政府要重视培养高素质的企业家。三是只有夕阳的产品，没有夕阳的产业。产业没有高低之分，只有产品的附加值有高低之别。

对传统产业有个理念问题。以建材为例，一提起水泥，有人就认为是“高能耗、高污染、低产出”，这是落后的观念。这几年，江山三家水泥企业每年的税收、利润 10 亿元。传统的一条日产 5000 吨熟料的水泥厂，需三四百名员工；如果升级改造，上一条日产 1 万吨的新生产线，只需 80 名员工。与之配套的矿山，老的观念就是“放炮、破坏生态”；现在矿山开采不用炸药，全部机械削切开采，跟切豆腐一样，开采之后覆绿造地，而石灰石从矿山到生产车间，皮带廊输送，全封闭生产，很少有污染。我们有理由相信，在发展高新技术产业的同时，不忘江山传统产业的改造提升，江山工业经济一定能振兴。

（作者何日森曾任江山市人大经济工委主任）

仙霞古道与江山人精神气质形成

唐末黄巢起义，刊山七百趋建州，开辟了仙霞古道。清华大学建筑学院陈志华教授的学生罗德胤，把清湖码头、峡口古镇、廿八都古镇，整个仙霞古道放到海上丝绸之路这样一个宏阔的时空背景中来研究探讨。他说，从清湖码头到福建南浦码头这 120.5 公里是海上丝绸之路上唯一的一段陆上交通线，中华文化就是沿着这条交通线，从泉州出发，走向欧洲、非洲、美洲，走向世界。

这条丝绸之路经京杭大运河到杭州，在杭州转钱塘江，钱塘江出发的船到我们江山清湖码头是最后一个码头，这个船就叫江山船。到了清湖码头，货物卸下来用扁担挑，走 120.5 公里，到福建南浦码头入闽江到泉州出海。1000 多年以来，江山就是海上丝绸之路上重要的节点城市。

这条海上丝绸之路给江山带来了什么？

多少文人墨客从此经过，留下了 400 多首唐诗宋词。这条仙霞古道，其实是一条古道诗路。为什么廿八都古镇，有 142 个姓氏 13 种方言，它的建筑风格集浙式、闽式、赣式、徽式甚至欧式，多种建筑风格于一体，成为天然民俗博览馆，一块文化飞地？就是因为它就在仙霞古道、海上丝绸之路的必经之路，才成为兵家必争之地，成为万商云集、文化荟萃之地。

因为仙霞古道，才有了江山船帮及 10 万名挑夫。江山为什么会出 65 个国民党将军，要从历史、地理、人文原因来分析。1949 年国民党撤退时，除 65 个国民党将军外，记录在册的有 4500 多名江山人前往台湾。这大量的军界人士中，有一部分是知识分子在国家危难之际本着救国救民之心投奔国民党政府，还有很大一部分是铁路公路兴起、钱塘水路衰退之后，千年古道上的 10 万名挑夫为谋生路而转型。因为挑夫这个职业某种程度上属于半军事化管理。这些年轻人不怕死，肯吃苦，忠诚，敢于负责任，而这些秉性恰恰又和从事特务工作的要求相吻合。整个抗战时期，江山没出过一个汉奸。

一方水土养一方人。千年的仙霞古道，塑造了江山今天的风光形胜，风土民情。塑造了与众不同的江山人性格。忠诚勇敢不怕死，家国情怀有担当，胸怀大世界，敢为天下先。

（作者何蔚萍曾任江山市副市长、省文化厅文化产业与科技处处长）

江山如画　岁月如歌

1400 年前，江山设县时称须江，至于原因，古代地理志书和衢州府志、江山县市志记载有两种说法。说法一：以溪命名。以县南有须江溪，因以为名。说法二：以名山+名泉命名。以县南有江郎山、北有须女泉，故名。

本人考证认为说法一以溪命

名更合理，其理由有4个方面。一是记载以溪命名的史料时间早，最接近江山设县时间。唐代《元和郡县图志》，五代后晋刘昫、张昭远等撰的《旧唐书》，宋代《太平环宇志》记载，“唐武德四年置衢州，分信安县南境置须江县。以县南有须江溪，因以为名。”而记载名山名泉命名的史料最早的是明代《弘治衢州府志》，成书时间为明弘治十六年（1503）。二是记载以溪命名的史料更具权威性。《元和郡县图志》是汉民族现存最早的古代总地志，是中国唐代的一部地理总志，对古代政区地理沿革有比较系统的叙述。《旧唐书》为后晋天福五年（940）奉石敬瑭之命修撰，史料来源比较丰富，其史料来自实录和唐人所修国史。《太平寰宇记》为宋太宗赵炅时地理总志，乐史撰，是继《元和郡县志》后又一部现存较早较完整的地理总志。上述史书均为国家级权威地理志书。而记载名山名泉命名的史料全部出自部分衢州府志和江山县志。地方志书的编写，常由于史料查找困难、不方便考证，而多采用照录的方式进行记载，常出现前人错了后人就跟着错的情况。三是地方志书也曾对以名山名泉命名的说法提出质疑。《乾隆江山县志》就对此作过考证，其《沿革志》记载：“须江，武德四年分信安置，以城南有须江。案：县以鹿溪水名须江，而名不因须女泉。”四是古县名以名山名水取名较为常见，但以山名与泉名结合的方式命名的比较罕见。

须江县改名江山县的时间毫无异议，志书、史书记载基本一致。唐武德四年建县，名须江县。于后唐长兴二年，即五代吴越宝正六年（931），由吴越王钱镠将“须江县”改为“江山县”。《江山地名志》记载：“五代吴越宝正六年，吴越王钱镠以县南有江郎山，改名江山县，此为今县名由来。”清代《读史方舆纪要》中记载：“江郎山，县南五十里，山高六百寻，一名金纯山，一名须郎山。有三峰皆耸秀，俗呼江郎三爿石……钱氏以此山名县”。钱氏既以江郎山改县名，又为何不改为江郎县、须郎县，而改为江山县呢？据考究，“江郎山”很早前的名称就叫“江山”！据《隋书·志·卷二十六》记载：“信安有江山、悲思岭。有定阳溪。”这是能找到最早有“江山”地名的记载。

（作者徐青系江山市档案馆馆长、史志研究室主任）

江山县旧治有没有迁移礼贤

据历代江山县志记载，江邑初创于唐武德四年（621），称须江县；唐长兴二年（931），改为江山县；宋咸淳三年（1267），改称礼贤县；元至元十三年（1276），又复谓江山县。此后，一直称江山县，直至新中国成立。从须江县—江山县—礼贤县—江山县，其间各历史阶段，县治到底设在哪里？学术界概括起来，有如下几种说法：

观点一：公元621—931年，江山称须江县时，县治在今治（即城区，暂称为“须江”，下同）；931—1267年，须江改称江山县时，县治仍在须江；1267—1276年，江山改称礼贤县时，县治迁徙至礼贤；1276年复称江山县时，县治回迁须江。其轨迹为：须江—礼贤—须江。1990年版《江山市志》采此说。

观点二：江山称须江县、江山县、礼贤县时，县治均在礼贤；直至复称江山县时，县治才迁回须江。其轨迹为：礼贤—礼贤—须江。康熙四十年《江山县志》采此说：“须江县，江山县，礼贤县，以上县治皆在今之礼贤镇。”

观点三：江山称须江县、江山县、礼贤县，直至又复称江山县时，县治一直就没有动过，均在须江。笔者持此说。

明天启《江山县志》载：宋咸淳间，江山改礼贤；元至元十三年，复称江山，迁旧治。从上引“复称江山，迁旧治”句就可知，在礼贤县之前，是有“旧治”的，这个旧治，显然不是礼贤，而是“须江”。

据此，第二种观点须江县、江山县、礼贤县，“以上县治皆在今之礼贤镇”的说法，就站不住脚；起码，唐武德四年至宋咸淳三年这段，县治就不在礼贤。现只要再证江山改称礼贤县这段的县治亦在须江，则第三种观点就能成立。

隆兴元年（1163）五月，南宋御史周必大归庐陵，他在日记中记道：“过江山县，避雨海会寺。雨不止，复行。晚抵礼贤镇，投宿太平寺。寺极破弊，长老善参来谒。”从上文十分清晰的“县”“镇”“寺”诸词就可知当时的县治不在礼贤，太平寺也不是县衙（寺极破弊）。而隆兴元年要比咸淳三年早一百余年，进一步证明：咸淳前，县治不可能在礼贤。

封建时期，建立县治，必具阴阳二司、文武二庙。阳司即县衙门，阴司即城隍庙；文庙即孔子庙，武庙即关帝庙。这是儒教思想上处于统治地位的体现，是作为一个县治，不可或缺的建构。礼贤作县治，虽有太平寺、城隍庙勉强算阴阳二司，但文武两庙不全，可见不具县治规制。而建在今治须江的孔庙——“旧在县治东二十步，南向俯河，沿河为墙。庠生周颖曰夫子面墙非所宜，请撤之。”（据天启志）周颖，北宋仁宗朝人，熙宁初进士，授校书郎。这里提到的孔庙、县治都在熙宁前，都比所谓礼贤设县早200多年。

上文所言之“县治”，即江山县署。“县治之西”之文庙，至今遗迹犹存（今人武部址）。达鲁花赤马合马，元至元十一年（1274）任，其时，传说中的礼贤县尚未从礼贤迁回，如果这个“徙于县治之西”之“县治”，指的是礼贤的话，那么，礼贤就应该有文庙的遗存才对。遗憾的是，礼贤至今未发现有文庙的遗迹。

故据以上论据，我们得出“江山于南宋咸淳三年改名礼贤县，但县治却未作迁徙”的结论。

（作者徐江都曾任江山市文化馆副馆长）

摘自《今日江山》2021年12月17日

浙江江山2.1万名残疾人奔向“共富”新生活

《人民日报》客户端浙江频道 2021-09-02

“天上还真有掉馅饼的好事，政府照顾我们残疾人比亲儿子还亲……”9月1日，今年72岁的浙江江山市大桥镇仕阳尾村下新屋自然村村民徐水根，与邻居徐大爷一个劲地夸党的政策好。

原来，徐水根老人去年10月因脑血管疾病引起偏瘫，卧病在床，生活不能自理。今年8月，江山市残联人服务数字化应用上线后主动感知到其有致残可能。于是，大桥镇残疾人专职委员王贞陪同评定医生，第一时间上门走访并开展现场评定。徐水根被评定为肢体二级残疾，每月可享受250元护理补贴。

徐水根老人“自动”获得护理补贴，背后是江山市残疾人服务数字化应用当了一个“好帮手”。“以往涉及民政、财政等多个单位的系统，需填报大量数据、数据维护，各条线、各层级数据互不相通、部门间数据孤岛的问题突出，这对本来人手紧张的残联来说，是一个不小的挑战。”江山市残联理事长姜励分析说。

如何破题？江山市的答案是，以数字化来赋能！

在充分调研，细化三张清单、标准、任务、事项的基础上，江山市从主动感知、政策兑现、服务保障、精准治理四大板块出发，梳理出47类481个数据清单，借力浙江省数字化改革、高质量发展建设共同富裕示范区的东风，充分运用浙江省、衢州市已有的公共组件和云资源，在任务拆解、明晰指标、数据分解的深钻下行与合作协同、数据集成、画像服务破壁上行的“V”字形推进路线，打通跨部门、层级系统9套，打通数据接口34个，其中民政、人力社保、公安、教育、住建、医保等主要涉残部门在残疾人服务领域数据全面贯通。今年以来，累计发放重度残疾人护理补贴1498万元，惠及79246人次；发放困难残疾人生活补贴1377万元，惠及54013人次，发放时间由原来22天缩减至1天。

针对残疾人使用手机等智能设备普遍存在困难，职能部门收集残疾人信息不全面、就业创业等政策帮扶不精准等实际，如何跨越这道“数字鸿沟”？江山市从“让最不方便的人享受最方便的服务”需求出发，聚焦需求谋划场景，立足场景破解难题，共建成主动感知、政策兑现、服务保障、精准治理一级场景4项、二级场景25项、三级场景53项，打出了一套“业务协同+制度重塑+技术创新”改革“组合拳”，形成了9项改革成果，实现了低成本可复制可拓展，走在浙江省残疾人服务数字化改革的前列。

残疾人证办理是高频事项，也是残疾人朋友关注焦点。“今年全市已有2534人办理残疾证，其中系统主动感知2102人，占比为83%。另外432人，通过主动预约或网格员代办，从浙里办App导入到医生评定端，实现被动服务为主动感知、变书面申请审批为免申请、免审批，实现无纸化办证。办证时效也从8个环节22个工作日变为3个环节1个工作日。”姜励相告，致残原因主要有先天性、工伤、交通事故、重大疾病等四类致残，通过对四类数据进行归集并通过特有算法，确定了主动感知人员名单，直接导入到医生评定端。

授人以鱼不如授人以渔，变“被动输血”为“主动造血”是帮扶残疾人就业创业，实现共同富裕的现实路径。江山上下联动，

9月24日，江山市残疾人机械自动化数车培训开班典礼举行

全力推动信息对称，一方面主动汇总企业招聘信息，另一方面系统自动筛选符合条件的残疾人，加强定向就业培训，并将数据推送给相应的企业。据统计，今年1—8月，江山残疾人就业人数达到2329人，比上年同期增长49%。今年超比例安置残疾人企业数14家，去年同期仅2家。

“工伤、交通隐患猛于虎，致残比例相当高。市残联将重点行业、重点企业、重点道路致残诱因一键推送给市社会治理中心，经分析研判再推送给应急、经信、公安、交通等职能部门，加强监管、消除隐患、形成闭环。”江山市社会治理中心负责人相告，自从4月残疾人服务数字化应用场景上线以来，全市工伤事故致残和交通事故致残率同比2020年下降23%。

（作者 朱永春 徐利平）

大 事 记

1 月

1日 “中国体育彩票”2021全国新年登高健身大会中心主会场活动在江山市江郎山景区开幕。中国奥委会名誉主席刘鹏，国家体育总局登山运动管理中心主任、党委书记韩建国，中国登山协会主席李致新，国家体育总局体育彩票管理中心党委副书记徐鸣，浙江省体育局副局长胡国平，衢州市副市长徐利水，江山市领导童炜鑫等出席开幕式。

11日 大陈乡文联成立，为江山市首个乡镇文联。

13日 中共石门区委仙居寺旧址揭碑仪式在石门镇灵岗口村仙居寺举行。

14日 省智能制造专家委员会主任毛光烈带领专家组一行到江山市，就木门行业深入推进智能制造开展专题调研。

同日 江山市综合客运枢纽启用。

21日 杭州市山海协作代表团到江山市考察四都镇埠头村乡村振兴工作。

22日 市委召开十四届八次全体（扩大）会议，全面贯彻落实中共十九届五中全会、省委十四届八次全会和衢州市委七届九次全会精神，审议通过《中共江山市委关于制定江山市国民经济和社会发展第十四个五年规划和二〇三五年远景目标的建议》，组织动员全市广大党员干部团结一致、奋勇争先，深化建设江山大花园，全力打造“一地三区”，争创社会主义现代化先行县。

是月 江山市被认定为2020年度省农业绿色发展先行县，其中凤林镇、峡口镇被认定为2020年度农业绿色发展省级示范区。

是月 2020年度浙江省装备制造业重点领域首台（套）产品名单正式公布，江山市有4家企业的4项产品入选。

是月 君澜·江山国际度假酒店获评五星级旅游饭店。

是月 周多花家庭获评第十二届全国五好家庭。

是月 贺村镇礼贤村入选省地名文化遗产名单。

是月 江山市养蜂规模及效益实现29连冠。

是月 江山市获评2020年度浙江省产粮大县。

2 月

1日至3日 江山市召开政协第十届江山市委员会第五次会议，听取审议市政协常委会工作报告和提案工作报告。

2日至4日 江山市召开第十六届人民代表大会第五次会议，听取和审议市政府工作报告和市人大常委会工作报告、市人民法院工作报告、市人民检察院工作报告等，通过《关于江山市国民经济和社会发展第十四个五年规划和二〇三五年远景目标纲要的决议》。

9日 江山市召开2020年度党委（党组）书记抓基层党建和人才工作述职评议会暨村社组织换届工作总结会。

同日 江山市第十四届纪律检查委员会第六次全体会议召开。

20日 江山市召开全市干部大会暨“三个年”活动动员会，表彰2020年度重点工作贡献突出集体和个人、记功奖励集体和个人、市长特别奖、国家高新技术企业奖等。

是月 江山市获评2020年省新时代美丽乡村优秀县。

是月 双塔街道文苑社区社会组织党群服务中心获省级示范点称号。

是月 廿八都镇被评为省级现金服务示范区，为江山市首个省级现金服务示范区。

是月 浙江天际互感器有限公司工会被中华全国总工会授予全国模范职工之家称号。

3 月

1日 江山市跨入“智能”停车收费时代，全市改造2677个道路停车泊位，停车信息自动感应联网。

4日 “县乡一体、条抓块统”改革工作省市专班联席（扩大）会议在江山市召开，省委常委、省委秘书长、改革办主任陈金彪参加。

12日 童炜鑫、汪胜、郑朝基等市四套班子领导到江山港流域综合治理工程贺村段，与广大机关干部、青年志愿者一起参加义务植树活动。

15日 江山市召开创建全国文明城市动员会。

16日 全省农业春耕备耕暨送科技下乡启动仪式在江山市凤林镇中岗村江山如画农场举行，衢州市委副书记、市长汤飞帆和省农业农村厅厅长王通林、省供销合作社理事会主任邵峰等参加。

18日 召开全市党史教育动员会。

同日 江山市徐霞客研究会成立大会暨第一届会员大会召开。

19日 位于双塔街道周家青社区的新冠病毒疫苗方舱接种点启用，为衢州市首个新冠病毒疫苗方舱接种点。

23日 太阳山整体开发暨太阳山寺扩建（修缮）工程奠基仪式举行。

25日 衢州市委书记徐文光到江山市调研，并在石门镇人大代表联络站接待群众来访。

25日至27日 四川省沐川县党政代表团到江山市开展对接考察活动。

是月 江书修入选第九届“最美衢州人”十大年度人物。

是月 碗窑乡凤凰村获评第八批“全国民主法治示范村”。

是月 大陈乡旱田坂儿童之家获浙江省示范儿童之家称号。

是月 江山—柯桥山海协作产业园连续五年获省级工业类产业园绩效评价一等奖，获得专项补助1.5亿元。

是月 江山市入选全国城市传播百强榜，排名县级市第20位。

4 月

2日 市党政军领导“清明祭英烈”活动在曹家坞烈士陵园举行。

16日 江山市召开市委农村工作会议暨全国农村宅基地制度改革试点工作动员会。

21日 省人大常委会党组副书记、副主任李卫宁带队到江山市调研科技创新专项审议工作。

同日 “游衢州住江山，健康江山动起来”江山文旅（杭州）推介会在杭州市举行。

27日 衢州市人大常委会主任吴国升到江山市开展党史学习教育专题活动。

是月 江山市健盛之家功能性运动面料研发项目入选国家体育产业示范项目。

是月 仙霞古道入选省首批大花园耀眼明珠，江山市再次获评省大花园建设优秀单位。

是月 江山市连续十年获“森林浙江”考核优秀。

是月 江山市大陈乡大陈村等25个村获评省善治示范村。

是月 江山市获全省乡村振兴考核优秀。

是月 江山公布十大名菜、名小吃、名冷盘。

5 月

7 日 全国举重项目奥运与全运备战反兴奋剂培训班在江山市举行。

10 日 中国·江山“江郎山杯”2021 年全国举重锦标赛暨第十四届全国运动会举重比赛预赛在江山体育馆开幕。国家体育总局举摔柔运动管理中心党委书记毕东海、浙江体育职业技术学院院长占旭刚、衢州市副市长徐利水、江山市领导童炜鑫等参加。

14 日 江山市召开十六届政府第六次全体（扩大）会议暨廉政工作会议，主题是“聚焦‘三个年’全力抓落实，奋力实现‘十四五’开好局，起好步”。

21 日 江山市 6 家茶企集中亮相第四届中国国际茶叶博览会。

24 日 江山市首期新时代中国特色社会主义思想进修班、第二十期中青年干部培训班举行开班典礼。

26 日 江山市召开市关工委成立 30 周年暨全市关心下一代工作表彰大会。

同日 浙江大学医学院附属邵逸夫医院与市人民医院“山海”提升工程签约仪式在杭州市举行。省政协副主席、浙大医学院附属邵逸夫医院院长蔡秀军，江山市领导童炜鑫等参加。

28 日 浙江省第四届体育大会羽毛球比赛在西山全民健身中心羽毛球馆举行。

29 日至 30 日 2021 精准中药助力乡村振兴研讨会暨中国·江山黄精产业发展论坛在江山市举行。

30 日 市委常委会召开会议，传达学习习近平总书记关于“共同富裕”重要论述精神和省委书记袁家军在高质量发展建设共同富裕示范区省委专题学习会上的讲话精神。

31 日 童炜鑫、郑朝基等市四套班子领导赴大陈乡乌龙村开展县处级领导“沿着红色足迹学党史”活动。

是月 江山市获省数字生活新服务样板县专项激励。

6 月

2 日 “翰墨春秋百年芳华”老一辈党和国家领导人、老将军、老艺术家书画展暨江山市庆祝中国共产党成立 100 周年书画摄影作品展在江山市举行。

3 日 江山市数字化慈善捐款平台正式上线。

同日 省政府副秘书长、办公厅主任暨军民带队到江山市，就数字政府工作开展调研。

4 日 副省长卢山一行到江山市调研信访工作、接待群众来访。

5 日 由省委统战部副部长、省工商联党组书记陈浩带领来自全国各地的 20 余名知名浙商到江山市考察。

8 日 江山市乡村振兴局正式挂牌成立。

17 日 江山市 15 克黄精鲜种子搭载神舟十二号飞船升空，填补江山农产品航天育种空白。

20 日 “迎建党百年享美好生活”浙江省群众（乡村）合唱大赛在江山市举行。

22 日 “百年风华·红色江山”江山市庆祝中国共产党成立 100 周年文艺晚会举行。

30 日 市领导童炜鑫、汪胜、郑朝基等前往塘源口乡洪福村，开展庆祝中国共产党成立 100 周年“红色根脉，薪火相传”主题党日暨新党员集中宣誓活动。

7 月

1 日 全市“两优一先”表彰大会暨“光荣在党 50 年”纪念章颁发仪式举行，2100 多名老党员获“光荣在党 50 年”纪念章。

2 日 江山市和江西省玉山县两地的交通运输行政综合执法队、公安交警大队在淤八线开展跨区域联合执法，保障道路运输安全。

7 日 召开市委理论学习中心组学习会，专题学习习近平总书记在庆祝中国共产党成立 100

周年大会上的重要讲话和浙江省庆祝中国共产党成立100周年大会精神。

同日 江山市举办“增殖放流优生态·诗画风光江山港”主题活动，向江山港和有关支流投放100万尾圆吻鲴、斑鳜等土著溪流性鱼苗。

10日 浙江省第四届体育大会健美操赛在江山市举行。

13日至14日 省委书记袁家军到江山市调研省委十四届九次全会精神贯彻落实情况，先后深入清湖街道清泉村和综合信息指挥室、恒亮蜂产品有限公司及大陈乡早田坂村等地，为走农村电商致富路、“县乡一体、条抓块统”改革、“农业龙头企业+合作社+农户”运营管理模式助力蜂农增收致富、农村党建联盟推进先富帮后富及农村群众精神文化生活等作指示要求。省委常委、秘书长陈奕君等陪同。

19日 衢州市政协主席周伟江带队到江山市，就深入推进美丽大花园建设、努力打造美丽中国先行示范区开展三级政协联动专项集体民主监督。

21日 衢州市人大常委会党组书记、主任吴国升到江山市开展《浙江省乡镇人民代表大会工作条例》《浙江省街道人大工作条例》执法检查。

22日 国务院残疾人工作委员会在北京召开表彰大会，江山市人民政府残疾人工作委员会获全国残疾人工作先进单位称号。

27日 省医保局党组书记、局长杨烨带队到江山市调研医保工作。

28日 省委副书记、省长郑栅洁到江山市调研，先后前往浙江星莱农业科技有限公司、浙江天际互感器有限公司、石门镇清漾村等地考察，对共同富裕、产业发展、项目招引等工作作指导。

30日 2021年浙江省幼儿体育大会暨浙江省首届啦啦操表演大赛在江山市举行。

是月 江山市获健康浙江考核优秀。

是月 江山市获中央财政支持国土绿化试点项目资金3995万元，用于全市“一村万树”、山地造林、平原造林、森林抚育、退化林修复、油茶发展和油茶产区林区道路建设。

8月

4日 宁波市政协副主席、镇海区委书记林雅莲率领党政代表团到江山市考察。

10日 由湖南省韶山市韶山村党委第一书记毛雨时带队的韶山毛氏宗亲联谊会一行到江山市，开展以毛氏文化为代表的红色文化传播交流活动。

15日 贺村镇温习馆正式开馆，记录时任浙江省委书记习近平2006年8月15日在贺村镇丰益村调研的工作情况。

18日 省计生协会会长陈艳华带队到江山市，调研江山市贯彻落实《中共中央国务院关于优化生育政策促进人口长期均衡发展的决定》工作情况。

19日 江山市委召开全面依法治市委员会第三次会议暨法治江山建设工作推进会。

同日 2021年江山市文明家庭暨“最美家庭”表彰会召开。

20日 衢州市光彩事业促进会“中环教育慈善基金·汪东林奖学金”颁奖仪式在江山中学举行。

23日 市委常委会主持召开市委十四届九次全体（扩大）会议，市委书记童炜鑫作《抢抓机遇，实干奋进，跨越提升，争当山区县高质量发展建设共同富裕示范区的先行示范》工作报告。审议通过《江山市跨越式高质量发展推进共同富裕示范区建设行动计划（2021—2025年）》。

同日 市文物局正式挂牌成立。

25日 副省长王文序带队到江山市调研民政工作。

29日 省政府新闻办举行数字化改革重大应用成果新闻发布会，江山市委书记童炜鑫现场介绍残疾人服务数字化应用相关情况，并回答记者提问。

是月 红军北上抗日先遣队

大陈纪念馆入选省青少年红色基因传承基地。

是月 江山欧派门业股份有限公司党委书记祝秋清获“浙江省企业文化工匠”称号，天蓬集团有限公司获“浙江省企业文化品牌建设优秀单位”称号。

是月 江山市获全省26个县发展实绩考核第一。

9 月

4 日 全国政协委员、民建福建省委会副主委、大帝集团董事长吕培榕率民建福建省委会调研组，到江山市调研省级边界经济发展工作。

7 日 省人大常委会副主任史济锡带队到江山市，就乡村振兴战略实施情况开展调研。

7 日至 8 日 浙江省工业数字化工程样本复制推广交流研讨会在江山市召开。

9 日 市十六届政府召开第七次全体（扩大）会议，主题是“坚定产业为王主旋律，吹响工业强市冲锋号，全力为高质量发展建设共同富裕示范区提供增大增量”，研究部署工业强市五大专项行动。

10 日 市委书记童炜鑫率党政代表团赴杭州市钱塘区对接山海协作工作。

13 日 江山市举行“汇聚慈善力量，助力乡村振兴”2021 年“慈善一日捐”捐赠活动。

同日 衢州市美丽城镇建设工作现场会在江山市召开。

同日 浙江研一新能源科技有限公司年产 15000 吨新型锂盐项目签约仪式在江山市举行。

15 日 省委副书记黄建发带队到江山市，就数字化改革、现代农业发展工作等开展调研。

22 日 衢州市委副书记、市长高屹带队到江山市，就江山市工业强市工作推进情况开展调研。

同日 全省“美好视界”儿童青少年近视防控关爱行动启动仪式在江山市举行。

24 日 江山市召开数字化改革推进会暨多跨场景应用谋划大赛 PK 赛。

30 日 2021 中国·江山数字消防产业发展大会暨第四次江山人发展大会开幕式（主旨大会）召开。来自全球各地 500 多名江山骄子齐聚一堂，围绕打造中国数字消防产业第一城的战略目标，共叙乡情友谊，共话家乡发展。

同日 童炜鑫、郑朝基、胡炳泉、徐明峰等市四套班子领导在曹家坞烈士陵园向人民英雄敬献花篮。

同日 “红色江山，三山‘共富’”第三十六届“三山”艺术节在江山市拉开序幕。

是月 江山籍运动员郑岚、姜灵伟征战全运会，分别参加羽毛球、举重比赛。

是月 江山市旅游商品“星菜冻干面、速食粥”“星菜口袋拌饭”“大佬徐黄芪茴香成熟蜂蜜礼盒”获 2021 年浙江省优秀旅游商品称号。

是月 江山市体育局、教育局获评全国群众体育先进单位，赵江平、李中亮、何晓琴等 3 人获评全国群众体育先进个人。

是月 江山乌猪、江山乌骨鸡、白耳黄鸡等 3 个品种被列入国家畜禽遗传资源品种名录，品种个数位居全省之首。

10 月

8 日 由市农业技术推广中心牵头制作的“江郎山下种藕经，藕鳅共养模式”短视频获首届全国绿色园艺新模式新技术新产品短视频学习交流活动优秀奖。

9 日 江山—北川东西部协作座谈会在江山市召开。

11 日 江山市成功入选第二批省级数字乡村建设试点县。

13 日 由浙江省国际贸易集团有限公司党委书记、董事长楼晶带队的调研组到江山市，就结对消薄工作展开调研。

18 日 2021 三衢味·江山杯第四届“美丽乡村”全国攀岩系列赛开幕仪式在新塘边镇毛村山头村举行。中国奥委会原副主席、中华全国体育基金会理事长吴齐，中国登山协会主席李致新，国家体育总局登山运动管理中心新项目部部长李文茂，江山市领导童炜鑫等参加开幕式。

20 日 衢州市委书记汤飞帆到江山市专题调研清廉衢州建设工作。

23 日 “奥运冠军从‘浙’出发”新闻主题采风活动采风团，到活动最后一站江山，继续解码浙江体育频创佳绩的背后故事。里约、东京两届奥运会举重项目金牌得主石智勇，国家体育总局宣传司宣传处处长田彤桂等参加。

27 日 江山市召开党管武装工作暨国防动员委员会全体会议。

29 日 市委文化工作会议召开。

同日 浙江省农村文化礼堂运动会总决赛在江山市凤林镇白沙村举行。

是月 贺村镇获省小城市培育考核优秀。

是月 塘源口乡入选首批省气候康养乡村。

是月 天蓬集团有限公司入选第七批农业产业化国家重点龙头企业名单。

11 月

2 日 浙江省农技推广中心组织相关专家对位于江山市石门镇泉塘畈的“甬优 1846”“甬优 52”和“甬优 7860”水稻高产攻关田进行实割测产验收。“甬优 7860”亩产为 1044.46 公斤；“甬优 52”亩产为 1015.91 公斤；“甬优 1846”亩产为 864.23 公斤，连续九年水稻最高亩产全省第一。

3 日至 4 日 全国人大华侨委员会委员、省十二届人大常委会党组书记、副主任王辉忠率队到江山市调研。

8 日 浙江省“县乡一体、条抓块统”改革工作现场推进会的代表到江山市考察。

11 日 江山两岸联谊政协委员会客厅举行江山两岸联谊交流展示馆揭牌仪式和“金秋话同源，衢台谋共富”座谈会等系列活动。

12 日 衢州市委书记汤飞帆到江山市调研基层治理现代化工作。

15 日 10 万多只中华绒螯蟹在江山港投放养殖。

19 日 “丰收中国·衢州有礼”三衢农民颂党恩系列活动之“共富向未来”农民艺术节在江山市大陈乡大陈村举行。

22 日 江山市召开纪念建县 1400 周年座谈会。

24 日 市委召开全市领导干部会议，宣布省委关于江山市委、市政府主要领导调整的决定。省委决定：朱素芳任中共江山市委委员、常委、书记，免去童炜鑫的中共江山市委书记、常委、委员职务；提名徐明峰为江山市人民政府市长候选人。

26 日 衢州市委书记汤飞帆到江山市基层一线宣讲六中全会精神，调研基层党建、基层治理和共同富裕工作。

同日 长台镇举办以“枫情·蜜忆”为主题的红枫文化旅游节活动。

是月 全国首个互感器远程智控方舱计量实验室在浙江天际互感器有限公司投入运行。

是月 清泉村入选全国乡村治理示范村。

是月 江山市康缘保健品有限公司的康丰牌蜂蜜、浙江茶之语科技开发有限公司的茶之语山茶油、浙江江山有蜂缘蜂业有限公司的有蜂缘牌洋槐蜜、浙江御园珍稀植物开发有限公司的江山高牌江山黄精八珍糕获中国义乌国际森林产品博览会金奖。

是月 江山市贺村镇、虎山街道入选省数字生活新服务特色镇。

是月 毛丽丽家庭获评全国“最美家庭”。

12 月

2 日 市委书记朱素芳主持召开市委常委会会议，传达学习习近平总书记在中央深改委第二十二次会议上的重要讲话精神和省委十四届十次全体（扩大）会议精神。

同日 市委书记朱素芳在双

塔街道宣讲中共十九届六中全会精神，调研社区基层治理品牌建设。

3日 “江山—钱塘人力社保山海协作对接交流会”和江山—柯桥山海协作联席会议在江山市举行。

同日 首届衢州市十大药膳比赛举行，江山黄精乌鸡煲获金奖，黄精状元糕、江山黄精八珍糕被评为“衢州市十大药膳糕点”。

6日 中共江山市委社会建设委员会揭牌仪式举行。

8日 省政府副秘书长、办公厅主任暨军民带队到江山市，考察江山市碳账户工作。

同日 市委书记朱素芳先后前往峡口镇工业功能区、贺村镇工业功能区、四都镇工业功能区三个工业副平台，调研部分重点工业企业。

11日 朱素芳、徐明峰、汪胜、郑朝基、胡炳泉、何日根等市四套班子领导分别带队，暗访督查江山市疫情防控工作。

14日 江山市“江山黄精”鲜种子与神舟十二号载人飞船一同遨游太空90多天，回到江山。

15日 衢州市委副书记、市长高屹到江山市，调研工业强市和2022年工作思路。

16日 衢州市人大常委会主任吴国升到江山市调研企业发展情况。

21日 市委书记朱素芳带队调研江山市城市建设项目。

同日 “聚力三个年，奋进十四五”2021年项目谋划活动暨第七届项目谋划擂台赛举行。

24日 市委书记、市新冠肺炎疫情防控应急指挥部指挥长朱素芳先后主持召开全市新冠肺炎疫情防控工作会议、新冠肺炎疫情防控应急指挥会议，贯彻落实省、衢州市疫情防控工作会议精神。

28日 江山市第十五次党代会开幕。朱素芳代表中共江山市第十四届委员会作题为《衢州当龙头、全省争上游，奋力争当跨越式高质量发展共同富裕排头兵》的报告。

30日 召开中国共产党江山市第十五届委员会第一次全体会议，选举产生朱素芳、徐明峰、何日根、俞耀根、温胜浩、杨君、朱永平、程佳华、高峰、毛香水、毛晓荣为中国共产党江山市第十五届委员会常务委员会委员；选举朱素芳为市委书记，徐明峰、何日根为市委副书记。

是月 江山市入选首批长三角高铁旅游小城。

是月 江山市欣凯家庭农场培育的“江白2号”金针菇获浙江精品鲜菇银奖。

是月 江山市江郎山景区入选浙江省第二批“名山公园”。

是月 江山东方文岚饭店获评“金树叶”级绿色旅游饭店。

是月 “健盛”集团上榜浙江本土民营跨国公司经营50强。

市情概览

地理位置

江山市位于浙江省西南部，浙、闽、赣三省交界处。市境最北端位于北纬28°53′27″的四都镇傅筑园村柿树坞口北，最南端位于北纬28°15′26″的廿八都镇坚强村里山南，最东端位于东经118°48′48″的塘源口乡仓源村阴源东，最西端位于东经118°22′37″的大桥镇陈家村马车坳西。南北最长径距70.75公里，东西最宽径距41.75公里。全市地域总面积2019.03平方公里。

全市边界线长315.1公里，东以平埂、青岗尖、石奶尖背、洪公等处与衢州市柯城区、衢江区邻接，东南以金山头、老鹰平尖、苦竹际、仙岭坑尾等山峰与遂昌分界，西北以雪坑尖、石龙岗等山峰与常山县接境，西以古山、东库、茅村弄等处与江西省玉山县为邻，西南以里塘坞、嵩峰山等地与江西省上饶市广丰区接壤，南以枫岭（大竿岭）、苏州岭等处与福建省浦城县交界。

江山市区（主城区）位于市境北部偏东，介于北纬28°44′与东经118°37′交点附近。2021年末，主城区（指建成区）面积18.90平方公里。

历史沿革

江山历史悠久。距今4000年前的新石器时期，境内已有人类繁衍生息。春秋战国时期，江山为姑蔑一部分。秦王政二十五年（前222），属会稽郡大末县（后改为太末县）。东汉初平三年（192），属会稽郡新安县。三国孙吴宝鼎元年（266），属东阳郡新安县。南朝陈天嘉三年（562），属金华郡信安县。隋开皇九年（589），属婺州信安县。隋大业三年（607），属东阳郡信安县。唐武德四年（621），分信安县地置须江县，为江山建县之始，隶属衢州。五代吴越宝正六年（931），改须江县为江山县，属衢州。南宋咸淳三年（1267），江山县改名为礼贤县，仍属衢州。元至元十三年（1276），礼贤县复名江山县，隶属衢州路。明清时期，均属衢州府管辖。1911年辛亥革命后，江山县属衢州军政分府管辖。民国时期，江山县曾先后直属于省、金华道、省第五和第三行政督察区。

1949年5月，江山解放，属衢州专区。1955年，衢州专区撤销改属金华专区。1985年，国务院批准设立金华市和衢州市，江山县属衢州市。1987年11月27日，国务院批准撤销江山县，设立江山市，仍属衢州市管辖。

行政区划

2021年，全市共设19个乡镇、街道。其中，街道办事处3个，即双塔、虎山、清湖；建制镇11个，即上余、四都、贺村、坛石、大桥、新塘边、凤林、峡口、廿八都、长台、石门；乡5个，即大陈、碗窑、保安、张村、塘源口。全市设行政村292个、社区15个。

2021 年江山市行政村、社区设置情况表

表 1

乡镇街道	村民委员会和社区名称	村数（个）
双塔街道	陈村、莲塘、郑村、五家山、上耀、社后、金家、天余、缸甫底、召石、新塘坞、坳里、丰足、杨墩、和贤、路垄、黄家、灵泉、塔东、赵家、陶村、大夫第、迎宾，辖县前、民声、城北、周家青、乌木山、文苑 6 个社区	23
虎山街道	何家山、达道、孝子、平棋、彭里、江山底、荷塘、麻车、店前、金坞、溪东、协里、桑淤、双龙，辖市心、东门、南门、西门、江东、安泰、城南、桐岭 8 个社区	14
清湖街道	和睦、新塘底、浮桥头、清湖一村、清湖二村、清湖三村、九村、十村、七斗、路口、毛塘、蔡家、路陈、 蔡家山、童家、泉家垄、贺仓、读溪口、祝家坂、清泉、前村、乐意、东儒、华夏、花园岗、贺周，辖七里社区	26
上余镇	山头、江村、苦叶田、木车、五程、七一、一都江、大溪滩、望江、上余、塘岭一村、塘岭二村、塘岭三村、 高洋、李坪、方家、湖珠、余航	18
四都镇	金山、双溪、埠头、前岭、江北、四都、上峰、傅筑园	8
大陈乡	早田坂、夏家、乌龙、大陈、大唐、红星	6
碗窑乡	源口、天井、和源、府前、达河、金龙、红石桥、碗窑、凤凰	9
贺村镇	耕读、羡家、三塘、寺后、长埂、南塘、丰益、溪淤、青塘尾、后源、水晶山底、严麻车、富益、龙头、吴村、诗坊、山底、佛堂、明星、贺山头、友爱、幸福、河东、东山头、湖前、八里坂、大贤坂、敖坪、贺村、狮峰、 山塘、永兴坞、高路、华塔、乌鹰垄、万青山、陈塘、通贤、淤前、市上村、达埂、棠坂、石后、淤头、礼贤	45
坛石镇	定家坞、郭丰坞、坛石、新叶、横渡、郭丰、潭边、上溪、五圳、上王、占塘、鳌头、占村	13
大桥镇	冷水、仕阳、大桥、湖游、福塘、葩坞、店边、仕阳尾、西坂、桥头、陈家、新桥、上仓、黄石、芳源	15
新塘边镇	日月、永丰、上洋、彭村、毛家仓、千坞、东亭、毛村山头、勤俭、爱丰、东陈、上平天、东山、达路边、外 坞、卅六都、恩深、新塘边、塘边	19
凤林镇	溪岙、中岗、株树、英岸、苗青头、游溪、大悲山、官田、凤里、南坞、桃源、凤祥、凤溪、高坂、茅坂、 政棠、卅二都、白沙	18
峡口镇	连丰、地山岗、定村、新和、枫石、同桥、峡南、峡东、峡西、峡北、峡新、三卿口、广渡、王村、合新、柴 村、大峦口、双潭	18
廿八都镇	花桥、林丰、枫溪、山峰、兴墩、浔里、坚强、周村、浮盖山	9
保安乡	龙溪、赵宅门、裴家地、西洋、后坂、保安、化龙溪	7
长台镇	长台、长兴、朝旭、华峰、长安、乾湖、贺新、花园、金檀	9
石门镇	西山、清漾、灵岗口、琚家岗、长山源、溪底、界牌、金炉、泉塘、江郎山、郎峰、达蓬、岭底、新群、延龄	15
张村乡	太阳山、塔山、先锋、秀峰、玉坑口、双合丰、琚源、龙头店、毛长甫、安顶、双溪口	11
塘源口乡	塘源、仓坂、冷浆塘、洪福、塘源口、青石、仓源、前墩、白石	9
合　计	全市合计 3 个街道、11 个镇、5 个乡、292 个行政村、15 个社区	292

地貌河流

江山市全境分三个地貌区，东部、南部为福建武夷山脉延伸而至呈东北—西南走向的仙霞岭中低山区，海拔多在600米以上。海拔千米以上的山峰在境内有28座，其中最高峰为大龙岗，海拔1500.3米。岩石以中生代火山岩和火山碎屑岩为主，系中生代侏罗纪中期岩浆活动和火山喷发所形成。西北部为江西怀玉山脉延伸而至的低山丘陵区，海拔大多在200米至800米之间，最高峰为湖山尖，海拔859.4米。岩石以石灰岩为主，系由古生代早中期沉积而成。地表多石芽，地下多溶洞。中部河谷走廊地带，系中生代凹陷而成的绍兴—江山断裂谷西段。河谷宽窄不一，海拔多在100米至200米之间，地势相对低缓。清湖以北的冲积平坂，海拔多在100米以下，最低处为大溪滩渡船头，海拔73米。境内呈“凹”字形的三块地貌分区，构成江山半封闭盆地类地形格局，盆口向东北方向敞开，形成冬半年东北季风长驱入境。

江山港（须江）是境内最大河流，是钱塘江水系上源之一。它源于江山市张村乡双溪口村南部浙、闽交界的苏州岭，全长134公里，境内长105公里。江山港干流分上、中、下游3段。自源头至峡口为上游，河水由南向北流，山高谷深，水流湍急，总落差千余米，已建成白水坑水库和峡口水库。峡口至贺村毛塘为中游，河水向西北流至麻溪淤，再折向北流至贺村，又折向东流至毛塘。中游水流自峡口流出山口进入海拔200米以下地区。地势低平，水流变缓，两岸多河漫滩台地，多农田、聚落分布。毛塘以下为下游，水流先向东南流至刘家�再往东北经市区流至上余余家（余航村）进入衢州市衢江区，并在柯城区与常山港汇合入衢江，下游河段落差20余米。在下游河段接纳长台溪和达河溪(已建碗窑水库）两大支流，因上游干支流修水库，加上中、下游河道采砂石，河道已失去20世纪40年代前的航运之利。境内属于长江水系的主要溪流有新塘边溪、大桥溪和廿八都溪。

气候特征

2021年1月1日至12月31日，江山市平均气温为19.3℃，比常年同期（17.9℃）偏高1.4℃，较常年显著偏高，破历史最高纪录。总雨量1955.4毫米，比常年偏多172.1毫米，雨日219天，较常年偏多25.9天。全年气候表现为梅汛期雨量偏少、梅期短、分散性强对流天气频发、短时暴雨频繁、雷雨大风猛烈等特点。5月出现多轮强对流天气，极端性强历史罕见。其中5月10日夜间7个乡镇雨量超过100毫米，13个站点出现8级以上大风，最大站点市区本站25.8米/秒(10级)；5月12日、13日、14日、19日，均出现大雨、暴雨，且伴有大风、强雷电等强对流天气，其中新塘边镇14日傍晚18时前后出现34.7米/秒（12级）大风，廿八都镇出现小冰雹。

全年天气气候综合评价：2021年，全市年平均气温较常年异常偏高，年平均降水量较常年异常偏多，年平均日照时数较常年偏多。全市气象灾害与往年相比正常偏轻，但也遭遇阶段性灾害天气。年初低温冻害、初夏极端强对流、梅汛期暴雨洪涝、秋季干旱、冬季寒潮等气象灾害，给公路交通、种养殖业等行业造成较严重影响。全市主要农作物的农业气象条件总体为偏差年景。1月受低温冰冻天气影响，柑橘和设施柑橘损失较大；3月高温多雨，各地油菜菌核病普遍发生早、发病率高；5月强对流天气和连续强降水导致设施大棚受损明显、部分果树及大田作物倒伏；梅汛期暴雨致洪灾相对往年偏轻，但仍有部分家庭农场、蔬菜基地受淹；8月倒黄梅，连续强降水对农作物生长造成不利影响；9月至10月上旬全市降水持续偏少，大部分地区出现中度到重度干旱，对晚稻影响较大。

自然资源

江山市土地总面积20.19万公顷。其中，山地、丘陵共17.93万公顷，占总面积的88.8%；河谷平坂地2.26万公顷，占总面积的11.2%，俗称“九分山丘，一分水田”。全市土壤总面积19.17万公顷，其中红壤、黄壤类面积共13.69万公顷，占土壤总面积的70.91%；水稻土类面积3.49万公顷，占土壤总面积18.16%。

江山矿藏以非金属矿为主。已发现30个矿种，129处矿产地。其中，非金属矿产22种，产地99处；能源矿产2种，产地18处。烟煤、无烟煤，主要分布在凤林镇茅村弄，贺村镇石后、道塘山，清湖街道山垄、小清湖等地。石煤，分布在四都、大陈、上余、双塔丰足、坛石横渡、大桥一带，以大桥与双塔丰足最为集中。萤石矿分布在峡口、石门、长台、张村、塘源口等乡镇，地质储量约100万吨。石灰石，主要分布在市境北部的四都、上余、大陈、坛石、大桥等乡镇，储量大。其他矿种有廿八都的硅灰石，双塔赵家的磷灰石，大桥西青垄、虎山街道方家山的硬质耐火黏土等。

江山市林业用地14万公顷，森林面积14.3万公顷。森林蓄积量312万立方米，森林覆盖率达70.8%，其中生态公益林面积5.37万公顷。江山属中亚热带北部亚热带常绿阔叶林浙闽山丘甜槠木荷林植被区，自然植被有常绿阔叶林、针阔混交林、针叶林、灌丛等15个群系，634种。国家一级保护树种有水杉、银杏、红豆杉、伯乐树、香果树、猪血木等，国家二级保护树种有香榧、金钱松、三尖杉、福建柏、鹅掌楸、樟树、花榈木、闽楠等，国家三级保护树种有青檀、天目木兰、黄山木兰等。野生动物中，国家一级保护动物有白颈长尾雉、黄腹角雉、云豹、黑麂、金猫等，国家二级保护动物有白鹇、鸳鸯、白鹳、鸢、穿山甲、短尾猴、大灵猫等。

人口 民族

2021年年末，江山市辖3个街道、11个镇、5个乡，292个行政村、15个社区居委会，总面积2019.03平方公里。全市年末户籍人口61.08万人，其中男性人口31.25万人，女性人口29.83万人，分别占总人口的51.2%和48.8%。全年出生人口4154人，出生率为6.79‰，死亡人口3640人，死亡率为5.95‰，与2020年相比，全市出生率下降1.74个千分点，死亡率下降1.25个千分点，自然增长率为0.84‰，下降0.49个千分点。

江山市共有汉族、回族、畲族、苗族、蒙古族、壮族等28个民族，汉族人口占总人口的99.6%。

2021年江山市国民经济和社会发展情况

2021年，面对复杂的内外部环境，全市上下以习近平新时代中国特色社会主义思想为指导，深入贯彻中共十九大和十九届历次全会精神，坚定践行“八个嘱托”、续写“八八战略”，全面落实上级各项决策部署。经济持续稳定恢复，质量效益稳步提升，高质量发展取得新成效，实现了“十四五”规划良好开局。

一、综合

根据上级统一初步核算，2021年全市生产总值365.75亿元，按可比价格计算，比上年增长8.5%。其中，第一产业增加值22.45亿元，增长1.3%；第二产业增加值167.83亿元，增长9.8%；第三产业增加值175.47亿元，增长8.4%，其中，批发和零售业增长14.4%，房地产业增长6.2%，金融业增长6.4%，营利性服务业增长6.7%，非营利性服务业增长2.2%。三次产业增加值结构为6.1∶45.9∶48.0。全市人均生产总值（按常住人口计算）73836元，增长8.1%。

全年居民消费价格比上年上涨 1.3%，其中食品烟酒类下降 0.3%，其他七大类价格呈“五涨二降”态势。教育文化和娱乐类上涨 0.9%，医疗保健类上涨 1.2%，居住类上涨 2.4%，交通和通信类上涨 3.3%，生活用品及服务类上涨 3.6%，衣着类下降 0.8%，其他用品和服务类下降 2.8%。

全市城镇新增就业人员 8233 人，有 3859 人失业人员实现了再就业，城镇登记失业率为 1.69%。

二、农业和农村建设

全年实现农林牧渔业增加值 23.00 亿元，比上年增长 1.5%。

全年农作物播种面积 42976.53 公顷，同比增长 0.8%。其中，粮食播种面积 24517.53 公顷，与上年持平；油料播种面积 6827.67 公顷，增长 2.3%；蔬菜种植面积 9476.87 公顷，增长 3.3%；果用瓜种植面积 458.2 公顷，下降 8.0%。

全年粮食总产量 15.60 万吨，同比增长 0.5%。其中，谷物产量 14.39 万吨，增长 1.1%；油料产量 1.31 万吨，增长 4.5%；蔬菜产量 26.58 万吨，增长 4.1%；果用瓜产量 1.30 万吨，下降 27.4%。

全年完成造林面积 485.6 公顷，人工更新面积 86.7 公顷。森林面积 210.71 万亩，森林覆盖率 69.54%；省级以上重点公益林面积 100.12 万亩。

全年肉类总产量 4.49 万吨，同比增长 14.0%。其中，猪肉 1.5 万吨，下降 6.2%。年内生猪出栏 18.17 万头，增长 2.3%；羊出栏 1.2 万只，增长 44.1%；牛出栏 3287 头，增长 37.6%。家禽出栏 2060.70 万羽，增长 36.7%。

全市累计完成九大类应整治对象共 82974 宗，累计整治面积约 439.59 万平方米，推动完成宅基地复垦 821 亩，拆后利用率达 97.9%。新增省级美丽乡村示范乡镇 1 个、省级美丽乡村特色精品村 4 个。建成垃圾分类资源化利用站点 4 个，农村生活垃圾分类处理数字化动态监管试点村 20 个，省级垃圾分类高标准示范村 4 个。农家乐（民宿）床位数达到 3200 张，全年接待游客 276 万人次，年营业收入 2.32 亿元（不含休闲农业）。全年培训农民 2225 人，安排产业增收项目 10 个，开发公益岗位 245 个，雨露计划帮扶低收入农户子女 968 人，为 21139 名低收入农户免费购买健康保险 308.62 万元。

三、工业和建筑业

全年完成工业增加值 136.74 亿元，按可比价格计算，比上年增长 10.6%。规模以上工业完成总产值 356.41 亿元，同比增长 24.3%，其中，重工业 278.84 亿元，增长 25.3%；轻工业 77.57 亿元，增长 21.1%。实现工业销售产值 356.04 亿元，增长 24.4%。全年完成工业出口交货值 20.8 亿元，增长 20.7%。

年末全市共有规模以上工业企业单位 335 家，其中，营业收入亿元以上企业 87 家，大中型企业 22 家。

在规模以上工业中，电气机械和器材制造业产值为 76.69 亿元，同比增长 25.7%；木材加工和木、竹、藤、棕、草制品业产值 60.74 亿元，增长 25.8%；非金属矿物制品业产值 57.97 亿元，增长 30.0%；化学原料和化学制品制造业产值 29.77 亿元，增长 12.0%；电力、热力生产和供应业产值 19.07 亿元，增长 1.2%。金属制品业产值 14.76 亿元，增长 42.9%；橡胶和塑料制品业产值 11.40 亿元，增长 30.8%；专用设备制造业产值 10.30 亿元，增长 19.6%；纺织服装、服饰业产值 10.30 亿元，增长 67.3%；通用设备制造业产值 9.34 亿元，增长 56.4%；农副食品加工业产值 8.75 亿元，增长 15.2%；黑色金属冶炼和压延加工业产值 6.94 亿元，增长 34.2%；汽车制造业产值 6.81 亿元，增长 0.7%；家具制造业产值 5.23 亿元，增长 19.1%。

在规模以上工业中，高新技术产业增加值 37.63 亿元，同比增长 7.2%，占规模以上工业的 45.6%；装备制造业增加值 19.16 亿元，增长 12.6%，占规模以上工业的 23.2%；战略性新兴产业增加值9.53亿元，下降2.7%，占规模以上工业的11.5%；数字经济核心产业制造业增加值4.55亿元，增长10.6%，占规模以上工业的5.5%。

全年全社会用电量29.45亿千瓦时，同比增长9.8%。其中，工业用电量20.17亿千瓦时，增长9.7%。

全年建筑业实现增加值31.15亿元，按可比价格计算，比上年增长6.7%。全市108家纳入建筑业统计范围的资质建筑业企业。年末从业人员2.43万人。全年房屋施工面积704.22万平方米，房屋竣工面积231.38万平方米。

四、固定资产投资和房地产业

全年固定资产投资123.99亿元，同比增长10.7%。其中，第一产业投资2.94亿元，增长113.6%；第二产业投资33.36亿元，增长4.3%；第三产业投资87.7亿元，增长11.4%。民间投资80.97亿元，增长13%；国有投资41.17亿元，增长19%。

在工业投资中，制造业完成投资26.72亿元，同比增长3.2%。其中，工业技术改造投资13.67亿元，增长11.1%；农副食品加工业投资1.09亿元，增长372.1%；橡胶和塑料制品业投资1.03亿元，增长42.5%；金属制品业投资2.46亿元，增长201%；电气机械及器材制造业投资3.28亿元，增长74.7%；纺织业投资0.84亿元，增长141.5%；文教体育用品制造业投资0.57亿元，增长583.7%；石油加工、炼焦及核燃料加工业投资0.54亿元，增长184.2%。

全市基础设施投资41.99亿元，同比增长9.3%。其中，水利、环境和公共设施管理业投资28.22亿元，增长13%；电力、热力、燃气及水的生产供应业投资5.42亿元，增长5.4%；交通运输业投资8.35亿元，增长0.8%。

全市房地产开发投资31.56亿元，同比增长4.2%。房地产开发施工面积136.13万平方米，增长16%；竣工面积25.47万平方米，下降37.2%；商品房销售面积23.05万平方米，增长12.1%，其中住宅20.91万平方米，增长42.6%，商业营业用房0.34万平方米，下降73.4%。商品房销售额31.73亿元，增长25.9%，其中住宅29.72亿元，增长41.1%。

五、国内贸易

全年社会消费品零售总额176.09亿元，同比增长18.2%。其中限额以上消费品零售总额43.3亿元，增长21.5%；限额以下消费品零售总额132.79亿元，增长17.1%。按销售单位所在地分，城镇限额以上消费品零售总额为42.17亿元，增长22.7%；乡村限额以上消费品零售总额为1.13亿元，下降11.6%。按消费形态分，限额以上批发零售业消费品零售总额为42.14亿元，增长21.8%；限额以上住宿餐饮业消费品零售总额为1.16亿元，增长11.3%。全年实现网络零售额216.69亿元，增长39.2%。

全市共有成交额超亿元的各类市场4个，实现成交额48.3亿元，同比增长24.8%。全市培育建成放心消费示范单位1785家。其中放心工厂117家，无理由退货941家，放心商圈3家。

六、对外经济

全年进出口总额68710万美元，同比增长27.02%，其中出口总额68139万美元，增长27.01%。

全市有进出口实绩的企业222家，其中当年新启动出口业务企业31家。出口额在100万美元以上的企业有78家，其中，300万美元以上的企业有44家，1000万美元以上的龙头企业有6家。

全年新批“三资”企业3家，合同利用外资124万美元，实际利用外资918万美元。

七、交通、邮电和旅游业

全年完成交通运输、仓储和邮政业增加值17.52亿元，按可比价格计算，比上年增长22.2%。

全市机动车保有量142348辆，其中，民用汽车120172辆（载客105797辆、载货14079辆、其他296辆），挂车1445辆，摩托车20731辆。

年末全市境内公路总里程1859公里，同比增长0.43%，高速公路里程76.28公里。全年公路货物运输量达3690.24万吨，增长10.6%。公路旅客运输量684.56万人次，增长49.8%。

全市共有16家国家A级旅游景区，其中AAAAA级景区1家（含江郎山、廿八都、清漾景区）、AAAA级景区3家、AAA级景区11家、AA级景区1家。全市拥有旅游星级饭店4家，客房总数710间。

八、财政、金融和保险

全年实现财政总收入42.60亿元，同比增长21.9%，其中公共财政预算收入25.63亿元，增长20.3%。税收收入22.77亿元，增长18.5%，在主体税种中，增值税增长38.7%，个人所得税下降9.5%，企业所得税增长16.2%。全年财政支出82.76亿元，增长14.7%。

年末金融机构本外币存款余额659.50亿元，较年初新增62.19亿元，同比增长10.4%，本外币贷款余额549.32亿元，较年初新增70.55亿元，同比增长14.7%。年末金融机构人民币存款余额656.18亿元，同比增长10.5%，其中，住户存款423.43亿元，非金融企业存款109.54亿元，广义政府存款123.09亿元；年末人民币贷款余额549.26亿元，同比增长16.0%。

全市全年保费收入13.07亿元，基本与上年持平；支付各类保险赔付款4.64亿元，增长5.7%。

九、教育和科学技术

全市现有普通高中8所，在校生9429人；普通初中15所，在校生15923人；中等职业教育学校3所，在校生6377人；小学40所，在校生30265人。全市拥有幼儿园85所，在园幼儿15442人。

全市小学入学率、巩固率和升学率均为100%；初中入学率、巩固率均为100%；初中毕业升高中段的比例为98.07%，其中升入普通高中的比例为52.89%。

全市普通高中专任教师810人，初中专任教师1392人，小学专任教师2056人，幼儿园专任教师1055人。

全市拥有国家高新技术企业103家，省科技型中小企业402家。新增授权专利1335件，其中发明专利129件；每万人拥有发明专利14.9件；新增申请商标注册1280件，同比增长23.1%，新增知识产权贷款质押金额20050万元。

十、文化、卫生和体育

年末公共图书馆藏书量450261册。年末拥有文化馆1个，文化分馆6个，文化站19个。2021年广播节目综合人口覆盖率95%。有线电视用户173506户，其中，数字电视用户173506户，电视节目综合人口覆盖率87.64%。市档案馆馆藏档案全宗175个，共计192012卷133884件。全年查阅档案4125人次，15730卷(件)次。

2021年年末全市共有卫生机构316家，其中医院、卫生院31家。医疗卫生机构病床床位2699张。卫生技术人员3475人，其中，执业医师1235人，执业助理医师170人，注册护士1415人。法定报告传染病发病1408例，发病率为274.78/10万，农村卫生厕所普及率100%。

全市共有1个公共体育场馆，全年举办市级以上各类体育竞赛活动62次，19606人次参加。共获得国家级金牌1枚、银牌3枚，铜牌1枚，名次奖2个；省级金牌19枚，银牌15枚，铜牌11枚，名次奖26个；衢州市级金牌61枚，银牌43枚，铜牌37枚。

十一、人口、人民生活和社会保障

全市年末户籍人口61.08万人，其中男性人口31.25万人，女性人口29.83万人，分别占总人口的51.2%和48.8%。全年出生人口4154人，出生率为6.79‰，死亡人口3640人，死亡率为5.95‰，与2020年相比，全市出生率下降1.74个千分点，死亡率下降1.25个千分点，自然增长率为0.84‰，下降0.49个千分点。

全市城镇常住居民人均可支配收入57279元，同比增长10.2%，其中工资性收入34922

元，增长 12.7%；全市农村常住居民人均可支配入 31730 元，增长 11.7%，工资性收入 18490 元，增长 11.0%。城镇居民人均生活消费支出 29181 元，增长 16.8%；农村居民人均生活消费支出 20893 元，增长 17.6%。居民家庭恩格尔系数（即食品消费支出占消费总支出的比重）城镇为 30.2%，农村为 33.0%。城镇居民人均现住房建筑面积 48.5 平方米，农村居民人均现住房建筑面积达 84.1 平方米。

全市参加城镇基本养老保险人数为 42.25 万人，其中，职工基本养老保险人数为 17.70 万人，城乡居民养老保险参保人数达到 22.70 万人；基本医疗保险参保人数为 54.32 万人，其中，城乡居民基本医疗保险参保人数为 41.47 万人，职工基本医疗保险人数为 12.85 万人。工伤保险、失业保险参保人数分别达 9.54 万人、7.3 万人。年末享受失业保险职工人数为 959 人。

全市各类养老机构有 41 家，床位数 4613 张，年末在院人数 1909 人，其中年末特困人员共有 1902 人，其中集中供养 693 人，分散供养 1209 人。年末全市城镇居民和农村居民最低生活保障已保人数分别为 522 人和 12104 人。

十二、资源、环境和社会公共安全

初步测算，2021 年全市单位国内生产总值电耗增长 1.2%，单位规上工业增加值能耗降低 8.5%。

2021 年全面打响生态环境质量提升战，持续加大环境执法力度，全面推进生态文明建设，全年各项生态环境任务圆满完成。在 2021 年度美丽衢州建设考核中名列衢州第一，并被衢州市推荐为 2021 年度美丽浙江建设考核优秀县，入围“中华环境奖”候选名单，再夺“五水共治”大禹鼎银鼎，生态环境公众满意度实现“五年连升”，从 2017 年全省第 42 名跃升至 2021 年全省第 10 名。

生态环境质量稳中向好，后溪出境断面水质稳定达到Ⅱ类标准，国控、省控、衢州市控断面水质均 100%达标，县级以上集中式饮用水水源地水质 100%达标；$PM_{2.5}$ 年均浓度 33 微克/立方米，空气质量指数（AQI）优良率 93.4%，空气质量全面优于国家二级标准。全面推进“无废城市”建设，33 项创建指标已达标 28 项，成功创建 20 处“无废细胞”，创成数量及类型均列衢州第一；水泥窑协同处置固废项目、垃圾焚烧处置发电项目、餐厨垃圾处置中心等一大批固废处置项目相继建成投用。全年开展了木门、混凝土、化工、畜禽养殖、环保设施安全大检查等五个集中专项整治，累计出动生态环境执法人员 5760 人次，检查点位 4320 余个，立案数量 70 件，处罚金额 397 万元，分别较 2020 年提升 48.93%、60.08%。全面推进生物多样性调查，新发现国家一级保护物种 6 种、国家二级保护物种 37 种，十三类调查类型实现全覆盖，国家重点保护野生动植物保护率达 100%；加大生态环保项目投资，环保投资较 2020 年增长 455.7%，增速居衢州第一。

全市累计发生各类事故 10 起、死亡 7 人，分别同比下降 16.67%，30%。其中，工矿商贸事故 2 起、死亡 2 人，经营性道路交通事故 8 起、死亡 5 人。事故起数、死亡人数连续 6 年实现“双下降”，无较大及以上事故发生。

十三、城市建设

建成区面积 18.9 平方千米，道路面积 4.4229 平方千米。全年供水总量 1711.46 万立方米，居民家庭用水 936.73 万立方米，人均日生活用水量 196.46 升，用水普及率 100%。用气人口 15.48 万人。污水处理厂 1 座，日污水处理能力 6 万立方米，污水处理率为 97.43%。生活垃圾无害化处理率 100%。绿化覆盖率 44.88%，人均公园绿地面积 15.01 平方米。

注：1. 上述内容引自江山市统计局《2021 年江山市国民经济和社会发展统计公报》。

2. 全市生产总值和各产业增加值绝对数按现行价格计算，增长速度按可比价格计算。按照我国地区生产总值统一核算和数据发布制度规定，地区生产总值核算包括初步核算和最终核实两个步骤。经最终核实，2020年，江山市生产总值现价总量为317.77亿元，按可比价格计算，比上年增长1.7%，三次产业增加值结构为7.5∶42.6∶49.9。

3. 规模以上工业统计标准为年主营业务收入2000万元以上工业企业；固定资产投资统计标准为计划总投资500万元以上项目。

4. 资料来源

该公报中，新增就业人口、失业人员再就业、社会保障方面等数据来自市人力资源和社会保障局；造林面积方面数据来自市林业局；新农村建设数据来自市农业农村局；全社会用电量、工业用电量数据来自市供电公司；成交额超亿元市场、专利、商标数据来自市市场监管局；网络零售额、对外经济数据来自市商务局；车辆拥有量数据来自市交警大队；旅游数据、图书馆藏书、文化站数据来自市文化广电旅游局；财政数据来自市财政局；金融数据来自人民银行江山支行；教育数据来自市教育局；科技方面数据来自市科技局；广播、有线电视方面数据来自市传媒集团；档案方面数据来自市档案馆；卫生方面数据来自市卫生健康局；医疗保障方面数据来自医疗保障局；体育竞赛活动方面数据来自市体育局；户籍人口数方面数据来自市公安局；养老机构、床位数方面数据来自市民政局；环境数据来自衢州市生态环境局江山分局；社会公共安全数据来自市应急管理局；城市建设数据来自市住建局；保费收入、交通运输客运量等数据来自衢州市统计局；其他数据来自市统计局。

中共江山市委员会

综　述

【概况】 2021年是中国共产党成立100周年，是“十四五”规划开局之年，也是开启社会主义现代化建设、共同富裕示范区建设新征程的关键之年。一年来，江山市委坚持以习近平新时代中国特色社会主义思想为指导，深入贯彻中共十九大和十九届二中、三中、四中、五中、六中全会精神，在省委和衢州市委的坚强领导下，团结带领全市上下，践行“八八战略”、打造“重要窗口”，实施“产业招商突破年、城市能级提升年、重大改革攻坚年”“三个年”活动，统筹推进疫情防控和经济社会发展工作，各项事业取得新进步、新突破。实现国内生产总值365.75亿元，同比增长8.5%；财政总收入42.6亿元，增长21.9%。其中，一般公共预算收入25.63亿元，增长20.3%；完成固定资产投资123.99亿元，同比增长10.7%；城镇、农村常住居民人均可支配收入达到57279元、31730元，分别增长10.2%和11.7%。获2020年省26个县发展实绩考核第一名，实施消费新政、促消费工作和打好低收入百姓增收攻坚战、实施低收入农户高水平全面小康计划两项工作，获省政府督查激励。

【思想引领】 强化思想建设，把牢政治方向，把思想和行动统一到上级党委的决策部署上来，坚定不移争做“两个确立”的忠诚拥护者、“两个维护”的示范引领者。推动理论学习常态化。坚持把学懂弄通做实习近平新时代中国特色社会主义思想作为首要政治任务，严格落实“第一议题”、意识形态工作责任制等制度，发挥市委理论学习中心组学习会、周一夜学、8090新时代理论宣讲等载体作用，深入开展“六讲六做”大宣讲活动，做到第一时间传达学习习近平总书记发表的重要讲话、重要论述、重要文章，推进党的创新理论学习走深走实。精心开展党史学习教育。按照“学史明理、学史增信、学史崇德、学史力行”的总要求，开展8090党史巡回宣讲、沿着红色足迹学党史、红色经典·献礼百年等系列特色活动2476场次。深入开展“五个我为”专题实践活动，累计为群众办实事23666件，为企业解难题5320个。深入落实重大战略部署。立足新发展阶段，科学部署目标任务，明确“十四五”时期，深化建设江山大花园、全力打造“一地三区”，争创社会主义现代化先行县的目标方向。结合全省高质量发展建设共同富裕示范区以及衢州市打造四省边际共同富裕示范区的战略部署，锚定实现跨越式高质量发展定位，系统谋划“争当山区县高质量发展建设共同富裕示范先行示范”的目标任务。

【转型升级】 坚持发展第一要务，突出产业特别是工业高质量发展为根本，抓转型、促创新、强开

景星塔（2021 年）

放，推动综合实力提升。加快产业提速升级。聚焦时尚门业智能家居、智慧能源装备两大重点产业，推动研一（一期）等一批重大产业项目建成投产。推进智能制造提质扩面，规上工业企业数字化改造覆盖率达 35.2%，门业产业集群被列入省级新智造试点，木门数字化转型获得国务院、省委省政府多位领导批示肯定。全面深化“亩均论英雄”改革，完成低效企业改造提升 135 家企业。完成江东化工园区“园中村”搬迁，腾出发展空间 200 余公顷。持续壮大美丽经济，大陈古村景区获评国家 AAAA 级旅游景区，成功上榜2021 中国县域旅游综合竞争力百强县市名单。推动重大项目招引落地。重构“4+2”专职招商队伍，创新“招商在线”管理信息系统，实现项目招引全流程闭环管理，吉成智能制造等一批项目成功落地，南方水泥等重大项目成功签约，引进亿元以上项目 41 个、10 亿元以上项目 5 个。全省首创项目全生命周期数字化管理系统，实现项目落地验收全过程管理，锦绣江山里等 209 个项目开工建设，汉宝石化等 195 个项目建成投产。推进土地整治“1358”工程，垦造、复垦、旱改水各类土地 477.22 公顷；高新东路延伸、桑淤大桥、杭衢高铁涉双江线改建 3 个项目获批国家土地指标 53.67 公顷。构建开放发展格局。杭衢高铁江山段建设全面推进，通景公路、姜家公路建成投运，江玉公路、江山江航道、甬金衢上高速等项目前期持续深化。江山—柯桥产业飞地，江山—钱塘合作共建特色生态产业平台建设加快推进，全年新引进山海协作产业合作项目 18 个，到位资金 33 亿元。推进营商环境“清障”行动，营商环境列全国营商环境百强县（市）第 49 位。推进开放型经济发展，引进小牛凯西等总部经济项目，健盛、永利百合实现出口回归，全年网络零售总额 216.69 亿元，同比增长 39.2%；进出口总额 44.35 亿元，同比增长 18.15%。

【城乡建设】 坚持“全域未来社区”理念，以优化环境为核心，统筹推进城乡建设，持续提升美丽品质。加快提升城市能级。全面启动全国文明城市创建，开展“6项治乱+4大提升”行动，城市环境卫生得到明显改善。成建制、大兵团推进，24天完成江山史上规模最大的城东新城征迁，拓展城市发展空间266.67公顷。加快基础设施有机更新，完成江滨二区等9个老旧小区以及中山路等9公里城市主干道改造提升，西山综合景观等城市公园建成投用，梅泉书院建成开放。周家青、通禄门、乌木山未来社区列入省级创建名单。城市亮化彩化水平全面提升。加快推进乡村振兴。聚焦“衢州有礼”诗画风光带建设，14个重点项目落地开工，完成投资20.87亿元，华欣湖羊产业园（一期）建成投产。开展乡村建设行动，大陈未来乡村建成投用，江郎山、枫石未来乡村有序推进，创成新时代中国幸福乡村29个、新时代美丽乡村87个。脱贫攻坚成果巩固提升，低收入农户人均可支配收入17083元，同比增长15.4%，经营性收入20万元以上行政村全覆盖，农户小额普惠贷款入选省共同富裕典型案例。巩固生态环境优势。打好蓝天碧水净土保卫战，$PM_{2.5}$年均浓度33微克/立方米，空气质量优良天数比率93.4%；出境水水质稳定达到Ⅱ类水质标准；产废企业线上管理基本实现全覆盖，污染地块安全利用率达到100%。高质量完成中央、省委生态环保专项督察问题整改。实施“碳达峰碳中和”行动，全面落实“能耗双控”要求，成功争列全国整县屋顶分布式光伏开发试点；“两山银行”改革试点全面推进，发放全国首张夯土房储蓄单，“碳账户”体系持续完善。

【改革突破】 高举改革大旗，坚持“规定动作接得住、特色工作有创新”，推进各项重大改革破题先行，获2021年度全面深化改革工作优秀等次。数字化改革先行领跑。谋划多跨场景应用68个，国有房产领域公权力大数据监督应用等20个场景应用纳入省厅级试点，滴滴农机、社会治理全域感知等30个应用上线运行，形成25项理论成果、29项制度成果，6个系统组件上架省“组件超市”，3次在省部级改革会议上作典型发言。其中，残疾人服务数字化应用，获省委省政府主要领导充分肯定，成功亮相省数字化改革重大应用成果新闻发布会，获全省最佳应用、改革突破奖铜奖。作为应用开发参与单位，获改革突破奖金奖2项、银奖1项。“县乡一体、条抓块统”改革纵深推进。围绕“六大体系”建设及3项重点攻坚任务，细化梳理21项改革任务，全市面上的试点改革加快推进。厘清县乡权责“三张清单”，强化派驻人员“四权”管理，推动596项审批服务类事项下沉、271名人员下派，19项基层治理“一件事”实现集成联办，“民转刑”案件实现全流程闭环协同处置；基层治理“清湖模式”得到省委主要领导高度肯定，入选全省法治建设成果名单，在全省现场会推广。系列重大改革一体推进。持续深化国有企业改革，全面完成87家行政事业单位及其下属企业资产资源清查，整合国资资金近23亿元。国资融资实现28.5亿元重大突破，完成年度项目投资超39亿元。全国农村宅基地制度改革试点有序推进，累计为1100余户农户提供住房保障，25户农户实现跨村跨乡建房；完成农房收储50幢、面积4800多平方米，盘活闲置农房821幢、面积9.25万平方米，累计发放贷款6300余万元。

【民生福祉】 注重民生优先，持续关注民生，不断增强人民群众的获得感、幸福感、安全感。慎终如始做好疫情防控。圆满完成衢州市县联动新冠肺炎疫情防控综合演练，建成第二人民医院核酸检测实验室基地，建立健全院感防控机制，试行基层医疗机构三级网格化管理，实现全市236家基层医疗机构每周巡查全覆盖。建成衢州市首个方舱式接种点，累计接种114.3万剂次，筑牢疫情防控最坚固防线，全年全市未发生一例确诊病例。加快提升公共服务水平。入选省创建全国义务教育优质均衡发展市，获浙江省2020年度教育现代化发展水平监测A等。高考实现“八连增”，1人考入清华。获健康浙江考核优秀等次，人民医院“三乙”创建取得实质性进展。国家卫生城市通过全国爱卫办暗访检查。示范型居家养老服务中心实现乡镇（街道）全覆盖。全面启动教育、卫生资源布局调整。深化“平安江山”建设。累计化解国家级交办积案18件、国家级重复信访事项184件、省级重复信访事项113件。实施安全生产综合治理三年行动，全力打好道路交通、消防、危化品等11个重点领域“遏重大”攻坚战，全年未发生较大及以上安全生产事故。做好13个避灾安置场所规范化建设。圆满完成庆祝中国共产党成立100周年安保维稳任务，平安建设实现十一连冠。

【固本强基】 强化党对各项工作的领导，加强基层组织建设，深化从严治党，党的建设得到有效强化。高质量完成县乡换届。圆满完成县、乡两级党代会，完成2批次259人乡镇换届人事调配工作，提拔重用实绩突出的干部111人，“五类人员”新进乡镇领导班子30人，平均年龄较上届降低1.05岁，全日制本科以上学历占比提高26%，实现乡镇领导班子层次格局、专业素养、梯次结构、战斗活力跃迁升级。建强基层战斗堡垒。实施“红色根脉强基工程”，升级完善“1+6”指数化管理体系，谋划实施“114”村社干部能力提升行动，干部“两专”能力不断提升，全市基层党建质量指数提升至73.29。健全完善大监督联席会议制度，强化村干部制度性保障，推动村级组织规范高效运转。全面完成五年未发展党员村销号。持续营造风清气正政治生态。开展第十三轮市委巡察，高压惩治腐败、强力纠治“四风”，发现整改问题626个，运用“四种形态”处理1145人次，党纪政务处分303人次。推进中央省委巡视、省委衢州市委“七张问题清单”系列整改，中央、省委巡视反馈问题全部整改到位，省委、衢州市委“七张问题清单”44个问题，完成整改39个。

在江山召开的重要会议和开展的重大活动

【2021全国新年登高健身大会中心主会场活动】 1月1日，“中国体育彩票”2021全国新年登高健身大会中心主会场活动在江山市江郎山景区隆重开幕。中国奥委会名誉主席刘鹏，国家体育总局登山运动管理中心主任、党委书记韩建国，中国登山协会主席李致新，国家体育总局体育彩票管理中心党委副书记徐鸣，浙江省体育局副局长胡国平，衢州市副市长徐利水，江山市领导童炜鑫和中国篮球前国手马健等出席开幕式。这是江山市连续第六年承办全国中心主会场活动，有传统的群众性登高项目，还首次举办“让孩子们跑起来”——2021年亲子健身活动。

【“县乡一体、条抓块统”改革工作省市专班联席（扩大）会议】 3月4日，“县乡一体、条抓块统”改革工作省市专班联席（扩大）会议在江山召开。省委常委、秘书长、改革办主任陈金彪，衢州市领导汤飞帆、吴舜泽、林晓峰、王良海，江山市领导童炜鑫、胡炳泉、郑勇钦、徐明峰、郭林将等参加会议。

【全省农业春耕备耕暨送科技下乡启动仪式】 3月16日，全省农业春耕备耕暨送科技下乡启动仪式在江山市凤林镇中岗村江山如画农场举行。衢州市委副书记、市长汤飞帆致辞，省农业农村厅党组书记、厅长王通林讲话，省供销合作社党委书记、理事会主任邵峰，省农科院党委副书记、副院长林福呈，省农业农村厅副厅长唐冬寿，衢州市领导吴舜泽、徐利水，江山市领导童炜鑫、胡炳泉、张志军出席。活动现场发布2020年浙江省农业科技进步贡献率，成立市级农科院农业科技联盟，正式上线“浙农号”新闻客户端。与会人员实地调研凤林镇长桥头畈粮食生产功能区和石门镇佳源农场。

【全国举重锦标赛暨第十四届全运会举重比赛预赛】 5月10日至20日，中国·江山“江郎山杯”2021年全国举重锦标赛暨第十四届全国运动会举重比赛预赛在江山市体育馆举行。本次比赛是全国举重锦标赛男、女组别首次在同一个城市举行，共吸引全国各地34支代表队1000余人参赛。经过10天的激烈角逐，男、女共20个级别名次全部产生，东道主浙江队7名举重队员获得全运会入场券，其中江山籍运动员姜灵伟代表浙江省队出战全运会举重决赛。

【2021精准中药助力乡村振兴研讨会】 5月29日至30日，2021精准中药助力乡村振兴研讨会暨中国·江山黄精产业发展论坛在江山市举行。共有来自全国15所大学、研究机构，40个县（市）农林部门，以及中药生产种植、加工、销售企业的200多名参会代表参加。大会期间举办了精准中药研讨会，黄精产业发展论坛，黄精企业与专家交流对接座谈会，黄精产品展示，现场考察等活动。

【“迎建党百年·享美好生活”浙江省群众（乡村）合唱大赛决赛】

6月20日至21日，由省文化和旅游厅、衢州市人民政府联合主办的“唱支山歌给党听”大家唱群众歌咏活动浙江省联动活动“迎建党百年 享美好生活”浙江省群众（乡村）合唱大赛决赛在江山市体育馆举行，共有来自全省9个地市18支队伍参加比赛。本次比赛共评出金奖5件、银奖8件，入围作品5件、优秀组织单位4个及优秀编导若干名，衢州市获金奖1件、银奖3件，优秀组织单位2个及优秀编导9名，其中江山市获金奖1件、银奖1件，获评优秀组织单位2个及优秀编导5名。

【省委书记袁家军在江山调研】

7月13日至14日，省委书记袁家军带队到江山调研省委十四届九次全会精神贯彻落实情况。省委常委、秘书长陈奕君，省委副秘书长、政研室主任朱卫江，省委改革办常务副主任李岩益，省发改委主任孟刚，省农业农村厅厅长王通林等陪同。袁家军先后深入清湖街道清泉村和综合信息指挥室、恒亮蜂产品有限公司及大陈乡早田坂村等地走访调研，对农村电商助农增收、“县乡一体、条抓块统”改革、“企业+农户”助农增收、农村党建联盟及农村群众精神文化生活等工作作指示要求。

【省委副书记、省长郑栅洁在江山调研】 7月28日，省委副书记、省长郑栅洁带队到江山市调研。省政府秘书长陈新，省政府副秘书长、研究室主任徐大可，省经信厅厅长徐旭、副厅长叶健松，省科技厅厅长高鹰忠，省应急管理厅厅长凌志峰，省农业农村厅副厅长沈素芹，省生态环境厅副厅长张锦等陪同。省长郑栅洁先后前往浙江星菜农业科技有限公司、浙江天际互感器有限公司、石门镇清漾村等地考察，对共同富裕、产业发展、项目招引等工作作指示要求。

【全省工业数字化工程样本复制推广交流研讨会】 9月7日至8日，浙江省工业数字化工程样本复制推广交流研讨会在江山市召开。省智能制造专家委员会主任毛光烈，省智能制造专家委员会副主任徐纪平、卢耀辉、徐高春、贾勋慧，江山市领导童炜鑫、巫小雄及14个县（市、区）分管领导等参加。会上，江山市就推进木门行业数字化转型的经验和做法进行详细介绍，12个县（市、区）分别作交流发言。

【省委副书记黄建发在江山调研】

9月15日，省委副书记黄建发带队到江山市调研。省委办公厅副主任方毅、省发改委主任孟刚、省农业农村厅副厅长沈素芹、省残联副理事长黄树良等陪同。黄建发副书记先后考察了清湖街道、浙江星菜农业科技有限公司，对江山市“县乡一体、条抓块统”改革、数字化改革、现代农业发展等工作给予充分肯定。

【2021“三衢味·江山”杯第四届“美丽乡村”全国攀岩系列赛】 10月18日，2021“三衢味·江山”杯第四届美丽乡村全国攀岩系列赛在江山市新塘边镇毛村山头村举行。赛事共吸引全国32支代表队、128名选手参赛。为增加乡村运动的参与性、趣味性和挑战性，还加入浑水摸鱼、泥地拔河和古村探秘（定向越野）项目。同时，本次赛事首次与“三衢味·江山”达成战略合作，通过跨界共赢开启农业品牌化助力乡村振兴的崭新路径。经过激烈角逐，来自浙江的岩风体育代表队、北京的中国地质大学代表队、上海的魔都小分队代表队分别获冠亚季军。

【“奥运冠军从‘浙’出发”新闻主题采风活动】 10月23日，“奥运冠军从‘浙’出发”新闻主题采风活动走进江山市。里约、东京两届奥运会举重项目金牌得主石智勇，国家体育总局宣传司宣传处处长田彤桂，浙江体坛报社总编辑黄维等参加，江山市委书记童炜鑫、副市长何正芳等陪同并介绍相关情况。通过采访、采风等形式，以第一视角展现浙江体育事业为奋力打造“重要窗口”、高质量发展建设共同富裕示范区作出的贡献与担当。

【省“县乡一体、条抓块统”改革工作现场推进会】 11月8日，浙江省“县乡一体、条抓块统”改革工作现场推进会在衢州市举行。除全省14个扩面试点县之外的县（市、区）分管领导，先后考察江山市社会治理中心、清湖街道、清湖街道清泉村（新双溪口网格）等“县乡一体、条抓块统”改革工作开展情况。市领导童炜鑫、胡炳泉、徐明峰、郑东清、郑勇钦、郭林将等分别陪同并介绍相关情况。

【江山—柯桥山海协作联席会议】 12月3日，江山—柯桥山海协作联席会议在江山市召开，进一步加强两地在产业发展、乡村振兴、人才交流、社会事业等方面交流与合作。江山市委书记朱素芳，绍兴市柯桥区委书记陈豪，区委副书记、政法委书记诸剑明等参加会议。会议举行山海协作援建资金交付仪式，签订“产业飞地”建设备忘录和共建“科创飞地”战略合作协议书，江山市汇报2021年山海协作工作开展情况。

市委召开的重要会议

【市委十四届八次全体（扩大）会议】 1月22日，中共江山市委召开十四届八次全体（扩大）会议。市委常委会主持会议，市委书记童炜鑫代表市委常委会向全会作工作报告。胡炳泉、姜方云、郑东清、刘明鹤、徐明峰、钱伟、温胜浩等市委常委参加会议。审议通过《中共江山市委关于制定江山市国民经济和社会发展第十四个五年规划和二〇三五年远景目标的建议》，组织动员全市广大党员干部团结一致、奋勇争先，深化建设江山大花园，全力打造“一地三区”，争创社会主义现代化先行县。全会强调，“十四五”时期江山经济社会发展的总体要求是：深入贯彻落实“八八战略”“八个嘱托”“八大任务”，深化落实习近平总书记浙江工作期间在江山调研时的重要指示精神，对标衢州市委“1433”发展战略体系，朝着建设高质量、现代化的江山大花园奋斗目标，全力打造“一地三区”，接续深化“两轮驱动”“融衢接杭”战略举措，在构建新发展格局中奋勇争先，在打造“重要窗口”中展现作为，加快推进经济发展体系、县域治理体系、生态文明体系、民生保障体系“四个现代化”，为高水平全面建设社会主义现代化开好局、起好步。主要目标是：“一地三区”打造取得阶段性成果，江山大花园建设迈上新的更大台阶，争创社会主义现代化先行县，努力打造四省边际智能制造强县、中心城市品质幸福之城、区域协作开放开发枢纽、诗画浙江最美核心花园、四省边际文化文明高地、中国之治县域治理标杆。到2035年，江山市将全面建成“一地三区”，建设更高层次“发展高质量、治理现代化”的江山大花园，与全省同步基本实现高水平现代化。全会要求，全市上下要立足新目标，扬优势补短板，对标衢州市委“十大行动”，突破难点、攻坚重点、放大亮点，以各领域各战线的跨越提升，确保“十四五”时期发展开创新局面。要紧盯难点堵点，全力在强化交通先导、提高科创水平、深化开放开发等方面取得“关键突破”。要聚焦重点焦点，全力在振兴工业经济、完善产业体系、增强城市能级、增进民生福祉等方面实现“关键提升”。要放大亮点特点，全力在县域治理、绿色生态、旅游发展、乡村振兴等方面巩固“关键优势”。要强化党建统领、坚持系统观念、锻造过硬能力、弘扬担当精神、保持清廉本色，大力弘扬“唯实惟先、善作善成”的团队文化，以更加昂扬的激情斗志，奋进新征程、树立新形象、展现新担当，为“十四五”时期发展提供坚实保障。

【市纪委十四届六次全会】 2月9日，江山市纪委十四届六次全体会议召开。童炜鑫、汪胜、郑朝基、胡炳泉等市四套班子领导出席会议。童炜鑫强调，要深入学习贯彻中共十九届五中全会、十九届中央纪委五次全会、省纪委十四届六次全会和衢州市纪委七届五次全会精神，不断开创党风廉政建设和反腐败斗争新局面，为深化建设江山大花园、全力打造“一地三区”、争创社会主义现代化先行县提供坚强的政治和纪律保障。要提高政治站位，切实增强“要从政治上看”的思想自觉，深刻把握“依然严峻复杂”的反腐形势，全力保持“必须一刻不停”的坚定执着，坚定不移把思想行动统一到习近平总书记在十九届中央纪委五次全会上的重要讲话精神上来。要深化“四责”协同，做到党委班子“不松手”、党委书记“不甩手”、班子成员“不袖手”、纪委监督“不缩手”，坚定不移推动全面从严治党纵深发展。要聚焦中心任务，以政治监督保障决策落地，以作风建设优化发展环境，以专项整治夯实治理根基，以建章立制抓实巡视整改，坚定不移护航经济社会高质量发展。要注重标本兼治，一体推进“三不”机制，加强干部严管厚爱，着力锻造“纪检铁军”，坚定不移涵养风清气正的政治生态。

【全市干部大会暨“三个年”活动动员会】 2月20日，江山市召开全市干部大会暨“三个年”活动动员会。童炜鑫、汪胜、郑朝基、胡炳泉等市四套班子领导参加，18家2020年度纳税1000万元以上工业企业的负责人在主席台就座。会议以视频会议形式召开，全市各机关部门、乡镇（街道）设分会场。童炜鑫强调，要以产业招商突破、城市能级提升、重大改革攻坚为总抓手，聚焦攻坚点、发力点，为扬帆驶向社会主义现代化先行县开好局起好步，努力以优异的成绩向中国共产党成立100周年献礼。要致力于实现产业和招商的“双突破”，在招商机制、招商模式、招商打法上，大胆打破原有的条条框框，在产业数字化、产业平台提升、龙头产业培育、数字经济和美丽经济发展上实现新突破。要围绕打造中心城市品质幸福之城目标，聚焦拉开框架和优化交通，加快空间布局升级；聚焦老旧小区改造和景观亮点打造，加快品质形象升级；聚焦智慧建设和乱象治理，加快智慧管理升级。要加快“县乡一体、条抓块统”改革、全国农村宅基地制度改革试点、国资改革等重大改革在新的起点上实现新突破，特别是数字化改革方面，要对照省委“1+5+2”工作体系，按照“规定动作争试点、自选动作创特色”的要求，坚持创新与规范相统一，年内确保完成一批数字化项目，力争为衢州和全省改革大局提供江山实践、江山经验。全市上下要以坐不住的紧迫感、慢不得的危机感、等不起的责任感，全面开展“三个年”活动，“一季一季”接力赛跑、“一环一环”环环相扣、“一级一级”全员发力，以“开门红”带动“季季红”，实现“半年红”，夺取“全年红”，为深化建设江山大花园、全力打造“一地三区”，争创社会主义现代化先行县而不懈奋斗。

【政法队伍教育整顿动员部署会】 3 月 5 日，江山市召开政法队伍教育整顿动员部署会，市领导童炜鑫、胡炳泉、郑东清、毛慧卿、郑柯迅等参加会议。童炜鑫强调，要深刻认识开展教育整顿的现实紧迫性和极端重要性，明确总体要求，聚焦突出问题，高质量高水平高标准地完成这次政法队伍教育整顿的各项任务，努力打造一支党和人民信得过、靠得住、能放心的政法铁军。要强化教育先导，打牢思想根基，自觉教育引导广大干警增强“四个意识”、坚定“四个自信”、做到“两个维护”，深入开展政治教育、警示教育、英模教育，不断增强政治判断力、政治领悟力、政治执行力，确保始终听党指挥、忠诚使命。要突出问题导向，着力查纠整改，全面精准梳理政法队伍在政治、纪律作风和执法司法方面存在的突出问题，列出问题清单、整改清单，明确责任主体、整改时限，确保快整改、真整改，推动全市政法系统政治生态更加清朗。要加强组织领导，提升整顿质效，进一步提高政治站位、强化责任落实、加强宣传引导，充分发挥好各政法单位班子成员示范引领和关键少数的作用，一级带一级，一级抓一级，层层抓落实，持续奏响主旋律、传播正能量，树立政法队伍良好形象。全市政法机关和全体政法干警要充分认识开展教育整顿的重大意义，切实把思想和行动统一到上级的决策部署上来，以最鲜明、最坚决的态度开展教育整顿，以最精准、最有力的举措推进教育整顿，以最管用、最过硬的成果促进队伍建设，努力交出一份让党和人民满意的高分答卷。

【数字化改革部署会】 3 月 5 日，江山市召开数字化改革部署会。市领导童炜鑫、汪胜、郑朝基、胡炳泉、巫小雄、郭林将等参加会议。童炜鑫强调，全市上下要拿出“不待扬鞭自奋蹄”的态度，按照“一年出成果、两年大变样、五年新飞跃”的时间表，紧紧围绕党政机关整体智治、数字政府、数字经济、数字社会、数字法治五大应用，以及一体化智能化公共数据平台建设等方面狠下功夫、精准发力，唯实惟先、善作善成，争当全省数字化改革排头兵。要按照省里的总体架构，围绕“五应用一平台”不断升级，真正做到“规定动作接得住、自选动作有创新”。要自我加压，把握好工作节奏，细化形成时间表和任务树，每个时间节点都要尽可能往前赶，能快则快、能早尽早。要对照工作清单，认真对接上级精神、梳理核心业务、完善实施方案、提高数据质量，推动面上各项工作落细落实。要立足自身特色优势，着眼小切口、小创新，先行先试，着力打造一批最佳创新实践。要建立“842”的工作推进体系，按照“1 个领导小组+1 个办公室+6 个推进办”的架构搭建数字化改革工作专班，构建学习机制、例会机制、报表机制和考评机制四大机制，形成责任闭环和要素闭环。

【创建全国文明城市动员会】 3 月 15 日，江山市召开创建全国文明城市动员会。童炜鑫、汪胜、郑朝基、胡炳泉等市四套班子领导参加会议。童炜鑫强调，要聚焦思想建设，坚持以党史学习教育、系列“文明细胞”创建、有礼指数“八个一”为抓手，全力做好“文明提升”的文章。要聚焦城市形象，借势借力国卫复审，加快基础设施建设，加大城市治乱力度，全力做好“品质提升”的文章。要聚焦数字赋能，抢抓数字化改革的契机，突出民生服务便捷化和城市治理精细化，全力做好“服务提升”的文章。要聚焦共建共享，把“创文”工作与强化民生保障、美丽乡村建设、构建和谐社会有机结合起来，不断增进民生福祉，全力做好“幸福提升”的文章。

【全市党史学习教育动员会】 3 月 18 日，江山市召开全市党史学习教育动员会。童炜鑫、郑朝基、胡炳泉等市四套班子领导参加会议。童炜鑫强调，全市各级党组织和党员干部要深入学习贯彻习近平总书记重要讲话精神，按照中央、省委和衢州市委部署要求，学党史、悟思想、办实事、开新局，做到学史明理、学史增信、学史崇德、学史力行，奋力在浙江红色根脉上彰显江山印记。要精准把握总体要求，高质量抓好专题学习、专题宣讲、专题宣教、专题实践以及检视整改等各个环节，切实把根本任务与具体目标统一起来、把上级要求与本地本单位实际结合起来，突出重点、有的放矢、务求实效，以扎扎实实的学习成效迎接中国共产党成立100周年。开展党史学习教育，必须亮出先行姿态，不断增强走在前列的思想自觉、政治自觉、行动自觉，对标省委提出的“九学九新”，在学懂弄通做实中取得“五个实效”：要进一步感悟真理伟力，不断增强政治判断力、政治领悟力、政治执行力，在旗帜鲜明讲政治上见实效；要进一步扛起历史使命，继续在建设江山大花园和“一地三区”等目标中先行先试、彰显特色，在奋力争先勇担当上见实效；要进一步牢记为民宗旨，感悟初心使命、树牢宗旨意识，在办好实事解难题上见实效；要进一步学出过硬本领，不断加强思想淬炼、政治历练、实践锻炼、专业训练，在引领推动现代化上见实效；要进一步擦亮清正底色，让党史学习教育的过程成为正本清源的过程，在律己从严转作风上见实效。开展党史学习教育，是党的政治生活中的一件大事，必须紧紧围绕目标任务，结合自身实际，加强领导、压实责任，比学赶超、争先创优，知行合一、学用结合，抓紧每个环节、抓实每项工作、抓好每个步骤，确保学习教育全程高质量、全面高质量，切实把学习成效转化为江山“十四五”时期谱写高质量发展新篇章的强大动力和生动实践。

【市委农村工作会议暨全国农村宅基地制度改革试点工作动员会】 4月16日，江山市召开市委农村工作会议暨全国农村宅基地制度改革试点工作动员会。会议以视频会议的形式开到村（社）一级，市领导童炜鑫、胡炳泉、张志军等在主会场参加。童炜鑫强调，要全力推进全国农村宅基地制度改革试点，进一步释放农村闲置资源的活力，推动人才、资金、科技等要素向农村集聚。要促进乡村产业高质高效发展，坚决守好粮食增产保供底线，持续做大特色产业品牌优势，大力发展美丽经济幸福产业，加快构建特点更加鲜明的农业产业体系。要持续打造中国幸福乡村升级版，打造乡村未来社区“江山实践”，加快“衢州有礼”诗画风光带建设，稳步提升农村人居环境，努力建设宜居宜业宜游的幸福乡村。要巩固拓展脱贫攻坚成果，强化低收入农户动态监测和帮扶，促进低收入农户持续较快增收，稳步提升村级集体经济，逐步实现共同富裕。要加快推进“三农”数字化改革，加强数字乡村顶层设计，补齐数字乡村建设短板，打造数字化场景应用，努力让数字乡村建设成为乡村振兴的闪亮金名片。要加快实现乡村治理现代化，扎实推进“县乡一体、条抓块统”改革，深化农村精神文明建设，全面提高村民自治水平，认真抓好党史学习教育，加快实现自治法治德治智治“四治融合”。要切实加强党对“三农”工作的全面领导，努力培养一支懂农业、爱农村、爱农民的“三农”干部队伍，不断提高新时代党全面领导农村工作的能力和水平。各乡镇（街道）书记要把党建统领、基层治理和乡村振兴有效贯通起来，以实实在在的工作成效展现过硬的作风和担当。各村（社）书记要不断提升谋发展、抓发展、促发展的能力水平，努力争当有头脑、懂经营、善管理的致富带头人。

【城东新城征迁誓师大会】 4月28日，江山市召开城东新城征迁誓师大会。童炜鑫强调，做好城东新城征迁工作，群众工作要更扎实，在严守政策底线的前提下，要设身处地、力所能及地帮助群众解决实际问题，实现党委政府和人民群众的互利“双赢”。政策环境要更透明，始终坚持“公开、公平、公正”的原则，结合数字化改革理念，严格按照相关法律法规和征迁政策执行，确保“一把尺子量到底”“一个标准统到底”。各方联动要更紧密，心往一处想、劲往一处使、拧成一股绳，努力在征迁大战中比干劲、比作风、比能力。督查考核要更严格，把征迁工作作为检验干部担当作为的赛马场，作为培养和考察干部的大舞台。宣传声势要更壮大，充分发挥舆论引导作用，及时跟进报道征迁工作实时开展情况，全面营造有序、和谐的征迁环境和氛围。

12 月 18 日，市委书记朱素芳（中）接待来访群众

【重大项目推进“互看互比互学”观摩活动推进会】 4 月 30 日，江山市召开重大项目推进“互看互比互学”观摩活动推进会。推进会上，展示了各责任单位 143 个重大项目推进情况，现场打分评比出项目推进“金牛奖”和“蜗牛奖”。童炜鑫强调，要进一步构建完善“专业能力—担当意识—压力传导—争先创优”的责任落实闭环，推动全市上下都动起来、紧起来、跳起来。要进一步构建“项目谋划、招引—项目前期—项目落地—项目建设投产”的全链条全生命周期闭环，锚定固定资产投资年度目标，不断做大有效投资。要进一步构建包括“土地、资金、政策、能耗”等在内的要素保障闭环，为项目建设创造一切有利条件，确保全市半年、全年有效投资打个翻身仗。

【一季度经济形势分析会暨平安维稳工作推进会】 5 月 19 日，江山市召开一季度经济形势分析会暨平安维稳工作推进会，童炜鑫、胡炳泉等市四套班子领导参加。童炜鑫强调，要深入学习贯彻落实中央、省、衢州市关于做好当前经济工作和平安维稳工作的相关决策部署，集中精力、紧抓落实、严防风险，进一步找准当前工作的发力点、着力点、攻坚点，全力冲刺二季度、决战“半年红”。要千方百计稳增长，打好项目投资建设的“翻身仗”，在促消费、稳外贸等方面持续发力。要持之以恒提质量，紧盯智能制造、紧抓科技创新、紧推股改上市、紧压低效用地处置、紧贴绿色生态，确保高质量发展主基调不动摇。要系统思维强统筹，抓好重点改革攻坚，谋划启动共同富裕示范区建设，推进全国文明城市创建和国家卫生城市复审，常态化开展农房管控工作，深入推进党史学习教育，高质量做好乡镇领导班子换届。要不遗余力促保障，围绕工作机制、工作能力以及资金、土地要素等软硬保障方面系统发力、齐心协力、形成合力，确保全年经济工作目标任务圆满实现。要突出维护政治安全，织紧织密全方位立体化的公共安全网，彻底排查梳理可能影响当前社会稳定的突出问题和矛盾纠纷，合力构建风险闭环管控的大平安机制，坚决打赢中国共产党成立百年安保维稳这场硬仗。

【关工委成立30周年暨全市关心下一代工作表彰大会】 5月26日，江山市召开市关工委成立30周年暨全市关心下一代工作表彰大会，省关工委副主任王强，衢州市关工委主任赵正良，江山市领导童炜鑫、郑勇钦等参加。童炜鑫表示，要坚持立德树人，充分发挥“五老”报告团、宣讲团等作用，积极开展各类教育引导、道德实践活动，引导青少年自觉听党话、跟党走。要聚焦全面发展，开展法治宣传教育活动，密切关注校园安全、交通安全等问题，当好青少年成长的引路人、贴心人。要服务中心大局，积极组织广大青少年开展社会实践等活动，争做党委政府的好帮手、好参谋。要强化党建统领，进一步完善“党建带关建”的工作机制，认真贯彻落实好中央关于加强“五老”队伍建设的要求，提高关工委组织的凝聚力、战斗力。

【理论学习中心组学习习近平总书记“七一”重要讲话精神专题读书班】 7月23日至24日，市委理论学习中心组举办学习习近平总书记“七一”重要讲话精神专题读书班，深入学习贯彻习近平总书记在庆祝中国共产党成立100周年大会上的重要讲话精神和关于“共同富裕”的重要论述，以及省委十四届九次全会精神和省委书记袁家军在衢州调研讲话精神。省委党史和文献研究室副主任、一级巡视员王祖强作“七一”重要讲话精神专题辅导。童炜鑫、汪胜、郑朝基、胡炳泉等市四套班子领导和市委理论学习中心组成员，紧扣自身实际，联系分管领域工作逐一作交流发言。市委书记童炜鑫强调，要强化使命意识，深刻理解高质量发展建设共同富裕示范区蕴含的划时代意义，提高政治站位，以“没有走在前列也是一种风险”的危机感紧迫感，加快形成一批标志性、突破性、开创性重大成果。要强化机遇意识，牢牢把握高质量发展建设共同富裕示范区的历史契机，紧紧抓住先行示范、系统变革和区域协同、一体布局带来的重大机遇。要强化紧迫意识，切实认清高质量发展建设共同富裕示范区面临的压力挑战，促进经济高质量发展，优化收入水平结构，提升公共设施，加强要素保障，加快融入一体化发展。要强化争先意识，努力找准高质量发展建设共同富裕示范区的先行方向，立足生态文明基础、文化文明特色和社会治理实践等方面优势，努力为全省提供更多的江山实践。要强化落实意识，扎实走出高质量发展建设共同富裕示范区的江山路径，围绕做细做实“四个体系”，立足实际，对标要求，切实绘制好江山市跨越式高质量发展推进共同富裕示范区的任务书、时间表、路线图。

【市委常委会会议】 7月30日，市委常委会召开会议，传达学习省委副书记、省长郑栅洁在衢调研讲话精神和衢州市委常委会会议精神。市委书记童炜鑫主持并讲话，市委副书记、政法委书记胡炳泉，市委常委姜方云、郑东清、俞耀根、郑勇钦、徐明峰、钱伟、温胜浩、杨君参加会议。市领导汪胜、郑朝基、何正芳、张志军、郭林将等列席会议。会议强调，要全面对标省长郑栅洁的讲话精神和指示要求，深入实施做大产业扩大税源行动和提升居民收入富民行动，加快推动工业和农业高质量发展。要聚焦工业全面振兴，持续推进智能制造提质扩面，深入推进亩均论英雄改革，做大做强链主型企业。要坚持大抓招商大干项目，推动更多更好的项目落地江山。要建立健全现代农业生产体系，努力培育壮大一批农业龙头企业，支持农业科技型企业不断做大做强，加快形成一、二、三产高度融合发展的全产业链条。要强化向上对接，抢抓省长郑栅洁亲自关心支持的宝贵契机，脑勤腿勤，强化沟通，全力推动江山市在山区26个县中争先进位。

【市委常委会扩大会议】 8月16日，江山市委常委会召开扩大会议，全面落实中央、省、衢州市近期经济工作会议决策部署要求，系统分析江山市上半年经济

7月26日，市委副书记胡炳泉（中）赴农贸城开展执法检查（吴剑忠 摄）

运行情况、问题短板，研究部署下半年经济工作的任务举措，动员全市上下提前冲刺、提速攻坚，奋力夺取经济社会发展“全年红”。市委书记童炜鑫主持会议并讲话，汪胜、郑朝基、胡炳泉等市四套班子领导参加会议。会议强调，2021年以来，全市上下协同奋战、迎难而上，各条战线、各个领域工作都呈现出了许多亮点，合心合力交出了一张半年度的高分报表。当前，疫情形势持续演变、发展环境日益复杂，全市上下必须以工作的提前量来争取发展的主动权，以工作确定性有效应对外部环境的不确定性，确保圆满完成年初既定的各项目标任务。要全力以赴促增长，继续紧盯全面振兴工业，坚决打好工业经济翻身仗；继续抓实存量、增量两大关键，合力推动项目攻坚；继续坚持内外同向用力，切实稳固经济发展要素支撑。要全力以赴保平安，毫不松懈地抓好疫情防控，确保防疫大局万无一失；坚决筑牢安全生产防线，确保把各类风险牢牢控制在安全阈值之内；加快信访积案化解进度，确保成功创建“无信访积案县”。要全力以赴抓改革，继续盯牢数字化改革、“县乡一体、条抓块统”改革、全国农村宅基地制度改革试点等重点改革任务，持续擦亮品牌、打造亮点。要全力以赴强党建，深化开展党史学习教育，加大力度推进“五个我为”专题实践活动，推动学习教育不断走深走实；有序推进县乡领导班子换届，深化中央、省委巡视以及“八张清单”等问题整改。

【市委十四届九次全体（扩大）会议】 8月23日，中共江山市委召开十四届九次全体（扩大）会议。市委常委会主持会议，市委书记童炜鑫代表市委常委会向全会作工作报告。会议坚持以习近平新时代中国特色社会主义思想为指导，深入学习贯彻习近平总书记关于共同富裕系列重要论述精神和中共十九大及十九届二中、三中、四中、五中全会精神，对标对表省委十四届九次全会、衢州市委七届十次全会部署要求和省委省政府主要领导到衢州、江山调研指导要求，研究部署江山市共同富裕示范区建设的目标任务举措，审议通过《江山市跨越式高质量发展推进共同富裕示范区建设行动计划（2021—2025年）》，动员全市上下扛起使命、扛起担当、扛起责任，抢抓机遇、实干奋进、跨越提升，争当山区26个县高质量发展建设共同富裕示范区的先行示范。全会强调，要以“争当山区26个县跨越式高质量发展建设共同富裕示范区的先行示范”为目标，以“系统先行领跑和局部示范引领”为主题主线，按照到2025年、2035年“两阶段发展目标”，全面落实示范区建设各项任务部署，到2025年，成为山区县跨越式高质量发展建设共同富裕示范区的先行示范，与全省同步迈向现代化和共同富裕；到2035年，高质量发展取得跨越式成就，与全省基本同步建成共同富裕美好社会。要聚焦产业升级，突出重点方向、主体培育、平台提升、创新转型，全力在推动经济高质量发展上实现新提升。要聚焦均衡协调，抓住全省超常规支持机遇，坚持同城一体，努力扩中提低，全力在缩小地区差距、城乡差距、收入差距"三大差距"上实现新提升。要聚焦优质共享，紧盯教育医疗住房三个领域、关注"一老一小"两大群体、兜牢社会救助一张网，全力在打造共建共享品质生活上实现新提升。要聚焦绿色生态，高质量落实碳达峰碳中和行动，高标准持续优化生态环境质量，高水平推动生态产品价值实现，全力在建设全域美丽大花园上巩固新优势。要聚焦特色挖掘，进一步传承文化文明根脉、夯实文化文明阵地、打响文化文明品牌，全力在彰显区域人文之美上巩固新优势。要聚焦整体智治，点上打造清湖模式"示范样板"，线上强化三大改革牵引带动，面上形成稳定和谐"良性局面"，全力在构建和谐团结向上社会之美上巩固新优势。会议要求，各级各部门和广大党员干部要传承弘扬伟大建党精神，坚持党建统领、加强领导，坚持上下联动、协同推进，坚持强化创新、争先创优，坚持过程管理、结果考评，凝心聚力、合力合拍推动目标任务落地落实，确保宏伟蓝图转化为美好现实。

【2021 中国·江山数字消防产业发展大会（第四次江山人发展大会）开幕式暨主旨大会】 9月30日，江山市召开以"传导新理念、共建新模式、展示新产品——打造中国数字消防产业第一城"为主旨的2021中国·江山数字消防产业发展大会（第四次江山人发展大会）开幕式暨主旨大会。应急管理部消防救援局党委委员、总工程师、助理总监周天，省人大常委会原副主任、省智能制造专家委员会主任毛光烈，省政协原副主席陈艳华，中国消防协会常务理事、北京市公安局原消防局局长吴志强，省国土资源厅原厅长王松林，衢州市委常委、巨化集团党委书记、董事长周黎旸，以及江山市领导童炜鑫、汪胜、郑朝基、胡炳泉、徐明峰等，与来自全球各地500多名江山骄子齐聚一堂，围绕打造中国数字消防产业第一城的战略目标，共叙乡情友谊，共话家乡发展。童炜鑫表示，江山人发展大会办到第四届，早已成为在外江山人寄寓乡愁的驿站、思想碰撞的阵地、共谋发展的平台。四年来，江山点燃了跨越提升的信心之火、产业发展的希望之火、改革争先的活力之火、品质提升的幸福之火、党建统领的信念之火、乡贤回归的热情之火，这几把火的背后，离不开全体新老江山人的添柴助力、鼓劲加油，这是大家共同的努力、共同的奋斗、共同的辉煌。全省上下正在高质量发展建设共同富裕示范区，江山将坚决扛起山区县加快发展的大旗，一张蓝图绘到底，一任接着一任干，奋力争当全省26个县跨越式高质量发展建设共同富裕示范区的先行示范，开创一个更加精彩、破茧成蝶、星火燎原的江山。

【党管武装工作暨国防动员委员会全体会议】 10月27日，江山市召开党管武装工作暨国防动员委员会全体会议，市领导童炜鑫、徐明峰、钱伟、高峰、郑全青等参加会议。童炜鑫强调，全市武装战线要坚决贯彻习近平强军思想和新时代军事战略方针，以加快完善国防动员体系为牵引，突出支援保障主旋律，锁定蓝图、接续奋斗，担当落实、紧抓快干，不断推进江山国防动员事业迈上新台阶。要坚定举旗铸魂，牢牢把握党管武装的正确方向，进一步健全完善"党政领导带头履职、国动委成员单位主动担责、各级武装部门尽职尽责"的责任链条，坚决做习近平强军思想的坚定信仰者、忠实执行者、模范践行者，努力推动武装工作提档升级。要聚焦服务主战，坚决扛起党管武装的使命担当，认清形势、强化认识，瞄准重心、抓实备战，完善体系、厚实基础，切实把动员准备抓得更紧、更实、更到位。要巩固军民团结，不断夯实党管武装的基础优势，在双拥创建、军地共建上再聚焦再发力，把服务部队、服务驻地、服务人民的工作不断引向深入。

【市委文化工作会议】 10 月 29 日，江山市召开市委文化工作会议。省委宣传部原常务副部长、省钱塘江文化研究会会长胡坚作题为《深入推进新时代文化浙江工程》的专题讲座。童炜鑫、汪胜、徐明峰等市四套班子领导参加会议。童炜鑫强调，要深入学习贯彻习近平总书记关于文化工作的重要论述，围绕举旗帜、聚民心、育新人、兴文化、展形象的职责使命，对标对表省委建设“五个高地”和衢州市委打造“五区一市”目标要求，全面实施市委“1366”文化发展体系，努力为争当山区县高质量发展建设共同富裕示范区的先行示范注入文化力量。要强化组织保障，各级党委（党组）要切实加强党对文化工作的全面领导，加快形成党委统一领导、党政齐抓共管、宣传部门组织协调、有关部门分工负责、社会力量积极参与的“大文化”工作机制。要强化政策推动，千方百计为各类文化人才、文化企业创造更大的平台、更多的机会。要强化队伍建设，聚力打造一支“两专”型的文化队伍，进一步加大人才引育力度，努力让江山的文化事业薪火相传、枝繁叶茂。

【全市领导干部会议】 11 月 24 日，江山市召开全市领导干部会议，宣布省委关于江山市委、市政府主要领导调整的决定。衢州市委书记汤飞帆，衢州市委常委、组织部部长陈玲芳，衢州市政协副主席、市委秘书长王良海，江山市四套班子领导等参加会议。衢州市委书记汤飞帆强调，江山是衢州加快打造四省边际共同富裕示范区、四省边际中心城市的重要组成部分。要在政治建设上展现更大担当，认真学习贯彻中共十九届六中全会精神，推动广大干部群众在学思践悟中坚定理想信念。要在工业强市上展现更大担当，一手抓优化存量，一手抓做大增量，做好“江山人经济”文章，重振工业雄风，答好江山新时代高质量发展的必答题。要在城市建设上展现更大担当，进一步强化系统谋划，让老百姓真正感受到家乡变化。要在基层治理上展现更大担当，做好“县乡一体、条抓块统”改革后半篇文章，努力为基层治理现代化的衢州经验贡献江山探索。要在管党治党上展现更大担当，坚决扛起全面从严治党的主体责任，抓好干部“两专”建设，恪尽职守、勇于担当，努力干出新的更大成绩。朱素芳表示，完全拥护、坚决服从省委、衢州市委决定，将倍加珍惜组织的厚爱和重托，倍加珍惜江山当前发展的大好机遇，倍加珍惜全市人民的信任和期望，秉承历届市委的好作风，一张蓝图绘到底、一锤接着一锤敲，与全市干部群众携手并肩、开拓创新，推动江山各项事业不断开创新局面。

【学习贯彻中共十九届六中全会精神“六讲六做”大宣讲活动动员部署会】 11 月 25 日，江山市召开学习贯彻中共十九届六中全会精神“六讲六做”大宣讲活动动员部署会，朱素芳、汪胜、郑朝基、胡炳泉等市四套班子领导参加。朱素芳强调，要坚持领导带头，做到以上率下，市委理论宣讲总团和各乡镇（街道）、部门（单位）“一把手”要带头宣讲、率先垂范，为全市干部做好表率。要坚持全员参与，彰显江山特色，发挥各类宣讲团作用，以老百姓喜闻乐见的方式，让党的思想、党的声音、党的政策飞入更多“寻常百姓家”。要持续擦亮 8090 新时代理论宣讲品牌，引导更多青年人参与到全会精神的学习宣讲中来。要坚持广泛宣传，把准正确方向，充分发挥和整合各类媒体资源，坚持正确的政治方向和舆论导向，迅速形成规模、形成声势、形成影响。要围绕五个“更大担当”，确保讲出成效。要聚焦党建强基础，加快构建“问题发现靠党建、问题发生查党建、问题解决看党建”的大党建工作新格局，切实提升广大党员干部自身的“两专”水平。要聚焦中心促发展，将“六讲六做”同市委市政府的中心工作有机结合起来，与推动全年经济社会发展任务结合起来，把宣讲过程转化为统一思想、凝心聚力、共谋发展的过程。要聚焦初心惠民生，将“六讲六做”同“五个我为”有机结合起来，不断提高群众获得感和幸福感。要聚焦风险保稳定，将“六讲六做”同防范化解重大风险有机结合起来，继续做好常态化疫情防控，深入一线开展好安全隐患宣传和排查工作，妥善做好矛盾纠纷化解工作，确保社会大局持续和谐稳定。

【全市疫情防控指挥部会议】 12月10日，江山市召开全市疫情防控指挥部会议。市委书记朱素芳强调，要深入学习贯彻习近平总书记关于疫情防控工作的重要指示批示精神，全面落实中央、省委和衢州市委的决策部署，迅速进入应急状态，为全市经济社会发展创造安全稳定环境。各级各部门要始终绷紧疫情防控这根弦，清醒认识当前疫情防控严峻形势，把疫情防控作为当前工作的重中之重，思想上重视起来，行动上快速起来，刻不容缓抓好各项防控举措。要根据精密智控机制和督查检查情况，及时分析当前疫情防控工作中的突出问题，及时堵塞短板漏洞，坚决巩固来之不易的防疫成果，确保人民群众生命安全和社会大局稳定。要强化专班力量，优化指挥体系，压紧压实各方责任链条，深化细化各项工作举措，真正做到高效联防联控。要强化隔离点的规范管理，严格执行领导干部驻点负责制度，配足配强人员和物防、技防设施设备，做好备用隔离点的充分预估，确保安全够用、随时可用。要强化主动排查，坚决克服麻痹思想、松劲心态，充分发挥网格化基层治理作用，变被动核查为主动排查，把疫情防控工作提前一步。要强化督查检查，重点关注防控薄弱环节，督促重点区域和重点场所严格执行“测温、亮码、戴口罩”等各项防疫措施，进一步织紧织密防控网，推动防疫工作到边到角。

【江东化工园区征迁动员大会】 12月16日，江山市召开江东化工园区征迁动员大会。市领导朱素芳、徐明峰、汪胜、郑朝基、胡炳泉、何日根、俞耀根、温胜浩、杨君、毛吉泽、詹虎山等参加会议。朱素芳强调，要继续发扬真抓实干、大干快上的优良作风，再掀征迁热潮、再创“江山速度”，把全市上下的力量和共识都凝聚到推动江山的发展上来，奋力争当跨越式高质量发展共同富裕排头兵。要坚持公平公正，确保“一个政策干到底、一把尺子量到底”，做到阳光征迁、公平征迁、依规征迁。要坚持群众路线，始终以人为本，提升“两专”水平，用心用情做好群众工作，尽心尽力帮忙解决群众诉求。要坚持全员参战，继续发挥指挥体系、机制打法的优势，真正做到剑锋所指、所向披靡。要坚持宣传造势，充分发挥舆论引导作用，大力宣传先进人物、先进事迹，坚决曝光突出问题、反面案例，形成铺天盖地的攻坚气势。要坚持防疫底线，严格落实好各项防控措施，牢牢把好疫情防控关，确保“两手抓、两手硬”。

【市委常委会扩大会议】 12月20日，江山市委常委会召开扩大会议，传达学习中央经济工作会议、全省领导干部会议和衢州市委常委会扩大会议精神。市领导朱素芳、徐明峰、胡炳泉、何日根等参加会议。市委书记朱素芳强调，全市上下要认真学习贯彻，深刻领会“四个必须”的规律性认识，深刻领会关于五个重大理论和实践问题的重要论述，坚持“稳中求进”总基调，完整、准确、全面贯彻新发展理念，奋力争当跨越式高质量发展共同富裕排头兵。要深刻领会党中央对当前经济形势的判断和对2022年经济工作的重大部署，坚定发展的信心决心，抢抓当前政策窗口期，坚持脑勤腿勤，全力对接争取，走好走实跨越式高质量发展之路。要拉高标杆、勇当龙头，进一步聚焦工业强市、加大创新和智能化改造力度、狠抓外贸投资、加快城市建设、激发干部士气，努力在衢州走前列、在全省争上游。要坚持统筹兼顾，全力以赴抓好疫情防控、信访、维稳、农民工工资发放等工作，认真谋划好2022年的工作思路，有序做好市第十五次党代会筹备工作，奋力推动各项工作收好官、起好步。

【信访工作会议暨“七张问题清单”工作推进会】 12月20日，江山市召开信访工作会议暨“七张问题清单”工作推进会。朱素芳、徐明峰、胡炳泉、何日根等市四套班子领导参加。朱素芳指出，信访工作是一项“急难险重”的工作，全市上下要切实增强做好当前信访工作的紧迫性、危机感，不断增强群众工作能力、基层治理能力，护航平安稳定大局。要坚持领导带头包案，认真开展挂联服务，一级带动一级，层层压实责任。要开展晾晒比拼，加快形成你追我赶、争先清零的浓厚氛围。要推动源头化解，用心用情抓好初信初访，最大限度把问题解决在萌芽阶段。要压实组团联村和基层网格责任，加强信息情报的收集、分析、研判，确保不留死角。要敢于亮剑，坚决维护法律和政策的严肃性，切实保障社会大局的持续和谐稳定。朱素芳强调，“七张问题清单”是省委抓党建、带全局的重要抓手，各级各部门要深刻认识做好“七张问题清单”工作的重要意义，加快办结效率，主动发现问题，钉牢场景应用，全力抓实抓细各项任务举措。要细化工作清单，倒排时间、抢抓节点，压实各方工作责任。要建立健全机制，认真执行好例会制度，高频密集推进整改工作。要加强工作对接，做好问题交办环节、办结环节和典型案例的对接工作，确保各个环节无缝衔接。要坚决防止反弹，严格落实长效机制，经常性开展“回头看”，杜绝虚假整改、纸面整改。

【中国共产党江山市第十五次代表大会】 12月28日，中国共产党江山市第十五次代表大会隆重开幕。市人大、市政府、市政协非中共党员领导和各民主党派主要负责人应邀参加会议。市委书记朱素芳代表中共江山市第十四届委员会作题为《衢州当龙头、全省争上游，奋力争当跨越式高质量发展共同富裕排头兵》的报告。报告共分四个部分：过去五年工作回顾和经验总结；未来五年的展望和奋斗目标；未来五年的主要任务；弘扬百年建党精神，纵深推进全面从严治党。会议强调，未来五年是江山实现跨越赶超最为重要、最为关键的时期。全市上下要高举中国特色社会主义伟大旗帜，坚持以习近平新时代中国特色社会主义思想为指导，深入学习贯彻中共十九大和十九届二中、三中、四中、五中、六中全会精神，以及习近平总书记在庆祝中国共产党成立100周年大会上的重要讲话精神和对浙江工作重要讲话指示精神，立足新发展阶段，贯彻新发展理念，融入新发展格局，牢牢把握稳中求进工作总基调，以推动高质量发展为主题，以改革创新为根本动力，以满足人民日益增长的美好生活需要为根本目的，忠实践行“八八战略”，奋力打造“重要窗口”，深化落实“八个嘱托”“八大任务”，扛起新使命、抢抓新机遇、奋进新起点，聚焦工业、大抓产业、狠抓城乡建设，全力取得突破性转型、标志性成果，确保衢州当龙头、全省争上游，奋力争当跨越式高质量发展共同富裕排头兵。要始终强化“抢第一、创唯一”的争先意识、“观大势、谋大局”的站位意识、“对外看、向上争”的开放意识、“合力干、尽力拼”的担当意识，全力打造产业高端集群、工业经济全面振兴的新江山，打造城市现代大气、百姓诗意栖居的新江山，打造区域协作开放、融入衢杭一体发展的新江山，打造生态绿色美丽、天蓝地绿水清的新江山，打造文明有礼彰显、文旅融合发展的新江山，打造党建统领整体智治、社会和谐安定的新江山。朱素芳要求，咬定目标，举全市之力、展全新之姿，埋头苦干、久久为功，聚力开创“七个新局面”。要聚力产业升级，打造产业链集群、高能级产业平台、“链主型”企业队伍、产业创新转型高地，在推动经济高质量发展上开创新局面。要聚力城乡协调，推动城市品质、幸福乡村、美丽城镇再升级，在推进全域一体化发展上开创新局面。要聚力扩大开放，打通综合交通通道、政策资源通道、区域协作通道，在融入新发展格局上开创新局面。要聚力绿色低碳，强化综合治理，塑造“环境美”；统筹保护修复，守护“自然美”；倡导绿色低碳，共创“家园美”，在建设全域美丽大花园上开创新局面。要聚力民生优先，兜住底线民生、保障基本民生、打造幸福民生，在提升人民生活品质上开创新局面。要聚力特色挖掘，弘扬文明有礼新风尚，焕发特色文化新魅力，推动文旅产业新提升，在打造文化文明高地上开创新局面。要聚力高效协同，深层次推动社会治理变革，全方位深化平安江山建设，高水平推进民主法治建设，在构建和谐安定社会之美上开创新局面。要弘扬伟大建党精神，纵深推进全面从严治党。要始终强化“把方向、明是非”的政治力，把牢政治方向、增强政治能力、严守政治规矩。要始终强化“敢挑担、能干事”的战斗力，打造一流的战斗堡垒，培养一流的战斗能力，营造一流的战斗氛围。要始终强化“马上干、干到底”的执行力，激发“舍我其谁”的闯劲，拿出“分秒必争”的拼劲，保持“一抓到底”的韧劲。要始终强化“抵得住、守得牢”的免疫力，强化不敢腐的震慑，扎牢不能腐的笼子，增强不想腐的自觉。会议号召全市各级党组织和全体党员，要更加紧密地团结在以习近平同志为核心的党中央周围，在省委、衢州市委的坚强领导下，以一往无前的奋斗姿态、风雨无阻的精神状态，拉高标杆、乘势而上、实干争先，全力谱写“衢州当龙头、全省争上游，奋力争当跨越式高质量发展共同富裕排头兵”的华美篇章。中共江山市纪律检查委员会向大会作题为《坚持治党全面从严 深入建设清廉江山 为我市跨越式高质量发展共同富裕提供坚强保障》的书面工作报告；大会书面印发《关于全市党费收缴、使用和管理情况的报告》。

【全市乡镇（街道）党（工）委书记工作例会】 12月29日，江山市召开全市乡镇（街道）党（工）委书记工作例会。市领导朱素芳、何日根、程佳华、张志军等参加会议。市委书记朱素芳强调，各位乡镇（街道）党（工）委书记要切实提升“五种能力”，增强“五种意识”，强化“两勤”“两专”，主动担当作为，为奋力争当跨越式高质量发展共同富裕排头兵提供强大支撑。要提升抓党建的能力，善于发现问题，勇于解决问题，全力做好“七张问题清单”整改工作；加大“清湖模式”推广力度，写好“县乡一体、条抓块统”改革“后半篇”文章。要提升抓执行的能力，想尽一切办法、用尽一切力量，第一时间落细落实市委市政府布置的重点工作。要提升抓发展的能力，因地制宜、自力更生，最大限度发挥好自身优势，推动发展提质增效。要提升抓稳定的能力，慎终如始抓好常态化疫情防控、全力做好信访维稳存量化解、增量遏制，加强村干部、网格员队伍建设，把基层的治理基础打得更加牢固。要提升抓队伍的能力，“一把手”带头讲大局、讲团结，树立“一盘棋”思想，凝聚强大的工作合力；严格执纪、奖罚分明，激发干部干事创业的积极性，形成鲜明的工作导向。要增强聚焦意识，全身心地沉到岗位上、扑到工作中，突出地方特色，打造工作亮点。要增强经营意识，增强发展紧迫感和工作主动性，推动人口集聚，加快土地整治，为全市经济社会发展贡献力量。要增强担当意识，强化压力传导，倒逼责任落实；多为干部担当，营造履职尽责、担当负责的氛围。要增强为民意识，切实解决老百姓最关心、最直接、最现实的问题，不断增强群众的获得感、幸福感。要增强争先意识，牢固树立“争第一、创唯一”的理念，坚持“脑勤腿勤”，加大宣传力度，力争走在前列。

【中国共产党江山市第十五届委员会第一次全体会议】 12月30日，中国共产党江山市第十五届委员会举行第一次全体会议。出席会议的市委委员41人，候补委员8人。全会通过中国共产党江山市第十五届委员会第一次全体会议选举办法。会议以无记名投票的方式选举朱素芳、徐明峰、何日根、俞耀根、温胜浩、杨君、朱永平、程佳华、高峰、毛香水、毛晓荣为中共江山市第十五届委员会常务委员会委员；选举朱素芳为市委书记，徐明峰、何日根为市委副书记。全会通过中国共产党江山市第十五届纪律检查委员会第一次全体会议选举结果的报告，温胜浩、陈宗仁、徐小明、毛水生、吴汉池、郑兵军、周玉玲为市纪委常委，温胜浩为市纪委书记，陈宗仁、徐小明为市纪委副书记。全会讨论、通过《中国共产党江山市委员会关于加强自身建设的决定》和《中国共产党江山市委员会工作规则》。市委书记朱素芳代表第十五届市委常委、副书记讲话。朱素芳强调，要不忘初心、锤炼品格，持续擦亮忠诚本色，自觉向以习近平同志为核心的党中央看齐，坚决做“两个确立”忠诚拥护者、“两个维护”示范引领者，始终在思想上、政治上、行动上绝对忠诚。要拉高标杆、乘势而上，奋力推动跨越发展，以实干担当的志气、魄力和本领，坚定朝着“衢州当龙头、全省争上游，奋力争当跨越式高质量发展共同富裕排头兵”这一努力方向，把加快发展的责任牢牢抓在手上、扛在肩上，以实干担当把宏伟蓝图变成美好现实。要以人为本、执政为民，全面激发党群活力，坚持人民至上，密切联系群众，激发共建热情，让61万名江山人民享有更加美好的生活。要精诚协作、和衷共济，充分发扬民主、增进班子团结、凝聚各方合力，营造团结干事氛围。要以身作则、廉洁自律，加强道德修养，秉公为民用权，严守纪律规矩，带头树好清正形象。

综合党务工作

【概况】 2021年，市委办公室紧紧围绕市委市政府中心工作，深入学习贯彻习近平新时代中国特色社会主义思想以及中共十九届六中全会精神，在市委的正确领导下，主动适应新形势、新任务、新要求，以为领导服务、为基层服务、为群众服务为宗旨，积极践行“五个坚持”，不断提升服务水平，持续完善制度机制，保障市委工作的规范高效运转，圆满完成全年各项工作任务。

【参谋辅政】 树牢参谋意识，持续深化谋划研究，吃透上情、掌握市情、了解下情，确保参到点子上、谋到关键处。综合文稿有高度。发扬“白+黑”“5+2”精神，站在全局高度，高标准、严要求，以领导者的谋略、决策者的眼光，全身心投入，高质量撰写综合文字材料，充分发挥以文辅政作用。先后完成市委十四届八次全会、全市机关干部大会、党史学习教育动员会等重要会议活动发言材料400余份。立足江山发展实际，对标对表各级部署要求，系统谋划江山市跨越式高质量发展建设共同富裕示范区的各项目标任务以及未来五年江山经济社会发展规划布局，高质量完成市委十四届九次全会报告、市第十五次党代会报告两个事关全市全局发展的报告。调查研究有思路。围绕全市经济社会发展的重大问题，积极开展调查研究，形成一批有分析、有建议的调查报告，为市委领导科学决策提供有效参考。其中，《江山市推进共同富裕的实践探索和初步思考》，系统总结20条江山市推进共同富裕的实践做法，科学分析江山当前的短板弱项和优势长板，为谋划推进共同富裕示范区建设打下坚实基础。圆满完成2020年度全市优秀调研文章的评选表彰工作，筹备2022年调研课题。信息报道有成效。突出成果转化，精心提炼江山在改革创新、产业发展、基层治理等方面的特色亮点、实践经验，唱响江山好声音。全年累计上报省委办公厅信息427条，录用56条，《江山市打造数字化法律服务体系》等2篇信息获得省委领导批示肯定；78条典型经验信息被衢州市委办录用编发，《江山市扎实开展“政企恳谈”精准提升企业获得感》等3篇信息得到衢州市领导批示肯定。编发江山市工作动态21期，上报紧急信息36条。全年在衢州市级及以上媒体刊登各类报道507篇，“产业为王、工业强市”等16篇重大主题报道在《衢州日报》头版头条发表，6篇高质量报道在《浙江日报》头版刊登，浙江日报客户端17篇稿件阅读量突破30万余人次，市委报道组被浙报集团授予2021年度“最佳报道组”称号。

9月22日，市委办召开第十一次全体干部(集中学习)会议

【综合服务】 坚持把高质量、零差错的工作要求贯穿始终，严谨细致抓实抓好办文、办会、办事各个环节，综合服务能力水平明显提升。办文办会规范有序。严把文件质量关、数量关，坚决执行文件收发流转各项制度，全年收发文3392件，流转分发办理10500多件次。按照年度指标要求，全面落实会议审批（备案）制度，承担全市领导干部会议、市委常委扩大会议、经济形势分析会、第十五次党代会等会议会务工作200多场。以“六讲六做”进行时、探寻“共富”密码等为主题，高质高效完成《江山通讯》编印工作。重大接待有条不紊。坚决克服人手紧、任务重、难度大等困难，周密部署、精益求精，实现各个环节不掉线、各项工作有效率、各项部署见实效，高标准完成各项接待工作40余次，圆满完成20余名省部级领导到江山调研各项工作安排。机要保密严谨细致。严格执行24小时值班制度，累计共收发办理明、密传及密码电报380多件次，完成省委、省政府主要领导到江山调研期间随行保障任务以及中国共产党成立百年大庆期间联合练兵任务。累计部署国产电脑终端519台，完成率超30%，终端在线活跃率稳居全市前列，内网建设通过省委机要局分保测评验收。国安信息报送、重点工作协调研判等制度逐步完善，完成在非企业人员风险防范专项行动。统筹组织建设、保密管理、保密宣教等各项工作，推动全市各单位保密工作机构全覆盖，涉密设备、文件和人员管理全面加强。档案监管扎实开展。聚焦疫情防控、脱贫攻坚两项重点工作，实行专班运作、专项推进、集中攻坚，收集全市疫情防控档案材料5283件、脱贫攻坚档案数据条目3885条。落实政务数据归档工作，完成归档政务服务事项电子文件16.7万多件。开展“档案+”联合执法行动，持续加大“双随机、一公开”执法检查力度，完成双随机抽查10次，抽查事项覆盖率、任务完成率均100%。“线上+线下”开展档案法制宣传活动，增强基层

干部群众档案法治意识，提升基层运用档案法律法规能力水平，推进档案治理法治化、规范化。

【督查考核】 紧盯各项重点工作任务，发挥督查考核指挥棒作用，推动市委市政府各项决策部署落地见效。督办制度持续优化。修改完善《市委主要领导交办事项办理工作制度》等规章制度，探索建立“红黄绿”亮牌通报机制，每周汇总反馈交办事项完成情况，提升承办单位工作效率，确保交办事项“件件有着落、事事有回音”，全年累计交办事项252件，办结221件，办结率提高25%。综合考核有力推进。对标衢州市综合考核办法，围绕“保三争一”目标，结合江山市“三个年”活动工作要求，制定《江山市2021年度综合考核办法》和《江山市2021年综合考核实施细则》，细化分解各项考核指标任务，压紧压实部门考核责任，2021年度衢州综合考核位居衢州6个县（市、区）第一。问题整改高效推进。“七张问题清单”工作全面发力，市级层面，成立领导小组，建立“567”发现整改推进机制，实行常态化工作例会制度，定期向市委常委会汇报问题整改情况；部门层面，构建以七个清单主管部门为中心，延伸拓展至乡镇（街道）、各行业主管部门的问题主动发现上报网络；乡镇（街道）层面，推动“七张问题清单”应用在智治中心界面集成，配套制定工作机制，实现问题发现、整改、反馈、评价线上闭环推进，高效办结销号各级交办问题62个。中央、省委巡视整改有力有效，中央、省委巡视反馈39个问题、44个问题全部整改到位。媒体曝光问题整改闭环高效，分别报送省级、衢州市级、江山市级媒体曝光整改情况2期、9期、12期，完成问题整改33个。

【统筹协调】 发挥市委办公室牵头抓总作用，统筹协调推进改革、对台、外事等各项工作。深化改革成果显著。以数字化改革为牵引，全力推进经济体制、民主法制和社会治理体制、文化体制等七大领域改革，全面激发改革内生动力，获2021年度全面深化改革工作优秀等次。其中，数字化改革工作领跑衢州，通过组建专班，组织召开各类会议25次，协调开发重点应用23项。改革工作高效推进。全市20个场景应用纳入省厅级试点，30个应用上线运行，形成25项理论成果、29项制度成果，6个系统组件上架省“组件超市”，数字化改革年度绩效考核、党政机关整体智治考核均排名衢州第一。特别是，残疾人服务数字化应用，在省工作例会作典型发言，得到省委省政府主要领导肯定，成功亮相省数字化改革重大应用成果新闻发布会，获全省最佳应用、改革突破奖铜奖。对台工作持续深化。启动廿八都省级对台交流基地创建工作，组织召开毛子水学术研讨征求意见会，挖掘江山对台工作特色资源；承办“台青看衢州”活动以及“金秋话同源、衢台谋共富”活动，搭建衢台两地交流平台；增补基层对台工作队伍，创作江山市台联会会歌，加强市台联会建设；创新江台交流交往载体，拍摄《一封家书寄台湾》MV，编写台胞台属故事集。外事工作全面强化。开展外籍专家走访慰问活动，为海外高层次人才计划特聘专家颁发外国人永久居留身份证，提升在江山外籍人员获得感；严格落实境外疫情防控信息报告制度，推广“浙江境外服务码”应用，做好入境人员管控工作；推进外事接待交流，线上联合举办中美职业教育创新与学生行为发展研讨会，协助美国全国广播公司北京分社，采访拍摄“杜立特突袭”江山人民救助美国飞行员行动。

【队伍建设】 探索选人用人育人长效机制，推进“两勤”（脚勤、脑勤）、“两专”（专业技术能力、专业科学精神）干部队伍建设，不断增强干部队伍塑造变革能力，持续提升干部思想政治素质和业务水平。全面加强思想政治建设。实行室务会议第一议题制度，第一时间传达学习习近平总书记重要讲话精神，学深悟透党的创新理论和路线方针，找准市委办公室工作关键点、切入点、着力点，坚定不移做“两个确立”忠诚拥护者、“两个维护”示范引领者。建立“每月学习会”制度，以习近平总书记“七一”重要讲话、《习近平谈治国理政》等文章书籍为重点，组织开展理论学习中心组学习、专题讲座、主题党日、8090宣讲等活动，推动党史学习教育走深走实、党的创新理论入心入脑。全面加强党风廉政建设。严格落实党风廉政建设“一岗双责”制度，层层签订全面从严治党主体责任目标管理责任书，开展廉政风险点排查，建立中层以上干部“廉政档案”，推动廉政教育监督具体化、常态化。落实谈心谈话制度，开展集中谈话、个别谈心，关注干部8小时以外“三圈”情况，及时发现、提醒和纠正苗头性、倾向性问题。高质高效完成巡察问题整改，举一反三，建立健全各项制度20项，确保整改更长效、问题不反弹。全面加强干部能力建设。以公务员平时考核工作为契机，突出“两勤”“两专”导向，建立健全办公室干部平时考核制度，激发干部干事创业激情。建立年轻干部“成长导师”帮带制度，加强干部队伍梯队建设，提升“90后”年轻干部学习能力、对话能力、创新能力、实操能力。发挥党委综合部门平台优势，建立全市机关单位年轻干部顶岗锻炼工作机制，提升全市综合文字岗位年轻干部能力水平。

组织工作

【概况】 2021年，江山市党的基层组织1673个，其中党委98个，党总支174个，党支部1401个。全市党员31716名，其中预备党员467名，占1.47%；女党员7327名，占23.1%；少数民族党员80名，占0.25%。与2020年相比，全市增加党员534名，新发展党员440名，其中女性183名，占41.59%。在全市1022家非公有制经济控制的企业法人单位中，单独建立党委的6家、党总支的4家、党支部的109家，建立联合党支部113个。

【喜迎建党百年】 通过举办一场表彰大会、走访一批困难党员、组织一系列庆祝活动、推出一批示范党课、选树一批先进典型、办好一批为民实事、完成一轮党员培训等“七个一”系列活动，向党的生日献礼。全市共计259名“两优一先”对象受到各级表彰，其中全国优秀党务工作者1名，省级“两优一先”4名，衢州市级“两优一先”54名，江山市级“两优一先”200名。对全市2757名获得过党内功勋荣誉表彰的党员、生活困难党员、老党员、老干部和烈士遗属、因公殉职党员干部家属开展走访慰问，累计发放“光荣在党50年”纪念章2162枚。“七一”表彰大会后，结合党史学习教育，开展“党课开讲啦暨红色宣讲月”活动，组织各级党组织和党员干部在乡村振兴讲堂开展学习，相关事迹分别在央视《新闻联播》、省《党建好声音》栏目、省委组织部“之江先锋”视频号等平台播出。

【村社换届“后半篇”文章】 顺应“一肩挑”后村社组织体系、权责关系变化带来的新形势新挑战，谋划实施村社干部能力提升工程，制定出台新时代村级组织运行“八大规范”健康三十条《实施细则》，实施“群雁齐飞”行动，编制江山市村级组织工作“一本通”、落实“一肩挑”后村干部基本报酬，在衢州地区率先建立村社干部大监督联席会议制度等，得到省委组织部肯定。大陈乡大陈村党总支书记和新塘边镇勤俭村党支部书记作为全省唯一一对师徒代表，在全省村社书记培训大会上分别作交流发言和小结发言。虎山街道市心社区党委书记在衢州村社书记示范培训班擂台赛中夺得首个“擂主”。全市开展村社干部集中培训3轮3批次，培训村社干部2134人次。持续推进村级班子整固提升，完成22个后进村党组织整转，基本完成最后一批24个村级组织活动场所的新建修建，虎山街道市心社区党群服务中心故事得到《浙江日报》采访报道。

【数字化改革】 抢抓数字化改革契机，探索“智慧门牌”、智能考评等数字化应用场景，推广“浙里党群心联心”应用场景。创新打造两新党建智慧化管理应用，围绕组织覆盖、党员教育管理、党组织规范运行、考核作用发挥等方面的堵点痛点，基于省一体化数字资源系统（IRS），确定40个协同单位，打通4个跨部门系统，靶向开发“同步覆盖、三色管理、动态集成、双强认证”四大核心功能，探索两新党组织全周期管理，开发数字驾驶舱、管理后台，上线浙政钉、浙里办、微信等服务端口，赋予组织部门、主管单位、党组织、党员不同权限，实现“多跨协同”便捷高效、核心业务“一屏呈现”，推动两新党建工作整体跃升。应用纳入衢州市数字化改革典型应用项目库，被江山市委市政府列为全市八大“一把手”体验数字化改革项目之一，在江山市数字化改革多跨场景应用谋划大赛PK赛中获得二等奖。

11月4日，市委常委、组织部部长郑勇钦（左二）调研医保党建工作

【党代表选举】 坚持“政治引领，程序规范”，绘制党代表选举“一图一表一手册”，严格落实“一推两审一察一选”等程序要求，高站位、高标准做好市县乡三级党代表选举工作。通过召开党代表大会或代表会议或党员大会，选举产生286名江山市第十五次党代会代表，其中各级领导干部147名，占51.4%；生产和工作一线代表133名，占46.5%；人武部和驻江部队代表6名，占2.1%。各类专业技术人员51名，占17.8%；各条战线先进模范人物82名，占28.7%，其中工人15名、农民58名。女党员代表69名，占24.1%；少数民族代表4名，占1.4%；年龄在45岁以下（含45岁）的代表163名，占56.99%。具有大专及以上文化程度的代表245名，占85.7%。选举产生51名出席衢州市第八次党代会代表。

【党建统领共同富裕】 围绕共同富裕示范区建设，开展农村基层党建“五百”示范创优行动，精品谋划“1+7”全域党建联盟，通过以1个五强示范村结对7个村的形式，在全市面上打造了“黄金东岸”“同享清福”“田园牧歌”等10个组团共富全域党建联盟，形成以区域联合带动全域发展的共富格局，联盟中的大陈村、早田坂村、枫石村被列为乡村未来社区试点村。在此基础上，研究制定《江山市村级集体经济巩固提升行动实施方案》，一村一策制定增收计划，全市292个村级集体经济经营性收入实现20万元以上村全覆盖，保质保量完成衢州市2021年度村级集体经济目标任务。

【新业态、新就业群体】 联合市委两新工委成员单位和主管部门，成立江山市数字经济与互联网行业联合党委、快递物流行业党委，理顺管理运行机制，统筹推进有关行业党建工作。挂牌成立市邮政管理局，配套成立地方事业单位市邮政业安全中心，配强邮政管理力量。开展“组织找党员、党员找组织”活动，深入摸排企业、党员情况，持续开展“双覆盖”集中攻坚行动，推进党组织应建尽建，成立功能型党支部1个。制定《江山市新业态、新就业群体综合服务平台（站点）“八有”标准》，依托城市党群服务中心，建立江山“新心驿站”品牌，在全市各社区、园区打造“新心驿站”17个。组建“江郎新蜂”网格助理员队伍，引导快递员、外卖配送员等积极参与基层治理，选聘优秀代表担任网格助理员。依托网格微信群，在走街串巷、上门入户中收集社情民意、排查风险隐患，构建基层治理“生力军”。

【机关党建】 以“双建”工作为机关党建的总牵引、总抓手，围绕“三个核心”，突出“五大建设”，提升“五项能力”。实施“双建争先”工程，强化典型示范，创建省、市、县三级“双建”示范点7家，其中检察院获评全省“双建”工作先进集体。围绕党史学习教育和中国共产党成立百年庆祝活动，谋划开展“百年荣光·再创辉煌”活动、经典电影海报展播、党史+科普知识竞赛、百个支部千名党员志愿助残服务行动、党史知识竞赛暨8090“学习强国”达人挑战赛、庆祝中国共产党成立100周年主题征文等系列活动。深化社区治理，红色物业联盟“邻礼通”推广工作领跑衢州县市区，成功举办衢州红色物业联盟服务篇的现场会、江山党建篇现场会，全市134个小区实现小区党支部、党建指导员、党组织结对实现全覆盖。

【乡镇换届】 围绕实现“五好五新”目标，高质量完成2批次259人的乡镇换届人事调配工作，提拔重用一贯表现好、担当作为、实绩突出的干部111人，逆向交流工作实绩不佳、岗位适应度不高的干部10人。另有“五类人员”新进乡镇领导班子30人，实现16个乡镇的领导班子全部配齐配强，乡镇党政正职、年轻干部、女干部、“五类人员”配备等全部达到省里的各项指标要求，乡镇领导班子整体功能实现了层次格局、专业素养、梯次结构、战斗活力的跃迁升级。在乡镇党代会、人代会上，组织意向人选全部高票当选，党委委员赞成票平均得票率99.40%，较上届提升0.42%；人大、政府领导班子成员赞成票平均得票率99.98%，较上届提升1.72%。

【优秀年轻干部培养】 创新实施优秀年轻干部“五步比选法”，通过设置资格条件“硬门槛”、笔试面试“双重摸底”、全委（扩大）会议匿名推荐、奖项履历量化赋分、一线“墩苗”实践锻炼等5个步骤，全面掌握50名优秀年轻干部的综合表现情况。在乡镇换届人事调配中，将政治素质好、实绩比较突出、有发展潜力的16名优秀年轻干部提拔重用，充实进乡镇领导班子。经优化调整，16个乡镇的领导班子平均年龄39.58岁（与上届相比降低1.05岁）；全日制研究生学历5名，占2.4%（提高2.4%）；全日制本科学历90名，占42.5%（提高23.6%）。相关做法多次得到衢州市委组织部相关领导的肯定，并在《衢州党建》杂志刊登。

【“两专”工程】 实施“两专”工程，按照干部管理权限，分层分类对全市92家单位、5000多名党员干部的“学过、干过、管过”以及“能力、实绩、潜力”深入分析研判，从擅长专业、两勤情况、个性特质、“两专”精神、主要不足等方面进行精准“画像”，并“一人一策”提出培养举措或意见建议。强化专业领导干部配备，严把国企副总选聘“入口关”，严格按照发布公告、发动报名、资格审查、面谈、考察、体检、讨论决定、公示、任职等程序，成功选配3名熟悉经济工作、工程管理等知识的专业型人员担任国企副总。

【干部专项考察】 注重在经济社会发展前沿了解识别干部，在乡镇（街道）等基层一线，以及工业强市、征地拆迁、产业招商、疫情防控、信访等重点工作、重要项目、重大事件等一线中开展专项考察，全面掌握干部工作能力和实绩。全年共开展专项考察6批次，掌握800多人次的现实表现情况，提拔重用干部22名。江山市征迁事务中心党组书记、主任王利文通过专项考察“火线”提拔重用的事例，入选省委组织部领导参阅信息《周年观察·“两个担当”良性互动在基层》典型案例。

【干部教育培训】 围绕市委中心工作和干部人才需要，强化干部政治训练和专业能力培训，提高领导干部综合能力。全年共举办意识形态、组织人事、共同富裕专题等各类专项培训班26期，受训学员2000多人次。加强经济型干部培育工作，组织完成54名专职招商员集中选调，进行“双招双引”专题培训，根据专业特点、能力特长，选派到杭州、上海、深圳等地进行实战训练，将理论培训、现场教学与实际操作相融合，提升干部队伍推进现代化建设新能力。

【干部档案信息化建设】 对标省市标准，更新完善干部档案基础设施，开展档案专项审核及数字化制作工作，对干部人事档案进行审核检查、整理编码、目录录入、打印装订、档案扫描和原始图像制作，建立同干部纸质档案一一对应的高清化数字档案，提高档案存入、查阅、借用的质量和效率。全年完成1025卷人事档案查缺，对干部档案存在的问题进行反馈，敦促用人单位查漏补缺，完成人事档案数字化和高清制作1400卷。

【推选市县两级人大代表】 坚持统筹联动，以区块与条线相结合的方式，开展人大代表优秀资源全覆盖摸排，掌握各领域优秀代表资源507名。牢固树立底线思维，全面从严开展人选资格审查，联合人大、纪委监委、统战部等25个部门单位，对照“九个一律”“九个不宜”人选标准，细化制定56条审查清单，对代表人选进行“立体式”扫描体检，确保代表的先进性、代表性和广泛性。经过审查，共有17人不符合标准。在统筹党代表、政协委员人选安排后，共选出衢州市人大代表70名、江山市人大代表258名。

【全国公务员平时考核联系点】 8月，江山市被中组部确定为全国公务员平时考核联系点（全国32个，浙江省唯一）。围绕“全面推行、先行先试、总结完善、示范带动”四大任务，择优遴选确定5个示范点和8个联系点，探索不同类型的公务员平时考核工作“模板”。创新制定《江山市“平时考核质效指数”评价办法》，设立“组织活跃度、考核规范度”等11项指标的考评体系，实施季度量化考评，根据全年考评结果调整年度考核优秀指标，激发考核活力。全市108家机关单位（77个主管部门，58个部门19个乡镇街道），均已开展考核，1950名公务员（含参公人员）纳入平时考核，基本实现平时考核全覆盖。

【公务员及选调生管理】 全年新招录公务员103名，选调生10名，引进工程管理类、专业技术服务类紧缺专业型人才27名。完成276名公务员的职级晋升，对575名公务员进行嘉奖和记三等功奖励。研究制定《江山市选调生培养管理办法》等专项文件，探索建立选调生从招录、帮带、管理、使用、提拔环环相扣的成长链条，搭建全方位成长平台和选调生平时考核积分制管理办法。探索创建选调生积分制考核应用场景及驾驶舱构建，初步实现选调生平时考核全流程数字化、移动化和在线化。创新谋划承办衢州市选调生“两专”能力暨国情调研江山擂台赛。

【人才政策机制】 出台《江山市高层次人才引进和培养实施办法（修订）》等22个政策细则，基本成型“1个政策+若干实施细则”的“1+N”政策体系。鼓励用才单位尊才爱才，在“市政府特别奖”中增设人才专项奖励“金梧桐”奖。着眼江山实际，出台产业人才住房补贴政策，实现从中专生到博士生人才群体全覆盖。多媒体平台宣传推介人才新政，开展“人才政策直播宣讲”“人才政策宣讲座谈会”“送人才政策进企业”等活动10余次。开展人才工作数字化改革，有序推进江山人才码系统建设。

【引才育才】 全年新增“国务院政府特殊津贴”人才、省“引才计划”人才、浙江杰出工匠各1人。新入选衢州市突出贡献中青年专家1人、衢州市“新115人才”27人、衢州市第三批“首席技术官”4人、浙江工匠3人、浙江青年工匠16人。持续开展经济型人才“政企同育”，开展江甬政企同育培训班，启动第三期“政企同育”培训班。推进技能人才队伍建设，开展培训99期共9959人次，新增加技能人才1250人。连续第九年举办全市性职业技能大赛，以共同富裕为主题开展乡村振兴技能大赛。出台企事业单位大学生实习见习管理补助政策，建立见习基地37家、实习基地7家。新增初中级社会工作师199人，高级社会工作师考评结合考试合格2人，全市持证社工总人数位居衢州各县市区第一。

【搭台聚才】 建成江山首个国家级技能大师工作室。江山市工业设计基地众创空间入选2021年省级众创空间。成功入选2021“科创中国”省级试点县。新建博士后科研工作站2家，完成博士后开题2家，建成博士创新站5家。开展第八批专家工作站评选，共评选7家专家工作站。推进江山市技工学校提档升格为衢州地区唯一的高级技工学校。依托高级技工学校开展校企合作，引进“58同城”“阿里云”等平台入校共建技能人才队伍。新增衢州市级技能大师工作室3家、衢州市级企业技能人才示范基地1家。指导江变股份公司入选高级技师评价试点企业。有重点、分步骤推进职业技能等级认定试点工作，扩面职业技能等级认定试点单位至39家。启动实施人力资源服务产业园项目，搭建线上线下招聘平台，推动校企合作、跨地区人力资源合作。

【人才服务】 全年人才专项资金投入1686万元，与上年度相比增长31%。开展拔尖人才先进事迹系列视频报道、《爱上江山》系列报道等数十期。开展“人才宣传服务月”活动。实施人才安居工程，初步完成城南人才公寓装修工作。开展青年人才联谊嘉年华活动。持有“人才绿卡”总数692人。强化医疗、教育、住房等服务资源保障，解决人才子女入学、工作安居等难题。

（徐杉杉）

宣传工作

【概况】 2021年，江山市宣传思想文化战线全面贯彻落实习近平新时代中国特色社会主义思想、中共十九大和十九届五中、六中全会以及全国宣传思想工作会议精神，围绕中心、服务大局，承担举旗帜、聚民心、育新人、兴文化、展形象的使命任务，唱响主旋律，打好主动仗，弘扬正能量，为江山经济社会发展提供思想保证、舆论支持、精神动力和文化条件。

【理论武装】 开展党史学习教育，推动理论学习走深走实、党史宣讲入脑入心、专题实践高质高效。组织召开市委理论学习中心组专题学习会15次，开展“沿着红色足迹学党史”活动和重温习近平在浙江主题党日活动等近2000场次，实现村社书记党史轮训全覆盖。开展党史主题宣讲、8090巡回宣讲、“六讲六做”大宣讲等活动3900余场，受众25万余人次。8090宣讲员先后在市第十五次党代会和“两会”等重要会议上台亮相，在衢州8090赛事中获“金话筒”奖和“银星战队”称号。“五个我为”专题实践活动累计收集问题29405个，累计解决28209个。其中，围绕“清湖模式”总结提炼《加快推进我省基层治理现代化的对策建议》被第99期浙江社科要报刊登，得到省委书记袁家军批示肯定；《中央党史学习教育简报》刊发江山市残疾人服务数字化应用案例，得到时任衢州市委书记汤飞帆批示肯定。

【文明城市创建】 以全国文明城市创建为引领，深化公民道德建设和新时代文明实践工作。构建市领导创文责任区、路（街）长

"3866"工作机制，形成"专班管总、责任区主战、部门主事"的创文大格局，推进"集中攻坚月""新时代文明实践生活实践月""驻点三改"等行动，完成"开卷行动"工作和未成工作省测迎检，开展创文专项督查130多次，累计交办问题2300多个。全年获评中国好人7例、浙江好人30例、衢州有礼之星82人、"最美衢州人"17例。社区未成年人活动中心和家长学校建设，农村文化礼堂和新时代文明实践站融合共建实现全覆盖。

【文化高地建设】 高规格召开市委文化工作会议，全面实施新时代文化江山工程"1366"文化发展体系，打造新时代文化高地。与江山人发展大会相结合，高质量举办第36届"三山"艺术节，凝聚共同富裕建设力量、弘扬江山人精神。成功举办浙江省群众（乡村）合唱大赛、庆祝中国共产党成立100周年文艺晚会等中国共产党成立百年系列活动和"丰收中国·衢州有礼"三衢农民颂党恩系列活动，开展文艺精品创作，营造庆祝中国共产党成立百年浓厚氛围。其中，1部作品获省级奖项、6部作品获衢州市级奖项、1人获衢州市文化人才"香樟奖"。文化礼堂累计建成285家，实现500人以上行政村全覆盖，相关工作得到省委宣传部常务副部长来颖杰、副部长盛世豪等批示肯定。指导扶持枭雄工艺品有限公司、西砚堂、浙江锦上影视、衢州星宇影像等文化企业加快发展。其中，枭雄工艺品有限公司通过电商赋能，年销售额突破3000万元。

12月，市委常委、宣传部部长杨君（右二）指导城南社区创文工作

【展现城市品牌形象】 做精媒体宣传、加大对外宣传、加强舆情管控，在中央、省级主流媒体推出重点报道607篇，"多娇江山"App注册量16.6万户。全年推出精品短视频、H5、VLOG、手绘、图说、海报新闻等融媒体产品200余件，全网点击量超2亿次，点击量超10万人次的网红新闻27条。其中，江山8岁男孩给烈士鞠躬短视频阅读量达1.5亿人次，被省委宣传部确定为6个党史学习教育网络"爆款"之一；大陈村党员干部学习贯彻习近平总书记"七一"重要讲话精神的画面登上央视《新闻联播》；新华社客户端推送《浙江江山："爱心妈妈"十年坚守为"星星的孩子"点亮心灯》阅读量达52.4万人次。先后组织策划2021全国新年登高健身大会、"大美中国行"全媒体主题采风走进有礼衢州江山站等重大对外赛事和外宣活动20余场次，全面推介江山的美景、美宿、美食，提升城市品牌的影响力。江山市连续两次入选年度全国城市传播百强榜，排名县级市第20位。围绕大局稳定，妥善处置土地征迁、涉生态环保、经济发展、文明风尚等热点舆论的引导，2人分别获全省网信工作先进个人、数字乡村建设先进个人称号。

【开创意识形态工作】 做好省委巡视意识形态专项检查"回头看"和衢州市委意识形态检查整改工

作，制定高质量全面落实意识形态工作责任制的实施意见，建立党委（党组）“第一议题”制度和重大决策前专题学习制度，推进党委（党组）理论学习中心组巡听旁听工作。做好意识形态工作“五个纳入”，开展年度意识形态工作责任制考核，年内对30个单位开展重点检查、对100余个单位开展日常考评工作，压紧压实主体责任。参与十四届市委第十三轮巡察工作并做好意识形态工作面上共性问题的整改落实。举办全市意识形态工作专题培训班，选优配强19个乡镇（街道）宣传委员，提升宣传思想干部队伍水平。

（姜虹霞）

统战工作

【概况】 2021年，江山市委统战部在市委、市政府的正确领导和上级统战部门的精心指导下，坚持以习近平新时代中国特色社会主义思想为指导，深入贯彻落实中共十九届六中全会精神，以及中央、省委、衢州市委统战工作会议精神，凝心聚力，充分发挥统战法宝作用，为江山“一地三区”建设和大花园建设作出统战贡献。

【承办第四届江山人发展大会】 9月30日至10月1日，以“传导新理念、共建新模式、展示新产品—打造中国数字消防产业第一城”为主旨召开第四届江山人发展大会，国家应急管理部消防救援局党委委员、总工程师周天到会致辞并授课，邀请500多名消防界领导专家、消防龙头企业代表、消防工程商代表和世界各地江山乡贤代表参会，现场签约招商项目15个，总投资额86.1亿元。

11月3日，市委常委、统战部部长姜方云（中）考察温州江山商会

【开展“政企恳谈”工作】 科学谋划“亲清直通·政企协商会”工作。由党委政府主要领导带头包干，四套班子领导共同参与，围绕园区建设、产业发展、商会建设、涉企政策、企业融资等重点领域设置不同专题，定期组织恳谈活动。全年累计开设主题专场35个，对话市内外企业家267人、商会11个，收集各类问题、建议526件，成功解决495件，办结率94%。

【完成“商会建设”工作】 全年召开江商总会2021年春季交流会暨一届三次理事会、第二期民营企业家暨商会会长高校专题培训班和2期江商总会大讲堂活动，以杰出江商和消防产业拓荒牛事迹编辑出版《追梦与拼搏》和《走南闯北写传奇》风采录。开展“红色堡垒、巩固提升、头雁培育、党建引领、亮旗示范”五大行动计划，引导江山市上海商会等条件成熟的异地商会成立党支部。

【开展“双招双引”工作】 发挥异地商会、在外乡贤优势，开展双招双引行动。全年引进江商回归项目25个，总投资额50亿元。其中清湖乡贤谢小明，牵头介绍上海国资公司参观清湖古镇，达成投资54.48亿元保护与开发清湖古镇的意向。

【推进乡贤工作】 完善全市新乡贤数据库，细化分类，借力浙统云应用场景建设，建立动态管理的新乡贤数据库和人才资源分布图。出台《江山市加快创建精品乡贤馆的实施意见》，下发专项资金支持8个重点乡镇、村创建“乡贤馆”“名人馆”“乡愁馆”等精品馆，其中凤林乡贤街、清泉村的同心馆申报衢州市级“南孔乡贤馆”。

【抓好基层治理工作】 紧扣“县乡一体、条抓块统”基层治理模式的工作部署，聚焦新乡贤、民主党派、基层统战等和基层治理密切相关的统战工作领域，通过实施“三同工程”，推行“同心矛盾调解”制度、构建“同心协商议事”机制、开展“同心社会服务”活动，成立全市全覆盖的同心矛盾调解团和同心协商议事团，累计开展922场次矛盾调解，化解矛盾纠纷786起；开展协商议事活动330次，参与议事2681人次。

【推进“共同富裕”工作】 组织开展“浙江省侨商会走进江山”活动。借助“千个侨团（企）扶千村”帮扶活动东风，争取15家市内外侨企与相关行政村建立结对关系。引领华夏村、达埂村建设“知名浙商共建乡村振兴共同富裕示范点”。承办衢台两地“话共富”座谈会。

【做好政协委员人选资格联审工作】 牵头制定《关于市政协换届工作的意见》，联合市政协、市委组织部专题布置政协委员优质资源摸排工作，共上报优质资源398名。联合市委组织部等24个部门根据各单位职能范围开展政协委员人选资格联审，完成审查393人，其中不符合条件共28人。

【抓好多党合作工作】 “两会”期间各党派提交集体提案50多篇，个人提案100多件，其中多篇获上级领导批示采用。围绕党派品牌建设，新建民革两岸联谊交流成果展示馆，以“民盟同心·法律服务专家站”为主题开展专题讲座、法律咨询、普法宣传活动50多场，参与矛盾纠纷调解20余起，办理法律援助案件83件。新建民进开明嘉苑中医药文化进校园实践创新基地，承办衢州市各民主党派第一次“互看互学”活动。围绕打造“两专”干部队伍，挑选推荐一批优秀党外干部进入招商引资、征地拆迁、信访、维稳、数字化改革等重点工作专班顶岗锻炼。抓住县乡换届契机，推荐一批优秀党外干部担任领导职务。

【推进民族工作】 开展多形式民族团结进步主题宣传活动，指导一都江小学实施“三二一”工程，被列入省级民族团结进步示范培育单位。为上余镇江村民族村畲族酒坊改建、安装特色路灯项目争取各级补助资金45万元。与衢州市第二职业中专建立“校村结对”模式，用专业知识指导村民科学生姜种植。升级优化民族事务网上办理流程，网上办理70名少数民族考生中高考加分、优录审核。

【夯实宗教工作基础】 部署开展“平安护航建党百年”专项行动，排查整改各类安全隐患30余项。创建省级宗教示范场所3处。举行二期“西山论佛”讲经说法。推进太阳山寺、多福寺、东岳宫等宗教场所的改造提升。

【创新海内外联谊方式】 打响海外博士家乡行品牌，以“一人一档”的方式，谋划江山博士馆建设，为海外人才提供在江山活动基地和展示窗口。推进智慧侨务建设，新开通市留联会公众号、江山海外人才数据库和意见建议网上专栏，打造江山侨界“群英汇”。累计发布12篇江山籍海外侨胞、留学生故事，点击率近6万次。

（陆小强　徐东晖）

机构编制

【概况】 2021年，江山市委机构编制委员会办公室坚持改革统领，纵深推进“县乡一体、条抓块统”改革，主动融入数字化改革大局，开展基层治理“一件事”集成改革，协同推进“大综合一体化”行政执法改革，圆满完成全省公办幼儿园办园体制改革创新配套政策试点，完成事业单位政事权限清单第一阶段试点工作。被评为全省事业单位改革成效突出集体，全市争先创优（改革创新）突出贡献集体。

【“县乡一体、条抓块统”改革】 全面负责“县乡一体、条抓块统”试点改革工作专班日常工作，强化综合协调，统筹把握试点改革攻坚工作，推进试点改革“一办六组”有序运转。坚持顶层设计与基层落地相结合，科学制定试点改革实施方案，围绕“六大体系”，细化21项改革任务，搭建改革四梁八柱。3月4日，顺利承办“县乡一体、条抓块统”改革第三次省市专班联席（扩大）会议。7月13日，省委书记袁家军到清湖街道调研，对“县乡一体、条抓块统”改革工作予以充分肯定，并指示要求总结提炼“清湖模式”，在全省予以推广。11月8日，完成全省改革工作现场推进会综合集成线路循环考察工作，得到各级领导的肯定。在全省现场会上，“清湖模式”作为基层治理现代化“衢州经验”的特色做法进行了典型发言。

【基层治理“一件事”集成改革】 系统梳理校园周边安全防控、出租房管理、无证无照经营等19件重要、高频、急迫的多跨事项，通过“业务协同、流程再造、制度重塑、数字赋能”，19项“一件事”实现线上流转交办，多跨场景事件处置平均时间由8.5天缩短为3天，群众满意率提高到99.6%。

【派驻干部下沉】 围绕乡镇（街道）权力事项清单、政务服务事项清单和“属地管理”事项责任清单，分别梳理140项乡镇（街道）法定权力事项、596项下沉审批服务类事项、68项乡镇（街道）“属地管理”事项。坚持重心下移、力量下沉、保障下倾，出台派驻干部人事管理制度，派驻干部除编制外，“工资、党团、工会”等关系均转到乡镇（街道），并赋予乡镇（街道）对派驻干部的指挥协调权、考核管理权、推荐提名权、反向否决权。全市271名干部下沉乡镇（街道），充实加强基层一线工作力量。

【事业单位改革“后半篇”文章】 完成全省公办幼儿园办园体制改革创新配套政策试点。向上对接，精准工作思路，3月成功争列全省公办幼儿园办园体制改革创新配套政策试点，成为全省17个试点地区之一。印发“1+2”政策文本，重新核定30所公办幼儿园事业编制254名，劳动合同制教职工控制数495名，试点工作进展情况受到上级点名肯定。完成事业单位政事权限清单第一阶段试点工作。开展政事权限清单梳理，推进事业单位机构功能重塑再造和整体效能提升，强化事业单位公益属性，完成第一批11家试点单位政事权限清单梳理和发布工作。

9月15日，事业单位政事权限清单第一批试点工作部署会召开（严丽清 摄）

【“大综合一体化”行政执法改革】 制定“大综合一体化”执法队伍整合机构编制调整方案。对现有的12支专业执法队进行整合，保

11月8日，全省“县乡一体、条抓块统”改革工作推进会参会人员观摩清湖街道综合信息指挥室（余正跃 摄）

留市场监管、交通运输、文化市场、农业、生态环境保护、应急管理、自然资源和卫生健康等8个领域专业执法队，精简发改、人社、水政、民政等4个部门专业执法队，构建“1+8”行政执法架构。实行跨区域“1+X”执法模式，组建8支乡镇（街道）综合行政执法队。组织监管事项认领，会同司法局按照职责分工做好指导督促工作，及时做好认领和覆盖工作，截至年底，认领率和覆盖率均达到100%。

【优化机构编制资源保障】 通过调整机构编制，不断优化机构设置和编制配置。印发江山市征迁事务中心“三定”规定，保障市征迁事务中心履行法定职能。组建江山市邮政业安全中心，推动全市邮政快递业安全监管。聚焦工业强市建设，开展开发区机构规范工作，推进社会职能剥离，完成开发区“三定”制定。助力共同富裕，完成市委社建委机构设立、职能配置和编制配备工作。服务乡村振兴、文明城市创建等工作，完成乡村振兴局、文明办挂牌等机构编制调整工作。

【核定用编计划】 倾斜重点部门、民生领域，同意2022年招考（录）公务员用编需求计划103名；2021年招聘事业单位工作人员用编需求计划114名，其中面向高校应届毕业生公开招聘部分事业单位紧缺专业技术人员用编需求33名。支持卫生、教育事业发展，审核同意144名卫健人才及100名公办学校招聘新教师用编计划。支持各领域定向培养计划，审核同意卫计人才25名、中小学教师40名、乡镇农技员4名、乡镇林技员4名和乡镇文化员2名。

【事业单位登记管理】 规范事业单位登记管理，及时做好事业单位法人调整登记和证书补领工作，实施事业单位法人清理规范，完成历史遗留的应注销未注销事业单位法人注销登记。全年共办理事业单位法人设立登记事项29件、变更登记事项70件、证书补（换）领44件、注销登记事项77件（其中含历史遗留应注销未注销事业单位76家），办理机关群团统一社会信用代码证书变更事项21件。

档案史志工作

【概况】 2021年，市档案馆（市委史志研究室）围绕“为党管档、为国守史、为民服务”职能，开展档案资料征集、阵地建设、志书编纂、服务民生等工作。年内，共征集档案资料1205件，接待查档4578人次，调阅档案3154卷次、5145件次，复印档案证明6879页。

【档案馆展厅布展项目】 在新档案馆土建、二次装修基本完成的基础上，推进总投资890万元，布展面积1446平方米的新档案馆展厅布展项目。项目于2月完成项目建议书和可行性研究报告的审批。8月，完成展厅布展采购项目、监理采购项目、多媒体设备采购项目的招投标工作，确认中标公司，有序进场施工。年底已完成展厅地面工程、布展大纲、平面设计图及艺术品制作、展柜制作等内容。

【中共石门区委仙居寺旧址揭碑】 1月13日，“缅怀革命先烈，传承红色精神”主题活动暨中共石门区委仙居寺旧址揭碑仪式在石门镇灵岗口村举行。衢州市委副秘书长、党史研究室主任蓝水高出席揭碑仪式并讲话。江山市委副书记胡炳泉、革命者亲属等50余人参加。革命者亲属讲述革命先辈的革命事迹，党员干部重温入党誓词，与会人员祭扫毛绍信烈士墓。

1月13日，中共石门区委仙居寺旧址揭碑仪式在石门镇灵岗口村举行

【《白沙村志》入藏市档案馆】 8月25日，浙江省人民政府地方志办公室郑金月主任一行到江山市调研地方志工作开展情况，在凤林镇白沙村座谈会上，白沙村党总支把时任浙江省委书记习近平翻阅过的《白沙村志》捐赠给江山市档案馆珍藏，浙江省方志办、衢州市档案馆、江山市政府和江山市档案馆、凤林镇、白沙村等在座领导都签名见证。《白沙村志》是江山市第一部社会主义新村志。2004年10月，时任浙江省委书记的习近平到白沙考察，在农民家中翻看《白沙村志》，详细询问村志编写的相关情况，对村志存史育人的作用作了肯定，并鼓励把村志继续编修下去。

【“挺进师在江山”主题展馆开馆】 6月30日，在中国共产党成立100周年，由江山市委史志研究室、中共塘源口乡委员会共同打造的“红军挺进师在江山”主题展馆开馆。该馆建在塘源口乡红军活动旧址翁氏祠堂，展示以红军挺进师四进塘源口为重点，从红军挺进师的组建、挺进江山浴血奋战、创建组织播下火种、唤醒群众鱼水情深、精神不朽光耀千秋五个篇章。

【姜天巢烈士墓迁入烈士陵园】 6月29日，衢州第一批共产党员、江山最早牺牲烈士的姜天巢烈士墓地和墓碑在市档案馆、退役军人事务管理局以及姜天巢后代的努力和见证下，迁入江山市烈士陵园。考证出姜天巢烈士出生于1901年6月30日，1927年5月27日牺牲于上海龙华监狱。

【调查第十兵团途经江山历史】 6月，与市委统战部一同赴福建省新四军研究会、长江支队研究会、福建南下干部服务团团史研究会等4家单位进行为期4天的调研，征集相关史料，购买军事书籍20余册，证实1949年6月至7月原第三野战军第十兵团在司令员叶飞率领下从江山出发，翻越仙霞岭，解放福建。9月，撰写纪念碑文，计划在枫岭关设立纪念碑。

【助力全市党史学习教育】 发挥部门资政育人职能，助力全市党史学习教育。为党史学习教育专班等提供100余篇党史故事素材，与市委宣传部、市委组织部一起，绘制出“江山市党史研学地图”。作为市党史学习教育宣讲团成员为基层上党课50多节，为全市四套班子领导“沿着红色足迹学党史”活动作讲解。调查红军北上抗日先遣队在江山的情况，在中国党建网、“学习强国”平台等书刊媒体上发表党史学习教育文章30多篇。

【《江山年鉴（2021）》出版】 2021

《江山年鉴（2021）》出版

年12月，中共江山市委、江山市人民政府主办，江山市档案馆（市委史志研究室）编纂的《江山年鉴（2021）》由方志出版社出版，该书共设40个类目、1000多个条目，全面系统地记载2020年1—12月江山市政治、经济、文化、社会及生态文明建设的发展状况。全书共67万余字。

（杨良英）

公共资源交易监管

【概况】 2021年，全年市级平台共完成各类公共资源交易项目429个，累计交易金额21.86亿元，节约资金2.98亿元。其中，房建、市政及服务类交易项目332个，交易金额18.75亿元；交通、水利及服务类交易项目97个，交易金额3.11亿元。开评标现场监管项目有1113个。

【完善主体优选办法】 优化专班运行，以原“四大办”为基础，整合建立重大项目前期专班。克服自身人手短缺等困难，派出精兵强将落实专班招标组组建工作。由业务分管领导亲自抓专班的招标服务工作，业务科负责人具体负责招标服务相关工作。主动靠前服务，招标组紧紧围绕重大项目，建立重大项目优质主体甄选长效机制。在项目方案设计或初步设计阶段提前介入，在招标文件编制环节，及时组织业主单位、招标代理机构，对工程组织实施方式、交易方式、评标办法、合同主要条款等内容进行论证把关。全过程参与并指导各专班、业主单位依法依规做好项目招标工作。全年招标组参加专班会议37次，论证审议招标项目59个，共论证业务问题45个，共论证业务制度有8个。规范招标文件条款设置，制定并出台《江山市政府投资工程建设项目招标资信技术分设置指导意见》，明确招标文件中信用评价、奖项、类似业绩、项目班子成员职称、注册资格等资信标评审因素的设置分值和设置个数，有效规避在实际招投标活动中招标人为特定投标人“量身定做”评标办法的情况发生。

【支持协税护税】 在重大项目招标上，加强培育，实现主体优选和护税协税有机结合。学习外地企业先进施工经验，鼓励重大特殊项目采用外地优质企业和本地企业组建联合体投标，提升本地企业的综合实力和中标率。出台《江山市工程建设项目招投标“评定分离”操作导则（试行）》和《“评定分离”定标环节操作细则》，将定标权交给招标人，让招标人熟知且认可的本地优质企业有更多的机会在众多的投标人中脱颖而出。在法定规模以下建设项目上，建立小额公选平台，出台《江山市小额工程建设项目公选管理办法（试行）》，将本地企业纳入公选库，面向本地企业选择中标单位，避免税源外流。将城市及道路照明、建筑装饰装修、水利、古建筑、公路养护、公路工程、园林绿化、土石方工程进行建库，入库企业已达119家。全年公选项目732个，合同金额8.11亿元，增加税收4055万元。在法定规模建设项目上，实行信用评价考评，通过建立标后履约考评制度，将企业在江山承揽项目的质量、安全、人员到位方面内容纳入考核指标进行评分，与企业信用分挂钩，在招标文件中进行信用分值应用，法定规模标准以上的施工

3 月 26 日，建设工程标后监管工作讲座举行（陈毓 摄）

类项目采用“4+96”的模式，监理类项目采用“2+98”的模式。吸引外地企业在本地交税，培植新增税源。

【开展标后监管】 制定出台《江山市政府投资项目现场管理人员影像考勤管理办法》，开发考勤系统，开发上线现场管理人员影像考勤监管系统。将 1000 万元以上项目的班子人员纳入系统，开启数字化线上监管模式，对项目现场管理人员实施一日三次影像考勤管理，规定考勤的方式、时间、频率，从而规范项目管理人员履约行为，解决人员不到岗的痛点。标后履约阶段督查科由专人巡查考勤情况，重点跟踪督查出勤率差的问题项目。严管项目人员变更环节，完善项目班子人员变更流程，变更环节增设部门审查，第一时间掌握项目人员流动情况，源头遏制买标卖标等违法违规情况发生。以高质量的履约检查推进项目建设，制定出台《政府投资项目招标及标后监管考核办法》，将建设单位的招投标管理和标后监管工作情况细化量化到考核指标中，并最终纳入市委市政府综合考核，借助考核进一步督促建设单位落实履行标后监管第一责任人的职责。创新形成“干部挂联项目、约谈履约双方、现场实地检查、询问项目班子、检查项目台账、评选履约黑榜”的标后检查“六步工作法”，使标后检查标准化、精准化，提高标后检查的实效。高频次检查项目履约情况，紧盯中标施工企业履约能力较弱、信用评价较低、中标率较高等存在较大履约风险的小额工程，在每月对此类项目进行针对性检查。检查出的问题当场反馈，落实整改，运用惩戒手段进行整顿。每季度对我市政府投资重大项目开展标后履约集中检查。全年在重大项目和小额项目标后监管中共发现问题 107 个，发放监管建议书 17 份，约谈项目负责人 85 人次，督促建设单位扣除施工、监理企业 36 家次，共计履约保证金 71.91 万元。

【规范中介机构管理】 统一管理小额监理项目，制定出台《江山市小额政府投资建设工程监理公选指导意见》，要求申请入库监理企业，应至少配备注册监理工程师 2 名、监理员 3 名，监理人员须在本地缴纳社会保险。规范小额政府投资监理项目管理，简化交易程序，提高监理人员标后履约到位率。建立小额公选监理企业主体库，开展小额公选库监理企业入库工作，向全市公开征集监理企业进入小额公选主体名录库，对监理企业的企业资质、企业性质、企业人员和财务情况进行严格审核。年内有 25 家监理企业 177 名监理人员申请入库，统一对入公选库监理企业进行信用管理，对监管中发现对违反信用承诺制度的企业进行出库管理。规范造价和招标代理机构管理。完善招标代理机构考核文件，既考核企业业务量，也综合考量企业服务质量和项目难易程度。完善造价咨询和招标代理企业考核方案，通过量化考评和信用评价，规范工程造价咨询和招标代理企业市场行为，提升工程造价咨询和招标代理业务质量。

（毛聪）

党校工作

【概况】 2021年，江山市委党校先后举办全市意识形态工作培训班、全市公务员初任培训暨选调生到村任职培训班、全市第二十期中青年干部培训班、全市习近平新时代中国特色社会主义思想进修班、全市政协委员履职能力提升培训班等主体班次22个，受训1911人次；举办全市直机关入党积极分子培训班、全市党员发展对象培训班（二期）等非主体班次18个，受训2105人次。

【聚焦党史学习教育】 认真学习贯彻习近平总书记在党史学习教育动员大会和庆祝中国共产党成立100周年大会上的重要讲话以及中共十九届六中全会精神，发挥党校干部培训、理论建设、决策咨询主渠道主阵地优势，服务全市党史学习教育大局。丰富教学内容，完善党史课题体系。向全市推出《中国共产党与中国道路》《从百年党史中汲取信仰的力量》《发扬优良传统 继往开来》《入党誓词的百年演进与解读》《学好伟大长征史 汲取奋斗力量》《中国共产党领导的新民主主义革命与启示》等15个党史专题课程宣讲清单，由部门乡镇点单。开展党史宣讲，推动党史学习教育进机关、进社区、进农村、进企业，年内到乡镇、街道、村、社区、学校、企业等作专题宣讲、8090宣讲等140余次，受教育人数6500人次，打通思想理论武装的“最后一公里”。

【科研工作成果】 《数字赋能与整体智治：智慧城市建设的变革机制与效能——基于J市的实证》等3项课题在浙江省党校（行政学院）系统中国特色社会主义理论体系研究中心第二十三批规划课题申报中立项；《共同富裕视域下社区公共服务对城市居民获得感的影响——基于江山市的实证分析》等8项课题在衢州市党校系统立项；徐苑卉的《建党百年来城市精细化治理的范式嬗变与启示——基于浙江江山的县域实践》获省委党校系统关于庆祝中国共产党成立100周年理论研讨会三等奖，李晶的《权力的重塑：党建引领乡村治理现代化的发展历程与理论思考——基于江山市的调研》获省委党校系统关于庆祝中国共产党成立100周年理论研讨会三等奖，燕传林的《中国共产党共同富裕之路的探索与实践》获衢州党校系统“四省边际共同富裕”理论研讨会一等奖。

【打造现场教学基地】 挖掘江山本土特色资源，打造2个衢州市党员干部教育培训现场教学基地，开展形式多样的现场教学活动。其中，石门镇清漾村、凤林镇白沙村获衢州市第五批党员干部教育培训现场教学基地。大陈乡大陈村、清湖街道清泉村现场教学基地获衢州市“十佳”党员干部教育培训现场教学基地。

【校园建设】 年内，完成部分教室、办公室墙体和灯具更新改造，为教学培训工作的开展提供良好的环境；根据招投标程序，出租江东

7月23日，市委党校高级讲师在贺村镇宣讲党史（徐莹 摄）

大道临街店面 17 间，实现财政创收 20.5 万元，完成国有资产保值增值和利用效益的提高；完成校园测温门的采购，并投入使用。

（王成冲）

10 月 18 日，衢州市六县（市、区）书画摄影作品联展举行（沈天法 摄）

老干部工作

【概况】 2021 年，全市共有离休干部 79 人。其中，行政事业单位离休干部 54 人，企业离休干部 25 人，享受县处级待遇 28 人，科级待遇 51 人；实职副处级及以上退休老干部 50 人。

【落实老干部政治待遇】 先后组织老干部参加市委全委会报告、政府工作报告征求意见会，通报市两会、全市领导干部大会精神等各类会议 12 次。扎实开展党史学习教育，举办“‘翰墨春秋 百年芳华’老一辈党和国家领导人、老将军、老艺术家书画展暨江山市庆祝中国共产党成立 100 周年书画摄影作品展”等庆祝中国共产党成立 100 周年系列活动。组织老干部“走基层、看变化、促发展”活动 3 次。完成市人大机关老干部支部、市政协老干部支部、市府办老干部支部等 10 个离退休干部党支部规范化建设。

【落实老干部生活待遇】 深化“1+1”结对服务活动，量化“七个一”精准服务目标，全年走访老干部 500 多人次，其中春节、老年节走访 293 人，生病住院的 43 人，生日祝寿的 72 人，后事处理的 8 人。组织 117 位老干部进行健康体检。

【抓好老年大学建设】 持续推进“家门口老年大学”建设，建立周家青社区分校和农商行城北分校，开创老年大学与银行合作办学的先河。9 月，与绍兴市柯桥区老年大学缔结友好学校。开通老年大学网上报名通道，在衢州市老年大学中首个实现网络报名，老年大学 51 个教学班，2519 名学员成功进行网络报名。疫情好转时期，有效部署老年大学复课、老干部活动中心对外开放各项工作。

【发挥银色力量】 融入“乡村振兴大讲堂”“衢州有礼”诗画风光带建设，开展“银耀乡村”基层行、“社会治理 · 银耀有我”、“做有礼江山人 创全国文明城”、“银发正能量，阳光助残行”等志愿服务，全年累计开展各类志愿服务活动 60 多场。结合数字化改革，以老助老，开展“银龄跨越数字鸿沟”科普专项活动 5 场 300 多人次。林业局老干部党支部“红色基因永相传”主题党日活动案例在全省大赛中获三等奖；老干部蔡怡获评“江山市优秀共产党员”；叶友彩、叶晓燕被省局命名为“银尚达人”，管仁芳家庭被省局命名为“银尚之家”。

（李 甜）

关工委工作

【概况】 2021 年，全市共有各级关工委组织 466 个，其中部门关工委 8 个，乡镇（街道）关工委 19 个，社区关工委 15 个，民营企业关工委 4 个，公益组织关工委 2 个，村级关工委组织 292 个和关工小组 126 个，参与基层关

9月17日，“红船领航 浙里关爱·关心下一代公益项目”活动启动(汪伶俐 摄)

心下一代工作的“五老”志愿者4000多人。年内，召开江山市关工委成立30周年暨全市关心下一代工作表彰大会；塘源口乡洪福村红色研学基地获评第三批“浙江省关心下一代教育基地”。

【建党百年活动】 5月，联合市教育局在衢州第二中专举行“百年回眸·薪火赓续”主题教育活动启动仪式，市关工委五老宣讲团成员黄昌明进行“从奥运会看中国”的主题宣讲。通过“线上+线下”的宣讲方式，累计开展宣传活动19场，受教育青少年4000余名。6月，联合团市委、教育局、文明办等单位开展2021年新时代好少年评选活动。7月，联合市教育局等单位开展“百年潮涌·红星闪闪放光彩”主题征文活动，有21所学校参与，投稿206篇。10月，联合市教育局、文明办等单位开展“百年潮涌·红星闪闪放光彩”主题演讲比赛。11月，市关工委五老宣讲团团长郑书荣和恒泰学校施雨妍同学分别被省关工委评为“红船精神五老宣讲员”和“红船好少年”。

【青少年帮困解难】 1月，联合青少年宫开展“攻‘疫’更公益，把爱带回家”公益课堂，为168名留江山学生送去了温暖；联合华家池求是研究会资助5名贫困学子，资助金额1万元。6月，联合民盟江山支部慰问培智学校特殊儿童；联合清湖街道关工委在清湖小学开展“童心永向党 从小跟党走”庆祝中国共产党成立100周年暨关爱留守儿童公益活动。8月，联系爱心单位、人士资助26名贫困大学生，资助金额13.6万元。9月和12月，联合江山市阳光志愿关工委实施“关爱留守儿童6年行动计划活动”，为塘源口小学留守儿童送去中秋月饼、学习用品、阅读书籍、御寒衣物等物资。该项目被列入2021年“红船领航 浙里关爱·关心下一代”公益项目活动，获得省关心下一代基金会4.98万元的资助。暑假期间，继续组织峡口镇、大陈乡留守儿童辅导中心的“五老”志愿者，为留守儿童开设免费培训课程。组织“五老”游泳安全巡逻队在须江两岸巡逻，保障青少年的游泳安全。

【江山市关心下一代基金会】 1月，正式成立江山市关心下一代基金会，注册资金200万元，筹集资助金46万元。3月，开展“海创环境爱心结对”助学活动，定向结对资助5名贫困学生，每人2000元，计1万元。8月，资助14名贫困大学生新生，每人5000元，计7万元。10月，开展“豪情圆梦·礼敬百年”初高中生专项资助活动，资助50名贫困初高中生，每人2000元，计10万元。11月，开展“爱心助学·贝林筑梦”中小学生专项资助活动，资助75名贫困中小学生，每人2000元，计15万元。

(汪伶俐)

江山市人民代表大会

综　述

【概况】 2021年，江山市人大常委会以政治建设为引领，聚焦发展大局，依法履行职权，弘扬民主法治，发挥代表作用，推进守正创新。全年举行常委会会议16次、主任会议34次，听取和审议工作报告54个，作出决议决定32项，开展执法检查4次、专题询问1次，组织代表视察5次，依法任免国家机关工作人员101人次。

【市人民代表大会】 市第十六届人大第五次会议于2月2日至2月4日在城区举行。出席大会代表217名，列席和邀请大会人员72名，出席政协第十届江山市委员会第五次会议的全体委员列席会议。大会主席团42人，主席团常务主席13人，秘书长1人(兼)，副秘书长4人，财政预算审查委员会8人，议案审查委员会6人。会上听取和审议并通过《政府工作报告》《江山市人民代表大会常务委员会工作报告》《江山市人民法院工作报告》《江山市人民检察院工作报告》《关于江山市国民经济和社会发展第十四个五年规划和二〇三五年远景目标纲要（草案)》《关于江山市2020年国民经济和社会发展计划执行情况及2021年国民经济和社会发展计划草案的报告》《关于江山市2020年财政预算执行情况和2021年财政预算草案的报告》等书面报告，作出相应决议。大会以无记名投票方式，确定2021年市政府民生实事10个项目。会议依法补选温胜浩为江山市监察委员会主任，毛香娟、杨军、张肖晓、施建、徐垂勇为江山市第十六届人民代表大会常务委员会委员。市第十六届人大第五次会议，共收到代表10人以上联名提出的议案332件，大会主席团根据地方组织法和代表法的有关规定，将本次会议收到的332件议案全部改作建议。大会将代表提出的建议、批评和意见26件，连同改作建议办理的议案，交市人民政府和有关机关组织办理。

【市人大常委会会议】 全年召开市人大常委会会议16次。

第十六届人大常委会第五十四次会议于1月21日召开。会议听取和审议市政府关于2020年民生实事项目实施情况的报告，审议通过2021年民生实事候选项目草案。听取和审议市政府关于提请审议江山市2020年地方政府债务限额新增部分及债务预算调整方案的议案，作出关于批准江山市2020年地方政府债务限额新增部分及债务预算调整方案的决议。讨论并原则通过江山市人民代表大会常务委员会工作报告，审议通过2020年度先进代表小组和代表履职先进个人名单、市第十六届人大第四次会议优秀代表议案建议和先进承办单位名单，研究召开江山市第十六届人民代表大会第五次会议的有关事项，审议通过有关人事事项。会后，新任命的国家工作人员进行宪法宣誓。

第十六届人大常委会第五十五次会议于1月23日召开。会议听取和审议市政府关于“十三五”规划纲要执行情况以及“十四五”规划和二〇三五年远景目标纲要草案编制情况的报告，提出意见建议。

第十六届人大常委会第五十六次会议于2月5日召开。会议讨论通过市人大常委会2021年工作要点、市人大常委会代表资格审查委员会组成人员调整名单，听取和审议双塔、虎山、清湖等3个人大街道工委2020年工作情况和2021年工作计划的报告，作出关于人大街道工委工作报告的决议。听取市人大常委会任命的部分国家机关工作人员2020年履职情况报告，进行满意度测评。审议通过有关人事事项。会后，新任命的国家工作人员进行宪法宣誓。

第十六届人大常委会第五十七次会议于3月26日召开。会议听取和审议市政府关于2020年度环境状况和环境保护目标完成情况、养老服务事业发展情况等工作报告，提出意见建议。审议市综合行政执法局关于市人大常委会工作评议意见整改落实情况的报告，进行满意度测评。审议通过有关人事事项。

第十六届人大常委会第五十八次会议于4月9日召开。会议审议通过有关人事事项。会后，新任命的国家工作人员进行宪法宣誓。

第十六届人大常委会第五十九次会议于5月27日召开。会议听取和审议市政府关于数字经济发展、中心城区总体城市设计、粮食生产和安全工作、卫生健康领域“两体一跑”改革和“三乙”医院创建等情况的工作报告，提出意见建议。审议通过有关人事事项。会后，新任命的国家工作人员进行宪法宣誓。

第十六届人大常委会第六十次会议于7月9日召开。会议审议通过有关人事事项。

第十六届人大常委会第六十一次会议于7月29日召开。会议听取和审议市政府关于2021年上半年工作情况和下半年工作意见的报告，审议2021年上半年国民经济和社会发展计划执行情况的报告，提出意见建议。听取和审议市政府关于2020年财政决算草案和2021年1—6月预算执行情况的报告、市政府提出的审计机关关于2020年度财政预算执行和其他财政收支的审计工作报告，提出意见建议，作出关于批准江山市2020年财政决算的决议。审议通过有关人事事项。

第十六届人大常委会第六十二次会议于8月12日召开。会议审议市公安局关于人大工作评议意见整改落实情况的报告，进行满意度测评。

第十六届人大常委会第六十三次会议于9月24日召开。会议听取和审议市政府关于数字化改革、2020年度国有资产管理等情况的工作报告，提出意见建议。听取和审议市政府关于暂缓实施人民医院感染病大楼扩建项目的议案，作出关于同意暂缓实施人民医院感染病大楼扩建项目的决定。会议作出关于促进和保障争当山区县高质量发展建设共同富裕示范区的先行示范的决定，听取部分衢州市人大代表履职情况报告，审议通过有关人事事项。会后，新任命的国家工作人员进行宪法宣誓。

第十六届人大常委会第六十四次会议于11月1日召开。会议传达学习中央人大工作会议精神和全省各级人大常委会主任学习会精神，研究市乡两级人大换届选举有关事项。

第十六届人大常委会第六十五次会议于11月15日召开。会议审议通过有关人事事项。

第十六届人大常委会第六十六次会议于11月22日召开。会议传达学习中共十九届六中全会精神以及省、衢州、江山领导干部会议精神，听取和审议市政府关于江山市“八五”普法编制情况的报告，作出关于开展第八个五年法治宣传教育的决议。听取和审议市政府关于提请审议江山市2021年地方政府债务限额及债务预算调整方案的议案、江山市2021年财政预算调整（草案）的报告，作出关于批准江山市2021年地方政府债务限额及债务预算调整方案的决议、关于批准江山市2021年财政预算调整的决议。听取和审议市政府关于市第十六届人大第五次会议代表议案建议办理情况的报告、市人大常委会代表与选举任免工委关于市第十六届人大第五次会议代表议案建议督办情况的报告，提出意见建议。审议农业农村局、市场监督管理局落实人大工作评议意见整改情况的报告，进行满意度测评。审议通过有关人事事项。

第十六届人大常委会第六十七次会议于11月29日召开。会议审议通过有关人事事项，决定任命徐明峰为江山市人民政府副市长，代理江山市人民政府市长职务。会后，新任命的国家工作人员进行宪法宣誓。

第十六届人大常委会第六十八次会议于12月1日召开。会议听取和审议市政府关于2020年度财政预算执行和其他财政收支审计查出问题整改情况的报告，提出意见建议。审议通过有关人事事项。会后，新任命的国家工作人员进行宪法宣誓。

第十六届人大常委会第六十九次会议于12月27日召开。会议通报市选举委员会和各乡镇选举委员会组成人员辞职名单，讨论通过市第十六届人大常委会代表资格审查委员会关于市第十七届人民代表大会代表资格的审查报告，研究召开江山市第十七届人民代表大会第一次会议有关事项，作出关于召开江山市第十七届人民代表大会第一次会议的决定。

【市人大常委会主任会议】 市第十六届人大常委会全年共召开主任会议34次，研究人大常委会及其机关有关事项，听取和审议"一府两院"有关工作情况报告，研究有关人事事项。1月14日，召开市人大常委会主任会议，听取和审议市政府关于2021年国民经济和社会发展计划编制情况、重大政府投资项目2020年实施情况和2021年计划编制情况、2020年财政预算执行情况和2021年预算编制情况的报告。1月20日，召开市人大常委会主任会议，听取和审议市政府关于"十三五"规划纲要实施情况和"十四五"规划纲要编制情况、2020年民生实事项目实施情况和2021年民生实事初步候选项目编排情况、2020年地方政府债务限额新增部分及债务预算调整方案的报告。3月16日，召开市人大常委会主任会议，听取和审议市政府关于小微企业园建设、打击和防范电信网络诈骗情况的报告。5月13日，召开市人大常委会主任会议，听取和审议市政府关于应急救援队伍建设、推进新增百万亩国土绿化行动情况的报告。7月23日，召开市人大常委会主任会议，听取和审议市政府关于2020年财政决算草案和2021年1—6月预算执行情况、2020年度预算执行和其他财政收支的审计工作报告。8月9日，召开市人大常委会主任会议，听取和审议市政府关于城乡学前教育均衡发展情况的报告，市人大常委会执法检查组关于固体废物污染环境防治法执法检查情况的报告。8月31日，召开市人大常委会主任会议，听取市人大常委会代表与选举任免工委关于市乡两级人大换届选举工作情况的汇报。10月20日，召开市人大常委会主任会议，听取和审议市政府关于农村宅基地制度改革试点情况、2021年度重大交通基础设施建设项目实施情况的报告，市法院关于贯彻实施《中华人民共和国民法典》情况的报告。11月18日，召开市人大常委会主任会议，听取和审议市政府关于大陈未来乡村建设情况的报告。

常委会视察

【视察高技能人才培育工作情况】 4月14日，组织视察高技能人才培育工作情况。实地视察姜振军

9月13日，市人大常委会党组书记、主任汪胜（前左五）组织视察农业产业发展情况

技能大师工作室、江山高级技工学校，听取市政府关于高技能人才培育工作情况的报告，提出意见建议，市政府有关领导作表态发言。

【视察文旅项目推进情况】 5月14日，组织视察文旅项目推进情况。实地视察清湖古镇民居街巷、“清溪锁钥”古码头、传统手工作坊，听取市政府关于文旅项目推进情况、清湖古镇保护与开发工作情况的报告，提出意见建议，市政府有关领导作表态发言。

【视察城市建设情况】 6月21日，组织视察城市建设情况。实地视察桑淤大桥、城南拆迁安置公寓楼、南入城口景观改造、梅泉书院恢复重建等项目实施情况，听取市政府关于城市建设工作情况的报告，提出意见建议，市政府有关领导作表态发言。

【视察工业产业发展情况】 8月12日，组织视察工业产业发展情况。实地视察王牌家居、木门产业创新服务综合体，听取市政府关于工业产业发展情况的报告，提出意见建议，市政府有关领导作表态发言。

【视察农业产业发展情况】 9月13日，组织视察农业产业发展情况。实地视察长台食用菌研究所、浙江利兴菌业有限公司食用菌产业项目，听取市政府关于农业产业发展情况的报告，提出意见建议，市政府有关领导作表态发言。

执法检查

【实地执法检查】 组织执法检查组对江山市贯彻实施固体废物污染环境防治“一法一条例”情况进行检查，并配合省、衢州市人大对《浙江省乡镇人民代表大会工作条例》《浙江省街道人大工作条例》《浙江省粮食安全保障条例》《浙江省宗教事务条例》等开展执法检查。4月至8月，市人大常委会固体废物污染环境防治“一法一条例”执法检查组通过实地检查、听取汇报、召开座谈会等方式，对发改局、经信局、住建局、农业农村局、商务局、卫健局、市场监督管理局、经济开发区、供销联社、生态环境分局等10个部门单位进行检查，实地走访浙江虎鼎环保科技有限公司、浙江锦辉环保有限公司等部分重点企业和项目现场，形成检查报告。

【督促整改落实】 8月9日，召开市人大常委会主任会议，听取和审议市人大常委会执法检查组关于固体废物污染环境防治“一法一条例”执法检查情况报告，并将执法检查意见抄告市政府及相关职能部门，督促整改落实，市政府有关领导作表态发言。

工作评议

【概况】 自3月下旬开始，市人大常委会根据《关于开展对农业农村局、市场监督管理局工作评议的实施方案》，组织对农业农村局、市场监督管理局开展工作评议。整个评议工作分为准备发动、调查、评议、整改提升四个阶段。评议的内容是近三年来农业农村局、市场监督管理局依法履行工作职责情况，主要包括：贯彻实施宪法、法律法规情况，贯彻执行党的路线方针政策和市委决议、决定情况；依法履行职责，发挥职能作用，推动发展，落实服务民生要求的情况；执行市人大及其常委会决议、决定，办理人大代表提出的议案、建议、批评和意见以及落实市人大常委会审议意见情况；群众普遍关心和迫切需要解决的问题的处理情况。

【评议工作动员会】 4月9日召开。市人大常委会党组书记、主任汪胜主持会议并讲话，市委副书记、政法委书记胡炳泉到会讲话，市人大常委会副主任毛正彩部署工作评议有关事项，市人大常委会副主任毛长明宣读评议工作小组名单，农业农村局、市场监督管理局负责人分别作表态发言。

【评议工作会议】 7月23日召开。市人大常委会党组书记、主任汪胜主持会议并讲话，市委副书记、政法委书记胡炳泉到会讲话，市人大常委会副主任毛长明宣读对农业农村局工作的评议报告，市人大常委会副主任毛正彩宣读对市场监督管理局工作的评议报告，部分基层人大代表作评议发言，农业农村局、市场监督管理局负责人分别作表态发言。

【民生实事项目实施情况专题询问会】 8月30日召开。会议听取市政府关于2021年民生实事项目实施情况的报告，市人大常委会组成人员围绕江滨二区老旧小区改造提升、“四好农村路”改造提升、儿童青少年亮眼工程等10个民生实事项目的实施情况进行询问。住建局、交通运输局、教育局等8个部门单位负责人到会接受询问，并就有关问题作出答复和承诺，市政府有关领导作表态发言。

代表工作

【“网格+代表”工作提质增效】 持续深化“网格+代表”工作，建立完善网格+代表“1355”工作体系，成功搭建代表联系服务选民的数字化应用场景。在江山市的1158名四级人大代表，全员全覆盖走进816个全科网格和经济开发区专属网格。各级代表线上加入网格微信群，全天候联系选民、零距离服务群众，线下通过“网格接待日”，打通融合代表联络站功能，接牢地气、会商民情、为民服务。开发运行数据管理系统，加快推进迭代升级，实现与基层治理“四平台”相打通，代表意见办理更加高效、履职信息更加透明、数据管理更加智慧。“网格+代表”工作展现出的实战实效，登上《人民日报》《浙江日报》等重要媒体，成为省人大数字化改革同类场景的主流模板，面向全省推广使用，树立全省人大数字化改革的江山样本。

【代表履职平台提档升级】 统筹推进代表阵地建设，制定代表联络站升级版建设实施意见，建立常委会领导挂联制度，实施升级指数测评、联络站会商等工作机制，推动全市19个乡镇街道代表联络站在硬件设施、服务功能等方面全部实现提档升级。深化实施“双联系”工作机制，在江各级代表全员进站服务选民，收集意见建议，全部按规定予以反馈和交办，代表进站察民情、聚民智、惠民生的功能更加凸显。

【代表履职能力持续提升】 实施代表高素质提升培训计划，分批组织市人大代表先后前往北京、北戴河全国人大培训中心学习，代表履职能力有效提升。邀请代表参与常委会活动200余人次，知政议政渠道持续畅通。组织开展代表跨区域视察活动，履职视野进一步拓宽。落实代表向原选区选民、原选举单位述职要求，组织衢州市人大代表向常委会述职、江山市代表向原选区选民述职，主动接受选民监督，代表意识进一步增强。

【议案建议督办规范有效】 着力提升议案办理实效，持续推行

“515”督办领办机制，专题听取审议议案办理落实情况，创新实施议案办理代表联合评价机制，推动358件代表议案建议全部按规定办结。优化代表履职评价机制，全面推行代表星级评定办法，50名代表获评履职先进“五星”代表。牢固树立效果导向，评选表彰先进代表小组5个、优秀代表议案建议20件、先进承办单位12个，有效激发聚民智、解民忧的主动性。

【人大换届选举圆满成功】 市乡两级人大代表换届选举工作于11月全面展开，经过动员部署、宣传发动、选区划分、选民登记、推荐提名和协商确定代表候选人、投票选举等工作程序，于12月26日全面完成全市市乡两级人大代表换届，依法选举产生新一届市人大代表257名、乡镇人大代表993名。全市16个乡镇人代会圆满完成选举任务，共选举产生16名乡镇长、59名副乡镇长，16名乡镇人大主席、11名乡镇人大副主席。

重要工作

【深入开展党史学习教育】 按照市委统一部署，第一时间传达学习贯彻习近平总书记重要讲话精神，成立领导小组，研究制定实施方案，按照“学党史、悟思想、办实事、开新局”的目标要求，统筹落实规定动作，精心谋划自选动作，确保学习教育取得预期成果。常委会领导带头学习“4+2”规定书目及延伸材料，开展专题学习研讨，深入基层开展主题宣讲和上党课8次，组织机关全体党员4次走进纪念馆、革命旧址，常态化开展“五个我为”活动，领衔破解基层和企业关心关切的问题，召开专题组织生活会和民主生活会，做到学史明理、学史增信、学史崇德、学史力行，树牢“四个意识”、坚定“四个自信”、做到“两个维护”。

【坚持党建统领】 坚持党对人大工作的全面领导，持续加强理论武装，专题学习贯彻中共十九届六中全会、中央人大工作会议等重大会议精神和省委、衢州市委、江山市委部署要求，深入贯彻党的主张和意图，引领带动人大党员干部和人大代表始终做到头脑清醒、立场坚定、态度鲜明，坚定不移做“两个确立”忠诚拥护者、“两个维护”示范引领者。严格落实全面从严治党主体责任，严肃党内政治生活和组织生活，坚持民主集中制，建立健全党组学习、党组议事规则、工作例会等制度，巩固提升党风廉政、服务群众长效机制，坚持重大问题和重要事项向市委请示报告制度。落实意识形态工作责任制，专题研究意识形态工作，完善人大宣传审核考核机制，组织8090理论宣讲团深入基层开展宣讲活动，办好人大微信公众号、《江山人大》杂志，全年完成外宣信息200多条次，宣传人民代表制度在江山的生动实践。加强指导人大机关党组建设，指导和督促机关党组全面完成市委第十三轮第一巡察组反馈的3个方面11项28个具体问题的整改，落实整改措施93条，建立健全各项制度12个，指导机关党组制定干部平时考核实施方案，加强对干部经常性教育、常态化考核管理，严格执行请销假等制度，提高党员干部管理水平。

【服务中心大局】 深入贯彻市委决策部署，确保人大工作与市委中心工作同频共振、同向发力，研究确定人大常委会年度监督议题和重点活动44项，发挥人大特点和优势，在服务大局中展现新担当新作为。全力助推项目攻坚，常委会领导挂帅推进档案馆迁建等重大项目，推动项目建设提质增效。在连片打造清湖一、二、三村历史文化村的基础上，持续发力古镇建设，全周期协调推进古镇招商项目，成功打开古镇复兴新局面。全力以赴完成市委交办任务，常委会领导全力参与生活垃圾焚烧发电项目工作，鼓足干劲全力冲刺、保持韧劲一抓到底，成功实现项目原址重启、平稳落地、圆满收官。牵头攻坚城东新城、江东化工园区土地征迁，全面完成“清零”目标。常委会领导带头走进联络站走访代表、接待群众，组织各级代表常态化进站活动，听取代表群众呼声，深入基层督办代表议案、政府民生实事项目，开展“三服务”活动，严格执行信访接访、组团联村、组团联企、河长制等工作制度，督导落实创文攻坚任务，确保各项工作取得实效。

【创新推行“工委一件事”工作机制】 聚焦市委关注的、群众关切的、企业关心的大事小事，紧贴工委职责业务和人大所能，由工委牵头，自主研判筛选出一项事关发展和民生的实质性工作，工委牵头全过程负责组织调研、论证、监督、推动，凝聚代表、群众和相关部门的合力，推动“一件事”取得实质性成果。民法典贯彻实施、政府投资项目财政资金绩效评估、低效工业用地现状调研、城东区块开发、农产品区域公共品牌建设、清湖古镇开发利用、人大社会建设委员会规范化建设、“网格+代表”工作等8件“工委一件事”如期完成，工委的专业性、基础性作用充分发挥。

【推进数字化改革】 创新搭建服务群众的数字化平台，主动融入“141”数字化改革跑道，顶格成立人大数字化改革领导小组，组建“网格+代表”工作专班，清单化、体系化推进。江山“网格+代表”工作的架构、流程、标准、机制成为衢州市人大“主”字形数字化履职服务体系的主要模板，并被充分吸纳到省人大的代表履职数字化通用场景中。江山市人大常委会党组书记、主任汪胜在全省人大数字化改革推进会上作典型交流，得到省人大常委会党组书记、副主任梁黎明的高度肯定，省人大常委会党组副书记、副主任李卫宁，衢州市委书记徐文光，衢州市人大常委会党组书记、主任吴国升等领导专程到江山考察，“网格+代表”成为全省改革模板、标杆典范。

（周小斌）

2021 年度江山市人大代表议案建议先进承办单位一览表

表 2

先进类型	先进名单
先进承办单位	农业农村局、交通运输局、水利局、住建局、经信局、市府办、文旅局、人力社保局、资规局、民政局、新塘边镇、廿八都镇

2021 年度江山市人大代表优秀议案建议一览表

表 3

序号	名　　称	领衔代表	议案号
1	关于加强城市建设规划设计的议案	黄永忠	第 1 号
2	关于构建城市综合管理大数据平台，进一步提高城市智治水平的议案	胡晓彦	第 3 号
3	关于继续加大城市道路及雨污分流管网改造力度的议案	吴　军	第 11 号
4	关于加快推进城区老旧小区改造工作的议案	姜晓东	第 16 号
5	关于加快清湖历史文化名镇建设并加以保护利用的议案	陶晓军	第 19 号
6	关于增加城市停车位解决停车难问题的议案	杨　娟	第 36 号
7	关于将部分城乡公交车始发站移至市综合客运枢纽的议案	周早法	第 46 号
8	关于加强电动车安全管理的议案	周肖慧	第 47 号
9	关于加快推进江东新城区块项目征迁的议案	吴　军	第 50 号
10	关于加强城区餐饮油烟管理的议案	周春亮	第 53 号
11	关于进一步推动江山门业（家居）发展的议案	徐乾龙	第 64 号
12	关于进一步优化我市中小企业发展环境的议案	郑丽华	第 65 号
13	关于疫情防控常态化下扶持小微企业发展的议案	徐娟芳	第 68 号
14	关于进一步促进我市农产品加工业发展的议案	徐水荣	第 124 号
15	关于加快推进高标准农田建设的议案	徐深辉	第 132 号
16	关于加强危旧房治理及拆后利用的议案	陈　磊	第 190 号
17	关于要求解决山区群众乘车难的议案	杨再仙	第 201 号
18	关于加强我市儿童青少年近视防控工作的议案	周高源	第 272 号
19	关于加强防范和打击电信网络诈骗的议案	王宇珊	第 302 号
20	关于加大江山企业用工招聘政策扶持力度的议案	潘丽娟	第 327 号

2021 年度江山市人大先进代表小组和履职先进“五星”代表一览表

表 4

先进类型	先进名单
先进代表小组	大陈乡代表小组　碗窑乡代表小组　贺村镇代表小组 峡口镇代表小组　张村乡代表小组
履职先进“五星”代表	**浙江省人大代表：** 汪衍君 **衢州市人大代表：** 王金火　何　军　夏飞华　吴香华　廖其贵 **江山市人大代表：** 徐水荣　徐玉娟　金来丰　徐燕飞　王雪勇　周春亮　宁建禄　黄永忠　郑丽华 毛立太　祝贞雅　李秀英　潘丽娟　徐存强　何子洪　杨建平　吴　妹　周建军 吴东君　周早法　周水莲　祝森根　王超仙　郑仓旺　周肖慧　姜光奇　廖方贵 徐深辉　姜振华　姜小菊　郑　毅　祝方养　蓝承豪　周宣文　毛晓燕　傅金华 曾德源　柴位光　柴建祥　毛建荣　毛　宣　毛焕贤　杨再仙　张扬东

江山市人民政府

综 述

【概况】 2021年，江山市人民政府全面贯彻落实衢州市委"1433"发展战略体系和市委"融衢接杭"战略举措，以产业招商突破年、城市能级提升年、重大改革攻坚年"三个年"活动为抓手，全力控疫情、抓投资、稳增长、提能级、惠民生，经济社会发展取得新成绩。全年实现地区生产总值365.75亿元，同比增长8.5%；财政总收入42.6亿元，增长21.9%，其中公共财政预算收入25.63亿元，增长20.3%；社会消费品零售总额176.09亿元，增长18.2%；城镇常住居民人均可支配收入57279元，农村常住居民人均可支配收入31730元，分别增长10.2%、11.7%。

【疫情防控】 常态化抓好疫情防控，"八大能力"建设全面加强。第二人民医院核酸检测实验室基地建成投用，大规模核酸检测能力显著提升。全力推进疫苗接种，全市18岁以上人群完成全程接种372671剂，加强免疫268076剂，3—11岁人群完成全程接种42471剂，保障人民生命安全和身体健康，维护正常生产生活秩序。

【工业经济】 实施工业强市九大专项行动，实现规上工业总产值356.41亿元、规上工业增加值82.59亿元，分别增长24.3%、10.4%。时尚门业智能家居产业被列入省"一县一策"试点。天际互感器入选专精特新重点"小巨人"企业，科润智控入选第三批专精特新"小巨人"企业。8家企业入选省"专精特新"中小企业名单。欧派特种门窗产业园、天际未来工厂、双氧水技改等项目开工建设，省交通安全设施产业园、汉宝石化等项目建成投产。新能源产业布局实现重大突破，江东化工园区征迁15天即完成444户签约清零，征收土地74.3公顷；总投资近25亿元的研一（二期）锂盐项目从决策到动工仅耗时40天。

【数字经济】 全面推进智能制造提质扩面三年行动，新增智能制造提质扩面项目57个，规上工业企业数字化改造覆盖率达47%。"轻量化智改+样本化推广"智能制造新模式全省推广，门业产业集群入选省产业集群新智造试点名单。聚力打造"中国数字消防产业第一城"，消火火电商云、"郎山须水"集采平台投入运营，数字消防创新大厦入驻企业70家。成功引进小牛凯西、佰象等总部经济项目，实现网络零售总额216.7亿元，占衢州43%，同比增长39.2%，增速全省第七。

【景区建设】 全市重点景区接待游客209.01万人次，同比增长3.4%。上榜2021中国县域旅游综合竞争力百强县。江郎山景区入选浙江省第二批"名山公园"。大陈古村获评国家AAAA级旅游景区。烟雨江郎度假村、云端觅境高端民宿、乐乐欢度假酒店建成投用，鸟语花香、太阳谷游乐园部分试运营。“江山黄精”获国家农产品地理标志登记证书，开展太空诱变育种。千红蜂产品获国家级金奖。

【项目招引】 迭代升级招商打法，组建“4+2”专职招商局（驻上海、杭州、深圳，西南招商局、工业招商局、服务业招商局），瞄准重点区域、重点产业招商，新引进亿元以上项目41个，其中10亿元以上项目5个。吉成智能制造产业园、研一（二期）、金石资源等一批重大产业项目，以及坚膜科技、芯岛晶圆载具、超重力产业化应用等科创型项目成功落地。

【项目攻坚】 实体化运作重大项目前期专班，严格落实协调、研判、交办制度，在全省首创项目全生命周期管理信息平台，建立“四个一”项目推进机制（一周一协调、一月一晾晒、双月一观摩、全年一考核），开展“金牛奖”“蜗牛奖”评比，常态化开展市领导每周督查项目机制，城南拆迁安置公寓楼（一期）、迎宾大桥西延伸、桑淤大桥等项目加快建设，固定资产投资同比增长10.7%，位列衢州各县（市、区）第四。

【资源要素】 深入推进土地整治“1358”工程（江山市2021年制定的土地整治项目，内容包括10个全域整治、200公顷建设用地复垦、333.33公顷垦造耕地、53.33公顷旱改水），共复垦建设用地

12月，市委副书记、代市长徐明峰（前右一）在虎山街道调研城市建设

53.2公顷、垦造耕地419.78公顷，旱改水76.06公顷。全力向上对接争取，新增建设用地计划奖励指标59.66公顷，数量居衢州第一。累计争取竞争性资金58.67亿元，其中债券23.4亿元，实现土地指标调剂收入46亿元。高新东路延伸、桑淤大桥、杭衢高铁涉双江线改建3个项目获批国家土地指标53.66公顷。新建国家级技能大师工作室等衢州市级以上人才平台19个，新入选省“引才计划”人才1人。

【城市品质】 实施城市管理“6项治乱+4项提升”专项行动（“6”即乱搭乱建整治专项行动、乱停乱占整治专项行动、乱摆乱放整治专项行动、乱贴乱设整治专项行动、乱拉乱接整治专项行动、乱丢乱倒整治专项行动；“4”即小区管理提升行动、城市风貌提升行动、农贸市场提升行动、有礼指数提升行动），开展老旧小区综合改造三年行动，江滨二区等9个小区基本完成改造，整治168个小区“线乱拉”，拆除防盗窗3922户，鹿溪北路、书院路等8条道路完成综合改造。南入城口、景星西路交通岛、西山县前粮仓3处公园完成改造提升。梅泉书院建成开放。周家青、通禄门、乌木山社区列入省未来社区创建名单。深化“八个一”系列有礼活动，启动全国文明城市创建。国家卫生城市成功通过国家复审。江山有史以来涉及范围最广、体量最大、参与干部最多的城东新城征迁，仅用24天完成841户签约“清零”，征迁房屋30万平方米、土地65.42公顷，城市建设迈入“跨江发展”新时代。虎山运动公园、文化艺术中心二期、

8月，市委常委、副市长钱伟（右三）现场推进交通项目

档案馆迁建等项目主体完工。

【乡村振兴】“衢州有礼”诗画风光带重点项目完成投资20.9亿元，大泽淤湿地公园启动建设，城市花园门户示范段初具雏形，大夫第田园综合体完成项目决策，全国单体最大的湖羊养殖基地投产，全省规模分列第一、第二的君缘食用菌、汇农蛋鸡产业园加快建设。江郎山、枫石未来乡村建设有序推进，大陈未来乡村建成投用。改造提升“四好农村路”26公里。

【生态品质优化】出境水水质稳定达到Ⅱ类水标准，连续四年、累计五次获省“五水共治”工作优秀县，成为衢州唯一两夺“大禹鼎”银鼎县。$PM_{2.5}$年均浓度33微克/立方米，空气质量优良率达93.4%。全面完成中央生态环保督察交办件整改。

【民生福祉增进】低收入农户人均可支配收入达1.7万元，居衢州第一。发放农村困难家庭危房改造补助资金856户、1637万元。完成农村C、D级危房整治585户，完成率100%。示范型居家养老服务中心实现乡镇（街道）全覆盖。实施房地产市场“一城一策”，重磅出台房产调控“十二条”，全力稳房价、稳市场、稳预期。省“双拥模范城”实现九连冠。高考实现“八连增”。江山技工学校升格为高级技工学校。获健康浙江考核优秀等次。人民医院“三乙”创建全速推进，医院综合质量绩效指标稳居省二甲综合医院前列。连续4次获评全国群众体育先进单位。

【政府效能提升】构建“明晰化县乡权责、模块化镇街职能、精细化组团服务、集成化联动指挥、数字化平台支撑、制度化管理考评”六大体系，基层治理能力与服务效能实现双向提升。“智慧助残”应用亮相省政府新闻发布会，入选全省数字化改革最佳应用。一体化智能化公共数据平台建设跻身全省15强。严格执行每周钉督、市长交办单、市政府领导每周督查项目、“十条军规”正反典型通报等一整套抓落实机制，形成政府工作抓落实双回路闭环体系。“清湖模式”（清湖模式的主要内涵是平台用得实、办好百姓事、矛盾少发生、遇事响应早）获省委主要领导批示肯定。主动接受人大法律监督、政协民主监督和社会舆论监督，按时办结人大代表建议342件、政协委员提案196件。实施安全生产综合治理三年行动。“网格+”融治理模式被省部级领导批示肯定，全省交流推广。成功创建全国法治先进县、省首批法治政府建设示范县。

重要会议

【十六届政府第六次全体扩大会议】5月14日召开。会议深入贯彻习近平总书记重要指示批示精神，全面落实省政府第八次全会、衢州市政府第六次全会精神，围绕市委八次全会和政府工作报告确定的各项目标任务，以党史学习教育为动力，深入开展产业招商突破年、城市能级提升年、重大改革攻坚年“三个年”活动，实干担当、狠抓落实，确保“十四五”规划开好局、起好步，以优异成绩庆祝中国共产党成立100周年。

【十六届政府第七次全体扩大会议】 9月9日召开。会议以习近平新时代中国特色社会主义思想为指导，全面落实省委、省政府全会、衢州市委、市政府全会和江山市委十四次全会精神，贯彻省委省政府、衢州市委市政府主要领导到江山调研指示精神，研究部署工业强市五大专项行动，动员全市政府系统全力冲刺三季度、决战四季度，为打造山区县高质量发展建设共同富裕示范区的先行典范提供最大增量。

【十六届政府第八十六次常务会议】 1月23日召开。会议原则通过《江山市十四五规划纲要（含重大项目库）和2021年计划指标安排》《江山市2021年投资项目计划》《江山市2020年预算执行情况和2021年预算编制计划》《江山市2021年土地盘子编排计划》《金属表面处理项目投资协议书》《关于要求解决市属国有公司重组中有关问题的处理方案》《2021年政府工作报告》《2020年财政预算追加事项》《江山市关于调整城镇土地使用税差别化减免政策促进土地集约节约利用工作实施方案》。

【十六届政府第八十七次常务会议】 2月3日召开。会议原则通过《江山市财政局关于调整教师教学质量奖标准等相关事项的方案》。

【十六届政府第八十八次常务会议】 2月7日召开。会议组织学习省十三届人大五次会议、省政协十二届四次会议精神。会议原则通过《2020年度经济发展工作贡献突出集体和个人名单》《2020年市长特别奖初审名单》《江山市农村宅基地制度改革试点实施方案（送审稿）》。

【十六届政府第八十九次常务会议】 2月22日召开。会议原则通过《小牛凯西（浙江）控股有限公司电商总部项目投资协议》《江山市化工行业安全整治提升攻坚行动方案（2021—2022年）》《江山市加快慈善事业高质量发展实施意见（送审稿）》《四都镇水亭山矿建筑石料用灰岩采矿权收回补偿方案》。

【十六届政府第九十次常务会议】 3月8日召开。会议原则通过《江山市关于建立健全专职招商工作机制的实施方案（送审稿）》《江山市2020年度异地商会招商引资奖励情况》《关于进一步加强法院工作的实施意见（送审稿）》《浙江吉卡供应链管理有限公司车平台项目投资协议书》《佳上佳新材料有限公司投资协议书》。

【十六届政府第九十一次常务会议】 3月22日召开。会议组织学习全省危险废物治理专项行动部署视频会议精神。会议原则通过《江山市贺村镇资产经营公司改制方案》《江山市新城建设发展有限公司（筹）组建方案》《江山市关于促进电子商务产业高质量发展的若干政策意见》。会议听取关于分别与浙石油、中石化成立合资公司的情况汇报。

【十六届政府第九十二次常务会议】 4月7日召开。会议原则通过《江山市2021年土地整治“1358”工程实施方案》《关于开展“产业招商突破年”“城市能级提升年”“重大改革攻坚年”活动的通知》《“三个年”活动实施方案》《江山市“两山银行”试点实施方案》《江山市深化农村集体“三资”管理工作“1+8”政策文件》。

【十六届政府第九十三次常务会议】 4月19日召开。会议组织学习习近平总书记关于统计工作重要讲话指示批示及有关文件精神。会议原则通过《江山市城区防盗窗专项整治三年行动方案（2021—2023年）》。会议听取投资项目推进体制机制相关情况汇报、城东新城征迁项目相关情况汇报、房地产稳房价相关工作汇报、关于中巨海锐科技有限公司（筹）超重力技术产业化应用项目情况汇报。

【十六届政府第九十四次常务会议】 4月30日召开。会议原则通过《江山市城东新城集体土地房屋征收补偿安置方案（送审稿）》。会议部署劳动节前安全生产工作。

【十六届政府第九十五次常务会议】 5月10日召开。会议组织学习省委常委会、衢州市一季度经济形势分析会、营商环境会议精神。会议原则通过《关于调整设立江山市安全生产委员会及其专业委员会的通知（送审稿）》《进一步加强政府投资工程建设项目招标投标领域管理的意见》《迈微（浙江）网络技术有限公司总部项目》《微拼（浙江）电子商务有限公司总部项目》《江山市大夫第田园综合体项目投资意向协议书（送审稿）》《江山市企业总部大楼项目投资建设协议书（送审稿）》《江山市城南商业综合体项目投资建设协议书（送审稿）》《林技员、基层医技人员、乡镇文化员、教师定向委培有关事项》《江山吉成智能制造产业园项目投资协议书（送审稿）》《芯岛新材料高端晶圆片载具项目投资协议书（送审稿）》《浙江江山抽水蓄能电站项目投资意向协议（送审稿）》《江山市创建全国文明城市工作实施意见》《关于加快江山市宅基地及住房确权登记发证工作实施方案》《锦绣江山外国语学校托管江山市体育艺术学校协议书（送审稿）》。会议传达省纪委机关、省委组织部通报。

【十六届政府第九十六次常务会议】 5月31日召开。会议组织学习衢州市政府关于专项资金自查自纠工作部署会及衢州市财政局关于进一步开展上级转移支付资金自查自纠工作部署会精神。会议原则通过《江山市2021年度环境空气质量提升行动实施方案》《医疗卫生“山海”提升工程合作细化协议》《江山市向上争取项目资金管理实施办法》。会议听取关于江山市政府债券使用情况的汇报。

【十六届政府第九十七次常务会议】 6月28日召开。会议组织学习省委书记袁家军在全省金融工作座谈会上的讲话精神、省委书记袁家军在高质量发展建设共同富裕示范区省委专题学习会上的讲话精神。会议原则通过《江山市村级集体经济巩固提升行动实施方案》《江山市土地整治项目管理办法》《关于做好江山市被征地农民参加基本养老保险政策衔接工作的通知（征求意见稿）》《江山市工业用地项目全生命周期管理实施意见（送审稿）》《关于加快开放创新推动工业高质量发展的若干政策意见（送审稿）》《江山市公交车运营提升三年行动方案》《关于要求调整科润智能控制股份有限公司向市政府承诺事项的请示》。

【十六届政府第九十八次常务会议】 7月19日召开。会议组织学习省委书记袁家军到江山调研重要讲话精神、衢州市委常委会议精神以及衢州市委副书记、代市长高屹调研讲话精神，衢州市产业高质量发展大会精神、衢州市“两山银行”会议、近期衢州市未来社区相关工作会议精神。会议原则通过《关于剥离江山经济开发区管委会社会管理事务实施方案（送审稿）》《江山市深入实施促进经济高质量发展“凤凰行动”计划（2021—2025年）（送审稿）》《市金融服务中心拟与宏杉科技签订〈合作协议书〉（送审稿）》《2021年江山市加强未成年人思想道德建设工作实施方案》。

【十六届政府第九十九次常务会议】 7月26日召开。会议组织学习《政府督查工作条例》、省委山区26个县跨越式高质量发展暨山海协作工程推进会精神。会议原则通过《江山市2021年“十类地”综合处置工作实施方案（送审稿）》《城市精细化管理相关制度（送审稿）》《整县推进分布式光伏规模化开发试点实施方案（送审稿）》《江山市国有工业用地收储补偿奖励实施意见（试行）（送审稿）》《江山市附建（构）筑物工业用地收储出让实施意见（试行）（送审稿）》《江山市城北企业总部大楼项目投资建设协议书（送审稿）》。会议听取2020年被征地农民参保有关问题汇报。

【十六届政府第一百次常务会议】 8月9日召开。会议组织学习《中华人民共和国行政处罚法》。会议原则通过《关于给予在2021年城东新城项目征迁工作中表现突出的集体和个人记功嘉奖的决定》《江山市绿业有限公司有偿使用市林业总场土地使用权(2021—2050年)方案(送审稿)》。

【十六届政府第一百零一次常务会议】 8月16日召开。会议原则通过《江山市人民政府与上海商汤智能科技有限公司战略合作框架协议》《江山市2021年水生态环境巩固提升行动方案(送审稿)》《江山市投资项目计划中期调整事宜》。

【十六届政府第一百零二次常务会议】 8月30日召开。会议原则通过《江山市常态化开展扫黑除恶斗争实施办法(送审稿)》《江山市农民住房财产权(含宅基地使用权)抵押融资管理办法(试行)》《江山市关于利用闲置宅基地和农房推进"两进两回"的实施办法(试行)》《江山市人力资源服务产业园项目投资合作协议(送审稿)》《关于要求追加最低生活保障资金的请示》《江山市国有土地上房屋征收与补偿办法》《江山市国有土地上房屋征收补助和奖励标准》《江山市房屋征收重置价格、附属物(构筑物)、临时建筑补偿标准及装饰装修补偿参考价格》《年产15000吨新型锂盐项目投资协议书》。会议听取江山市"五水共治"工作情况汇报。

【十六届政府第一百零三次常务会议】 9月6日召开。会议原则通过《江山市重大项目全过程管理体系(送审稿)》《合作出资浙江江山抽水蓄能电站预可行性研究及可行性研究工作合同》《关于杭衢铁路(建德至衢州段)项目江山站地块土地综合开发合作协议》《江山市关于进一步推进异地搬迁工作实施"农民集聚"安居工程的意见(试行)》。

【十六届政府第一百零四次常务会议】 9月22日召开。会议原则通过《江山绿色智能数字化新材料产业园项目投资合作协议》《会谈备忘录》《关于入股衢州市信保融资担保有限公司的相关情况建议》《江山市保安龙井生态养生基地项目投资建设协议书》《江山市民兵荣誉体系建设的实施办法(送审稿)》。

【十六届政府第一百零五次常务会议】 10月9日召开。会议原则通过《关于给予毛一萍等70名公务员记三等功、毛水生等505名公务员嘉奖奖励的决定》《江山市改革创新公办幼儿园办园体制完善机构编制人员管理的实施方案》《公办幼儿园劳动合同制教师、保健医生招聘人数和财政补助标准》《关于整体提升城北片区义务教育质量的合作办学计划》《金石资源集团年产2.5万吨新能源含氟锂电材料及配套8.0万吨/年萤石项目投资协议书(送审稿)》《江山市人民政府关于双塔街道等6个乡镇(街道)相对集中行使行政处罚权的通告(送审稿)》《关于健盛产业园项目政策兑现及土地延期有关问题的请示》。

【十六届政府第一百零六次常务会议】 10月25日召开。会议原则通过《2020年度全市工业企业综合绩效评价初评结果》《江山市跨越式高质量发展五年行动计划》《上海季丰电子江山设计基地项目投资合作协议(送审稿)》《江山市政府投资数字化项目全生命周期管理办法(送审稿)》《江山农村商业银行原试点事业养老保险参保人员养老保险关系衔接方案(送审稿)》。

【十六届政府第一百零七次常务会议】 12月7日召开。会议组织学习《中华人民共和国乡村振兴促进法》。会议原则通过《江山市关于全面推行林长制的实施意见(送审稿)》《江山市天然气"压非保民"应急预案(试行)》《关于给予注册地在江山企业实际控制人减持其他公司限售股扶持政策的请示》《江山市农业农村现代化"十四五"规划》《江山市第三次全国国土调查主要数据公报》《浙江赛晶电子有限公司年产800万片5G智能数字化汽车节能片式功率模块芯片生产线项目投资协议书》《江山永利百合标准件有限公司年产1500万件链轮、6000万件轴承系列产品、4万吨标准件系列产品生产线项目投资协议书》《安通智汇谷·江山智能家具制造产业园项目投资协议书》《关于支持科润智能控制股份有限公司上市政策有关情况的报告》。会议听取关于健盛产业园项目政策兑现及土地延期有关问题的请示汇报。

【十六届政府第一百零八次常务会议】 12月13日召开。会议原则通过《江山市人民政府办公室关于公布江山市国有和集体建设用地基准地价、农用地基准地价、城镇标定地价的通知》《拟拨付自然资源部集中核查储备补充耕地退回项目整改补助费》《江山市突发事件总体应急预案（送审稿）》《溪东村（城中村）改造项目安置房建设采用工程代建模式》《关于江山市特色生态产业平台城南邻里中心项目实施方案（送审稿）》《佰象（浙江）商业控股有限公司电商区域总部项目投资协议（送审稿）》《江山市2021年招商引资工作考核办法（送审稿）》《江山市市属国有公司违规经营投资责任追究实施办法（试行）》《江山市人民政府关于全面加强乡镇财政建设的意见（送审稿）》《关于2021年预算追加事项的请示》。会议听取关于江山市土地整治项目中有关遗留问题汇报、各专委会安全生产工作情况汇报。会议报告江山市2021年度食品药品安全工作情况。

【十六届政府第一百零九次常务会议】 12月17日召开。会议原则通过《江山经济开发区江东化工园区（上2021004#—013#区块）村庄搬迁项目集体土地上房屋征收补偿安置方案（送审稿）》。

【十六届政府第一百一十次常务会议】 12月27日召开。会议组织学习《浙江省土地管理条例》。会议原则通过《江山市加快推进“大综合一体化”行政执法改革实施方案（送审稿）》《关于制定高排放非道路移动机械禁止使用区的通告（送审稿）》《江山市综合交通运输发展“十四五”规划（送审稿）》《关于江山市城南邻里中心项目实施方案（送审稿）》《关于进一步加强严重精神障碍患者肇事肇祸行为预防处置工作的意见（送审稿）》《江山市加快文化旅游体育高质量发展的若干政策意见（送审稿）》《关于促进商贸业高质量发展若干意见的通知（送审稿）》。

市政府办公室

【概况】 2021年，江山市政府办公室深入贯彻落实上级党委政府和市委决策部署，聚焦全市经济社会发展大局和中心任务，围绕产业招商突破年、城市能级提升年、重大改革攻坚年“三个年”活动，在服务大局上精准发力，在参谋辅政上争先创优，在规范管理上狠下功夫，整个办公室团队保持战斗的激情、奔跑的姿态、温暖的氛围，圆满完成各项目标任务。

【提升以文辅政水平】 坚持以文立室，突出以文辅政，全力提高办公室政务服务水平。2021年，共起草政府工作报告、政府全会报告、汇报材料等文稿500多份，政府工作报告、江山人发展大会致辞、经济形势分析会讲话稿等一批综合文稿获领导肯定。发挥办公室“参谋部”作用，围绕江山经济社会发展中存在的难点堵点，坚持走出去、深下去，定期到各部门、乡镇（街道）调研，经常性组织外出考察学习，形成调研报告送市领导参阅。刊发《领导参阅》《调查与思考》10余篇，其中4篇获市政府主要领导批示肯定，有效转化为市委市政府具体工作举措。加强政务宣传工作，推广江山好经验、好做法，全力唱响“江山好声音”。累计有14篇政务信息获副省长及以上领导批示，批示量同比增长40%。

【加大督查督办力度】 严格执行市领导周末督查项目、每周钉督、市长交办单、“十条军规”正反典型通报等抓落实机制，在每周市长办公会上实施重点工作交办，形成“督查协调再督查、协调督查再协调”“部署、落实、督查、考核、奖惩、问责”的双回路高效闭环，提升政府系统执行力。全年累计发出《政务督查通报》20期、钉督建议72条、重点工作交办单24期，发布执行“十条军规”正反典型32条，交办任务88项、完成71项。重点关注重大项目、重点工作落实，组织开展补充耕地整改、牛头岭8#区块清表、迎宾大道西延伸、土地垦造1358工程等重点工作现场督查50余次，有效保障重大项目、重点工作落地推进。紧盯群众关切实事，定期督查推进省市县三级民生实事，助推建设任务全面完成。常态化开展疫情防控督查，有力保障防控措施落实落细。

【提升服务效能水平】 注重沟通协调，先后完成省、衢州市等重要领导到江山市调研接待活动20余次。累计收文流转各级各类公文2268件，审核校对、印发各类公文434件，筹备市政府全会、常务会、市长办公会等各类大型会议50余次。全力做好精文简会工作，会同市委办加强文件、会议管理审核，确保重点精简文件同比只减不增，纳入管理的三类会议数控制在配额范围内。2021年，通过市政府门户网站主动公开信息1.13万条，发布市政府及市府办文件97件、政策解读18个。全面规范政府信息依申请公开，出台《江山市政府信息依法申请公开工作程序规定》，有效提升政府信息公开申请答复质量，全年办理依法申请公开165件，同比增长108.9%。

【推进民生保障】 聚焦群众生活质量提升，协助市领导抓好民生实事项目推进。启动老旧小区改造三年行动，完成湖溪里、江滨二区等9个老旧小区改造。开展“组团联村”工作，推动班子成员和机关干部深入村（社）一线，听取群众意见建议，协调解决群众急难愁盼问题。牵头优化完善“组团联企”服务机制，制订《江山市企业服务工作机制方案》，划分企业社区，提升服务企业水平，打造具有江山特色的“三服务”2.0版。

【抓好项目攻坚】 协助市领导抓好项目落地投产、招商引资、要素争取。建立“四个一”项目推进机制，开展重大项目“互看互比互学”、重点项目“周汇报”、“金牛奖”“蜗牛奖”评比等，常态化开展市领导每周督查项目机制，营造“大干项目、比学赶超”的争先氛围，实现固投增长10.7%。迭代升级招商打法，新引进亿元以上项目41个，其中10亿元以上项目5个。抓好要素保障，推进土地整治“1358”工程，共复垦建设用地53.2公顷、垦造耕地419.78公顷，旱改水76.06公顷。新增建设用地计划奖励指标59.66公顷，数量居衢州第一。全年累计争取竞争性资金58.67亿元，其中债券23.4亿元，实现土地指标调剂收入46亿元。

【守牢安全底线】 协助市领导抓好安全生产工作，稳步推进安全生产综合治理三年行动，开展“遏重大”攻坚行动和化工行业安全整治提升攻坚行动，年内完成省、市、县三级政府重大隐患挂牌督办整改104个，完成化工企业关停任务19家。加强食品安全隐患排查治理，校园食品安全守护、餐饮质量安全提升等整治行动取得较好成效。指导做好消防安全工作，火警数、成灾火情数同比下降。加大双拥工作力度，完成省双拥模范城届中检查考评，拥军优属氛围日臻浓厚。成功破解政府债券化解、村级债务化解、失地农民保险参保、危旧房改造等一批难事要事，全年未发生较大及以上安全生产事件。

【强化法治建设】 加强政策文件合法性审查，健全完善外部审核机制和内部审核流程。严格执行市政府常务会议、市长办公会议拟上会议题合法性审查机制，全力推进法治审查向基层延伸，提高政府依法科学决策水平。强化重点工作法治保障，护航城东新城、江东化工园区征迁工作。积极办理人大议案建议和政协提案，除市府办承办的9件议案建议和11件提案全部办结外，全力督促政府系统做好议案、提案办理工作。

（姜俊鹏）

市人民政府咨询委员会

【概况】 2021年，市人民政府咨询委员会完成《关于我市中心城区特色消费培育的研究》等11项重点课题，其中《建设百亿化工新材料产业园的研究》课题得到市委市政府采纳。创新性推出的“委员牵头组团课题”，由1名咨询委员牵头组阁，邀请其他委员或专家以“智囊团”形式，就涉及各自领域的工作广泛开展调研活动。年内共编发《信息速递》21期，组织召开专家委员“头脑风暴”座谈会2次，与杭州市、桐庐县、缙云县、开化县等地开展互动交流。

【开展“智点江山”活动】 开展第二届请你“智点江山”活动，共收到来自社会各界的“金点子”120余件。评出一等奖3篇，二等奖6篇，三等奖9篇，优秀奖12篇。

【咨询成果】 年内，共收到委员个人建议25篇，择优编印8期《咨询研究》呈送给市领导及相关部门阅研，其中《关于推进我市企业挂牌上市工作的建议》获市主要领导批示肯定。在第四届咨询委员谋项目活动中，共征集到《江山市城东康养小镇》等33个谋划项目，择优报送参赛。其中，《交通之眼——浙闽赣边际交通服务集聚区》获全市项目擂台赛一等奖，《高新技术园区集中供热中心》项目储备入库。

（王　霞）

3月31日，市咨询委2021年第一次全体委员会议召开

机关事务保障

【概况】 2021年，江山市机关事务保障中心始终保持“战时”状态，“冲锋”姿态，全力以赴做好疫情防控的后勤保障工作，先后协调15家酒店作为疫情防控隔离点。累计租用隔离点13处，累计租用房间数上千间、接待入住上千人，同步完成隔离点“三区两通道”改造和各类安防设施设备的安装，保洁、安保人员的配备，隔离点的用餐制定等工作，制定隔离场所物资配套清单，实现隔离人员“拎包入住”，全力保障疫情隔离点工作人员和隔离人员的食宿及物资需求保障。

【会务接待】 完成全国新年登高健身大会、“还有诗和远方”诗画浙江篇、“迎建党百年·享美好生活”浙江省群众（乡村）合唱大赛开幕式文艺演出等重大活动、重要接待15次，其他公务接待20次，2021年省部级领导接待批次较上年度增长30%，并获得领导高度肯定，获市委市政府通报表扬1次。

【服务中心管理】 打造“互联网+”的“智慧食堂”，持续完善智盘系统，刷脸系统，就餐结算方便快捷；打造阳光厨房，安装了摄像头，实现对餐饮制作环节的“全程直播”，抓好食品安全，提高接待和餐饮服务质量。通过实行会议室整理到位、会场责任到位、人员培训到位、服务执行到位的“四到位”管理模式，提升了会议服务精细化水平。全年完成各类政务会议服务8200余场次，服务参会人员25.6万人次。

【大院安保】 常态化做好大院内疫情防控，严格实行“测温+亮码+扫码”，严格把关进出大院人员。组织保安人员开展AED急救培训。在机关大院新增29个视频监控，安装车辆识别及防撞系统，配备装备柜及相关反恐器材。

【办公用房管理】 成立办公用房专项检查领导小组，下设6个工作组，开展全区办公用房检查工作。坚持自查自纠、全面排查、重点抽查、专项检查相结合，常态化开展“清单式”“地毯式”排查、集中化监督检查，“回头看”等工作，对督查中发现的问题，发送整改函，要求即知即改，备案登记。

【公车管理】 公车平台管理中心完善公务用车信息化管理系统，相关信息数据进行再录入再补充，行车记录仪及GPS卫星定位系统全部安装到位，实现公务用车“全省一张网”。在疫情防控期间，负责疫情防控车辆保障统一指挥、统一调配，确保车辆派遣科学合理、安全高效、及时到位。制定实施机关公务用车使用报废更新管理实施办法，加强和规范党政机关公务用车管理；实行公务车辆集中管理、统一调度、定点保险、定点维修、定点定量加油。全年依规审批维修保养车辆180余台次，办理车辆年审51台次，安排政务和接待用车3100余台次，接送领导和宾客1.6万人次。

（姜煜晨）

营商环境建设

【概况】 2021年，江山市营商办对标“重要窗口”建设，推进数字化改革，实施营商环境“清障”行动，在优化涉企服务、推动集成改革、服务能级提升、队伍建设等方面取得成效。年内，在中国社会科学院财经战略研究院重大成果发布会暨《中国城市品牌影响力报告（2021）》对外发布的全国营商环境百强县（市）排名中，江山位列第四十九名，是衢州地区唯一入榜的县（市）。以数字化改革为契机，探索“江山试点”，实现江山营商环境提档升级，“行政备案规范管理改革试点”获国务院办公厅批复同意，为浙江省5个试点的县（市、区）之一。

【信用建设】 江山市信用工作成为全国县市区的新明星，年内，在全国城市信用状况监测排名第19位，浙江排名第三位，衢州市区域信用建设评价第一名。

【改革工作】 参与残疾人服务数字化应用迭代升级，应用实践被浙江省委改革办《领跑者》刊发，在浙江省数字化改革第一次工作例会中作典型发言，省委书记袁家军、省长郑栅洁等领导肯定；《智慧助残应用》被省委改革办评为浙江省数字化改革第二批“最佳应用”；《江山市“精准化、高效化、人性化”打造工伤全周期服务体系》《江山市“三化”模式推进合法性审查向基层延伸》《江山市线上线下联动迭代完善“基层治理四平台”》先后在省委改革办刊物《竞跑者》刊登。

【企业服务】 迭代升级企业服务工作机制，实现问题发现全面专业、企业诉求高效办理、服务成效企业参评。坚持“企业家C位”原则，走进商会、走进协会，开展异地商会“政企协商”专场。全年开展“亲清直通车·政企协商会”活动12次，收集交办问题建议159个，全链条闭环管控诉求办理，实现诉求交办率、按期办结率、回访满意率3个100%。经验做法得到浙江省副省长卢山和衢州市委书记汤飞帆批示肯定。

【拔钉清障工作】 出台《江山市营商环境“清障”行动工作方案》，建立“清障”行动领导小组和专项督导组，成立营商环境专班，形成“领导小组+工作专班+督导组”组织运行架构，对照《江山市优化营商环境负面清单》，查摆问题 187 个，制定整改措施，解决了一批政策制定不及时、园区配套建设不完善等问题。

（徐圆媛）

信访工作

【概况】 2021 年，全市信访总量 5863 件，同比下降 5.25%，其中，来信 5196 件，来访 667 批 1324 人次件。市“12345”政府服务热线受理来电 69223 件，市矛调中心受理群众各类事项 14730 件，市级“两难”钉钉群化解处置“两难”问题 61 件。成功实现“无信访积案县”目标，呈现信访总量良好态势。

【浓厚工作氛围】 高规格召开市委信访工作会议，研究部署信访工作，推进重要节会积案化解、初信初访等工作。市委、市政府主要领导率先垂范，处理复杂的信访事项。市委、市政府分管市领导先后 18 次专题指导、督查督办信访工作，多次约谈积案化解进度慢的责任单位主要领导。将积案化解工作作为党史学习教育“我为群众办实事”的重要举措之一，市领导包案化解 257 件各带头接访、带头包案化解最为疑类积案。健全完善信访工作通报制度，每日通报信访积案化解情况，每月通报办理质效检查，每季度通报首办责任制落实情况。

【抓好源头化解】 市领导每日在矛调中心坐班接访，共接待来访群众 360 批 1034 人次。严格落实来市初次走访首办责任制，要求责任单位主要领导一周内亲自接待、亲自过问、亲自化解，全年共交办来市初次走访事项 261 件。坚持党建统领基层治理，开展以“无信访村”创建为主要载体的“四级联创”工作（无信访积案县、无信访积案乡镇、无信访村、无信访网格），将矛盾纠纷化解在基层萌芽状态，全市 176 个村实现创建“无信访村”目标。完善市领导约访工作实施方案，落实包案责任、推动问题解决。

【攻坚化解积案】 开展信访积案“百日攻坚”活动，推进治理重复信访、化解信访积案专项工作，全年交办 540 件积案，化解 450 件，化解率 83.33%，成功创建“无信访积案县”。张某闽信访积案化解案例得到国务院副秘书长、国家信访局局长李文章批示肯定，为衢州市首次。坚持领导挂帅、高位推进，市委书记 2 次主持召开信访积案推进会专题研究部署。各包案市领导带案下访约访，责任单位挂图作战，做到责任层层传递、工作环环相扣。市委分管领导先后 19 次带队督查、指导积案化解，并约谈 10 个进展缓慢的单位主要领导，推动工作开展。梳理信访矛盾集中的 10 个村分别由市领导挂联帮扶整

12 月 31 日，市委副书记何日根（左四）接待来访群众

治，在村级组织建设、集体经济发展、信访积案化解等方面进行全方位帮扶整治，其中衢州市挂牌的贺村镇明星村提前1个月实现信访积案清零。

【服务中心大局】 全程参与城东新城征迁、江东化工园区征迁、省环保督察、创文等市委、市政府中心工作。城东新城征迁期间，在指挥部设立信访接待室，共接待来访征迁户50多人次。省环保督查期间派出2名干部30多天负责信访件交办、办理、汇报等工作。创文攻坚期间，市信访局挂联县前社区住户和商家总共400多户，逐户上门做好宣传和问卷调查，开展集中整治。5月，领办城东新城征迁工作，在各领办单位率先完成签约、腾空、拆除“三清零”。12月，领办江东化工园区征迁工作，第一时间完成签约、腾空，名列全市前茅。重大安保冲在一线，派出干部300多人次参加新年登高、庆祝中国共产党成立100周年系列文艺活动、江山人发展大会等重要活动安保，保障各级领导到江山考察、活动10多次。

【坚持改革创新】 根据数字化改革和“县乡一体、条抓块统”改革的有关要求，市社会治理中心在矛调中心的基础上，集矛盾调处、事件处置、风险研判、应急指挥、执法协调、基层指导等“六大功能”为一体。承办全省“县乡一体、条抓块统”改革工作现场会，完成点位打造、整体提升、会务接待等工作。围绕“清湖模式”畅通矛盾调处“一扇门”工作，市信访局专班推进、强化协作、数字集成，按照一件事思维，从矛盾纠纷的预防排查、流程链条、联动体系、保障支持4个方面完善细化工作方案，协助清湖街道完成矛调中心建设、镇街矛调系统使用等各项工作。

（周媛媛）

政协江山市委员会

综　述

【概况】 2021 年，市政协及其常委会以习近平新时代中国特色社会主义思想为指导，牢牢把握团结和民主两大主题，认真履行政治协商、民主监督、参政议政三大职能，以同频共振、同向发力、同心协力汇聚力量，以百场协商助推发展，以“四味”政协提升素质，把履职聚焦到市委决策部署上，齐心协力书写新时代高质量履职的政协答卷。

【市政协全体会议】 政协第十届江山市委员会第五次会议 2 月 1 日至 3 日在市区举行。中共江山市委书记童炜鑫到会并讲话，郑朝基代表政协常委会作政协第十届江山市委员会常务委员会工作报告，祝继友作政协第十届江山市委员会常务委员会关于提案工作情况的报告。全体委员视频列席江山市第十六届人民代表大会第五次会议，听取并讨论《政府工作报告》和其他报告，提出意见建议。会议以无记名投票的方式，补选政协第十届江山市委员会秘书长、常务委员。毛有祥当选为秘书长。会议进行大会发言，表彰 2020 年度最佳政协委员、优秀政协委员、优秀提案、提案先进承办单位和反映社情民意信息先进个人、优秀调研报告、优秀智库人员、项目谋划擂台赛先进。会议审议通过大会决议、提案审查报告和大会建议案。会议期间，以大会建议案形式，就“建设十里鹿溪文化休闲景观带”提出建议。会议期间，共收到委员以提案形式提交的意见建议 300 件，经审查同意立案 213 件，内容涉及江山市经济建设、政治建设、文化建设、社会建设和生态文明建设各个方面。

【市政协常务委员会会议】 全年共召开常务委员会会议 7 次。

十届政协常委会第二十八次会议于 1 月 20 日召开。会议审议通过市政协十届五次会议议程（草案）和日程；审议通过政协第十届江山市委员会第五次会议各次大会执行主席、会议主持人名单和秘书长、副秘书长名单；审议通过市政协十届五次会议常务委员会工作报告、关于十届四次会议以来提案工作情况的报告；审议通过有关人事事项；部署市政协十届五次会议有关工作。

十届政协常委会第二十九次会议于 2 月 3 日召开。会议以书面形式听取各组讨论市政协常委会工作报告、提案工作报告和市政府工作报告、法检两院书面工作报告等情况的汇报；审议了政协第十届江山市委员会第五次会议决议（草案）、关于政协第十届江山市委员会第五次会议提案审查情况的报告（草案）、政协第十届江山市委员会第五次会议建议案（草案）、《选举办法（草案）》；通过政协第十届江山市委员会补选秘书长、常务委员候选人名单；通过总监票人、监票人名单。

十届政协常委会第三十次会

议于6月9日召开。会议围绕“智能制造提质扩面”主题开展常委会协商。市委书记童炜鑫应邀出席会议。会议听取《关于高质量高效率推进我市智能制造提质扩面工作的调查和建议》的课题报告，与会人员围绕协商主题进行热烈讨论，6名专家代表、政协常委和委员代表、企业主代表分别作大会发言。

十届政协常委会第三十一次会议于8月13日召开。会议围绕市委十四届九次全会将作出的重大决策开展专题议政性协商。会议听取市委办关于《江山市跨越式高质量发展推进共同富裕示范区建设行动计划(2021—2025年)(征求意见稿)》起草情况的说明。15名政协常委、民主党派、委员活动组、政协各参加单位代表，结合本职工作，围绕“江山市跨越式高质量发展推进共同富裕示范区建设”主题，进行协商发言。

十届政协常委会第三十二次会议于8月26日召开。会议听取市法检“两院”工作情况通报。

十届政协常委会第三十三次会议于9月23日召开。会议围绕“制造业高质量发展”主题开展论坛协商。与会人员围绕协商主题进行讨论，6名政协委员、企业主代表分别作大会发言。市政府主要领导应邀参加会议，对委员建言进行点评和现场交办，并通报2020年以来全市经济社会发展情况及下一步政府工作安排。

十届政协常委会第三十四次会议于12月27日召开。会议作出关于召开政协第十一届江山市委员会第一次会议的决定，决定政协第十一届江山市委员会第一次会议于2022年1月下旬在城区召开。会议还传达学习中央经济工作会议精神和《中华人民共和国监察法》《中华人民共和国公职人员政务处分法》《中华人民共和国监察法实施条例》等。

【市政协主席会议】 全年召开市政协主席会议19次。

十届政协第八十次主席会议于1月18日召开。会议审议市政协十届五次会议议程（草案）和日程（草案）、政协第十届江山市委员会第五次会议列席人员原则意见、政协第十届江山市委员会第五次会议各次大会执行主席、会议主持人名单和秘书长、副秘书长名单（草案）、政协第十届江山市委员会第五次会议分组和召集人名单（草案）、政协第十届江山市委员会第五次会议主席台就坐原则、市政协十届五次会议有关人事安排、市政协十届五次会议大会发言名单、政协第十届委员会第五次会议选举办法(草案)、市政协十届五次会议常务委员会工作报告和关于十届四次会议以来提案工作情况报告、政协第十届委员会第五次会议疫情防控方案以及十届四次会议以来优秀提案、提案先进承办单位、反映社情民意先进个人、优秀调研报告、优秀政协委员及最佳委员名单、优秀智库人员名单。

十届政协第八十一次主席会议于2月8日召开。会议传达学习1月28日中共中央政治局会议精神、习近平总书记在中共中央政治局第二十七次集体学习时的重要讲话精神、习近平总书记在十九届中央纪委五次全会上的重要讲话精神及省委书记袁家军在省纪委十四届六次全会上的重要讲话精神、省“两会”精神等，明确2月份工作重点，部署春节期间有关工作。

十届政协第八十二次主席会议于3月2日召开。会议传达贯彻习近平总书记在党史学习教育动员大会上、在全国脱贫攻坚总结表彰大会上、在中央党校（国家行政学院）中青年干部培训班开班式上、在中共中央政治局第二十八次集体学习时的重要讲话精神以及全省数字化改革大会、省政协专题研究部署“浙江数字政协”建设会议、衢州市委农村工作会议暨全市全面小康决胜年活动、衢州市“两会”、江山全市干部大会暨“三个年”活动动员会等会议精神，明确市政协3月工作重点。会议还讨论三办联发《2021年度重点协商工作计划》，审议《市政协主席会议成员分工调整方案》《2021年度市政协常委会重点工作任务分工落实方案》《江山市“书香政协”建设暨“学而思”委员读书活动实施方案》《关于开展助推“三个年活动”主题大调研活动的通知》《关于聘任王驰等同志为市政协文化文史和学习委特聘委员的通知》等议题。

十届政协第八十三次主席会议于4月1日召开。会议明确市政协2021年4月工作重点，审议《江山市乡镇（街道）政协工作考核办法（试行）》、《政协“请你来协商”平台嵌入“县乡一体、条抓块统”高效协同治理格局的实施意见》等议题。

十届政协第八十四次主席会议于4月22日召开。会议审议《江山市政协数字化改革行动方案》《创建国家文明城市背景下我市城市治理的调查与思考》课题报告。

十届政协第八十五次主席会议于5月10日召开。会议传达学习《习近平在浙江》采访实录、《“习近平总书记科学的思维方法在浙江的探索与实践”研究成果》重点内容，中共中央政治局常委、全国政协主席汪洋在浙江考察调研时的重要讲话精神和浙江省委理论学习中心组学习会议精神以及市委、市政府5月工作要点，明确市政协5月工作重点。会议审议《政协江山市委员会委员会客室工作规则》《政协江山市委员会委员会客室年度星级评定办法》《市政协领导及委室联系委员会客厅（室）方案》《政协江山市委员会委员履职量化考核办法》《江山市乡镇（街道）政协工作指导手册》及乡镇（街道）政协工作联络室和民生议事堂标识等议题。

十届政协第八十六次主席会议于5月24日召开。会议专题审议“智能制造提质扩面”课题报告。

十届政协第八十七次主席会议于6月2日召开。会议传达学习习近平总书记在中国科学院第二十次院士大会、中国工程院第十五次院士大会、中国科协第十次全国代表大会上的讲话精神，5月31日中共中央政治局会议、中央全面深化改革委员会第十九次会议和中共中央政治局第二十九次集体学习会精神，学习《求是》杂志发表的习近平总书记《学好“四史”，永葆初心、永担使命》《用好红色资源，传承好红色基因，把红色江山世世代代传下去》两篇重要文章，学习贯彻省政协主席葛慧君在湖州调研时、在全省政协工作提质增效专题研讨班开班动员时的讲话精神。会议通过《关于组织开展项目谋划擂台赛的通知》《关于助力全国文明城市创建“六大行动”的实施方案》和乡镇（街道）政协联络室、民生议事堂标识等议题，明确市政协6月工作重点。

十届政协第八十八次主席会议于6月10日召开。会议审议通过“粮食安全”“全域旅游”课题报告。

十届政协第八十九次主席会议于7月5日召开。会议传达学习习近平总书记在庆祝中国共产党成立100周年大会上的讲话、《中国新型政党制度》白皮书以及习近平总书记在“七一勋章”颁授仪式和十九届中共中央政治局第三十次、第三十一次学习会上的重要讲话精神及省委书记袁家军在浙江省庆祝中国共产党成立100周年大会上的讲话精神，衢州市“两优一先”表彰大会暨党史学习教育专题党课报告会精神、江山市“两优一先”表彰大会暨“光荣在党50年”纪念章颁发仪式会议精神，明确市政协7月工作重点。

十届政协第九十次主席会议于8月6日召开。会议传达学习中共中央政治局会议、中央全面深化改革委员会第二十次会议、中共中央党外人士座谈会、省委十四届九次全会、全省统一战线暑期读书会、疫情防控工作相关会议及文件、防汛救灾工作重要指示等精神，明确市政协8月工作重点，审议通过《关于开展2021年度提案工作评价问效的通知》。

十届政协第九十一次主席会议于9月1日召开。会议传达学习全省政协主席暑期读书会暨宣传思想工作会议、衢州市政协主席读书会、江山市委十四届九次全体（扩大）会议、全市创建全国文明城市工作领导小组（扩大）会议暨城市精细化管理推进会精神，明确市政协9月工作重点。

十届政协第九十二次主席会议于10月9日召开。会议传达学习中央人才工作会议、中共中央政治局第三十三次集体学习会、9月30日省委理论学习中心组专题学习会、省政协十二届二十二次常委会会议等精神，审议《关于进一步加强和改进市政协全体会议大会发言工作的意见》和《关于推动物流业与制造业融合发展的调查和建议》课题报告，明确市政协10月工作重点。会议还对市政协机关巡察整改工作作重点强调。

十届政协第九十三次主席会议于11月4日召开。会议传达学习习近平总书记在纪念辛亥革命110周年大会上的讲话精神；学习贯彻中央人大工作会议、中共中央政治局第三十四次集体学习会、全省基层党建工作会议、全省数字化改革推进会、省新冠肺炎疫情防控工作领导小组会议、全省政协委员读书工作交流会、省政协委员会客厅工作推进会以及省委副书记、代省长王浩到衢州调研讲话等精神，审议有关政协委员处分决定和《市政协十一届一次会议筹备工作安排方案（讨论稿）》，明确市政协11月工作重点。

十届政协第九十四次主席会议于11月18日召开。会议审议《中国人民政治协商会议浙江省江山市委员会协商工作规则》。

十届政协第九十五次主席会议于12月3日召开。会议传达学习习近平总书记在中央深改委第二十二次会议上的重要讲话精神、省委十四届十次全体（扩大）会议和浙江新一届县（市、区）党政正职集体谈话会精神，听取各委室对市政协十一届一次会议筹备工作进展情况的汇报，明确市政协12月工作重点。

十届政协第九十六次主席会议于12月8日召开。会议传达学习全国宗教工作会议、2021年省政协理论研讨会、衢州市委专题学习会、江山市委专题学习会等会议精神，讨论江山市2022年度政府为民办实事项目市政协建议清单。

十届政协第九十七次主席会议于12月22日召开。会议传达学习中共中央经济工作会议、全省领导干部会议等精神，审议通过市政协十一届政协委员人选名单，听取《江山市开展迎春“六大行动”》意见建议，听取市政协十一届一次会议各项准备工作筹备情况汇报。

十届政协第九十八次主席会议于12月27日召开。会议审议《关于召开政协第十一届江山市委员会第一次会议的决定（草案）》。

政协履职

【协商体系构建】 致力建好用好“请你来协商”平台，探索建立协商议事机制，研究制定协商工作规则，拓展协商宽度深度广度，形成以政协全体会议为龙头，以常委会协商、主席会协商、政企协商、论坛协商、委员会客厅（室）开门协商等为主体，以基层协商为延伸，以协商式提案办理、协商式监督、协商式视察等为补充的全方位、多层次、立体化的百场协商议政新格局。

【30场主体协商】 围绕市委、市政府重大决策开展2场议政性协商会；围绕智能制造提质扩面、城市治理、峡口中医药康养小镇建设、粮食安全、全域旅游发展、物流业高质量发展、推进人民医院创“三乙”工作等议题组织开展7场重点课题协商活动；举办“制造业发展”经济论坛。搭建政企协商平台，围绕企业发展中碰到的困难问题，开展“亲清直通车·政企协商会”10场，解决各类问题165个。10个委员会客厅（室）开展开放式的“请你来协商”活动。

【70场基层协商】 按照“不建机

构建机制”的原则，将基层政协工作纳入“县乡一体、条抓块统”大党建模块，组建由党委副书记分管、统战委员协助、联络员具体抓的政协工作机制，建立19个乡镇（街道）政协联络室、9个民生议事堂，组织开展规范村规民约、解决省际边界群众出行难等70余场协商活动，帮助基层解决实际困难。

【履职协商】 发挥协商式民主监督特色优势，坚持问题导向，实事求是反映情况，认真负责开展批评，务实提出建议，围绕深入推进美丽大花园建设、努力打造美丽中国先行示范区开展三级政协联动专项集体民主监督。围绕经济开发区高质量发展、公办幼儿园建设情况等内容开展协商式视察。组织开展衢州政协委员江山活动小组跨区视察。加强和改进重点提案协商办理方式，政协各主席每人从领衔督办的5件重点提案中选择1件运用“请你来协商”平台进行协商办理。

【主题大调研】 组织开展助推“产业招商突破年、城市能级提升年、重大改革攻坚年”活动主题大调研。各民主党派、工商联、知联会，市政协办公室、研究室、各专委会，各委员活动组、衢州委员组，紧扣主题深入调查研究，形成34篇专题调研报告，其中多篇调研文章转化为协商议题、大会发言、提案和社情民意信息。

6月23日，十届江山市政协主席郑朝基（右二）视察清湖小学中药材进校园教育基地

【反映社情民意】 把反映社情民意作为政协履职的重要基础和关键环节。全年精编21期社情民意信息报送市委、市政府，向国家、省、衢州政协报送信息46篇，其中2篇信息被全国、省政协采用。

参与中心

【助力全国文明城市创建】 市政协各主席以上率下、靠前指挥，深入一线实地督导；政协常委、委员积极参与、示范带动、献计献策、监督助力。围绕创文目标深入协商议政、广泛凝聚共识，创新开展助力全国文明城市创建“六大行动”，推动创文工作深入持续扎实开展。

【助力推进重大项目建设】 倾情助力健康生活产业、数字消防产业、中药材产业、茶产业发展壮大。牵头做好南方水泥优化升级项目、江贺公路沿线综合整治工作、江山抽水蓄能电站项目推进。参与做好最江南万亩土地垦造项目推进。扛起国资改革重任，统筹推进重大国企经营性项目实施。

特色亮点

【“树状工作法”】 所谓“树状工作法”：就是把政协工作比喻成一棵树，调研是树根，协商是树干，提案、视察、民主监督、社情民意工作等是树枝，每个委员的建言资政、实干担当是树叶，最终开出的花就是凝聚共识、形成合力，结出的果就是推动发展、增进福祉。在省政协主席读书会、闽浙赣三省十二县市区政协工作交流会、衢州市政协主席读书会等会上，就“树状工作法”做法和经验进行交流分享。《“树状工作法”在释放县级政协制度效能中的应用与思考》等多篇理论文章在省政协开展的理论研究会年度论文征评活动中获二、三等奖。

【打造“四味政协”】 十届政协五次全会上，提出打造“四味政协”的理念，倡导政协委员和机关干部在政协这个大平台上要读出“书香味”、研出“泥土味”、商出“辣椒味”、碰出“火花味”。读出政协“书香味”，持续开展“书香政协”政协委员读书活动。研出政协“泥土味”，深入基层开展调查研究，做到政协工作“上接天线”“下接地气”；深入开展“六送下乡”活动，组织有专长、有技能的委员为群众提供文化、医疗等服务。商出政协“辣椒味”，提倡热烈而不对立的讨论，开展真诚而不敷衍的交流，鼓励尖锐而不极端的批评，把情况摸准、把问题点准、把建议提准，敞开心扉讲真话、大公无私说实话。碰出政协“火花味”，通过各种履职方式反映表达各种声音、各种意见，让这些声音意见相互交集、相互影响，不断碰撞出思想的火花、智慧的火花，在双向发力中得到充分运用，在“同频共振”中产生思想共鸣。《“百场协商”打造“四味政协”》《江山“四味政协”孕道地好药》等文章在省政协《联谊报》上刊登。

【政协委员会客厅（室）活动】 江山是对台工作重点县，在台江山籍人员2万多人，台属3万多人。2019年12月，江山两岸联谊政协委员会客厅被省政协列入第四批政协委员会客厅创建名单，2020年7月正式揭牌成立，开展诸多两岸联谊交流主题活动。受会客厅启发，市政协借助广大政协委员的资源、智慧和力量，又延伸创建关注居民自治、退役军人联谊服务等11家各具特色的委员会客厅（室）。

【理论研究和信息宣传】 重视人民政协大会发言、理论研究和意识形态宣传工作。《发挥政协协商民主作用推进党政科学民主决策的探索思考——以江山市政协协商推进区域高质量跨越发展为例》理论文章获评省政协二等奖；《加大农村宅基地改革力度 推进乡村振兴》大会发言获评衢州政协一等奖，转化为提案后被评为优秀提案；7篇优秀理论研讨论文在衢州政协获奖，其中一等奖2篇、二等奖4篇、三等奖1篇，并获组织奖。借助《人民政协报》《联谊报》等各级媒体广泛宣传市政协工作的特色亮点，全年共刊发各类稿件200多篇。

【牵头召开江山市纪念建县1400周年座谈会】 11月22日，牵头召开江山市纪念建县1400周年座谈会，市四大班子领导、市政协老领导、有关方面负责人、文史爱好者共100余人参加座谈。市委书记童炜鑫讲话。会后，组织编印江山市纪念建县1400年特刊。

日常工作

【加强合作共事】 加强同民主党派、工商联、人民团体和各界人士的互动交流，密切同党外知识分子、非公有制经济人士、新社会阶层人士、港澳台侨代表人士的沟通联络，支持他们积极履职，优先安排大会发言，联合开展视察调研。

【加强团结联谊】 发挥政协协调关系、团结联谊、凝聚共识的作用，创新工作方式，落实委员会客厅（室）工作机制，创办两岸联谊、关注居民自治、法律服务、智汇驿站等“一厅十室”，发挥牵头委员和团队成员作用，开展科技服务、文化融入城市等各类主题活动，达到一个委员影响一众人群的乘数效应。与上海闵行区和杭州上城区政协开展联谊交流，构建两地对接新桥梁，助力江山市融入长三角一体化发展。举行“同心向党”庆祝中国共产党百年华诞暨江山政协成立40周年书画篆刻作品展。

【开展“六送下乡”活动】 5月

27日，组织部分政协委员及医疗专家携带医疗设备和常用药品，前往碗窑乡府前村开展送健康下乡活动。9月23日，组织医卫界政协委员及浙大医学院附属邵逸夫医院派驻市人民医院的医疗专家等，前往凤林镇南坞村开展送医下乡活动。

【文史资料征编】 充分发挥文史资料“存史、资政、团结、育人”作用，征编出版《亲历记》一书，收录亲历者回忆文章65篇，内容涵盖重点建设工程、知识青年上山下乡、抗击新冠肺炎疫情等方面。

【强化委员服务管理】 坚持常委会听取政府、监委、法检“两院”等工作情况通报，组织委员列席市委市政府重要会议、重大活动，畅通委员知情明政渠道。举办委员履职能力提升培训班，举行“学党史、践使命、助共富”委员专题读书会，加强委员教育。开展走访活动，关心各界委员工作生活。完善《委员履职考核办法》，强化委员责任担当，重视考核结果运用，共评选出十届市政协最佳委员20名、优秀委员小组6个。办好政协《动态信息》，加强政协微信公众号管理，定期发送政协活动情况和委员履职信息，搭建委员知情明政平台。

（市政协办公室）

附：

十届市政协最佳委员、优秀委员小组，十届市政协五次会议优秀大会发言以及2021年度优秀委员、优秀提案、提案先进承办单位、反映社情民意信息先进个人、优秀调研报告、优秀谋划项目、优秀智库人员名单

一、十届市政协最佳委员（20名）

刘立忠　郭元敏　徐群年　刘建英　裘晓军
杨耀龙　姜　风　徐忠辉　叶　飞　汪益平
毛康军　钟震宇　叶晓婧　朱永春　张　阳
蔡华军　姜慧敏　巫优良　曾晓耘　徐登文

二、十届市政协优秀委员小组（6个）

特别邀请人士组　群团组
经济二组　台属归侨民族宗教组
科学技术组　农业农村二组

三、十届市政协五次会议优秀大会发言（12篇）

一等奖（3篇）

《创新机制促进政企沟通提质增效的建议》（农工党江山市支部）

《以技术革新引领农业产业深度变革的建议》（九三学社江山市基层委员会）

《关于加强江贺联动规划开发建设　统筹推进县域核心区域高质量发展的建议》（经济二组）

二等奖（4篇）

《合作共建江黄南饶旅游深度合作示范区　共同打造世界一流生态旅游目的地》（民建江山市支部）

《加快职业教育现代化　为“一地三区”提供技术人才支撑》（民革江山市委会）

《加快启动“两山银行”改革试点的建议》（民盟江山市总支）

《建立创新生态体系推进我市输配电产业快速发展》（民进江山市总支）

三等奖（5篇）

《引导江山籍90后青年返乡就业的建议》（团市委）

《关于加强村规民约修订工作的建议》（法律服务政协委员会客室）

《城区绿化“一把剪”　美化江山“大花园”》（农业农村二组）

《关于加快江山木门行业高质量发展的建议》（杨耀龙）

《加快推进我市数字消防产业创新服务综合体建设》（特邀人士组）

四、2021年度优秀委员（47名）

刘立忠	杨耀龙	刘建英	夏　鹏	曾晓耘
朱永春	徐登文	郭元敏	毛康军	王冠平
钟震宇	叶晓婧	吴丽萍	金梅珍	张　阳
裘晓军	蔡华军	徐群年	叶　飞	陈　敏
陈丽燕	姜慧敏	朱佳艳	琚雪萍	毛明勇
汪益平	朱　良	姜　君	徐浩娟	姜玲珍
林建青	毛晶卉	汪晓星	陈华明	钟灵燕
何忠仙	戴春兵	徐亿雄	蒋玉国	徐　萍
王　晶	徐忠辉	李修明	姜　风	黄　倩
巫优良	徐　珺			

五、2021年度优秀提案（17件）

关于提升江贺公路整体形象的建议（提案者：周镭）

关于进一步推动江山门业产业转型升级的建议（提案者：民革江山市委会）

关于创新新时代爱军拥军形式促进退役军人工作高质发展的建议（提案者：徐登文、郑小英）

关于创新机制促进政企沟通提质增效的建议（提案者：农工党江山市支部）

关于加快鹿溪渠改造提升助力城市赋能的建议（提案者：毛黎伟、徐江水、郑志江）

关于顺应健康江山需求建设峡口中医药康养小镇的建议（提案者：胡汉民）

关于加快推进城东片区征迁工作的建议（提案者：徐群年）

建议抓住冻干产业发展良机趁势培育集群发展（提案者：陈林洪）

关于打造仙霞古道徒步游线路的建议（提案者：吴丽萍）

关于加强双江线至衢州第二中专道路管理的建议（提案者：徐凌志、吴晓彩、刘琳君、叶金花）

建议针对野猪灾害出台政策措施保护农民利益（提案者：廖松柏）

关于加强江贺联动规划开发建设的建议（提案者：陈昂辉）

关于规范我市农村宅基地流转的建议（提案者：民建江山市支部）

关于加强学校体育配置促进学生身心健康的建议（提案者：毛晶卉）

关于推动电商与工业融合发展的建议（提案者：民盟江山市总支、民革江山市委会）

关于以技术革新引领农业产业深度变革的建议（提案者：九三学社江山市基层委员会）

关于加快制订我市生物医药产业创新发展若干政策的建议（提案者：蔡华军）

六、2021年度提案先进承办单位（9个）

住建局	农业农村局	交通运输局	文旅局	
教育局	经信局	市府办	卫健局	民政局

七、2021年度反映社情民意信息先进个人（15名）

柴珠根	周晓东	王娴婕	刘立忠	周献泉
王　婧	楼英俊	毛海英	毛明勇	毛淑明
廖庆荣	陈昂辉	伍俊斐	金梅珍	郑建水

八、2021年度优秀调研报告（13篇）

一等奖（3篇）

《抢抓机遇　快速布局——对浙江江山内窥镜产业园建设的调查与思考》（知联会）

《关于江山市全域旅游富民示范工程情况的调研》（九三学社江山市基层委员会）

《以农村宅基地制度改革撬动山区县跨越式高质量发展》（社会保障社会科学组）

二等奖（4篇）

《缸甫底缸瓮古窑价值的调查与研究》（民进江山市总支）

《加快开启“共享车间”新模式全力推进我市工业经济高质量发展》（智汇驿站政协委员会客室）

《关于进一步加强人民调解工作推动矛盾纠纷“就

地解决”的调研和思考》（民盟江山市总支）
《关于推进研学旅行基地建设的调查和建议》（新闻文艺教育体育组）
三等奖（6 篇）
《关于加大对技工教育的扶持力度的调查和建议》（民建江山市支部）
《加速提升我市康复医疗能力的调查和建议》（医药卫生组）
《关于保障企业用工需求的调查和建议》（工商联）
《高质量推进农业农村投资项目落地，助力全市共同富裕示范区建设》（台属归侨民族宗教组）
《“双碳”背景下的能源“双控”及保障途径探析》（经济二组）
《关于农村基层粮食安全有关问题的调研报告》（民革江山市委会）

九、2021 年度优秀谋划项目（10 个）

江山市项目之家（经济一组　毛剑峰）
205 国道贺村段外移工程（经济一组　徐江水）
江山市智能制造培训基地（经济科技委　周献泉　曾铁）
“怡乐”康养理疗综合体（社会保障社会科学组 金梅珍）
“双碳”示范区建设（农业农村委　李佩军　蒋晓敏）
浙西智慧云仓（智慧电商物流分拨中心）项目（政协机关　廖庆荣）
建设浙西南珍稀中药材资源谷（文化文史和学习委　胡汉民　潘海峰）
农业高新科技深加工园区（法律服务政协委员会客室　陈敏）
筹建万人技师学院（民建江山市支部　王冠平）
窑火追忆——古窑文化创意产业园虎山未来社（智汇驿站政协委员会客室　刘立忠）

十、2021 年度优秀智库人员（7 名）

严子超（市住建局城市建设管理科科长）
李　潮（浙江御园珍稀植物开发有限公司总经理）
毛慧斌（市服务业发展中心主任）
郑建峰（江山经济开发区副主任）
陈丁亮（市教育工会副主席）
柴珠根（市农业农村局三级调研员）
唐晋枫（《江山骄子》杂志编辑）

中共江山市委纪律检查委员会
江山市监察委员会

综　述

【概况】 2021年，全市各级纪检监察组织在上级纪委监委和市委的坚强领导下，全面对标衢州市纪检监察工作“1221”高质量发展指标体系，以“政治监督质效提升年”为统领，深化运用“365监督在线”工作机制基层版，忠实履行党章和宪法赋予的职责，充分发挥监督保障执行、促进完善发展作用，纪检监察工作成色度更足、辨识度更强、满意度更高。大数据监督工作跑出全省加速度，争获1项中央试点和4项省级试点，参与的“基层公权力大数据监督应用”被省委全面深化改革委员会评为2021年度浙江省改革突破奖金奖，做法成效多次在全省和衢州市数字化改革工作会议上作典型交流；农村集体“三资”监督监管做法成效得到省纪委省监委领导批示肯定；纪检监察信访举报办理经验获“基层清廉建设（浙江）十大经验”创新奖，得到衢州市“十条军规”典型事项通报表扬；成功创建衢州市级以上清廉示范标杆6家，其中省级1家，清廉机关、清廉民营企业、清廉村居建设经验做法分别在全省、衢州市级会议上作典型交流。

【管党治党】 认真履行协助职责和监督专责，构建“四责协同”廉共体，打造知责明责、履责督责、考责问责的闭环链条。全面落实上级关于加强对“一把手”和领导班子监督的意见措施，制定实施61项监督措施。建立健全市委季度分析研判政治生态机制，严格执行政治监督“四清单”“两档案”“两报告”制度，对领导班子和领导干部精准“画像”。坚持“一案双查”，对7名履行“两个责任”不力的市管领导干部进行问责。围绕打造营商环境最优城市，制定实施《江山市政商交往正负面清单（试行）》，常态化开展营商环境专项监督，推动营商环境提档升级。

【正风肃纪】 坚持全面从严、一严到底，高标准落实中央八项规定及其实施细则精神。紧盯重大节日和关键节点，常态化开展“廉节清风”专项行动。聚焦关键领域，深入开展“天价茶”“吃公函”，违规公款吃喝、违规收送礼品礼金，公职人员和党员干部酒驾醉驾及其背后“四风”问题等专项治理，稳妥有序做好全市公职人员持有江山农商银行等非上市公司股份情况排查整改。督促《作风建设零距离》和《电视问政》交办问题全面完成整改。全市共查处违反中央八项规定精神

拍摄月度方言廉续剧《江山廉播》

问题 54 起 75 人次，党纪政务处分 52 人次，其中查处形式主义、官僚主义问题 33 起 46 人次。坚持从共性问题、突出问题入手，推动全市面上建立健全作风建设长效机制 6 项。

【“三不”一体推进】 保持反腐败政治定力，扎实开展“两清一评比”行动，深入开展国企、教育、医疗、金融、供销系统、粮食购销等领域腐败和作风问题整治，协同推进政法队伍教育整顿，稳步推进公职人员防逃全覆盖省级试点。全市共处置问题线索 796 件，立案 306 件，其中同级管理干部 18 件；党纪政务处分 303 人次；对 7 名被调查对象采取留置措施，移送司法机关 4 人。运用“四种形态”处理 1145 人次，第一至第四种形态处理分别占比 73%、20.4%、3.4%、3.2%。在强大震慑、思想触动和政策感召下，11 名党员干部主动交代问题。坚持行贿受贿一起查，对 1 名行贿人监察立案。强化以案促治、以案促改，深入实施“五个一”工作法，制发纪检监察建议书 83 份，督促推动砂石资源管理、工程项目建设、公益林补助等领域制度机制健全完善。制定实施《受处理党员干部谈心谈话实施办法》，开展谈心谈话 527 人次，帮助干部卸下包袱、轻装上阵。强化纪法教育，推出月度廉政电视《清廉江山》和方言廉续剧《江山廉播》，拍摄“一把手”警示片和廉政教育片 8 部，组织旁听庭审 3 场次，常态化开展 8090 倡廉宣讲，“清廉江山”微信公众号发布信息 200 余期，通报典型案例 38 起 54 人次。

【市委巡察】 以践行“两个维护”的政治高度全力协助市委开展中央巡视反馈问题一体整改落实，全面完成涉及纪检监察方面的 11 个问题整改。坚持政治巡察定位，组织开展十四届市委第十三轮巡察和巡察“回头看”，高质量完成十四届市委巡察全覆盖。全年共发现问题 627 个，整改问题 626 个，移交问题线索 11 件，对 1 人采取留置措施，党纪政务处分 7 人，追缴违规违纪款 31.2 万元，为民办实事 50 余件。召开十四届市委面上共性问题交办会暨未销号问题整改推进会，对 9 个大类 28 项问题进行集中交办，对 6 个未销号问题进行督办。迭代巡察方式方法，健全完善“3+N”巡察全流程管控体系、巡察整改“1245”责任机制和“一报一书一单”成果运用机制，闭环提升巡察质效。

【铁军锤炼】 坚持把党的政治建设摆在首位，认真执行市纪委常委会“党性党纪教育一刻钟”制度，以上率下、示范推动党史学习教育持续走深走实。以县乡领导班子换届为契机，选优配强纪委监委领导班子和乡镇纪检监察干部队伍。深化派驻机构改革，设立市属国有企业纪委和开发区纪检监察工委。突出“两勤”“两专”建设，实施“青苗培育”行动，常态化开展师徒结对、跟班锻炼、比武练兵，组织全员培训2期，构建“教、学、练、战”一体化培养链条。2名巡察组组长获评衢州市委巡察“金牌组长”荣誉称号。健全严管厚爱“双十条”、指数量化考核办法、重点工作正反面典型通报等制度，严格执行安全保密制度规定，开展纪检监察干部工作、生活表现专项监督。从严从速核查反映纪检监察干部信访件4件，处理4人，坚决防治“灯下黑”。

5月18日，市委常委、纪委书记、监委主任温胜浩（中）在大桥镇西坂村调研清廉村居建设工作

监督工作

【政治监督】 严明政治纪律和政治规矩，监督保障习近平总书记重要讲话和指示批示精神以及上级重大决策部署贯彻落实。认真贯彻落实上级部署，聚焦拆迁拆违、交通运输等领域开展48项专项监督专项治理。重点围绕中央生态环保督察反馈问题整改、“七张问题清单”整改、市委“三个年”活动、城东新城和江东化工园区征迁、全国文明城市创建、常态化疫情防控等中心大局，动态建立“百个监督项目库”，以强有力的政治监督保障推动各项工作落细落实。围绕县乡领导班子换届，严明“十严禁”“十不准”等纪律要求，严把党风廉政意见回复关，铁纪保障换届全程风清气正。全市各级纪检监察组织共开展监督检查2223次，推动整改问题2215个，运用“四种形态”处理471人次；发布《政治监督周报》34期，得到市委市政府主要领导批示肯定3次，呈报监督专报6期；监督工作得到江山市“十条军规”典型事项通报表扬1次。坚持执纪力度与温度相统一，准确把握“三个区分开来”，深入运用容错纠错机制，澄清失实举报19件25人次，持续释放“干部为事业担当、组织为干部担当”的鲜明信号。

【大数据监督】 将“智慧纪检监察”建设作为“一号工程”，主动融入全省数字化改革大局，成立工作专班，全力推进大数据监督工作。围绕基层村社领域，全面推广基层公权力大数据监督应用，实现村级权力全程在线运行、实时预警、留痕可溯，核查红色预警612条，发现访贫问苦资金发放不精准等相关疑点问题123个，处理22人，追回违规发放资金16笔。围绕国有房产领域，建成“房小莲”国有房产领域大数据监督应用，被省纪委纳入“一本账 S0”第一批20个应用场景之一。强化数据比对碰撞，核查红色预警15条、黄色预警110条，追责问责2人，责令22户不符合条件的公租房住户限期腾退，追回资金260.12万元；督促并协助市财政局和国资中心建设优化“国资云”“资产云”监管平台，清查国有房产3000余处，录入数据5万余条，健全完善市属国有公司重大财务事项审批和费用管理等制度6项。

【基层监督】 持续深化“最多访一次”工作机制，打好信访会审、提级办理、阶段性反馈等“组合拳”，全年共受理信访举报184件，检举控告、初信初访、重复举报分别同比下降36.2%、36.27%、36.05%，实名举报率、反馈满意率、转立案率分别同比上升2.2个、4.1个、4.0个百分点。聚焦村级组织“一肩挑”“三改五”新形势新变化，深入实施“头雁领廉”工程，推动“合”字形基层监督体系落地见效，对10个重点村开展提级监督。深化片区协作、“室组地”、“室组巡”联动工作机制，加强村级监察工作联络站与村监会一体化运作。全市各乡镇（街道）纪（工）委监察办和派驻（出）机构共处置问题线索619件，党纪政务处分253人次。深入开展15项漠视侵害群众利益问题专项治理，严肃查处群众身边腐败和作风问题55起77人次，党纪政务处分45人次，移送司法机关2人，解决群众“急难愁盼”问题219项。督促推动职能部门开展全市农村集体资金资产资源集中清理，完成4226个村民小组资金清查和资产资源清理登记，整改问题合同2395份，收回拖欠承包款800余万元，组账村管乡镇（街道）代理全部到位。全面推广“监督一点通”服务平台，扫码浏览40万人次，受理群众反映事项4362件，办理满意率98.72%。

民主党派

民革江山市委会

【概况】 2021年，民革江山市委会有党员84人。其中担任衢州市政协委员2人，江山市人大代表2人、江山市政协委员18人。年内获国家级荣誉2项，省级荣誉10项，20多人次获衢州市表彰，30多人次获江山市级及相关部门的表彰；获2021年度全国机关工作先进集体。

【参政议政】 在衢州市、江山市“两会”上，向大会提交大会发言1篇、集体提案5件和个人提案、议案29件。其中团体提案《关于推动电商与工业融合发展的建议》《关于进一步推动门业产业转型升级的建议》被评为优秀提案，大会发言《加快职业教育现代化为“一地三区”提供技术人才支撑》获市政协优秀大会发言二等奖，调研报告《关于农村基层粮食安全的有关问题》获市政协“大调研”活动优秀调研报告三等奖，钱琛执笔的《依法护航，加强公民信息规范化制度化安全管理的建议》、何旭执笔的《关于对民间借贷纠纷建立征缴“利息税”协作机制的建议》被民革中央录用，叶茵执笔的《关于法院诉讼服务中心入驻矛调中心后如何参与诉源治理的调研》入选省民革参政议政研讨会交流篇目。

11月11日，省政协副主席张泽熙（左三）为江山两岸联谊交流成果展示馆揭牌

【社会服务】 在抗疫斗争中，发动全体党员立即行动，主动应对突如其来的新冠疫情，在抗疫大考中展现江山民革担当。天鸿民情直通室，接待上门反映情况的市民200多人次，落实解决100多件与市民息息相关的大小事。悦读驿站，举行2场活动。传统文化实践基地，每月开展一期传统文化教育，获省民革示范五好

民革党员之家、民革中央第二批优秀党员之家称号。

【祖统联谊】 两岸联谊交流成果展示馆落成，省政协副主席张泽熙为展示馆揭牌，为两岸联谊交流提供新平台、新载体。参与接待台湾客人赴江山参访活动，承办衢台两地“话共富”座谈会，依托对外联络资源优势，走访慰问原国民党抗战老兵，服务台资企业等。全年接待海内外亲朋好友100余人次，书信、电话联络30余人次。市委会被省委会评为祖统工作先进集体。

（叶晓婧）

民盟江山市总支部

【概况】 2021年，民盟江山市总支部紧紧围绕高质量发展建设共同富裕示范区，积极履行参政党职能，各项工作都取得较好成绩。年内，获民盟省委会十佳特色基层组织、民盟省委会社会服务工作先进集体、民盟省委会脱贫攻坚先进集体、民盟省委会抗疫先进集体等各级荣誉29项。

【参政议政】 紧扣市委市政府中心工作，编制年度重点调研课题清单，构建调研选题、课题申报、过程跟踪、成果联审、量化考核等闭环管理机制，提高参政议政工作质量。2021年，围绕工业经济发展、城市能级提升、基层治理等开展调研40余次，完成调研报告18篇。其中，《聚焦农业农村领域高质量发展，助力推动共同富裕示范区建设》入选衢州市政协常委会议口头发言材料，《关于家庭教育指导网络平台建设的调查与思考》等调研文章获评市政协优秀调研报告；提交政协大会发言3篇、提案建议25件，2篇获评优秀大会发言，3篇被列为重点、优秀提案，《关于加快推进“两山银行”改革拓宽生态产品价值实现转化路径的建议》被列为衢州市政协2021年度重点提案，由时任市委书记汤飞帆领办、市政协主席周伟江协办的《加强新时代村规民约修订工作推动基层依法治理》在衢州、江山两级政协大会上作口头发言，得到市委市政府领导的高度肯定；上报社情民意、党外建议50余篇，其中《学习贯彻习近平总书记重要指示精神，推进新时代林业现代化建设》被民盟中央采用，2位盟员获评反映社情民意信息先进个人。

【社会服务】 深化“民盟同心·法律服务专家站”品牌化建设，拓展延伸峡口镇、文苑社区等法律服务工作室（联系点）8个，围绕疫情防控、项目征迁、村（社）组织换届等重点中心工作及企业、群众所需所盼，组织专家及志愿者开展《中华人民共和国民法典》讲座、《知识产权风险防范》专题沙龙、旅游民宿普法宣传、建筑企业“专项体检”等系列法律服务活动50余次，提供法律咨询1000余人次，办理法律援助案件83件，参与矛盾纠纷调解

3月25日，“法律援助助农追薪”专项活动开展

50余起。其中，在城东新城征迁中牵头组建“法律调解小组”，参与并成功化解数十户被征收户的家庭矛盾，相关工作做法在《联谊报》刊登报道，江山民盟同心·法律服务专家站被省普法办评为全省优秀普法志愿者。

【自身建设】 以党史盟史学习教育为主线，举办“见证·初心”经典朗诵、“党史、盟史”我讲你听、“盟史故事漂流瓶”等学习活动，组织盟员赴嘉兴南湖、沈钧儒纪念馆等地开展“重走先贤路”革命传统教育，在微信公众号开辟“学党史悟思想”“同心奋进”等专题栏目，推送信息58篇。加强制度体系建设，修订完善领导班子学习、调研、挂联等制度，优化盟员履职考核办法、信息和参政议政计分考核办法等，推动组织高效、规范运转。迭代提升“江山盟员之家”，更新内部布置、功能，增设“盟启书吧”，开展“盟员之家”宣讲大赛，承办衢州市各民主党派“互看互学”活动，扩大其弘扬地方特色文化、宣传多党合作、统一战线理论及凝聚思想共识的平台作用。

（严　璐）

民建江山市支部

【概况】 2021年，民建江山市支部被浙江省委会评为“浙江民建为全面建成小康社会作贡献成绩突出集体”，被衢州市委会评为“2021年度先进基层组织”；江山民建之家助力乡村振兴示范基地获评“浙江民建助力共同富裕实践基地”，做法入选民建中央刊物《民建会员之家建设材料选编》。《精准帮扶助力乡村振兴》专题在浙江电视台《焦点一线》栏目播出，优酷、爱奇艺、腾讯同步报道；组织拍摄的《五老火锅宴》情景剧得到浙江省政协副主席、民建浙江省委会主委陈小平的点赞；“惠农助企服务团”工作被民建中央刊物《民讯》刊登。

【参政议政】 提交江山市政协《关于规范我市农村宅基地流转的建议》《关于建立我市用工评价体系的建议》《关于疫情防控常态背景下加大我市服务业小微企业扶持力度的建议》等集体提案3件。提交江山市人大《关于建设浙江大学江山药博园的建议》和《关于疏导我市江滨路段交通拥堵的建议》议案2篇。提交江山市政协《关于加强我市技能人才队伍建设的建议》《关于加强对“城市家具”监管的建议》《关于在全市各机关企事业单位开展“厉行节约、反对餐饮浪费”主题活动的建议》《关于加快推进3岁以下幼儿社会化托育服务机构工作的建议》《关于加快老旧小区改造建设的建议》《关于进一步完善城区社区居家养老服务的建议》以及《关于进一步完善住宅质量保险的建议》等提案7件。提交江山市政协《加大对技工教育的扶持力度的调查和建议》调研文章1篇，获优秀调研报告三等奖。投稿社情民意信息16篇，编制“江山民建”微信公众号推文50篇。大会发言《合作共赢江黄南饶旅游深度合作示范区共同打造世界一流生态旅游目的地》获得十届政协五次会议优秀大会发言二等奖。

【社会服务】 举办庆祝中国共产党成立100周年系列活动之“花成蜜就”，助力乡村振兴土蜂养殖“三送”活动，为当地村民送蜂箱、送技术、送市场，得到省级媒体专题报道。成立“惠农助企服务团”，定期开展企业调研，针对企业存在的困难问题派出相应服务团成员，开展活动50余次，服务企业100多家。2月，赴碗窑乡敬老院开展新春慰问活动。6月，在大陈乡萃文小学开展捐资助学活动。会员祝森根为江山人发展大会捐赠饮品1万元，为坛石镇潭边村浇筑水泥路捐资1万元。会员周国平为群众提供免费的法律咨询30多场次，为中小微企业提供各项法律服务50余次。

（曾晓耘）

民进江山市总支部

【概况】 2021年，民进江山市总支部设5个支部，会员71人，其中新会员5人。围绕市委市政府中心工作，贯彻落实民进上级组织的工作部署，开展会员比贡献活动，全面推进总支各项工作。

【建党百年活动】 3月28日，在清湖小学举行以“同心跟党走，迈向新征程”为主题的诗歌朗诵会。4月15日，会员赵容华创作的以共产党员领导的抗日武装为背景的革命题材长篇小说《江山1942》，共23万多字，被列入浙江省“红色芳华——纪念建党一百周年”重点扶持作品。4月26日，会员赵容华为滨江中学学子宣讲“家门口的红色故事”，引导青年学生学习爱国青年毛渊、甘洒热血姜天巢、身先士卒朱曜西等先辈的革命故事，是一堂“让党史进校园”的生动思政课。6月20日，组织会员在塘源口乡洪福村开展学党史、学会史教育活动，参观“红军挺进师在江山”主题馆，宣讲“江山共产党人革命斗争史”，重温入会承诺，重走洪福村的红军路。7月1日，总支同心科技社会服务队以“七一”建党为主题，用3D打印制作党旗党徽，开展“优秀少先队员3D打印科普献礼建党百年”活动。

【议政建言】 全年被各级参政平台采用的议政建言共70篇（次），其中省委会信息5篇，衢州政协提案6件、信息4篇、大会发言1篇，衢州市委会信息8篇，江山人大议案政协提案30多篇、政协大会口头发言1件、信息5篇、大调研获奖成果1件。2月1日至3日，政协第十届江山市委员会第五次会议召开，总支提交大会发言5篇，其中《建立创新生态体系，推进我市输配电产业快速发展》作口头发言；提交集体提案4件，个人提案19件。其中总支提交《关于尽快推进塑胶产业园规划建设的建议》被列为重点提案、《关于江山市科技企业孵化器建设的调研与思考》调研课题获2020年度优秀调研报告二等奖；会员刘立忠撰写的《避免核心技术“卡脖子”亟须顶层统一口径，尽快解决企业研发经费归集及统计问题》被全国政协和民进中央采用；《建议在全国范围推广浙江产业创新服务综合体建设经验，为国内经济循环增添新动能》《民主党派的基层组织赋码发证应提上议事日程》《亟待把蜂王胎粉、雄蜂蛹（粉）、蜂王幼虫（粉）等源头蜂产品列入食品原料目录，保证蜂产品行业健康发展》《现有国家标准难辨蜂蜜真假，亟待国家出手相应的措施保证蜂产品行业健康发展》被民进浙江省委会采用。会员刘立忠先后被评为民进全国反映社情民意信息先进个人、民进浙江省2021年优秀基层负责人、民

8月3日，民进浙江省委会副主委、浙江中医药大学校长陈忠（前右），在清湖小学指导开明嘉苑中医药文化进校园工作

进衢州市委2016—2020年度优秀会员、衢州市政协2019—2020年度信息工作先进个人等。

【推进开明嘉苑项目】 4月25日，以民进衢州市委会与民进浙江中医药大学基层委员会建立战略合作关系的有利契机，在清湖小学开始推进开明嘉苑中医药文化进校园项目，搭建一个传承和发扬中医药文化的平台，初步完成“一园三区一廊”的环境布置，分清清本草园、户外课堂教学点、开明书吧、民进之家、开明周末课堂等5个部分，已有100多种中草药和开明书吧中展示的30多种活体标本和400多种饮片标本。5月10日，由民进衢州市委会牵头组织全市各民主党派第一次“互看互学”活动，走进清湖小学民进开明嘉苑中医药文化进校园实践基地。衢州市委常委、统战部部长傅根友，衢州市人大常委会副主任马梅芝，衢州市副市长田俊，衢州市政协副主席周庆及各民主党派市委会专职副主委、部分基层组织主委等参加，肯定开明嘉苑中医药文化进校园实践基地的特色做法。

【社会服务】 以开展“捐资助学”“结对帮扶”为服务重点，组织“敬老义诊”“捐助美丽乡村建设”“助残免费体检”“送医下乡”“支教培训”等系列活动。7月，联合江山市妇联、市女摄影家协会共同走进清湖小学，倾情开展“为爱坚守情暖童心”关爱留守儿童活动，为五六年级小朋友拍摄校园生活。4月23日，民进江山同心科技社会服务队走进大陈乡早田坂村开展科技服务工作。7月20日，会员、杭州王派玉人堂策划机构总经理王朝纲设计的浙皖闽赣（衢黄南饶）“联盟花园”的“四叶草”图案，在1600多件应征作品中脱颖而出，成为“共筑‘联盟大道’，共建‘联盟花园’”为主题的“联盟花园”LOGO图标，推广口号为：浙里山水、皖美如画、闽扬天下、赣出精彩。8月3日，民进浙江省委会副主委、浙江中医药大学校长陈忠到清湖小学，开展助力山区共同富裕项目考察对接活动。

【创优创先】 1月4日，会员刘立忠、王荣获江山市委、市人民政府的拔尖人才称号。3月，会员毛艳萍获评全省扫黑除恶专项斗争先进个人。会员刘立忠、陈小慧、王超洋获江山市政府“人才政策”奖励。4月6日，会员徐则文被评为衢州市统一战线领域双十“杰出工匠（大师）”。6月，江山市文明办、市民政局、市慈善总会表彰2016—2020年度慈善爱心企业和慈善爱心人士。其中会员王荣创办的科润智能公司获“慈善爱心企业”称号，会员陈小慧所在的清湖小学获“先进关爱儿童之家”称号，会员朱佳艳、王雪勇获“先进慈善工作者”称号。10月17日，总支举行开明课堂——中医药养生保健讲座暨重阳节会员关爱活动，王雪勇在会上作中医药养生保健讲座。会员刘立忠被衢州市政府授予第二批“衢州市有突出贡献中青年专家”、衢州市优秀科技工作者、衢州市首席技术官等荣誉称号。会员赵容华创作的《丝路青山》获2021年度浙江省网络作家协会原创作品扶持奖励，《烂柯传奇》《姑蔑传》获衢州市文艺精品扶持工程第九批入选项目。会员毛巧媛的《两个孩子》摄影画册在大理、丽水国际摄影节上展出。《妈妈的那碗大陈面》手工书入选由浙江省文联、省摄影家主办的“春水如蓝——钱塘江诗路影像展”，在浙江展览馆展出。

【内外交流】 研究编写“江山民进会史”，聘请原主委陈林洪主笔，组成一套班子，年底完成会史初稿。选送20多人（次）参加省、衢州市组织的相关培训学习；在民进信息网与各类媒体上刊发信息79条（次），配发图片194幅（次）。会员毛巧媛完成统战部江山人发展大会、江山籍海外英才论坛等会议宣传任务6次，编辑图文并茂推文5期；拍摄、编辑宣传江山的公众号推文46条，其中16条被浙江、衢州、江山公众号转载；为市委市政府中心工作无尝拍摄服务 79 次，提供新闻图片 800 多幅，资料存档 2 万余幅。

（祝日耀）

农工党江山市支部委员会

【概况】 2021 年，农工党江山市支部委员会有正式党员 14 人，预备党员 2 人。张可人入选衢州市 115 人才第三层次培养人选。

【履行职能】 坚定政治站位，履行参政党的职能，积极参政议政、建言献策。《创新机制促进政企沟通提质增效的建议》获优秀大会发言、2021 年度优秀集体提案。金梅珍撰写的《“怡乐”康养理疗综合体》获 2021 年度优秀谋划项目。《加快推进江山市养老服务体系高质量发展》在江山市政协十届 31 次常委会议政性协商会上作口头发言。《农工党江山支部积极参与政企协商聚力提升营商环境》获江山市政协主席郑朝基批示。社情民意《关于加强基层卫生室糖皮激素类药物管理的建议》《关于发展社区养老多样化、专业化服务的建议》被衢州市政协采用。

【社会服务】 打造党派社会服务品牌，在坛石镇敬老院开展“喜迎建党百年同心敬老爱老”主题活动，赴保安乡、贺村镇开展助学活动，为贫困家庭学生送去爱心助学金，开展结对帮扶活动。医卫系统党员参加“我为‘七一’添光彩百场千医”大型义诊活动，免费为 5 所学校青少年建立屈光发育档案。

（金梅珍）

九三学社江山市基层委员会

【概况】 2021 年，九三学社江山市基层委员会有社员 54 人，具有高级职称 32 人（正高 7 人）；担任浙江省人大代表 1 人，衢州市人大代表 3 人，江山市人大代表 1 人，衢州市政协委员 1 人，江山市政协委员 14 人。年内，基层委获评九三学社衢州市委“2019—2020 年度先进基层组织”“2020 年度信息工作先进集体”“2020 年新闻宣传先进集体”。

【参政议政】 全年向浙江省人大、衢州市和江山市“两会”提交大会发言 2 篇，提交议案、提案或建议 32 件，其中团体提案 5 件（衢州市政协 1 件，江山市政协 4 件），内容涉及工业强市、科技创新、产业升级、乡村振兴和城市建设等方面。吴丽萍获评“2020 年度优秀政协委员”，楼英俊撰写的《因势集聚政务办事机构，顺势提升行政综合效益》和巫优良撰写的《关于我市农业“机器换人”发展的调研报告》分别获市政协“2020 年度大调研活动”优秀调研报告二等奖和三等奖。主委毛水芳在市政协十届五次会议上发言《技术革新引领农业产业深度变革的建议》获得市委、市政府领导好评。

5 月 29 日，2021 年衢州市“九三科技服务月”系列活动开展

【社会服务】 5月29日，基层委联合江山农商银行赴廿八都镇“九三之家”，开展2021年衢州市“九三科技服务月”系列活动。医疗服务组的11名医疗专家为村民开展义诊服务和“心肺复苏”健康讲座，免费提供常用药品3600元，服务群众400多人次。金融服务组开展“防范金融风险服务乡村振兴”宣讲活动，发放宣传资料1500多份，受益群众达300多人次。社员郑乘获评“全省2020年度社会服务先进个人”，受到九三学社浙江省委的表彰。“江山黄精”搭载神舟十二号飞天归来，标志着江山市成功加入航天育种的行列。巫优良、周志方获评“2020年度江山市农业农村工作中贡献突出个人”。

【信息宣传】 全年共上报社情民意信息或党外建议36篇，其中省人大采用1篇，省政协采用2篇，省委统战部采用2篇，社省委采用4篇，衢州市政协采用5篇，衢州市委统战部采用2篇，社衢州市委采用20篇。楼英俊撰写的《建立农村宅基地有偿转让或退出机制的建议》代表社衢州市委在衢州市政协常委会上专题发言，由他撰写的《关于发展壮大集体经济实现共同富裕的建议》被社省委会和省政协采用。基层委获评九三学社衢州市委“2020年度信息工作先进集体”和“2020年度新闻工作先进集体”。

（余乾敏）

群众团体

总工会

【概况】 2021年，江山市新建工会组织98家，其中非公有制企业和“两新”组织89家，新组建快递员、保安员工会联合会等新业态领域工会组织，发展会员1900人。全市已单独组建基层工会1428家，联合工会86家，涵盖1773个单位，职工总数8.3万人，会员8.2万人，工会组建率、入会率均达98%。全市建有19个乡镇（街道）总工会和1个经济开发区总工会、3个产业工会、6个系统工委，乡镇（街道）企业联合工会19家。

【丰富职工思想教育活动】 围绕中国共产党成立百年这一主线，开展“中国梦·劳动美·我心向党”主题系列活动，先后举办女职工经典诵读比赛、网上党史知识学习竞答、职工摄影比赛、新中国经典电影海报展等线上线下活动16场，1.7万名职工参与其中；各级基层总工会也同步开展58场次。开展劳模风采展示，在《今日江山》、江山电视台、江山信息网等媒介播出16期，高扬劳模精神、劳动精神和工匠精神。年内获全国“五一劳动奖章”1人，获“浙江工匠”称号3人，获省级优秀工会工作者称号1人。

【推动工会助企工作】 深化稳岗就业服务，时刻关注企业招工和职工就业需求，持续推出就业服务招聘信息16期，开展转岗、再就业技能培训2期80人次。落实工会助企“10条措施”，开展“送慰问、送政策、送法律、送安全、送保障”服务活动，落实企业拨缴工会经费缓减20%政策和小微企业工会经费全额返还政策，全年返还经费144万元。以疗休养为媒介，争取26个县发展政策扶持，成功与杭钢集团签约，摘回杭钢集团疗休养合作基地牌子；

12月3日，江山市保安工会联合会授牌仪式举行

与钱塘区、柯桥区签订疗休养战略合作协议，达成疗休养合作意向；贺村镇耕读村、保安乡保安村被省总工会评为全省职工疗休养基地。

【提升职工职业素质】 推进产业工人队伍建设改革，天际互感器有限公司、浙江科力车辆系统控制有限公司产改经验入选衢州产改典型案例。紧扣市委市政府各项中心工作，开展以“践行新理念、建功新时代”为主题的立功竞赛活动，4个重点项目参与衢州市级立功竞赛活动，14个重点项目入选江山市级立功竞赛。会同人才办、人社局联合举办8个工种职工技能大赛，依托行业协会组织开展12个职业（工种）全市职业技能竞赛，继续深化“五小”竞赛活动。组织实施“求学圆梦行动”“农民工学历与能力提升行动”，年内57名职工受益。成功创建衢州市高技能人才（劳模）创新工作室2家，“姜振军变压器创新工作室”捧回了“中国长三角地区劳模工匠创新工作室”殊荣，为衢州市唯一。

【注重服务职工工作】 持续唱响解困帮扶“四季歌”，开展元旦春节送温暖行动，发放慰问物资7.38万元；持续做好职工医疗互助保障工作，6479人次受惠，报销金额93.76万元；做好解困帮扶，为22户困难职工建档，发放帮扶资金31.44万元；实施高温慰问行动，送去“清凉”物资22万元；对衢州市外2196名留江过年职工进行全面的走访慰问，送上慰问物资38万元。抓好法律维权服务，完成58家企业法律体检，培育工资协商示范单位71家。抓好职工服务阵地建设，把服务阵地建在产业工人家门口，先后建成职工服务点20个、便民场所17处。鼓励企业开办暑期爱心托班，健盛公司暑期托班获省总补助2万元。年内申报全国职工书屋图书配送单位1家（天蓬集团），便利型职工书屋配送单位1家（双塔街道总工会县前社区职工服务中心），浙江科力车辆控制系统有限公司获评省级职工之家。

（柴华君）

各级劳模一览表

表5

序号	姓名	性别	授予时间	荣誉称号	单　位
1	王　宽	男	1989年9月	全国劳动模范	江山南方水泥有限公司
2	郑需璜	男	1995年4月	全国劳动模范	浙江江山化工有限公司
3	吴水英	女	2005年5月	全国劳动模范	浙江红火投资有限公司
4	杨高益	男	2000年4月	全国先进工作者	江山文溪实验学校
5	毛复华	男	1990年4月	全国五一劳动奖章	江山南方水泥有限公司
6	姜有才	男	1980年5月	黑龙江省劳动模范	中国工商银行
7	徐水清	男	1982年9月	浙江省劳动模范	江山虎集团有限公司
8	王振恭	男	1982年9月	浙江省劳动模范	江山市税务局
9	王湘君	女	1984年12月	陕西省劳动模范	江山实验小学
10	姜汝水	男	1985年12月	浙江省劳动模范	原江山市煤矿
11	柴元有	男	1985年12月	浙江省劳动模范	江山市塘源口乡前墩村
12	祝文益	男	1988年11月	浙江省劳动模范	江山市峡口镇苏家岭养殖场

续表 5

序号	姓名	性别	授予时间	荣誉称号	单　　位
13	何渊文	男	1989 年 6 月	浙江省劳动模范	江山水泵总厂股份有限公司
14	王幼仙	女	1992 年 2 月	浙江省“七五”劳动模范	原江山纸袋厂
15	徐位吉	男	1999 年 9 月	浙江省劳动模范	江山虎集团有限公司
16	王　钧	男	1999 年 9 月	浙江省劳动模范	邮政局大溪滩支局
17	郑书香	女	2004 年 9 月	浙江省劳动模范	江山市虎山街道彭里村
18	周超群	男	2004 年 9 月	浙江省劳动模范	浙江健盛集团江山针织有限公司
19	汪礼国	男	2004 年 9 月	浙江省劳动模范	江山市畜牧兽医局
20	朱小华	男	2009 年 9 月	浙江省劳动模范	江山市公路管理段
21	王国水	男	2009 年 9 月	浙江省劳动模范	天蓬集团有限公司
22	陆承江	男	2014 年 4 月	浙江省劳动模范	江山市峡口镇枫石村
23	王　燕	女	2014 年 4 月	浙江省劳动模范	江山市峡口水库管理中心
24	周建明	男	2014 年 4 月	浙江省劳动模范	浙江肖恩电子科技有限公司
25	徐爱建	女	2014 年 4 月	浙江省劳动模范	江山市人民医院
26	毛志浩	男	2014 年 4 月	浙江省劳动模范	浙江健盛集团江山针织有限公司
27	姜　雄	女	2019 年 4 月	浙江省劳动模范	浙江江山三友电子有限公司
28	叶华发	男	2007 年 4 月	浙江省五一劳动奖章	江山南方水泥有限公司
29	夏飞华	男	2013 年 4 月	浙江省五一劳动奖章	江山中学
30	陈忠喜	男	2018 年 5 月	浙江省五一劳动奖章	江山市总工会
31	宁晓强	男	2015 年 4 月	浙江省五一劳动奖章	江山虎集团有限公司
32	徐德兴	男	2017 年 4 月	浙江省五一劳动奖章	科润智能控制股份有限公司
33	姜年松	男	1959 年 2 月	1958 年文教战线社会主义建设积极分子	江山市教育局
34	傅增森	男	1959 年 9 月	1958 年文教战线社会主义建设积极分子	原江山电影公司
35	王宝英	女	1959 年 2 月	1956—1964 年省先进	江山市人民医院
36	王正加	男	1960 年 2 月	1956—1964 年省先进	江山中学
37	曹美柔	女	1960 年 2 月	文教方面社会主义建设先进工作者	江山市卫健局
38	郑高望	男	1961 年 5 月	1956—1964 年省先进	江山农业银行
39	徐一新	男	1963 年 4 月	工业交通基本建设先进生产者	原江山市矿管局
40	金水凤	女	1962 年 5 月	浙江省工业、交通运输、基本建设、财政贸易系统先进生产（工作）者	江山邮电局

续表 5

序号	姓名	性别	授予时间	荣誉称号	单　位
41	姜增荣	男	1962 年 5 月	浙江省工业、交通运输、基本建设、财政贸易系统先进生产（工作）者	原江山市酒厂
42	方明通	男	1959 年	1958 年文教战线社会主义建设积极分子	江山中学
43	柴发祥	男	—	1956—1964 年省先进	原长台粮食管理所塘源口粮站
44	王才荣	男	1989 年 9 月	全国商业劳动模范	江山市经信局（原江山市物资局）
45	祝明飞	男	1994 年 10 月	建设部劳动模范	江山市环境卫生管理处
46	黄昌明	男	1989 年 9 月	全国教育系统劳动模范	江山中学
47	毛绍通	男	2001 年 9 月	全国信访系统先进工作者	江山市信访局
48	周水仙	女	2002 年 9 月	全国计划生育系统先进工作者	江山市政协
49	刘春香	女	2006 年 3 月	全国绿化劳动模范	原江山市大陈乡林场
50	姜育兰	女	2009 年 9 月	全国模范教师称号	原江山市淤头初中
51	周介仓	男	2011 年 11 月	全国环境保护系统先进工作者	江山市人大常委会
52	王金火	男	2013 年 8 月	全国建材行业劳动模范	浙江红火投资有限公司
53	祝建勇	男	2013 年 5 月	全国石油和化学工业劳动模范	浙江江山化工有限公司
54	蓝承豪	男	2015 年 1 月	全国水利系统劳动模范	江山市水利水电开发有限公司白水坑电站
55	王余喜	男	2017 年 12 月	全国住房城乡建设系统劳动模范	江山市江城管道燃气有限公司
56	李春江	男	2007 年 1 月	全国纪检监察系统先进工作者	江山市财政局
57	赵江平	男	2019 年 4 月	衢州市劳动模范 第四届全省“人民满意的公务员”（享受省部级劳模待遇）	江山市体育局
58	毛建剑	男	2009 年 5 月	衢州市劳动模范 第二届“人民满意的公务员”（享受省部级劳模待遇）	江山市公安局
59	毛卓勋	男	1989 年 6 月	衢州市劳动模范	浙江老虎山建材有限公司
60	周香菊	女	1989 年	衢州市劳动模范	原江山丝绸厂
61	汪佳铭	男	1989 年 6 月	衢州市劳动模范	江山市亚中行消防科技有限公司
62	王笏龙	男	1989 年 6 月	衢州市劳动模范	江山市市场监督管理局
63	徐义振	男	1989 年 6 月	衢州市劳动模范	原江山市农垦场

续表 5

序号	姓名	性别	授予时间	荣誉称号	单　　位
64	王寅威	男	2003 年	衢州市劳动模范	江山康利眼科医院
65	袁新华	男	1989 年 6 月	衢州市劳动模范	原江山市农村能源办公室
66	刘水清	男	1994 年 9 月	衢州市劳动模范	原江山市建筑公司
67	郑光亮	男	1994 年 9 月	衢州市劳动模范	江山市贺村镇山塘村
68	柴祥根	男	1994 年 9 月	衢州市劳动模范	大陈乡成人文化技术学校
69	毛春燕	女	1994 年 9 月	衢州市劳动模范	原江山市纸袋厂
70	姜旭旺	男	1994 年 9 月	衢州市劳动模范	原江山市江东建筑机械厂
71	邵珠才	男	1999 年 9 月	衢州市劳动模范	江山市贺村镇东山头村
72	徐崇德	男	1999 年 9 月	衢州市劳动模范	江山市信仁食用菌厂
73	吕兴尧	男	1999 年 9 月	衢州市劳动模范	江山市个体协会
74	琚积昌	男	2004 年 4 月	衢州市劳动模范	江山通联制泵成套有限公司
75	王继森	男	2004 年 4 月	衢州市劳动模范	江山虎霸集团
76	吴建农	男	2004 年 4 月	衢州市劳动模范	浙江同景新能源集团有限公司
77	王江根	男	2004 年 4 月	衢州市劳动模范	常山江山虎水泥有限公司
78	陈达龙	男	2004 年 4 月	衢州市劳动模范	国网江山市供电公司
79	姜德元	男	2004 年 4 月	衢州市劳动模范	江山市贺村镇礼贤村
80	赵丽红	女	2009 年 4 月	衢州市劳动模范	江山南方水泥有限公司
81	吕锦水	男	2009 年 4 月	衢州市劳动模范	江山市林业技术推广站
82	郑国烈	男	2009 年 5 月	衢州市劳动模范	江山市环境卫生管理处
83	姜建明	男	2009 年 4 月	衢州市劳动模范	浙江美阳照明科技有限公司
84	严英军	男	2009 年 4 月	衢州市劳动模范	浙江省农业农村厅
85	毛友根	男	2009 年 4 月	衢州市劳动模范	江山市供电局
86	柴贤德	男	2009 年 4 月	衢州市劳动模范	江山市坛石初级中学
87	林秋红	女	2009 年 5 月	衢州市劳动模范	原纪元电气集团有限公司
88	吴柏发	男	2009 年 4 月	衢州市劳动模范	江山市清湖街道花园岗村
89	席绪禄	男	2009 年 4 月	衢州市劳动模范	江山市清湖街道和睦村
90	徐振洪	男	2014 年 4 月	衢州市劳动模范	江山欧派门业股份有限公司
91	陈宏君	男	2014 年 4 月	衢州市劳动模范	江山市文化馆

续表 5

序号	姓名	性别	授予时间	荣誉称号	单　位
92	王　荣	男	2014 年 4 月	衢州市劳动模范	科润智能控制股份有限公司
93	张晓蕾	女	2014 年 4 月	衢州市劳动模范	江山市市场监督管理局
94	李雪梅	女	2014 年 4 月	衢州市劳动模范	浙江金江纺织有限公司
95	周宣文	男	2014 年 4 月	衢州市劳动模范	江山市凤林镇凤里村
96	赵明阳	男	2014 年 4 月	衢州市劳动模范	江山中学
97	林发忠	男	2014 年 4 月	衢州市劳动模范	江山市新生粮食专业合作社
98	姜振军	男	2019 年 4 月	衢州市劳动模范	浙江江山变压器股份有限公司
99	郑浩亮	男	2019 年 4 月	衢州市劳动模范	浙江江山恒亮蜂产品股份有限公司
100	徐建根	男	2019 年 4 月	衢州市劳动模范	浙江江山华宁电器有限公司
101	康水华	男	2019 年 4 月	衢州市劳动模范	绍兴凤登环保有限公司
102	王　飞	男	2019 年 4 月	衢州市劳动模范	科润智能控制股份有限公司
103	邵华芬	女	2019 年 4 月	衢州市劳动模范	浙江金江纺织有限公司
104	杨根法	男	2019 年 4 月	衢州市劳动模范	江山实验小学
105	毛兆光	男	2019 年 4 月	衢州市劳动模范	江山市人民医院
106	周井尧	男	2019 年 4 月	衢州市劳动模范	江山实验中学
107	周　武	男	2019 年 4 月	衢州市劳动模范	江山市双塔社区卫生服务中心
108	吴香华	男	2019 年 4 月	衢州市劳动模范	江山市清湖街道清泉村
109	姜慧敏	女	2019 年 4 月	衢州市劳动模范	江山市双塔街道周家青社区
110	徐以兵	男	2019 年 4 月	衢州市劳动模范	中共江山市委政法委员会
111	占才水	男	2019 年 4 月	衢州市劳动模范	江山市农技推广中心
112	郑东清	男	2009 年 4 月	衢州市劳动模范	江山市公安局
113	秦少华	男	2010 年 4 月	衢州市五一劳动奖章	浙江华欣牧业有公司
114	毛赛春	女	2014 年 4 月	衢州市五一劳动奖章	浙江天际互感器有限公司
115	毛奇生	男	2011 年 4 月	衢州市五一劳动奖章	浙江贝林集团有限公司
116	姜金福	男	2013 年 4 月	衢州市五一劳动奖章	江山市公路管理段
117	徐向军	男	2015 年 4 月	衢州市五一劳动奖章	江山市道路运输管理所
118	陈焕新	男	2015 年 4 月	衢州市五一劳动奖章	浙铁大风化工有限公司
119	汪衍君	男	2015 年 4 月	衢州市五一劳动奖章	江山市大陈长春食品有限公司

续表 5

序号	姓名	性别	授予时间	荣誉称号	单　位
120	周　涛	男	2016 年 4 月	衢州市五一劳动奖章	江山农商银行
121	郑建清	男	2016 年 4 月	衢州市五一劳动奖章	江山市四都镇人民政府
122	周水英	女	2017 年 4 月	衢州市五一劳动奖章	浙江健盛集团江山针织有限公司
123	姜佳佳	女	2017 年 4 月	衢州市五一劳动奖章	天蓬集团有限公司
124	刘益民	男	2017 年 5 月	衢州市五一劳动奖章	原浙江江山化工有限公司
125	曾一峰	男	2018 年 4 月	衢州市五一劳动奖章	江山市综合行政执法局派驻双塔街道
126	管寿明	男	2018 年 4 月	衢州市五一劳动奖章	江山市虎山街道社区卫生服务中心
127	王法清	男	2012 年 4 月	衢州市五一劳动奖章	衢州南方水泥有限公司
128	刘正兴	男	1987 年	江山市劳动模范	原林场三角爿
129	姜秀红	女	1987 年 5 月	江山市劳动模范	江山市环境卫生管理处
130	董朝水	男	1987 年	江山市劳动模范	原江山鞋厂
131	王绍雄	男	1987 年 5 月	江山市劳动模范	原江山农机厂
132	徐志中	男	1987 年	江山市劳动模范	江山市水泵总厂
133	方磊春	男	1987 年 5 月	江山市劳动模范	原江山市变压器厂
134	宋金祥	男	1987 年 5 月	江山市劳动模范	欣业公化建清洗有限公司
135	杨　春	女	1987 年	江山市劳动模范	江山市人民医院
136	毛仁位	男	1987 年	江山市劳动模范	江山市烟草公司
137	郑志才	男	1987 年 5 月	江山市劳动模范	原大溪滩供销社
138	郑达芹	男	1987 年 5 月	江山市劳动模范	原江山市第四中学
139	周振章	男	1989 年 5 月	江山市劳动模范	江山市经济和信息化局
140	王　丙	男	1989 年 5 月	江山市劳动模范	原江山市电机厂
141	周瑜法	男	1989 年	江山市劳动模范	江山南方水泥有限公司
142	郑德厚	男	1989 年	江山市劳动模范	江山南方水泥有限公司
143	叶圣土	男	1989 年	江山市劳动模范	原江山煤矿
144	夏江明	男	1989 年 5 月	江山市劳动模范	江山市交通运输局
145	琚炳章	男	1989 年 5 月	江山市劳动模范	原江山饲料有限公司
146	吴志和	男	1989 年	江山市劳动模范	原供贸中心
147	谈志乐	男	1989 年	江山市劳动模范	江山市食品厂

续表 5

序号	姓名	性别	授予时间	荣誉称号	单　位
148	周小平	男	1989 年 5 月	江山市劳动模范	原江山市供销社
149	王连发	男	1989 年	江山市劳动模范	原开关厂
150	徐以和	男	1989 年 5 月	江山市劳动模范	江山市税务局
151	章诗录	男	1989 年	江山市劳动模范	江山市人民医院
152	董岳法	男	1989 年 5 月	江山市劳动模范	江山市教育局
153	王　彦	男	1989 年 5 月	江山市劳动模范	江山中学
154	郑克明	男	1989 年 5 月	江山市劳动模范	江山市林业局
155	王庆生	男	1989 年 5 月	江山市劳动模范	原江山市第二建筑工程公司
156	朱雄飞	男	1989 年 5 月	江山市劳动模范	原江山市山兴公司
157	毛华强	男	1991 年 4 月	江山市劳动模范	原江山铁合金厂
158	郑　迅	男	1991 年 4 月	江山市劳动模范	浙江江山变压器股份有限公司
159	姜学祥	男	1991 年 4 月	江山市劳动模范	江山市经济和信息化局
160	邢继英	女	1991 年	江山市劳动模范	原江山市五金装潢厂
161	毛香莲	女	1991 年	江山市劳动模范	原江山制革厂
162	杨水美	男	1991 年 4 月	江山市劳动模范	江山市华莹石实业有限公司
163	林有水	男	1991 年	江山市劳动模范	原江山市石煤矿
164	何秀卿	女	1991 年 4 月	江山市劳动模范	江山市工商银行
165	杨庆高	男	1991 年 4 月	江山市劳动模范	原江山市粮油化工厂
166	毛卓川	男	1991 年	江山市劳动模范	原江山茶厂
167	毛秋花	女	1991 年 4 月	江山市劳动模范	原江山市纺织有限公司
168	金吉梅	女	1991 年 4 月	江山市劳动模范	原江山市商业综合公司
169	蒋道义	男	1991 年	江山市劳动模范	原五金公司
170	王晋容	男	1991 年 4 月	江山市劳动模范	原江山市煤球厂
171	姜水芳	女	1991 年 4 月	江山市劳动模范	江山市环境卫生管理处
172	范良元	男	1991 年 4 月	江山市劳动模范	江山市长坑垄电站
173	姜善井	男	1991 年	江山市劳动模范	原江山市林业总场
174	毛须女	女	1991 年	江山市劳动模范	江山市石门镇中心幼儿园
175	周克兴	男	1991 年 4 月	江山市劳动模范	务农

续表 5

序号	姓名	性别	授予时间	荣誉称号	单　　位
176	邓尚德	男	1993 年	江山市劳动模范	原江山市和睦砖瓦有限公司
177	毛青松	男	1993 年 4 月	江山市劳动模范	原江山市矿产工业供销公司
178	郑书信	男	1993 年	江山市劳动模范	原家具厂
179	王洪兴	男	1993 年 4 月	江山市劳动模范	江山中等专业学校
180	王明英	女	1993 年 4 月	江山市劳动模范	原江山市大陈供销社
181	陈幸尔	男	1993 年 4 月	江山市劳动模范	江山市政协
182	刘允满	男	1993 年 4 月	江山市劳动模范	江山市峡口水库管理中心
183	毛荣德	男	1993 年 4 月	江山市劳动模范	原江山市造纸厂
184	王寿高	男	1993 年 4 月	江山市劳动模范	江山市塘源口乡卫生院
185	姜彤宇	男	1993 年 4 月	江山市劳动模范	原江山市老虎山水泥厂
186	姜宝玉	女	1993 年 4 月	江山市劳动模范	江山市电信分公司
187	龚石修	男	1993 年 4 月	江山市劳动模范	江山南方水泥有限公司
188	严土龙	男	1993 年 4 月	江山市劳动模范	浙江万厦建设有限公司
189	张春生	男	1993 年 4 月	江山市劳动模范	江山市税务局
190	孙明全	男	1995 年 4 月	江山市劳动模范	原虎山水泥厂
191	吴爱仙	女	1995 年 5 月	江山市劳动模范	浙江江山变压器股份有限公司
192	徐水升	男	1987 年 5 月	江山市劳动模范	浙江同景新能源集团有限公司
193	刘根宜	男	1995 年 4 月	江山市劳动模范	原水泵总厂
194	丁美江	男	1995 年 4 月	江山市劳动模范	打零工
195	周江华	男	1995 年 4 月	江山市劳动模范	江山市江南峰公司
196	王井根	男	1995 年 4 月	江山市劳动模范	浙江华顿家居用品有限公司
197	王绍顺	男	1995 年 4 月	江山市劳动模范	原开关厂
198	程显蒸	男	1995 年 4 月	江山市劳动模范	原江山市铸造厂
199	姜仙玉	女	1995 年 4 月	江山市劳动模范	原建筑装潢五金厂
200	姜利贵	男	1995 年 4 月	江山市劳动模范	打零工
201	严直雄	男	1995 年 4 月	江山市劳动模范	江山市长途汽车运输有限公司
202	姜江善	男	1995 年 4 月	江山市劳动模范	原江山市物资局燃料公司
203	陈卫坤	男	1995 年 4 月	江山市劳动模范	江山万厦建设有限公司

续表 5

序号	姓名	性别	授予时间	荣誉称号	单　位
204	刘允有	男	1995 年 4 月	江山市劳动模范	原江山市棉纺织厂
205	徐财信	男	1995 年 4 月	江山市劳动模范	江山市上余镇学校
206	金　明	男	1995 年 4 月	江山市劳动模范	江山中学
207	徐绪富	男	1995 年 4 月	江山市劳动模范	杭州精博集团
208	汪衍旺	男	1995 年 4 月	江山市劳动模范	原大陈水泥厂
209	吴解顺	男	1995 年 4 月	江山市劳动模范	原江山林场分场
210	徐新民	男	1995 年 4 月	江山市劳动模范	浙江江山化工股份有限公司
211	毛明海	男	1997 年 4 月	江山市劳动模范	江山市培智学校
212	王春英	女	1997 年 4 月	江山市劳动模范	江山市运输公司
213	王招聪	男	1997 年 4 月	江山市劳动模范	江山市林业总场
214	周树有	男	1997 年 4 月	江山市劳动模范	原江山市清湖镇卫生院
215	王天顺	男	1997 年 4 月	江山市劳动模范	原虎冠水泥厂
216	周　军	男	1997 年 4 月	江山市劳动模范	原江山市二建公司
217	周天水	男	1997 年 4 月	江山市劳动模范	江山市峡口水库管理中心
218	刘光明	男	1997 年 4 月	江山市劳动模范	原制革厂
219	姜兴荣	男	1997 年 4 月	江山市劳动模范	江山兴盛水泵有限公司
220	徐成洪	男	1997 年 4 月	江山市劳动模范	天蓬集团有限公司
221	姜福军	男	1997 年 4 月	江山市劳动模范	原纪元电气集团有限公司
222	王绍光	男	1997 年 4 月	江山市劳动模范	原敖坪水泥厂
223	毛国太	男	1997 年 4 月	江山市劳动模范	江山市殡葬管理所
224	缪位阳	男	1997 年 4 月	江山市劳动模范	江山市市场监督管理局
225	何义生	男	1997 年 4 月	江山市劳动模范	原江山酿造厂
226	毛祥兴	男	1997 年 4 月	江山市劳动模范	江山市粮食收储有限责任公司
227	王跃友	男	1997 年 4 月	江山市劳动模范	江山水泥股份有限公司
228	周水和	男	1997 年 4 月	江山市劳动模范	浙江江山化工股份有限公司
229	周伟波	男	1997 年 4 月	江山市劳动模范	浙江爱立德化工有限公司
230	徐跃红	男	1997 年 4 月	江山市劳动模范	浙江中太泵业科技有限公司
231	王兴盛	男	1999 年 7 月	江山市劳动模范	江山中学

续表 5

序号	姓名	性别	授予时间	荣誉称号	单　　位
232	王治明	男	1999 年 7 月	江山市劳动模范	原江山平瓦厂
233	毛介成	男	1999 年 7 月	江山市劳动模范	江山市峡口粮油经贸有限责任公司
234	毛成财	男	1999 年 7 月	江山市劳动模范	原江山市仙霞茶场
235	林正强	男	1999 年 7 月	江山市劳动模范	原江山市城乡公交有限公司第二分公司
236	郑东理	男	1999 年 7 月	江山市劳动模范	原江山市纸袋厂
237	周梅芬	女	1999 年 7 月	江山市劳动模范	杭州市华东医药集团生物工程研究所
238	黄洪成	男	1999 年 7 月	江山市劳动模范	中国农业银行江山支行
239	蔡金树	男	1999 年 4 月	江山市劳动模范	江山市双氧水有限公司
240	王培兴	男	2001 年 4 月	江山市劳动模范	原江山市须江中心卫生院
241	刘明武	男	2001 年 4 月	江山市劳动模范	江山市烟草专卖局
242	郑以松	男	2001 年 4 月	江山市劳动模范	原江山城市监察管理大队
243	姜海燕	男	2001 年 4 月	江山市劳动模范	江山市经济特产技术推广站
244	周建军	男	2001 年 4 月	江山市劳动模范	江山市贺村镇山底村
245	张雷锋	男	2004 年 4 月	江山市劳动模范	衢州供电公司柯城供电分公司
246	徐雅萍	女	2004 年 4 月	江山市劳动模范	江山恒祥家具店
247	陈介文	男	2004 年 4 月	江山市劳动模范	江山殡仪馆
248	何　军	男	2004 年 4 月	江山市劳动模范	江山市贺村镇狮峰村
249	郑启松	男	2008 年 2 月	江山市劳动模范	浙江江松实业集团有限公司
250	郑积勤	男	2008 年 2 月	江山市劳动模范	贝林集团有限公司
251	姜　风	男	2008 年 2 月	江山市劳动模范	浙江健盛集团江山针织有限公司
252	周模隆	男	2008 年 2 月	江山市劳动模范	江山市新塘边镇毛村山头村
253	周志康	男	2008 年 2 月	江山市劳动模范	原新锦竹木制品有限公司
254	徐生根	男	2008 年 2 月	江山市劳动模范	江山市人民医院
255	林　菊	女	2008 年 2 月	江山市劳动模范	江山市教育局
256	郑逸华	男	2008 年 2 月	江山市劳动模范	江山市人民医院
257	毛陶然	男	2008 年 2 月	江山市劳动模范	中央储备粮玉环直属库有限公司
258	徐崇君	男	2008 年 2 月	江山市劳动模范	浙江千红蜂产品有限公司
259	姜书丹	男	2008 年 2 月	江山市劳动模范	江山南方水泥有限公司

续表 5

序号	姓名	性别	授予时间	荣誉称号	单　位
260	毛武喜	男	2008 年 2 月	江山市劳动模范	浙江顾家门业有限公司
261	郑仓旺	男	2008 年 2 月	江山市劳动模范	江山市贺村镇丰益村
262	张芝明	男	2008 年 2 月	江山市劳动模范	浙江格立宝饲料科技有限公司
263	徐德生	男	2008 年 2 月	江山市劳动模范	浙江德生木业有限公司
264	毛建军	男	2008 年 2 月	江山市劳动模范	江山市教育局
265	周金辉	男	2008 年 2 月	江山市劳动模范	恒泰房地产股份有限公司
266	陆贤和	男	2013 年 2 月	江山市劳动模范	江山市民爆物资有限公司
267	毛正余	男	2013 年 2 月	江山市劳动模范	浙江江山化工有限公司
268	毛永梅	女	2013 年 2 月	江山市劳动模范	驰骋控股集团有限公司
269	姜建林	男	2013 年 2 月	江山市劳动模范	浙江伦宝金属管业有限公司
270	施经馗	男	2013 年 2 月	江山市劳动模范	江山市峡口水库管理中心
271	周　淞	男	2013 年 2 月	江山市劳动模范	江山华数广电网络有限公司
272	毛　胜	男	2013 年 2 月	江山市劳动模范	国网江山市供电公司
273	汪春祥	男	2013 年 2 月	江山市劳动模范	申达电气集团有限公司
274	余良思	男	2013 年 2 月	江山市劳动模范	江山市疾控中心
275	朱小平	男	2013 年 2 月	江山市劳动模范	江山市长台初中
276	陈文忠	男	2018 年 2 月	江山市劳动模范	浙江江山变压器股份有限公司
277	刘珍菊	女	2018 年 2 月	江山市劳动模范	浙江江山三友电子有限公司
278	王利通	男	2018 年 2 月	江山市劳动模范	天蓬集团有限公司
279	祝顺峰	男	2018 年 2 月	江山市劳动模范	浙江天际互感器有限公司
280	王　波	男	2018 年 2 月	江山市劳动模范	衢州南方水泥有限公司
281	伍小娟	女	2018 年 2 月	江山市劳动模范	浙江健盛集团江山针织有限公司
282	李修明	男	2018 年 2 月	江山市劳动模范	江山南方水泥有限公司
283	周　斌	男	2018 年 2 月	江山市劳动模范	江山虎集团有限公司
284	戴明文	男	2018 年 2 月	江山市劳动模范	江山热威电热科技有限公司
285	徐水荣	男	2018 年 2 月	江山市劳动模范	浙江福赐德生物科技有限公司
286	姜衰玲	女	2018 年 2 月	江山市劳动模范	宁波中鑫毛纺集团江山有限公司
287	傅建平	男	2018 年 2 月	江山市劳动模范	浙江江山森源电器有限公司

续表 5

序号	姓名	性别	授予时间	荣誉称号	单　　位
288	谢洪峰	男	2018 年 2 月	江山市劳动模范	国网浙江江山供电有限公司
289	毛庆德	男	2018 年 2 月	江山市劳动模范	浙江开洋木业有限公司
290	毛小健	男	2018 年 2 月	江山市劳动模范	江山市新塘边镇日月村
291	周　文	男	2018 年 2 月	江山市劳动模范	江山市清湖街道蔡家山卫生室
292	毛江霞	女	2018 年 2 月	江山市劳动模范	江山市财政局
293	夏　飞	男	2018 年 2 月	江山市劳动模范	江山市人民检察院
294	姜伟青	男	2018 年 2 月	江山市劳动模范	江山市公安局交通警察大队
295	汪子龙	男	2018 年 2 月	江山市劳动模范	江山市综合行政执法局开发区分局
296	徐东辉	男	2018 年 2 月	江山市劳动模范	江山市公路管理段
297	林宝平	男	2018 年 2 月	江山市劳动模范	江山市信访局
298	潘善余	男	2018 年 2 月	江山市劳动模范	江山市中医院
299	叶金花	女	2018 年 2 月	江山市劳动模范	江山市妇幼保健计划生育服务中心
300	徐向荣	男	2018 年 2 月	江山市劳动模范	江山市城南中学
301	徐炳炎	男	2018 年 2 月	江山市劳动模范	江山市教育局

各级工匠一览表

表 6

序号	姓名	性别	备　注	序号	姓名	性别	备　注
1	郑肖飞	男	新时代浙江工匠(2021)	13	周　超	男	江山工匠(2017)
2	王　盛	男	新时代浙江工匠(2021)	14	王晋禹	男	江山工匠(2018)
3	徐建根	男	浙江工匠(2017)	15	毛小明	男	江山工匠(2018)
4	姜振军	男	浙江工匠(2018)	16	余良军	男	江山工匠(2018)
5	朱小泉	男	浙江工匠(2018)	17	陈　鑫	男	江山工匠(2018)
6	周建明	男	浙江工匠(2019)	18	陈祥顺	男	江山工匠(2018)
7	康水华	男	浙江工匠(2019)	19	郑肖飞	男	江山工匠(2018)
8	刘益民	男	江山工匠(2017)	20	封容平	男	江山工匠(2018)
9	徐则文	男	江山工匠(2017)	21	姜良贵	男	江山工匠(2018)
10	陈成俊	男	江山工匠(2017)	22	徐子忠	男	江山工匠(2018)
11	戴明文	男	江山工匠(2017)	23	资小军	男	江山工匠(2018)
12	王　飞	男	江山工匠(2017)				

共青团

【概况】 2021年，共青团江山市委围绕全市中心大局，主动承办全国县域共青团基层组织改革试点，积极参与项目征迁、全国文明城市创建、大型赛会志愿服务等工作，2次获得市委、市政府十大军规通报表扬，在衢州共青团系统年度考核中位列第一。

【改革试点】 入选全国县域共青团基层组织改革试点，以健全联系青年、服务大局的组织体系为着力点，通过改革创新团干部选用、团组织设置和运行、团员教育管理、领导保障等四大方面体制机制，提升基层团组织的组织力、引领力、服务力和大局贡献度。

【青年思想引领】 抓牢中国共产党成立100周年、纪念五四运动102周年重要契机，结合“三五”“五四”“七一”等时间节点，开展包含“铸魂、追梦、亲青、潮头”四大工程的“青春心向党·奋进新征程”系列活动，各级团组织开展主题鲜明的团（队）日活动50余场，覆盖青少年5.9万人次。

【青年大学习】 紧扣团中央“青年大学习”主题，以深入学习宣传贯彻中共十九大、十九届六中全会为主要内容，组织开展以“青年大学习”为主题的一系列网上主题团课、线下宣讲学习活动35期，全市青年累计参与学习超60万人次，不断推动团员青年的思想政治教育和党的最新理论落地生根。

开展主题团日活动

【8090新时代理论宣讲队伍】 发挥“团”字号青年讲师宣讲力量，依托青年之家、青年讲习所、红领巾学院等阵地，深入村社、学校、企业等基层一线开展“学党史、强信念、跟党走”“我在窗口写青春 大花园里讲全会”等主题的巡回宣讲，浓厚党史学习教育氛围，开展活动150余场，惠及群众3400余人次。

【“小蜜蜂”志愿者服务队】 做强擦亮“小蜜蜂”志愿者队伍品牌，通过注册成立“小蜜蜂志愿服务中心”组织、指派“两项计划”志愿者担任法人、项目化运作机制的工作模式，实现志愿服务常态化开展、全领域覆盖。“小蜜蜂”志愿者人数已超过1000人，全年常态化开展“助力创文”“疫情防控”“征地拆迁”等各类工作、活动和赛会志愿服务1393场、覆盖3.5万人次，志愿服务总时长59.49万小时。

【抓好青少年课外活动】 发挥青少年宫、青年之家等团属阵地作用，开展“童心向党”系列实践活动、“脑力无极限”校园智力运动对抗赛、江山市第十二届少儿声乐大赛等系列活动28场，累计参与学生达40616人次。以课外社团活动为抓手，联合青年学子联盟、市禁毒大队等相关部门单位开展“攻‘疫’更公益，把爱带回家”公益课堂、禁毒教育、防溺水知识宣传、“我是小小银行家”职业体验等活动，累计参与学生2200余人次。

【关注青少年成长】 全面、精准摸排困难大学新生，深入开展为期3个月的“爱心助成才·共圆大学梦”大学新生助学行动、雏鹰起飞希望工程助学计划，共发放助学金44万元，资助贫困中小学生、大学生88名；推动资源社会化配置，建立“江山市青年共富基金”，发动青年企业家协会、青年联合会、团属青年社会组织参与募捐，共发动2.1万余人次参与捐款，筹集资金22万余元。

（郑梦臻）

妇联

【概况】 2021年，江山市共有市、乡、村三级妇联组织328个，机关事业单位妇联组织43个，新领域妇联组织8个。全市各妇联组织团结引领广大妇女，围绕争当跨越式高质量发展共同富裕排头兵目标，自立自强、奋发有为，成功争列浙江省妇联巾帼助力山区26个县共同富裕试点，获评浙江省2021年度平安家庭建设优秀单位。14个单位及个人获衢州市级以上荣誉，19个家庭获评省级、衢州市级最美家庭。清湖街道妇联、健盛江山针织妇工委获省示范型乡镇（街道）妇联组织、新领域妇联组织荣誉。四都镇埠头村、峡口镇枫石村2个儿童之家被评为省示范型儿童之家。

【服务中心建设】 主动融入城东新城征迁、江东化工园区征迁，获首日签约率、腾空率“双百”佳绩。招商引资取得突破，成功引进投资1.2亿元的科晨电力项目、蔓芭网络科技项目。开展“四必访、四必知”助力基层治理专项行动，共走访摸排“四必访”对象8136人次，绘制家庭“三色”预警图，建立重点家庭档案600多份，为掌握村情、民情提供一手资料，发现并帮助群众解决实际问题4734个，在衢州市“四必访”工作考核中获一等奖。

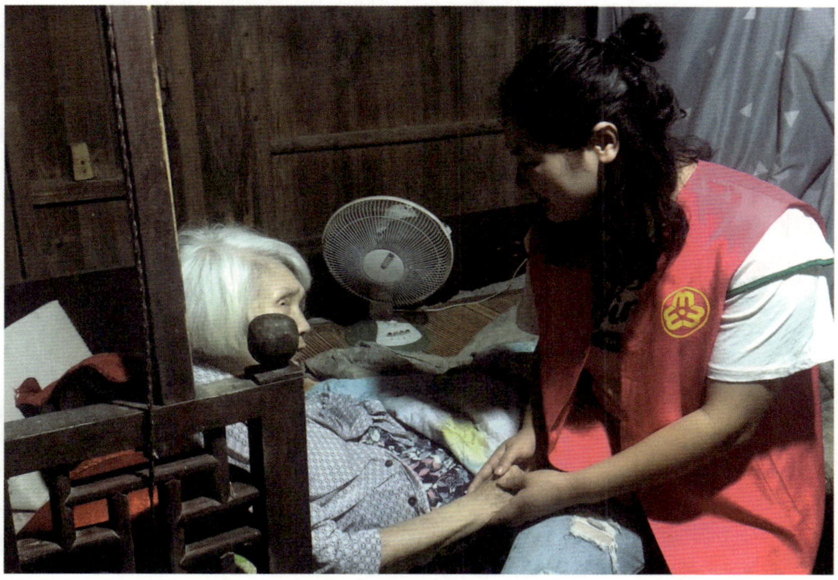

6月，“四必访、四必知”专项行动开展

【健全组织建设】 基层妇联与妇女群众联系更紧密，执委兼任专兼职网格员数占比超1/3。打造400多个执委联户网、妇女议事会等线下小微网格，200多个女性户主群、妇女姐妹群等线上妇女之家，真正实现打通妇联联系妇女“最后一米”。围绕新业态、新就业群体女性需求。在数字经济产业园建立全市首个两新领域妇联，在宝格商贸、迈微控股、冒个泡电商等企业建立妇女微家。社会组织培育进程加快。在女摄影家协会、聆听话廊、悦心理3家社会组织内新建特色妇女微家，通过同步开展组织建设与公益项目实施，指导女性社会组织建强。同时，举办巾帼8090新时代理论宣讲活动20余场，举办“学党史、强党性、跟党走”专题学习会暨基层妇联干部培训班，培训对象覆盖19个乡镇（街道）、308个村（社）妇联主席。

【助力“共富”活动】 聚焦妇女发展需求，谋划实施巾帼助力共同富裕“1233”行动计划，重点抓好妇女发展提标线、强底线工作。组织女企业家走进浙大实验室活动、女企业家话共富座谈会等，引领女企业家学习“未来工厂”先进经验，加快巾帼智造实施步伐。围绕巧手、美食两大主题，在 2021 中国 · 江山数字消防产业发展大会暨第四次江山人发展大会举办“妈妈的味道”江山传统特色小吃展，组织推荐 14 名妇女参加各级“妈妈的味道”美食展销活动，直接帮助妇女增收 10 多万元；推动来料加工行业提档升级，全年累计发放加工费 1.5 亿元。优化妇女创业就业环境，举办第四届妇联系统项目谋划擂台赛，线上线下举办妇女就业技能培训及专场招聘 36 场，提升妇女创业创新能力。

【抓好妇女维权工作】 一手抓宣传，一手抓维权，打造法律娘家人公益普法和律姐工作室专业调解两大品牌。主办女法官走进巾帼成长课堂、妇女维权案件公开庭审观摩、“法润万家、幸福同行”妇女儿童权益保护沙龙等活动 23 场，筑牢妇女群众学法信法、依法维权的第一道防线。支持“律姐工作室”队伍建设，通过增加购买服务，实现接访+调解 AB 岗轮转，增强调解活力。年内介入多起妇女儿童权益侵害案件调解、侦查、听证、审判工作，调解矛盾纠纷 53 起，帮助妇女挽回经济损失 100 多万元。江山律姐工作室获评浙江省首批婚姻家庭矛盾纠纷化解品牌工作室。

【拓展儿童服务设施】 投入 123 万元，建成示范型儿童之家 21 个，成为儿童校外、家外活动新阵地。争取浙江省“美好视界”儿童青少年近视防控项目试点，落实专项资金 60 万元，为 5000 名儿童青少年提供近视预防、治疗等服务。搭建公益创投平台，联动江山市女企业家协会、女摄影家协会、聆听话廊工作室以及滴水公益、启梦公益、阳光公益等社会组织，实施“阳光童梦教室”“为妇女儿童点燃心希望”“最美家庭全家福”“圆梦助学”等公益项目，服务妇女儿童 400 多人。以公益为纽带，对接省妇女儿童基金会等市外优秀公益组织，引进更先进的组织理念、公益理念等，促进江山市公益组织运行更规范、更专业。

【深化家庭文明建设】 选树各级最美家庭 40 户，文明家庭 20 户，举办“传承好家风、文明润江城”文明家庭暨最美家庭表彰会，开展“颂党恩、传家风”家庭教育系列活动、“颂百年风华、传红色基因——书香飘万家”亲子阅读活动、“晒晒我们的节日”随手拍等活动 13 场。深化生态文明实践行动，美丽庭院（一米菜园）四化提升评比活动贯穿全年，打造衢州市“一米菜园”精品线路 2 条、示范村 20 个、示范户 200 户，选树衢州市级以上绿色家庭 8 户，推动“美丽菜园”向美丽经济转变。

（姜建娇　袁小菊）

科　协

【概况】 2021 年，市科协履行“四服务”职能，打造科普平台，广泛开展科普宣传、学术交流和技术服务，为争当跨越式高质量发展共同富裕排头兵作出新贡献。8 月，江山市被列入 2021“科创中国”省级试点先行示范县。经申报和省科协推荐，11 月，中国科协明确江山市为全国科普示范县（市、区）创建单位。

【举办全国科普日活动】 围绕中国共产党成立百年，紧扣“百年再出发，迈向高水平科技自立自强”活动主题，牵头组织 30 多项科普活动，其中有 7 个科普日活动项目入选在全国科普日活动网站上进行展示。9 月 15 日，举办全省冷链、冻干食品、胚芽米等现代农业技术主题科普暨江山市全国科普日启动仪式，宁波市农科院农产品加工研究所所长凌建刚博士作“现代农业技术与农产品非热加工”主题科普报告，浙江星菜农业科技有限公司、江山市养蜂产业化协会就科技创新、科学普及等作典型交流发言。全国科普日活动期间，各基层科协和科普教育基地等单位结合自身实际广泛开展科普活动，共有 10 家单位被评为 2021 年衢州市全国科普日活动优秀组织单位，18 个活动被评为 2021 年衢州市全国科普日优秀活动。

【开展经常性科普活动】 与江山市传媒集团联办电视栏目《科普之窗》、电台栏目《科普园地》和报纸栏目《科普园地》，加强监督检查，对全市破损科普画廊统一进行了集中维修，确保全市近200个科普画廊正常运行。在全市45座科普e站中增加江山本地特色模块，开展网上科普宣传。完成“银龄跨越数字鸿沟”（累计开展96场专项活动，直接受益群众11593人次）、“‘我心向党·衢州有礼’党史+科普知识竞赛”、“你点我来”科普服务、助力“双减”和《加油！科学+》大型科普情景剧演出等上级部署的专项科普工作。

【加强科普工作制度建设】 与市财政局联合制定下发《江山市科普经费管理办法》，规范补助范围、补助标准和申报程序。办法规定实行科普项目申报制，鼓励各类组织开展科普宣传，通过项目申报以奖代补给予经费支持。制定出台《江山市科普画廊管理办法》和《关于进一步加强科普画廊等科普设施维护和管理的通知》，建立长效机制。

【建设科普设施】 年内，共有8家单位成功创建衢州市级科普教育基地；11家单位通过衢州市科普教育基地复评；4家单位申报创建省级科普教育基地。新建“健康县前安居之家”县前社区科普馆、浙江红盖头农业科技有限公司中药材（葛根、黄精）科普馆、江山市青少年素质教育拓展中心中医药科普博览园、江郎山景区丹霞地貌科普馆等科普场馆，补助建设资金20万元。

5月18日，衢州江山健康食品产业创新驿站成立

【搭建科技服务平台】 帮助浙江星菜农业科技有限公司与浙江省健康产品安全研究会对接，在中国（衢州）未来乡村大会上签订战略合作协议，成立衢州江山健康食品产业创新驿站。邀请电子科技大学长三角研究院专家赴江山欧派门业、冠旗纳米、科润智控、科力车控等重点企业调研指导，交流洽谈。邀请浙江中医药大学校长陈忠一行赴浙江三禾生物工程有限公司、浙江红盖头农业科技有限公司考察，开展技术指导并洽谈合作事项。衢州学院电子测量与自动化数控方向博士走访浙江天际互感器有限公司，双方就建立博士创新站、引进高层次人才等合作事宜开展交流。

【建设博士创新站】 新建博士创新站4家，有6家企业也在筹备申报博士创新站，其中联众蜜蜂产业研究中心、特圣建材、恒力电器已完成前期签约工作。新建浙江星菜农业科技有限公司院士合作项目1个。

【开展走访活动】 修订完善《江山市科学技术协会市级学会组织通则》《江山市科学技术协会团体会员管理办法》《江山市科协机关干部联系学会办法》等制度。明确联系学会的主要任务和工作要求，每位机关干部（包括挂职、兼职副主席）分别联系3—4家学会。4月，开展学会走访活动，每位机关干部按照分工走访负责联系的学会。走访内容包括掌握学会基本情况、学会活动开展情况及学会换届情况、学会优秀科技人才情况、学会党建工作情况等。对一些活动停滞、组织涣散、产业落后的“僵尸”学会进行淘汰和清理；对一些换届不及时、活动不正常、党建工作弱的要求限期整改；对一些组织活力强、作用发挥明显的学会组织重点扶持，做大做强。共淘汰、清理9家学会，新增1家学会，新建企业科协2家。养蜂产业化协会、消防协会建立党组织。

【加强向上对接】 7月和9月，邀请省科协学会部副部长周红阳、周振军分别到江山市指导“科创中国”省级试点先行示范县创建工作、“一县一品一会”工作。7月，举办江山蜂产业发展论坛，省蜂业学会副理事长兼秘书长郑火青副教授以及省级相关单位领导和专家参加活动，为广大蜂业企业及蜂农传授中蜂病虫害防治、电商销售蜂蜜等实用技术。9月，省蜂业学会到江山市开展助力江山蜂业科技服务活动，江山市科协与省蜂业学会签订《学会助力江山蜂业发展战略合作协议》。

【推荐优秀科技工作者】 推荐江山市猕猴桃产业化协会会长林庆柱为优秀农技协会长，《农技协会会长风采丨浙江省衢州市江山市猕猴桃产业化协会会长林庆柱》一文在《人民日报》客户端发布。推荐浙江星菜农业科技有限公司总经理叶玉芬获评2021年“科创中国”浙江省企业“创新达人”。

（吴梦颖）

工商联

【概况】 2021年，市工商联把握两个健康工作主题，围绕中心、服务大局，不断提升工商联工作水平和成效，获2020—2021年全国“五好”县级工商联、2021年度全省工商联突出贡献集体、全省清廉民营企业建设工作先进集体、2021年度衢州市工商联系统考核评价第一名等多项荣誉。

【实施江商永远跟党走工程】 3月，组织29位执委企业家赴嘉兴开展红色教育和学习交流，参观考察红船革命教育基地、浙江联翔智能家居股份有限公司、法狮龙智能化集成吊顶生产基地、秦山核电站和步鑫生改革纪念馆。聚焦商会党建，指导7个所属商会党组织抓好党建规范化建设，提升党建工作质量和水平，在全市两新系统星级认证中，7家商会党组织全部获评5星级支部。同时，加大优秀企业家培育，培养发展入党积极分子8名。

【实施青蓝接力接班工程】 5月19日，组织20余位新生代企业家赴塘源口乡洪福村实地学习，感悟红军吃苦耐劳、顽强拼搏、不懈奋斗的革命精神。全年共组织新生代企业家开展民营经济人士理想信念教育实践活动6次，推荐会员参加组织部、统战部、工商联组织的各项素质培训7场89人次，提升新生代企业家的经营管理水平和驾驭企业能力。成立市新生代企业家“弄潮儿”8090宣讲团，开展企业家座谈会精神的宣传及新生代企业家“弄潮儿”8090系列宣讲活动9场，以青春力量传播党的声音。举办6期青年企业家创业故事会，邀请上海、杭州商会青年分会的优秀青年企业家讲述创业故事、交流企业发展情况。

【实施营商环境优化工程】 与市营商办合作，坚持每月举办一期“亲清直通车·政企恳谈会”系列活动。先后走进新塘边商会、清湖商会、四都商会、峡口商会、纺织服装协会、机电装备协会、人民检察院，以圆桌会议的形式来助推各有关部门共同解决企业反映的痛点、堵点和难点，累计举办20场，收集各类问题和建议216个，其中现场解决56个，会后交办部门答复或解决160个，评出表彰“企业诉求办理十佳案例”。该项活动受到时任衢州市委书记汤飞帆的批示肯定，得到省工商联和江山市主要领导的大会表扬。

【实施清廉民企示范工程】 选取驰骋公司、天际公司、天蓬集团等30家有代表性的商会和执委企业，结合企业文化建设，培育各具特色的企业清廉文化基地。10月，衢州市清廉民营企业建设纵深推进会在江山市召开，市工商联和相关企业作典型发言，得到了衢州市纪委监委领导的充分肯定。驰骋公司获评衢州市级清廉民企示范点，市工商联获全省清廉民营企业建设工作先进集体称号。通过检察官联络室、诉讼调解与商会调解对接等机制，支持保护非公有制企业合法权益的各项政策法规落地落实。联合市相关律师事务所经常开展“法律体检”服务活动，通过“法治体检”进企业、进园区、进商会、进协会活动，为企业依法合规治理提供保障。联合市检察院开展“助企上市检察护航”活动，增强企业合规经营发展意识。发挥总商会法律维权中心作用，为企业提供免费法律咨询服务。开展警示教育，组织民营企业犯罪预防专题活动3次，“涉企案件庭审观摩”活动2次，发挥企业高管职务犯罪案件的警示威慑作用。

6月4日，知名浙商助力江山跨越式发展活动举办（李钊莹 摄）

【实施凝聚浙商回归工程】 结合“四好商会”的创建工作，全力做好异地商会筹建、日常运行和换届工作的指导和服务。落实2021年度异地商会招商引资考核奖励政策，兑现资金216万元。配合民政部门做好异地商会年检工作。协办历届江山人发展大会，重点做好杰出江商的评选、重点嘉宾的邀请和市内企业家的动员组织。举办2021商会会长“融衢通先导、城市赋能、产业创新、接杭”项目谋划擂台赛，聚焦乡村振兴、民生发展等重点领域，共谋划提出高质量项目12个，入库2个，其中《95号望郡会馆项目》进入全市项目谋划擂台赛预赛。清明节，召开春季商会会长、秘书长会议，宣讲家乡政策，凝聚发展信心。6月4日，举办知名浙商助力江山跨越式发展活动，省委统战部副部长、工商联党组书记陈浩带领浙商企业家30余人考察江山，为华夏村、达垟村授牌“知名浙商共建乡村振兴共同富裕示范点”。开展选树和表彰20位“杰出江商”的典型人物，评选表彰一批“四好商会”“优秀秘书长”“招商引资（东西部协作扶贫）先进集体”“抗疫先锋”等。10月，筹建成立江山市数字消防新生代企业家联合会。

（吴欣悦）

江山市寓外商会一览表

表7

序号	名　称	会长	序号	名　称	会长
1	江山市北京商会	王绍华	22	江山市海南商会	郑晨风
2	江山市天津商会（筹）	万　里	23	江山市重庆商会	祝文彬
3	江山市石家庄商会	毛树林	24	江山市川藏商会	陈水平
4	江山市山西商会	杨克勤	25	西藏（浙江）江山商会（筹）	叶恭良
5	江山市内蒙古商会	徐建生	26	江山市贵州商会	朱柳才
6	江山市辽宁商会	周达中	27	江山市云南商会	陈法清
7	江山市长春商会	姜发军	28	西安市江山商会	姜　健
8	哈尔滨市浙江江山商会	姜惠承	29	江山市甘肃商会	余成欣
9	江山市上海商会	姜永芳	30	西宁市江山（浙江）商会	王浪峰
10	江山市南京商会	郑兴华	31	乌鲁木齐江山商会	毛岳泉
11	江山市安徽商会	洪仁才	32	杭州市江山商会	黄河清
12	江山市福建商会	刘荣飞	33	江山市宁波商会	徐衍修
13	江山市厦门商会	余成雄	34	江山市温州商会	石卉林
14	江山市江西商会	陈建刚	35	湖州市江山商会	毛　伟
15	江山市济南商会	赵锡刚	36	江山市嘉兴商会	段月好
16	江山市郑州商会	郑咸立	37	绍兴市柯桥区中国轻纺城江山商会	王鑫海
17	江山市湖北商会	王智军	38	金华市江山商会	黄河清
18	江山市长沙商会	吴绍根	39	义乌市江山商会	祝根红
19	江山市广东商会	王奕旺	40	江山市舟山商会	姜健勇
20	深圳市浙江江山商会	金景全	41	江山市台州商会	曾日明
21	江山市广西商会（筹）	潘孝礼	42	江山市丽水商会	曹明海

文 联

【概况】 2021年，市文联组织和指导各文艺协会围绕市委、市政府中心工作，多次开展采风、创作、文艺宣传活动；全年办好《仙霞》季刊5期（其中一期为建党百年专题增刊）、《江山市少年作家报》2期；截至年底，市文联所属文艺协会共有国家级会员18名，省级会员104名；获浙江省、衢州市2021年度文联系统先进集体称号。

【庆祝“建党百年”系列文艺活动】 举行庆祝中国共产党成立100周年系列活动。开展江山市“辉煌与梦想”主题征文、“百年岁月·江山多娇”江山市庆祝建党百年艺术作品展，6月22日，在江山体育馆举办“百年风华·红色江山”文艺晚会。同时，发挥文艺宣讲优势，以群众喜闻乐见的形式，学习贯彻中共十九届六中全会精神。12月7日，衢州市美协、衢州市音协、江山市文联联合组织“共绘美丽乡村·同唱美好生活”十九届六中全会精神“六讲六做”文艺宣讲小分队走进石门镇江郎山村。

【推进“双百千村”文艺工程】 推进“双百千村”工程，创建文艺特色村、“文艺创作基地”，为文艺家深入生活搭建平台。各文艺家协会与创建衢州市特色文艺村结对，进行对口辅导帮扶，开展志愿服务，打造文艺特色。全年，共创建衢州市文艺特色村5个（勤俭村、凤凰村、清漾村、芳源村、城北社区），衢州市特色文艺提升村3个（清湖三村、溪底村、浔里村）。

【与省电影家协会“结对提升”】 开展与浙江省电影家协会结对提升工作，4月26日至27日，省影协文艺志愿服务小分队深入浙江锦上影视公司、浙江飞尔梦文化传媒公司、多米电影公社、星宇影视公司等江山影视企业开展“多娇江山”微电影提升工作。中国网络影视编剧联盟主席骆烨，中国美术学院影视编导系副教授、导演祝海贝，后期制作特效师赵善磊等专家对锦上影视的《映山红》剧本、飞尔梦《不老泉》宣传片后期制作进行指导。

【打响生态文学品牌】 围绕浙江省钱塘江诗路文化带建设，谋划浙闽赣皖四省边际生态文学联盟项目。与周边四省边际15个县（市、区）文联和作协建立文学联盟，打响全国生态文学品牌。10月30日至11月1日，中华文学九城笔会·江山如画暨第一届中国首家生态作协作家协会发展论坛在江山市举行，中华文学杂志社领导班子成员和来自全国各地20多位知名作家，以及20多位江山生态作家协会会员代表出席发展论坛，就“绿色生态”主题发表见解，分享交流写作心得。

【文艺志愿服务丰富多彩】 春节期间，组织戏协、书协、摄协、作协、民协等文艺骨干开展“放歌新时代，文化进万家”系列活动，为村民写春联3000多副。到农村文化礼堂开展送演出、春节拍全家福等文艺志愿服务200多人次。

【“出人才、出作品”硕果累累】 全市在国家级展赛入选、入展及发表的作品达80多件，赵晖的中篇小说《姑妈的子弹》刊登在《人民文学》，王明芝摄影作品入选第28届全国摄影艺术展。6月，周建新加入中国作协会员，周建新的革命历史题材长篇小说《红岩顶》出版发行。继续兑现江山市个人出版文艺著作奖励，共7本文艺著作获得奖励。

【乡镇文联全覆盖】 根据省文联和衢州文联要求，推进乡镇文联建设，截至12月5日，全市19个乡镇（街道）文联全部成立，在衢州各县（市、区）率先实现乡镇（街道）文联全覆盖。

【开展“文艺清风”行动】 9月中旬，市文联召开“修身守正·立心铸魂”主题座谈交流会，各文艺协会主席（会长）对照职业道德和行风建设要求开展座谈交流。与会艺术家代表向江山文艺工作者发出《修身守正·立心铸魂——致广大文艺工作者倡议书》，并进行签名活动。市文联和各协会依托职业道德和行风建设规范，以点带面、层层辐射，推动文艺队伍更加健康发展。

（朱定一）

附：

2021年出版作品

《野豌豆的春天》

作者：李萍。2021年2月出版。

作品简介：本诗集收集作者近几年来创作的200多首现代诗，主要抒写对江山市自然生态、人文风俗以及对新时代新生活的赞美与热爱，讴歌家乡的美好生活和新时代的新气象。本诗集反映家乡“幸福江山”建设中人们的幸福生活，所描绘的人、事、物具有江山地方特色，弘扬真善美，体现新江山精神。

《追逐太阳》

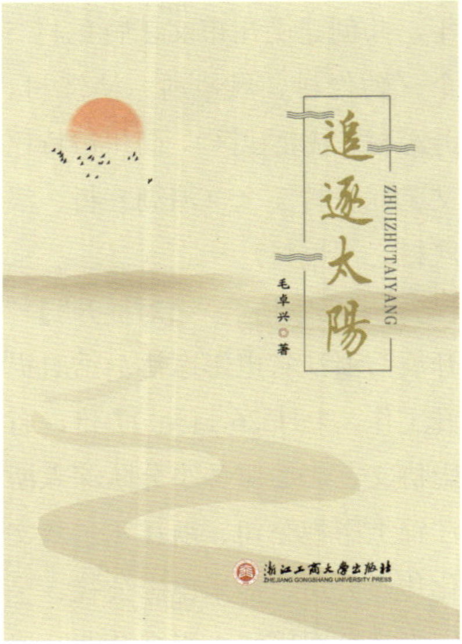

作者：毛卓兴。2021年3月出版。

作品简介：《追逐太阳》是一本散文集，收录作者各个时期的散文作品66篇，编成8个专辑，共计38万字。作品内容既有江山的风土人情、历史风云和变革变迁，也有结合自身的工作经历，反映这些领域发生的重大事件和那些难忘的人和事。

《红岩顶》

作者：周建新。2021年3月出版。

作品简介：1935年4月，国民党派重兵围剿在浙闽赣边界的江山山区红岩顶一带打游击的红军挺进师二纵队，二纵队受重创，队长和政委牺牲，第6支队指导员肖国标身负重伤，被山民廖春龙、廖春虎兄弟营救。肖国标痊愈后，找到了重建的二纵队，继续在红岩顶一带山区打游击。成立中共江浦县委后，担任县委组织部部长的肖国标和县委书记宣恩金以收购山货为掩护，秘密发动群众，建立贫农团、发展党组织，积极开展斗争。

《峡里吹来清凉的风》

作者：祝龙光。2021年6月出版。

散文集《峡里吹来清凉的风》，全书15.2万字。本书收录40余篇文章，有30多篇是宣传江山的。反映家乡的青山绿水，讴歌生态文明，如峡里清风、双潭碧水、秀峰之美等；记载红色文化，再现党和红军在江山浴血奋斗的历史；发掘名镇古村历史，宣传弘扬其深厚的文化积淀；记录江山人民在抗疫斗争中的事迹，歌颂他们团结一心、众志成城、无私奉献的精神；宣传江山巨变与部分特产。

《山里人》

作者：唐晋枫。2021年9月出版。

作品简介：本作品集收录130篇文章，包括抒情散文50篇、哲理散文42篇、记人散文8篇、诗歌15首、歌词15首，分编为醉乡愁、思无邪、问桃李、吟自在、歌性情5个篇章，每个篇章自拟

一联，以表题中之义及创作初衷。作品写的多是与个人生活有关联的故事，有关于家乡风情的记录，有关于自然风物的描写，有关于对人性的思考。文中所表达的情感，源于对人与自然相互关系的理解，对过往人生的解读，以及对生命价值的审美。

《生命的雕凿》

作者：杨建。2021年11月

出版。

作品简介：这是一部散文集，收集119篇在各级报刊上发表过的散文作品。全书设六个部分，写的是家乡山水、家乡人，抒的是故乡情、故土情，怀的是乡土情、乡愁情。是歌颂祖国、弘扬正能量的原创作品，具有鲜明的江山地域特色。

2021 年度江山市省级以上获奖文艺作品一览表

表 8

序号	作者	获奖作品名称	获奖时间	类别或体裁	获奖品级	授奖单位	备注
1	黄江龙　蔡　农 王子恩　姜　燕	篆刻作品	2021 年 1 日	篆刻	入展奖	浙江省书法家协会	万山红遍·庆祝中国共产党成立 100 周年——浙江省书法篆刻百家大展
2	黄江龙　蔡　农 王子恩　姜　燕	篆刻作品	2021 年 6 日	篆刻	入展奖	浙江省书法家协会	艺“心”向党浙江省书法篆刻刻字展
3	王子恩	篆刻作品	2021 年 8 日	篆刻	入展奖	浙江省书法家协会	“陆维钊奖”浙江省中青年第九届书法篆展
4	徐雪良	行书作品	2021 年 8 日	书法	入展奖	浙江省书法家协会	“礼赞百年·翰墨清风”全国清廉书法作品展
5	郑荣林	风景	2021 年 7 日	水彩	学术奖	浙江省美术家协会	浙江省第 16 届水彩粉画展
6	祝雪生	《天外黄宫》	2021 年 6 日	摄影	入展	中国摄影家协会	“中国世界遗产地”全国摄影大赛
7	张国林	《故乡的小河》	2021 年 4 日	摄影	入展	浙江省文联	春水如蓝——钱塘江诗路影像展
8	汪雪涯	《廿八都方言地理》	2021 年 4 日	(肖像+视频)	入展	浙江省文联	春水如蓝——钱塘江诗路影像展
9	毛巧媛	《妈妈的那碗大陈面》	2021 年 4 日	摄影	入展	浙江省文联	春水如蓝——钱塘江诗路影像展
10	汪雪涯	《我非我》	2021 年 9 日	摄影	(国家级)入展	第九届大理国际影会展组委会	第九届大理国际影会展
11	汪雪涯	《风筝》	2021 年 11 日	摄影	(国家级)入展	2021 丽水摄影节展组委会	2021 丽水摄影节展
12	毛巧媛	《行吟的树谣》	2021 年 9 日	摄影	(国家级)入展	平遥国际第 21 届摄影大展组委会	平遥国际第 21 届摄影大展
13	汪雪涯	《公共卫生间》《下姜村》《库坑》	2021 年 11 日	摄影	入展	浙江省文联、浙江省摄影家协会	浙江展览馆红色风景展
14	毛巧媛	《意象库坑》《库坑人的中元节》	2021 年 11 日	摄影	入展	浙江省文联、浙江省摄影家协会	浙江展览馆红色风景展
15	朱锡群　杨　顺	《大陈见面》	2021 年 4 日	沉浸式音乐剧	省级	浙江省文化和旅游厅	2020 浙江最受欢迎原创演艺节目
16	江山市春之声合唱团	《追寻》	2021 年 5 日	合唱	全国银奖	中国合唱协会	“红船颂·南湖情”2021 百团庆百年全国合唱汇演

续表 8

序号	作 者	获奖作品名称	获奖时间	类 别或体裁	获奖品级	授奖单位	备 注
17	江山市爱乐合唱团	《在灿烂的阳光下》	2021 年 6 日	合唱	浙江省金奖	浙江省文化和旅游厅	“迎建党百年·享美好生活”浙江省群众合唱大赛
18	刘世华　祝建荣	《和和美美》	2021 年 9 日	木雕	银奖	中华人民共和国文化和旅游部、中国国际贸易促进委员会、浙江省人民政府主办	16 届中国义乌文化和旅游产品博览
19	祝建荣　刘世华	《达摩》	2021 年 11 日	木雕	铜奖	中国林业产业联合会、中国工艺美术学会主办	14 届中国义乌国际森林产品博览会“中工杯”创新设计大赛
20	胡德辉	《盛世华诞，党在我心》	2021 年 10 日	剪纸	铜奖	全国文艺工作者联合会	
21	涂　娟	《山花烂漫庆百年》	2021 年 5 日	剪纸	铜奖	浙江省文化馆	2021 浙江省喜迎建党百年“红船精神”剪纸作品大赛
22	涂　娟	《全域党建，红动江山》	2021 年 5 日	剪纸	优秀奖	浙江省文化馆	2021 浙江省喜迎建党百年“红船精神”剪纸作品大赛

残　联

【概况】 2021 年，江山市残疾人总数为 3.86 万人，占全市总人口的 6.36%。持证残疾人有 21158 人，其中视力残疾 2105 人，听力残疾 3621 人，言语残疾 270 人，肢体残疾 9001 人，智力残疾 2212 人，精神残疾 3071 人，多重残疾 878 人。年内，向上争取项目资金达 6120 多万元，争取到全省 1000 万元竞争性奖励资金，获“十三五”期间“全国残疾人工作先进单位”荣誉称号。匠心残韵工坊获省“十三五”残疾人工作先进集体称号。成功创建省级无障碍社区和省级规范化儿童康复中心各 1 个，完成全市 2.1 万名残疾人三代证换发工作；在衢州市各县（市、区）年度综合考核排名第一。江山残联党史学习教育的做法被中央《党史学习教育简报》第 202 期大篇幅刊发，入选全省党史学习教育“三个我为”最佳实践案例。

【完成为民办实事项目】 投入 300 万元资金用于儿童康复中心的规范化提升，项目完成后，为全市 110 多名 0—8 周岁残疾儿童提供康复训练等基本康复服务，完成指标任务 123%，通过省级评估验收。投入 60 余万元，完成全市银行、宾馆、商场、超市、菜市场等 17 个重点公共场所进行无障碍环境改造。出台残疾人免费乘坐城乡公交车政策，为全市 2 万多名残疾人投保《残疾人意外健康保险》，年度理赔达 531 人

8月29日，"智慧助残"应用亮相省新闻发布会

次，理赔金额达184万元；为235名听力残疾人免费发放总价值近23.85万元的助听器；为402名残疾人大学生或残疾人子女发放助学资金115万元。

【残疾人服务综合集成改革】 市残联在市委、市政府的高度重视下，围绕助残服务一件事集成改革，创建残疾人全周期管理服务系统，开展"智慧助残"应用，在全省第一次数字化改革例会上作典型发言，得到省委和省政府主要领导的点赞；在省委改革办《领跑者》第5期上刊登做法；"智慧助残"应用作为全省数字化改革重大应用成果亮相省新闻发布会，人民网、"学习强国"30多家媒体进行专题宣传报道。省委副书记黄建发、副省长王文序分别到江山调研，对残疾人服务数字化改革给予批示和肯定；国务院办公厅到衢州专题调研江山残疾人数字化改革的做法；"智慧助残"应用列入全省数字化改革最佳应用名单，全省残联系统开展共享，得到衢州市委书记的批示和肯定；在全省群团工作会议暨数智群团建设工作会议上江山作为全省唯一一个县市区代表在会上介绍江山数智群团改革的做法和成效。残疾人服务综合集成改革项目获省改革突破奖铜奖。

【精准康复服务】 超额完成全年综合目标任务，全年投入资金约700余万元。为全市残疾人提供基本康复服务10699人；辅具服务801人，完成辅助器具发放828人/次。"阳光康护·家庭病床"建床725张；持证残疾人家庭医生签约19453人，签约率92.7%，其中重点人群签约6058人；推荐输送康复师、康复协调员等参加省、市各级业务培训班50余人次。成立家长学校，举办"智力残疾儿童家庭康复训练""脑瘫知识普及""心理健康讲座"等培训班，培训家长100多人次。疫情防控期间，为500多名精神残疾人免费送药上门服务，送药次数50余次，覆盖全市19个乡镇（街道）。

【就业创业帮扶】 以帮扶残疾人就业为重点，举办首届残疾人创业创新项目大赛，有24个优秀项目入围江山市首届残疾人创业创新项目大赛，6名选手在衢州市创业创新大赛上获奖。以数字化改革为牵引，研究制定残疾人就业服务提升计划，出台就业新政、创业飞地和创业基地建设。借助衢州财经学院、衢州第二中专等优质培训资源，邀请专业师资团队，举办非遗、直播带货、机械自动化数车等项目，共有110余名残疾人参加。推荐17名残疾人参加省、市级技能培训。全市共新增残疾人就业355人，新增残疾人就业培训394人次。

【打响扶残助残品牌】 以数字化改革为牵引，投入1000多万元资金，强化党建、数字、就业、康复、文体、爱心六大赋能，打造江山版“残疾人之家”品牌。创建“残疾人之家”24家，其中五星级2家、四星级6家、三星级12家，为454名残疾人提供生活照料、康复训练等服务；全市22个机关支部结对残疾人之家，开展党员志愿服务536人次，帮扶资金5万多元。建立共享辅具驿站24家，让残疾人在家门口就能够享受到辅助器具服务。

【残疾人文化体育】 10月，在西安市举行的全国第十一届残运会暨第八届特奥会上，江山籍运动员、浙江省聋人女子篮球队队长周晨佩率队勇夺全国第十一届残运会金牌，为浙江代表团赢得第100枚金牌，得到省政府通报表彰；江山籍运动员还在特奥会乒乓球项目中取得3银8铜的好成绩。推荐8名运动员参加国家草地掷球队，备战2022年杭州亚残运会。举办江山市第四届残疾人运动会暨首届“残疾人之家”趣味运动会，参加“建党100周年文艺汇演”比赛，组织开展摄影、书法比赛。

【残健共融取得新突破】 以开展庆祝中国共产党成立100周年系列活动为重点，以全国文明城市创建为契机，依托“南孔助残联盟”、8090新时代理论宣讲团以及社会公益组织，开展第31次全国助残日、第30个国际残疾人日、第5个全国残疾预防日、江山市残联成立30周年等活动，全年50多篇助残报道被“学习强国”、浙江卫视等媒体采用，形成全社会合力助残的良好氛围，江山残联获衢州市8090新时代理论宣讲工作成绩突出集体称号。

（毛心逸）

红十字会

【概况】 2021年，江山市共建有乡镇、街道红十字会19个，学校红十字会40个，志愿者队伍3支，注册志愿者103人。培训红十字救护员2440人次，普及救护知识2.49万人次。向北川县捐赠社会力量助力东西部结对帮扶爱心款230万元。

【开放红十字生命教育体验馆】 建成衢州市首家县级红十字生命教育体验馆。展馆共两层，面积1800平方米，由“生命教育体验区、公共安全体验区”两个主题展区组成，共有23个可参观与体

3月12日，衢州市首家红十字生命教育体验馆建成

验的项目。场馆主要面向社会青少年学生群体，通过与教育部门合作，按计划指导学校学生在周末进入馆内进行参观体验。在疫情影响开放的情况下，全年累计接待参观体验人员2400余人。

【安装 AED（心脏除颤仪）】 完成衢州市民生实事项目落地任务，在政府机关、景区、大型商场、交通枢纽等人流量大的公共场所安装救命神器AED（心脏除颤仪）20台，对安装单位的操作人员进行红十字应急救护技能和AED使用培训。

【器官遗体、造血干细胞捐献】 开展生命关爱宣传工作，全年成功实现器官捐献1例和遗体捐献3例；实现造血干细胞捐献1例；为5位重病患者带来生命延续或重见光明的希望。

【建设基层综合应急救援队伍】 与应急局、乡镇（街道）合作，成立石门、清湖、峡口和江郎山景区4支基层综合应急救援队伍，日常开展技能培训、应急演练、战时备勤等工作，应对各类突发灾害事故。

（严　君）

法　　治

政法委与综治

【概况】　2021年，江山市委政法委全力以赴防风险、守底线、保平安、促发展，推进政法队伍教育整顿，强力护航中国共产党成立百年大庆，平安建设各项举措落实落地，数字法治系统建设持续深化，基层治理现代化加快推进，政法事业实现新发展。全年政法系统获衢州市级以上荣誉120余项，23个集体和62名个人受到立功嘉奖。江山市被省委、省政府命名为2021年度平安县（市、区），平安江山建设实现“十二连冠”夺金鼎目标。

【护航中心发展】　围绕土地征迁、项目推进、老旧小区改造等重点工作，综合运用风险评估、项目检察官、网格警务、决策事项合法性审核等机制，服务保障城东新城征迁、万商破产处置等重大项目平稳推进，完成市级重大决策社会风险评估70多个。坚持以法治思维和法治方式深入推进涉法涉诉信访案、重点信访积案处置化解，发挥调解专家、人民调解志愿者等队伍作用，加强“两难”问题联动机制运用，深化诉源治理，推动信访案事件依法妥善化解。研究制定《江山市常态化开展扫黑除恶斗争实施办法》，督促指导行业部门严格落实行业监管责任《十条措施》，持续打好“扫黑除恶+树正打歪+行业治乱”组合拳。组织政法干警深入联系乡镇（街道）、村社网格、企业开展服务，参与疫情防控、创文创卫等中心工作，在克难攻坚中展现政法担当。

【平安江山建设】　完善风险闭环管控大平安机制，聚焦电信网络诈骗、道路交通、消防安全、安全生产、危化品、企业欠薪等12大领域，开展平安建设突出问题专项整治，建立问题隐患、责任、整改、销号、处罚“五张清单”，全力推动“遏重大”攻坚行动，累计排查各类企业场所4000多家（次），排查整改问题5000多项，完成省市县三级挂牌督办重大安全隐患107处。用好平安考核“指挥棒”，加大常态督查督导力度，开展平安日报月报分析，强化动态预警和指标控制，高质高效完成22个场所50多处省、衢州市平安暗访检查问题整改提升，未发生较大及以上安全生产事故。利用江山信息网、电视台、户外大屏等平台资源，开展全方位、多层次、宽领域的平安创建宣传，先后向群众印制发放“平安三率”宣传折页10万余份、发送平安宣传短信60万余条等，有效提高群众知晓率、参与率和安全感满意率。

【深化基层治理】　推进“141”体系迭代升级，推动“152”和“141”衔接贯通，提升社会治理体系和社会治理能力现代化水平。系统整合矛调中心和大联动中心，建成集信访和矛盾纠纷调处化解、社会治理事件处置、社会风险分析研判等“六大功能”为一体的社会治理中心，成功承接11月8日全省“县乡一体、条抓块统”现场会中心改革成效展示任务；探索多跨场景应用开发，谋划多跨场景12个，承接省级重大应用的子应用建设任务4个，其中社会治理全域感知系统在“浙政钉”和数字法治门户上线，综合指挥调度应用场景入选省级指定场景揭榜认领项目，被省委政法委列入第一批最佳实践案例清单。推进基层治理四平台“4+N”模块迭代升级，出台规范化建设《指导意见》，建强乡镇（街道）综合信息指挥室；构建形成基层治理现代化“清湖模式”，获评浙江省2021年度有辨识度有影响力法治建设成果，在全省“县乡一体、条抓块统”衢州现场会上全面展示，为全省提供可复制可推广的江山经验，得到省委书记袁家军批示肯定。谋深做实“网格+”融治理文章，持续深化“网格+代表”“网格+警务”“网格+气象”等“网格+”治理工作，创新网格“一讲三评”工作机制得到时任衢州市委书记汤飞帆批示肯定，并在全市推广。

【防范化解风险】 聚焦中国共产党成立100周年维稳安保主线，围绕各级“两会”、党代会、江山人发展大会等重要节点，实体化启动市维稳工作专班，统筹推进全市面上维稳安保工作，牢牢守住“六个严防”“三个确保”目标底线，全年启动重大活动维稳安保等级响应146天，组织开展“8+X”部门情报会商50余次，编发专班要情专报、信息零报告200余篇，发布专班预警信息120余条。坚持抓早、抓小、抓苗头，督促指导属地乡镇（街道）、责任部门做好重点人员教育疏导稳控等工作，常态化推动重大矛盾纠纷、重大不稳定问题滚动摸排化解，提高突发事件应急处置能力，处置化解涉房地产领域、涉环保问题、涉债权纠纷、“双减”等一批重大问题隐患，维护社会大局安全稳定。

【开展教育整顿】 落实中央和省委总体部署，开展政法队伍教育整顿，成立由市委书记挂帅任组长的市政法队伍教育整顿领导小组，市级层面和各政法部门分别组建实体化工作专班，统筹工作推进。围绕“四项任务”、突出“三个环节”，坚持将党史学习教育与政治教育、警示教育、英模教育融合推进，市委书记亲自为政法干警讲授专题党课，带头开展谈心谈话；纪委书记上廉政教育课，提高政法干警法纪意识、廉政意识；开展“我为群众办实事”爱民实践活动等，累计开展集中学习120多次，参学2万余人次，撰写心得体会1350篇，干警受教育率达100%。紧盯“六大顽瘴痼疾”，靶向整治严抓“关键少数”，把整治队伍突出问题与解决执法司法突出问题有机结合，发放《致全市政法干警及家属的一封公开信》，动员政法干警主动讲清违法违纪问题，累计开展领导干部“五必谈”1500余人次，自查问题3000多个，多名政法干警主动交代违纪违法问题。

（徐 哲）

公 安

【概况】 2021年，获上级荣誉90项，贺村派出所被评为“全国青年文明号”，刑侦大队被省委政法委评为“执法办案成绩突出集体”，2名民警立个人二等功，11名民警和2个集体立三等功，3名辅警获二等治安荣誉勋章。

【推进安保工作】 围绕中国共产党成立百年安保这一主线，牢固树立“党政未呼、公安已应”的大局观念，聚焦土地征迁、农房整治、人大代表换届选举等中心工作，主动担当、靠前服务，妥善处置上余垃发项目欠薪、邦尔骨科医患、“6·7”煤气自杀等突发事件，约谈训诫重点对象52名，打击恶意破坏、寻衅滋事等违法犯罪人员11名，排查化解矛盾纠纷258起，对一名阻挠节水改造工程人员予以刑事拘留。在城东新城和江东化工园区征迁中，发挥职能优势，助力签约攻坚。开展涉企经济犯罪专项治理行动，查处案件8起19人，挽回

8月3日，市委常委、公安局局长郑东清（左二）到火车站检查指导疫情防控工作

企业损失850万元。完成省委省政府主要领导到江山、江山人发展大会等安保警卫任务60项。

【疫情防控工作】 常态化开展疫情防控，启动战时机制，成立领导小组，精密智控、区域协查管控、社区封控、集中隔离医学观察工作专班实体化运作。

【创新治理模式】 坚持和发展新时代“枫桥经验”，不断推动“网格警务”向广度和深度发展，创新打造“扫矛盾攻坚队”“驻所一站式调处中心”等模式，构建“民转刑”案件“1463”防控体系。打造“清湖模式”，推动“县乡一体、条抓块统”改革经验，相关做法得到省委书记袁家军、衢州市委书记汤飞帆等领导的肯定。全年，公安信访总量同比下降10.3%，矛盾纠纷首次调处成功率达97.16%，纠纷受（立）案率为2.46%。公安部6件和省厅12件信访交办件实现“双清零”。

【坚持扫黑除恶】 以扫黑除恶常态化为龙头，部署开展“断卡”“净网”“清网扫楼”等专项行动，高压严打涉黑涉恶、电信网络诈骗、跨境赌博、黄赌毒、食药环等违法犯罪活动，打击各类违法犯罪嫌疑人2963名，查封、扣押、冻结涉案财物1.7亿元，电诈案件发案量同比下降20.03%，“国家反诈中心”App安装率29.6%，预警劝阻250次，追赃挽损600万元。侦查中心顺利通过省厅验收，推动警务资源高度融合，“组团队、打团伙”兵团作战模式更趋完善、效果突显，破获“7·12”涉黑、“8·25”跨境赌博、“8·17”骗取出口退税、“3·1”偷越国（边）境等一批大案要案。

【优化执法服务】 牢固树立“执法为民、执法为警”的执法理念，严格落实“规范+感情+大胆=满意”的执法标准，以“六大重点”为核心，持续深化“教科书式执法”创新实践活动，民警执法素质不断提升，处警回访满意度99.57%，伤害类案件调解率64.5%，同比上升7个百分点，政法一体化单轨制协同率实现100%。开展“我为群众办实事”实践活动，组建“警花帮帮团”，推出“八办”便民服务措施，“云上落户”助推无户口人员在衢州地区率先“清零”，连续31个月保持满意率、实现率“两率双百”，公安服务质量全面提档升级。

【维护道路交通安全】 持续深化道路交通安全大会战，常态化启动道路交通事故防控一级响应长达172天，市道安办实体化运作，发挥“两办一问”（交办、督办、问责）抓总作用，打好“违法查处+隐患整治+安全宣传”组合拳，全警参战“创文”“高峰护岗”等行动，全年共查处各类交通违法行为32.26万起，排查整改交通隐患点1596处，同比上升281%，亡人事故同比下降11.43%，基本实现“防重大、控较大、减总量”的工作目标。创新推行村居网格“实名曝光”、企业员工“双重处罚”、运输行业“黑榜清退”、校

10 月 14 日，户籍民警进敬老院为五保老人补办身份证、户口本等

园班级“评优挂联”四大硬核举措，实名曝光 150 期 1.6 万人次，外卖和运输行业辞退严重违法驾驶员 18 名，电动车头盔佩戴率达 99%，60 周岁以上亡人事故同比下降 17.02%，推动文明出行从“他律”到“自律”转变。

【数字化改革创新】 公安数字化改革步入“快车道”，投入 2260 万元完成“智慧警务”项目二期建设，新增人脸、车脸等前端感知设备 1338 路，建设数量位列衢州第一，基本实现城区和乡镇重要部位全覆盖，迭代升级公安视频图像智能应用平台，汇聚就医、水电等社会数据资源 1670 余万条，圆满完成省厅人员流动精密智控系统“一人一档一码”应用试点任务，以全省第二、同类第一的优异成绩通过验收，协助组织、旅发、农商行等单位开发“资格联审”“云闪兑”等场景应用，研制“民转刑”案件防控、重点人员实时预警、校园安全预警等实战模型，实现眼睛更“亮”、大脑更“强”的改革效果。

【警队建设】 秉承“队伍至上、抓人促事”的理念不动摇，高质量开展党史学习教育、“三能”主题教育实践活动和辅警队伍“三学三提升”教育实践活动，保持“严管+厚爱”双轨并进，以“六层五级”党风廉政建设主体责任层级管理制度为载体，打造忠诚、干净、担当的过硬公安铁军。坚持严的主基调，政法队伍教育整顿各项工作得到中央督导组和省委驻点指导组的高度评价，创新“六全谈话”模式作为衢州地区唯一代表赴省交流发言，“体检”发现并整改问题 3043 个，精准运用执纪监督“四种形态”处理人员 28 名，同比下降 22.2%。坚持用心爱警暖警，开展执法审核、水域救援、“3+X”警体技能等练兵活动，全警综合素质能力得到提升；14 名中层提拔任用或调整至重要岗位；开发区所乔迁新址，江郎山所和交警中队新建、城中所新建和坛石所改造等重大基建项目快步推进；更新执法执勤用车 6 辆；跑步机、热水宝等“暖心小件”实现基层所队全覆盖。

（徐晟昊）

检　察

【概况】 2021 年，市检察院全力服务发展大局、保障民生民利、深耕监督主业，强化自身建设，各项检察工作取得新突破，先后获国家级荣誉 2 项，省级荣誉 5 项，衢州市级荣誉 8 项。

【营造最优法治化营商环境】 组织全院干警深入经济开发区、社会治理中心开展“大学习、大调研、大走访”活动，了解掌握企业生产、项目推进和社会治理等基本情况，精准谋划年度工作重点。联合市发改局发布《关于开展“项目检察官”活动的通知》，由班子领导、员额检察官“一对一”联系 18 个重大项目，聚焦项目建设和推进中的涉法问题，开展走访调研 82 次，发现并推动解决项目进展中的困难问题 21 项。

发挥检察职能在优化营商环境中的作用，紧盯合同诈骗、串通招投标、骗取出口退税等严重破坏市场经济秩序的违法犯罪，依法批捕、起诉犯罪嫌疑人 6 件 20 人。落实最高检关于办理涉企案件“能不捕的不捕，能不诉的不诉”的要求，对 8 名犯罪情节轻微的企业人员作出不捕或不诉决定，监督撤案 2 人，建议对 3 名犯罪情节较轻的企业人员变更强制措施。选派员额检察官走访重点企业，开展法律宣讲，预防涉法风险。

12 月 8 日，市检察院开展“远离学生欺凌 走向美好未来”2021 年法治宣传教育活动

【护航建党百年安全稳定】 批捕刑事犯罪嫌疑人 148 人，起诉 552 人。其中，暴力型犯罪 87 人，侵财类犯罪 120 人，电信网络诈骗犯罪 26 人，帮助信息网络犯罪活动罪 35 人，网络赌博犯罪 23 人，职务犯罪 5 人。及时总结扫黑除恶专项斗争中线索举报、打财断血、打伞破网等工作经验，持续开展专项整治、行业监管，严防黑恶势力死灰复燃。建立《办理涉黑恶犯罪案件一案三查机制的意见》《黑恶犯罪案件会商工作机制》《涉黑恶犯罪案件提前介入机制的意见》三项长效机制，为扫黑除恶常态化开展奠定基础。促进基层社会矛盾化解。认真办理群众提起的控告申诉，通过释法说理等方式化解基层矛盾 12 件。运用数字化手段开展司法救助，与市退役军人事务局、民政局、残联等 7 个部门合作建立涵盖贫困户、残疾人救助、未成年人等多个领域的公共数据库，自动进行司法救助条件比对 82 人次，确定 15 名司法救助对象并开展救助，做到“应救尽救”。

【保障未成年人健康成长】 全年办理涉未成年人刑事案件 39 件 44 人。严厉打击以强奸、强制猥亵等手段侵害未成年人权益的违法犯罪，从重提出量刑建议。开发涉罪未成年人数字化帮教系统，实行帮教过程线上流转、帮教结果自动评价、教育资源互通共享，提升帮教工作的实时性、便捷性、有效性。全年不起诉远程数字化帮教 15 人，家庭教育指导 40 人，深度访谈社会调查 54 人，选派合适成年人 8 人。联合教育部门出台《关于开展未成年人保护“两法”专项行动工作方案》，构建检察机关、学校、家庭、社会四位一体的未成年人保护和违法犯罪预防机制，推动新修订的《中华人民共和国未成年人保护法》和《中华人民共和国预防未成年人犯罪法》顺利实施。针对办案中发现的一学校未报告学生遭受性侵的问题，建议相关部门向全市 6200 余名教职员工宣讲强制报告制度，签订《强制报告承诺书》，确保制度落实到位。参加全市儿童工作会议，向全市 350 余名民政工作人员、村社儿童主任宣讲“两法”，前往中小学校、村镇社区开展法治宣讲 8 场次，3800 余名在校学生、学生家长接受法治教育。拍摄防范校园欺凌、未成年人隐私保护短视频，点击阅读量超 2 万人次。

【维护平安生活环境】 根据履职中发现的流动摊贩销售的膨化食品中可能存在非法添加物问题展开调查，对胡某、屈某某等10余名流动摊贩销售的爆米花、冻米糖等35种膨化食品进行采样检测，发现其中6个品种含有危害人体健康的糖精钠，建议相关部门开展全面排查整治。依法惩处污染环境、非法采矿等破坏生态环境资源犯罪，批捕起诉犯罪嫌疑人17人。走访19个乡镇35家农药经营网点和38户农户，根据调查发现的农药包装废弃物随处丢弃，存在污染水体和土壤的风险，建议相关部门督促农药经营网点履行农药包装废弃物回收职责。针对一些畜禽养殖场排放养殖废水污染水环境的问题，建议相关部门加强监督，清除污染源头。

【优化刑事检察成效】 健全线索发现和监督纠正机制，监督立案5人，监督撤案5人，追诉3人，对不构成犯罪或证据不足的作出不批捕决定29人、不起诉25人；开展刑事审判监督，提出或提请抗诉3件，已改判1件。协同公安、法院落实好认罪认罚从宽制度，适用率87.16%，量刑建议采纳率99.69%。开展刑事执行监督，监督纠正超期羁押、暂予监外执行不规范问题7件，建议有关单位将失去监外执行条件的暂予监外执行罪犯徐某某收监执行。

【强化民事行政检察力度】 对3起生效裁判案件依法提请民事抗诉，并派员出庭支持抗诉，2件均已改判。注重发掘虚假诉讼线索，协同法院及时固定一起破产案件中涉及虚假诉讼的证据，移交公安机关进行侦查。开展民事执行案件专项检查和民事审判案件抽查、交叉评查，对发现的问题，通过庭部座谈、检察建议等方式，推动问题整改。对近3年来行政非诉执行案件开展专项检查，对公开不及时、程序不规范等4类13项问题和2名被执行人违反限制消费行为提出检察建议，进一步推动问题整改。

【提高公益诉讼质量】 全年办理行政公益诉讼案件53件，制发诉前检察建议53件，办理民事公益诉讼案件2件。着力将公益诉讼领域从法定四大领域向公民个人信息保护、公共环境安全等新领域拓展，积极对相关违法事实进行深入调查，努力在更广领域保护国家和社会公共利益。深化快检技术应用。以强化硬件配备、增强专业能力为着力点，提高快检技术水平，深化快检技术在公益诉讼办案中的应用，先后开展快速检测86次。秉持“应听证尽听证”原则，就膨化食品违法添加糖精钠等案件召集相关行政部门、人大代表、政协委员、人民监督员进行公开听证，听取社会各界对案件处理的意见建议，提升监督成效。

（毛晨曲）

8月5日，市检察院就膨化食品非法添加糖精钠监督案举行公开听证会

法 院

【概况】 2021年，江山市人民法院围绕“一地三区”“江山大花园”和“共同富裕示范区”建设，为实现“衢州当龙头、全省争上游，奋力争当跨越式高质量发展共同富裕排头兵”目标提供有力司法保障。全年新收各类案件7936件，办结8043件（含旧存，下同），连续4年实现收案负增长。诉源治理工作在衢州市作经验交流，诉前化解各类矛盾纠纷2925件，化解率71.12%，居全省第6位，民事刑事一审当庭宣判率居全省第4位，12个月以上未结案清零，终本合格率100%，万人成讼率连续3年为衢州最优。

【坚持党建统领】 坚持“讲政治、顾大局、守纪律”的总体要求，将政治建设与法院工作紧密结合，实现讲政治与强业务互促共进、抓办案与顾大局有机统一。增强党对法院工作的绝对领导，始终保持法院工作的正确政治方向，认真贯彻落实市委法院工作会议精神，自觉把思想和行动统一到市委的决策部署上来，提高政治站位，压实主体责任。高站位、高标准谋划推进政法队伍教育整顿，狠抓责任落实，确保规定动作做实，自选动作做优。成立领导小组，制定任务清单13项，落实措施25条，组织谈心谈话306人次，对核查认定的19个顽瘴痼疾问题逐一整改销号。根据教育整顿反映出来的问题，特别是针对审判执行、机关安保、队伍建设以及纪律作风等方面，举一反三，制定出台执行程序规范化管理规定等7个制度文件，用制度来堵塞管理漏洞、巩固成果，推动常治长效。扎实推进党史学习教育，以伟大的建党精神武装干警头脑、洗礼干警思想，通过党组理论中心组学习、政治轮训、专题党课、“主题党日”等多种方式加强学习教育。组织干警开展必读书目互学互评、沙龙交流，强化学习效果。组织引导干警参与全国法院党建知识达人竞赛，22名民警获“党建知识达人”荣誉称号，总分居全国法院第二，被最高法院授予优秀组织奖，机关党委获评“江山市先进基层党组织”，3个支部被授予市先进党支部称号。

【服务中心大局】 紧紧围绕市委中心工作，出台《服务保障江山建设共同富裕示范区意见》，得到市委主要领导批示肯定。积极参与城东新城征迁、低效工业用地处置法律论证会20次，协助化解征迁纠纷26件。推进环资“三合一”审判实质化、高效化运行，审结非法采矿、非法占用耕地等案件20件。圆满完成平安护航中国共产党成立100周年任务，被作为江山市执行“十条军规”正面典型事项予以通报表扬。总结出台家事、金融、破产三个审判工作报告为市委市政府提供决策参考，其中金融审判报告获市委主要领导批示肯定。灵活采取拍卖变卖措施，快速处置印象江山涉案房产，助力未来社区创建。积极参与全国文明城市创建，组织53批次志愿者4500余人次参与包干区环境卫生整治、交通文明劝导行动。

【推进营商环境优化】 紧盯世界银行营商环境评价体系中办理破产、保护中小投资者、执行合同三项指标，不断提升审判执行工作质效。审结破产案件29件，盘活土地5.2公顷、厂房5.05万平方米，清理债务总额12.59亿元，化解银行不良贷款7.76亿元，配合政府有序分流安置职工87人，为政府清缴税款349.76万元，为地方经济“腾笼换鸟”、转型升级提供有力司法保障。其中浙江家园门业等3家公司破产案入选全省破产审判“十大典型案例”。审结个人债务集中清理案件2件，给经营投资失败、“诚实”而“不幸”的企业家以重生机会，营造“鼓励创新、宽容失败”的社会氛围。与市工商联建立服务保障民营企业协作机制，开展涉民营企业积案集中攻坚、营商环境“清障”等六大司法护航营商环境专项行动，帮助企业解决难题78个。将护航法治化营商环境纳入大接访、大走访活动，开展进企走访、涉企专题法律讲座等26场次，帮助解决各类问题56个，着力提升企业风险防范能力。

【参与社会基层治理】 深化“网格+法院”双向智慧互动机制，联动人民调解、特邀调解、律师调解、行业调解等各方力量有针对性参与类型化纠纷化解，其中指导银保调解工作室依法快速处理金融、道交纠纷案件365件，指导律师诉前化解物业纠纷369件，实现全年物业纠纷零诉讼，涉案标的260余万元。在诉服中心成建制入驻市矛调中心基础上，推动石门、峡口法庭与乡镇矛调中心融合发展，实现90%案件先由矛调中心过滤解决，其中石门法庭与镇矛调中心一并谋划、一体筹建、一站合署，实现辖区信访总量、诉讼总量、万人成讼率下降和诉前纠纷化解上升的“三降一升”目标，在省高院人民法庭工作会议上做经验交流，编发的参与社会基层治理《工作简报》得到衢州中院领导批示肯定。深化民间借贷协同治理，完善民事执行与税费征缴协作机制，联合税务部门全面开展民间借贷利息征税工作，共完成22件，征缴税费63.41万元。联合信访局出台

江山市人民法院开展巡回审判

《“两难”问题联动运行机制》分层级入驻县乡两级“两难”问题钉钉群，主动为全市“两难”问题提供专业法律指导，分层递进协同处置县、乡“两难”问题11个。其中妥善化解一生命权“两难”纠纷，得到市委书记批示肯定。注重在裁判中培育践行社会主义核心价值观，“游客帮忙疏通河道致手机受损案”“拉架被诉索赔案”等裁判结果赢得社会各界充分肯定，相关案例被央视、《人民法院报》等媒体报道。

【打击刑事犯罪】 新收刑事案件489件，审结477件，判处罪犯804人，其中判处五年以上有期徒刑38人。依法严惩严重危害社会治安犯罪，审结危害公共安全、故意伤害等暴力犯罪案件136件171人，保障群众生命财产安全。积极参与电信网络新型犯罪协同治理，审结电信网络诈骗犯罪案件15件37人，判决挽回经济损失56万元。审结贪污、受贿等职务犯罪案件7件7人，彰显有腐必惩、肃贪必严的决心。成立扫黑除恶斗争常态化工作领导小组，制定《涉黑恶势力刑事案件规范化审判指引》，推进扫黑除恶常治长效。落实审前调查、判后回访、犯罪记录封存等未成年人审判制度，审结未成年人犯罪案件14件24人，教育感化未成年罪犯改过自新，早日回归社会。开展监外执行、减刑假释专项检查，通过提级检查、交叉评查、横向比对等方式，对1990年以来的188件监外执行、减刑假释案件逐一核查，避免纸面服刑、脱管漏管情况发生。

【调判结合化解民商纠纷】 新收民商事案件4087件，审结4085件。深化家事审判方式改革，秉承“和合”审判理念审结婚姻家庭、继承抚养等家事案件753件，3个案例入选衢州法院保护未成年人权益十大典型案例。开展“三八维权周”系列活动，召开新闻发布会，发布《家事审判报告》和十大典型案例，在法律服务政协委员会客室举办妇女儿童权益保护沙龙等活动，助力构建和谐家庭关系。强化契约精神，审结买卖、租赁、建筑工程等合同纠纷案件679件，有效维护市场交易规则。依法妥善审理教育、医疗、劳动争议、交通事故等涉民生领域案件357件，及时化解矛盾纠纷，保障和改善民生。

【促进依法行政】 深化“行政争议调解中心”实质性纠纷化解功能，协助调处行政纠纷案件18件，分析研判案情12次。强化行政争议诉源治理，引导行政机关从源头上提升依法行政水平，依法审查涉土地、环保、林业等行政非诉执行案件13件，同比下降57.14%。联合矛调中心成立江山市生态环境司法协同治理中心，参与化解涉生态环境纠纷12件，为生态纠纷多元协同处置提供法治路径。积极发挥司法建议作用，针对办案过程中发现的社会治安、乡村治理、金融放贷等重点行业领域中存在的问题，发送司法建议和问题提示函48份，及时提示堵塞监管漏洞。

【持续强化案件执行】 全年新收初执案件2986件，执结案件3104件，执行到位金额4.81亿元。全面深化刑事财产刑案件执行，执结406件，到位金额7232.76万元，其中全面完成黄勇案涉黑财物处置工作，共执行“黑财”4759.7万元。深化“网格+执行”机制，联合政法委出台《推进法院执行工作融网入格的实施意见》，充分发挥基层网格员人熟、地熟、事熟优势，查控被执行人70余名，财产300余处。完善“公诉+自诉”拒执打击模式，移送拒执案件8件，立案8件，其中自诉案件1件，立案率100%。围绕“共同富裕示范区”建设要求，开展“春雷行动”等涉民生、涉金融集中执行行动12次，拘留被执行人37人，罚款76人，营造强大执行声势。

【推进“共享法庭”建设】 联合出台《促进“共享法庭”建设实施意见》，推动市委召开工作推进会，高标准按期完成“共享法庭”覆盖市域范围所有乡镇、30%以上村社建设任务，江山人民法院“共享法庭（清泉村）”被评为全省首批示范“共享法庭”。突出效果导向，推进“共享法庭”与“网格+法院”机制功能融合、优势互补，依托“网格+法院”智慧互联应用纳入2021年度全省政法工作现代化创建项目，自主开发“江法e云”小程序并嵌入“邻礼通”“村情通”“浙政钉”“浙里办”等平台，实现网格法官与“一长三员”实时在线互动，通过“共享法庭+江法e云”模式开展司法协助415次，化解矛盾纠纷576件。

【推进“一件事”改革】 依托浙江移动微法院、ODR（在线纠纷解决机制）等线上服务平台，实现网上立案、文书查询、线上审判等全流程“一网通办”，及时满足人民法律需求。在实现嵌入浙政钉服务平台的13个高频协作事项无缝办理基础上，联合市12个职能部门出台《江山市司法拍卖不动产“一件事”改革行动方案》，通过协作机制线上办理查封、冻结、过户等执行协作事项2776件次，平均用时1天，大大缩短事项办理时间。联合出台《执行精准布控“一件事”多跨场景应用方案》，依托江山市大联动中心数据平台，建立被执行人信息实时感知预警系统，被省高院确定为执行“一件事”“精准布控被执行人”场景应用项目试点法院，成功布控248人，司法拘留56人，执结到位标的900余万元。

【加强队伍建设】 常态化开展意识形态教育，通过“集体+自学”“线上+线下”等多种途径筑牢干警思想基础。积极打造有温度的党建，创建“清澈如江、公正如山”党建品牌，运用“党建+”方式引领司法办案工作，推动党建与业务深度融合。加强基层党组织建设，选优配强支部班子，落实支部书记“一岗双责”，充分发挥党员干部先锋模范作用。发挥案件评查的纠错、规范作用，开展审判执行案件常规评查、重点评查、专项评查 21 次，共评查重点案件 247 件，发出评查通报 5 期。深化完善“奖罚三通报”机制，制定实施办法，采取递进式奖励和处罚，督促形成良好的司法作风氛围。联合出台《规范法官和律师接触交往行为实施办法》，进一步强化法官和律师“亲清”关系。以身边人、身边事举办廉政警示教育 6 次，发布各类巡查通报 14 期，通报 27 人次。制定“菁英”法官培养方案，实施政治铸魂、素能提升和梯次培养三大工程，建立“一对一”业务指导机制，进一步提升干警“两勤”“两专”水平。两名干警作品入选最高院《庆祝中国共产党成立 100 周年全国法院系列优秀作品》；两篇论文分别获全国法院第三十三届学术讨论会优秀奖、新时代家事少年审判工作研讨会优秀奖；1 篇案例分析获评全国法院系统 2021 年度优秀案例分析，2 篇案例入选全市十大典型案例。

（高 骏）

司法行政

【概况】 2021 年，江山市司法局以政法队伍教育整顿及党史学习教育为引领，以全国法治政府建设示范县创建三年行动为抓手，盯重点、攻难点，树品牌、争一流，取得较好成效。全系统共获各级表彰 40 余项，其中省级荣誉 11 项。

【法治浙江（法治政府）建设示范县创建】 牵头做好全省法治浙江（法治政府）示范地区创建工作，召开示范创建工作推进会，对 150 项具体指标细化分解，指导相关单位查漏补缺，完成指标材料梳理、整理及上报工作。坚持工作项目化理念，制定下发年度法治江山建设工作要点，建立重点单位沟通联络机制，推动各项工作有序推进。以全省第八名的成绩成功创建全省法治浙江（法治政府）建设示范县。

【服务保障城东新城征迁】 提供“驻在式”法治保障，派驻骨干力量入驻征迁指挥部政策法规组，参与每户诉求研判工作、政策把关和政策解读工作 500 余次。优化“组合式”法律服务，参与成功化解群体性复议诉讼案件 50 余件，依法有效应对少数北京律师违规执业、扰乱法律执业市场行为；组建 12 支“法律调解小组”，成功化解数十户因家庭矛盾难以调和造成签约受阻的被征收户；指派公证员 60 余人次，提供证据保全公证 12 次，对现房、期房选

5 月，法律调解小组为征迁户提供法律服务

房顺序号摇号、抽签过程进行全程监督公证。开展“包案式”领办攻坚，对领办任务实施包案到人、每日会商，在一周之内完成了领办的14户签约腾空清零任务，获城东新城项目征迁专项工作集体三等功。

【化解重点信访积案】 司法局领导带队“法律攻坚组”，参与一批多年赴省进京的国家级、省级历史遗留信访积案处置，先后100余次牵头开展事实查证和法理分析，以法治方式分析追根溯源、厘清法律事实，协助做好法律关系梳理、处置思路拟定等工作，推动案件依法妥善化解。强化人民调解员能力培养，搭建平台、创造机会，定期开展理论知识培训、纠纷化解实践锻炼等，全年调处矛盾纠纷3968件，成功调处3925件，调处成功率99.9%。

【行政争议纠纷排查】 加强行政争议纠纷源头管控，常态化开展行政争议纠纷排查工作，减少行政争议纠纷转化为行政案件；开展行政败诉治理，加大败诉风险案件化解处置力度，深化府院衔接，落实败诉风险案件市级“两难”问题交办机制，对排查出的12件败诉风险案件实行“一案一对策、一日一跟踪、一周一通报、半月一会商”，加强应诉指导，推动案件妥善化解，成功避免10件案件败诉。全年，一审行政诉讼案件总量69件，较上年减少11件；一审行政诉讼案件结案62件，败诉2件，一审行政诉讼败诉率3.2%，低于省级8%的控制红线，且同比下降5.1个百分点，实现行政诉讼发案量和败诉率“双下降”目标。

【推进合法性审查向基层延伸】 在贺村镇进行合法性审核全覆盖试点的基础上，总结提炼工作经验，指导各乡镇（街道）明确基层司法所为合法性审核机构，形成以法治审查员为主体，法律顾问为补充的审查模式，各乡镇（街道）均建立制度，实现基层司法所法学专业背景法治审查员全配备。在此基础上，推进合法性审查向村（社区）延伸，将规范村规民约、重大工程项目合同等纳入合法性审查范围，推进各村（社区）依法依规办事。相关工作经验在浙江政务专报、省委改革办《竞跑者》上推广交流，并获省政府领导及司法厅领导批示肯定。

【抓好“五大员”队伍建设】 通过统一招录、内部挖潜、社会化购买服务等方式配齐司法助理员、法制审查员、专职调解员、矫正协管员、法治指导员等司法所“五大员”队伍。建立健全“五大员”培训体系，制作“五大员”业务线上工作指南以及常用法律条文“口袋本”，推动司法所工作人员服务保障乡镇中心工作，提升运用法治思维和法治方式破解难题、推动发展的能力。制定“五大员”管理考核办法，针对所在乡镇的不同类型实施差异化考核，科学设置法制审查、人民调解、普法宣传等业务占比，实行同类竞争，调动人员积极性。年内，贺村司法所被评为全国模范司法所，创建省级“枫桥式”司法所3个，市司法局获评浙江省“枫桥式”司法所建设成绩突出集体。

【推进部级“智慧矫正中心”建设试点工作】 按照新部标“三区十八室”要求，整合办公场所资源，重新设计布局，融入最新数字化改革成果，加强与政法委、公安等部门的信息衔接与数据共享，提高社区矫正对象的动态监管精确度，及时发现处置安全隐患。上线“浙里连心”社区矫正心理健康智能场景应用，建立起矫正对象端系统和后台管理端系统，将数字化手段与心理学专业知识相融合，助推社区矫正工作从人工管理向数字管理、智能化管理转变。全年，有500多名社区矫正对象实现在线测评3800多次，列管的658名社区矫正对象无一人脱漏管。该项目被列为省厅试点工作，并作为衢州唯一县级项目列入浙江省数字化改革重大应用“一本账”S_0及全省数字法治1.0版项目。

24小时无人律所(2021年)

【公共法律服务数字化建设】 依托“浙江省社会矛盾纠纷调处化解协同应用系统”，构建综合受理、督查督办、办结反馈全闭环线上工作流程，实现各项法律服务“一窗受理”“一网通办”。健全公共法律服务中心与基层治理“四个平台”数据互通机制，实现中心对各类社会矛盾数据的动态读取。全面升级公共法律服务自助信息终端，并拓宽覆盖面，在贺村、峡口等乡镇（街道）增设24小时“无人律所”11处。全年共接受法律咨询3094人次，办理法律援助案件1285件、司法鉴定635件、公证1945件。

【乡村实践法治风光带建设】 以项目化普法为抓手，沿着习近平总书记来浙江考察足迹，打造以城北社区“初心驿站”为中心，丰益村、清漾村、白沙村3个基层治理示范点为代表，旱田坂村诗画法治风光带等7处优秀法治阵地为支点的“一馆四带”乡村法治实践风光带。培育普法吉祥物、“法润江山”普法讲师团、8090青年说法宣讲团、青骑小哥志愿服务队等特色化普法队伍力量，依托乡村法治实践风光带开展“习近平法治思想进村（居）”活动80余场（次），受教育群众达2万余人。创建民主法治村（社区）270个，其中国家级5个、省级67个。乡村实践法治风光带被评为省优秀普法项目。

（伍俊斐　陈灿灿）

军　事

人民武装

【概况】 2021年，江山市人民武装部（以下简称市人武部），先后接待浙江省军区和机关部门领导到市人武部指导工作。6月18日，省军区动员局副局长大校刘剑明带队到市人武部检查指导工作。7月14日，省军区副政治委员少将巴谋国一行到市人武部检查指导工作。8月19日，省军区司令员少将夏俊友、副司令员少将刘建伟率工作组一行到市人武部检查指导工作。9月17日，省军区政治工作局主任大校张功贵一行到市人武部检查指导工作。10月17日，省军区办公室主任大校潘诚一行到市人武部检查指导工作。11月27日，省军区动员局局长大校赵存志到市人武部检查指导工作。

12月，市委常委、人武部政治委员高峰（右二）赴碗窑乡进行党管武装工作考核

【征兵工作】 市人武部开展“百名征兵人进千家、新春走基层访‘新兵’”活动，通过走村入户、集中座谈等方式，对大学毕业生、本科以上学历青年进行再宣传再发动，深厚应征氛围。严格落实网上报名、系统筛选、体格检查、政治考核、审批定兵和役前训练等步骤，顺利完成2021年度新兵征集任务，大学毕业生和大学生比例再创新高。

【防汛抗洪演练】 5月25日，市人武部联合地方应急管理部门，紧贴辖区实际，启动应急机制，在江山港开展军地抗洪抢险应急演练。演练主要围绕活饵救援、孤岛被困人员救援、水上飞翼救援等科目，通过模拟真实复杂环境，检验抗洪抢险救援力量快速响应、出动集结、战斗行动、跨区域救援等多环节实战能力。

【党史学习教育】 市人武部紧扣中国共产党成立100周年这个重

大历史契机，组织党史、军史等“五史”学习。定期组织党委议教，专题分析研判党史教育成效；每月组织必读书目展评和心得体会交流，每日依托营区党史学习宣传栏、“党史天天学”LED（发光二极管）屏抓好学习落实。组织全市专武干部和部分民兵骨干，赴红色基地参观见学 3 次，观看《红船》《长津湖》《铁道英雄》等红色电影 3 部，重温入党誓词 2 次。

【国防教育】 市人武部健全国防教育领导体制和工作机构，落实军地合署办公制度，注重发挥辖区红色资源、国防教育基地辐射引领作用和“兵道三衢”等新媒体阵地，构建“线上+线下”的立体式全民国防教育宣传格局。依托“8090”国防教育宣讲团，结合学生军训进行国防形势宣讲辅导；组织民兵参加庆祝中国共产党成立 100 周年“衢州民兵心向党”云上歌咏比赛，参与度和认可度位列衢州市第一。常态开展“尊崇军人荣耀江山”系列活动，推动“军人荣誉墙”向乡村文化礼堂拓展，营造拥军优属浓厚氛围。全年宣传报道在各类媒体上稿 157 篇。

【民兵荣誉体系试点建设】 市人武部展开全市民兵荣誉体系建设试点工作，形成“三个一”（“一卡”：民兵荣誉卡；“一文件”：《江山市民兵荣誉体系建设实施办法》；“一机制”：一套民兵荣誉体系建设工作机制）成果，凝聚兵心、鼓舞斗志。

5 月 12 日，市人防疏散演练活动在文化广场开展（刘亚蕾 摄）

【组织完成学生军训工作】 7 至 9 月，市人武部精心挑选优秀民兵骨干力量和优秀退役军人担任军训的教官，承担辖区 9 所中学 5200 余名高一新生军训；依托 8090 国防教育宣讲团，结合学生军训进行国防形势宣讲辅导，提升学生的集体意识、协作精神和组织纪律性。

（吴 磊）

人民防空

【人防工程】 2021 年，市人防办加快推进人防重点项目建设，江山市社会救助中心、贝林·星月湾等 8 个人防工程完成竣工验收，提升了人防应急救援能力。

【人防警报】 市人防办投入 180 余万元对人防警报设施进行升级改造，增加有线控制和后备电源模块等，提高人防警报在城市防空防灾、处理突发事件中的综合应急报警能力。组织“3·1”“5·12”防灾演练及人防知识宣传活动，增强“9·18”等特殊节点群众防灾减灾意识，提升自救互救能力。

（王羿莹）

公共管理

人力资源和社会保障

【概况】 2021年，江山市人社局以“衢州当龙头，全省争上游，奋力争当跨越式高质量发展共同富裕排头兵”为目标，以“稳就业、重保障、强人才、促和谐”为路径落实各项职能。年内获省人社厅和衢州市人社系统绩效考核优秀。职业能力建设、数字化改革、劳动保障监察、事业单位人员数据信息采集等工作获省人社厅、衢州市人社局通报表扬。

【保障企业用工】 年内出台3个用工保障政策，针对本地用工进行帮扶，兑现政策补贴956.43万元，其中无感发放企业稳岗补贴563.49万元。以线下微招聘和线上云招聘为阵地，主推“江山招聘”在线招聘、电视点播招聘、直播带岗招聘等新模式，打造双向互通平台。举办各类招聘活动57场，达成意向2200余人。对接劳务协作，打通用工通道，建成劳务基地2个，劳务联络站1个，引进劳务派遣人员2000余人次。鼓励企业与院校开展人才订制，探索推动浙闽赣皖四省边际职业院校与企业的合作。

5月，市人社局在江山中专举办校园招聘（何菁 摄）

【帮扶精准就业】 依托数字就业驾驶舱建立劳动力资源数据库，精准服务打通就业“最后一米”。完成重点群体就业帮扶11378人，帮扶率达99.95%。开发公益性岗位兜底就业，开发公益性岗位591个。新增省级高质量就业社区（村）4个，新建其他各级高质量就业社区（村）44个，建成高质量就业社区（村）107个。聚焦全市离校未就业高校毕业生群体开展“一对一”帮扶，拨付高校毕业生就业补贴94.98万元，就业见习补贴116.28万元。建成就业见习基地22家，开发见习岗位669个。

【释放双创活力】 举办衢州市创

新创业大赛和首届残疾人创业创新大赛，提高创业创新能力。指导推荐亚格电商创业园获评省级创业孵化示范基地，整合资源建成创业孵化基地6个，带动就业4087人，产值超10.46亿元。因地制宜开展乡村合作带头人创业培训，举办创业培训7期，培训362人次。用好创业担保贷款政策，发放创业担保贷款1796万元，同比增长46.61%，扶持创业81人，带动就业406人。

【深化全民参保】 通过社保经办系统和全民参保系统，定期向乡镇（街道）下达未参保及待调查人员名单，引导群众参保续保。截至年底，全市基本养老保险参保率为99.63%，全市参加城镇基本养老保险42.25万人。其中，职工基本养老保险17.7万人，城乡居民养老保险参保22.7万人，工伤保险和失业保险参保人数分别为9.54万人、7.3万人。启动发行第三代社保卡，新增实体社保卡6421张，新增电子社保卡签发量359477张。

【落实待遇调整】 在规定的时间节点按时足额发放退休人员待遇调整金额，实现企业退休人员待遇十六连涨，人均月增资115.33元，增资后月平均基本养老金达2465.56元，惠及全市5.08万人，全年增发待遇7000万元。完成城乡居民养老保险待遇调整，城乡居保基本养老金从185元增长至225元，惠及全市10.03万人，合计增发5282.95万元。

【强化参保衔接】 牵头完成被征农民参保衔接政策制定工作，通过市乡村三级联动，用时4天完成3485人被征地农民参保扩面规范确认的工作任务。推进老项目被征地农民参保工作，年内完成11个乡镇（街道）、38个行政村、1200名人员参保。强化被征地农民社会保障，提前完成被征地人员的整改任务，涉及被征地人员延长期一次性人员259人，金额1276.23万元。化解江山农商行226人养老保险衔接问题，经核实，江山农商行共有575人参加原试点事业养老保险，其中在职缴费人员349人、退休人员226人，相关人员由市社保中心按要求导入省社保系统。

【职业技能提升】 依托电子培训券实现培训全流程线上服务，发放电子培训券3198张，涉及金额690.6万元。开展各类职业技能培训140期，培训人员1.1万人次，取得国家职业资格证书（技能等级证书）、专项能力证书6094人次。创新培育模式，开展项目制培训4334人次，新型学徒制培训367人，山海协作培训363人，培训数量和取证数量居衢州各县市区首位。抓好平台建设，扩面企业职业技能等级认定试点单位至48家，数量居衢州之首。指导推荐浙江江山变压器股份有限公司成为可评价高级技师的试点企业、指导江山技工学校升格为高级技工学校、浙江江山变压器股份有限公司姜振军大师工作室成为国家级大师工作室，三项工作均为衢州各县市区唯一。推荐并入选国家级技能大师工作室1家，衢州市级技能大师工作室3家、企业技能人才示范基地1家。扩展成长渠道，开展新时代浙江工匠遴选工作，推荐3人入选浙江工匠，16人入选浙江青年工匠，1人（周超）入选浙江杰出工匠，为衢州地区入选的3人之一。推荐浙江大工匠1名（姜振军），打通技能推荐成长通道。

【人才引进推选】 新建博士后工作站2家，指导完成3家博士后工作站开题。开展专家工作站考核遴选，5家企事业单位入选第八批江山市专家工作站。入选衢州新“115”人才28人、衢州市突出贡献中青年专家1人。组织杭州市钱塘区25名博士到江山市交流，搭建人才与企业对接桥梁。引导行业主管部门通过全省职称系统参加职称申报评审，全年取得专技人员职业资格2630人，全省职称系统推广使用率100%。探索完善特殊优秀人才认定标准，畅通高级职称直接申报渠道，为4名援疆人员直接申报并取得高级职称。

【化解欠薪隐患】 处置涉薪类举报投诉件1100起、涉及劳动者

8月，执法人员对农民工工资支付情况开展督查（徐坤文 摄）

2702名、涉及金额3400.8万元，保持纠纷化解率100%。开展各类专项行动，走访用人单位1269家，提出整改意见400余条。举办全市劳动争议调解员业务技能培训，通过专家授课、实操演练等形式，提升一线调解员业务水平。通过“线上线下”齐发力、“窗前窗后”齐用心、“部门企业”齐施压三大“法宝”，强化欠薪风险防控，保障全市劳动关系和谐稳定。

【建设“两专”队伍】 合理制定计划，根据岗位需求精准设置招聘条件，灵活运用不同方式开展招聘。全年组织事业招聘12场次，公开招聘事业干部73人，专场引进专业人才282人（其中硕士研究生以上学历51人），定向培养专业人才73人，公开招聘编外用工105人，实现招聘零差错。对2166名事业干部精准“画像”，摸排1065名事业干部的岗位匹配性，服务“两专工程”县乡换届选举。对全市8745个事业单位工作人员的数据信息规范采集，信息完整度95%以上。分级分类将事业干部教育培训纳入干部培训计划中，打破“因人设岗、论资排辈”等传统观念，引导单位把“平时考核、聘期考核”等方式运用到“竞聘上岗”中，充分激发事业单位工作人员工作积极性，畅通“两专”人才成长通道。

【事业单位工资】 全年审核办理事业单位人员年度考核晋升薪级8391人，岗位变动调资851人次，交流调动工资变动133人，新录用事业人员工资定级318人，连续工龄认定875人，办理事业单位工作人员及机关工人退休155人。完成全市人事工资系统采集完善工作，省人事工资系统人员信息完整度99.26%，人事工资联动率98.24%。

【强化数字引领】 以“1510惠企点办服务”为核心，以“5+X”弹性服务为延伸，将重点行业企业进行网格化拆解，通过“一人联一企、每周一联系”模式，组团式提供精准式点办服务，累计开展上门服务320余次，指导解决问题需求230余个。深化“三加一减”改革成效，增设“智办窗口”“预约窗口”和“假日窗口”，高频事项掌办、网办率同比提高53.4%，压缩办理时限至原先的43%，累计接待办事群众6300余人次。打造一站式工伤认定（伤残鉴定）、一体式待遇结算、一链式服务延伸、一网式精准治理的多跨协同的工伤全流程服务应用场景，实现材料精简率94.1%，工伤处理时效平均提速83.4%，减少企业垫付医疗费810余万元。

【加强矛盾化解】 运用省一体化平台办案技能，合理开展网络仲裁、网络调解。全年受理劳动人事争议案件250件，涉及劳动者257人，涉及金额605.45万元，案件调撤率达86.3%。开展法律咨询服务，年度提供法律咨询服务1200余件。落实基层调解员办案补贴政策，强化基层调解入乡入企，提升矛盾源头化解，基层化解率80%，推荐表现突出的贺村镇劳动争议调解中心为金牌调解组织，以点扩面建强基层调解队伍。全年乡镇调解组织累计调解案件346件。

（祝钰莹　陈博烜）

自然资源和规划

【概况】 2021年，江山市自然资源和规划局为美丽经济提供规划支撑、要素保障、生态空间、营商环境，编制“十类地”综合处置方案，通过存量建设用地再开发利用、建设用地复垦等综合处置，争取计划指标146.6公顷，位列衢州各县（市、区）第一。

【优化空间布局】 树立“一张蓝图绘到底”理念，编制《江山市国土空间规划三区三线划定方案》，按要求对生态保护红线进行梳理分析并补充举证材料，根据稳定耕地基数及比例要求，统筹划定优化永久基本农田及城镇开发边界方案。参与编制城市规划和设计，指导中心城市品质提升和老城有机更新，规划建设一批城东片城市设计规划、老旧小区改造、中心城区雨污管网改造、中心城区绿地系统等体现江山特质的重大基础设施和公共服务设施项目。建立以城市设计为主导的城市景观风貌规划设计和管理制度，严格把控项目建筑和景观设计方案，从空间形态、景观绿化、公共空间等方面深化细化城市设计管控。

【补充耕地核查整改】 自然资源部补充耕地核查中江山市共被退回134个项目，总面积1098.87公顷。不到50天即完成1080公顷的整改并成功入库，入库率居全省第一，其中入库后水田指标占全省一半，保证江山市的用地报批占补平衡。

【做好指标调剂】 完成城乡增减挂钩指标调剂53.05公顷，上报审核73.33公顷，调剂价款26.73亿元；完成补充耕地数量指标调剂100公顷，水田指标调剂273.33公顷，产能指标调剂200万公斤，价款18.45亿元；完成标准农田指标调剂76.44公顷，价款0.94亿元。全年完成及预计调剂收入46.11亿元，创历史新高。

【提升土地出让收益】 工业用地的报批及挂牌41宗，面积125.8公顷；建设用地供应135宗，面积393.27公顷；新增建设用地供应量220.87公顷；存量建设用地供应量121.73公顷。全市供应住宅用地9宗，面积34.27公顷。全

通禄门未来社区规划效果图（2021年）

年实现土地出让金收入 43.88 亿元，同比增长 64%，创历史新高，亩均出让收益比上年上涨 125%，土地利用效益显著提升。

【推进土地整治“1358”工程】 推进土地整治“1358”工程（江山市 2021 年制定的土地整治项目，内容包括 10 个全域整治、3000 亩建设用地复垦、5000 亩垦造耕地、800 亩旱改水），共复垦建设用地 53.2 公顷、垦造耕地 419.78 公顷，旱改水 76.06 公顷。

【做好不动产登记工作】 推进“互联网+不动产登记”再升级，采用电子证书，通过系统自动生成，每本仅需五秒；实现按揭购房转移登记与抵押登记业务“组合办”；以不动产单元码为关联实现签约、预告、预抵、转移、纳税、抵押、水电、气等相关业务“一网一码办”，推动商品房登记全生命周期“一件事”改革；实施容缺受理、优先审批，实施告知承诺制和“多审合一、测验合一、多证合一”改革，精简办事环节和材料，确保不影响企业建设进度和计划。

【查处自然资源领域违法违规行为】 全年上报清查乱占耕地建房问题 318 宗，总占地面积 8.04 公顷；制定《江山市砂石资源专项整治工作方案》，清退 173 个非法堆砂场点，整治关停 5 家临时制砂加工点，建立市砂石资源监控平台，对 10 家基本建成制砂企业和 3 家重点工程临时加工点实行 24 小时在线监控，制砂企业实现纳税 1883.42 万元，同比增长 147.51%，全年上缴市财政砂石资源处置收益 1646.95 万元。

（姜 滨）

医疗保障

【概况】 2021 年，江山市医疗保障局围绕“以人民健康为中心”的服务宗旨，立足“公平医保、精准医保、赋能医保、数字医保、绩效医保、法治医保”的“六个医保”建设，抓改革增亮点、防风险促发展，基本实现医保服务“指尖一触即达”，推动医保工作高质量发展。全市参保人数 54.3 万人，参保率 99.98%，“惠衢保”参保率 80.03%，职工医疗基金收入 4.67 亿元，支出 3.78 亿元，累计结余 6.17 亿元；城乡居民医保基金收入 6.73 亿元，支出 6.14 亿元，累计结余 3.44 亿元。年内获衢州医保系统年度考核第一名、浙江省医保系统先进单位称号。

【数字化改革】 以数字化改革为抓手，优化业务经办管理。创新建设医保全生命周期守护应用项目。聚焦参保群众、医疗机构、监管部门之间健康信息共享困难等堵点难点，实现健康信息的数据共享、处方流转、健康画像，为群众、医疗机构、监管部门提供全方位全周期的健康管理服务。推动“三零模式”向基层延伸。采购 5 台自助办理设备和 5 台医保电子凭证激活设备投放到街道和中心镇，实现政务服务向基层拓展并迭代升级，实现医保办事服务网上办、就近办。上线“无感智办”场景应用，通过事件

7 月 27 日，省医保局党组书记、局长杨烨（左三）到江山市调研医保工作

触发服务、数据驱动业务、系统自动感知、服务主动推送、结算一站代办，实现医保事项办理过程“无感”，权益保障“有感”，参保人省心“好感”。截至年底，上线高频事项自动办、费用结算一站式、防贫返贫精准测3个子场景，累计完成“无感办”320多万人次，涉及各基金报销6亿多元，减少群众跑腿8万余人次，减少提交材料近20万份。

【三医联动】 以“三医联动”发展为导向，推进医保重点领域改革。优化完善DRGs（疾病诊断相关分类）点数改革。形成在总额预算管理下对住院医疗服务按DRGs付费、精神病按床日付费、对基层门诊医疗服务按人头付费、其他普通门诊按总额的多元复合支付方式。完成国家带量采购药品的合同签订、续签，及时预拨采购款，指导医疗机构开展带量采购药品和带量采购医用耗材的科学报量工作，及时跟进采购进度，督促做好采购和回款。开展公立医疗机构药品及医用耗材采购自查自纠，重点针对是否存在违规线下采购、违规价格谈判等情况，对发现的问题及时整改。药品二次议价严格按照程序进行。与财政、卫健部门研究出台公立医疗机构药品采购新机制试点工作考核奖励办法。

【专项整治】 以专项整治为载体，提升基金监管能力。严打欺诈骗保行为，立案查处骗保案件8件，其中作出行政处罚5件，移送公安机关3件，立案侦查6人，1人已被判处有期徒刑和罚金。追回医保基金4.4万余元，罚款1.4万元。率先在衢州市对冒用死亡人员、服刑人员就医刷卡案件进行行政处罚。破获出借社保卡住院骗保案件1件，3名涉案人员受到刑事处罚。办理的2件欺诈骗保案件被《浙江省医保基金监管手册（2020版）》收录为典型案例。4月，专题组织召开医保基金监管集中宣传月活动启动大会，暨定点医药机构自查自纠工作动员会，层层传导压力。组织开展2次医疗机构自查自纠行动，共稽核查处违规医药机构50家次，涉及15.69万人次，追回医保基金532.4万元。全年调查意外伤害案件7504件，涉及金额9800余万元。通过调查发现存在第三方责任案件287件，涉及金额400多万元。对各业务风险点开展全面自查和抽查，完善内控管理机制，促使经办业务更趋规范，经办人员更加自律，医保基金运行更加安全。

（余　姝）

民　政

【概况】 2021年，江山市民政局聚焦精准保障、幸福颐养、人人慈善、和谐自治、暖心服务“五个标杆区”建设，推进全市民政事业高质量发展，获评浙江省民政厅2021年度先进县（市、区）。

【社会救助】 全市共有城乡低保家庭8492户12626人；低保边缘家庭1627户4628人；特困人员1898户1902人。自7月1日起，最低生活保障标准由850元/月·人调整为910元/月·人，特困人员基本生活标准由1031元/月·人调整为1183元/月·人。全年共发放城乡低保金1.01亿元，低保平均补差643元/月·人；发放特困人员供养金2430.63万元，其中分散供养特困人员1487.78万元，集中供养特困人员942.85万元；春节期间，为低保、低边、特困等19847名困难群众发放节日临时生活补助1190.31万元；累计开展临时救助工作268户400人，发放临时救助金101.85万元；稳步提高其他农村生活救助标准，其中原国民党抗战老兵补助标准提升至1812元/月·人、40%精减退职职工补助费标准提升至1880元/月·人、定补精减退职职工补助费标准提升至1675元/月·人；会同市残联完成6546名困难残疾人生活补贴和10338名重度残疾人护理补贴对象移交工作。

【居民家庭经济状况核对】 通过“浙江省大救助信息平台”和“江山市居民家庭经济状况核对信息系统”，共核对15971户次27516人次，核出异常情况1695户次

7月18日，儿童福利中心工作人员走访无人抚养儿童（徐江民 摄）

3947人次，异常率为14.34%。基于省级系统升级，核对内容进一步细化，核对精准度大幅提升，异常率比上年增加0.81%。

【儿童福利】 全市共有儿童福利对象1619人，全年新增对象185人，退出252人，累计发放儿童福利金625.43万元。全年发放孤儿助学金11.5万元，受助对象15人。新建“儿童之家”22家，累计建成82家，实现服务全覆盖。

【养老服务】 全市共有备案养老机构41家，其中公办养老机构17家、民办养老机构24家；机构床位数4613张，其中护理型床位数2503张，占比54%；入住老人1849名，其中特困人员693名。公办敬老院三年提升改造计划有序推进，峡口镇敬老院完成主体工程，石门镇敬老院提升工程二期开工建设，全年拨付资金1539.5万元，坛石镇、上余镇、贺村镇、新塘边镇改扩建项目完成立项。持续扶持民办养老机构发展，全年拨付民办养老机构床位补助资金147万元，运营补助资金44.95万元，综合保险补助5.1万元。推进居家养老服务中心专业化、连锁化、社会化运营，杭州市遐龄荟养老服务中心连锁化运营乡镇级9家、村级1家，杭州钱江养老服务中心连锁化运营乡镇级2家、村级1家，20个乡镇级示范型居家养老服务中心全部投入运营，实现全市19个乡镇（街道）全覆盖，全年拨付运营建设资金690.38万元，综合保险9.17万元。完成省为民办实事项目——困难老年人家庭适老化改造315户，投入资金188.52万元。支出居家养老服务补贴159.51万元，受益老人365名；支出机构养老服务补贴185.58万元，受益老人213名；发放424.48万元长寿保健补助金，惠及3357名长寿老人。培训家庭照护者257人，持初级以上养老护理等级证书的人员累计292名。参加衢州市养老护理员比赛，获团体一等奖、个人第一名及“衢州市金牌职工”称号和技师等级。迭代升级“好管家”智慧养老服务平台，建立数据驾驶舱，迁入政府云，上架浙政钉。民营机构补贴监管子系统受邀参加省民政厅路演，入选“浙里养”场景超市，被省民政厅评为民政领域第一批优秀应用（案例）。完成“浙里养”智慧养老服务平台中百岁老人和90—99周岁高龄老人的信息核准和地图定位工作，实时展示高龄老人数据，实现高龄津贴无感化发放；与卫健局联合征聘由医生、护士、养老护理员32人组成的老年人综合能力评估专家团队，通过“浙里养”平台完成近8000名困难老年人能力评估。

【城乡社区建设】 社区服务设施进一步提升，新建“邻礼汇”新型社区服务综合体2个，居民会客厅2家。公开招聘专职社区工作者32名，对专职社区工作实施工资待遇调整，人均增加1.2万元。在城市社区实施红色物业联盟，134个小区全部成立小区兼合式党支部，将党组织建在城市最小单元，形成街道大工委—社区大党委—小区党支部—楼栋党小组一贯到底的党组织体系。10月，衢州市红色物业联盟服务篇现场会在江山市召开。6家新建乡镇社会工作站全部投入运行，开展个案辅导180余次，参与应急管理和危机干预5次，新增持证社工205人。

【社会组织管理】 全年共新增社会组织39个，其中民办非企业单位23个，社会团体14个，基金会2个；注销社会组织16个，其中民办非企业单位14个，社会团体2个。截至年底，全市有社会组织3605个，其中正式注册登记的768个（社团214个，民非551个，基金会3个），备案类社会组织2837个。根据“双减”要求，完成10家学科类校外培训机构转登工作。加强社会组织监管，依法开展打击非法社会组织，重点检查行业协会商会乱收费情况，清理“僵尸型”社会组织，确保社会组织健康有序发展。加大社会组织年检力度，完成全市620家社会组织年检，年检率88.95%，创历史新高和衢州市最高。完成10家社会团体和26家民办非企业的双随机抽查任务，全部通过掌上执法系统开展检查，掌上执法率100%。新评选AAA级以上社会组织7家，拨付奖励资金1.6万元，全市AAA级以上社会组织达38个。审核通过12家社会组织参与的公益创投项目，拨付补助资金54万元。

【水库移民】 水库移民工作年度考核再次位列衢州地区首位，被评为省水库移民工作考核优秀县（市、区）。全年扶持水库移民项目53个，总投资7166.41万元，其中安排移民扶持资金3009.23万元，受益移民村82个，受益人口10.58万人，受益移民1.5万人。全年累计为水库移民提供各类创业就业技能培训81人次，在全省率先探索开展创业致富带头人培训，对全市28名水库移民创业致富带头人开展课堂教学与现场考察相结合的培训。共富项目精推精选，持续深化，围绕“互联网+美丽”，完成5个移民村的“数智增美”项目建设。通过“打造‘两块屏’、布好两张网、建好一平台、做好智慧+”，实现政策进客厅、信息进客厅、业务指尖化、治理数字化。项目深得移民村和移民群众好评，与移民群众息息相关的帮扶服务五大类7项内容全部实现“线上办”和“掌上办”，成功入选水利部水库移民后期扶持典型案例。会同财政部门修订完善《江山市水库移民资金扶持项目管理实施细则》《江山市水库移民后期扶持项目资金使用管理规定》，做到移民资金使用安全规范。根据《江山市水库移民困难群众临时救助实施细则（试行）》“两不愁三保障”的要求，在大病救助、残疾救助、住房救助、教育资助、专项救助、临时困难救助六个方面对困难移民群众实施精准救助，共救助水库移民468名（户），救助金额100.3万元。

【婚姻登记】 5月，江山市入选全省集中开展补领婚姻登记证试点县，试点时间1年。9月，开展集中补领婚姻登记证服务被列

5月20日，江山市首届中式公益集体婚典在大陈乡早田坂村举行（徐翔军 摄）

为第二批省级民生实事项目清单。全年办理婚姻登记9322件，其中结婚2633件、离婚601件、补发婚姻登记6088件。婚俗改革工作有序推进，5月20日，在大陈乡早田坂村文化大礼堂举行“引领新风、与党同庆、爱满江山”江山市首届集体颁证暨中式公益集体婚典活动。拍摄婚俗改革微电影《好日子》，宣传移风易俗，婚事新办，喜事简办等理念。全方位做好婚姻辅导，接受婚姻家庭辅导1054对，有效劝阻非理性离婚215对，年办理离婚登记量与前一年同比减少36%。多渠道做好补证工作，补充完善婚姻登记证电子证照库，深化“互联网+政务服务”，推进数字化改革。

【收养登记】 全年接受收养预登记120件，出具收养登记证50本，不予办理收养登记通知书26份，委托第三方对60户家庭进行收养能力评估，委托第三方对60户收养家庭进行融合期调查。解除收养登记1份。在衢州市率先实现“收养一件事”，46户收养家庭享受便利。

【区划地名】 加强对乡镇驻地的检查与管理，开展《江山市域地名总体规划（2021—2035）》《江山市地名文化遗产总体规划》《江山市地名遗产保护实施意见》编制。开展标准地址全域空间数据治理衢州市试点工作，与公安等部门进行数据对接，归集数据29.5万条。开展红色地名文化宣传活动。完成乌木山等11条道路命名和景星西路起讫点调整的申报工作。配合创建文明城市工作，对主城区地名标志进行清理整顿。全年发放门牌证16688本，监督、设置地名标志1.9万余块。牵头完成第四轮行政区域界线联检柯城江山段联合检查工作；完成三省边界亭楹联、序碑的建设工作。

【流浪乞讨救助】 全年接待救助和实施救助635人次，其中女性270人次、未成年人5人次；护送返乡31人次（跨省护送5人次）、自主返乡202人次。全年合计费用支出248.46万元，其中医药费232.36万元、生活费16.1万元。

【殡葬改革】 开展惠民殡葬专项治理和提标增项扩面工作，将原来4项基本免费项目扩大为6项免费项目，在殡仪服务场所禁止焚烧遗物、花圈等；禁止吹拉弹唱，禁止电子礼炮。通过在江山市殡仪馆微信公众号端口搭建“江山市殡仪馆便民服务平台”，治丧群众可以通过平台实现网上预约遗体接运、冷藏、火化等，线上火化预约达95%以上。全年发放殡葬服务领域惠民资金251.43万元。联合公安等8个部门在全市范围内开展殡葬业价格秩序、公益性安葬设施建设经营专项整治督查工作。推进节地生态安葬点建设，节地生态安葬点行政村覆盖率70%以上。完成2个省级公益性节地生态安葬示范点创建任务。

【信访工作】 全年受理各类来信来访及“12345”投诉104件，其中民政部1件，市领导批示2件，“12345”热线电话63个，接待群众来访38次，出具答复意见书104份，主要涉及低保、五保供养、殡葬、收养、婚姻、社团登记等有关政策咨询和投诉等，按期办结率100%，态度满意率100%，处理结果满意率97%，信访量比上年同期下降15%。

【项目建设】 6月3日，江山市殡仪馆改造提升工程竣工验收，用地18.5亩，建筑面积5760平方米，总投资4450万元。8月24日竣工验收的灵山公墓一期工程，总投资7000万元，规划用地13.6公顷，建筑面积3499平方米，建设墓穴24004穴。

（姜　波）

慈善总会

【概况】 2021年，江山市慈善总会共募集善款3067万元，救助支出3200万元，救助困难群体41722万余人次，其中助学1283万元，救助11978人次；助医284万元，救助700多人次；助困414万元，救助3104人次；助残917万元，救助332人次；助老26万元，救助1344人次；疫情防控74万元，救助97人次；新农村及公益200

6月3日，江山市数字化慈善捐款平台启动

万元，受益24138人次。市慈善总会被省民政厅授予2021年度浙江省品牌社会组织称号。

【慈善数字化捐款平台建设】 6月3日，举行慈善数字化捐赠平台启动仪式，这是全省首批、衢州市唯一的慈善数字化捐赠新平台。年内，获爱心网友支持9268人次，筹款140万余元。

【“慈善一日捐”活动】 全市募集善款422.93万元，2.9万人奉献出爱心。其中，机关单位15869人参与捐款，募集149.7万元，乡镇13151人参与捐款，募集273.23万元，募集金额达1万元以上的有125个村，捐款户率达30%以上的有19个村，全市慈善“一日捐”覆盖面和捐赠总量创历史新高。

【定向捐赠】 全年定向捐赠额1916万元。爱心企业定向捐赠237笔，签订定向捐赠协议82份。杭开控股首期捐款50万元设立杭开教育奖学基金、泰鼎集团首期捐款100万元设立泰鼎集团慈善爱心基金。市慈善总会与市卫生健康局联合建立“卫生健康公益基金”，与市教育局联合建立“‘助学励教’慈善公益教育基金”。新塘边镇幼儿园建设发动乡贤定向捐款58万元，长台镇发动爱心企业爱心人士捐款145万元定向用于嵩溪幼儿园建设。还有21位爱心人士定向捐赠32.66万元。

（徐瑜捷）

附：

2021年江山市慈善榜单

（1）江山市慈善总会被省民政厅授予2021年度浙江省品牌社会组织称号。

（2）贺村镇分会被浙江省慈善联合总会评为省级示范慈善分会；大陈乡早田坂村、大桥镇陈家村、大桥镇湖游村、贺村镇通贤村、塘源口乡塘源村、峡口镇地山岗村六个慈善工作站被浙江省慈善联合总会评为省级示范慈善工作站。

（3）经市文明办、市民政局、市慈善总会联合评定，41家企业、29位个人被评为2021年度爱心企业、爱心人士。

慈善爱心企业（捐赠10万元以上按序排列）

浙江江山农村商业银行股份有限公司

江山虎集团有限公司

泰鼎集团有限公司

浙江红火投资有限公司

贝林集团有限公司

湖北省劲牌公益慈善基金会

杭开控股集团有限公司

开化县江松商品混凝土有限责任公司

浙江百家万安门业有限公司
江山欧派门业股份有限公司
浙江万里扬股份有限公司
贵州超宇水泥有限责任公司
科润智能控制股份有限公司
万汇通能源科技有限公司
浙江科力车辆控制系统有限公司
浙江绿江现代农业发展有限公司
浙江锦城检测有限公司
浙江天际互感器有限公司
浙江为康制药有限公司
浙江老虎山建材有限公司
金华泊如教育咨询有限公司
江山市华达房地产有限公司
宁波合抱资产管理有限公司
浙江省烟草公司衢州市公司
驰骋控股集团股份有限公司
江西翔元投资发展有限公司鄱阳县分公司
衢州钉商电子商务服务有限公司
江山市同岳汽车有限公司
浙江江山健康蜂业有限公司
浙江蓝友房地产开发有限公司商品房预售资金专户
浙江江山瑞升家具有限公司
江山市永欣化工有限公司
江山市宏辉自动化仪表有限公司
江苏谷英系统工程有限公司
浙江江山和平商贸有限公司
浙江江山变压器股份有限公司
江山市宁波商会
广西伟程混凝土有限公司
中国太平洋人寿保险股份有限公司衢州中心支公司
宿州凯润建材有限公司
浙江宇安消防装备有限公司

慈善爱心人士（捐赠1万元以上按序排列）

金景全　深圳市赢家服饰有限公司董事长
周炳祥　江山市五星水泥制品有限公司经理
周少峰　江山市贺村镇后源村村民
严照辉　江山市贺村镇后源村村民
郑为正　江山市双塔街道杨墩村村民
宋乐仙　江山市峡口卫生院退休医生
朱建礼　浙江省嘉兴市禾盾消防负责人
朱建军　浙江省嘉兴市嘉善天顺消防负责人
琚小浩　江山市贺村镇后源村村民
董中发　海南省海口市中莎建设负责人
成建明　江山市大陈乡早田坂村党支部书记
黄以华　江山市凤林镇南坞村村民
朱晓浪　杭州四季青童装批发市场老板
周和良　江山市华洋木业有限公司董事长
梅龙根夫妇　江山市张村乡双溪口村务农夫妻
刘耀龙　江山市双塔街道缸甫底村村民
郑小军　江山市贺村镇后源村村书记
吴步高　江山市贺村镇后源村村民
周水高　江山市贺村镇后源村村民
吴昌华　衢州市开化县长虹乡北源村村民
朱元明　江山市贺村镇后源村村民
朱日明　江山市贺村镇后源村村民
周仕华　江西省赣州市南康区君安消防负责人
龚东强　江山市虎山街道桑淤村村民
朱小琦　江山市双塔街道和贤村村民
郑德水　江山市双塔街道和贤村村民
毛雄炳　江山市双塔街道和贤村村民
王小明　江山市双塔街道路垄村村民
姜天谢　江山市航浩体育用品有限公司董事长

退役军人事务

【概况】 2021年，江山市退役军人事务局（以下简称市退役军人事务局）以“保稳定、强服务、带队伍”为主基调，以“十件大事”为主抓手，围绕服务体系、就业创业、优抚安置、社保接续、双拥创建等全面开展工作，圆满完成平安护航中国共产党成立100周年、省双拥模范城届中检查考评、服务保障体系现场会等任务，获衢州市2021年度退役军人工作绩效评价第一名。

【队伍建设】 市退役军人事务局制定出台《十个意识和十条凡是》，强化队伍大局意识、团队意识和服务意识，从细从小从深处落实好各项工作。高站位谋划2021年度“十件大事”，闭环式推动数字化改革、服务体系建设、省级双拥模范城届中检查迎检等重点工作高质高效落实。常态化开展党史学习教育、中共十九届六中全会“六讲六做”大宣讲活动和“沿着红色足迹学党史”主题实践活动，组织党员干部授党课24节，邀请党校老师、市宣讲团及8090宣讲团授课5节。创新开展“务虚谋实集智开篇头脑风暴”活动，征集意见建议46条。

【服务体系建设】 市退役军人事务局组织创建衢州有礼·新时代枫桥式退役军人服务中心（站）282家，全国示范型退役军人服务中心（站）253家，省级新时代枫桥式退役军人服务中心（站）28家，数量居全衢州市首位。承办衢州市退役军人服务保障体系能力提升现场推进会，组织观摩清湖街道祝家坂、虎山街道何家山、大陈乡大陈村3个退役军人服务站。追寻习近平总书记在江山考察足迹，深挖红色资源，突出“一站一品”，打造“红色”和“特色”两条精品线路，形成江山辨识度的服务品牌，“红色”精品线路依托大陈、坛石、石门、洪福等红色服务站，突出红色底蕴、精神传承；“特色”精品线路沿线辐射周家青社区、丰益村、白沙村、清漾村等4个站点。年内，大陈村退役军人服务站被评为浙江省百家红色退役军人服务站和浙江省退役军人服务保障体系建设先进单位；服务中心金建军被评为浙江省退役军人服务保障体系建设先进个人。

【双拥工作】 市退役军人事务局完成省双拥模范城届中检查考评暨新时代退役军人事务工作督查任务，省退役军人事务厅副厅长徐华水在督查中给予“有传统、有担当、有感情、有特色、有氛围”的充分肯定。落实为驻江部队和现役、退役军人办实事工作，确定《2021年为驻江部队和现役、退役军人办实事实施方案》14项实事，投入资金315万元。选送优秀退役军人参加各级典型评选，叶祥飞获评全省最美退役军人、江书修获评全省模范退役军人。开展“最美拥军人物”“全省

7月，市退役军人事务局组织烈属红色一日游活动

社会化拥军成绩突出单位选树”申报，桐岭社区党委书记徐萍获评“全省最美拥军人物”，贺村镇中心幼儿园获评“全省社会化拥军成绩突出单位”。在全国双拥主题文艺作品征集评选活动中，江山选送的《拥军优属 拥政爱民》获全国三等奖。组织对驻守昆仑之巅执行专项任务的江山籍官兵家庭进行重点走访慰问。

【优抚安置】 市退役军人事务局为全市优抚对象发放抚恤补助金，为义务兵家庭发放优待金，为退役士兵发放一次性经济补助金。推进“3+N”报销结算联办工作，发放重点优抚对象医疗补助。开展中国共产党成立百年烈士遗属走访慰问及烈士家庭情况摸排工作，组织以“缅英烈·系烈属·守初心·担使命”为主题的烈属红色一日游活动。举办“百年·百人·百场”英烈故事宣讲4场。在“致敬国家丰碑”全省红色故事讲解员（专业组）大赛中，双拥工作服务中心毛晓霞获三等奖。加大纪念设施修缮投入，对江山烈士陵园和烈士墓进行改造提升。完成计划分配军转干部和转业士官安置任务。优抚安置科王永红获全国退役军人服务保障先进个人称号。

【创新就业创业平台】 市退役军人事务局落实职业技能培训和适应性培训政策，开展“一对一”、政策讲座活动，组织适应性线上培训、电子商务职业技能培训、高职单招单考辅导培训。“一对一”个性推送和梳理退役军人就业创业各项优惠政策，全年为退役军人办理全额贴息贷款，发放一次性创业补贴。选送优秀退役军人军创企业参加各类参赛评选，在衢州市“邮储杯”退役军人创业创新大赛中3个项目获奖，“浙江汇农100万蛋鸡生态示范园区建设”项目获大赛一等奖，“富仙孜共同富裕产业园区”项目、“互联网+兵打造退役军人就业平台”项目获大赛三等奖；参加衢州就业创业“双十佳”评选，2家企业上榜，浙江江山五福门业有限公司获评衢州市十佳军创企业，江山市中通快递有限公司获评衢州市十佳退役军人就业基地。

（危茜施）

应急管理

【概况】 2021年，江山市应急管理局围绕全市经济社会发展大局，坚定目标、切实推进应急管理事业，全年未发生较大及以上生产安全事故，各类生产安全事故起数、死亡人数较前两年平均起数、死亡人数分别下降21.4%、23.8%，自然灾害实现零伤亡。

【安全生产】 按照安全生产“三色”管理制度，推进安全生产综合治理三年行动和“遏重大”攻坚，提升企业本质安全，累计完成三年行动任务清单194项和“遏重大”任务清单260项。全面开展安全生产隐患大排查大整治，累计排查各类企业（场所）4024家次，排查问题隐患5490处，整改5406处，立案270起，罚款278.87万元。有序推动重大隐患挂牌整改，提前完成年内纳入省、市、县三级政府重大隐患挂牌督办107个。推进企业一线员工素质提升和百万员工大培训，从源头遏制生产安全事故发生，累计开展岗位安全教育课、应急演练1322家次，抽查企业1322家次，抽查一线员工5376人，员工应急处置知晓率81.7%，应知应会知晓率84.57%。“线上+线下”培训1.6万人次。围绕“落实安全责任，推动安全发展”主题，开展全国第20个安全生产月活动，开展安全生产宣传咨询日、安全生产公众开放日、我为群众办实事等活动，普及安全知识，提高全民安全意识。活动期间，累计参与超2万人次，服务35次，解决问题15个。

【防汛抗旱】 实行“5+X”防汛驻点会商，组织会商26次，下发工作提示函11份，启动Ⅳ级防汛应急响应5次、镇域应急响应16次，有效应对17轮短时强降雨，实现“零伤亡”，被评为“浙江省2021年度防汛防台先进集体”。成功争取并顺利通过省级基层防汛防台体系标准化建设试点工作验收考核。编发3000册《江山市防汛应急处置指导手册》，明确预案启动条件、启动后指挥组织体系、接报处置流程、紧急避险知识等内容，提升基层应急能力和群众避险能力。

【森林防灭火】 做好冬春季节野外火源管控和涉林景区森林防灭火工作，筑牢森林防火墙，累计组织各类森林防灭火检查132人次，发现整改问题63处。实施乡镇（街道）森林防灭火轮训和“引水上山”考核，开展乡镇森林防灭火队伍比武竞赛，提升基层防灭火水平。

【防灾减灾】 百分百完成13个避灾安置场所规范化建设，发电机、棉被、衣物、应急包等物资应配尽配。以乡村振兴“云讲堂”为载体，开通钉钉直播授课，面向全市19个乡镇（街道）的群众百姓传授自然灾害防御知识，实现百姓学常识“零跑腿”。以百村万户宣讲活动为主线，以“5 · 12”防灾减灾日和“10 · 13”国际减灾日为导向，采取应急大喇叭、现场救援、装备展览、网络竞答、应急演练、展板展示等方式，让防灾减灾宣传触角延伸至社区、农村、企业、校园等辖区的各个角落，形成人人关注、人人参与的强大宣传攻势，筑牢防灾减灾坚实屏障。

【应急体系】 推进社会应急力量培育、直升机临时起降点新增等民生实事项目，试点建设3支基层综合性应急救援队伍，提升基层应急救援能力。开展《江山市突发事件总体应急预案》及危化、交通、特种设备等专项应急预案的修编，累计完成修订24个。高效搭建基层治理综合应用应急管理平台，受到省厅高度认可，并在衢州市全域推广。

【全市防汛和地质灾害应急救援演练】 6月7日，采取线上+线下联动模式，成功组织以人员转移和抢险救援为主旨的市级防汛和地质灾害应急救援演练，通过线下实战、线上观摩的方式，部门乡镇领导干部、基层防汛责任人、报灾员、网格员等2000多人参加观摩，提高演练效果和应急知识普及率。

【化工行业安全整治提升攻坚行动】 开展涉毒性气体企业、有机硅企业、非法违法“小化工”等专项整治行动，累计检查企业149家次，发现安全隐患475处，完成整改444处；挂牌成立江山经济开发区应急管理局，并试点推行安全生产行政委托执法，提高处置效率；关停化工企业19家。

（李秋子）

消防工作

【概况】 2021年，全市共接报火警361起（含4起虚假警，3起交通事故火警），其中造成一定财产损失的火情185（不含户外配电箱电表电线、垃圾废弃物、草坪草地等火警）起，造成8人受伤，未发生亡人和较大以上财产损失的火灾。

【推动消防安全责任制落实】 全年，消防救援大队提请召开全市安全生产暨消防工作会议、消安委工作例会等消防工作会议6次。以市消安委下发《全市2021年消防安全工作重点任务清单》、《消防安全突出问题任务交办清单》、全市住宿与经营合用场所消防安全专项行动方案、“平安护航建党百年”等专项行动实施方案，细化工作责任。以市消安委办向住建、经信、公安、商务、文旅等行业主管部门、19个乡镇街道发出建议函26份，督促消防隐患整改110处。会同安委办、政务督查室开展消防安全工作暨消防安全专项整治三年行动督导，并下发通报，列出问题清单，推动工作落实。

【开展隐患排查整治】 开展重大隐患挂牌整——年初省市挂牌的阳光雨露幼儿园、亚朵家具商行、成坤农贸城3处重大火灾隐患已

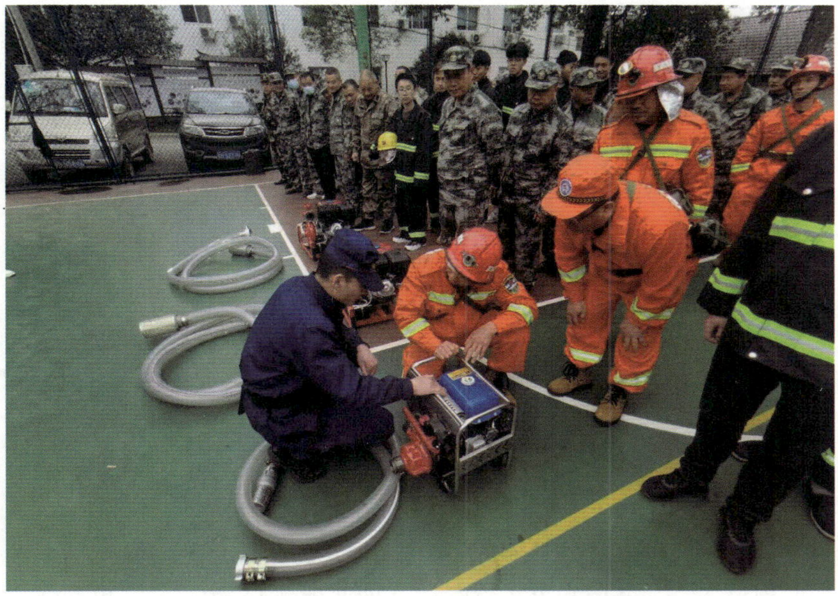

3 月初，分批次深入辖区乡镇、街道开展消防业务技能大培训

完成整改、销案。10 月，对江山市诚林制衣有限公司、浙江天林实业有限公司、七星亚龙湾小区等 3 家重大火灾隐患单位进行挂牌督办，其中 2 处列为省级挂牌单位，整改率 80%。开展合用场所专项整治，组织各乡镇街道、部门进行专题部署，会同安委办开展专题督导，落实每周通报机制，推动全市排摸合用场所 1338 家，发现隐患 1202 处，督促整改 1003 处，整改率 83%。开展大型商业综合体达标创建，对 5 家商业综合体进行专家体检式检查，共排查隐患指出 514 处，完成整改 499 处，整改率 97.1%。推动行业部门开展消防安全检查。联合卫健对 23 家医院、集中隔离点、疫苗接种点、母婴照料场所进行集中排查，推动 800 余名从业人员开展消防蓝码注册学习；联合公安、教育排查校外培训机构 277 家，发现隐患 361 处，督改 223 处；借力创文行动，推动 56 个住宅小区集中施划消防车道点位 129 个，配置灭火器 12140 个。

【拓展社会消防宣传载体】 印制 20 万份“冬季农村消防安全警示”及“三合一场所消防安全警示”消防宣传资料全覆盖发放。协调市传媒集团在重要时段播放消防安全提示语及住宿与经营合用场所消防安全治理八项措施；录制消防安全知晓率音频，联动 19 个乡镇街道的应急广播大喇叭不断循环播放；5 次对重大隐患单位、消防产品、化工企业等开展曝光行动。组织开展“119”消防宣传月活动启动仪式。谋划开展“十园千企、百村万店”消防安全大培训工作。联合教育、卫健、经济开发区等部门及 19 个乡镇（街道）推广应用“消防安全学习云平台”，发动注册群众达 29949 人次。

【夯实综合灭火救援力量】 全年接警出动 725 次（含灭火和抢险救援），出动 905 队次，出动车辆 1494 辆次，出动警力 8683 人次，抢救 24 人，疏散被困人员 24 人，抢救财产价值 470.68 万元。组织开展“六熟悉”348 车次，开展重点部位和“不放心”区域实战演练 192 车次，对辖区内 121 家微型消防站进行电话拉动 1274 余次，实地拉动 667 余次，综合演练 3 次，微型站骨干及队员培训 90 次。对全区 6 处天然水源、335 个市政消火栓逐一进行实地排查和维护保养。对标“大应急、全灾种”任务要求，新增购置一批水域救援装备、手抬泵、无齿锯等灭火救援装备及增添重型防化服等特种防护装备。成功处置“3・10”经济开发区衢州虹联塑业火灾、“3・12”美团外卖电动车火灾、“6・5”须江小女孩溺水救援、“6・30”四都镇赤山村矿山水域救援等重大工作任务。

（伍飞燕）

工　业

综　述

【概况】 2021年，全市完成规上工业总产值356.41亿元，同比增长28.9%，完成规上工业增加值82.59亿元，同比增长10.4%；完成工业投资33.36亿元，同比增长4.3%，工业企业技术改造投资13.67亿元，同比增长11.1%。

【数字经济】 以“产业大脑+未来工厂”为核心架构，重点推进“新智造”，协同各部门在产业大脑、未来工厂、资源要素、数字贸易、科技创新5条子跑道上加速奔跑，系统门户框架初具雏形，顺利通过衢州市级验收。开通门户页面应用权限26人次，拆解重大任务5个，二级子任务17个，梳理页面应用需求4个，展示图表15个，集成原有成熟系统4个，上线展示数字经济综合指标、工业经济综合指标等5个综合分析应用，集成上线智慧园区综合监管、亩均论英雄综合评价等6个典型应用。

【智能制造】 新增智能制造提质扩面项目57个，其中轻量化智改项目24个，规上工业企业数字化改造覆盖率47%；累计实施制造过程智能化项目115个，验收通过的59个智改企业提质降本增效明显，企业生产效率平均提升85%，综合成本平均降低12%，交货周期平均缩短33%，材料利用率平均提高6.3%。江山欧派被工信部评为新一代信息技术与制造业融合发展试点示范；创建省级数字化车间/智能工厂7个；培育省级工业信息工程服务机构4家；培育省级上云标杆企业2家；培育省级大数据应用示范企业1家和省级工业互联网平台2个。木门行业工业数字化转型经验获得国务院副总理刘鹤，省委省政府领导袁家军、高兴夫、陈奕君等的批示肯定。浙智专委在江山召开工业数字化工程样本复制推广交流研讨会，总结提炼以“工程样本”“合同样本”为抓手的江山木门数字化转型经验和做法，面向全省推广。

【创业创新】 坚持分管市领导挂帅周末现场督查项目，深入在建项目建设一线，了解存在问题，协调各部门合力解决，加快项目建设。市工业专班形成现场服务项目机制，指导企业做好开工前准备、入库出数、竣工验收，督促企业加快项目建设，实现项目早落实、早开工、早入库、早竣工。全年组织项目督查协调90次，现场服务推进项目233个，推动天际互感器、研一（二期）、吉成实业、开泰置业、开洋木业、双氧水技改等项目开工建设；吴宇新材料、天圳重钢、鸣泰玻璃、庆兴家居等项目土地摘牌。打造“绿、黄、红”三色项目管理推进机制，以问题为导向，对决策咨询项目逐一研判，形成项目推进交办单，于周一交办，周五督查，每月通报，促使项目推进透明化、动态化，实时解决项目推进中堵点、痛点、难点。全年交办事项228件，协调解决问题121个，推进研一一期、交通安全设施、汉宝石化、澳宇新材料、百源家居、冠旗纳米、青林木业等项目建成投产，加快工业项目建设进度。牵头制定《江山市工业用地项目全生命周期管理实施办法》，建立工业用地项目招商研判、决策咨询、土地出让、项目建设、项目验收、监督管理于一体的全生命周期管理机制，对项目在用地期限内的状况实施全过程动态评估和监管，实现工业用地项目管理系统化、精细化、动态化。工业项目决策咨询加快，土地款交付提前，投资合同和土地出让合同双合同管理，竣工和达产双验收，实现更加节约用地，违约处罚更加刚性，工业用地的管理水平提升。

11月13日，市委常委、常务副市长俞耀根（前左二）督查江东化工园区村庄搬迁安置工作（蒋俊锋 摄）

【服务企业】 按“系统、精准、绩效”原则，牵头完成大科创专项政策梳理、整合、起草、印发，与2019年版相比，新政策文件由9个归集到1个，各文件中涉及财政资金奖补条款由47条整合到15条。全年兑现工业政策11个批次1.55亿元。制定出台小微企业赛马奖励政策（一季度兑现59家企业、49.75万元）和门业（家居）产业订单融资担保政策（已办理2家企业，放款600万元），激励小微企业争先创优和帮助门业企业破解融资难题。制定《企业高管纳税贡献奖励暂行办法》《优秀企业“数字总工”评选管理办法》，修订《高层次人才团队项目评审管理办法》，开展2020年度人才政策兑现工作，兑现补助资金130万元；推荐2名工程培养人员入围衢州市新“115人才”；推荐1人申报国家级、2人申报省级海外引才计划；评选创业绿卡企业37家，帮助30家企业解决人才子女就学难题。根据《关于印发“衢州送大礼，留您过大年”硬核六条的通知》文件精神，第一时间核实“暖心红包”“规上企业赛马”政策符合条件对象，及时通知企业申报并审核，发放补助资金453.9万元，其中“暖心红包”政策兑现资金93.9万元，惠及198家规上工业企业的1800余名员工，“规上企业赛马”政策兑现资金360万元，惠及26家企业。

【整治提升】 深入开展化工行业安全整治提升工作，确定关停淘汰化工企业34家，其中危化生产企业9家，一般化工企业25家，17家通过衢州化工专班复核验收。实施木制品行业安全风险治理，委托第三方对全市340家木制品企业开展安全风险评估，查出安全风险2411项，其中已整改闭环2410个，闭环率99.9%。开展塑胶行业消防安全百日攻坚行动，检查出104家企业473条消防安全隐患，全部完成整改。组织成员单位专题研究部署工专安委会“遏重大”工作，制定安全隐患大排查大整治、“一厂多租”安全专项整治活动等专项行动方案，针对木制品行业安全风险以及有限空间、涉爆粉尘、工贸企业储存使用危化品、“一厂多租”等5个重点领域进行专项督查、治理，对354家次存在重大安全隐患的重点企业进行专项督查和现场复核，累计立案处罚企业73家，处罚金额80余万元。

【亩均效益】 实现“亩均效益”综合评价全覆盖，完成1820家工业企业的基础信息摸排，对695家企业的开展综合绩效评价。强化“亩均效益”综合评价结果的运用，实现政府性资源要素的差别化配置。减免A、B类企业的城镇土地使用税2553万元，通过电力直接交易降低用电成本1420万元，征收限制类、淘汰类企业差别化水电费416万元。借力省级“能耗双控”的相关工作要求，对末档企业开展限电措施，再次深化“亩均论英雄”改革。低效工业用地收储作为深化亩均改革，实施工业全域治理的突破性抓手，年底完成首批低效工业用地收储21宗，盘活土地33.9公顷。启动第二批低效用地处置工作，累计走访2020年度低效工业用地104宗，与宗地负责人面对面沟通，建立“一企一档”，确保对每宗低效土地的情况都做到心中有数、有档可查。

【助企发展】 围绕企业发展和组团联企服务精准化，由市营商办、市经信局双牵头的营商专班借助平台，全年累计收到各类诉求305件，办结282件。发挥市减负办工作机制，全年累计减负金额26亿元以上。印制《江山市银行业支持市场主体信贷产品清单汇总》宣传册800多本，联合市人行共同上线“贷款码”应用，接入江山19家银行，通过共享数据信息，弥补银企信息不对称问题。推广优秀企业品牌，函发《关于江山优秀企业品牌的推荐函》至城建投、开建投公司，引导向江山优秀品牌倾斜，包括防火进户门、木质室内门、输配电等产品。

（崔 华）

经济开发区

【概况】 2021年，江山经济开发区实现规上工业总产值246.5亿元，同比增长29%；完成固定资产投资27.29亿元，同比增长36.51%，其中工业投资完成20.99亿元，同比增长36.22%；规上服务业销售额53.99亿元，同比增长22.58%；实现税收收入16.5亿元，同比增长28%，其中工业企业税收收入15亿元，同比增长26.76%；新增国家高新技术企业12家、小升规企业33家；规上工业企业研发经费6.81亿元，同比增长39.3%，占规上工业营业收入比重2.56%。经济规模、发展质量、增长速度、综合效益等主要指标在全省省级开发区综合考评中排名第34位，比2018年前进7位，比2019年前进5位，提前2年完成《开发区整合创新促进高质量发展三年行动计划》目标。

【机制改革】 贯彻落实浙江省、

12月17日，市委常会、副市长朱永平（左二）在经济开发区调研

衢州市开发区（园区）整合提升要求，推动市委、市政府制定出台《江山市开发区（园区）整合提升方案》和《关于剥离江山经济开发区管委会社会管理事务实施方案》，将经济开发区负责的综治维稳、安置小区管理、集体土地报批和征迁、道路交通安全、城市管理等社会管理事务剥离，理顺开发区管理体制机制。

【平台提升】 编制完成开发区产城融合规划和城南核心区城市设计及控规，加快推进江东化工园区控规和整体发展规划编制工作。完成江东化工园区“园中村”444 户征地拆迁、江贺经济走廊土地有机更新和整治提升方案编制，产业邻里中心、双创中心、江东污水处理厂等一批基础配套和功能性配套项目完成各项前期工作。

【招商引资】 制定出台《关于进一步健全完善招商引资项目落地服务机制的操作办法》，围绕时尚门业智能家居和智慧能源装备两大着力培育的特色主导产业，紧盯锂电新能源重点领域，招引项目 38 个，协议总投资 108.8 亿元，固定资产投资 92.5 亿元，新增用地 144.8 公顷，创历史新高。研一（二期）、碳一新能源、金石资源、吉成智能制造产业园等一批 10 亿元以上项目落地。

【项目建设】 全年项目开工率

2 月 9 日，研一公司年产 1.5 万吨新型锂盐项目投资框架协议签订（侯晨捷 摄）

90%以上，力促研一新型锂盐、欧派特种门窗产业园、科润高端装备、天际未来工厂、省重点 S315—S316 连接线工程等 54 个项目快推快建，研一（一期）、交科设施产业园、澳宇、汉宝等 36 个项目竣工或投产投用，在全市重大项目推进“互看互比互学”活动中获“金牛奖”。

【产业培育】 全年重点推进 57 个智能制造试点和提质扩面项目，累计完成投资 6 亿元，完成验收项目 28 个。推动企业股改上市和创新研发，天际互感器入选工信部首批重点“小巨人”，加快股改进程；科润智控入选工信部第三批专精特新“小巨人”。

【要素保障】 完成研一（二期）、洪干山区块、江东污水厂等项目约 23.33 公顷土地农转用报批组件，推进碳一新能源、下份水库、礼贤区块等 24 个区块约 173.33 公顷土地报批组件。超额完成全市“十类地”处置，全年消化批而未供建设用地 104.9 公顷，完成率 145.94%。

【山海协作】 江山—柯桥山海协作产业园实现工业总产值 90.98 亿元，同比增长 45.57%。签订《“山海协作产业飞地”项目共建协议》，总投资 120 亿元，重点布局新材料、高端装备等产业。省发改委公布 2021 年度山海协作工程和山海协作产业园考核结果，江山—柯桥山海协作产业园以绩效考核满分的成绩，连续 5 年获得省级一等奖，实现“五连冠”。

（侯晨捷）

商务经济

电子商务

【概况】 2021年，全市累计实现网络零售总额216.69亿元，位列衢州第一，同比增长39.2%，高于衢州市6.6个百分点，高于全省8.5个百分点。

【优化电商环境】 全年完成电商专项补助政策兑现资金3690.26万元。对大商贸政策电商条款进行修订，对电商企业从场地租金、地方综合贡献、资金补助等方面进行政策扶持。

【启动数字生活新服务】 成功列入全省首批数字生活新服务样板县创建名单；组织贺村镇、虎山街道申报浙江省第一批数字生活新服务特色镇。启动数字生活新服务联席会议机制，按照“1+N”模式合力推进数新工作；建设数字生活地图项目，以高德地图为载体，围绕数字生活新服务的数字商贸、数字政务、数字健康、数字教育、数字文旅、数字出行六个方面，呈现了未来“数字生活”的主要场景。

【推进创新发展试点工作】 完成省电子商务创新发展试点项目验收，包括江山跨境电商生态体系建设、农产品电商“村播”、木制品企业跨境垂直电商和江山市东方智慧商圈4个项目，累计支付1196.72万元，资金使用率99.73%；完成国家电子商务进农村综合示范试点部分项目验收，包括6个招投标项目和4个自主申报项目验收，累计支付1557.82万元，资金使用率77.89%。

【跨境电子商务发展】 全年举办跨境电商对接交流活动22场，开办4期跨境基础孵化班和1期跨境进阶孵化班，孵化企业54家，

江山市数字经济产业园（2021年）

开展培训5000多人次，推动外贸企业新开展跨境电商业务21家、培育优质跨境电商企业9家、新增跨境电商店铺83个，成功注册海外商标8个。小牛凯西、迈微、佰象等一批电商总部项目成功落地。江山木门产业集群被列入浙江省第三批产业集群跨境电子商务发展试点。以跨境电商孵化中心为载体，成功招引亚东进出口、三鑫体育等9家跨境电商企业入驻园区。全年跨境销售额2.8亿元，同比增长98.6%。

国内贸易

【概况】 2021年，全市实现社会消费品零售总额176.09亿元，同比增长18.2%；增速高于衢州平均水平6.4个百分点，增速位列衢州第三。《江山市“三强化”促进消费迭代升级》在《浙江商务》第75期消费专班工作简报上刊登。组织赢家时尚、健康蜂业成功申报2021年省级新零售示范企业；组织贺村镇、虎山街道成功申报浙江省第一批数字生活新服务特色镇；贺村镇溪淤村申报为第二批浙江省商贸发展示范村。完成省级批发零售业改造提升试点项目验收，共计补助422.21万元。

【促进消费】 继续高效运行消费专班工作机制，紧扣“六稳”“六保”工作要求，先后举办汽车展、樱花美食节、江郎山乡村未来社区首届“春风节”、“生活优品·衢州出品”江山专场、“鱼”你同行·美食烹饪大赛等特色主题促销活动；鼓励支持大型商超等企业开展节假日促销活动，营造浓厚促销氛围。

【优化家政服务系统】 推广“浙家政”综合服务应用，列入数字社会系统建设项目，全年完成江山市“我爱你家”家政服务部及江山市宜家物业管理有限公司2家企业平台注册工作，117名家政服务员注册并申领“安心码”。

外向型经济

【概况】 2021年，全市累计实现进出口总额44.55亿元，同比增长17.3%。其中，出口额44.18亿元，同比增长17.28%，位列衢州第一；进口额0.37亿元，同比增长19.85%，位列衢州第一。全年实际利用外资918万美元，完成考核目标的102%，位列衢州第一。新设外商投资企业3家，合计合同外资124万美元。江山市“聚力双招双引，助推共同富裕”列入浙江省商务领域共同富裕第二批试点项目。

【重视招引优质项目】 牵头成立外资招引工作专班，负责协调推进、会商研判招引重大外资项目等工作；市领导多次带队赴省商务厅对接招引外资项目工作，获取6个优质项目信息资源；作为县市区代表在浙江省现代服务业对外开放投资合作交流会、浙江省高端装备制造业国际合作对接会和“之江创客”2021全球电子商务创业创新大赛西南赛区暨浙川合作招商推介会上作外资招商推介；与知名中介机构普华永道达成初步合作意向。

【开展政策修订】 2021年，发放2020年度外向型经济政策兑现资金2278万元，补助企业176家；与中信保衢州分公司合作，安排22万元专项资金，为184家中小微外贸企业统一投保出口信用保险。出台稳外贸政策措施“三条”，从延续参展政策、补助退货损失、支持出口信用保险方面支持企业渡难关，其中出口退货损失方面政策成为衢州首创；出台稳外贸政策“五条”，从出口信用保险、线上参展、电子商务方面给予企业补助，提高补助标准；出台《江山市“信保贷”融资业务实施办法》，探索“政府+银行+信保+担保”模式，帮助外贸企业

2021 年，商务局走访调研外贸企业

应对海外应收账款风险，提供增信支持。

【做好企业服务】 全年组织30多家次企业参加“浙”里有“援”法律服务月、线上线下RCEP（区域全面经济伙伴关系）政策培训会等活动，提升企业防范化解风险意识；每月定期向衢州市商务局拨付资金，用于江山市外贸企业集装箱空箱调运工作，帮助企业缓解集装箱紧缺情况；帮助江山变压器获批意大利和尼泊尔客商商务入境邀请函。向上对接数字化改革工作，按时完成“订单+清单”监测预警管理系统，确保响应率和填报率达到考核要求，通过五色清单分类分析对美出口企业订单浮动情况，为企业提供更加精准的服务。

【紧盯外贸出口回归】 经走访调研和摸排，浙江健盛集团股份有限公司和江山永利百合实业有限公司两家企业实现出口回归，两家企业全年累计出口2.65亿元，拉动全市出口6.29个百分点。

粮食安全

【概况】 2021年，江山市储备粮数量从28500吨调整为31800吨，将稻谷储备比率从76.67%提高到82.08%，充实储备粮规模，优化品种结构，促进粮农增收；2月开展储备粮轮换出库，轮换出库早籼谷2846吨、晚籼谷5915吨、玉米1500吨、小麦3450吨。

【建设救灾物资库】 将粮食安全保障中心的850平方米库房改造为应急物资储备库，采购重型货架、叉车、除湿机等设施和应急救灾物资3340件，提高预防和处置突发公共事件的物资保障能力。

【开展订单和收购工作】 发放早稻预购定金19户206万元，协助23户种粮大户开展早稻订单质押贷款1201万元，全市共落实早稻907户、面积5295公顷、重量32271吨，实际有727户粮农投售订单早稻2.83万吨，同比增长9.64%，超额完成省级订单收购任务和县级收购任务；面向晚稻种植面积3.33公顷以上的种粮大户签订晚稻订单，给予每50公斤5元的订单奖励，全年兑现订单奖励政策1711.59万元。

【粮食安全保障工作】 统筹组织市商务局、农业农村局、资规局、市场监管局等部门开展自查、整改，全年组织对全市粮油市场进行质量抽查20余人次，及时掌握全市粮食质量安全动态。根据省、衢州市有关文件要求，完成2021年度政策性粮油物资库存数量和质量大清查；对中心粮库检验检测中心进行升级改造，争取到省财政资金54万元，再次采购重金属检验设备3台，提升粮食质量检验检测能力；重新修订《江山市粮食安全应急预案》，提高粮食应急响应速度和应急综合保障能力，健全和完善粮食安全保障体系。

其他重点工作

【完备疫情防控物资保障】 分三个批次，通过“政采云”网上超市紧急采购电脑、电视机、自动叫号系统、办公桌椅、空调等物资共490台，计90余万元，按时完成临时接种点的硬件采购，为新冠疫苗接种工作提供硬件保障；根据全市疫情防控工作需要，做好各类重点防控场所与重要活动的测温保障20次。

【信访工作平稳有序】 全年接到“12345”平台消费投诉件200余件，其中单用途预付卡投诉127件，汽车销售43件。群众满意率达99.32%。针对4月和5月畅达业主向省人大书面信访诉求，多次牵头相关部门组织讨论，与其沟通选址事项，积极帮助解决合理诉求。制订应急处置预案并摸排具体相关情况，有效化解商铺返租户群体策划的集体信访活动。

（詹涵颖）

商 贸

供销合作

【概况】 2021年，全市供销系统履行供销社和农合联执委会职责，统筹推进为农服务数字化改革、生产供销信用“三位一体”农合联改革和共同富裕示范区建设。全年销售总额达185027万元，总额增长率18.7%，社有企业利润总额40万元，利润总额增长率17.65%，社有资产增加95万元，社有资产保值增值率2.13%。

【深化农合联改革】 2月，经推荐、评审、把关、考察等程序，给予市猕猴桃产业农合联等9个项目主体补助25万元。10月，打造数字农合联平台，导入495家会员、152个农产品上线信息，形成基本功能框架。11月，强化基层组织建设，投资80万元，在早田坂村建设农合联会员培训基地。年内，依托涉农主体新建茶叶、粮食等产业农合联2个、现代农业服务中心2个，组建专家服务团队1个，其中长台镇蜂产业合作共富被列为省级创新发展“链型”合作经济试点。全年基层社新建创建（改造升级）、乡镇农

10月，江山市数字农合联平台上线

合联、村综合服务社、产业农合联组建任务全部完成，示范性农民合作社占比 68%，19 个乡镇（街道）农合联会员 874 个；新增“三衢味”授权企业 6 家，累计授权企业 21 家，涵盖 10 类农副产品。

【抓好区域协作】 7 月，牵头对接四川省绵阳市北川县，遴选出当地特色农产品进行重点帮扶，完成单位购销任务，发动社会力量参与采购四川省 68 个县的农特产品，组织社会捐款 2 万元。年内按照江山—柯桥供销社山海协作战略合作协议，依托江山农产品展示展销中心，助推涉农主体打开柯桥市场，实现大米、蜂产品等农产品销售额 117 万元。

【规范化网点建设】 10 月，完成现代再生资源回收利用综合体项目方案编制，推进项目选址、立项等前期工作。年内根据网点规划布局，取缔关闭脏乱差回收点 4 个，提升改造 8 个，建成市区规范化网点 13 个，两网融合（生活垃圾中转、再生资源回收）5 个，建成乡镇规范化网点 22 个，中转站 1 个；依托再生资源行业协会，开展常态化巡查整治，组织开展行业培训，新增会员 130 多个。

【启动实施“供富大篷车”】 12 月，开通大篷车 5 辆，其中农资农技下乡 2 辆，农产品进城销售 2 辆，冷链收购车 1 辆，配备服务人员 20 人，开通 2 条线路 51 个站点，形成覆盖 6 个山区乡镇 51 个行政村 3.5 万余名群众的流动供销服务网，累计下乡收购农产品 11 次，销售额 90 万余元。

12 月 11 日，“江山市供销供富大篷车”下乡收购农产品

【资产监管形成常态】 5 月，制定实施社有资产监管办法，成立社有资产监管委员会；9 月，按要求完成清产核资工作，每月实行专项检查；10 月，制定《合作发展基金管理暂行办法》，设立江山市供销合作社联合社合作发展基金，提取 30 万元委托市供销（集团）总公司实行专户核算和管理，合作发展基金专款专用。

【为农服务提质扩面】 4 月，与大陈乡联合举办红色研学游项目推介会暨乌龙村首届春笋开拔节，活动现场设厨艺展示区、美食品尝区，开展拔（剥）笋大赛；10 月，联合举办“庆丰收·感党恩”峡口镇第四届农民丰收节暨第十三届峡里风文化节活动，活动现场开展农特产展销、农趣运动会、舞台演出、农机展示、健康宣讲等板块；年内完成化肥农药应急储备项目专项审计，常态化储备化肥 2000 吨，农药 8 吨，结合实际制定出台《江山市化肥农药应急储备项目管理暂行办法》，在不同农需时节，根据农业部门建议调换不同种类的农资，有效地畅通农资供应网络。

（夏文杰）

烟 草

【概况】 2021 年，江山市烟草专卖局（分公司）聚焦“数字强基年”定位要求，坚持目标导向、问题导向、结果导向，凝聚合力，奋发有为，全省分层分类对标同组排名第六，全市工作业绩考核排名四县第一，全市基层对标创优，8 个基层部门 3 个获同序列第一。

【业务经营】 全年共销售卷烟 21198.72 箱，同比下降 2.51%；实现含税销售额 10.71 亿元，同比增长 4.86%；税利 3.05 亿元，同比增长 4.45%。

【专卖管理】 全年共查获案件 119 起，同比增长 19.19%；查获卷烟 4282.61 件，同比增长 348.99%，其中假私烟 3761.4 件，同比增长 553.77%。移送公安立案侦查 14 起，刑拘 33 人次，逮捕 16 人次，判刑 9 人次，取保 23 人次。

【许可证管理】 成立行政许可事项办理专班，提升许可证办理效率，全年共办理行政许可 1592 件，网上办证率 100%。

（周育梅）

盐　业

【概况】 2021 年，浙盐集团衢州市盐业有限公司江山分公司围绕渠道下沉、高端盐品铺市、排他协议签订的工作主线，保证食盐质量安全和供应安全。全年总计销售各类盐品 2374.41 吨。其中：小包装口食盐销售 1424 吨，食品加工用盐销售 668.55 吨，大洋洲海盐销售 1184.6 吨，精品盐销售 157.45 吨。

【渠道下沉基础工作】 按照集团公司有关渠道建设和业务流程再造的部署要求，利用“365”外勤工作软件，开展渠道下沉工作，分片区进行地毯式的走访登记工作，截至 3 月底，总计登记客户 668 户，其中大批发商 4 家、小型配送商 498 家、商超（包括 BC 类）29 家。为巩固渠道下沉的成果，公司开展针对城乡集镇 BC 类排他协议的签订。至年底，共签订 25 家 BC 类商超。

【盐品提价工作】 分阶段提高“雪涛”系列盐品的批发价，按照从低端盐试水逐渐过渡至中端主销品种再到高端盐品的顺序，相继在流通渠道和商超渠道提高矿盐、粉洗盐、350 克精细海盐、健康平衡盐等盐品的批价，市场未出现不良反应。

【精品盐铺市工作】 根据专营公司老品转化及新品上市的工作要求，组织开展在连锁商超、集镇 BC 类商超、城区终端小店新品铺市工作，城乡 BC 类商超新品上架率 90%。与左邻右舍公司合作，增加小雪盐及健康版低钠盐。

（金　灿）

招商引资

综　述

【概况】 2021年，江山市引进到位资金56.03亿元，同比增长24.29%。引进亿元以上项目41个，同比增长46.4%，其中引进10亿元以上项目9个。

【招商活动】 1月15日，召开2021年数字消防产业发展推进会。省智能制造专家委员会主任毛光烈等参加。2月22日，召开数字消防领导小组会议暨“亲清直通车·政企恳谈会”——数字消防企业家座谈会。2月20日，召开全市干部大会暨“三个年”活动动员会，系统部署“产业招商突破年、城市能级提升年、重大改革攻坚年”活动。大会对2020年度招商引资重点工作贡献突出集体和个人代表等进行表彰。会议邀请长兴县商务局党委书记钱永泉作招商经验介绍。3月24日，举行“双招双引”专题培训班开班仪式。市委书记童炜鑫讲话。4月1日，与赢家时尚公司对接江山基地项目。4月15日，与浙江云峰莫干山家居用品有限公司就企业情况、拟投资板块等信息进行交流沟通。4月21日，前往杭开光伏对接二氧化硅项目。5月12日，与中旅智业文化发展（深圳）有限公司就廿八都二期旅游开发项目的目标定位、运营方式、用地规划等进行交流。5月19日，全市一季度经济形势分析会暨平安维稳工作推进会召开。5月29日，杭州市江山商会举行换届大会暨二届一次大会，选举产生新一届理事会、监事会。省智能制造专家委员会主任毛光烈和市委书记童炜鑫分别致辞。5月13—15日，市委书记童炜鑫带队赴珠海、成都考察成都市地建置业发展有限公司，双方签订大夫第田园综合体项目投资意向协议书。7月15日，新松机器人自动化股份公司到江山考察工业机器人项目选址，双方就项目投资、选址等内容进行沟通交流。8月3日，衢州市协作系统半年度工作会议在江山市召开。各县（市、区）协作中心、智造新城投促部、智慧新城招商服务部主要领导及招商引资分管领导参加会议。8月19日，浙江吴宇新材料、浙江天圳重钢科技2个项目成功签约。浙江吴宇新材料项目计划总投资近4亿元，浙江天圳重钢科技项目计划总投资近2亿元。8月20日，赴杭州开展招商引资工作，市经济技术协作中心等单位相关领导陪同。走访浙江御鹿电子科技公司、浙江电圈子科技集团有限公司、中测测试科技（杭州）有限公司。10月14日，组织召开科创产业园项目启动区推进会。10月20日，赴杭州热威电热科技股份有限公司进行招商考察。10月24日，湖北瑞能华辉能源管理有限公司董事长刘菁菁一行，前往浙江研一新材料科技有限公司调研、实地考察3万吨/年环保碳氢制冷剂项目选址区块。11月9日，组织考察中科锂电新能源有限公司，对接年产1万吨磷酸铁锂项目。11月12日，组织考察宁波市依维爱橡塑科技有限公司、浙江乐微食品有限公司。11 月 16 日，赴杭州市钱塘区考察调研，召开钱塘区—江山市产业项目合作推进会议，双方围绕产业发展集团和江山经济开发区开展项目合作进行交流。

6 月 3 日，副市长巫小雄（右）在上海季丰公司开展招商引资考察（姜林楠 摄）

招商举措

【实施招商突破年活动】 重构招商体系、优化招商打法，“三团发力”“三向出击”，全链条推进招大引强，召开全市干部大会暨“三个年”活动动员会，专题部署产业招商突破年工作，明确年度目标任务，力争引进计划固定资产投资 1 亿元以上项目 42 个，计划总投资 160 亿元，引进到位市外引资额 43 亿元。

【做大做强专职招商】 建立健全专职招商工作机制，制定专职招商工作日常管理和绩效考评办法，选调组建 54 人专职招商队伍，按照“4+2”招商布局全脱产招商。采取“专业辅导+实战演练”模式，开展“双招双引”专题培训，邀请省市有关专家学者、长兴县商务局领导、优秀招商员授课；每半月一次专职招商例会开展实务培训，提升专业“软实力”。

【重构优化招商体系】 年内系统重构“1343”招商战略体系。“1”是坚持把招商引资作为赶超发展“一号工程”不动摇，“3”是突出“营造最优环境、制定最好政策、配备最强队伍”的工作抓手，“4”是实施“重构体系、聚焦重点、丰富渠道、优化机制”的工作路径，“3”是努力在总量上求突破、质量上求提升、结构上求优化，形成专职招商队伍、商会乡贤队伍、企业家队伍、中介（投资人）队伍、招商责任单位队伍构成的“领导挂帅、五军参战”招引工作格局，形成领导招商、全员招商、专职招商、产业招商、以商招商、中介招商、乡贤招商、基金招商等多元招商模式。

【优化招商机制】 优化招商引资考核激励办法，实现分类、分档科学下达目标任务、突出实绩考核。建立重大招商项目信息研判、“大招商”交办、重大项目专班机制，书记、市长每月听取、研判、决策、交办重大招商项目。推行市领导挂帅招商机制，市党政主要领导至少各盯引一个 10 亿元以上项目，其他市领导分别盯引一个亿元以上项目的目标任务。实施重大招商项目“一名市领导、一个牵头部门、一个推进小组、一名店小二、一套工作方案”的全周期服务机制。建立外出招商引资审批报告制度，责任单位主要领导每月不少于 4 天外出招商。

山海协作

【山海协作活动】 1 月 21 日，杭州市对口支援和区域合作局到江山考察杭州—江山山海协作工作。实地考察四都镇埠头村“红满橘香”乡村振兴示范带。1 月 28—29 日，赴柯桥区对接山海协作工作。明确江山—柯桥山海协作乡村振兴示范点华夏村发展方向，理清数字产业园的招商建设、产业园运维、服务平台思路，并就现代农业项目合作和企业产品代加工与企业进行深度对接，达成合作意向。5月26日，浙江大学医学院附属邵逸夫医院与市人民医院“山海”提升工程签约仪式在杭州举行。省政协副主席、浙大医学院附属邵逸夫医院院长蔡秀军，市委书记童炜鑫等参加签约仪式。8月11日，赴杭州市钱塘区对接山海协作工作，并召开江山市—钱塘区山海协作对接座谈会。8月19日—20日，衢州市对“衢州有礼”诗画风光带“一县一园”争先创优进行综合考评，江山市华欣湖羊生态示范园项目获考评第一名。9月10日，赴柯桥区对接江山—柯桥山海协作产业飞地建设工作，实地考察“产业飞地”拟共建地块、周边配套蓝印小镇客厅、首个拟落地项目主体——绍兴翔宇绿色包装有限公司。9月10日，市委书记童炜鑫率党政代表团赴杭州市钱塘区对接山海协作工作。双方围绕“共建科创飞地、特色生态产业平台，共谋产业创新融合、共促乡村振兴合作、民生事业合作、消费帮扶合作”几个方面签订《杭州市钱塘区—衢州市江山市山海协作工程战略合作协议》。杭州市政府副市长、钱塘区委书记柯吉欣，杭州市政府党组成员、钱塘区委副书记、区长朱党其等参加活动。10月22日，杭州市文海教育集团副总校长、小学数学特级教师刘松带队，到江山市贺村第二小学开展山海协作结对活动，通过公开课、讲座等形式，分享教学理念、教学方法、教学艺术，促进两校共同发展。11月28日，浙江华欣湖羊生态示范园项目（一期）竣工暨种羊入场仪式在峡口镇举行。华欣湖羊生态示范园项目（一期）用地面积93.87公顷，项目包括年存栏10万只湖羊养殖场，3万吨有机肥原材料及成品堆放场地，3万吨饲料原材料及成品堆放场地，以及配套办公楼。12月3日，江山—柯桥山海协作联席会议在江山市召开，加强江山、柯桥两地在产业发展、飞地共建、乡村振兴、人才交流、社会事业等方面交流与合作。江山市委书记朱素芳，绍兴市柯桥区委书记陈豪等参加。12月22日，柯桥区—江山市山海协作云上联席会议举行，两地以视频连线的方式，深化多领域合作，推动两地互利共赢。江山市委书记朱素芳、柯桥区委书记陈豪等参加。

【山海协作成果】 全年山海协作产业到位资金33亿元，完成任务的122.2%；完成劳动力培训4961人次，完成任务的496.1%；完成消费帮扶任务2795.41万元，完成任务的127.1%。山海协作产业园现有入园企业共138家，投产企业115家，规上企业55家，2021年实现工业总产值90.98亿元，同比增长45.57%，完成固定资产投资28.88亿元，同比增长8%。全方位打造各类平台建设。“科创双飞地”共引进企业45家，其中浙江大学紫金众创小镇·江山创新创业基地已入驻企业34家，累计引进硕士以上人才63名，引荐产业结对导师10余人，解决技术、专利等需求30余项；江山—江干“科创飞地”入驻企业11家，年内新增3家，吸纳就业112人。持续打造山海协作乡村振兴示范点。在峡口镇枫石村打造“一二三产融合新载体”，利用山海协作平台引进浙江卿枫峡中药材有限公司、金华定时器加工企业、华欣牧业有限公司等产业，每年为村集体经济提供增收40万元，带动村民增收100多万元。该模式在碗窑乡、长台镇等乡镇多个村成功复制。清湖街道华夏村紧抓山海协作机遇，做产业、强经济，打造山海协作共同富裕现代农业示范基地建设项目，通过对外出租厂房直接获得年均约141万元村集体经济收入，为村民提供200多个就业岗位。

（刘欣浩）

农业农村

综　述

9月3日，副市长张志军（右）带队在陕西考察猕猴桃产业（郑建飞 摄）

【概况】 2021年，江山市农业农村局以实施科技强农、机械强农"双强行动"为主抓手，以数字化改革为牵引，勇当"排头兵"，锚定"三农"工作"全国先进、全省典型、26个县前列、衢州第一"目标，为江山争当山区县高质量发展建设共同富裕示范区的先行示范作出突出贡献。其中，牵头的26个县发展实绩考核在2020年度全省名列第一，全年获省级以上荣誉表彰20项、承担省级以上试点4项、争取省级以上激励（项目）4项，向上争取"三农"资金4.06亿元，资金额位列26个县第二。

【农业双强行动】 实施"科技强农、机械强农"行动。科技赋能农产品深加工，天蓬公司总投资1.9亿元，建成年出栏商品猪14.3万头的9层楼猪舍一幢，实现生产管理智能化；江山星菜公司"创新农产品精深加工模式"入选全省农业高质量发展大会"双强行动"十佳实践案例，胚芽米项目获时任省政府主要领导肯定；星菜公司自主研发的连续进出料冻干设备获分管副省长批示，纳入省"双强"重大科技攻关和产业化推广应用项目；长台食用菌数字农业工厂、腾龙生猪数字牧场、华欣湖羊数字牧场、赛华农场工业化循环水养鱼数字渔场获评浙江省第一批数字农业工厂。机械赋能农业高质量发展，全市农机总动力达37.4万千瓦，主要农作物耕种收综合机械化水平达71.56%，其中粮食耕种收综合机械化水平达85.69%；"滴滴农机"应用场景获得浙江数据开放创新应用大赛决赛三等奖，是全省乡村振兴类唯一获奖应用。

【重大项目突破】 落地建设华欣湖羊、汇农蛋鸡、君缘食用菌等规模全省第一、全国领先的产业园项目；累计为投资强度大、“三产”融合强的项目落实建设用地5.53公顷，惠及农业主体8家、农业产业项目8个，拉动产业投资10多亿元；江郎山省级现代农业园区顺利通过省级验收。江山市入选省级农业农村项目绩效管理试点县。

【全国农村宅基地制度改革试点】 制定《江山市关于推进农村宅基地制度改革试点工作的实施意见》等“1+N”配套政策体系，选定山底村、枫石村和王村村作为试点村，以“人口集聚”“两进两回”“金融赋能”“数字赋能”为重点开展试点工作，完成3个村的宅基地基础信息调查，建立初始数据库，完成村庄规划编制初稿，江山市成为全国优先获得反馈报告的试点县。落实宅基地及住房确权登记发证，全市应发证9.34万户，已发证8万户。

【数字“三农”】 江山市入选第二批省级数字乡村建设试点县，安排2000万元用于数字“三农”建设，打造“三农”大数据平台，重点建设一个农业农村数据仓、一个驾驶舱，以及猕猴桃、食用菌两条全产业链数字化应用。聚焦江山特色产业，梳理出“蜜蜂”“白菇”“农业投资项目”等10项“一件事”应用场景，“滴滴农机”“江农投”“江农宅改”等特色应用场景上线运行，推动农业产业精密智控和高效服务。

【粮食生产功能区“非粮化”整治】 统筹推进“非粮化”整治优化和抛荒耕地复耕复种，全面摸清“非粮化”区块、抛荒地和补划空间底数，精准落实到地块；强化政策扶持，分类型制定补偿标准，亩均补助标准达到0.7万—1.1万元，居衢州各县（市、区）前列；实行精准分类施策，全面完成审计发现953.33公顷问题整改。

【现代农业经营体系】 全市有农业龙头企业78家，其中国家级2家（恒亮、天蓬）、省级5家。建立新型农业主体数据库，完成1945家家庭农场信息采集录入。有示范性家庭农场108家，其中省级45家，示范性合作社17家，其中国家级2家、省级5家。

【休闲农业】 全市有休闲农业与乡村旅游示范园（点）30个、农家乐特色村16个、星级农家乐及特色点201个，建设农旅一体化平台5个。

【乡村人才培育】 开展农村实用人才和高素质农民培训40期，完成培训2225人次。举办生产技术培训班，谋划“益农+村播”农村电子商务项目制培训，培训村播人才750名。培育美丽新农人162名、农创客300名、乡村百师44名，建成乡村振兴专家工作站（室）2个、乡村振兴特色人才工作室8个。

农业生产

【概况】 在抓好粮食生产、蔬菜生产、生猪和家禽饲养的同时，围绕蜜蜂、食用菌、猕猴桃3个主导特色产业，以及湖羊、渔业、蛋鸡等特色产业，形成“3+X”特色产业发展格局。“3+X”特色产业发展在衢州市年度考评中获得一等奖，获奖励资金400万元。

【粮食生产】 粮食播种面积24520公顷，总产量15.6万吨，获评2021年度浙江省产粮大县。落实“藏粮于地、藏粮于技”战略，新建高标准农田1133.33公顷、发展高效节水灌溉200公顷、改造提升高标准农田466.67公顷、修复灾毁农田333.33公顷，落实到位田间设施管护专项资金322万元；持续开展粮食绿色高产创建，石门镇泉塘畈单季杂交稻亩产1044.46公斤，连续九年全省领先。投资2900万元的大桥镇国家粮食产业强镇建设有序开展。3月16日，江山市承办全省农业春耕备耕暨送科技下乡启动仪式。

【畜牧业生产】 生猪出栏20.64万头，存栏15.06万头。改扩建年出栏10万头以上、万头以上的生猪规模化养殖场各1家，天蓬集团有限公司被认定为农业产业化国家重点龙头企业。家禽出栏2013.2万羽，存栏534.6万羽。新

华欣湖羊生态示范园（尹诗 摄）

创建省级美丽牧场2家、数字牧场2家。总投资12亿元的华欣湖羊产业园项目完成一期建设，入场种羊2000头。

【蔬菜生产】 蔬菜种植面积10193.33公顷。产量29.85万吨，产值5.44亿元。江山番茄获省精品番茄银奖。

【蜂业生产】 蜂群23.5万箱，蜂业总产值15.42亿元。其中，养蜂产值4.12亿元、经销加工产值11.3亿元（含出口1400万美元），产业规模和效益连续30年居全国第一。江山市成功争取到2022年中国蜂业博览会暨全国蜂产品市场信息交流会承办权。浙江江山恒亮蜂产品股份有限公司被农业农村部办公厅认定为2021年农业国际贸易高质量发展基地。持续完善联农带农利益联结模式，建成恒亮、福赐德、健康等全国典型的蜂产业联合体，形成“市场带加工、加工带基地、基地带蜂农”的高效产业链，现有10家合作社加入，参与蜂农1700多人，蜂群9.7万箱，带动5000多户小农户增收致富，该模式得到省委主要领导高度肯定。

【食用菌生产】 食用菌栽培量1.26亿袋，产量4.23万吨，产值4.11亿元。食用菌农村产业融合发展示范园入选第三批省级农村产业融合发展示范园创建名单。依托总投资1.2亿元的君缘食用菌产业示范园、浙江利兴菌业有限公司年产6000吨食用菌工厂等重大项目。

【水果生产】 水果种植面积3666.67公顷，产量4.1万吨，产值4.31亿元。其中，猕猴桃种植面积1773.33公顷，产量2.2万吨，产值2亿元。举办江山猕猴桃采摘节暨“江山源味”区域品牌推广活动，江山市猕猴桃产业化联合体入选第二批省级农业产业化联合体。

【渔业生产】 渔业产量1.6万吨，产值2.71亿元。成功创建省级稻鱼综合种养重点示范县，建成省级稻渔综合种养示范基地3家、水产健康养殖示范场4家，发展稻渔综合种养面积1万余亩。赛华家庭农场工业化循环水养鱼模式省内领先。

【中药材生产】 中药材种植面积1873.33公顷，总产量2798吨，总产值2.53亿元。入选“浙八味”道地药材优势特色产业集群建设项目。“江山黄精”入选国家地理标志农产品，搭载神舟十二号飞船开展太空诱变育种并落地培育。5月28—30日，2021精准中药助力乡村振兴研讨会暨中国·江山黄精产业发展论坛在江山市举办。

【茶叶生产】 茶园面积2566.67公顷，产量2230吨，产值1.64亿元。江山市香茶特色农产品优势区入选浙江省特色农产品优势区。

【品牌建设】 全市有江山绿牡丹茶、江山猕猴桃、江山黄精等3个国家地理标志农产品。持续打造农产品区域公用品牌，宣传推介“衢州有礼·江山味道”品牌，依托“互联网+”农产品出村进城试点，健全线上线下农产品销售体系。全市有电商服务站点574个，村播实训基地有直播间51间，累计开展“村播”活动1136场，推介50家农业主体在“网上农博”平台上架产品。2021 年“网上农博”江山馆开展活动 7 场，农产品销售额 250 余万元，同比增长 15%。“26 个县品牌馆”零售成交额居 26 个县第一位。

【农业保险】 全市开办政策性农业保险品种 16 个、商业性农业保险品种 6 个、地方特色农业保险品种 4 个，全年实现政策性农业保险保费收入 4414 万元，同比增长 6.41%，其中地方特色农险保费收入 96 万元，为全市 889 户农业经营主体提供 12.98 亿元风险保障。引入中央、省两级财政补贴资金 3145 万元，支付理赔款 5452 万元。

【农业绿色发展】 全市有绿色食品认证主体 45 家、绿色食品基地 1533.33 公顷、无公害农产品 42 个。江山市入选绿色种养循环农业试点县，获中央资金 1054 万元；大桥镇社墩畈绿色农田建设项目入选首批省级绿色农田建设试点，获省级资金 1000 万元。推进“肥药两制”改革，确定统防统治服务组织 133 家，建设水稻统防统治与绿色防控融合示范区 1 个，推广绿色防控技术 1.7 万公顷、专业化统防统治面积 1.4 万公顷，推进农资店数字化管理，创建省级改革示范农资店 4 家、市级 16 家，关联种植主体和农户 1150 个，全市推广使用有机肥 2.1 万吨。推进治土治气治水，实施污染土壤修复治理项目，累计回收农药包装废弃物 53.73 吨、处置 54.72 吨，回收处置废旧农膜 340.5 吨；新建农田氮磷生态拦截沟渠 1612 米；推广农作物秸秆还田面积 25333.33 公顷，秸秆综合利用率达 96%。

美丽乡村建设

【概况】 以“衢州有礼”诗画风光带为主轴，对标未来乡村建设等工作要求，实施乡村建设行动。累计建成省级美丽乡村示范乡镇 8 个、省级美丽乡村特色精品村 24 个、省级历史文化（传统）村落保护利用示范村 2 个、新时代美丽乡村 240 个、新时代中国幸福乡村 81 个、高标准垃圾分类示范村 15 个。

【“衢州有礼”诗画风光带江山段建设】 围绕江山港流域综合治理、标杆村建设、节点村改造、大泽屿湿地公园、大夫第田园综合体等系列工程，推进双塔街道大夫第村至四都镇双溪村沿江 6 公里示范段建设。谋划推进大夫第村、李坪村、枫石村 3 个标杆村建设，推动风光带美丽乡村建设连线成景。华欣湖羊生态示范园项目在衢州市“一县一园”综合考评中获得第一名。全年推进重点项目 14 个，完成投资 20.87 亿元，完成年度投资计划的 119.77%，投资完成率居衢州各县（市、区）第一。

【未来乡村建设】 确定建设大陈、江郎山、枫石 3 个乡村未来社区，其中大陈入选全省第一批未来村庄建设试点。计划建设项目 60 个，总投资 1.1 亿元，全年完工项目 39 个，完成投资 8000 万元。

【农房管控风貌提升】 累计完成 9 大类应整治对象 82974 宗，整治面积 439.59 万平方米，总体整治率 100%；拆后利用实际利用宗数 5.16 万宗，利用面积 232.6 万平方米，利用率 97.9%，推动完成宅基地复垦项目 54.73 公顷，全年拆后利用示范村完成投资 5368 万元。全面开展房地信息系统线上审批，全年受理申报件 1597 件，办结 1432 件，办结率 89.67%。

【新时代美丽乡村建设】 江山市获评 2020 年度全省深化“千万工程”建设新时代美丽乡村工作考核优秀县。新建成新时代美丽乡村 87 个、中国幸福乡村 29 个、省级美丽乡村示范乡镇 1 个（清湖街道）、省级美丽乡村特色精品村 4 个；完成 2021 年度新时代中国幸福乡村秀峰村、上王村、府前村、勤俭村、山底村项目实施；江山市世遗江郎风采线被评为省美丽乡村风景线。大陈村作为浙江省唯一案例入选第二批全国村级“文明乡风建设”优秀典型案例。

【历史文化（传统）村落保护利用】 启动第九批 2 个重点村（浔里村、凤里村）和 5 个一般村项目建设，争取到第十批 1 个重点村和 4 个一般村。已完成的 21 个村项目均通过省市验收，其中重点村枫石村、南坞村、清湖一村、清湖二村获得优秀等次，清湖一村、花桥村被评为省历史文化（传统）村落保护利用示范村，大陈村和清漾村入选全省历史文化（传统）村落保护利用 4 个一般村典型案例。

【农村人居环境整治】 在清湖街道、长台镇、新塘边镇及塘源口乡建成垃圾分类资源化利用站点 4 个；启动 20 个农村生活垃圾分类处理数字化动态监管试点村建设；创建省级垃圾分类高标准示范村 4 个，全市农村生活垃圾分类覆盖面达到 96%。累计新建农村公厕 110 座，新创建省示范性农村公厕 3 座、星级农村公厕 22 座。江山市获评 2021 年度全省农村生活垃圾分类处理工作优胜县。

农民增收

【概况】 2021 年，全市有农村居民 16.39 万户，集体经济组织成员 49.59 万人，扶贫重点村 93 个，低收入农户 11577 户 18515 人。农村常住居民人均可支配收入 31730 元，低收入农户人均可支配收入 17083 元，城乡居民收入比 1.81∶1，优于全省水平，首次实现村集体经营性收入 20 万元以上全覆盖。

【巩固拓展脱贫攻坚成果】 推动出台“农民集聚”安居工程实施意见，完成异地搬迁对象补助 161 人 198.42 万元、地质灾害避让搬迁对象 45 人 67.5 万元。完成 2020 年扶贫健康保险理赔工作，为 4749 名低收入农户理赔金额 294.8 万元，为 21139 名低收入农户免费购买健康保险 308.62 万元。安排产业增收项目 10 个 2676.52 万元，完成“菜单式”补助项目 8 户 1.715 万元；早田坂“乡村振兴帮富村”项目获中央财政衔接推进乡村振兴补助资金 1000 万元（全省 11 个）；江山市翰音农业产业基地项目入选 2022 年度省级乡村振兴综合试点项目，获省补资金 3000 万元。开展雨露计划申报，完成补助 835 人 250.5 万元（含扩面对象 167 人 50.1 万元）。开展低收入农户公益性岗位申报，开发公益性岗位 245 个。签订《江山市光伏小康工程项目投资补充协议》，完成 73 个行政村光伏小康固定收益 438 万元拨付。

【数字化改革试点】 争列省低收入农户帮促数字化应用第一批功能扩面地区、“先行先试”单位；打通部门间数据，归集涉及低收入农户到人到户补助数据 53 项，实现“幸福清单”数据归集、“浙政钉”低收入农户帮促活跃度、低收入农户送“浙农码”和“幸福清单”进度等 3 个里程碑目标，在全省率先实现应用上线。

【区域协作】 开展东西部协作、山海协作。落实东西部协作消费帮扶任务，单位购销 6.45 万元、社会购销 13 万元、社会帮扶资金 6 万元。加强与绍兴市柯桥区、杭州市钱塘区山海协作关系，分别与柯桥区、钱塘区农业农村局签订战略合作协议，推进山海协作乡村振兴实用人才就业培训 1584 人次、消费帮扶 1311.85 万元，完成消薄飞地 10%的收益返利。

【结对帮扶】 完成新一轮省结对帮扶江山团组村换届工作，筹措、协调、落实各类帮扶资金 9585.2 万元。深化落实“一户一策一干部”制度，全市 5000 多名干部结对低收入农户，每月开展走访。

【村集体经济发展】 巩固“消薄”成果，增强村级造血功能，全市 292 个村集体经济总收入 4.09 亿元，经营性收入 1.31 亿元，实现村集体经营性收入 20 万元以上全覆盖，50 万元以上的村 81 个，占 27.74%。

【农村集体“三资”监管】 构建农村集体“三资”管理“1+8+9”政策体系，制定《关于印发〈关于进一步规范农村集体资金资产资源管理的意见〉的通知》和 8 个配套文件，保留原先执行的 9 个文件。开展农村集体“三资”集中清理，292 个行政村共清查出村组资金 10.82 亿元，清理登记村组资产 11240 宗、金额 8.1 亿元，资源 15536 宗、面积 95093.33 公顷。推行组账村管乡镇（街道）代理，全市 19 个乡镇（街道）292 个村 4226 个村民小组，已有 4224 个村民小组、36 个山会、30 个水管会的资金资产资源纳入村账管理二级核算乡镇（街道）代理，纳入资金 3.26 亿元。建立会计委托代理服务及审计第三方服务机制，完成 32 名代理会计招聘及岗前培训等，全部下派至乡镇（街道）第三方审计机构已入驻乡镇（街道）。省农村集体“三资”管理数字化系统推广使用率达 100%，实时监控资产资源变动。

平安建设

【农业安全生产】 开展安全生产专项检查行动，累计出动工作人员 2386 人（次），检查农业生产主体 2690 家（次），全年无重大安全生产事故发生。

【农产品质量安全】 全面落实农药销售实名制，抽检农产品 768 批次，省级例行检测合格率 100%；健全提升农产品质量安全追溯体系，市、乡两级实现安全智慧监管全覆盖。

【农业综合行政执法】 出动执法人员 700 余人次，检查农资生产经营单位 240 家次，发放宣传资料 1000 余份，执法约谈重点人员（生猪贩销户）18 人次，共查办案件 44 起，结案 41 起。其中，渔政执法迈上新台阶，组建 30 支乡村护渔队，在册护渔队员 253 人，发放渔政宣传资料 3500 余份，在江山港流域重点地段更新禁渔告示牌 60 块，悬挂宣传横幅 70 条。

【动植物疫病防控】 重大动物疫病免疫台账到位率 100%，开展动物疫病样品监测 23955 份，动物检疫出证 1.85 万张；重点防控加拿大一枝黄花、红火蚁等动植物疫情，病虫预测准确率达 95% 以上。

（邵梦婷）

2021 年“三农”主要数据一览表

表 9

指　　标	单位	数 量
一、农业产业情况		
总产值	亿元	38.5
（一）粮食产业		
播种面积	万亩	36.78
产　量	万吨	15.6
（二）生猪产业		
出　栏	万头	20.64
存　栏	万头	15.06
（三）蔬菜产业		
产量	万吨	29.85
产值	亿元	5.44
（四）渔业产业		
产量	万吨	1.60
产值	亿元	2.71

续表 9

指　标	单位	数 量
（五）五大产业		
猕猴桃产业		
种植面积	万亩	2.66
产量	万吨	2.2
产值	亿元	2
食用菌产业		
种植数量	亿袋	1.26
产量	万吨	4.23
产值	亿元	4.11
蜂产业		
蜂群数量	万箱	23.5
产值	亿元	4.12
茶叶产业		
种植面积	万亩	3.85
产量	吨	2230
产值	亿元	1.64
中药材产业		
种植面积	万亩	2.81
产量	吨	2798
产值	亿元	2.53
（六）农业主体情况		
农业龙头企业	家	78
示范性家庭农场	家	108
示范性合作社	家	17
二、美丽乡村情况		
省级美丽乡村示范乡镇	个	8
省级美丽乡村特色精品村	个	24
新时代美丽乡村	个	240
新时代中国幸福乡村	个	81
省级高标准垃圾分类示范村	个	15
省级历史文化（传统）村落保护利用示范村	个	2

续表 9

指　　标	单位	数 量
三、年末农村居民情况		
（一）人口情况		
农户数	万户	16.39
集体经济组织成员数	万人	49.59
扶贫重点村	个	93
低收入农户	户	11577
	人	18515
（二）人均可支配收入情况		
农村常住居民人均可支配收入	元	31730
低收入农户人均可支配收入	元	17083
城乡居民收入比	—	1.81∶1
（三）乡村人才情况		
农创客	名	300
乡村百师	名	17
乡村振兴特色人才工作室	个	3

林　业

综　述

【概况】 2021年，市林业局践行习近平生态文明思想和“绿水青山就是金山银山”发展理念，遵循“两勤两专、融入融合、争先创优、压紧压实”工作要求，实施林业重点工程，加强林业生态建设，强化森林资源保护。截至年底，全市林业用地面积145200公顷，占土地总面积的72%，林木蓄积量778万立方米，森林覆盖率69.54%，平原林木覆盖率27.4%，城区绿化覆盖率43.93%，人均公共绿地面积14.09平方米，公路、铁路、城区骨干道路和河岸绿化率95%，宜林网化农田区的农田林网控制率96.1%，省级以上重点生态公益林面积66746.67公顷，湿地3866.67公顷，环城生态景观林2000公顷。空气负氧离子平均浓度750个/立方厘米，空气质量良好以上天数连续7年达90%以上。市内有国家级风景名胜区1个，国家森林公园1个，省级自然保护区2个，省级公园2个，城区森林主题公园4个。市林业局连续第十一年获省政府“森林浙江”考核优秀。

【争先创优】 4月，仙霞古道（全省唯一森林古道）跻列“浙江省首批大花园耀眼明珠”；12月，江郎山入选浙江省第二批名山公园名单。

林业生产

【绿化造林】 全年完成平原绿化200公顷；人工造林398.6公顷；迹地更新93.33公顷；四旁植树80万株；种植珍贵树种56万余株，珍贵树种赠苗37.8万株。推进千万亩森林质量精准提升工程，完成精准提升1580公顷（其中健康林833.33公顷）。

【省级森林城镇和“一村万树”示范村创建】 推进“森林系列”创建，四都镇、上余镇、碗窑乡获评省级森林城镇，全市16个非城区乡镇全部跨入省级“森林城镇”行列，成为衢州市第一个实现森林城镇全覆盖的县（市、区）；新塘边镇勤俭村成功创建省级生态文化基地；建成省级“一村万树”示范村7个。

【林业种苗保障】 做好绿化造林苗木调剂，共调剂苗木110万株，其中良种苗55万株，珍贵树种55万株，供应温州、衢州等地10多个县（市、区）。积极与上级部门对接沟通，争取各类项目资金215万元，保障项目开展。林木良种补助项目，培育油茶、杉木等林木良种苗55万余株；珍贵树种容器苗培育项目，培育珍贵树种39万株，二类苗12万株，三类苗27万株。

林业产业

【木材加工产业】 全年，实现林业总产值258.08亿元，其中第一产业11.16亿元，第二产业186.37亿元（木业产值），第三产业60.55

11 月，市林业局组织企业参展第十四届中国义乌国际森林产品博览会

亿元。

【绿色富民产业】 全市林下经济种植面积 1533.33 公顷，林下养殖面 2866.67 公顷，林产品采集加工利用面积 533.33 公顷，森林人家、农家乐等三产经营面积 2066.67 公顷，经营主体 2500 多个，农民月均增收 2500 元。推进“一亩山万元钱”行动，新建 173.33 公顷、辐射 505.73 公顷、巩固深化 1068.53 公顷。完成 4 个村“千村万元”林下经济增收帮扶工程建设任务。邀请林科院亚林所等科研院所黄精、油茶专家授课，培训林农 170 余人次。

【助推大花园建设】 “衢州有礼”诗画风光带锦绣江山乌木山区域生态修复项目成功入选 2021 年省级重点林业项目，获得省级财政资金补助 1000 万元；浙江省衢州市诗画浙江大花园核心区国土绿化试点示范项目获 1.5 亿元中央财政资金支持，其中江山市获中央资金补助 3995 万元。

【参展国际森林产品博览会】 11 月 1 日至 4 日，组织 42 家企业参展第十四届中国义乌国际森林产品博览会，其中线上参展企业 17 家，线下参展企业 25 家（特展馆企业 10 家），展品涉及森林食品、花卉园艺、林下中药材、竹木工艺品等 10 余类特色产品。参展产品中康丰缘牌蜂蜜等 4 个森林产品获优质产品金奖，三爿石牌猕猴桃等 6 个产品获优质产品奖。

林政管理

【林地征占用管理】 全年办理林地占用 136 起，面积 75.88 公顷（县级林地限额指标 61.94 公顷，市级林地限额指标 13.94 公顷），收取森林植被恢复费 1780.36 万元；办理林木采伐许可证 101 件，植物检疫证 399 件，林木种子生产经营许可证 11 件，野生动物许可证 27 起（其中人工繁育 13 起、经营利用 14 起）。

【查处涉林违法行为】 全年查处林业行政处罚案件共 24 起，其中违法使用林地 13 起、滥伐林木 7 起、毁坏林地 2 起、过失引起火灾 1 起、非法收购野生动物 1 起。移送市公安局涉刑案件 3 起。完成“双随机”行政检查任务 12 次，共检查 59 个对象，覆盖 8 个双随机检查事项。

【自然保护地管理】 9 月 8 日，《江郎山国家级风景名胜区仙霞岭景区详细规划》经国家林草局批准实施。江山港省级湿地公园范围于 8 月调整到位，保障保安龙井、大夫第田园综合体等一批重点项目落地；江郎山总规修编初稿编制完成，10 月 28 日召开市级论证会。

林业改革

【推行林长制建设】 贯彻落实浙江省委办公厅浙江省人民政府办公厅印发《关于全面推行林长制的实施意见》，印发《中共江山市委办公室 江山市人民政府办公室印发〈关于全面推行林长制的实施意见〉的通知》文件，公布林长名单，完成林长责任区域划分，出台配套文件，召开林长会议，开展林长制管护体系建设。

【雪岭保护地建设】 成立雪岭自

然保护中心，组建一支 7 人巡护队，负责对近 4266.67 公顷保护地的日常巡护，通过巡护和红外相机在保护地内发现了黑麂、黄腹角雉等珍稀动物；雪岭中心与周村村山坑尾队签署毛竹择伐共管协议；“社会公益保护地慈善信托”在民政部门完成备案建立，信托内资金将保障地役权履约村民 34 年的地役权资金发放；全面开展地役权登记，完成 4200 公顷林地以村为单位不动产权证发证工作。

生态保护

【松材线虫病除治】 开展松材线虫病疫情除治“回头看”和验收工作，全年完成除治面积 3433.33 公顷，完成率 103.3%；除治死松数量 13400 吨，首次实现疫木数量下降。秋季普查疫情面积为 2807.53 公顷，首次实现疫情面积下降。对重点区域进行松树打孔注药保护，注药数量 8.8 万支，注药松树 4.4 万余棵，确保保护区域内基本无疫情。创新实行“335”工作法和“枝桠比例法”，除治工作得到国家、省、市肯定；江山市分别在省政府、省林业局召开的防治工作会议上作典型交流发言。

【野生动植物保护】 组织野生动物保护大队开展 2 期“除害护农”专项行动。6 月，与人保公司签订《野生动物肇事补偿责任保险承保方案》，全年共计理赔 110 起，理赔额 15.04 万元。抓好古树公园建设工作，收集相关数据资料，建立古树公园档案，形成完整建设报告；牵头开展全市古树名木白蚁危害情况调查，做好突发性古树受损情况的维护和修复。

【森林防灭火】 下发《关于切实做好岁末年初森林防火工作的通知》等文件，开展多渠道多媒体全方位宣传，发放宣传资料 2000 多份；联合多方力量，开展多起“3·19”森林消防宣传活动，增强广大人民群众森林防灭火意识。争取财政资金 300 万元，在全市森林防火重点乡镇和重点责任单位安装森林消防水桶 900 只，在原有基础上使蓄水量增加到 6081 吨；投入 30 多万元采购虎威威、消防水泵、防火服等设施设备。针对重点隐患区和隐患点，多次组织开展森林防灭火工作专项治理行动督查以及公墓专项督查。推广使用“互联网+森林草原防火督查”和“防火码”2.0 版。

（邵琳珊）

仙霞岭自然保护区管理

【概况】 2021 年，江山仙霞岭省级自然保护区管理中心践行“绿水青山就是金山银山”理念，推进科研监测、资源管理、科普宣教等工作，持续厚植良好生态本底，推进数字化改革，全力提升保护区现代化治理能力水平。

【野生动植物全域监测】 在确保每个公里网格都有红外相机的基础上，在重点网格进行加密，同时每台红外相机加设温湿度记录仪。年内布设 3 批次 510 台次，

1 月 3 日，江山白水坑水库首次拍摄到国家一级保护动物中华秋沙鸭（余著成 摄）

新拍摄到国家一级重点保护野生动物小灵猫的影像资料，为浙江省第二次明确记录。新设2个固定样地、5条固定样线，每月开展一次调查。联合省自然博物馆、省林勘院等单位开展冬季和春季鸟类调查，新拍摄到国家一级重点保护野生动物中华秋沙鸭。

【数字保护区建设】 投入资金1450万元，推进保护区数字化建设，完成天空地一体化综合管护系统管护中心、生态环境因子监测、基础网络、科普宣教、综合系统、网络安全和存储等6个子系统建设，系统进入联调联试阶段。该项目多业务协同场景应用建设纳入省林业局数字化改革试点，项目建成后将从“数据集成应用”“业务流程再造”“数字预警处置”等方面实现突破，有效提升保护区规范管理能力，先后获得《浙江日报》、“学习强国”等媒体的关注报道。

【森林防火】 完成引水灭火项目第二批消防物资采购，充实保护区的消防物资储备。组织4次森林消防演练，增强管理中心消防队员的消防安全意识，提高对消防设备使用操作的熟练程度，提升应急应战能力。开展森林防火宣传，组织引导保护区内居民参与到保护区生态保护和管理，悬挂森林防火标语横幅36条，发放森林防火宣传单500余份，签订禁止野外用火承诺书280余份。

【科普宣教】 编印《仙霞岭》杂志内刊2期，向外界展示保护区最新动态成果。仙霞岭保护区“藏酋猴”“黄腹角雉”等视频在央视一套《秘境之眼》节目中播放3次。开通“遇见仙霞岭”微信公众号专栏，从动植物、人文、景观多方面介绍保护区，阅读量显著提升。利用“5·22”国际生物多样性日、“6·5”世界环境日、“爱鸟周”等重要节点，组织开展科普宣教进社区、进广场、进课堂“三进”活动，累计2000余名群众和学生参加。联合市文联举办仙霞岭保护区生态文艺作品征集大赛，吸引全国各地群众参与。

1月23日，新华小记者参观科普馆（陈卓 摄）

【科学研究】 开展生物多样性保护课题研究，与浙江大学、省林科院、北京林业大学等科研院所保持密切合作，继续实施黄腹角雉、伯乐树等特色物种科研项目，在核心期刊发表论文4篇；与省森林资源监测中心合作开展“藏酋猴、猕猴种群密度及栖息地调查研究”，编制的藏酋猴研究方案被省林业局采用并列入《省珍稀濒危野生动植物抢救保护行动“十四五”规划》，建立藏酋猴监测样地14个、样线3条；出版《仙霞岭药用植物图鉴》《仙霞岭生物多样性研究》2本书籍。

【社区共建共管】 通过保障生态补偿权益，强化扶持引导，改善基础设施条件，盘活林区资源优势，初步形成生态保护与经济发展齐头并进的格局。按时足额发放集体林租赁金，全年共发放集体林租赁金及生态公益林补助446.86万元，8个乡镇16个村967户农户受益。改善林区道路，方便群众生产生活和保护区管理，投资182.7万元完成深坑口—龙井坑4公里森林消防应急通道项目建设，投资72.7万元完成野猪浆—大龙岗3.8公里防火巡护步道建设。

（徐水菊）

水利　电力

水利项目

【概况】 2021年，江山市水利局以“补短板、强监管、走前列，推进水利高质量发展”为工作总基调，增强系统治理观念，聚焦“党建统领、业务为本、数字变革”三位一体统筹发展，为乡村振兴助力，为城市发展赋能。全年向上争取资金1.81亿元；被列为浙江省小型水库系统治理改革样板试点地区；自2018年以来连续四年被省水利厅评为农业水价综合改革工作绩效评价优秀县（市、区）。

【江山港综合治理项目】 项目总投资22.32亿元，总用地453.04公顷，计划工期60个月。建设范围涉及江山港干流和6条支流，其中干流起于峡口水库大坝至衢州衢江区后溪交界处，6条支流为丰足溪、廿二都溪，广渡溪、长台溪、达河溪、横渡溪，总流域面积1704平方公里，治理河道总长约144公里，流经江山市13个乡镇107个行政村。累计完成投资17.54亿元。其中在建标段5个，广渡溪治理工程形象进度99%，凤林段形象进度85%，长台溪（长台段）形象进度95%，长台溪（清湖段）形象进度95%，峡口段形象进度75%。

4月11日，副市长郭林将（左三）在清湖街道调研五百湖项目（王德雄 摄）

【其他水利项目】 开展河道综合整治、青阳殿溪水土流失综合治理、丰足溪重点山洪沟治理项目；店坝头、敌垄、岭后等3座水库通过完工验收；投资1572万元，完成19座山塘整治项目；投资1950万元，完成水文补短板项目。

【项目谋划】 全年开展8个重大水利项目前期工作，年内已完成张村水库项目建议书初稿编制，碗窑灌区续建配套与现代化改造项目“十四五”规划编制；启动粮食安全水源保障工程调研工作及方案编制、白水坑—峡口水库加高扩容论证方案、鹿溪渠灌区续建配套及节水改造工程实施方案编制等。“百溪千塘”农村水系连片治理项目以及钱塘江源头重点水生态治理等项目的前期工作也在积极推进中。

【农村饮用水巩固提升】 重点实施农村饮用水管网延伸改造工程，获省级奖励资金3000万元。全年投资1500万元，完成清湖街道、峡口镇、长台镇、碗窑乡、四都镇等5个乡镇部分村级管网改造，13个单村水站水源及管网改造工程，受益人口达2.42万人。制定出台《江山市农村供水工程运行管理办法》，建立农村饮水安全管理“三个责任”体系，实现城乡供水同质同服务，健全县级统管机制。按照“不落一户、不落一人”目标，持续解决新增低收入农户饮水安全问题。年底，12845户低收入农户全部实现限额内免费用水。

行业管理

【水利改革】 顺应改革发展要求，牢牢抓住跨越发展的新机遇，统筹推进水利行业数字化改革工作。根据水旱灾害防御新形势，研发江山市水旱灾害监测预报预警平台，通过一键分析、自动预警，强化山洪灾害防御主动性、前瞻性，提升预警信息准确性、时效性，实现水旱灾害防御工作“科学化、数字化、人性化”。在已建成江山市农饮水智慧平台并投入试运行的基础上，构建农饮水智慧标准化应用体系，逐步升级完善各项水务信息系统。围绕农饮水供水监测和分区漏控信息化工程，建立GIS（地图信息系统）动态更新机制，推进城乡供水管网的巡检及抢修等管网维护的应用建设，加强农村饮水供水保障及漏损管控。

【水利运行管理】 坚持“建管并重”，着力抓好小型水利工程管理体制和良性运行机制。开展到期或即将到期的36座小型水库安全鉴定工作，实施443座山塘安全评定工作。探索试行水库安全管理和维修养护管理分离模式，对国有、集体所有的小型水库推行碗窑水库管理中心“以大带小”集中维养模式，促进日常维养规范化，相关专报获得副省长徐文光批示肯定。持续推进“八个一”村级农业水价综合改革开花结果，不断巩固扩大改革成效，助力提升灌区管理服务水平。石笋尖泵站、达公殿泵站成功入选全省农业水价综合改革“五个一百”优秀典型案例。

【水资源管理】 推进《江山市节水行动实施方案》，对接省、市工作要求，高标准完成年度节水型社会、节水型机关、节水宣传教育基地建设工作。强化取水许可监督管理，促进水资源可持续利用，全年共征收水资源费667.34万元。加强水土保持监督管理，共审批或备案水土保持方案32个。

安全保障

【做好水旱灾害防御】 入汛前，完成全市山塘水库、小流域山洪防范责任人的调整与公布，抓好水库控运计划批复以及洪水防御预案、度汛方案的编报，分层分级明确山洪灾害防御责任主体。由局领导带队组成5个水旱灾害防御检查督导组，对全市在建水利工程、山塘水库采取分片包干、分级负责、定点抽查的方式全面开展防汛检查，对发现的86处隐患问题，做到“发现一处、整改一处、销号一处”。

【安全生产】 严防重大质量和安全生产责任事故，实施工程质量与安全全过程监管，结合安全生产月活动、“遏重大”以及“平安护航建党百年”等专项行动，在全市范围内开展安全生产大检查，确保各类在建工程安全措施落实到位。全年检查工程80余次，发出水利工程质量与安全检查意见书24份，整改通知单12份。

（汪　健）

峡口水库

【概况】 2021年，峡口水库管理中心配合完成下属水利水电开发有限公司移交给市城建投公司，事业单位类别由公益二类调整为公益一类，经费形式由财政适当补助调整为财政全额补助。

【保障防汛度汛安全】 5月，峡口水库库区降雨量达到646毫米，打破1980年以来的历史最高值428.2毫米。白水坑水库于5月16日17时至5月25日12时开闸泄洪，总计下泄流量6911万立方米（不含发电流量），全力保障人民群众的生命财产安全。

【保障生产用水安全】 加强对灌区内819处水利设施的维护保养，发现安全隐患72处、更换设备21件。完成106公里东西干渠的除草、保洁、清淤工作。开展走进灌区“心连心”活动，通过实地走访及召开座谈会，科学合理调度灌溉。全年为东塘水库、青口水库、茹菇塘水库充库735万立方米，完成灌溉6次，灌溉天数44天，输送水量4110.8万立方米。

【保障生活用水安全】 峡口—白水坑水库水源地在2021年度县级以上集中式饮用水水源地安全保障达标评估中等级为“优”。日供水量15万吨，城乡一体供水覆盖率93.5%。

【水源保护】 加大“线上+线下”巡查力度，全年共开展库区巡查215批次，参与人员800余人次，劝阻库区偷钓者260余人，没收渔具150余件。开展库区水上交通安全整治工作25次，取缔库区钢板船、木船、橡皮艇等“三无”船只15艘。开展“绿水青山·巾帼行动”，库区环境美化、库区森林防火巡查宣传等志愿服务活动，优化水源地周边环境。

【项目招引】 引进浙江创固有限公司年产1500吨塑料管件、500吨塑料粒子生产线项目及何家山水泥有限公司五车间原料库扩容改造项目，完成固定投资3000万元。全年谋划项目13个，其中《白水碗调——江山市大型水库联通工程项目》获市第七届项目谋划擂台赛获二等奖。

【项目建设】 碗窑水库灌区（峡口片）2008、2010年度节水续建配套项目于11月竣工验收；配合完成江山市碗窑灌区续建配套与节水改造项目；完成移民项目（白水坑水库库区山体崩塌防护工程）；完成2021年度冬修工程。

（熊晓军　夏思晴）

5月16日至5月25日，白水坑水库开闸泄洪（施罡 摄）

碗窑水库

【概况】 2021年，江山市碗窑水库管理中心围绕“全面建成数字化水库”目标，统筹抓好水库加固改造工程、水利工程“三化”改革、国资改革、水源保护、省级水管单位创建、衢州市文明单位创建等重点工作，助力城东新城征迁、脱贫攻坚、疫情防控和城市精细化管理等市委市政府中心工作。全年提供生态及灌溉用水4000余万立方米，获得2021年江山市第三届森林防灭火比武

11 月 5 日，碗窑水库加固改造工程通过竣工验收

竞赛一等奖。

【抓好项目推进】　年内完成加固改造信息化建设合同工程、水土保持、消防专项等 9 个分部工程验收。严格按照规定和程序做好工程审计工作，与相关职能部门和第三方咨询机构积极对接，密切配合，于 1 月 29 日完成施工标结算审价，11 月 20 日完成信息化标结算审价，12 月 10 日完成竣工财务决算审计，并按照合同规定支付相应工程款。新设生态用水管道 300 米，常年保持生态供水流量 0.34 立方米/秒。

【发挥综合效益】　协调发电、生态、灌溉间的用水关系，科学调配，节约用水，提高水资源利用率，最大限度做好供水工作，在实现保障生态供水流量的同时，做好农业抗旱灌溉等服务民生工作。8—9 月枯水期间，碗窑电站持续 24 小时发电，缓解江山港出境水监测指标不理想的局面，保障江山港出境水达到Ⅱ类水标准。

【夯实安全保障】　建立健全重大风险防控机制，强化安全意识教育宣传，提高风险隐患识别能力，加强应急协调和处置能力，推动应急体系建设，全年开展各类安全生产检查督查 10 余次，把好安全生产关。编制完善“小型水库以大带小”实施方案和相关网格化管理制度，联合开展水库巡查，推进“全市小型水库以大带小”工作，确保全库域生态环境和 74 座小型水库安全。

（王　捷）

电力工业

【概况】　2021 年，江山电网共有 220 千伏公用变电所 3 座，总容量 105 万千伏安；110 千伏变电所 11 座，其中公用 9 座，总容量 83.15 万千伏安，专用 2 座，总容量 11.3 万千伏安；35 千伏变电所 17 座，其中公用 12 座，总容量 21.62 万千伏安，专用 5 座，总容量 5.8 万千伏安；35 千伏输电线路 33 条，其中公用 21 条，总长 201.35 千米，专用 12 条，总长 69.47 千米；10 千伏配电线路 239 条，其中公用 221 条，总长 2290.34 千米，专用 18 条，总长 40.82 千米。全社会最高负荷 58.22 万千瓦，同比增长 18.53%；全社会用电量 29.45 亿千瓦时，同比增长 9.78%；售电量 21.31 亿千瓦时，同比增长 12.3%。国网江山市供电公司获江山市政府集体嘉奖、衢州市平安单位等表彰；通过“全国文明单位”复评；须江供电所获评“全国青年文明号”；“爱心妈妈”团队入选“浙江好人”，入围“最美浙江人· 2021 浙江骄傲”候选人。

【新型电力系统】　完善电网规划体系，成立江山电网规划委员会，编制完成“十四五”电网发展规划以及《新能源储能与电网协同发展研究报告》《江山市能源互联网规划报告》等专项规划。深化多元融合高弹性电网建设，3 个 110 千伏变电站具备全停全转能力，与福建浦城 10 千伏线路形成互联互通。落实“新能源+配额制储能”“共享式储能”等政策，促成上余农林光伏生态项目按比例配置储能。总投资 7000 万元的 110 千伏山海变建成投运，有序开展 110 千伏城东变、吴村变、峡里变前期工作。新建（改造）高、低压线路 213.35 公里，全面完成年度配网建设任务。

【碳达峰碳中和】 推广“碳账户”数字应用场景，完成 302 家规上企业“碳账户”建设，做到能源数据精确采集、碳排放精准可控。推进整县分布式光伏规模化开发，建设完成光伏项目 50 个，总容量 24.88 兆瓦；全市完成并网项目 441 个，总容量 51.68 兆瓦，完成年度目标任务。聚焦工业、建筑等重点领域，推动能源消费侧电能深度替代，年累计替代电量超 4000 万千瓦时，助力全社会节能降碳。推进大陈乡村未来社区能效提升样板工程建设，探索建立清洁高效的乡村能源消费体系。落实低效工业用地企业差别化电价政策。

【电力保供能力】 开展安全生产专项整治等安全检查活动，促成江山市政法委将电网设施保护和安全用电有关事务纳入全科网格管理。提升配网不停电作业能力，不停电作业率提升至 91.57%，停电时户数降低 42.67%。会同全市消防、交警、水务、医院等部门联动开展应急救援实战演练。扩建秒级需求响应资源池，配合做细做精能耗“双控”用能管理。完成中国共产党成立 100 周年、第四次江山人发展大会等各类重大活动保供电工作。

10 月 29 日，贺村镇金塘山工业园区实施 10 千伏配网线路架设工程（王雄伟 摄）

【电力服务水平】 靠前服务重大工程、重要民生、重点招商项目落地，政企协同推进解决研一等公司高质量发展用能需求。推广“阳光业扩一站通”，深化“六个典型”服务模式，提升企业办电便利度和获得感。开展国家能源局提升“获得电力”服务水平综合监管现场督导迎检自查，从严排查整改漠视侵害群众利益等问题。完成电力业务进驻 262 个社区（村级）便民服务点，实现“就近办”“线上办”。开展省域边际城市电力业务“跨省通办”，实现 17 项业务线上线下“异地办理、一次办成”。推进数智化供电所建设，建成 8 个新时代乡村电气化村及 8 个乡村振兴精品台区。

【企业责任担当】 投资 1519 万元，开展城市环境涉电元素整治，推动城市品质再升级。实施城区鹿溪路、北环路等重点路段电力线路“上改下”，累计改造高低压线路 7.52 公里；开展 16 个老旧小区“飞线”整治，完成线路线缆整治 87.47 公里；完成 621 处城区电缆井盖更换。配合做好城东新城征迁相关电力杆线、表计拆除工作。构建“一支部一小专班”模式，抓好责任片区问题整治，开展乱堆乱放整治、公共设施维护、交通秩序整治和文明素质提升专项攻坚，全力配合做好创文工作。落实交通文明集中劝导工作，引导营造和谐礼让的交通出行氛围。

（邹国波　段盛福）

交通运输

综　述

【概况】　2021年，全市6个重点交通项目年内完成投资4.02亿元，年度形象进度106.78%；向上争取资金1.67亿元，完成重要县道“四好农村路”改造提升民生实事项目，万里美丽经济走廊建设成效获副省长高兴夫的批示肯定。全年获市议案提案办理、创文先进单位等各类先进集体和个人40多项。

【工程建设】　1月28日，总投资2.93亿元的通景公路“二改一”工程通过交工验收，提前半年实现完工通车；总投资3.71亿元、全长约4.4公里的桑淤大桥及接线工程，完成工程形象进度51%，累计完成投资1.79亿元；总投资4.77亿元的迎宾大道西延伸工程有序开展路基路面和桥涵施工，累计完成投资1.72亿元；总投资2.8亿元的清湖大桥改建工程累计完成投资0.3亿元。

【项目前期】　甬金衢上、缙云至江山等2条高速，正式纳入《浙江省高速公路网布局规划（2021—2035）》；S221淳安—江山、S316三门—江山、S319义乌—江山、S324温岭—常山等4条省道，被列入《浙江省普通省道公路网布局规划（2021—2035）》，增加规

7月，建设中的桑淤大桥及接线工程（蔡文俊 摄）

12月8日，副市长詹虎山（左二）、郑爱萍（左三）在高铁站检查疫情防控工作

划省道里程约90公里。总投资27.4亿元、全长32.58公里的江玉公路完成工程可研报告、初步设计报批等前期工作，启动施工图设计审查；总投资7.8亿元的205国道峡口段外移工程开展初步设计技术性审查、完善用地踏勘论证报告等前期工作；总投资60亿元的江山江航道项目成立项目建设指挥部，相关前期工作逐步启动；深入谋划甬金衢上高速公路、江衢快速路、315省道东移、G3高速碗窑互通连接线、江山至遂昌、大桥至常山公路、衢武铁路等项目前期。

【疫情防控】 常态化开展疫情防控工作，抓好全市12个在建交通项目、6家客运企业、2家物流基地、10家重点物流企业、3家危化运输企业员工疫苗接种工作。压紧压实疫情防控主体责任，指导交通运输企业对客运站、客运车辆等公共交通工具做好消毒杀菌工作；配合市场监管、卫健部门，出动人员1190多人次，在G3高速仙霞服务区开展冷链物流疫情防控查验以及3处省际边界交通卡点的防疫执勤工作。

【安全管理】 交通安全维稳工作继续保持平稳态势。全年未发生重特大交通责任事故，水上交通已连续44年安全无事故。推进道路交通安全隐患治理工作，完成衢州市道安办交办的320处、江山市道安办交办的514处隐患整治工作。圆满完成春节、“五一”等重大节日以及“两会”“中国共产党成立100周年”等重要会议活动期间安全维稳工作。投入688万元，及时落实完成省市县三级5处以及市道安办交办的476处国省道隐患点的治理。全面开展铁路沿线环境安全整治，完善铁路双路长制，统筹铁路部门与属地乡镇，合力攻坚，加固彩钢棚1500余平方米，加固塑料大棚5700平方米，完成高铁7处、普铁42处隐患点全部销号清零。联合交警、文旅等部门，开展以打击客运市场“黑车”为重点的专项行动，查处涉嫌非法营运车辆、违规经营出租车23辆次，处理违法案件23起，行政处罚15.23万元，督促网络预约出租汽车及平台公司办理合法运营手续，净化交通运输环境。

【“四好农村路”】 年内投资2500多万元，对晚长线、贺峡线等11条线路共计62.91公里路段进行改造提升。投资约260万元，新建长金线至黑木坞、东山至永丰2条农村联网公路。投资约1979万元，实施横渡至鳌头等13个乡村公路改善提升项目。投资约1245万元，实施地桐线等13个乡村公路路面维修项目。投资约94.4万元，实施石门镇新群至岩河等6个乡村公路安防项目。总投资约6580万元，实施贺村镇贺康大桥、上余镇木车桥等5座危桥改造。投资约77万元，实施2021年浙江省“四好农村路”“美丽渡口”提升工程等。实施“路站运”一体化建设，通过改善道路通行环境、升级公交配套设施、创新开通乡村小巴等措施，全市292个行政村开通公交线路58条，设置站点155个，行政村通达率达100%，率先在衢州各县（市、区）完成建制村客运车辆“村村通”任务，创建省万里美丽经济交通走廊示范县。

【综合改革】 深入推进“最多跑一次改革”，围绕政府智治建设，深入推进交通领域数字化改革，以205国道江山段为项目试点依托工程，联合浙江交通职业技术学院，推动开展“数字公路”改革试点建设。支持推进市交投公司的筹建，完成3个下属国有公司法人代表变更以及相关资料的移交。平稳完成100辆出租车更新改造，全部更换为清洁能源车型（油气81辆、纯电19辆）。听取社会各界对公交线路及站点优化调整方案的意见，全年新增公交线路13条，其中4条为康庄小巴运营线路，港湾式停靠站15个，优化调整公交线路30条，更新新能源公交车25辆。贯彻落实好《浙江省机构改革方案》，将市公路管理段、市道路运输管理所和市港航管理所（地方海事处）等3个单位的职能进行归并，新组建成立“交通运输综合行政执法队”，实行局队合一，统一行使公路路政、道路运政、工程质量监督管理等行政职能；新组建“市公路港航与运输管理中心”；市交通工程质量安全监督站更名为“市交通工程管理中心”；市新农村公路规划建设办公室更名为“市新农村公路管理中心”。

公路管养

【概况】 全市境内有1条高速（G3京台黄衢南高速公路76.28公里，境内设4个出口、2个服务区）、1条国道（G205，76.53公里）、2条省道（S315兰贺线37.46公里、S221江溪线31.58公里，合计69.04公里）、48条县道、87条乡道、545条村道，管养公路总里程达到1858.54公里，管养公路路网密度为92.05公里/百平方公里。

【公路建养】 成功创建省万里美丽经济交通走廊示范县，争取2000万元奖励性资金；投资80万元，实施“迎国检”应急养护工程，顺利通过国检；制定出台一系列符合江山公路的考核管理办法，全市路况水平提升明显，在全省普通国省道公路路况检测中名列全省第五名。投入1805万元，完成普通国省道养护大中修工程；投资400万元，实施公路安防提升工程；投资210万元，实施普通国省道隧道维修加固工程；投资250多万元，实施县道危桥改造工程等。投入910万元，全力保障推进并按期完成“95号联盟大道”标识系统建设临时性工作任务。

【交通执法】 以“平安护航建党百年”为重点，联合公安交警，采取“白天+黑夜”“固定+流动”模式，年内共查处超限超载车辆1215辆次，卸载货物总重约5.34万吨，割除高栏板、恢复外廓尺寸至行驶证登记状态车辆343辆

1月23日，溪东线K12—K16除雪保畅通（钱松清 摄）

次。做好浙江卫视《今日聚焦》栏目曝光的10辆重型半挂牵引车(车辆运输车)存在加长改装违法行为的调查处置工作。投入36万元，完成205国道峡口路段、221省道大陈路段等3处公路非现场执法设备建设升级。全年共查处并办结违法案件312件，其中涉及道路运输案件95件、公路管理处罚案件215件、交通工程案件2件，处罚金额275.66万元。

运输管理

【概况】 全市现有6家客运企业，分别为城乡公交公司、长途汽车运输公司、交通实业公司、江郎山旅游客运公司、长泰客运服务公司、长运旅游运输公司；出租车企业2家，分别为红旗出租车公司、顺泰出租车公司；长途汽车站（客运中心）1个。现有客运车辆419辆，其中长途客运班车16辆，旅游包车78辆。分别为城乡公交公司325辆、长运公司35辆（旅游包车29辆、长途班车6辆）、交通实业公司21辆(旅游包车11辆、长途班车10辆)、江郎山旅游客运公司31辆、长泰客运公司5辆、长运旅游客运公司2辆，出租车100辆。全市现有长途客运班线23条，其中江山始发客运班线17条，长途客运年始发班次9144个，送发旅客45924人次；公交营运线路99条，其中一级公交网络5条（2元一票制），二级公交网络21条，二级与三级公交网络混合运营的公交线路35条（阶梯票价，最高10元封顶），三级公交网络35条（2元一票制），镇域公交2条，工业园区公交专线1条，公交客运周转量达1769.1万人次。营运货车3280辆（不含牵引车），运输吨位7.4万吨，从业人员5036人。危险品运输企业3家，危险品运输货车30辆。维修业户107家，其中一类维修企业5家，二类维修企业27家，三类维修业户73家，汽车综合性能检测站2家。全市共有12家驾校、教练车388辆，全年培训学员8692人。

【公交出行】 1月15日起，综合交通客运枢纽启动试运营，原汽车北站发车的城乡公交顺利搬迁至综合交通客运枢纽，实现公铁“零换乘”。建设改造公交站点，其中新改建公交站点10个；新增港湾式公交停靠站16个，超额完成6个的任务数；新建公交专用充电桩17个；新开通公交线路13条，其中4条为康庄小巴运营线路；更换车辆、优化调整公交线路30条；优化109路公交车线路，新增莲华山园区微循环公交1号线，开通106路B支线公交线路等，解决工业区企业职工上下班出行问题。截至年底，全市现有城区公交客运港湾式停靠站(候车亭）158个、站牌212块；农村公交客运港湾式停靠站（候车亭）328个、站牌537块，开发区（园区）公交客运港湾式停靠站(候车亭)58个、站牌115块。

【物流建设】 开辟义乌、宁波、上海、南昌、福州、广州和山东、湖南、湖北等省内外100多条货运专线，与全国300多个大中城市实现货运直达。全市共有物流公司201家，建成江山虎、驰骋等2个物流基地，拥有衢州市级物流龙头企业2家（驰骋物流、江山虎物流)、江山市级物流龙头企业7家(正宇运输、同岳物流、方达物流、福得物流、安驰物流、三众物流、远驰物流)，建有172家村级农村物流服务点。主要从事承运水泥、矿石、煤和木业、电光源及众多配载货运站的货运运输业务，全年货运量3690万吨，货物周转量622190万吨公里，同比上年增速分别为11%和65%。

（姜文轩）

铁路工作

【概况】 2021年，江山市铁建中心主要抓好杭衢高铁江山段项目建设，推进江山站房改扩建工程，基本完成浙西公铁联运综合物流项目建设，深化衢州至南平（武夷新区）铁路项目前期。

【杭衢高铁江山段主线项目】 江山段主线可施工9公里范围，承

8月5日，杭衢高铁江山段上余镇五程架梁现场（黄水福 摄）

台墩身完成90%，架设箱梁226孔（共304孔），完成率达75%。推进三电迁改工作，9条高压线全部完成迁改，10处10千伏的电力迁改已完成9处临时迁改，另1处正结合杭衢高铁站中桥施工同步推进。破解供料保障难题，占计划取料总量的74%，受到衢州市表彰。全力配合施工单位施工，有序推进安置点配套，69户拆迁安置户基本完成建房，投资总额1600万元的市政配套已完成70%。

【江山站站房改扩建工程】 成功争取原址拆后新建15000平方米站房方案。配合施工图审查和招标工作，半个月成功争取省发改委出具江山站站房改扩建初设变更批复，协调相关部门完成超概算出资协议及银行保函，向衢州市、杭衢铁路公司等出具各类相关文件10多份，推进火车站派出所还建等前置工作。

【浙西公铁联运综合物流项目】 浙西公铁联运综合物流项目先后列入浙江省重大产业和重点建设项目。协调已建成投运的小型汽车配送基地项目出现的相关问题。基本完成江山公铁联运无水港建设，牵头完成综合楼、9幢物流仓库和集装箱堆场的规划验收、竣工验收和复核验收，铁路专用线基本建成。

【衢州至南平（武夷新区）铁路项目前期】 该项目是杭（州）深（圳）高铁近海内陆线新通道的一部分。配合衢州市委托国铁集团经规院开展方案研究，完成《杭深铁路中通道优化方案（初稿）》。主动与福建浦城对接，深化规划研究（基本至预可研深度），年内完成总额140万元规划研究单一来源招标、资料收集等工作。

【路地协调配合工作】 优化高铁办客车次，江山站现有高铁办客44趟，其中江山始发6趟，高铁办客时间、出行通道更合理。配合公铁联运无水港、巨油能源等推进3条铁路专用线审批建设。

12月8日，副市长汪晓勤（中）督查推进杭衢高铁项目建设（余嘉炜 摄）

配合相关部门单位对接铁路部门30余次，完成南方水泥搬迁项目皮带廊道工程下穿沪昆高铁等12处涉铁项目审批。快速稳妥推进铁路沿线综合整治工作，完成沪昆线 K485+950 桥头防撞设施安装等13处铁路安全隐患整治。

（毛建军）

1月，江山市交通建设投资有限公司成立（蔡文俊 摄）

交通建设投资

【概况】 2021年1月，江山市交通建设投资有限公司（简称“江山交投”）组建，为江山市政府直属正科（局）级国有企业，注册资本3亿元，总资产115亿元，当年实现营收3.5亿元，主体信用等级AA，下辖全资子公司18家，参股子公司1家。公司围绕“构建三省边际综合交通枢纽”的战略定位，谋划落实，争先创优，打造集基础建设、运营服务、资源开发、产业投资和新城发展于一体的综合性投资建设运营平台。12月，经国内权威评级机构——联合资信评估股份有限公司评定认证，获企业主体信用AA级。

【取得砂石经营权】 6月，取得砂石经营权，代表国资开发利用砂石资源，维护市场秩序，防止国有资产流失。形成“1+X”砂石经营体系，其中“1”指城南制砂厂，于12月10日开机投产并正式运营；另外谋划建设东部（长台等）制砂点、南部（凤林或峡口）制砂厂等。

【承担河道疏浚工程】 发扬担当精神，主动承担河道清淤疏浚。完成张村乡龙头店村梅溪2021年汛前防汛抢险工程，疏浚河道15公里，清理疏浚物12.8万吨。提前完成石门镇西山村溪淤桥河道应急抢险疏浚工程（属“省长接访交办工程”），筑牢防汛安全防线。

【清湖大桥及接线改建工程】 8月26日，省重点工程项目——221省道江山市清湖大桥及接线改建工程开工建设。截至12月底，完成主桥右幅桩基浇灌23根，完成承台浇筑2个。项目累计完成投资额3062万元，年度完成率102%。

（黎文娟）

江山市重点物流企业基本情况表

表 10

序号	企业名称	负责人或法人	地　址	企业规模
1	江山市远驰物流有限公司	徐友亮	江山市清湖街道江贺路 297 号	共 92 辆车，其中动力车 77 辆
2	江山市正宇汽车运输有限公司	孙晓杭	江山市虎山街道虎山路 97 号	共 196 辆车，其中动力车 114 辆
3	江山市福得物流有限公司	沈明兵	江山市清湖三道弯 38 号	共 386 辆车，其中动力车 333 辆
5	江山市同岳物流有限公司	张成法	江山市虎山路 46 幢 16 号	共 137 辆车，其中动力车 97 辆
5	江山市安驰物流有限公司	叶　青	江山市清湖街道江贺路 295 号	共 379 辆车，其中动力车 250 辆
6	江山市方达物流有限公司	黄方有	江山市江东大道江东五区	共 290 辆车，其中动力车 172 辆
7	江山市三众物流有限公司	夏金芬	江山市清湖街道清湖路口村路口 193—2 号	共 314 辆车，其中动力车 218 辆

城乡建设

综 述

【概况】 2021年，江山市住房和城乡建设局深入推进城乡一体化建设，加强建筑行业监管，完善城乡基础设施功能，加强房地产市场调控和监管，提升人民防空建设水平，完成年度各项重点目标任务，为打造“一地三区”，深入建设“江山大花园”贡献住建力量。

【重点工程】 围绕城市“能级”提升主线，以“智慧+品质”为抓手，开展项目建设攻坚活动，全力以赴抓落地、抓开工、抓推进。全年投资1.1亿元，以“网红街”标准新建改造凝秀南路、中山路、北关路东接线等4条城市道路，总改造里程4公里，外联内畅交通格局初步形成。投资2.45亿元，启动实施湖溪里和城南两大片区共9个老旧小区综合改造，促进城市有机更新。周家青、通禄门未来社区入选省第三批未来社区创建名单，乌木山未来社区成功入选省第四批创建名单。有序推进加装电梯项目，惠及江东五区老旧小区公租房住户134户；以城市公共厕所便利化、智慧化、人性化、特色化、规范化“五化提升”为抓手，高质量推进城市公厕改造提升项目，改造提升农贸城、北关路、园中园等处公厕。

【房地产管理】 坚持“房住不炒”定位，以“稳地价、稳房价、稳预期”为目标，强化房地产市场监管，全年新建商品房成交面积37.53万平方米，同比上涨19.85%，成交金额40.92亿元，同比增长22.38%。全年二手房成交面积31.99万平方米，同比下降29.88%，金额28.95亿元，同比下降16.07%。抓好保障房开工建设和配租管理，放宽申请配租条件，降低公租房准入门槛。竣工棚户区改造安置房404套，竣工率100%；发放公租房租赁补贴237户，发放金额47.7万元。加强房产中介管理，规范行业秩序，完成中介机构白名单备案87家。

【建筑业管理】 全年建筑业企业完成产值75.7亿元，同比增长22.5%。全市共有施工总承包一级企业5家（新增2家），二级企业18家。加大行业扶持力度，完成第一次建筑业扶持政策兑现工作，兑现金额208万元，从完善建筑市场管理、鼓励建筑业企业做大做强、鼓励支持企业改革创新发展、营造良好发展环境、加强质量安全管理等五方面入手提振行业信心。深化建筑业管理，制定出台建筑业企业标后履约考评办法，坚持建筑市场准入和清出制度，加强施工企业的市场行为监管，年内对10家建筑业企业不良行为进行通报，实施全覆盖资质核查5轮，对87家资质不达标企业作出暂停招投标处罚，有效规范建筑市场秩序。全面开展民用建筑节能评估审查工作，严格按照绿建条例，实施星级绿色建筑，落实绿色建筑47个，建筑面积137.53万平方米。推动建筑工业化发展，全年完成新开工装配式建筑49.86万平方米。

【建筑质量管理】 落实工程质量终身责任追究制和工程质量主体责任制，年内与119家本地施工企业签订综合目标管理责任书，全面压实企业主体责任。组成建筑市政工地安全、农村危旧房安全、公用设施安全等7个安全巡查小组，开展常态化巡查检查，共出动各类安全巡查300余次，排查整改各类隐患2000余个。

【危房解危】 11月30日，组织验收并通过永安里片区改造项目（一期）3栋17层404套住宅房屋主体及天然气、水、电、绿化、道路硬化等配套设施建设。聚力聚焦农村房屋安全，推进农村房屋安全隐患排查整治工作，共排查录入农村房屋149350户，完成585户农村C、D级危房整治，提前完成省定任务。

【市政设施管护】 结合当前城市精细化管理顶层设计要求，对照全国文明城市创建各项标准，以主次干道、背街小巷为重点，以创建整洁、优美、有序的城市环境为目标，提高市政管理水平。全年完成路面维修5000平方米，沥青路面维修1.5万平方米，人行道铺装修补1万平方米，整治改造盲道2000平方米，维修改造人行道树池100余处，破除市区违法斜坡近300处，开展零星雨污水管改造5000米。实施鹿溪北路和封门桥小区2处积水点改造；更换路灯点光源1500余个；处理路灯故障举报热线200余处。

【城乡供气】 全年投入资金1651万元，新建天然气中压主管道14.3千米、低压庭院管网18.6千米，完成书院里、站前里、丰和苑、江山赋一期、贝林星月湾等14个新老小区约3400户居民管道天然气配套建设以及浙江成坤铝业、科润智能控制、浙江朗群、万事达酒店、江山供电公司食堂等26家非居民用户燃气设施配套安装。全市有74个小区27562户居民具备供气条件，13535户居民、152家企业和单位开通管道天然气，年用气量2397万立方米，同比增长39%。

【园林景观提升】 研究制定《江山市主城区月季花城三年行动计划方案》，推动月季从“盆景”走向“风景”。实施江滨南路绿化带提升改造工程，以染井吉野樱为主景树，打造樱花大道；有序实施鹿溪北路、鹿溪南路道路景观提升工程，完成6500平方米干道沿线及人行道景观的景观提升；完成航埠山路、北环路、凝秀北路等6条道路140余株行道树的更换补植；在城区公园、广场、道路等重要节点摆放立体仿真绿雕及观赏花卉，增强国庆、春节等节日氛围。

【园林绿化养护管理】 制定《绿化养护网格化管理实施方案》，实行网格化管理模式，针对不同类别不同等级公共绿地实施分级分类管理，完成城区188万平方米公共绿地修剪、补植、施肥、病虫害防治等养护工作；完成西门小区、金椅山庄、凤栖苑等开放式小区绿地补植、除草、修剪等33万平方米；专项开展乔木“理发”行动，对城区须江公园、西山公园、迎宾广场等16个公园广场以及城中路、环城西路、鹿溪路等城市交通主次干道1.2万余株行道树进行修剪；对市区公共绿化带、公园广场等重点区块开展底层治理工作，结合苗木生长特点进行更换、补植。维护各类公共绿地园林设施；修缮公园广场亭廊等。

【卫生保洁】 全年道路保洁面积625万平方米，处理生活垃圾10.75万吨，较上年同比减少2%，清运率100%，无害化处理率100%；清运建筑垃圾12.14万吨，处理餐厨垃圾0.65万吨；开展垃圾分类工作，成功创建明珠城、阳光新城、星月湾等8个省级高标准生活垃圾分类示范小区，城区生活垃圾分类收集覆盖面达到100%。市生活垃圾焚烧厂建成投运，基本建成较为完善的生活垃圾分类处理体系建设，生活垃圾资源化利用率100%；推行“定点减桶”及分类收集设施提升改造，城区所有物业小区完成“定点减桶”工作，完成76座生活垃圾分类亭提升改造。

【完善城市排涝体系】 重视防汛防台排查和应急预案编制，对市政设施中影响安全度汛的因素进行全面排查，扫除盲点死角，派出检查队伍对城市低洼易涝点、地下空间排涝设施防汛隐患点、市区五溪一渠、桥梁、检查井等开展安全排查，逐一登记排查出的积水点情况，对存在隐患及时进行清淤维修，形成“一点一策”排涝方案，改造问题路段。

【村镇建设】 全年实施美丽城镇建设项目139项，总投资达11.43亿元，“五美”建设水平实现明显提升，峡口镇成功创建美丽城镇省级样板，清湖街道、保安乡、新塘边镇、上余镇、碗窑乡成功通过考核验收，获评2021年度新时代美丽城镇建设基本达标城镇。全力推进农村生活污水治理，对全市235个20吨及以上生活污水处理设施实施标准化运维；牵头实施61个农污设施新建改造设计工作，继续打造“设计—建设—运维”三维一体的农污治理模式，江山市获评“2021年度全省农村生活污水治理优秀县”称号。完善传统村落风貌提升，完成柴村村、枫石村、三卿口村等中国传统村落项目施工；完成柴村村、勤俭村、凤里村、茅坂村、保安村等5个第六批省级历史文化名村的保护规划编制。

（王羿莹）

城市建设

【概况】 2021年，江山市城市建设投资有限公司（以下简称城建投公司）通过企业整合、资产注入、拓宽经营版图，实现年产值16.25亿元，其中规上企业4家，年产值超过2000万元以上企业4家。营收4.84亿元，同比增长14%；实现利润0.82亿元，同比增长5%；人均利润16.73万元/人；缴纳税费3624万元，同比增长50%；全年完成固投11.06亿元，完成经营性项目投资7.82亿元。

【改革转型】 开展公司战略体系、薪酬绩效体系、管控体系梳理工作，完善公司“三定”方案，实现一体化科学运营，调整后包括综合办、人力资源部、纪检监察部、计划财务部、投资运营部、项目工程部、内审风控部、安全生产部以及水务公司、燃气公司、城发公司、资产公司、矿业公司、水电开发公司、土地测绘公司、城越公司、铖兴公司、光伏公司10家全资子公司，职工人数近500人，资产总额达103亿元。发挥资产和资源优势，涉足矿山、商贸、能源、智慧城市领域，江

城南拆迁安置公寓楼（2021年）

东邻里中心招商全面启动，成功参股江欣矿业，智能充电桩、智慧停车系统项目落地实施。

【城市建设】 全年实施重点项目40个，年度完成固定投资11.06亿元，全市开工率排名第一。完成雨污管网铺设37.7公里，综合管线30.7公里，沥青路面1.91万平方米，人行道路铺装0.55万平方米，完成绿化面积10.2万平方米。新建及改造各类供水管网170公里，DN75以上供水管网65公里。完成政府大院拆墙透绿、38个单位污水零直排及配套设施改造、16座公交站亭、梅泉书院、南入城口景观、鹿溪路、书院路、环城西路以及南门片区中心城区雨污管网改造、一江两带、入城口亮化提升等多个项目。文化艺术中心基础设施配套工程、虎山大桥拼宽、景星东路东延伸至S315道路工程、西山西路配套改造动工建设，迎宾入城口景观工程、达岭溪滨水景观改造工程全面推进，城南拆迁安置公寓楼完成二次结构工程，水库移民避险解困公寓房建设工程完成总形象进度80%；城北、城东安置公寓楼动工建设。

【融资争资】 完成主体信用等级AA的评级目标，被评定为绿色企业，是江山市第一家完成绿色企业评估且获评Ge—1等级的企业，全年融资12.64亿元，全部为当年新增，其中直接融资3.5亿元，间接融资9.14亿元；向上争取资金19.12亿元，其中政府债券17.19亿元，补助资金1.93亿元。

【城市经营】 全年售水2997万吨，污水处理1506万吨，新建天然气中压主管道13公里，低压庭院管网16公里，供气2378万立方米，营收17891万元；水力发电营收8335万元；房屋租赁8.6062万平方米，营收1817万元；不动产销售7182万元，政府代建收入1165万元；江城菜市场出租摊位75个，实现租金收益120万元；上余贺基矿累计向杭衢高铁供应A级填料原料211.5万吨，实现营收2402万元。以2.1137亿元竞得四都五家岭矿采矿权，折合单价7.03元/吨（不含政策处理费），创衢州范围内矿地项目最低单价；成立江能光伏科技有限公司，累计发电量37.9万千瓦时，实现收益18.3万元；城越建设工程有限公司主动走向市场，承接54个工程项目，营收6755万元。

（许 敏）

“三改一拆”

【概况】 2021年，江山市持续推进“三改一拆”、“无违建”创建、“治违除患促安全”专项行动。全市拆除违法建筑27.87万平方米，完成衢州市下达年度任务127%；完成“三改”项目60.8万平方米，其中城中村改造30万平方米，旧厂区改造6万平方米，旧住宅改造24.8万平方米，完成改造受益户数2243户，受益面积24.8万平方米。

【促进治违除患工作】 坚决避免因违法建筑发生重特大安全事故、重大人员伤亡，全面开展治违除患促安全违法建筑整治集中攻坚行动，排查出237宗涉及安全隐患的违法建筑，处置237宗，其中拆除违法建筑201宗，建筑面积6.54万平方米，其他类处置36宗，建筑面积0.24万平方米，对摸排的安全隐患违法建筑实现销号清零。

【开启数字化治理工作】 正式启动浙江省违法建筑防控治理应用场景平台，开启数字化治理工作。通过违法建设数据专项普查，逐村逐户进行摸底排查，全面启动违法建筑信息采集，全年采集违法建筑上报省系统平台1055宗，面积30.24万平方米，构建“人防技防”一体违建防控系统，利用数字赋能为科学整治、依法拆改提供数据基础，提高防违控违的管控力度。

（朱荣建）

征迁事务

【概况】 2021年，市征迁中心开展老城区“征迁三年行动计划”制定工作，落实征迁安置项目存在的问题整改，打造“智慧征迁”平台，推进“城中片区基础设施配套、大修新村和铁路新村”、老城区集体土地房屋等项目征迁工作。

【城东新城征迁项目】 项目涉虎山街道溪东村、双龙村9个征迁区块共841户3092人、30万平方米建筑、218.07公顷土地，包含土征工、农转非、住改商等较为复杂的问题。5月9日首日签约率57.2%，首周签约率超90%。6月1日，841户征迁户实现签约清零。

【江东化工园区村庄搬迁项目】 项目涉上余镇山头村、一都江村共444户、18万平方米建筑、90公顷土地征收。12月23日首日签约率98.2%，实现“首战即决战，首日即扫尾”的良好开局。该项目有效拓展江山工业平台用地空间，得到时任衢州市委书记汤飞帆和时任市长高屹批示肯定。

（姜　霞）

“最江南”项目建设

春风江山田园文旅颐养小镇项目（2021年）

【概况】 2021年，“最江南”绿色休闲实验区以绿色发展为主线，通过对项目建设再推进，土地资源再整合、旅游资源再优化，打造建设集生产生活、农业观光、休闲度假、健康养生为一体的休闲度假胜地。以江郎山AAAAA级景区为核心，以规划建设的通景公路为景观轴，加快建设蓝城·春风江山及其配套设施项目，丰富江郎山及周边景区的旅游品质，提升江山市的旅游竞争力。

【重点项目推进】 春风江山田园文旅颐养小镇项目是江山市第一个落地开工的省市县长项目，由浙江蓝城集团投资80亿元，项目总规划用地面积约533.33公顷。年内完成有效投资入库6.82亿元。颐养农庄、养生公寓、商业街全速推进建设，开元乡村度假酒店、高端名宿于8月开工建设。

【配套设施建设】 配合蓝城江山公司，主动向上对接，全力做好基础设施配套建设。燃气主管线、电力专线一期敷设双回路电缆及开闭所建设、110千伏高压线路迁改全面完工，完成投资2400万元。主道路一期（一标段）完成建设；二标段已完成项目方案编制。

【全域土地整治】 土地垦造项目涉及4个乡镇，项目总投资2.23亿元，总面积310.27公顷，新增耕地面积284.53公顷。石门镇长台镇下徐岗垦造耕地一期及二期、长台镇朝旭村柴道坞垦造耕地、长台镇青塘山垦造耕地、石门镇达坝山垦造耕地项目、凤林镇老佛山垦造耕地项目一期及二期、石门镇西山村垦造耕地等项目全面竣工验收，并流转给承包大户经营。其中凤林镇老佛山垦造耕地项目80公顷已引进投资主体本元乳业打造一、二、三产融合田园综合体项目。

【资金拨付保障】 实现全域土地（一期）项目融资8亿元，第一期已放款4.6亿元。全域土地（一期）项目共涉及13个乡镇（街道）67个区块260多个标段，加速完成已实施的56个区块138个标段审计清算工作，累计拨付项目工程款5987.86万元。

（祝双玉）

信息产业

邮 政

【概况】 2021年，江山市邮政公司按照构筑改革发展“四梁八柱”要求，坚持问题导向，坚持用“三个视角”、“三大规律”找差距、抓落实，各项工作稳步推进。全年实现业务收入6478万元，同比增长12.99%。年度绩效考核在衢州市邮政公司排名中名列第一位。

【加强邮政服务】 全市共有邮政普服网点22处，设有城市道段18条，农村邮路36条，建制村通邮投递打卡率99.9%以上，党政机关《人民日报》《浙江日报》当日见报率100%。条码平信信息断点率、普服给据邮件信息丢失率达到管控要求。严格落实“扫打”及巡视专用信箱工作要求，未发生行政处罚案件。全市机要通信无失密丢损实现“三十七连冠”。按照“叠加叠加再叠加、代办代办再代办、代理代理再代理”的原则，盘活普服网点资源。在上余普服网点叠加金融服务，加大普惠金融服务的覆盖范围；在大桥、凤林、老虎山等3个普服网点叠加烟草业务；9个网点叠加与联通公司合作的云放号业务，7个网点叠加“邮善邮乐”超市。

12月31日，上余邮政储蓄银行开业

【落实常态化疫情防控措施】 全面落实“外防输入、内防反弹”防控措施，严密防范疫情通过邮政寄递渠道传播扩散，从严从紧、抓实抓细各项常态化防控措施。严格对中高风险地区及进口国际邮件，在进入生产处理环节后，第一时间进行全面消杀，并粘贴消杀标识。严格按照疫情风险等级，落实对营业处理场所、运输车辆、装备用具等通风消毒防控措施。严格执行从业人员“戴口罩”“勤洗手”“测体温”“不聚集”“一米线”等基本健康防护措施，实行持“健康码”上岗，以及定期核酸检测等管理措施。

【全民阅读公益图书巡展】 “五一”期间，开展“乡村领读，共话初心”主题阅读活动之“百个爱心传递赠书活动”。全场举办爱心捐书、以旧换新、公益阅读灯活动，更有“买二赠五”的推广全国图书阅读政策。

【《邮迹》一书发行】 6月25日，姜金林编著的集邮文选《邮迹》首发。该书共6章节，包括70篇邮文，分别从邮史研究、邮品鉴赏、封片简戳、邮事纵横、基地活动、诗词等6个方面，记录作者几十年来的集邮经历、集邮成果和集邮事迹，是继2011年首发的《江山集邮文选》之后的又一部集邮文集。

【三级物流体系建设】 利用邮政自营网点、便民服务站、村邮站、邮乐购点，建设完成275个村级服务站，覆盖全市292个建制村。建成城区6个“中邮驿站”，快包直投驿站工作顺利落地。推进“交邮合作”，完成峡口至廿八都、长台至塘源口乡百石村的公交线路的开通运营。年内，与中通、韵达、百世、圆通、申通、极兔、丹鸟等7家民营快递公司开展“邮快合作”。

【爱心助农扶困】 为猕猴桃农户提供“寄、销、存”一条龙的综合邮政服务，其中全年共销售猕猴桃7万公斤，寄递猕猴桃78万件。联合中邮保险浙江分公司、江山市民政局，为江山市特定低收入人群赠送人身意外险，其中全年共为3696人赠送意外险保额达7392万元。结合自有的空白乡镇网点新设立2个邮善邮乐慈善超市，辐射范围涵盖长台、坛石、大陈、保安、塘源口、碗窑、张村等7个乡镇，全年共服务低保困难户5940人次，为范围内的低保困难户减免生活开支20万元。

（柴 菁）

电 信

【概况】 2021年，中国电信江山分公司坚持党建统领、守正创新、开拓升级、担当落实，实施云改数转战略，助推地方经济社会数字化转型，为建设“重要窗口”尽责任、办实事、作贡献。

【基础网络建设】 完成电信普遍服务，开展全市城乡“同网同速”工作，实施农村区域千兆光网、第五代移动通信（5G）、移动物联网等网络基础设施与城市同步规划，按需配置或升级农村千兆光网。推动与联通开展全省5G网络共建共享，打造5G精品网络，推进农村地区5G网络建设。全年投资4000万元，建设和开通5G基站130余个，范围覆盖清湖、贺村、新塘边、坛石等乡镇和莲花山工业园区、城南工业园区、城区等地。实现光纤网络全市覆盖，互联网宽带和移动宽带用户普及率达到100%。完善IPv6检测、网管等运营能力，100%实现宽带用户端到端的IPv6网络服务，深化应用改造，推进IPv6技术创新。

【数字化改革】 推动5G、云计算、大数据、物联网等信息化技术在江山经济社会的全面应用，强化数字赋能、助建数字江山。助力“县乡一体、条抓块统”数字化改革工作，完成江山市县乡一体条抓块统未成年人保护项目，建设城市重点人员智能防控系统，营造未成年人健康成长的良好环境；完成市应急管理局可视化指挥调度系统升级服务项目，提升应急管理部门应急指挥控制能力，打造具有统一、灵活、快速、高效的应急指挥控制体系。助力基层治理，完成清湖街道、峡口镇矛调中心智能化项目，提升社会治理工作数字化。助力智慧城市建设，完成大陈乡未来社区数字驾驶舱项目、贺村镇智慧可视化软件平台项目、保安乡未来城镇智慧大脑项目，实现乡镇服务的标准化、便捷化、平台化、协同化。助力数字乡村建设，落实“十亿助力、万村上云”数字乡村云平台服务项目，为全市292个村提供数字乡村云平台建设。

【网信安全保障工作】 完成中国共产党成立100周年、“两会”、2021年江郎山新年登高活动、2021年浙江省文旅全域旅游大陈乡文艺活动、2021年全国举重比赛等重大活动现场通信保障工作。开展防范打击通信网络诈骗专项工作，建立反诈防诈工作机制和责任体系，贯彻落实“断卡”行动要求，巩固电话实名制工作成效，从严落实行业防范治理各项重点任务。

（王 艳）

移　动

【概况】 2021年，中国移动江山分公司下设综合部、市场经营部、政企客户部和网络部4个部门，以及虎山、贺村、双塔、石门、峡口、上余6个网格。

【网络建设】 全市家庭宽带覆盖3个街道，11个镇，5个乡，13个社区，272个行政村，覆盖用户数20余万户。年底，江山2G基站600余个，4G基站1500余个，4G人口覆盖率99%以上，5G基站数达到500多个，覆盖江山主城区、AAAAA级景区、交通干线、乡镇集镇所在地以及经济开发区部分区域。开通农村、景区合建站80多个，完成仙霞岭保护区信号覆盖，解决坛石镇偏远自然村信号弱覆盖问题。全年开展20次通信保障工作，其中大型活动有江郎山新年登高大会、太阳山庙会、“不忘初心再出发”庆党百年华诞文艺活动、“三山”艺术节等活动保障，增开临时站点60个，热点区域容量优化20次，通信保障人数3万多人次。配合市政府完成全市15个社区，200多个小区飞线整治工作。

【信息化应用】 强化数字化改革理念、运用5G新技术、打造数字化平台，提高城市智慧化、精细化、规范化水平。将5G融入自然保护区的应用，承建天空地一体化综合管护系统项目，基于强大的5G信号网络平台，通过VR/AR技术，将仙霞岭自然保护区特色的保护区资源、珍贵的动植物展示出来，实现资源数字化。与教育局合作开发江山好课堂云上学习平台，项目集全市优秀教师的各类教学视频资源，服务义务教育阶段文化学科全册教学课例资源。

【优质服务】 坚持“客户为根　服务为本”的服务理念，围绕“四个服务”书记项目，完善全方位、全过程、全员的“三全”服务体系，落实服务“大协同”机制，把服务作为“一把手工程”，形成“领导亲自抓、全员一起抓”的氛围，提升服务质量和宽带客户满意度：开展12场“总经理接待日”、24场“线上直播客户答疑”，了解用户需求，解决客户实际问题；设立服务监督员，全市招募21名监督员，组织开展服务质量监督工作，促进企业内部服务意识和服务质量提升；参与社会公益活动，协同创文明办等单位以“青春志愿学雷锋　共创公益大花园”为主题，开展相关宣传咨询服务活动，提升移动服务形象。强化“银发”群体服务意识，协同乡镇街道以“银龄跨越数字鸿沟”为主题，开展送服务、送温暖，提升“银发”客户数字产品使用感知。加强渠道、营业厅触点服务满意度考核，落实触点营销服务规范，全力打造“十分服务”环境。提高有线接入率、全面提升质差整治、完成光功率整治，累计完成宽带覆盖盲点增补800多个，持续提升宽带客户满意度。

（段婉霞）

8月，江山移动党员突击队开展“宽带义诊”咨询服务（缪王斌　摄）

联 通

【概况】 2021年，中国联合网络通信有限公司江山市分公司（简称江山联通）内设综合支撑中心、城中区域营销中心、贺村区域营销中心、政企客户部。加快基础网络建设，优化网络服务能力，为客户提供高品质网络服务体验。网络建设投资960万元，新建5G宏站83个，室分站点3个；新建4G宏站100个，室分站点29个，至年末，4G站点累计达332个（含与电信共享基站），5G站点累计达93个（含与电信共享基站）。加快千兆网络建设，提前全面完成EPON局点改造及县城以上10G PON千兆接入建设。完成新建小区/楼宇宽带接入6个，小区扩容17个。

【EPON千兆升级10G PON建设】 3月18日，完成江山永康里10G PON设备开通，在全省率先100%完成EPON千兆升级10G PON建设。随着国家宽带战略的出台以及云视频、智慧家庭的蓬勃发展推动固网入户宽带需求急剧增长，为配合市场发展需求，公司多次讨论研究、合理布局，确认对EPON覆盖区域用户少于100户局点进行业务割接，其余局点完成新建10G PON建设。10G PON网络开通后，实现基于10G PON的千兆宽带网络和5G网络将与物联网、工业互联网、车联网等新型基础设施一起加速推动经济社会高质量发展。

【完成2G网络退网目标】 2G网络退网工作开展伊始，成立2G网络迁转专项领导小组，公司总经理挂帅，相关专业人员参与会审方案。公司市场部、支撑部、政企BG网业协同、倒排计划，分区域、分场景、分客户群开展用户迁转服务工作。退网工作中，江山联通融入3G网络优化补盲、4G网络建设和5G网络规划，同步打造一张非2G的语音承载网，支撑2G用户迁转。截至11月30日，江山联通共关闭2G基站89个，联通2G网络正式退出历史舞台。

【防疫管理平台建设】 年内，发挥大数据整合能力和信息化技术手段，为江山人民医院搭建自动化出入口防疫管理平台。自动化疫情防控平台将疫情防控过程中身份核验、体温检测、健康码核验、手工登记等繁杂的手续化繁为简，疫情防控更加数字化、智能化。

【共建4G/5G一张网】 年内，与江山电信以“降成本、扩覆盖、提感知”为目标，以5G共建共享区域为基础，聚焦4G网络资源，发挥双方网络资源互补优势，推动“双覆盖”区域并网；加快设备盘活利旧，推动“双盲”区域共建，逐步推动“单覆盖”区域共享，推进4G/5G一张网，实现网络覆盖和效益的双提升。年底，实现5G网络全量共享，联通电信合建93站，共建共享率100%；4G共享电信356个小区，共享电信188个小区，双方合计共享544个小区，有效共享率63.34%。

（郑燕飞）

生态环境

环　境

【概况】 2021年，生态环境局江山分局推进生态环境保护工作，打好打赢污染防治攻坚战，推进生态环保督察整改，全方位推进生态文明示范创建，生态环境质量持续改善。

【生态环境质量】 全年江山市空气质量全面优于国家二级标准，空气优良天数比例为93.4%，重污染天数为0，PM2.5年均浓度为33微克/立方米，PM10年均浓度53微克/立方米；O_3第90百分位数130微克/立方米；SO_2年均浓度11微克/立方米；NO_2年均浓度为27微克/立方米；CO年均浓度为1.2微克/立方米。其中SO_2、NO_2、CO三个指标达到国家一级标准，其他指标达到国家二级标准。水环境质量持续稳定达标，后溪出境水断面、国控双塔底断面水质稳定达到Ⅱ类标准，1个衢州市控和2个县控断面水质全部达到功能区要求，2个县级以上集中式饮用水水源地水质100%达标，地表水断面劣Ⅴ类水质比例持续为0；全市19个乡镇（街道）交接断面水质年度考核结果全部优秀。连续五年夺“五水共治”工作大禹鼎，连续两年夺全省“五水共治”大禹鼎银鼎。污染地块安全利用率达到100%，受污染耕地安全利用率达到100%；一般工业固体废物利用处置率达99.78%，工业危险废物利用处置率100%，危险废物规范化管理达标率93%。林业用地面积145213.33公顷，约占市域面积71.88%；森林面积140473.33公顷，省级以上重点生态公益林面积66746.67公顷，占森林面积47.52%。森林覆盖率69.54%，经济林面积7926.67公顷，活立木蓄积778.54万立方米，湿地面积3873.33公顷。

【空气环境治理】 制定《江山市2021年度空气环境质量提升行动实施方案》，提出狠抓“施工地扬尘治理、道路保洁抑尘、餐饮油烟整治、柴油货车治理、城乡面源综合治理、工业污染治理”等六方面重点53项具体任务。成立治气工作专班并实体化运作，建立落实日常巡查、每周会商、每月研判、整改销号、定期通报等5项治气工作机制。划定高排放非道路移动机械禁止使用区，强化城区非道路移动机械环境监管。完善空气环境质量自动监测网络，在乡镇（街道）PM2.5监测点位全覆盖的基础上，建成15个高空瞭望“天眼”点位、15个主要道路扬尘监测点位及系统平台，完成15台工地扬尘监测设备安装。

【水环境治理】 结合浙江大学编制《江山港磷污染解析及水质提升研究报告》，制定《江山市2021年水生态环境巩固提升行动方案》，实施水土保持治理、雨污管

11 月 24 日，生态环境部科研人员在江山开展水生生物类调查

网改造、“污水零直排区”建设、深化落实河（湖）长制、污水处理能力提升、种植面源污染治理、畜禽养殖污染治理、饮用水源保护、水环境数字化改革、乡镇涉水问题清查整治等治水“十大行动”。建立水环境质量月通报制度，每月通报河长制河道水质状况，督促相关河长、乡镇（街道）积极采取措施应对水质反弹。完成 23 个水质自动站建设，实现全市域水自动监测全覆盖。

【治土清废工作】 推进“无废城市”建设，成立由政府分管副市长为组长的协调小组，组建工作专班，制定工作方案、实施方案，专题部署，常态推进。截至年底，33 项“无废城市”创建指标，达标 28 项，正常推进 5 项，达标率在衢州市排名前列。成功创建贺村第一小学、人民医院、大陈乡旱田坂村等 20 处“无废细胞”，江山金陵大酒店、江山东方商厦分别成为衢州首个“无废酒店”“无废商场”，创成数量及类型均列衢州第一。高度重视固体废物管理工作，面向全市 800 余家产废企业，组织 5 场危废管理培训会，发放告知书 1100 余份，完成产废企业入网注册 500 余家，注册率基本实现全覆盖。提高企业危废规范化管理水平，组织 60 余家重点企业到危废管理示范企业召开现场观摩会。关注江化退役场地土壤修复，在 6 月全面完成关停拆除后，督促浙江交科集团进场开展污染土壤调查修复工作，完成信息调查、土壤状况初步调查、详细调查等阶段。推进固废处置匹配能力项目建设，其中危险废物收运中转站、餐厨垃圾处置中心、水泥窑协同处置固废项目、垃圾焚烧处置发电项目等建成投用。

【环保督察整改】 第二轮中央生态环保督察 62 件信访件已全部完成整改；反馈全省面上涉及江山市的 8 个问题，完成整改 5 个，3 个正在按计划推进。做好 2021 年省委生态环保督察迎检整改，组织相关部门、属地乡镇开展全面摸排自查，6 月督察组进驻现场交办的 13 个问题全部完成整改，9 月督察组交办的 8 件信访件，完成整改 2 件，其余 6 件均按照时序要求推进整改。创新建立“网格+监督”促环保督察整改长效管理工作机制，对所有督察信访件和 2 个饮用水水源地检查发现问题实行网格化管理；建立全生命周期闭环管理机制，将督察整改流程细分为问题接收、整改意见的审定、问题的交办、调度、验收销号和整改“回头看”等 6 个环节，规范问题整改流程。

【环境执法监管】 针对木门、混凝土、化工等重点行业企业偷排漏排、超标排放、危废非法处置、治污设施不正常运行等环境违法行为，先后通过“雷霆斩污 2.0”、交叉执法检查、“零点、错时”等专项执法行动予以集中打击。其中，对全市 12 家预拌混凝土企业开展专项检查，发现问题 41 个，全部完成整改；重点抽取检查60家木门、木制品企业，发现问题132个，现场完成整改38个，下发监察意见书31份，立案调查企业9家。全年立案查处70件，处罚金额397万元；妥善调处环境信访投诉287件，较上年下降5%，信访件数量实现5年连降，未发生越级访、群体访情况。

【提升环保服务】 探索建立企业环保联络员服务制度，以涉危涉重、涉环保督察整改和投诉热点企业为重点，选取全市120家企业实行结对服务，每季度开展企业走访，宣传贯彻法规政策、提供技术指导、解决治污难题，推动企业落实各项环保措施，全年帮助解决实际问题100余个。运用“三线一单”成果，健全生态环境分区管控体系，持续配优配强窗口服务人员常驻开发区进行服务。累计受理项目审批85个，建设项目登记表备案46个，“区域环评+环境标准”改革区域降级备案13个，为200余个项目做好决策咨询服务。实施排污许可证制度，登记排污企业2595家，核发排污许可证企业237家，基本实现全市固定污染源排污许可全覆盖。加大生态环保投资，全年环保投资增长率达455.7%。

【生态绿色创建】 年内新增生态文明教育基地1家，绿色家庭8户，绿色学校2家、省级低（零）碳村4个。在开展的生物多样性调查中，新发现国家一级保护物种6种、国家二级保护物种37种，新发现的奇瓣马蓝为浙江省植物新记录物种；补充开展大型真菌和传统知识类调查，生物多样性调查13个类型实现全覆盖，国家重点保护野生动植物保护率达100%。9月，生态环境部党组书记孙金龙调研省生态文明教育基地——清漾毛氏文化村，并对江山市生态文明建设成果表示肯定。

【生态环保宣传】 年内，江山市成功入围第十一届中华环境奖最终候选名单；学习强国、《中国环境报》、《浙江日报》、《衢州日报》、《今日江山》以及浙江卫视等权威平台刊发生态环境领域相关报道40余篇，江山环保好声音得到广泛传播。成功举办“5·22”国际生物多样性日暨“6·5”世界环境日主题宣传等大型活动，推动生态环保工作深入人心。生态环境公众满意度实现“五年连升”，从2017年的全省第四十二名，跃升至2021年的全省第十名。

（刘 洋）

“五水共治”

【概况】 2021年，持续深化“五水共治”碧水行动，全域创建“污水零直排区”，连续第四年、累计第五次捧得省“五水共治”（河长制）优秀县（市、区）“大禹鼎”，两夺“大禹鼎”银鼎。“跨省合作治水”经验获时任省委副书记、省长郑栅洁批示肯定，治水工作事迹入围中华环境奖，治水办获

4月21日，副市长吴晓炯（中）在山底村调研拆后利用工作（江仁剑 摄）

省委省政府“五水共治”优秀集体嘉奖。

【创建全域“污水零直排区”】 出台《江山市城区“污水零直排区”建设攻坚方案》，画出作战图、理清责任清单、倒排时间计划，实践“污水零直排区”建设“3331”工作法。市委市政府分管领导挂帅指挥、各部门协调推进，坚持“一周一督导、一周一汇报，每月一例会，每月一交办”，推动形成最大合力。22个生活小区、36家教育单位、48家机关单位、58家医疗单位、2000余家六小行业完成“雨污分流”，通过“污水零直排区”建设县级全域验收。试点“五水共智”数字化赋能治水，创建标杆单位提升建设质量。石门镇获全省“五水共治”考核优秀乡镇，在衢州市“污水零直排区”标杆镇评比中获全市第二；廿八都镇在省治水办“污水零直排区”建设“回头看”中获评优秀。

【巩固“河（湖）长制”成效】“县级河长”带头巡河，提档责任制。市委市政府主要领导联合签发“总河长令”，持续推动形成党政牵头、部门协同，一级抓一级、层层抓落实的工作格局。全市出境水质稳定达到地表Ⅱ类水标准，国控、市（县）控断面水质达标率100%，县级以上饮用水达标率100%。深化“跨省合作”河长制，跨省河道卅二都溪、保

7月14日，浙赣两地村级河长在卅二都溪放流50余万尾鱼苗（袁枭 摄）

安溪成功创建“美丽河湖”，浙闽赣三地共同治水的实效收获群众一致好评。“民间河长”广泛参与，提升参与度。承办省治水办“同一条钱塘江”护水植树活动。推广公众护水平台，4万余名民间河长注册参与巡河护水。

【开展“找寻查控”专项行动】市委常委会专题听取涉水问题排查整改情况、水质提升工作情况汇报，召开全市面上大会，专题部署推进“找寻查控”专项行动等重点工作。细化全市“五水共治”（河长制）工作考核，推动各治水专业部门抓紧抓实流域综合治理、出境水质提升、农业面源污染治理等60余项重点任务。将“防风险，守底线”的工作思路贯穿始终。组建联合行动大队伍，发动260余人次参与“找寻查控”专项行动，整改涉水问题539个。连续3年组织拍摄治水警示片，力促“发现一个、警示一批、整改一片”。

【提升群众治水幸福感】 精心部署压责任，召开全市面上会议，将满意度提升部署到社区一级。制作蓝马甲300件、帆布袋1000只、海报3000余张，环保袋3.5万个，宣传折页10万余份，制作推广线上H5巡河和宣传视频、音频、动画，组织书画展、文艺节目海选活动，多媒体平台持续推送“五水共治”有关内容，为治水幸福感提升营造最大声势。挂联指导，推动各有关单位落实“六进六个一”，在钉钉群“比学赶超”。精准施策出成效，出台全市

“五水共治”幸福感提升攻坚月工作实施方案，明确工作任务、时间节点。专人专岗受理并整改群众涉水举报件70余件。群众治水幸福感测评成绩保持省前茅，江山市治水主题公园入选全省首批“五水共治”实践窗口（全省仅33个单位入选）。

【完成治水民心工程】 全面抓好“五个水”，高质量推进五水共治民心工程。治污水，建设污水管网10.2公里，235座农污设施完成标准化运维，开工改造56座农污设施；推进“肥药两制”、氮磷拦截沟渠等农业面源污染防治工作，推进养殖业绿色发展。防洪水，实施中小河流治理2公里、完成13个池塘整治、建设3公里河流缓冲带、完成“清四乱”13处，完成病险水库、干堤加固、病险山塘整治。新建、改建水文站42个，提升水文测报能力；投资2.23亿元，建设重大水利工程（江山港综合治理）。排涝水，完成新建雨水管网8公里、提标改造管网8公里、雨污分流管网10公里、清淤排水管网200公里任务。保供水，完成2个二次供水设施改造任务。抓节水，推广农田高效节水灌溉0.3万亩。

（袁　枭）

经济管理

发展和改革

【概况】 2021年，江山市发改局围绕衢州建设“四省边际共同富裕示范区、四省边际中心城市”及江山“一地三区”主线，制定印发《江山市国民经济和社会发展第十四个五年规划和二〇三五年远景目标纲要》，聚焦规划实施、项目攻坚、重大改革等重点工作，推动发展和改革工作再上新台阶。全年全市生产总值365.75亿元，按可比价格计算，同比增长8.5%；全年固定资产投资123.99亿元，同比增长10.7%；规模以上工业完成总产值356.41亿元，同比增长24.3%；全年社会消费品零售总额176.09亿元，同比增长18.2%；全年实现财政总收入42.60亿元，同比增长21.9%，其中一般公共预算收入25.63亿元，增长20.3%。

【共同富裕示范区建设】 推动成立江山市高质量发展建设共同富裕示范区领导小组，推动成立市委社会建设委员会，完善“四个体系”，编制“四张清单”，“创新农户小额普惠贷款，促进农户增收致富”成功纳入首批省共同富裕示范区经典案例清单，高质量编制《江山市跨越式高质量发展五年行动计划(2021—2025年)》，成功争列省级第二批“一县一策”编制清单。

【区域协调】 健全完善领导机制，成立江山市融入长三角一体化发展工作领导小组，加快推进长三角一体化建设；年内被评为浙江省推进长三角一体化发展先进集体（全省仅20个）；为江山市成功争取长三角一体化赋能山区26个县跨越式发展主题活动承办；推动浙赣边际合作衢饶示范区建设，长三角一体化奖补资金项目中衢饶示范区（江山片区）水系治理建成，江玉公路被列入省道公路网规划。

【争取资金和土地指标】 成功争取地方政府专项债券、中央预算内补助资金约17.7亿元，其中：争取地方政府专项债券额度约16.4亿元，资金量位列衢州市各县市区第一；争取各类补助资金1.3亿元，其中老旧小区改造9981万元，中心城区雨污管网建设城市内涝治理补助1950万元，江山市成功纳入资源循环化利用示范城市创建类补助750万元，省公建资金200万元，争取金额总数居衢州第一。S316（里坞）—S315（十村）连接线一期等3个项目列入争取国家土地指标计划，成功获批国家土地指标53.67公顷。江玉公路、清湖大桥及接线工程被列入2021年省重点建设预安排项目计划。

【争列项目和试点】 年内，虎山运动公园、研一、欧派特种门窗产业园、可津等4个项目被列入浙江省“4+1”重大项目建设2021年实施计划。欧派特种门窗产业园、天际未来工厂、江山市鸟语花香生态园等28个项目被列入浙江省“六个千亿”产业投资工程。

周家青社区、通禄门社区列入2021年浙江省未来社区创建名单；通过2020年浙江省物流示范县综合改革创新试点验收；江山市食用菌农村产业融合发展示范园成功争列省级名单；江山市成功纳入资源循环化利用示范城市创建类；仙霞古道被列入全省大花园首批“耀眼明珠”；助力贺村镇获评2020年度省级小城市培育试点考核优秀单位，为近5年最好成绩。

【重大项目前期工作】 推动成立重大前期项目专班，重点推进规模大、难度高的重大项目前期工作，实现项目从谋划生成到动工建设全过程管理。25个重大前期专班项目有24个取得实质性进展，其中动工建设项目14个，前期转化效率创历史新高；2个省市县长工程（研一年产1.5万吨新型锂盐项目、交通安全设施产业园）全面实现落地开工，开工率100%，超额完成50%落地率的省定目标任务，工作绩效（开工率、投资完成率）位居衢州各县（市、区）第一；聚焦重点工作和关键领域，举办“聚力三个年、奋进十四五”项目谋划活动暨江山市第七届项目谋划擂台赛，创新采用点题+自选方式，进一步提高项目谋划的质量和针对性。全年谋划提出1325个项目，超额完成年度目标任务。

【重点项目建设】 健全“四个一”（一周一协调、一月一晾晒、季度一观摩、全年一考核）推进机制，创新开展重大项目“互看互比互学”、重点项目“周汇报”活动，开展项目推进“金牛奖”“蜗牛奖”评比，上线运行项目“全生命”智慧管理系统，营造“大干项目、比学赶超”的争先氛围。1—12月，全市累计新增项目入库355个，完成固定资产投资123.99亿元，同比增长10.7%。其中，5000万元以上重大项目52个，同比增长36.84%，数量居衢州市各县（市、区）首位；4个省重点建设项目（江山港流域综合治理、江山市淤头至衢州绿色产业集聚区贺村姜家公路工程、清湖大桥及接线工程、江玉公路）完成投资4.45亿元，年度投资完成率105.85%；8个省共同富裕集中开工项目全部开工建设，提前完成省定12月底前开工目标；140个衢州市重点项目，134个项目开工建设，开工率95.7%，完成年度计划投资76.9亿元，年度投资完成率89.7%，开工率及投资完成率全部超时序进度目标。

【碳达峰碳中和】 启动《江山市二氧化碳达峰总体行动方案》以及能源、工业等分领域行动方案编制工作；推进工业碳账户建设，组织开展企业碳报告的编制和审核，完成5家“碳交易纳入企业”和12家“非碳交易纳入企业”碳账户试点，建立各领域企业碳账户681个，个人碳账户30万户，完成规上工业企业碳采集设备（电力）安装和碳排放数据校核310家；创新开展碳账户金融，发放全国首笔“工业企业碳账户”和“农业碳中和账户”绿色贷款，年末碳金融贷款余额8.02亿元。

【能源双控】 江山抽水蓄能项目被纳入国家《抽水蓄能中长期发展规划（2021—2035年）》，成为“十四五”重点建设项目；开展整县推进分布式光伏规模化开发工作，出台《江山市整县推进分布式光伏规模化开发试点实施方案》，开展摸排、签约，促进项目开工和并网，年内开工光伏23.56万千瓦，并网5.19万千瓦，屋顶光伏开工数、并网数均位居衢州第一；开展第四批可再生能源发展专项资金竞争性分配工作，补助项目7个，下达补助资金175.48万元；制订年度用能计划，强化新招引项目的能耗预审，加强源头防控，用足用好能源指标。浙江双氧水有限公司年产61万吨双氧水技改项目、浙江研一新能源年产1.5万吨新型锂盐项目上报衢州，通过衢州市能评审查；浙江澳宇新材料科技有限公司年产1.2万吨粘结材料建设项目等8个项目完成节能审查。

【“两山银行”试点】 深化两山“标准地”开发实践。开展全市生态资源摸排，率先选择夯土房这一特色品类资源进行开发利用，7

月28日发放全国首张夯土房资源储蓄单。按照项目化、产业化要求，通过完善周边基础设施，实现夯土房标准地“五通三化”，吸引西坡集团、云端秘境等30多家相关企业前来实地考察洽谈，半年落地3个项目，全力打造夯土房民宿“金名片”。持续挖掘地方特色，探索“两山赋能”工作新方向，开展种植类农产品、光伏载体资源包的开发利用，做大做强“两山”产业。谋划筛选出仙霞古道“耀眼明珠”、大夫第田园综合体、小塘源夯土房民宿、李坪村红糖产业综合体等一批（共7个）“两山银行”试点项目先行先试，总投资30.17亿元，已开工项目5个，累计完成投资超7000万元。

【数字化改革】 全面贯彻省、衢州部署要求，拆解重大任务、梳理核心业务，协同推进数字社会门户PC（电脑）端、移动端建设；围绕社会领域十二个“有”，推进核心业务、资源分布、监测预警和改革创新模块协同建设，“弱有所扶”“大陈未来乡村”等板块数据实现实时更新。数字社会年度综合评价排名居衢州各县市区首位。10月“智慧助残”应用获评全省数字社会第一批最佳应用，12月获评全省数字化改革第二批“最佳应用”。推动项目审批提速，强化投资在线3.0平台应用，推进工业“标准地”制度、区域评估、一般企业投资项目全流程审批“最多80天”、企业投资低风险小型项目审批“最多15个工作日”改革，全面落实村级集体建设项目简化审批，营造优质高效的营商环境。全年通过平台赋码项目749个，实现申报、审批、出文全部在线完成。

【现代服务业发展】 全年新引进服务业项目5个，预计投资54亿元，其中：大夫第田园综合体（25亿元）、欧派总部大楼（4.5亿元）、城南商业综合体（21亿元）、江山虎总部大楼（3亿元）和保安龙井生态养生基地（0.5亿元）；研究出台《关于服务业项目未按基本建设程序建设的建筑工程办理不动产权证有关问题协调会备忘录》，协调解决上余平滩农业休闲接待中心、耕读农业接待中心二期、坛石上溪农业观光园、清湖烟花爆竹仓储中心等项目遗留问题；快速高效完成衢州暖心红包兑现，兑现资金79500元，涉及159人；完成2020年度现代服务业政策兑现，兑现资金1142.87万元，补助事项77项，其中江山市服务业小升规政策即申即兑列入衢州市政企通平台第一批应用场景试点；1—11月规上营利性服务业企业上报营业收入5.3亿元，增速21.4%，营收增量9300万元。

【规范价格秩序】 开展供水供电供气行业收费清理规范工作，清退不合理收费17.11万元；落实降低大工业用电价格的政策，全年为企业减少电费支出3980万元；开展污水处理设施运营成本评估，落实污水处理费标准动态调整机制；实施天然气价格联动机制，适时调整非居民用管道天然气销售价格；制定出台城镇非居民用水超定额累进加价制度、“十四五”时期初始排污权有偿使用费征收标准等收费政策；做好水电气、教育、交通、殡葬等领域价格管理，完成高级技工学校教育收费、义务教育阶段课后托管服务收费、农业水价等5项标准核定；做好价格认定服务，全年共受理行政执法机关委托的各类涉案财物价格认定案件202起，认证标的金额1757.5万元。

【东西部协作】 增设对口协作科，为新一轮东西部协作提前谋划。制定《江山市2021年度东西部协作工作任务分解方案》，两次组织召开东西部协作工作任务部署会和推进会。建立“一周一报一晾晒”制度，对任务落实情况进行全程监督，提前超额完成衢州市下达的就业帮扶、消费帮扶、资金帮扶、产业帮扶等各项目标任务。

【惠企保民】 牵头建立“有序用电”、天然气压非保民工作专班，统筹协调煤电油气保障工作，全面保障民生、重点用能。推进电力直接交易，助推2800户减少电费支出1420万元，直接享受改革红利；深化天然气体制改革，推动城燃企业参与浙江省天然气上下游直接交易试点。完成全市政策性农险承保机构遴选工作；开展单季水稻统保工作，原农户自交7%保费部分，现由市财政全额补助，新增参保面积4360公顷，提供风险保障近亿元。

（毛　莹）

市场监督管理

【概况】 2021年，江山市市场监督管理局以产业招商突破年、城市能级提升年、重大改革攻坚年“三个年”活动为契机，推进改革创新“走在前”、“县乡一体、条抓块统”改革“谋在细”、共同富裕“干在先”、风险防范“落在实”、作风建设“抓在严”，全市食品药品、特种设备、产品质量等安全形势平稳有序，完成各项目标任务。先后获全省市场监管执法工作成绩突出集体、知识产权保护工作成绩突出集体、衢州市先进基层党组织、全市法治江山（法治政府）建设先进单位、城南征迁工作表现突出集体嘉奖、城东新城项目征迁专项工作中表现突出获集体三等功，江山市被评为2018—2020年浙江省市场环境建设成绩突出集体和衢州市2020年度小微企业三年成长计划工作优秀单位。市场监管工作全票满意通过市人大常委会评议。

【无证无照处置“一件事”改革】 以“一件事”改革为切入点，聚焦无证无照经营行为长期存在的发现难、准入难、查处难、取缔难“四难”问题，疏堵点、破难点，通过业务协同、流程再造、制度重塑和技术创新，建立快速响应、属地流转、县乡一体的无证无照处置新机制，推动无证无照处置从“九龙治水”到“条抓块统”，激发市场活力、提升处置效率、提高群众满意度，《江山市以“无证无照”一件事为切口打造“县乡一体、条抓块统”改革新样板》专报信息先后得到副省长朱从玖、高兴夫的批示肯定。

【打造食品批发配送企业数字治理样板】 以本地浙江驰骋物流有限公司为试点，建立工作指导专班，开展线上线下业务指导，明确数据项目及系统对接需求，邀请专家开展调研座谈，逐级上报技术问题清单，打通该公司自有信息化系统与“浙食链”系统的交互渠道，实现配送至省内2000余家门店（包含农村门店1618家）的省内预包装食品、食用农产品追溯数据电子化全覆盖，成功打造食品批发配送企业数字治理江山“驰骋”样板。10月28日，在省市场监管局大型商超“浙食链”应用现场推进会上，江山市市场监管局作经验交流发言。

【浙江省木门产品质量检验中心获批成立】 为加快推进江山市木门产业迭代升级，市市场监管局筹建浙江省木门产品质量检验中心，并向省市场监管局提出扩项申请，检测能力新增3个产品

11月23日，浙江省木门产品质量检验中心揭牌

9 个参数。9 月，通过省局专家组对浙江省木门产品质量检验中心的验收。11 月，中心正式获批成立，是衢州地区唯一一家省级木门检测中心，可满足木门企业 95%以上产品的检测需求，不断加强质量基础服务、知识产权保护、品牌标准培育，助推江山市木业产业蝶变跃升。

【谋划“餐饮共治”系统多场景应用】 聚焦餐饮质量安全提升，以数字化改革为牵引，自主谋划开发江山市“餐饮共治”应用，融合食品安全、平安考核、国卫复评、文明创建、有礼指数等工作要求，利用现有系统，打通数据集成应用，结合“浙江外卖在线”应用，实现餐饮单位数字化监管全覆盖，推行监管智治、主体自治、信用长治，“三治”融合推进“餐饮治理一件事”，得到上级充分肯定和各级媒体的广泛关注。该项目纳入江山市 2021 年数字政府建设 16 个典型应用场景之一，获全市数字化改革多跨场景应用谋划大赛 PK 赛一等奖。

【融入“县乡一体、条抓块统”改革】 以强化人员派驻为切入点，创新提出“全勤+联勤”派驻模式、“基础业务+专业业务”工作模式、“属地化管理+个性化管理”运行模式、“线上平台+线下网格”监管模式，贺村试行全员派驻，清湖等 6 个乡镇（街道）各派驻 2 人，其他乡镇各派驻 1 人，共派驻平台 34 人。开展“四平台迭代升级”市场监管怎么干专题调研，在衢州市率先印发《“基层治理四平台”市场监管部门事件处置规程》，4 项属地管理事项常规执法实现乡镇闭环，7 类 15 项市场监管入格事项规范运行，纳入平安建设考核，压实属地管理责任，上报事件数量和处置率居衢州各县市区首位。

6 月 17 日，2021 年江山市食品安全宣传周暨“餐饮共治”平台上线活动启动

【完成食品经营许可电子证书“一码聚合”试点任务】 承担衢州市局探索开展电子许可证书多场景应用试点任务，9 月 17 日，在全省率先上线食品经营许可电子证书“聚合二维码”，5881 户在册食品经营者食品经营许可证上二维码全部升级为“聚合二维码”。将原有食品经营许可证仅反映证面信息的二维码升级为聚合二维码，归集电子证照信息、经营者服务、事中事后监管、消费者服务等应用系统，实现经营者端、公众端、监管端三端共赢。

【优化市场营商环境】 做好准入、监管、服务文章，开展营商环境“清障”行动，持续推进企业生命周期“一件事”“证照分离”等改革，完成衢州市局“电子营业执照多场景应用”试点工作，新增市场主体 8854 户，累计 5.3 万户。强化事中事后监管，三类主体年报率连续 8 年领跑衢州，企业年报率排名全省第五，农专社首次实现全覆盖。深化“三服务”，开展“组团联企”、开放实验室、质量帮扶等活动 368 次，减免检验检测费用 96 万余元。启动第三轮“小微企业三年成长计划”，新增小微企业 1464 家。

【注重质量基础服务】 提升奖补政策标准，主导制修订“浙江制造”标准奖励金额由10万元提高至20万元；重新修订政府质量奖评审管理实施细则，奖金由10万元提升到50万元，奖金额度在衢州县市区中最高；兑现政府质量奖、品牌和标准化建设奖励资金461.7万元。推进质量品牌建设，开展主题质量月活动，发布“浙江制造”标准3个，新获“品字标”认证证书8张。提升检验检测能力，筹建国家数字消防产品质量监督检验中心项目，揭牌成立2个国家级服务窗口，获批成立浙江省木门产品质量检验中心，完成小微企业木门（家居）行业质量管理体系认证提升、省级木门产业质量提升试点服务项目。谋划推进国家数字消防产品质量监督检验中心项目、北京同仁堂健康药业江山生产基地建设项目。

【建设公平竞争市场】 加强知识产权保护，培育江山市输配电产业作为品牌服务指导站，开展公共服务平台网点建设，推进省中小微企业知识产权援助和公共服务体系建设试点，查办案件14件。深化市场监管法治建设，加强公平竞争审查、综合执法及价格监管，推行“简案快办”模式提升办理实效，开展农村假冒伪劣食品、亮剑2021消费安全、保健食品行业和漠视群众利益等专项执法行动，共立案查处违法行为511件，其中大要案70件，移送公安7件，罚没款386余万元，涉案货值970余万元。查获的串通拍卖案罚款70余万元，拉人头传销案移送公安追究刑事责任等影响力和震慑力较大案件。

【“守住四大安全”底线】 发挥食药安办、特安委办牵头抓总作用，举办食品安全宣传周暨“餐饮共治”应用上线活动启动仪式，贺村镇食安办成功创建为全省第一批、衢州第一家五星级食安办，实现三星级食安办全覆盖。加强隐患排查治理，强化主体责任落实，校园食品安全守护、农村假冒伪劣、疫苗、特种设备领域遏重大事故攻坚等60余项整治行动取得较好成效，1242家食品生产经营单位激活使用“浙食链”，334家冷冻食品经营户及餐饮单位“浙冷链”扫码率、赋码率100%，5211台在用特种设备全部赋码，牢牢守住食品、药品、特种设备、产品质量四大安全底线。

【抓好疫情防控工作】 统筹推进疫情防控和经济社会发展，牵头落实冷链食品物防、省际检查站执勤等工作，守好2个进口冷链食品省际入浙检查站，管住大路、控好小路，守牢浙西大门。落实市场监管职能，强化农贸市场管控、零售药店哨点作用、冷链物防闭环管理、防疫物资和价格监管，妥善处置6起应急突发情况，从严从快查处涉疫违法行为，对疫情防控不力的25家药店责令停业整顿。

【放心消费环境建设】 全年解决消费纠纷3300余件，新培育放心消费单位1857家，建成食品生产企业“阳光工厂”53家、“民生药事服务站”5家，农村家宴、学校食堂、网络餐饮“阳光厨房”710家，其中学校（幼儿园）食堂实现全覆盖。本着“高标准、高质量”原则，以群众需求为导向，以“互联网+”为抓手，以互惠便民为考量，以特色亮点为优势，以机制体系为保障，累计投入1000余万元完成江城、西市街、江东、云宾4家农贸市场“五化”改造。其中江城菜市场在全省第二批“五化”改造验收中位列榜首，西市街菜场位列衢州市前列。

（陈璐屿　廖志超）

审计管理

【概况】 2021年，江山市审计局完成审计项目18个，查出主要问题金额106643.6万元，其中违规金额1948.56万元、管理不规范金额104357.31万元、损失浪费金额337.73万元。审计处理处罚金额103739.27万元；移送司法机关、纪检监察机关和有关部门处理事项12件，移送处理人员12人，移送处理金额1348.13万元；审计促进整改落实有关问题金额28837.33万元；审计后挽回(避免)损失2415.92万元。年内出具审计报告和专项审计调查报告34篇，提出审计建议58条，推动被审计单位制定整改措施272项，提交审计信息40篇，向社会公告审计结果14篇。

4月6日，江山市委审计委员会第三次会议召开

【财政资金审计】 围绕财政同级审细化审计实施方案，对财政本级管理、政府债券、财务报告、养老服务政策落实、招标代理、劳务中介、政府投资等领域开展审计，反映12个大类43个问题，促进增收节支1671万元，撰写5篇审计专报。对全市71家一级预算单位预算执行审计，运用大数据分析模式，针对夜餐费发放不规范、社会化租车费用超支、费用结算不准确、在建工程投资不实等问题提出审计建议。

【经济责任审计】 围绕换届年，完成11个部门单位21名领导干部任期经济责任审计，其中2名领导同步开展自然资源资产离任审计。加强与市委巡察办的“巡审联动”，制定出台《关于规范巡察与审计工作协调机制的意见(试行)》，促进领导干部廉洁用权、担当作为、干事创业。组织审核市委组织部联审各类表彰和创优对象292人次，向组织部提供干部监督信息18条，配合组织部门完成32个单位80名领导干部的离任交接工作，长期派出1名审计干部参与市委巡察工作。

【政策执行审计】 围绕工业政策落实过程中存在的不足，开展《江山市扶持工业政策措施落实情况审计》，查出3家企业骗取、套取财政补助资金70.91万元，1家企业投资项目未达投资强度要求通过验收等问题。联合市纪委监委驻市财政局纪检组等对3家中介机构的单位负责人及相关经办人员进行约谈。针对智能制造项目进度慢及政府搭桥资金落实不够到位，撰写4篇专报，获得市委、市政府主要领导批示。

【政府投资审计】 围绕200多个政府投资项目及13个重点项目开展重大政府投资项目专项审计调查，涵盖交通、水利、市政、房建等重点行业领域，投资额101.76亿元，及时揭示苗头性、倾向性问题，实现审计监督关口前移，制定出台《关于开展投资项目审计监督员活动的通知》，由投资审计干部担任项目审计监督员，开展常态化“经济体检”，促进项目规范运行。对政府投资项目结算管理情况进行专项调查，促进建设单位提高工程管理水平、社会中介机构规范政府投资项目结算审核行为。

【民生资金审计】 根据省厅要求，组织对全市2020年社会保险基金开展全面审计。利用市医疗保障局的生育保险报销数据与市卫生和健康局的计划生育数据比对查出政策外人员违规享受生育保险待遇等问题；通过大数据分析与现场审计相结合方式，查处违规收费、低保等重点人群未获补助、重复享受待遇等各种问题，涉及资金209.83万元。

【项目谋划管理】 围绕换届之年进行谋划，安排11个党政主要领导经责审计项目，数量较去年增加2个。围绕大干项目进行谋划，18个项目安排5个政府投资项目，审计工作贯穿工程项目建设的全过程。把审计项目与为民服务办实事贯穿审计始终，围绕乡村振兴、社会保险基金、自然资源审计等民生审计项目。安排4名投资审计人员参与2021年项目的工程结算质量监督。

【审计整改落实】 针对每年整改老大难问题，写成专报由市领导批示到部门进行落实。运用“七张清单”整改系统，对审计发现问题，明确牵头单位、协同单位，创新信息资源共享和互动方式方法，强化审计整改的监管力量，全面提升审计监督效能。建立由市人大牵头、市纪委监委、市财政局、市审计局干部组成的“1+3”审计整改现场质询组，对审计整改落实情况进行现场质询，促进审计整改。

（郑阳军）

统计管理

【概况】 2021年，江山市统计局以服务高质量、服务现代化为主线，提升统计数据服务、丰富统计调研产品、推进统计法治建设，完成中央环保督察反馈问题销号整改、第七次全国人口普查公报等重点工作，获衢州市统计法治工作考核优秀单位、江山市先进基层党组织等集体荣誉10余项。聚焦党史学习教育，整理汇编《中国共产党成立100周年江山经济社会发展报告》，谋划项目17个，入选江山市第七届项目谋划擂台赛储备入库项目2个。全年挂联服务4个村，落实帮扶资金7万元，结对服务36户低收入家庭，捐助财物8000余元，参与城东新城征迁、江东化工园区村庄搬迁项目征迁，协助11户完成住房搬迁。

【服务经济运行】 线下编发“数说浙江”主要经济指标一览表和《江山统计月报》，线上发布统计数据信息134条，依托“数据浙江”平台，完成数据加载70余万笔，全市2010年以来主要经济指标数据实现在线查询。密切部门协作，完成企业入库110家、固定资产投资项目入库355个。

【统计参谋服务】 搭建统计业务交流平台，与20余个统计机构定期共享数据，同6个县级统计部门开展交流业务，争取4场省级统计工作会议在江山召开。推进节点分析调研，刊发《江山统计月度资讯》5期，编发“统计要情专报”10期，5次获市委、市政府领导批示。撰写调研分析22篇，完成年度课题17篇，课题组课题《转型升级补短板，抢抓机遇快融合——关于加快推进我市融入杭州都市圈的思考与建议》获江山市优秀调研成果二等奖，3篇调研文章入选衢州市人口普查优秀技术业务文章。

【普查数据发布】 5月20日，《江山市2020年第七次全国人口普查主要数据公报》（以下简称《公报》）正式发布。《公报》显示，以2020年11月1日零时为标准时点，江山市常住人口494412人，与第六次全国人口普查467862人相比，增加26550人，增长5.67%，年平均增长率0.55%。常住人口中，男性人口247880人，占50.14%；女性人口246532人，占49.86%。总人口性别比（以女性为100，男性对女性的比例）由第六次全国人口普查的100.49上升为100.55。年龄构成上，全市0—14岁人口77165人，占15.61%；15—59岁人口285297人，占57.70%；60岁及以上人口131950人，占26.69%，其中65岁及以上人口96930人，占19.61%。

【中央环保督察】 根据2月4日中央第三生态环境保护督察组向浙江省反馈的问题整改意见，针对全省范围化肥、农药减量数据“虚高”整改事项（问题编号44），建立统计报表村级起报制度，出台农业农村统计数据质量管控办法，开展化肥、农药统计数据质量管控培训，统计稽查5个乡镇（街道），现场检查14个乡镇（街道），访问调查1500多户种植大户，联合农业农村、林业等部门建立数据共审共评机制，全市289

个行政村完成2020年化肥、农药统计数据上报。6月28日，整改情况依法网上公示。

【统计执法监督】 统计法学习首次被纳入江山市委党校市管干部培训班课程，市委、市政府召开会议专题学习统计工作，全市11个重点部门、19个乡镇（街道）组织集中学习，全年开展企业统计法治培训1869人次。《中华人民共和国统计法》颁布纪念日期间，市统计局编创歌曲《为你守护》入选省级宣传活动表演项目。印发《2021年全市统计法治工作要点》，统计执法计划数连续四年正增长，全年完成“双随机”执法检查65家，其中立案查处9家。年内，在上级统计部门执法检查及专业核查中，全市未发生一起严重统计违纪违规违法案件。

7月24日，“双随机”执法检查（毛王鑫 摄）

【统计规范化建设】 持续加强制度建设和计划制定，规范12项统计调查补贴发放标准，完善15个统计专业领域数据质量管控规则，明确14项科室厉行节约工作清单，整合汇编《统计工作知识手册》，内容涵盖国内生产总值核算等9个专业领域，梳理年度统计大型业务培训计划，30人以上会议数保持在20场以下，制定信息、分析、课题年度计划，全局干部人均撰写信息20条。年内统计业务培训纳入全市干部教育培训计划，组织60余名统计岗位干部职工赴宁波大学参与为期一周的综合培训。

（毛王鑫）

2021年江山市社会经济基本情况表

表11

指标名称	单位	数值
一、行政区划		
建制镇	个	11
街道办事处	个	3
乡	个	5
社区	个	15
农村社区	个	3
村民委员会	个	292
二、人口规模		
年末户籍人口	万人	61.08
常住人口	万人	49.61
常住人口城镇化率	%	58.94
三、农业		
农林牧渔业总产值	亿元	38.52
四、经济发展		
（一）地区生产总值		
地区生产总值（当年价格）	亿元	365.75
其中：第一产业增加值	亿元	22.45
第二产业增加值	亿元	167.83
其中：工业增加值	亿元	136.74
第三产业增加值	亿元	175.47
人均地区生产总值（常住）	元	59756
地区生产总值增长率	%	8.5
（二）财政		
财政总收入	亿元	42.60
一般公共预算收入	亿元	25.63
其中：税收收入	亿元	22.77
一般公共预算支出	亿元	82.76
其中：一般公共服务支出	亿元	6.72
（三）金融		
年末金融机构人民币各项存款余额	亿元	656.18

续表 11

指标名称	单位	数值
其中：住户存款余额	亿元	423.43
年末金融机构人民币各项贷款余额	亿元	549.26
（四）固定资产投资		
固定资产投资（不含农户）	亿元	123.99
房地产开发投资	亿元	31.56
（五）房地产		
商品房销售面积	万平方米	23.05
商品房待售面积	万平方米	8.76
房屋竣工面积	万平方米	25.47
（六）对外经济贸易		
货物进口额（海关数）	亿元	0.37
货物出口额（海关数）	亿元	43.98
（七）规模以上工业		
工业企业数	个	335
工业总产值（当年价）	亿元	356.41
工业增加值	亿元	82.59
营业收入	亿元	375.85
利润总额	亿元	27.57
（八）贸易		
社会消费品零售总额	亿元	176.09
其中：限额以上消费品零售额	亿元	43.30
（九）能源电力		
全社会用电量	亿千瓦时	29.45
其中：工业用电	亿千瓦时	20.17
五、区域面积		
行政区域土地面积	平方公里	2019.03
六、人民生活		
城镇居民人均可支配收入	元	57279
农村居民人均可支配收入	元	31730

衢州海关江山联络处

【概况】 2021年，江山市通过海关外贸进出口总值为44.32亿元，同比增长16.82%， 占衢州市总值的9.02%。其中出口值43.95亿元，同比增长16.79%；进口3695.7万元，同比增长19.85%。全年累计签发各类检验检疫证书1102份，优惠原产地证书1936份，签证金额5.53亿元。受理海关注册登记备案企业61家，原产地证备案审核企业73家。

【抓好疫情防控】 以人员“零感染”为目标，从严从紧落实各项疫情防控常态化工作。对内严格执行“测温+亮码+验核+登记”准入制度、出行审批报备等防控制度，完成全员疫苗接种，切实守好本单位“小门”；对外在做好疫情防护的前提下，做到即时预约即时安排、随到随检“零延时”通关，减轻疫情对企业货物出口的影响。

【提升监管效能】 加强进境粮后续监管，做好外来有害生物监测和严禁“洋垃圾”进境，宣传国门生物安全知识，筑牢国门生物安全。对危险化学品企业实施清单化监管，对43家木门出口企业开展分类监管模式改革，实施木门生产企业分类管理，重新评定辖区内木门企业分类管理类别，一、二类企业占比达70%，降低ECIQ（电子检验检疫）系统拦截率和现场查验率；推广国际贸易“单一窗口”系统应用、通关一体化等改革事项，简化现场查验和通关流程，企业在“单一窗口”报关申报率达到100%，降低企业通关时长；开展RCEP自贸协定、无纸化申报、跨境电商、原产地证书自助打印等惠企政策宣讲，减少企业上门次数，让企业切实享受出口政策红利。

【服务地方发展】 支持江山保税仓库建设，为市政府提供相关政策解读和建议。全年为地方政府报送海关统计月报11篇，外贸分析专报1篇，木门、蜂产品专报各1篇，召开新闻发布会1场。深化组团联企活动，成立海关服务小分队上门服务，召开企业座谈会宣讲RCEP（全面经济伙伴关系协定）、FTA（自由贸易协定）关税手册等海关政策。

（江荣巧）

综合行政执法

【概况】 2021年，江山市综合行政执法局在城区防盗窗整治、城东新城和江东化工园区征迁、国卫复审、全国文明城市创建等全市中心工作上有为有位，在统筹江山市综合行政执法改革领导小组及综合行政执法指导办公室、城市管理委员会办公室两个协调办公室上成绩显著，在抓牢执法办案、城区违建管控、城区停车等主职主业上守正创新，在抓好队伍建设上稳扎稳打，全年各项工作有重点有亮点。年内获评衢州市各县（市）综合行政执法工作考核优秀单位，全市“五水共治”工作先进集体等荣誉7项，“十条军规”典型事项通报3次。

【参与两大征迁会战】 参与全市的征迁会战，班子领导带头包组包干，抽调组建由老中青的精干征迁战队，分组协同作战。在推进自身任务攻坚的同时，还为税务局、虎山街道、贺村镇、石门镇等10多个征迁单位提供助力，为全市征迁工作贡献执法力量。平稳完成城东新城23户、上余江东化工园区16户领办任务。

【做好国卫复审工作】 秉持“办公地点在路上”理念，坚持“严管重罚”原则，抓实网格化管理，将城区划分为六大片区30多个网格，依托网格区域，有序分工，实行全天候巡查和24小时工作值班，并统筹抽调乡镇派驻干部支援专项整治行动，全面保障城区市容环境秩序。全年，人行道违停方面累计贴单处罚20528起，拖移机动车917辆、非机动车406辆，规范电瓶车停放3112辆，开展不文明行为曝光30多期，犬类管理方面累计登记犬只590只，

执法人员开展防盗窗集中整治行动（郑倩云 摄）

年审犬只 329 只，抓捕犬只 801 只，认领犬只 390 只（其中立案处罚 166 起，简易处罚 224 起），处理犬类投诉 160 起，纠正不文明养犬行为 500 余起。

【城区防盗窗整治】 完成城区 31 条主次干道、三大入城口及沿线机关部门、公共场所和 22 个小区各类防盗窗底数摸排。制定出台防盗窗整治方案，完成涉及湖溪里片区、城南片区、大润发片区、中山路片区等旧改片区的 3922 户防盗窗整治，累计 11.4 万平方米。

【全力保障全国文明城市创建】 围绕测评体系标准，重点整治车辆乱停、乱贴乱画、流动摊贩占道经营等现象，统筹调动各方资源要素，严格落实“分片区包街”责任制，每个路段按照“1+2+N”（1 名分管领导、2 名负责干部、多名执法人员）的模式配备执勤人员，启用 100 人的市容长干队管理，开展全天候、不间断巡查。通过网格化管理提高问题处置的效率，实现市容类问题处置时间在 5 分钟以内，人行道违停拖车 20 分钟内完成，自 10 月以来共处置各类问题 352 个。

【推进城市精细化管理】 城管委（办）运作机制重构提档，对接衢州市城管办，并在衢州相关文件基础上，结合江山实际，出台江山市城市管理委员会《进一步推进城市精细化管理的实施意见》《调整江山市城市管理委员会组成人员和工作职责》《2021 年江山市城市精细化管理“十大专项”行动方案》《江山市城市运行管理综合考评办法》等 4 个系统文件，机制的迭代更新为城市精细化管理工作制定攻坚任务，明确部门职责，完善机制保障。统筹推进全市防盗窗整治。年初，根据市长关于城区防盗窗乱象整治工作的交办，城管办牵头开展多次的调研、座谈讨论，征求不同层面的意见建议，协调推进城区飞线整治工作，拆除“飞线”和电话线、宽带用网线、废弃线缆等，按照“横平竖直”的规范要求对分散无序的线缆进行规整，达到美观协调的效果。截至年末，完成一期 69 个区域和二期 103 个片区的整治。

【综合行政执法指导】 做好推动高质量改革的“加减法”，切实解决基层治理中存在的执法体系不完善、县乡职权不对等、管理力量不协同、分头执法不高效等问题，全力推进“一支队伍管执法”改革各项任务落地见效，打造具有江山特色的改革模式。在贺村改革试点的基础上，推进双塔、虎山、清湖、峡口、石门、上余等 6 支乡镇（街道）综合行政执法队，并协调完成 6 个乡镇的三定方案修订。完成 495 项行政执法事项下放。贺村试点获评省政府县乡法治政府建设“最佳实践”，并成功争取“浙江省统一行政处罚办案系统”基层试点。完成中队机构和人员的重大调整，围绕双塔、虎山街道执法队市容管理这个重点，累计下沉执法队员 40

多人、执法机动车4辆、执法二轮电动车20辆，同时把100人的市容长干队交接落实到两个街道管理辖区。

【执法办案“全局发力”】 调动全局执法力量集中攻坚。年内累计办理一般程序立案1710件，简易程序397件，重大案件26个，违停执法20528件，累计执行罚没款880多万元。秉持新增违建“零容忍”态度，坚决执行“即查即拆”，高压严防新增违建发生。系统谋划存量违建处置措施，平稳推进存量违建销号减量。全年累计拆除违建221处4635平方米。坚持“疏堵结合”原则，通过持续增加有效供给和“执法+拖车”的严管执法。针对车乱停问题，通过城管办统筹协调城建投公司完成11个闲置场地临时停车场建设，新增停车泊位1000多个。完成双塔片开放式小区机动车停车位1200多个，非机动车停车位1000多个。优化干部人事结构，突出执法主业，确保队伍年轻有激情。年内，先后2次对局中层股级干部人员进行了调整，共涉及33人。打破传统常规模式，开创性提出“师徒结对”模式，形成“以老带新”、互帮互学、尊师重教和优秀传承的良好氛围，2021年内已有11名新进执法人员根据业务工作与导师形成结对。坚持需求导向和目标导向，精准摸清干部培训需求，细化干部培训内容和措施，树立“走出去”理念，完成各类执法业务培训12次。组织90名干部前往重庆西南政法大学参加综合执法类培训。

（徐　婕）

财政　税务

财　政

【概况】 2021年，江山市实现地区生产总值365.75亿元，增长8.5%，其中第一、二、三产业增加值分别为22.45亿元、167.83亿元、175.47亿元，分别增长1.3%、9.8%、8.4%，三次产业结构比为6.1∶45.9∶48.0。按常住人口计算，人均生产总值73836元，增长7.9%。城镇居民人均可支配收入57279元，增长10.2%；农村居民人均可支配收入31730元，增长11.7%。全年固定资产投资123.99亿元，增长10.7%。全市财政总收入42.60亿元，增长21.9%。一般公共预算收入25.63亿元，增长20.3%，占国内生产总值的7.0%，占财政总收入的60.2%，其中税收收入22.77亿元，增长18.5%，占一般公共预算收入的88.8%。一般公共预算支出82.76亿元，增长14.7%。全市民生领域投入资金64.26亿元，增长15%，占一般公共预算支出77.70%。

【组织财政收入】 加强与税务、资规等部门联系协商，强化收入预测分析，把握收入总量、结构和进度。深化政府非税收入收缴电子化改革，全年通过统一公共支付平台办理收缴业务56万笔，执收金额61.43亿元。加强矿产资源专项收入、排污权出让收入等国有资源（资产）有偿使用收入的征收管理，实行交通水利等基础设施建设用地有偿使用。全年实现政府非税收入77.96亿元，增长55.1%，其中纳入一般公共预算管理的非税收入2.87亿元，增长36.4%。

【落实清费减负政策】 落实阶段性降低失业保险费率政策，减免失业保险费3413万元。加强非税收入目录清单管理，常态化更新行政事业性收费清单、政府性基金收费清单和涉企收费清单，接受社会监督。全年减免非税收入7809万元。

【优化各项惠企政策】 加快政策兑现速度，共兑现涉企财政奖补资金3.13亿元。制订《江山市调整城镇土地使用税差别化减免政策促进土地集约节约利用工作实施方案》，推动经济发展方式转变和产业结构调整升级，促进土地集约利用。安排“人才强市”战略专项资金2500万元，深化新时代人才强市战略。

【完善金融服务体系】 推进搭桥资金使用，全年共办理搭桥资金206笔，帮助企业转贷17.05亿元，为企业节省成本约478万元。出资1亿元成立江山市政策性融资担保有限公司，实现实体化运作，在保余额达4.57亿元。做好省财政支持民营和小微企业金融服务综合改革试点工作，兑现补助909万元。

【保障重点项目建设】 争取新增政府债券资金22.90亿元，用于路网及雨污管网建设、公路道路、工业园区基础设施建设和老旧小区综合改造提升等。安排重大项目前期经费4216万元，安排未来社区建设经费3800万元。建立政府投资项目评审限时办结、结算备案抽查、协审自审相结合等工作机制，完成项目评审318个，核减11.02亿元。

【健全社会保障体系】　拨付低保、特困、医疗救助等社会救助资金2.39亿元；落实企业养老保险省级统筹责任分担机制，拨付资金4.86亿元；提高土地出让金收入计提社保风险金比例，筹措社保风险金7.05亿元；拨付被征地农民养老保障资金6000万元；拨付养老服务体系建设专项资金3755万元；实现企业退休人员养老金待遇17连涨，惠及50861人。

【推进健康江山建设】　保障疫情防控工作，全年投入新冠肺炎疫情防控经费1.26亿元，专项用于疫情防控医疗救治、物资采购、卫生防疫等支出；投入县域医共体建设专项资金1.69亿元；拨付峡口卫生院迁建工程专项资金3350万元；落实市人民医院“三乙”创建资金4600万元；投入村级医疗机构提升改造工程资金650万元。

【发展教育文旅事业】　全年累计支出教育经费12.87亿元，安排公办学校及义务教育保障工作资金1.20亿元，改善全市整体办学条件；支持民办教育扩大教育资源供给，投入普惠性幼儿园建设和奖补资金6910万元；安排民办小学至高中公用经费及教育券补助资金1075万元；新增投入2020学年教师教育教学质量奖和班主任补贴标准3484万元；健全大文旅政策体系建设，构建以绩效为目标导向的财政“大文旅”资金投入政策新机制。

【助力乡村振兴发展】　实施幸福乡村建设提升工程，安排美丽乡村建设资金1.50亿元；统筹财政资金1.28亿元，支持华欣湖羊、食用菌产业园等农旅融合项目；深化农村综合集成改革试点，下达一事一议财政奖补资金4260万元，扶持项目61个；拨付壮大集体经济村和红色美丽村庄建设资金1450万元；调整“一肩挑”后村主职干部基本报酬政策、退位村主职养老补助和社区经费政策，拨付基层保障经费3665万元。

【支持平安江山建设】　全年投入平安经费1.10亿元，安排“智慧警务”工程建设资金1600万元；安排“雪亮工程”资金1401万元；安排产品安全检测专项资金255万元，推进公共检验检测能力建设。

【推进财政数字化改革】　获列全省第三批预算一体化改革试点，补充建设财政大脑数字化改革个性应用；依托浙政钉2.0宜搭开发应用平台，打造事务管理模块22类；实现预算单位国库集中支付电子化改革全覆盖；推进“乡镇公共财政服务平台+一卡通”建设，发放补助金额4.61亿元，涉及73万人次。

【推进预算绩效管理】　制定《江山市预算绩效目标管理办法》，实

一事一议项目——凤林镇南坞村祠堂广场（2021年）

现2021年绩效目标管理、绩效监控、绩效自评部门和项目资金全覆盖。规范第三方机构参与预算绩效管理，将预算绩效管理纳入政府年度综合考核体系，将绩效理念和绩效要求融入预算编制、执行、监督全过程。

【规范国有资产管理】 对2020年度国有资产管理情况开展综合分析，审定并督促41家国有独资企业上缴2020年度应交利润538万元。强化国有资产统筹管理，推进国企注资，梳理行政事业单位资产注资清单343宗，评估价值约31.87亿元。

【加强财政监督检查】 实现68个主管部门（单位）、19个乡镇街道财政监督检查全覆盖；开展中央及省级财政转移支付资金使用管理情况自查自纠，排查历年上级转移支付资金83.86亿元；扩大国库集中支付和授权支付范围，全年经国库集中支付资金73.97亿元，授权支付资金27.63亿元；推进公款竞争性存放，完成财政资金公款竞争性存放40.20亿元，开展预算单位公款存放管理督查检查；推进财政“互联网+监管”工作，落实重大合同备案制度和审查协作机制。同时强化涉农资金管理，开展乡镇财政管理“强基固本”年活动，对乡镇预决算公开、财政资金监管、内控建设等方面开展监督检查。

（陈琲如）

税 务

【概况】 2021年，江山市组织税费收入90.92亿元，同比增长71.57%，创历史新高。其中，税收收入40.75亿元，增长18.87%；非税收入50.17亿元，增长168.10%。办理各类减免退税21.63亿元，增长2.43%。

【减税降费】 把握减税降费工作重心，依托税收大数据和征纳沟通平台实现精细化筛选受惠企业、精细化提供辅导服务，确保各项减税降费政策落地见效。全年办理延期缴纳企业450户次，缓缴税款181356万元。成立煤电保供和制造业中小微企业延期缴纳专项工作协调小组，加强对中小微制造业的缓缴指导。落实疫情影响房土两税优惠减免，申报减免房土两税593户，减免房土两税6569万元，累计为符合条件的141户次企业办理留抵退税18300万元，其中先进制造业企业退税金额1260万元。

【税收征管】 围绕《进一步深化税收征管改革的意见》和《实施方案》，推动“精确执法、精细服务、精准监管、精诚共治”落地。推行财产行为税“十税合一”综合申报，深入落实数字管税，加强多税种、多风险的联动管理。主动对接和服务全市重点项目，走访发改、经信、监管办及住建等部门，获取全市重大项目信息288个并建库立档。推进会计核算和财务管理信息化，推进发票电子化改革，推动全市31家民营医院医疗发票电子化，实现全市公交系统电子发票全覆盖。

【营商环境】 扎实推进网上办税优化升级，提升服务站位，聚焦纳税人需求，织密线上产品“一张网”，全市网上办税率达97.84%。推进便民办税与时俱进，办税服务厅成功创建全国巾帼文明岗，“税务蓝”深入广大纳税人缴费人的心间。落实企业开办全流程、不动产登记“一件事”，实现“零跑腿”。深化税邮合作，变邮政点、邮递员为税务代办点、税务代办员，通过邮政代办员辅导代开发票金额超3000万元。招募12名税费服务体验师开展服务质效全面体检。做好2020年度纳税信用评价及结果应用工作，全年实现“银税互动”贷款金额8.16亿元。

【大数据和风险管理】 围绕数据和风险管理，开展行业专项风险分析，建立代开发票风险模型，依托发票数据分析排查涉税风险。常态化税收风险管理工作，全年核实、协查各类风险任务94批次，合计343户次。完善对外提供数据流程，按照“谁主管、谁负责；谁使用，谁负责；谁提供，谁负责”的原则，为多部门提供涉税数据18批，共

5956户次。

【依法治税】　推进“八五”普法，开展税法进机关、进乡村、进社区、进学校、进企业、进单位的“六进”活动，推动实现税法宣传常态化、多样化。健全依法行政制度体系，通过税务系统执法公示平台公布信息1220条，确保执法公示平台持续更新、平稳运行。推进民事执行与税费征缴协作，通过与市法院召开联席会议，达成《关于深化民事执行与税费征缴协作的纪要》；联合检察院建立民间借贷案件信息交换机制。开展现金税费征缴专项整治、重点税收优惠政策执行情况专项督察工作，深化税收执法责任制，健全常态化的责任追究机制。

【国际税收】　做好江山市企业境外投资经营的税收政策支持和服务保障工作，与商务局、外汇管理局建立境外投资信息、外汇收支信息沟通共享机制，完善年度“走出去”企业清册、境外被投资企业清册和“走出去”个人清册。做好日常非居民税收管理工作，完善非居民工作台账，开展非居民税收政策宣讲，提高扣缴义务人涉外税收遵从度。

（严航烜）

11月5日，“8090”宣讲员分享全国巾帼文明岗创建经验（严航烜　摄）

金　融

金融服务

【概况】 2021年，全市本外币存款余额659.5亿元，较年初新增62.19亿元；本外币贷款余额549.32亿元，较年初新增70.55亿元，本外币余额存贷比83.29%。存贷款余额在衢州4个县市位居第一。不良贷款余额1.98亿元，较年初下降1.51亿元；不良率0.36%，较年初下降0.37%，不良率继续保持衢州4个县市最低。

【对接多层次资本市场】 制定新一轮凤凰行动五年计划及“1122”工程，计划2025年培育11家挂牌上市企业。科润公司在北交所排队；天际互感器公司、科力公司开展股改；三禾生物计划转为创新层；驰骋控股于11月成功挂牌新三板；杭州禾迈于7月30日通过上交所上市委员会审议，成功在科创板上市；三晟化工被某上市公司1.38亿元收购60%股权。

企业对接北交所沙龙举办

【支持地方经济发展】 加大信贷支持力度，农行、农商银行、邮储银行、泰隆银行、村镇银行等5家银行发放纯信用贷款53.44亿元。全年为企业减负2.32亿元，政府财政搭桥资金全年为企业转贷17.53亿元。加大金融产品创新，制定出台《江山市农民住房财产权（含宅基地使用权）抵押融资管理办法》，并实施首批授信，开创衢州辖内农民住房财产权抵押融资先例。政策性担保公司推出“订单贷”“富民贷”“乡情贷”等担保产品。农行江山支行发放全国首笔工业“碳账户”绿色减碳贷。

【加强地方金融风险防控】 全面摸排地方金融领域风险隐患，对一些疑似开展非法集资单位开展情况核实，联合公安经侦、市场监管局、属地派出所进行约谈，要求其停止非法集资行为。对已经司法判决、完成资产分配的民间融资案件进行情况梳理、资料整理归档。推进国大案件、美派门业案件、博瑞房产案件、绿牡丹案件的资产处置和清偿分配工作。对存有信访风险的重点人员建立清单，及时做好化解处置工作。

（姜　涛）

3月31日，区域信用风险防控分析交流会召开（徐天龙　摄）

银保监组

【概况】　2021年，衢州银保监分局江山监管组，引导辖内银行保险金融机构稳健发展，加大服务实体经济力度，强化防控信用风险，维护金融市场秩序。截至12月末，全市银行业机构人民币各项存款余额652.14亿元，较年初新增62.49亿元，同比增长10.6%；各项贷款余额547.33亿元，较年初新增68.53亿元，同比增长14.31%；不良贷款率0.36%，比年初下降0.37个百分点。全市保险机构保费收入13.07亿元，同比增长0.02%，其中财产险保费收入4.31亿元，同比增长－5.71%，人身险保费收入8.76亿元，同比增长3.1%。全市赔付支出4.64亿元，同比增长5.68%。

【支持江山经济发展】　鼓励辖内金融机构争取再贷款、转贷款等低成本资金，开发专项融资产品，加大中长期项目贷款和中期流动资金贷款投放力度，适当降低融资利率，持续推进企业融资成本稳中有降；严格执行“七不准”“四公开”　“两禁两限”等监管要求，坚决查处乱收费等问题。截至12月末，辖内各银行机构累计发放还款方式创新转贷共计6889笔，金额92.57亿元，累计节约企业成本4854万元。

【加强区域信用风险防控】　组织开展全面信用风险排查，召开信用风险分析会，建立信用风险研判机制，指导银行业协会主持召开重点企业风险处置联席会议，完善联合工作机制，强化风险管控，加快风险处置。截至年末，全市银行业机构不良贷款余额和不良贷款率实现“双降”，不良贷款余额较年初下降1.5亿元，不良贷款率较年初下降0.37个百分点，年末不良贷款率0.36%，为衢州4县（市）中最低。

【支持智能制造产业转型升级】　主动对接经信部门，获取“智改”企业名单，实地走访企业、了解企业发展现状、金融服务需要，制定并下发《深化江山银行业保险业支持智能制造产业发展“四个一”专项行动方案》，发挥“金融伙伴”作用，落实“四个一”专项行动方案，引导银行业保险业靶向对接，为企业提供更加精准、高效的金融服务，助力企业转型升级，支持智能制造提质扩面。年末，名单内企业授信金额153.92亿元，用信金额110.97亿元，走访次数1436次。

【维护地方金融市场秩序】　推动衢州市银行业保险业人民调解委

员会江山市调解工作室设立运行，并入驻江山市社会矛盾纠纷调处化解中心。截至年末，工作室共受理384件，已调解成功204件，调解成功率达到53%。其中交通事故类接收110件，调解成功82件；银行类接收255件，调解成功103件；信访投诉类接收19件，调解成功19件。

【指导建筑工程绿色保险落地】 联合江山市住房和城乡建设局下发《关于推进江山市建设工程绿色综合保险的实施意见》，指导辖内保险机构试点建筑工程绿色综合保险，组建“江山市建设工程绿色综合保险”共保体，减轻企业负担，激发建筑企业流动资金活力。截至年末，共签订保险46笔，保额748.9万元，保费82.81万元。其中，完工履约保证保险5笔，保额103.9万元，保费1.18万元；建筑施工安全生产责任险22笔，保费68.74万元；农民工工资支付保证保险19笔，保额645万元，保费12.9万元。

（应夏琳）

人民银行

【概况】 2021年，中国人民银行江山市支行坚持党建引领，聚焦主责主业，切实履行好基层央行职责使命，为江山市经济高质量发展提供有力的金融服务保障，先后获江山市委市政府综合考核金融类一等奖、江山市最满意单位、衢州市市级平安单位、2018—2020年度中国人民银行文明单位等多项荣誉。

【引导金融资源精准滴灌】 指导辖内法人机构落实两项直达货币政策工具，支持小微企业正常经营和就业稳定。两家法人银行机构普惠小微企业延期本金金额25.90亿元，平均延期率99.46%；发放普惠小微企业信用贷款17.32亿元，平均信用贷款占比率47.43%。发放延期还本付息政策激励资金2090.38万元。运用再贷款，加大小微企业和个体工商户帮扶力度，2家法人银行机构发放符合1万亿政策要求的优惠贷款16.03亿元，为企业降成本让利超过1000万元，发放3000亿支小再贷款余额3.04亿元。

【促进融资成本稳中有降】 督促金融机构严格执行有关利率政策及管理规定，促进小微企业综合融资成本稳中有降。全市各项贷款平均利率5.50%，较上年下降

4月22日，“普惠金融助力乡村振兴”论坛举办

0.45个百分点；普惠小微企业贷款平均利率5.45%，较上年下降0.13个百分点。

【严格落实房地产集中度管理制度】 先后召集约谈辖内5家房地产贷款增速过快的金融机构，对超过监管指标的法人机构，督促其制定《房地产贷款集中度管理制度实施方案》，结合信贷规模预测调整、MPA评估等工作，逐月督导其向集中度上限收敛。

【提升重点领域金融服务质效】 出台《关于金融支持共同富裕示范区建设的指导意见》文件。牵头召开全国首届"普惠金融助力乡村振兴"论坛。探索开展农村住房财产权抵押融资，发放首笔30万元农房抵押贷款。落实"首贷户拓展三年行动"，为辖内12家银行机构新增首贷户贷款给予贷款金额1%的贴息激励200万元。组织金融机构开展"百地千名行长进民企送服务"活动，累计走访企业595家，解决融资需求71.38亿元。推广宣传"贷款码"，全市2128家企业累计发布需求66.19亿元，银行机构成功对接企业1525家，新增授信31.73亿元，累计发放贷款40.3亿元，企业支持率71.67%。组织开展"贷动小生意，服务大民生"金融服务个体工商户专项活动，编制印发《江山市银行业支持个体工商户金融服务手册》。

【培育绿色金融服务体系】 "碳账户"金融场景应用在江山率先落。4次召开碳账户金融应用场景建设工作座谈会，推动辖内金融机构出台《农业碳账户金融场景应用工作指引（试行）》《"工业减碳贷"贷款业务管理办法（试行）》《"个人减碳贷"贷款业务管理办法（试行）》等信贷管理办法，将"碳账户"的核算结果嵌入信贷全流程，率先发放衢州市首笔"工业企业碳账户"和"农业碳中和账户"场景应用贷款各500万元。加快推进江山农商行大信贷核心系统与衢融通平台的直连建设。至年末，碳账户金融贷款余额达8.7亿元，居衢州市四县（市）首位。

【推进移动支付便民工程建设】 通过银行自筹和银联支持20万元，开展"云闪付"乘公交立减1元活动。开展企业食堂"云闪付"随机立减和"云闪付"超市节等系列优惠活动，提高市民的幸福感和满意度。提升老年人支付服务便利化程度现场排查督导，营造老年人支付便利化良好环境。全年完成移动支付交易量469.34万笔，活跃用户数18.64万户，累计新增绑卡用户数1.69万户，创建完成2个移动支付示范商圈、2条移动支付示范街、3个智慧菜场、13个企业食堂云闪付支付场景。

【创新外汇管理服务模式】 推动出台"汇率保"增信担保产品，鼓励企业使用汇率避险工具，联合市金融服务中心下发《关于进一步做好企业汇率风险管理增信服务工作的通知》文件，由政策性担保公司为企业汇率避险产品的保证金提供专项担保额度，解决出口企业因汇率避险而占用大量流动资金的问题。做深做实"外汇联络员暖心帮企"专项行动，全年走访企业45家，现场解答涉外企业咨询152次，对公众进行现场宣传20次，推广《汇率避险宣传手册》，引导全市银行为外贸企业服务升级成效显著。

【提升征信服务水平】 常态化进行征信信息安全和风险排查工作，开展现场巡查，确保征信制度建设完善、查询手续齐全、档案保管规范、不发生征信信息泄露事件。强化"一平台两系统"建设应用，深化应收账款融资服务平台应用，通过平台促成融资42笔，金额24.99亿元；推广动产融资统一登记公示系统，扩大保证贷款登记系统应用范围，提升金融机构防范担保链风险能力。

【强化国库和现金管理】 办理个税退税业务16985笔、金额853.46万元。强化非现场监管工作，通过对经收处预算收入缴款书及资金划转的规范性要求，强化对预算收入入库的及时性与规范性监管。加强整治拒收人民币现金工作和人民币整洁度管理工作，强化与公安部门反假货币协作机制，全年收缴假币518张，金额4.43万元。

【加大反洗钱监管】 深化与公检法税等部门的协作机制，做好线索移送和案件协查，推动洗钱定罪。年内，共移送江山公安4条可疑交易线索。推进“断卡”行动，对涉案账户开户银行倒查情况开展现场核查，共计倒查涉案账户134户。对辖区银行账户管理情况开展暗访和督导，督导4批次213个网点、20家小微企业、20个个体户。开展存量账户风险排查，年内排查存量账户数918162户，风险账户数216190户，管控账户数219932户。联合公安、金融机构等单位开展电信诈骗宣传活动，邀请衢州市反诈中心专家作专题讲座，提高银行从业人员反诈拒赌能力。

【推进法治央行和金融消保工作】 厚植基层法治沃土，落实落细金融消费者权益保护实施办法，全年累计受理金融消费投诉5起，处理结果均获投诉人满意评价。探索建立农村金融消保服务站5个。

（周晓玲）

工商银行

【概况】 2021年，中国工商银行江山支行（简称市工行），各项存款余额77.90亿元，余额占比31.87%，四行占比第一，较年初增加7.43亿元，新增占比44.50%，四行占比第一。各项贷款余额53.77亿元，余额占比25.99%，四行占比第二，较年初增加5.98亿元，新增占比23.58%。年内，在金融消费者权益保护工作评估中评选为A类银行。

【助力乡村振兴】 11月，在峡口设立“兴农通”普惠服务点，下派客户经理，通过短时间走访营销，发放兴农贷款1390万元，其中农企E贷1154万元。保障民生金融服务，为浙江省蛋鸡存栏量最大的民营企业之一——浙江大夫第现代农业有限公司投放1000万元流动资金贷款；为全国首批5个避险解困试点项目之一——峡口镇水库移民避险解困安置公寓建设项目，提供贷款1.1亿元贷款。

【精准融资支持企业脱困复产】 坚持真做普惠、做真普惠的经营理念，精准融资支持民营小微企业脱困复产。年末，全行普惠贷款余额19.98亿元，通过“e抵快贷”和经营快贷系列产品为134户小微企业（主）及个体工商户新发放4.05亿元贷款；推广银税互动产品“税务贷”应用，实现112户、1.68亿元的“税务贷”生效客户，实现24户、3120万元的有效投放；为12户受疫情影响遇到困难的民营小微企业办理无

12月30日，工银“兴农通”农村普惠金融服务点揭牌（姜慧燕 摄）

本续贷3610万元。

【支持实体经济工作】 年末，制造业贷款余额14.86亿元，较年初新增3.08亿元，通过优化贷款结构，提高中长期贷款占比，缓解贷款期限和生产周期错配难题。推进减费让利，降低外贸企业融资成本，为40多家外贸企业提供结售汇绿色通道，在汇率报价上给予价格让点，帮助企业节约财务成本。为多家外资企业申请外汇汇款、国际信用证开证、托收等汇兑手续费减免，节约企业财务成本近25万元。

【为扫除小微企业发展障碍】 打造大数据和人工智能驱动的纯线上业务模式，实现“线上申请+线上评估+线上审批”的快捷模式，使民营、小微企业申贷获得率达99%以上，贷款流程缩减到3个工作日以内。其中，线上融资产品国担快贷，客户融资利率比原纯信用贷款利率下调30—50BP，客户只需支付不超过1%担保费，缩短业务办理流程和时间。

（姜慧燕）

农业银行

【概况】 2021年，中国农业银行江山市支行（简称市农行）紧扣江山跨越式高质量发展推进共同富裕示范区建设目标，优化信贷资源配置，为经济发展贡献力量。

江山农行绿色减碳贷在浙江省首届绿色金融改革创新大赛中获二等奖（2021年）

年末，存贷规模121.82亿元，其中各项贷款余额62.28亿元，比年初增长1.78亿元。余额四行占比30.10%，持续保持四行第一。

【助力乡村振兴】 对标打造服务乡村振兴领军银行目标，以领先同业的信贷投放支持全域六县跨越式高质量发展，为峡口镇全域18个行政村联合授信1.8亿元。年末，涉农贷款、乡村产业贷款分别比年初增加5.75亿元、1.96亿元，增速分别达到12.48%、14.84%，均高于全行贷款增速。落地全省农业农村重大项目库华欣牧业项目，提供信贷支持1.2亿元。

【发放全国首笔绿色减碳贷】 探索绿色金融改革创新，依托衢州市人行碳账户体系建设指导意见，细化制定《“绿色减碳贷”操作指引》，助力传统产业节能降耗，落地全国首笔绿色减碳贷500万元，实现企业降低二氧化碳排放7.5万吨/年，获浙江省绿色金融改革创新大赛产品服务创新二等奖。

【推进数字化改革】 对接衢融通、浙江省金融服务平台等线上通道，推广“小微网贷”“抵押e贷”“纳税e贷”等线上产品，在线直接生成授信，随借随还、循环使用。年末，线上法人贷款余额34.15亿元、线上化率33.73%。普惠小微法人贷款余额11.68亿元、比年初增1.52亿元，客户数342户、比年初增41户。

【优化信贷质量】 开展不良资产清收处置“净表增效”活动。年末不良贷款余额1444万元，比年初下降457万元，不良率0.23%，比年初下降 0.08%，关注类贷款余额 1167 万元，比年初下降 3634 万元，下降幅度 75.69%。全年不良贷款清收处置 4287.18 万元，已核销贷款收回 2434.76 万元。

【支持“拥军护军”工程】 参与《江山市民兵荣誉体系建设实施办法》制定，作为独家合作银行为全市 2000 余名基干民兵及村（社）民兵连长发放“民兵荣誉卡”，从卡面设计、功能设定、优惠政策等角度全方位为全市基干民兵量身打造专属金融服务。

【创新推出“农宅保”金融产品】 融入江山市宅基地试点工程，助力激活农村宅基地金融资源要素，开办首周即落地全国首笔“农宅保”贷款 30 万元，相关报道在中国金融学会绿色金融专业委员会“绿色金融”微信公众号刊登。

（王 威）

中国银行

【概况】 2021 年，中国银行江山支行（简称市支行）本外币各项存款余额 38.04 亿元；本外币各项贷款余额 41.26 亿元，累计为政府三大平台审批贷款 9.73 亿元。

【强化重点产业支持】 响应江山市建立共同富裕示范区愿景，持续加大对重点行业、产业龙头的支持力度，累计为门业、智能装备制造、智能家居、化工、新能源等 6 家企业授信 4.36 亿元。

【加大普惠金融服务力度】 强化对经信、发改、经济开发区等单位的走访频次，梳理“小升规”、亩均、纳税 AB 类、房贷客户清单，加大源头获客。截至 2021 年年末，对公两增两控普惠贷款 5.84 亿元，比年初新增 1.96 亿元，增长 50.5%。个人普惠新增 1.16 亿元，累计服务各类中小微企业（含个体工商户）350 余户。

【支持实现“双碳”目标】 运用人民银行碳减排支持工具，叙做江山市首笔碳减排项目 2.4 亿元项目贷款。12 月，为浙江某新能源有限公司叙做政府补贴质押成功投放 3600 万元，解决企业融资，短期资金需求。

（郑彬斌）

建设银行

【概况】 2021 年，中国建设银行江山支行一般性存款余额 63.23 亿元，比年初新增 3.94 亿元。其中企业存款 34.48 亿元，个人存款 28.75 亿元；各项贷款 49.57 亿元，比年初新增 7.56 亿元。获“浙江省第七轮银行业金融机构安全评估工作成效突出集体”。

【以新金融引领业务发展】 深化“数字、平台、生态、赋能”的理念，完善“大普惠”经营格局，以客户需求为中心，立足产业集群、行业协会、农村市场，利用个体工商户经营快贷、房押快贷、共富贷等拳头产品，支持山区 26 个县高质量发展。截至年末，普惠贷款余额 12.23 亿元，较年初新增 3.7 亿元。借助“两山银行”平台转化，发挥生态资源资产金融赋能作用，创新投放衢州地区第一笔“两山生态资源贷”，为全国首批夯土房资源储户塘源口乡村民发放 30 万元贷款。 针对“一县一策”江山市时尚门业智能家居产业链，创新推出专属信贷产品“门业智造贷”，助力地方特色产业发展。贯彻“房住不炒”理念，成功实现衢州市首笔公租房系统租金代扣，完成公租房签约缴费 507 笔。

【助力乡村振兴建设】 将普惠金融要点联动推进乡村振兴方面，实现赋能与增量、提质与减负上实现突破。加大乡村振兴和涉农普惠金融支持力度，推出“个人乡村振兴共同富裕示范区贷款”产品，截至年末，发放共富贷 128 笔金额 7448 万元，支持循环农业、生态农业、智慧农业、零碳畜牧区建设、绿色消费等；通过“裕农通好货”，为塘源口乡、长台镇等猕猴桃种植户搭建线上销售平台，助销猕猴桃 3.25 万公斤，助力乡村扶贫消薄；推出“服务乡村振兴、建设共同富裕”整镇

上门办理 POS 机等业务（2021 年）

合作模式。与长台镇、大桥镇开展整镇合作签约，向镇域新型农业主体、种粮大户、粮油深加工企业、文明助农贷等给予整镇授信，解决小微企业、农业主体融资难题；与江山市妇联合作，针对性投放“最美家庭贷”，助力培育良好乡风民约。

【提升服务实体经济质效】 为江山虎山运动公园、光大环保能源等提供信贷支持。对公贷款较年初新增 4.9 亿元；借助核心企业，为其上下游企业提供信贷支持，累计为 11 家企业办理供应链融资总额 7427 万元；助力实现“碳达峰、碳中和”目标和愿景，推动绿色转型发展，将绿色发展与乡村振兴、制造业、基础设施领域业务结合，重点支持美丽城乡建设、绿色建筑、清洁能源和节能环保等重点领域和项目，提高绿色信贷占比。截至年末，绿色信贷余额占对公贷款比重 13.48%，较年初增长 4.38 个百分点；持续推进金融科技平台及系统搭建。加快推进移动金融战略，构建绿色网络金融生态系统，以国有大行的社会责任感引领社会绿色便捷生活。成功上线安心养老平台、善行宗教平台、建融慧学等，以科技助力发展；紧扣制造业高质量发展要求，围绕新材料、新能源、智能装备等产业链，梳理高新技术企业、高成长科技型中小企业等，加大扶持力度，截至年末，制造业贷款余额 7.18 亿元，比年初新增 2.06 亿元。

【零售业务扩面提质】 围绕“织网络、搭平台、建场景、育生态、扩用户”，提升场景搭建、场景获客及场景运营三大能力。与驰骋控股建立全面战略合作关系，对集团左邻右舍门店进行商户覆盖，全年服务商户 1200 多户；搭建推广“建行生活”线上应用平台，完成注册数 2.2 万户，为市民提供线上平台服务；夯实“裕农通”业务发展基础，围绕稳覆盖、调结构、提质效要求，全年新拓党群服务中心 14 个，切实发挥裕农通在农村市场的融合推进作用。

【打造精品支行】 依托“劳动者港湾”品牌，把“为群众办实事”落到实处，在江山市 11 处公益点投放文明座椅，为市区 50 个交通执勤点投放户外遮阳伞，打造“衢州有礼、锦绣江山”城市品牌；通过“劳动者港湾+公益”的形式，同江山市妇联联合走访枫石村、毛村山头、府前村等，助力乡村儿童之家建设，赠送儿童绘本、世界名著等图书 1340 册；举办“银龄跨越数字鸿沟”专项活动，下辖 6 个营业网点均设为科普宣传点，组织党员干部到江山市老年大学、社区、乡村开展“身边的金融风险防范”为主题的金融讲座，科普金融防诈骗、反赌反诈知识，提高居民的安全防范意识，全年累计完成银龄跨越宣讲活动 156 场共计 8367 人次。

（严晴美）

农商银行

【概况】 2021年，江山农商银行各项存款余额292.53亿元，比年初增37.36亿元，存款市场份额44.36%，较年初提升1.64个百分点。各项贷款余额199.95亿元，比年初增加25.92亿元，增幅14.9%。其中，涉农贷款186.42亿元，比年初增22.9亿元，增幅14%；小微企业贷款101.7亿元，比年初增16.43亿元，增幅19.26%，高出贷款增速4.36个百分点；贷款市场份额36.4%，较年初提升0.05个百分点。存、贷款规模和市场份额连续19年均居江山市银行业机构首位。

【农村集体经济数字管理系统上线】 6月末，由浙江农信开发的农村集体经济数字管理系统（简称"三资系统"），在全市行政村全部上线，全面推进江山农村集体资金、资产、资源的深化管理，促进农村"三资"管理更加精细化、透明化、便捷化。集"三资"监管、线上审批、风险预警、阳光公开等功能于一体，实现"三资"管理"三无"（无现金、无纸化、无跑动）"三全"（全流程、全公开、全溯源）。与农业农村局合作，3月在大陈乡、双塔街道、石门镇共44个行政村开展试点，年底在全市292个行政村全面上线，共审批申请3.07万笔，支付金额5.48亿元。

【首笔"农房贷"在江山农商银行放贷】 10月21日，江山农商银行向贺村镇山底村村民周华，发放首笔30万元的农民住房财产权抵押贷款，首笔探索赋予农村宅基地和农房抵押融资功能，走在全省26个山区县前列，为农民农房财产权、宅基地使用权、农民宅基地资格权"三权"抵押融资创造宽松环境。

10月，农房抵押贷授信仪式举行

【打造碳账户应用的金融样板】 开展以碳金融创新推动地方企业转型升级为重要抓手，将碳账户征信应用纳入客户信贷准入、利率定价、担保方式、授信额度及贷后应用等全流程机制管理，创新推出覆盖个人、工业和农业的"碳融通"绿色金融信贷产品体系，自主开发贷款管理系统"碳征信金融应用、碳征信贷后预警"数字模块，提升碳账户信息在信贷全流程的数字化应用水平，为全省推进"双碳"发展战略落地，贡献碳金融增量打造"农商行样版"。截至年末，已累计配置个人碳账户53.5万个，减少碳排放673.65吨。工业碳账户覆盖全市288家规上工业企业，占衢州市工业碳账户48%，农业碳账户7家，发放碳融通等绿色低碳衍生类贷款27.37亿元，碳金融应用居全省前列。"点'绿'成金——打造碳账户应用的江山农商银行样板"先后获浙江省首届绿色金融改革创新大赛一等奖，首届"全国数字金融领域社会服务创新成果展"数字绿色场景优秀案例。

【推进"一证通办"】 江山农商银行以为民办实事为中心，全力推进金融便民事项"一证通办"。截至年底，“一证通办”服务覆盖江山各乡镇街道，实现全流程“一证通办”的业务44项，个人证照查询651218人次，法人证照查询3035次，减少纸质材料25.62万张，共为1076家企业“一证通办”贷款1609笔，累计融资金额48.37亿元。围绕减时间、减排队、减环节、减跑腿、减距离、减负担、减次数、减材料、减梗阻、减费用，提升服务质量、提升服务效率、提升满意水平“十减三提”目标，共梳理出需要证件、证明办理的63项柜面类业务、6项信贷类业务，共69个大项269个子项，对同时需要提供身份证和其他证件或证明的44项业务列入“问题清单”，定人定责重点攻关破解。

【对接“衢融通平台”】 快速完成端口开发、系统软件和硬件安装等工作，实现“衢融通”平台与核心系统和大信贷平台内网完美融合，打通“衢融通”平台拥有的市场监督、税务、公安、社保、民政等10个部门28项证照信息“孤岛”，实现“衢融通”平台电子证照信息上传到江山农商银行服务器，应用数据支撑和人脸识别技术，进行业务流程再造与数字技术协同发力，破解“问题清单”堵点难点，实现44项业务凭一张身份证可一键获取所需要的全部证件、证明资料，占69项凭证件办理业务事项的63.8%，18项业务实现部分证照一键获取，占比26.09%，不可实现业务7项均为国际业务，占比10.14%，实现“减流程”“减时间”“减材料”等便民服务提升。在“衢融通平台”平台内开通“金融超市”互通入口。“金融超市”已上线228款信贷产品，客户可直观地了解到银行的信贷产品及利率，选择更适合自己的产品；客群也可通过一键发布融资需求，银行借助“衢融通”平台即可远程核实客户资料的真实性。

【创新还款方式】 通过减免利率，深化还款方式创新，以“真金白银”为企业降本减负。全年受惠企业504家，为企业减少财务费用支出8437万元。通过特快转贷政策和取消无还本续贷门槛，为1572户发放无还本续贷金额38.05亿元，为企业减免转贷成本3424万元。

（王令威）

邮储银行

【概况】 2021年，邮储银行江山支行共有14个网点，新设上余镇大溪滩营业所，自助银行20个，银行卡助农服务点42个，普惠金融服务站5个。年末，支行存贷款规模超62亿元。其中：各项存款余额38.98亿元；各项贷款余额23.47亿元，当年新增存款5.62亿元，新增贷款4.47亿元，不良率0.25%。

【打造五种银行】 打造零接触银行、有温度银行、无边界银行、高效率银行、开放式银行“五种银行”，线上非房贷业务占比75%以上，车贷100%。离柜率93.77%。线上极速贷结余6.07亿元，新增3.42亿元，小微易贷结余1.73亿元，净增1.51亿元，全省一级支行结余排名第2名。

【支持共同富裕】 与市农业农村局、邮政局签订三方惠农合作框架协议，协同推进支农服务，推进共同富裕示范区建设。全年涉农贷款发放金额13.4亿元，涉农贷款结余11.37亿元。在系统内建成信用村116个，评定信用户2939户，信用户贷款结余4.52亿元。绿色信贷结余4.27亿元，新增4.2亿元，绿色信贷占比达21.69%。

【服务民生】 推进无欠薪工作，农民工代发49个单位，新增11个单位。成功与环卫处签约代发协议3年，700名环卫工人年代发量3000万元。惠农合作贷款完成率164.4%，“三农”电商完成率832.7%，军保卡完成率208.57%，医保电子凭证完成率141.2%。

（徐建祎）

人保财险

【概况】 2021年，中国人民财产

5月15日，人保财险江山支公司在达埂村开展“走千村万户，筑平安之路”警保联动交通安全宣讲活动(陈小飞 摄)

保险股份有限公司江山支公司以党建为统领，以效益发展为经营理念，优化保险供给、提升服务质量。全年完成全险种保费收入24030万元，实现利润1577万元，理赔结案19414件，支付赔款17925万元。

【“建绿险”成功落地】 探索推进江山市建设工程绿色综合保险项目，组建共保体，多次拜访市住建局、应急管理局等部门。在多方推进下，5月1日正式实施，5月21日签订首份保单；9月16日，借力“新安法”，促成市住建局及银保监分局江山监管组联合发文支持。

【助力安全绿色出行】 坚持电动自行车保险和上牌两手抓，联合交警部门加大路面交通巡查和保险宣传力度，协助做好电动自行车保险工作；设立固定上牌登记点，确保新电动自行车上牌登记和投保一步到位；联合交警部门开展“走千村万户，筑平安之路”警保联动宣讲活动，提升群众交通安全意识，年内共开展道路交通安全宣讲活动76场，受教育人数5000余人。

【推进惠民保险】 组建“惠衢保”项目专班团队，走访各乡镇领导，全面跟进所辖村、社区开展“惠衢保”宣传承保工作，有效提高参保率。全年“惠衢保”参保率上升至80.03%。

【助力乡村振兴】 以服务乡村振兴战略和保险供给侧改革为抓手，开办政策性农业保险品种15个，商业性农业保险品种6个，地方特色农业保险品种6个，农险产品供给向多元化覆盖；全面完成全市辖内19个乡镇的单季水稻保险统保工作，新增参保面积4360公顷，提供风险保障6500万元；加强与气象、农业等部门合作，为农业保险客户提供灾害监测预警、防灾防损、灾后施救等增值服务，降低农户损失。

(曾心以)

中国人寿

【概况】 2021年，中国人寿保险股份有限公司江山市支公司实现保费收入3.33亿元，市场份额占比36.57%。全年共处理理赔件80724件，支付赔款2759万元。

【推进政保合作惠及民生保障】 计生系列保险、扶贫健康保险取得当地财政支持，形成政府文件，惠及人数8万人，其中独生子女家庭保险参保率保持在95%以上，惠及4.5万户。完成精准扶贫项目的承保工作，为全市2.3万多低收入人群提供额外的风险保障机制。实现理赔服务升级，优化“五免一赔”直付理赔服务，2.5万元以下的理赔案件全自动流转，提高理赔时效及精准度，“重疾一日赔”成功支付近百万元理赔服务。

【提升科技赋能服务】 围绕“我为群众办实事”的主题，推出“八小时外暖心服务不打烊”服务模式，组建暖心专员队伍，设立暖

中国人寿江山支公司开展结对帮扶助推乡村振兴活动

心专线，为行动不方便的特殊客户提供八小时外服务或上门服务。承保、领取、变更、小额理赔等业务全部实现线上 App 办理，10 万元以下的保单借款实时秒到，借还款只需动动手指就能办妥，全年保单借款金额累计 2.5 亿元，惠及 1.5 万人，在拥有保障的前提下实现资金的二次利用，为助力企业经济生产提供资金保障。

【履行社会责任，服务当地经济】连续 3 年为全市 700 多名教育教学优秀教师捐赠保险，累计捐赠保额 7.45 亿元。履行社会责任，参与东西部协作捐赠工作，助力脱贫攻坚。实地走访结对帮扶村，了解当地村庄情况，制订帮扶计划，积极向上争取资金，为结对帮扶村提供物资帮扶，促进乡村振兴。春节期间配合计生协会开展特殊家庭关怀系列活动，走访 150 户困难家庭，送上近 5 万元的慰问品。

（徐水娟）

教育 体育

教育工作

【概况】 2021年，江山教育局牢记“为党育人、为国育才”的教育使命，强化“局长心中有校长、校长心中有老师、老师心中有学生”的教育信念，坚守“潜心育人、温暖有方”的教育精神，坚持“追求极致、争创一流”的工作态度，坚定不移地推进教育现代化，深化教育领域改革创新，办人民满意的教育，“学在江山”品牌内涵和公认度进一步提升。中考平均分居衢州市前列，高考实现“八连增”。省教育现代化发展水平监测获A等（26个县唯一）；“慧劳动”数改项目全省试点、全国交流；“双减”工作全省典型发言，经验做法获得副省长成岳冲批示；被评为全国群众体育先进集体，被省教育厅评为“浙江省幼儿园与小学科学衔接实验区”和“浙江省大数据精准教学实验区”；获2020年度（县、区）教育局考核一等奖、优秀代表议案建议和先进承办单位、衢州市教育信息宣传工作先进单位等荣誉；江山市政府给予江山市教育局记集体三等功的表彰。

【抓好党建工作】 开展党史学习教育，开展具有江山教育味的“五五百万”系列活动（五大赛事知党史、五为争添党旗红、百名党员讲百年、万名师生向党说），有20个视频收录浙江新闻客户端“奋斗百年路，启航新征程”专栏；《北纬40度的雪莲花》等3个视频在中宣部党建网展播；《践行雷锋精神 护绿环保我先行》等5个音视频在学习强国浙江平台展播。围绕中国共产党成立百年，组织开展“从小学党史、永远跟党走”系列教育活动。获评市2020年度先进基层党组织。

【推进队伍建设】 开展师德师风警示教育月活动，实施“每人一承诺”“每日一警语”等“八个一”举措。实施未来教师“定向培养”、新进教师“365”、青年教师“1358”、骨干教师“百师带千徒”、名优教师“151”、管理队伍“领雁带飞”等6大“千师登高”系列工程。举办教育系统中青年骨干培训班，提升55名骨干教师的专业和管理能力。设立名校长导师工作站1个、博士工作站2个、专家工作站3个，名师名校长工作室45个。深入实施山海协作，与杭州钱塘、下城、绍兴柯桥3个区教育局签署合作协议书，结对学校61所、教师134名。开展第二轮教师“县管校聘”工作，有序推动教师交流。培养正高级讲师1名，省教坛新秀2名，省“特教园丁奖”提名奖1名，峡口小学校长姜玲入选马云公益基金会“2021乡村校长计划”。开展“入职送证”“在江送家”等“十送”暖师工程，打造“温暖教育”。

【抓实智慧教育】 “慧劳动”区域新时代劳动教育管理系统被列入

浙江省“教育领域数字化改革第一批创新项目”；“校园周边安全防控一件事”集成改革应用，被列入全省数字化改革重大应用“一本账 S1”清单；“江山好课堂”上线应用；大陈未来乡村被省教育厅命名为浙江省第二批“数字社会未来教育重点场景先行建设单位”。全年投入 5588 余万元资金，新建和改建智能普通教室 48 个、智能专用教室 21 个、开放式阅读空间 9 个、创客空间 33 个；完成教育城域网 IPv6 改造、教育中心机房设备维保病毒库升级、无线网络 AC 和 AP 设备的版本升级；完成 1537 个教室照明标准化改造，24941 套可调节课桌椅更换；20 所学校被评定为“衢州市智慧校园”。

【推进评估创建】 全国义务教育优质均衡发展县（市、区）省级实地督导评估获好评。2020 年度浙江省教育工作公众满意度得分为 83.38 分，教育现代化发展水平总得分为 82.81 分，均位列衢州市各县（市、区）首位。教育现代化发展水平监测排名全省第 10 位，是山区 26 个县中唯一获 A 等的县（市、区）。江山中学、衢州第二中专、城北中学、贺村一小、恒泰学校、城东幼儿园、上余成校等 7 所学校通过省现代化学校评估验收，双塔小学成功创建省义务教育标准化学校。

办学条件

【政府投资项目】 全市中小学(含幼儿园)实施政府投资项目 24 个，计划总投资 13.45 亿元，年内计划完成投资 0.88 亿元。年底竣工项目 9 个，竣工建筑面积 2.69 万平方米，分别是萃文小学迁建、窑里小学迁建（二期）、峡口小学迁建（二期）、培智学校康复楼新建、大陈乡幼儿园新建等工程。上余小学等在建项目 11 个，施工面积 5.64 万平方米，城东学校（暂定名）新建等前期类项目 4 个，总建筑面积 19.94 万平方米。

【布局调整】 修编《江山市学校布局专项规划（2021—2030 年）》（送审稿）及《江山市幼儿园布局专项规划（修编）(2018—2030 年)》，实施中小学（幼儿园）布局调整项目 14 个，建筑面积约 24.8 万平方米，项目总投资约 11.48 亿元，其中窑里小学迁建、萃文小学迁建、大陈乡幼儿园新建等 3 个项目按时投入使用；上余小学迁建、城南安置小区配套幼儿园新建、新塘边镇幼儿园新建、石门镇幼儿园新建等 7 个项目施工顺利；贺村新城初中（暂定名）新建、城东学校（暂定名）新建等 4 个前期项目有序推进。

【教育经费】 全市教育经费总投入 161224 万元，同比增长 8.03%。其中一般公共财政预算安排的教育经费 127696 万元，同比增长 3.42%。其中一般公共财政教育经费 104317 万元（教育事业费 101539 万元，教育费附加 2778 万元），同比增长 1.8%。其他一般公共财政预算安排的教育经费 23379 万元，同比增长 11.33%。全社会教育投入（不含公共财政教育经费）56907 万元，同比增加 10138 万元，增长 21.68%。一般公共预算教育经费 104317 万元，同比增长 1.8%。生均一般公共预算教育事业费：幼儿园 8629.71 元，同比下降 57.29%；普通小学 14958.20 元，同比增长 4.58%；普通初中 19577.00 元，同比增长 8.41%；普通高中 20149.56 元，同比增长 9.34%；中等职业学校 14059.87 元，同比增长 9.19%。生均公共财政预算公用经费基本支出（不含校舍建设费用）：幼儿园 578.75 元，同比下降 9.56%；普通小学 1506.00 元，同比增长 12.78%；普通初中 1937.38 元，同比增长 12.56%；普通高中 785.22 元，同比增长 4.37%；中等职业学校 2207.65 元，同比增长 0.61%。全市公共财政预算教育经费拨款占财政支出的比例为 12.61%，同比减少 1.59%，国家财政性教育经费投入占国内生产总值的比例为 3.62%。

教学科研

【课程开发实施】 加强中小学课程建设工作，开展一系列课程建设培训活动，了解课程建设前沿动态，举办江山市义务教育阶段学校精品课程研讨会，邀请衢州市课程专家指导，碗窑小学等 8 所中小学上送 8 门课程入选衢州市精品课程。7 节课程获评省级精品课浙江省 2021 年“基础教育精品课”，并推送至教育部。

【教师专业发展】 教师全年参加省平台选课 12537 人次，完成自主选课培训项目 74 期、共 365780 学分；教师自主选课后实际参训率 99.61%，参训教师“学评教”满意率 99.43%；教师集中培训完成率 22%。江山市委培生培养工作在省教育厅工作会议上作经验做法交流，《入学入门齐步走，定向委培不“尾”培》一文入选省教师培训典型案例。江山市教师培训绩效考核获衢州市第一名。2 名教师进入省 STEAM 项目化学习教师挑战赛，2 名教师获省第十二届实验学校“教改之星”评比金奖和银奖，13 名教师获衢州市课堂教学评比一等奖，22 名教师获衢州市教师素养和业务能力比赛一等奖。

【教育科研成果】 48 项课题申报衢州市 2022 年度课题，其中重点课题立项 18 项，一般课题立项 30 项。11 项课题申报省教研课题，9 项课题申报省教育科学规划课题。2 篇论文浙江省学科教学论文评审获一等奖。获衢州市教育科学规划 2021 年度重点课题研究成果评比一等奖 2 项，二等奖 5 项，三等奖 9 项；一般课题一等奖 4 项，二等奖 9 项，三等奖 17 项。获衢州市 2020 年度“教师个人小课题”研究成果评比一等奖 5 项，二等奖 15 项，三等奖 18 项。获浙江省优秀教育教学论文评选一等奖 6 人、二等奖 15 人、三等奖 27 人；获衢州市 2021 年“教育的活力”征文评选一等奖 4 人。

10 月 27 日，省教育厅“百人千场”名师赴江山送教活动开幕式举行

基础教育

【学前教育】 全市有幼儿园 85 所，其中公办幼儿园 29 所，民办幼儿园 56 所；在园幼儿人数 15443 人，学前三年入园率为 98.14%。有等级幼儿园 82 所，其中一级园 8 所，二级园 41 所，三级幼儿园 33 所，等级幼儿园入园率为 99.28%。幼儿园专任教师 1055 人，学历合格率为 100%，持证率为 98.86%，大专及以上学历占比为 99.15%。全市优质幼儿园覆盖面达 82%，覆盖面居衢州各县（市、区）第一、省 26 个加快发展县第二。全市 26 个集体园完成独立登记审批，并纳入机构编制管理。重新核定公办幼儿园的教职工编制总量和事业编制数以及劳动合同制教师数，公办幼儿园劳动合同制教师待遇按照幼儿园在编教师的“基础工资+绩效工资”标准纳入财政预算。新建大陈乡中心幼儿园并通过二级园预评估，新增学位数 120 个。周家青幼儿园通过省一级幼儿园评估，5 所幼儿园通过省二级园评

估。江山市被评为省幼小衔接实验区（衢州唯一）。

【义务教育】 全市共有小学 42 所，在校生 30265 人，校均规模 757 人。小学毕业生实行免试就近入学，小学入学率、巩固率、小学升初中比例 100%。原窑里小学、赵家小学合并迁建为江山市双塔小学，并升格为城区小学。全市共有初中 15 所，在校生 15923 人，校均规模 1061 人。初中入学率、巩固率均 100%，初中毕业生升入高中段比例为 98.07%，其中升入普通高中比例为 52.89%，升入中等职业技术学校比例为 36.32%，普通中专比例为 8.87%。中考连续 4 年居衢州市前列，8 所学校中考总分平均分居衢州市前 20。

【普通高中教育】 全市共有普通高中 8 所，在校生 9429 人，班级数 208 个，校均规模 1179 人。锦绣江山外国语学校增设高中部，当年招生 6 班 288 人。高考实现“八连增”，全市特殊类别招生控制线和体艺类一段上线总人数达 1156 人其中文化 720 人，体艺 436 人，总人数比 2020 年增 42 人。1 人被清华大学录取，48 人被“C9+2”录取，94 人被 985 大学录取。

【特殊教育】 完成第三期特殊教育提升计划征求意见，加快特殊教育向“两头”延伸。开通了中小学招生系统中的残疾儿童报名端口，方便残疾儿童入学报名。学生人数达到 5 人及以上的普通中小学共 22 所，均建有资源教室，专兼职资源教师配置 100%。全年持证适龄残疾儿童少年总计 758 人，其中义务教育段 463 人、学前教育段 93 人，高中教育段 202 人，3 个学段入学率分别为 100%、93.55%、97.14%。义务教育阶段通过送教服务就学安置 41 人，占所有安置学生人数的比例 8.86%以内。

【民办教育】 锦绣江山外国语学校变更为完全中学，江山文溪实验学校变更为九年一贯制学校，江元中学和江山实验中学初中部停止招生。撤并虎山街道蓓蕾幼儿园、峡口镇小天使幼儿园、大陈乡起点幼儿园等 3 所低小散民办幼儿园。加强校外培训机构监管，印发《江山市进一步减轻义务教育阶段学生作业负担和校外培训负担实施方案》，教育、文旅、体育、科技等部门对学科类、文化艺术类、体育类、科技类等培训机构实施归口管理。

12 月 4 日，组织学生参加科技创新活动创客项目（赵华忠　摄）

职业教育

【概况】 全市现有全日制中等职业教育学校 3 所，其中公办职业学校 1 所（衢州第二中专），民办职业学校 2 所（衢州财经学校和衢州护士学校）。在校生 6377 人，毕业生 1907 人，招生 2130 人，其中五年制中高职衔接班招生 524 人。中等职业教育学校教职员工 493 人，其中专任教师 454 人，外聘兼职教师 111 人，省特级教师 2 人。

【学校建设】 以省“中职教育质量提升行动计划”和高水平职业院校和专业（群）建设为抓手，每所中职学校重点建设 1—2 个特色专业群，基本形成衢州第二中专现代农业和智能制造、衢州财经学校的信息技术和财经商贸、衢州护士学校的护理的专业发展方向。

【“双高”建设】 衢州第二中专被列入省中职高水平学校建设单位，其农村经济管理和机械加工技术被列为A类高水平建设专业；衢州财经学校客户信息服务专业被列为省中职高水平专业建设单位。“双高”建设项目按期完成年度建设任务，通过衢州市中职学校2021年度“双高”项目建设评估。

【人才培养质量提升】 完善中等与高等职业教育一体化培养技术技能人才途径，其中衢州第二中专园林技术专业与浙江树人学院中本一体化培养被列入全省“中本一体化”人才培养试点项目。全市中职学校升入各类高职院校1194人，约占毕业生数的62.3%。全年单考单招，全市本科上线人数为54人；高职上线人数（含本科）为744人，上线率达100%。各职校开展“1+X”证书试点工作，完善人才培养方案。

【服务地方经济建设】 积极调整办学策略，探寻校企合作的新模式，通过与园区、产业、企业的“三对接”，为江山经济社会发展提供人才支撑。衢州第二中专在浙江科力有限公司成立江山市首个教师实践流动站；成立由特级教师张容带队的“乡村振兴服务队”，帮助上余镇江村解决生姜种植产量低下问题。各职业学校、成人文化技术学校加强与社会各部门、企业、社区的联系，开展职业技能培训、家政培训、退役士兵培训、新型农民素质培训等各类社会培训服务，培训1万人次；开展衢州乡村振兴学院江山分院乡村振兴讲堂33次讲堂任务，听课学员累计3645人次。

成人教育

【概况】 全市现有中心成校5所，乡、镇（街道）成人文化技术学校19所，社区学校、市民学校309所，其中19所成校全部为省标准化成校，6所为省现代化成校。

【成校建设】 以省现代化成校和成教品牌项目创建为抓手，全面推进全市乡镇（街道）成校建设，提升成校的办学水平和质量。双塔中心成校的《“一核引领·双线并进·三级联动·多点相拥”——乡村成人教育“空中学堂”的构建与实践》获评浙江省人民政府2021年省教学成果奖，《“e路有爱”——数字赋能乡镇成校“带老人走进智能世界”》获评2021年浙江省“终身学习品牌项目”，《“一个都不少”银龄助老活动专项》获评浙江省2021年度社区教育进农村文化礼堂学习品牌，双塔中心成校老师徐贵祥获评浙江省（2019—2020年度）教科研先进个人和浙江省社区教育指导专家。

【社会培训】 与部门、企业、社区联系，广泛开展“双证制”教育培训、农村预备劳动力职业技能培训、家政服务培训、电子商务培训、社区教育、老年人教育，提升成教服务经济社会发展的能力。衢州第二中专与衢州财经学校开展万名农民素质工程农村实用人才培训，同时与沐川县开展东西部扶贫协作人才培训。全市职校和成校全年共开展社会培训1万多人次，社区教育活动7万多人次。开展成人教育培训成果录入学分银行培训工作，录入成人教育培训成果136079条。

（戴 维）

电　大

【概况】 2021年，江山电大春季录取新生317人，秋季录取新生324人，秋季学期在校生人数1584人。全年毕业学生465人，累计毕业学生12872人。年内，在全省市县电大业务工作考核中排名17，获评浙江省终身教育学分银行先进单位、2020—2021年全省开大系统思想政治工作先进单位、2021年度衢州市电大系统办学先进单位。

【招生工作】 全年投入7万余元，通过江山信息网、《今日江山》等媒体开展全方位、多角度宣传，制作招生短片，利用微信平台开展宣传，提升电大的知名度和美誉度。全年共招生 641 人。

【教学管理】 春季学期注册班级 152 个，注册人数 1339 人，选课及报考课程数 8221 门；秋季学期注册班级 149 个，注册人数 1363 人，选课及报考课程数 7722 门。采用云课堂、钉钉线上直播等方式，加强学生网上学习过程落实、班主任导学助学督学等，提升学校办学质量。根据上级电大要求，开展“一路一网一平台”试点工作，建设国家开放大学智慧学习环境，实现招生、学籍、课程等各项业务高度集成的一站式管理和服务。

【科研项目】 全年，《欠发达地区县级电大班主任幸福感提升对策研究——以江山市为例》《开放教育学生思想政治理论课获得感现状及提升路径研究》《健身有道：走出似是而非的运动误区》等 3 个项目获省开大立项。刘燕被列为“2022 年第四批全省办学体系人才培养工程培养人员”。

【考试管理】 春季学期组织考试 95 场，参加考试总人数 1339 人，共 2343 人次；秋季学期组织考试 83 场，参加考试总人数 1363 人，共 2210 人次。按照考试规范流程和疫情防控要求，组织实施开放教育纸质考试、基于网络考试、无纸化考试等各类考试，强化责任意识，严肃考风考纪，各类考试安全平稳有序进行。

【办学条件】 6 月，投入 3 万余元与钉钉信息技术有限公司合作开发应用钉钉软件，搭建教学管理新平台，系统管理班级 303 个，学生 2594 人。配备红外测温智能门禁一体机，同步实现智能测温、人脸识别功能，录入教师、学生人脸 1641 人。

【社区教育】 加强与社区、乡镇成校的对接联系，形成社区教育工作合力，5 月推荐成教干部徐贵祥当选为浙江省社区教育指导专家，年内选送的郑开泉《祖国啊，我亲爱的祖国》获全省老年诗歌朗诵大赛一等奖、衢州第二中等专业学校杨佳钰《中华之崛起》获全省社区居民漫画大赛优胜奖。开展学分银行工作，全年录入各类培训成果 136079 条记录，其中非学历教育成果 135551 条，职业培训成果 336 条，学历教育成果 192 条记录。依托省开大“第三年龄学堂”平台开展老年开放教育，累计老年学员注册 17763 人，其中新增注册 8069 人，开设老年防诈骗、老年养生、老年文化等课程，参与 13716 人次。10 月 14—15 日，衢州市社区教育和学分银行工作推进会暨培训会在江山市召开。

（郑　丽）

体育工作

【概况】 2021 年，全市承办全国性比赛 4 次，浙江省级比赛 10 次，衢州市级比赛 2 次，参赛人数 1.5 万人。举办江山市“五一”乒乓球大赛、首届健美操锦标赛、啦啦操锦标赛等市级比赛 43 次，参赛人数 5126 人。全年江山市运动员参加衢州市级以上比赛 16 次，获得世界级铜牌 2 枚；国家级金牌 1 枚，银牌 3 枚，铜牌 1 枚，名次奖 2 个；省级金牌 22 枚，银牌 19 枚，铜牌 11 枚，名次奖 40 个；衢州市金牌 61 枚，银牌 43 枚，铜牌 37 枚。江山市体育局、教育局获评 2017—2021 年全国群众体育先进单位，赵江平、李中亮、何晓琴 3 人获 2017—2021 年全国群众体育先进个人称号。

【第六次承办新年登高大会】 1 月 1 日，“中国体育彩票”2021 年全国新年登高健身大会中心主会场在江郎山景区举行。这是江山市连续第六次承办全国新年登高健身大会，也是新冠肺炎疫情发生以来第一次承办该项活动。中国奥委会名誉主席、国家体育总局原局长刘鹏，国家体育总局登山运动管理中心主任、党委书记韩建国，中国登山协会主席李致新等领导以及著名篮球国手马

10月29日，2021年浙江省农村文化礼堂运动会总决赛在江山市举行

健，2020珠峰高程测量登山队袁复栋等队员参加开幕式。其间，还分别举行全国群众登高活动、“让孩子们跑起来”——2021年亲子健身活动主会场活动、中国天空跑系列赛、全国高空扁带挑战赛、江山市“欧派杯”乒乓球邀请赛、江山市冬泳挑战赛、江山市钓鱼争霸赛等活动。

【全国举重锦标赛在江山市举行】 5月10—20日，由国家体育总局举摔柔运动管理中心主办，浙江省体育局、衢州市体育局、江山市人民政府承办的2021年全国举重锦标赛暨第十四届全国运动会举重比赛预赛在江山市举行。该赛事首次实现男、女组别在同一城市举行，共有来自全国各地的34支代表队1000余人直接参赛，占旭刚、龙清泉、杨文军等8名奥运冠军到江山观赛指导。比赛共决出20个级别的总冠军，20次超（平）世界纪录，27次打破全国纪录。精彩赛事在央视体育频道、央视频实现视频、网络双直播，产生直接经济效益1000多万元、间接经济效应超30亿元。江山籍运动员姜灵伟在男子73公斤级别比赛中，以抓举142公斤、挺举170公斤，总成绩312公斤名列该级别的第12名，成功晋级全运会决赛。

【第四次承办全国美丽乡村攀岩系列赛】 10月18日，由中国登山协会、江山市人民政府、衢州市体育局共同举办的2021“三衢味·江山”杯第四届美丽乡村全国攀岩系列赛在江山市新塘边镇毛村山头村举行。比赛邀请湖南韶山、陕西延安、江西井冈山、浙江嘉兴等全国24个省市的32支代表队参加。本次赛事首次被列入浙江省重点培育品牌体育赛事名录库。

【承办浙江省第四届体育大会7项比赛】 5月至10月，先后承办浙江省第四届体育大会羽毛球、桥牌、健美操、游泳、水上救生、啦啦操、风筝等7个项目的比赛。其中游泳、水上救生、风筝是江山市第一次承办省级赛事，江山赛区被评为运动会优秀赛区奖。此外，先后承办浙江省幼儿啦啦操表演大赛、浙江省农村文化礼堂运动会总决赛开幕式及健身排舞比赛。

【奥运冠军石智勇被聘为江山城市品牌形象代言人】 10月22—23日，“奥运冠军从‘浙’出发”中央、省级主流媒体主题新闻采风活动在江山市举行，里约、东京两届奥运会举重项目金牌得主石智勇，国家体育总局宣传司宣传处处长田彤桂，浙江体坛报社总编辑黄维以及人民日报社、中央电视台体育频道等近20家省级以上媒体记者参加。活动先后走进江山少体艺校、虎山运动公园工地、贺村第一小学等地。在虎山运动公园项目现场，石智勇正式被聘请为江山城市品牌形象代言人，现场栽下“冠军树”。

【推进虎山运动公园等体育项目建设】 虎山运动公园体育馆、全民健身中心、运动员配套用房三大主体结构全部结顶，进入精装修阶段，截至年底投资额超 2.6 亿元。体育馆提升改造项目（含羽毛球馆拆后重建、体育馆广场及外立面改造）于 10 月完成工程验收。体育设施提升改造项目建设被列入省、衢州市民生实事项目，建成 2 个村级全民健身广场、4 个多功能运动场、1 个足球场、14 个百姓健身房、1 个体育设施进公园项目。

【推进体育数字化改革】 谋划体育产业一张图应用，被省体育局纳入体育数字化改革揭榜挂帅 13 个试点项目之一。应用将全市体育企业、体育培训机构等相关数据进行有效归集展示，破解体育企业统计数据获取难、监管不够有效、展示载体不够丰富等问题。结合体育馆提升改造项目积极推进体育馆公共服务提升，实现体育馆灯光智能管控，争取国家智慧社区健身中心项目试点，引进市社会体育指导员协会入驻体育馆进行公益培训，全年已经开展培训 12 场次，1000 余人次接受培训。

【推进体育产业发展】 经过国家体育总局体育经济司综合评定，江山市的健盛之家功能性运动面料研发项目入选国家体育产业示范项目，获省体育产业引导资金 50 万元。江山市佳科体育用品厂被评为 2020 年度衢州市“诚信工商户”。航宇体育、江山多娇、赢牌体育等 10 余家体育用品制造业企业组织参展 2021（第 39 届）中国国际体育用品博览会。

【抓好青少年体育工作】 江山籍运动员朱杨琪入选钢架雪车国家集训队，获得 2021—2022 赛季钢架雪车欧洲杯挪威站第二站、欧洲杯温特贝格站第四站单人比赛第三名，2021—2022 赛季全国钢架雪车邀请赛第一名。在 2021 年陕西全运会上，江山籍运动员郑岚、姜灵伟分别参加羽毛球、举重项目决赛的比赛，其中郑岚获得羽毛球女子团体第四名的好成绩，并入选国家羽毛球集训队。江山市体育艺术学校入选 2021—2024 年周期浙江省体育后备人才基地。江山市城南小学入选 2021—2024 年周期浙江省体育传统项目学校阳光体育后备人才基地。

【做好体育宣传】 中央电视台体育频道先后对在江山市举办的全国新年登高健身大会、全国举重锦标赛进行现场直播。其中，全国举重锦标赛累计直播时长达到 6720 分钟，百度词条搜索“2021 年全国举重锦标赛”内容，最高有 435 万条相关信息，折算广告价值近 30 亿元。全年新华社对江山赛事活动报道 11 次，《中国体育报》报道 13 次，浙江卫视 10 次，其他媒体报道累计近百次。承办全国举重锦标赛的相关经验《浙江省江山市构建“三个体系”办好全国举重锦标赛助力经济社会发展》被国家体育总局主办的《体育工作情况》刊用。

（毛武俊）

2021年江山市承办、举办比赛活动一览表

表12

序号	工作内容	举办时间	主办单位(承办单位)	举办地点
一、国家级				
1	2021年全国新年登高健身大会中心主会场	1月1日	国家体育总局	江郎山
2	2021年中国天空跑系列赛	12月31日至1月1日	国家体育总局登山运动管理中心	江郎山—廿八都
3	全国举重锦标赛暨全运会预赛	4月15—25日	国家体育总局举摔柔运动管理中心	江山市体育馆
4	全国美丽乡村攀岩系列赛	10月17—18日	国家体育总局登山运动管理中心	江山市新塘边镇
二、浙江省级				
1	浙江省第四届体育大会羽毛球比赛	5月28—31日	浙江省体育局	西山健身中心
2	浙江省第四届体育大会桥牌比赛	6月2—5日	浙江省体育局	君澜·江山国际度假酒店
3	浙江省幼儿啦啦操表演大赛	6月5—6日	浙江省体育局	江山市体育馆
4	浙江省第四届体育大会健美操比赛	7月9—12日	浙江省体育局	东方文华大酒店
5	浙江省第四届体育大会游泳比赛	9月23—26日	浙江省体育局	蓝堡健身会所
6	浙江省第四届体育大会水上救生比赛	9月26—29日	浙江省体育局	蓝堡健身会所
7	浙江省第四届体育大会啦啦操比赛	10月21—23日	浙江省体育局	江山市体育馆
8	浙江省第四届体育大会风筝比赛	10月23—25日	浙江省体育局	江郎山
9	奥运冠军从浙出发媒体采风活动	10月22—23日	浙江省体育局	少体艺校、虎山运动公园、贺村一小
10	浙江省农村文化礼堂运动会健身排舞比赛	10月28—29日	浙江省体育局	凤林镇白沙村

科 技

综 述

【概况】 2021年，全市规上工业企业研发经费支出10.27亿元，占规上工业企业营业收入的2.59%，比上年提高0.19个百分点。高新技术产业产值174.7亿元，占规上工业总产值的49.0%，比上年提高6.2个百分点。高新技术产业增加值37.6亿元，占规上工业增加值的45.5%，比上年提高4.4个百分点。全市高新技术企业103家，省科技型中小企业402家，省高新技术企业研发中心25家，衢州市工程技术研发中心49家。

【政策支持】 兑现科技创新资金6493.58万元，比上年增长57.36%，其中企业研发投入补助2657.39万元、科技创新政策奖励1861.79万元，产品智能化专项资金1224万元。向上争取项目资金515万元。选派省级个人、团队科技特派员9人，衢州科技特派员3人，征集江山市科技特派员16名。

创新平台

【科创飞地】 规范浙大、江干飞地管理，建立运营经费与考核目标挂钩机制，完善项目入驻与退出机制，倒逼平台提升发展。用好用活飞地资源，举办女企业家走进浙大实验室、浙大教授专家团江山行等活动。浙大、江干飞地分别引进创新型项目5个、9个，累计入驻企业36家、18家，引进E类及以上科技人才37名。江干飞地入驻企业落地杭州销售收入6329万元，获得自主知识产权91件。浙大飞地被认定为省数字经济示范飞地，“智能轨道交通集成装备——智慧铺设中国幸福之路”项目获第七届中国国际“互联网+”大学生创新创业大赛国赛银奖。

【综合体】 木门产业创新服务综合体累计引进各类服务机构22家，各服务机构累计开展服务600多家次，服务金额突破亿元，开展各类培训对接活动80余场次，综合体建设通过省级终期考评现场考核。输配电产业创新服务综合体完成展厅、检测平台等项目建设，累计向江山市输配电企业转让专利技术21项，其中发明专利5项，实用新型专利16项。数字消防产业创新服务综合体完成亚宁舰艇消防安全研发试验中心建设。

【科技孵化器】市科技孵化中心引进以夸迈公司为龙头的内窥镜企业5家，3个产品通过省医疗器械检验院的性能检测。夸迈公司与浙江大学、华东理工大学等高校建立紧密合作关系，为广州呼吸研究所、北京301医院等医疗机构开发系列内窥镜产品，为国内外近180家企业提供全套内窥镜技术解决方案，全年实现技术解决方案服务收入2300万元。

11 月 11 日，科技局组织产品智能化专项验收

创新主体

【主体培育】 实施高新技术企业、科技型企业“双倍增”行动，构建企业培育库，推行梯度培育机制，推进创新主体培育。新认定高新技术企业 21 家，全市高新技术企业家 103 家；新认定省科技型中小企业 64 家，全市省科技型中小企业总量 402 家。修改研发机构激励政策，对认定为省、市、县三级研发机构的企业分别给予奖励 30 万元、5 万元、2 万元。认定省高新技术企业研发中心 1 家、衢州市工程技术研发中心 4 家，认定衢州市第三批“首席技术官”4 人。

【合作推进】 赴应急管理部上海消防研究所、天津消防研究所、中电科 38 所、哈工大机器人集团（合肥）国际创新研究院等科研院所开展合作对接。与应急管理部天津消防研究所签订战略合作协议，谋划建设天消所江山技术转移中心；与杭州市钱塘区经科局、绍兴市柯桥区科技局签订山海协作合作框架协议。全年完成技术交易额 5.27 亿元。

【成果转化】 授权发明专利 129 项，全市有效高价值发明专利 144 项；PCT（专利合作协定）专利申请 3 项。花木匠家居、金航钢管等 6 家企业发明专利产业化项目实现销售 12.7 亿元、税收 4907.4 万元，给予奖励 170 万元。登记科技成果 17 份，登记技术合同 105 份。8 家企业通过发明专利权质押担保，获贷款 1350 万元。

项目研发

【研发投入】 继续实施“规上企业研发经费清零行动”，全市 334 家规上工业企业中有研发经费支出企业 239 家，占比 71.56%。全市规上企业研发经费支出 10.27 亿元，占规上工业企业营业收入的 2.59%，比上年提升 0.19 个百分点。

【科技项目】 优化科技计划项目体系，出台关键核心技术攻关专项实施细则，启动实施专项，立项关键核心技术攻关专项 13 项；实施产品智能化专项，立项 10 项，两个专项引导带动企业投入研发经费 1 亿元以上。星菜公司的“优质营养胚芽米加工关键技术及应用”项目被列入浙江省 26 个县绿色技术研发应用专项，获得经费支持 250 万元；科润公司的“智能环保型气体绝缘开关设备的研发与产业化”、伟丰新材料的“聚氨酯改性氨基硅油柔软剂研发”被列入衢州市竞争性攻关项目，获得经费支持 38.10 万元。

（姜爱武）

气　象

【概况】 2021 年，江山市气象局按照高质量发展“五大任务”的要求，争先进位、争取试点，完

“网格+气象”业务培训会举行

成浙江江山“网格+气象”数字化防灾减灾全国气象现代化试点方案编制，全力争取试点项目落实落地；发布《江山气象事业“十四五”规划》，推动政府出台《关于推进防灾减灾“第一道防线”建设和气象事业高质量发展的意见》；创新建立气象重点难点试点工作正向激励清单和气象灾害防御工作负面清单，并高分纳入地方综合目标考核以及平安建设、安全生产等4类专项考核。

【实践农业气象数字化应用】 融入江山省级数字乡村建设试点县建设，与农业局共建农业气象监测组网，归集整合监测服务数据，搭建江山主导农产业气象服务产品库，打造“数字三农·智慧气象”应用场景。应用同步对接“浙里办”、微信公众号客户端向江山全市农业企业、农民合作社、农户推广，努力实现农业气象“指尖上”服务全覆盖。

【实践网格气象数字化防灾减灾】 迭代升级“网格+气象”防灾减灾系统2.0，亮相全省“条抓块统、县乡一体”改革工作现场会，实况演示“11·7”寒潮过程基层治理气象灾害风险防控工作闭环。数字化改革工作成效被省委《浙江信息》和《数字化改革工作动态》长篇专刊刊登，市委书记童炜鑫做两次作出书面批示表扬。

【完善气象预警机制】 按照“梯次化”五段式预警要求，再造联防指导、值班应急、信息发布业务流程，建立灾害性天气分级分类叫应清单；开发智能网格预报、气候监测、气象自动站监测三类业务服务平台，常态化开展逐小时智能网格数图预警跟踪服务，常规决策和专业专项服务产品数字化应用率达30%。联合水利、农业部门，试行开展山洪气象灾害风险、农业气象灾害风险联合预警，与官方新闻媒体建立“蓝黄橙红”预警台，气象预警接入“未成年人预防犯罪和保护系统”场景应用，实现中小学高级别预警一键叫应停学停课。面对“开汛早、强对流多且强、梅期降水时空不均”的形势，共发布预警信号146条，发布决策服务材料重要天气报告13期、气象内参76期、专题气象服务58期，圆满完成主汛期和地方“七一”中国共产党成立100周年系列活动、中高考、重大体育赛事的气象服务保障工作。

【完善气象灾害防御体系】 推动部门联络员、气象协理员、气象信息员与县乡应急联络员、村网格员融合管理；根据省市统一进度，修订《江山市气象灾害应急预案》，融入全市基层防汛防台体系标准化建设，将网格气象灾害防御工作纳入村级应急行动计划，实现县乡村三级贯通的气象应急联动机制。完成28个村创建，覆盖率突破65%，有力推动乡村、重点单位等关键主体的气象灾害风险防范能力提升。以预警信号解读、基层气象防灾减灾能力建设指导、气象灾害防御知识为重点，举办气象防灾减灾专题培训5场。阶段性完成气象灾害风险普查任务，并通过质量检验，全面掌握江山气象灾害台风、暴雨、高温、干旱等九大类灾害的致灾因子、灾害程度、重现规律，为做好九类灾害的风险区划和调查报告，以及科学建立灾害风险预警机制打造压舱石。

【气象安全社会管理】 年内联合省气象安全技术中心专家队伍完成四都机电工业园区域雷击风险评估，率先实现向省级以下平台延伸。安委办新发文公布气象灾害防御重点单位120家，通过企业自治平台、"一企一档"实现监管对象电子信息全量归集；多部门线上联动实时共享审批对象清单，投资项目3.0全流程审批系统高效即办雷电防护审批、验收21件，气象证明新系统掌上办、零跑次，全年共计即办107件，审批效能提升20%以上。防雷安全工作属地化监管首次纳入地方安全生产考核，实现线上线下检查"双轨"运行，率先开展线上监管模式，互联网监管平台跨部门检查率突破25%，115家防雷重点单位掌上执法检查全覆盖，专项检查燃气行业，查改问题隐患4处。

【气象服务乡村振兴】 常态化开展"钉钉群"线上农气服务会商，联合发布春播春种、秋收冬种专题服务材料43期，针对食用菌、茶叶、水稻等主打产业开展阶段性专题服务。开展粮食作物病虫害实地调查，全新制作科普专题片指导农户做好病虫害防治工作。完成乡村振兴气象保障服务普查，摸清江山农特产业和种植规模底数，首次编制猕猴桃精细化气象服务手册，在塘源口千亩猕猴桃基地纳入试点服务，推动气象服务农特优产业精细化、标准化。建设气象服务乡村振兴示范点，建成贺村耕读农场"二十四节气"主题气象文化长廊，探索性建立"网格+气象"基层服务点，打造有看点可推广的气象服务乡村振兴展示窗口。

【生态气象监测服务】 加强环保气象合作，共建共享气象和生态环境监测信息，按需提供江山港流域降水预报预测信息、全市大气污染扩散条件预测信息，联合发布年度环境气象专报，助力唱响水美气净生态调。继续发挥"中国天气氧吧"辐射效应，塘源口乡建成首批"浙江省气候康养乡村"。

【专业专项气象服务】 编制交通、住建安全责任名单和服务清单，针对市重大工程建设项目开展高影响天气专业气象服务；推进电力气象服务平台建设，为国网供电提供雷电风险提示和高温、雨雪冰冻天气电力调度气象保障服务。

【人工增雨补水保障】 年内开展6轮次，发射炮弹44枚，有效增雨220余万吨，碗窑水库库区标准化人影作业基地建设，2套人影烟炉作业系统、火箭作业装备更新，纳入《江山市气象事业发展"十四五"规划》，经费列入2022年项目预算。

【气象项目】 气象综合业务用房修缮完工，终结江山局15年来局站分离的局面。气象监测能力再提升，加密建设30个多要素气象站，共享水文、生态共103个站点监测信息，站网密度突破5.5公里格距，实现灾害高发易发区全覆盖。建设江山"六义风采"气象文史厅和党建文化室、廉政教育室、党员活动室、工会活动室，办公楼布局合理功能完善氛围浓厚外观端庄，江山气象文化凸显，提升台站品格。12月，以提升全民防灾减灾综合科学素质为目标，谋划实施集研学、实训、科普功能于一体的"智慧气象综合科普中心"项目。

（华潇萍）

卫生健康

综　述

【概况】　2021年，全市有医疗卫生机构297家，其中市级公立医院4家，卫生单位5家，社区卫生服务中心3家，乡镇（中心）卫生院17家，民营医院7家，社区卫生服务站4家，村卫生室149家，综合门诊部11家，个体诊所（医务室）97家。开放床位数2699张，卫生专业人员3305人。在岗人员3985人。高级职称467人。浙江省基层名中医1名。衢州市“115”人才5名。衢州市名医专家9人。江山市名医专家25人。拔尖人才9人。全市公立医院医疗总费用同比增长4.8%，门急诊均次费用同比增长3.4%，住院均次费用同比下降0.9%，医疗服务收入占业务总收入比重35.1%。全市出生人口3962人，人口出生率6.46‰，人口自然增长率0.2‰。居民平均期望寿命81.87岁，其中男性80.93岁，女性84.09岁；孕产妇死亡1例，孕产妇死亡率30.67/10万，婴儿死亡率1.61‰，5岁以下儿童死亡率3.37‰。通过国卫城市复审、浙江省慢性病综合防控示范区复审，获评健康浙江建设首轮三年拟表彰先进县（衢州唯一）、2018—2020年全国计划生育优质服务先进县，中医药工作得到副省长成岳冲肯定。

【疫情防控】　完成6起密接者流调溯源工作，累计排查国内中高风险地区到江返江人员8.1万人，管控1.4万人，开展各类核酸检测50万余份。在衢州地区率先建立方舱临时接种点，完成20家医疗机构接种点改造，完成3—11岁、12岁以上人群全程接种、18岁以上人群加强针接种。建成第二人民医院核酸检测基地，购置1台移动核酸检测车，协调建设两个日检测5万管实验室基地，落实备用气膜方舱实验室场地，

12月12日，江山市开展大规模核酸检测演练

设置固定核酸采样点 242 个，组建核酸采样固定队、突击队分别为 3964 人、300 人，核酸检测突击队 198 人，储备可满足 50 万人开展 3 轮检测使用的物资。组织开展 3 次大规模核酸检测演练。建成 4 家公立医院、贝林医院规范发热门诊和 20 家分院发热诊室。建立基层医疗机构三级网格化管理体系及局领导组团联系民营医院机制，对全市 236 家基层医疗机构开展每周巡查。举办疫情防控演练 3 次，处置涉阳火龙果、入境人员确诊病例治愈后复阳等事件，完成多起转运隔离任务，做好 24 次重大活动防疫保障。

【国卫复审】 对重点场所、重点区域开展常态化督查并交办通报，累计交办问题数 1524 个，完成整改 1412 个，整改完成率 92.65%，以 822.5 分、全省排名第 5 的成绩一次性通过全国爱卫办组织的暗访检查。长台、新塘边、凤林、大桥、坛石、石门等 6 个乡镇均通过国卫乡镇省级暗访；年内新创建的 6 个国卫乡镇均通过衢州市级技术评估；新创建省级卫生村 14 个，衢州市级卫生村 7 个，全市累计 50 个省级卫生村、8 个市级卫生村通过评审，省、市卫生村占比分别为 53.42%、68.83%。

【“三乙”创建】 市委市政府主要领导 3 次带队赴省卫健委、邵逸夫医院对接汇报，专门制定《决

5 月 21 日，副市长何正芳（右）代表江山市与浙江大学医学院附属邵逸夫医院举行“山海”提升工程签约仪式

战决胜市人民医院“三乙”综合医院创建攻坚行动方案》，召开三乙创建攻坚部署动员会、三乙创建千人誓师大会，开展三乙模拟评审 17 次，邀请评审指导专家 110 人次。医院年手术量首次突破 1 万例，医院专科三甲水平 8 个，达到三乙专科以上 16 个。医院综合质量绩效指标稳居全省二甲综合医院前列。一、二类指标自评达标；三类指标的 A、B、C 条款比例占比均高于三乙要求。

【健康江山建设】 连续三年获健康浙江考核优秀等次，江山市获健康浙江建设首轮三年拟表彰先进县（衢州唯一）。完成 1200 户健康家庭、210 户无烟家庭、1 个健康社区创建，完成 1 所金牌、4 所银牌和 9 所铜牌健康促进学校的创建，完成 3 个健康乡镇、40 个健康村创建，健康促进学校、医院创建率均 100%，实现无烟党政机关创建全覆盖。成立卫健系统创文工作领导小组，深入开展创文工作，在全市第二次创文“擂台赛”排名中获第二名。完成城区 38 家口腔诊所、小诊所的“污水零直排”验收整改工作，成功申报省“污水零直排区”建设项目。4 家市属医院顺利通过衢州市“无废医院”创建评估。

【医疗体制改革】 先后与邵逸夫医院签订医疗卫生“山海”提升工程框架协议和细化协议，常驻专家由 8 名增为 12 名，开展新技术新项目 15 项，带教培训 8000 余人次，科研项目总立项数及专利数量翻番。人民医院医共体建立同质化管理制度 155 个、岗位职责 126 个、应急预案 15 个，《12 个院区、1 个标准》一文被《健康报》、人民日报客户端等媒体报

道，人民医院被列为全省医共体建设先进单位。运用“当量法”购买服务，依托数字医共体平台考核，实现多劳多得、优绩优酬。获2020年度公立医院改革专项考核优秀，位居全省各县（市、区）第4位。完成数字医共体平台一期项目、江山数字化改革门户建设和周家青未来社区“健康场景”规划设计。全市25家医疗机构医学检验检查实现互认共享。全面上线运行“120”急救云调度系统，新配置急救车9辆，系统集成接入“浙里办”App，实现“急救一盘棋”。

【卫生健康服务】 65岁以上农村老年人肺结核筛查6.47万人、重点人群结直肠癌筛查2.48万人、70周岁以上老年人流感疫苗接种1.3万余人，超额完成任务。对65周岁及以上高血压、糖尿病患者开展免费服药项目，完成率分别为201.39%、229.71%。完成全市40家村卫生室修缮工作及15家村卫生室规范化建设任务，为271名个体诊所、门诊部、村卫生室从业人员举办规范化管理培训。居民健康档案建档率、电子健康档案开放率、老年人健康档案开放率分别提升至92.86%、80.3%和92.91%。全市十类重点人群签约率85.03%。顺利通过省级慢性病综合防控示范区复评。救治救助各类精神障碍患者403人次，免费服药患者1651人。完成宫颈癌筛查12952人、乳腺癌筛查12968人。新生儿疾病筛查率99.03%。完成母婴室建设单位29家，建立婴幼儿照护实训基地。新增2家托育机构通过国家系统备案。2989人通过政务服务App零跑完成生育登记，享受奖扶人数为11173人。

卫生事业

【重大项目建设】 完成《江山市卫生健康事业发展“十四五”规划》《江山市医疗卫生机构空间布局专项规划（2021—2035）年》编制工作。市委财经委员会就公立医院联动布局调整提出意见。推进人民医院迁建工程前期准备工作。完成峡口中心卫生院迁建工程主体建设并通过验收；完成市精神智力残疾托养中心（二期）项目并投入使用；建成衢州市内第一家急救车标准化洗消站；完成第二人民医院核酸实验室基地建设投用；村级卫生室改造项目全部完工；启动人民医院PCR实验室项目、感染应急楼项目的建设。

【党史学习教育】 第一时间召开卫健系统党史学习教育动员大会，成立领导小组，下发工作实施方案，推进“五个我为”实践活动，选拔30名8090新时代理论宣讲员组建党史宣讲队，开展“8090每周夜学讲党史”活动18次、党史宣讲精品课件集中展示1次。获江山市庆祝中国共产党成立100周年党史知识竞赛暨8090“学习强国”达人挑战赛二等奖。各医疗单位开展义诊30多次，受益群众3000多人次。

【人才队伍建设】 层层签订全面从严治党责任书，制定党建工作要点及责任清单，完成医疗单位党支部选举及调整。全力打造“护卫健康”党建品牌，创建公立医院党建品牌，指导3家民营医院完成党建阵地建设。开展医疗领域腐败问题专项整治和二级以上公立医院巡查工作。将清廉医院建设工作量化为47项具体指标。通过“线上+线下”方式，招聘到位卫技人才112名，完成2名院长公开竞聘工作。招录23名定向培养生源到基层卫生院。完成2020年度人才津贴申报工作，共152人。圆满完成13户城东新城征迁任务。

（吴倩倩）

2021年度正高级专业技术职称获得者一览表

表13

序号	姓名	专　　业	单　　位	资格名称
1	俞凤英	妇产科学	江山市中医院	主任医师
2	徐晓东	心血管内科学	江山市中医院	主任医师
3	姜龙仙	超声医学	江山市中医院	主任医师
4	刘　商	中药学	江山市中医院	主任中药师
5	华秩军	儿科学	石门分院	主任医师
6	徐有乾	全科医学	双塔分院	主任医师
7	戴晓琴	妇产科学	双塔分院	主任医师
8	刘春霞	儿科护理	妇幼保健院	主任护师
9	徐超仙	妇产科护理	妇幼保健院	主任护师
10	陈琴芳	外科护理	第四人民医院	主任护师
11	杨子祥	妇产科学	妇幼保健院	主任医师
12	刘志勇	麻醉学	贝林医院	主任医师
13	姜小峰	全科医学	第四人民医院	主任医师
14	管小勇	中医骨伤学	贝林医院	主任中医师
15	周建军	医院药学	贝林医院	主任药师
16	王　建	超声医学	江山市人民医院	主任医师
17	郑　娟	临床医学检验基础检验技术	江山市贺村中心卫生院	主任技师
18	徐林燕	临床医学检验临床微生物技术	江山市人民医院	主任技师
19	严东英	全科医学	江山市峡口中心卫生院	主任医师
20	陈永强	全科医学	江山市新塘边镇卫生院	主任医师
21	祝海霞	内科学	江山市虎山街道社区卫生服务中心	主任医师
22	汪　蕾	神经内科学	江山市人民医院	主任医师
23	饶坚忠	普通外科学	江山市人民医院	主任医师
24	刘慧燕	普通外科学	江山市人民医院	主任医师
25	郭　亮	骨外科学	江山市人民医院	主任医师
26	王珍玉	妇产科学	江山市廿八都镇卫生院	主任医师
27	刘爱萍	妇产科学	江山市虎山街道社区卫生服务中心	主任医师
28	钟政武	儿科学	江山市人民医院	主任医师
29	董建英	眼科学	江山市人民医院	主任医师
30	姜邦忠	传染性疾病控制	江山市虎山街道社区卫生服务中心	主任医师
31	姜方建	全科医学（中医类）	江山市凤林镇卫生院	主任中医师
32	姜林峰	全科医学（中医类）	江山市贺村中心卫生院	主任中医师
33	王芬英	护理学	江山市虎山街道社区卫生服务中心	主任护师
34	姜慧芬	内科护理	江山市人民医院	主任护师
35	祝小英	外科护理	江山市人民医院	主任护师

文化旅游

文化旅游管理

【概况】 2021年，市文旅局牢牢把握“项目攻坚推进和庆祝建党百年”两大基调，开展“项目推进年、招商引资年、要素突破年”三年活动，以真抓实干开创工作新局面，江山市在“2021中国县域旅游综合竞争力百强县市”中排名第12位。

【举办庆祝中国共产党成立100周年活动】 成功举办浙江省群众（乡村）合唱大赛暨江山市庆祝中国共产党成立100周年文艺活动。该活动由国家文旅部主办，是文旅部组织的75个“唱支山歌给党听”大家唱群众歌咏活动地方联动活动之一，全省仅江山和德清两个县市承办相关活动。承办“红色江山·三山共富”第三十六届“三山”艺术节，得到三地参会领导嘉宾的高度肯定。策划组织特色活动，举办“衢州有礼·书香江山·我心向党”群众性主题阅读活动、“童心向着党”儿童美术展等活动，传承红色经典。

【优化文化旅游顶层设计】 完成“十四五”文化旅游总体规划、全域旅游发展规划编制，科学谋划文化旅游发展总体定位、空间布局、业态布置、基础配套，为江山市文化旅游发展画好“路线图”，编好“操作版”。制定出台大文旅政策，融合文化、旅游、微电影、文艺、体育等五大产业政策，重点扶持骨干企业和新型文旅业态发展。

【推进文旅数字化改革】 坚持以数字赋能优化游客体验，启动文旅大数据中心迭代升级工程，创新在全省开发旅游放心购、景区安消一体化等应用场景。其中，旅游商品放心购应用场景入选全省文化和旅游数字化改革最佳应用名单，并已上线“浙里办”App。

【推进文化遗产复兴】 组建江山市文物局，统筹推进文物保护与利用。做实毛氏文化，开展“两山”合作，赴韶山开展对接交流，将韶山纳入跨省疗休养目的地。深化中华毛氏文化及清漾毛氏文化研究，编印《中华毛氏》会刊。大陈汪氏宗祠被浙江省文物局评为“浙江省不可移动文物保护利用优秀案例”。完成通禄门古城墙遗址发掘。

【推进文旅重大项目建设】 面上推进春风·江山田园文旅颐养小镇、文化艺术中心二期、虎山运动公园、贺村镇五星级酒店等一批重大文旅项目建设。11月，江郎山省级旅游度假区可行性研究报告通过省级联席审查。

【推进品质文旅建设】 打造高能级景区，成功创建AAAA级旅游景区1个、AAA级景区2个。提升住宿品质，成功创建五星级旅游饭店1家、浙江省金树叶级绿色旅游饭店1家、浙江省金桂品质饭店2家，新增省高等级民宿、文化主题民宿4家，衢州市民宿综合体1家、衢州市民宿集聚村2个。综合推出代表江山餐饮特色的江山十大名菜、十大名小吃、

9月23日，江山文旅合肥推广季活动启动

十大名冷盘以及锦绣江山宴，举办江山名菜、名小吃、名冷盘发布会暨锦绣江山宴发布，打响“衢州有礼·江山味道”美食文化内涵。策划以“健康江山动起来”为主题的江山文旅（杭州、南京、合肥）推广季活动，全面推介江山美景、美宿、美食。

【筑牢文旅安全防线】 开展专业执法，联动开展文化旅游市场监管巡查、文物监察、非法地面卫星接收设施专项执法、扫黄打非“清源”“净网”“护苗”“秋风”“固边”五大专项行动，净化文化和旅游市场环境。完成安全生产综合治理三年行动、文化旅游领域遏制重大安全事故攻坚整治、“平安护航建党百年”安全隐患大排查大整治等多项重大任务。全年累计开展各类督导检查220次，督查企业单位789家次；排查隐患223个，完成整改217个，整改完成率97%。

（陈荣贤）

江山市各级文物保护单位一览表

表14

序号	文物保护单位名称	地理位置	时代	类别	公布时间	级别
1	三卿口制瓷作坊	峡口镇枫石村	清代	古窑址	2006年5月25日	国家级
2	南坞杨氏宗祠	凤林镇南坞村	明清时期	古建筑	2013年3月5日	国家级
3	文昌阁	廿八都镇浔里村	清代	古建筑	2019年10月7日	国家级
4	达河窑址群	碗窑乡碗窑村	宋、元时期	古遗址	1997年8月29日	省级
5	峡口大公殿	峡口镇广渡村	清代	古建筑	2005年3月16日	省级
6	柴村乡土建筑	峡口镇柴村村	明代至民国	古建筑、近现代建筑	2011年1月7日	省级
7	凤里姜氏宗祠	凤林镇凤里村	清代	古建筑	2011年1月7日	省级
8	新塘边姜氏宗祠	新塘边镇新塘边村	清代	古建筑	2011年1月7日	省级
9	张村乡土建筑	张村乡先锋村、秀峰村	清代、民国	古建筑、近现代建筑	2011年1月7日	省级
10	县前粮仓群	双塔街道县前社区	中华人民共和国	古建筑	2011年1月7日	省级
11	泉井（含周氏宗祠）	石门镇泉井村	明清时期	古建筑	2011年1月7日	省级
12	和睦陶窑群	清湖镇和睦村	清代至中华人民共和国	古建筑、近现代建筑	2011年1月7日	省级

续表 14

序号	文物保护单位名称	地理位置	时代	类别	公布时间	级别
13	礼贤城隍庙	贺村镇礼贤村	清代	古建筑	2011 年 1 月 7 日	省级
14	仙霞古道	江山市	唐代至民国	古遗迹	2011 年 1 月 7 日	省级
15	大陈村乡土建筑	大陈乡大陈村	清代至 中华人民共和国	古建筑、近现代建筑	2011 年 1 月 7 日	省级
16	茅坂徐氏宗祠	凤林镇茅坂村	清代	古建筑	2017 年 1 月 13 日	省级
17	红军标语	塘源口乡福石岭小学	20 世纪 30 年代	近现代重要史迹	1982 年 5 月 20 日	市级
18	凝秀塔	双塔街道双塔底村	明代	古建筑	1982 年 5 月 20 日	市级
19	百祐塔	双塔街道	明代	古建筑	1982 年 5 月 20 日	市级
20	景星塔	虎山街道	明代	古建筑	1982 年 5 月 20 日	市级
21	凤林塔	凤林镇建二村	明代	古建筑	1982 年 5 月 20 日	市级
22	峿峰塔	峡口镇建新村	明代	古建筑	1982 年 5 月 20 日	市级
23	傅竹街石牌坊	四都镇傅竹街村	清代	古建筑	1982 年 5 月 20 日	市级
24	达垄窑址	峡口镇达垄村	唐代	古遗址	1982 年 5 月 20 日	市级
25	山岩尾遗址	峡口镇模三村	新石器晚期	古遗址	1982 年 5 月 20 日	市级
26	达坪遗址	石门镇下厅村	商代	古遗址	1982 年 5 月 20 日	市级
27	龙嘴洞	大陈乡早田畈村	第四纪晚更新世	古遗址	1982 年 5 月 20 日	市级
28	湖山坑洞	大陈乡大唐村	第四纪晚更新世	古遗址	1982 年 5 月 20 日	市级
29	土墩墓群	石门镇红岗山村	西周	古墓葬	1982 年 5 月 20 日	市级
30	柴望墓	长台镇四村	宋代	古墓葬	1982 年 5 月 20 日	市级
31	徐沛墓	坛石镇上溪村	明代	古墓葬	1982 年 5 月 20 日	市级
32	徐存墓	虎山街道上南塘村	宋代	古墓葬	1986 年 6 月 13 日	市级
33	姜瓒墓	新塘边镇新塘边村	明代	古墓葬	1986 年 6 月 13 日	市级
34	王氏宗祠	虎山街道溪东村	清代	古建筑	1986 年 6 月 13 日	市级
35	大夫第	虎山街道太平坊	清代	古建筑	1986 年 6 月 13 日	市级
36	进士坊	凤林镇凤林村	明代	古建筑	1986 年 6 月 13 日	市级
37	石塔	凤林镇南坞村	明代	古建筑	1986 年 6 月 13 日	市级
38	花楼	虎山街道后圳	清代	古建筑	1986 年 6 月 13 日	市级
39	孔庙遗址	双塔街道中山路	元代	古建筑	1986 年 6 月 13 日	市级

续表 14

序号	文物保护单位名称	地理位置	时代	类别	公布时间	级别
40	四眼井	虎山街道西塘巷	明代	古建筑	1986 年 6 月 13 日	市级
41	八角井	凤林镇南坞村	清代	古建筑	1986 年 6 月 13 日	市级
42	接云洞题刻	虎山街道鸡公山	明代	石刻	1986 年 6 月 13 日	市级
43	禁赌碑	上余镇珠丘村	清代	古建筑	1986 年 6 月 13 日	市级
44	百世牌坊	塘源口乡青石村	清代	古建筑	1986 年 6 月 13 日	市级
45	嵩峰寺	峡口镇广渡村	清代	古建筑	1997 年 1 月 11 日	市级
46	小文昌阁	廿八都镇枫溪村	清代	古建筑	2000 年 6 月 21 日	市级
47	水星庙	廿八都镇枫溪村	清代	古建筑	2000 年 6 月 21 日	市级
48	胡家百斯堂	廿八都镇枫溪村	民国	近现代代表性建筑	2000 年 6 月 21 日	市级
49	曹玉书旧宅	廿八都镇枫溪村	民国	近现代代表性建筑	2000 年 6 月 21 日	市级
50	金家旧宅	廿八都镇枫溪村前山畈 1 号	民国	近现代代表性建筑	2000 年 6 月 21 日	市级
51	姜在清旧宅	廿八都镇枫溪村	民国	近现代代表性建筑	2000 年 6 月 21 日	市级
52	福禄寿喜门楼	廿八都镇枫溪街 24 号	民国	近现代代表性建筑	2000 年 6 月 21 日	市级
53	丁家大院	廿八都镇枫溪街 14 号	清代	古建筑	2000 年 6 月 21 日	市级
54	杨通孝旧宅	廿八都镇大门弄 1 号	清代	古建筑	2000 年 6 月 21 日	市级
55	金同顺旧宅	廿八都镇大门弄 2 号	民国	近现代代表性建筑	2000 年 6 月 21 日	市级
56	杨仁和旧宅	廿八都镇大门弄 4 号	民国	近现代代表性建筑	2000 年 6 月 21 日	市级
57	杨通敬旧宅	廿八都镇后街弄 5 号	清代	古建筑	2000 年 6 月 21 日	市级
58	杨通森旧宅	廿八都镇杨家弄 1 号	清代	古建筑	2000 年 6 月 21 日	市级
59	杨瑞球旧宅	廿八都镇浔里街 41 号	民国	近现代代表性建筑	2000 年 6 月 21 日	市级
60	杨通源旧宅	廿八都镇后街弄 3 号	清代	近现代代表性建筑	2000 年 6 月 21 日	市级
61	杨秀东旧宅	廿八都镇小东门 5 号	民国	近现代代表性建筑	2000 年 6 月 21 日	市级
62	姜秉书旧宅	廿八都镇杨祠弄 1 号	民国	近现代代表性建筑	2000 年 6 月 21 日	市级
63	宋玉成旧宅	廿八都镇后街 5 号	清代	古建筑	2000 年 6 月 21 日	市级
64	姜遇臣旧宅	廿八都镇姜家下弄 3 号	民国	近现代代表性建筑	2000 年 6 月 21 日	市级
65	姜遇鸿旧宅(2)	廿八都镇浔里街 19 号	民国	近现代代表性建筑	2000 年 6 月 21 日	市级
66	姜隆兴旧宅	廿八都镇浔里街 17 号	民国	近现代代表性建筑	2000 年 6 月 21 日	市级
67	姜炳荣旧宅	廿八都镇姜家下弄 1 号	清代	古建筑	2000 年 6 月 21 日	市级

续表 14

序号	文物保护单位名称	地理位置	时代	类别	公布时间	级别
68	姜守全旧宅	廿八都镇姜家中弄 5 号	民国	近现代代表性建筑	2000 年 6 月 21 日	市级
69	石拱桥	上余镇一都江村	清代	古建筑	2000 年 6 月 21 日	市级
70	毛氏祠堂	石门镇溪底村	民国	近现代代表性建筑	2000 年 6 月 21 日	市级
71	毛氏宗祠	塘源口乡塘源村	民国	近现代代表性建筑	2000 年 6 月 21 日	市级
72	里坞窑址	虎山街道金坞村	唐代	古遗址	2010 年 7 月 19 日	市级
73	塔山遗址	双塔街道缸甫底村	商—周时期	古遗址	2010 年 7 月 19 日	市级
74	徐汝舟墓	凤林镇茅坂村	明 代	古墓葬	2010 年 7 月 19 日	市级
75	西岭古道路亭	大陈乡乌龙村	清代	古建筑	2010 年 7 月 19 日	市级
76	六角井	贺村镇三塘村	清代	古建筑	2010 年 7 月 19 日	市级
77	湖前徐氏宗祠	贺村镇湖前村	清代	古建筑	2010 年 7 月 19 日	市级
78	三槐井	虎山街道市心社区	明 代	古建筑	2010 年 7 月 19 日	市级
79	临江桥	上余镇余航村	清代	古建筑	2010 年 7 月 19 日	市级
80	莲塘照壁	双塔街道莲塘村	明代	古建筑	2010 年 7 月 19 日	市级
81	缸甫底刘氏大厅	双塔街道缸甫底村 133 号	清代	古建筑	2010 年 7 月 19 日	市级
82	姜炳荣店铺	廿八都镇浔里村浔里街 9 号	清代	古建筑	2010 年 7 月 19 日	市级
83	叠石寺	廿八都镇浮盖山村	明代	古建筑	2010 年 7 月 19 日	市级
84	柴氏宗祠	清湖镇东儒村	清代	古建筑	2010 年 7 月 19 日	市级
85	节孝祠	清湖镇和睦村	清代	古建筑	2010 年 7 月 19 日	市级
86	昌公祠	石门镇郎峰村	清代	古建筑	2010 年 7 月 19 日	市级
87	广渡节孝牌坊	峡口镇广渡村	清代	古建筑	2010 年 7 月 19 日	市级
88	广渡毛氏宗祠	峡口镇广渡村	清代	古建筑	2010 年 7 月 19 日	市级
89	广渡贞孝牌坊	峡口镇广渡村	清代	古建筑	2010 年 7 月 19 日	市级
90	广渡八角井	峡口镇广渡村	清代	古建筑	2010 年 7 月 19 日	市级
91	八股厅	峡口镇广渡村	明代	古建筑	2010 年 7 月 19 日	市级
92	泉湖节孝牌坊	峡口镇峡北村	清代	古建筑	2010 年 7 月 19 日	市级
93	太平寺井	贺村镇礼贤村	明代	古建筑	2010 年 7 月 19 日	市级
94	范氏大宗祠	双塔街道大夫第村	清代	古建筑	2010 年 7 月 19 日	市级
95	周王氏节孝石牌坊	塘源口乡青石村	清代	古建筑	2010 年 7 月 19 日	市级

续表 14

序号	文物保护单位名称	地理位置	时代	类别	公布时间	级别
96	听水庵	凤林镇凤祥村	清代	古建筑	2010 年 7 月 19 日	市级
97	苗青头周氏大厅	凤林镇苗青头村	明清时期	古建筑	2010 年 7 月 19 日	市级
98	红石桥牌坊群	碗窑乡红石桥村	清代	古建筑	2010 年 7 月 19 日	市级
99	白马泉碑刻	双塔街道灵泉村	明代	古建筑	2010 年 7 月 19 日	市级
100	雪泉碑刻	虎山街道南门社区	民国	石刻	2010 年 7 月 19 日	市级
101	梅泉石刻	虎山街道孝子村	元代	石刻	2010 年 7 月 19 日	市级
102	大唐徐氏宗祠	大陈乡大唐村	民国	近现代代表性建筑	2010 年 7 月 19 日	市级
103	山咀山砖窑	虎山街道江山底村	中华人民共和国	近现代重要史迹	2010 年 7 月 19 日	市级
104	西塘塍民居群	虎山街道西门社区	民国	近现代代表性建筑	2010 年 7 月 19 日	市级
105	渡船头岗楼	上余镇余航村	民国	近现代代表性建筑	2010 年 7 月 19 日	市级
106	徐家墩戴氏宗祠	廿八都镇兴墩村	民国	近现代代表性建筑	2010 年 7 月 19 日	市级
107	毛森旧宅	石门镇据家岗村和仁 12 号	民国	近现代代表性建筑	2010 年 7 月 19 日	市级
108	竹子林中共地下党联络处旧址	坛石镇上王村竹子林 6 号	民国	近现代代表性建筑	2010 年 7 月 19 日	市级
109	中共江浦县委旧址	张村乡高滩村	民国	近现代代表性建筑	2010 年 7 月 19 日	市级
110	徐志澄旧居	凤林镇茅坂村	民国	近现代代表性建筑	2010 年 7 月 19 日	市级
111	达坞毛氏大厅	石门镇据家岗村	清代	古建筑	2013 年 8 月 19 日	市级
112	下箬山乡土建筑	保安乡后坂村	中华人民共和国	近现代代表性建筑	2013 年 8 月 19 日	市级
113	叶家洋老佛厅	峡口镇大峦口村	清代	古建筑	2013 年 8 月 19 日	市级
114	荷塘宁氏宗祠	虎山街道荷塘村	清代	古建筑	2013 年 8 月 19 日	市级
115	龙旗徐氏宗祠	塘源口乡洪福村	民国	近现代代表性建筑	2013 年 8 月 19 日	市级
116	长台朱氏宗祠	长台镇长兴村	清代	古建筑	2013 年 8 月 19 日	市级
117	新塘边三眼井	新塘边镇新塘边村	清代	古建筑	2013 年 8 月 19 日	市级
118	毛人凤旧宅	贺村镇水晶山底村	民国	近现代代表性建筑	2013 年 8 月 19 日	市级
119	坝贺戴氏宗祠	贺村镇河东村	清代	古建筑	2013 年 8 月 19 日	市级
120	协里郑氏宗祠	虎山街道协里村	清代	古建筑	2013 年 8 月 19 日	市级

旅游发展工作

【概况】 2021年，江山市旅游发展公司资产总额47亿元，同比增长46.9%；营收总额1.32亿元，同比增长214.3%；融资余额增加至6.2亿元，同比增长55%，净利润3000万元。获衢州市政府特别奖（幸福产业之星奖）、江山市政府特别奖（行业先锋奖）等荣誉。

【推进企业改革】 下属企业数量由上年的3家增加到13家，6家下属国有全资控股企业股权划转变更登记全部完成；拓展“农林水”经营性业务，参股40%成立浙江星菜胚芽米科技有限公司；参股35.1%成立“两山银行”张村分行；启动由“两山银行”作为实施主体的“1358”土地整治项目；加大资本运作力度，投资3.8亿元接管万商城资产并实现整体盘活、有序运营。

【开展“两山银行”试点】 注册成立“两山银行”，作为全市生态资源资产开发运营主体。围绕闲置夯土房、生态农产品、光伏载体资源包三大资源品类，摸排梳理生态资源清单，发放全国首张夯土房资源储蓄单，创新推行生态共富“标准地”开发模式。在全国率先推行夯土房民宿“标准地”开发运营机制，先后落地小塘源、鲍阳夯土房民宿“标准地”等一批示范项目，同步推进李坪村红糖制作体验中心、塘岭二村地面光伏电站示范项目。相关报道登“学习强国”学习平台，成为全国学习典范。

【扩大市场营销】 坚持多元化营销策略，推出联票福利、关注营销公众号转发推文获江山三角翼或骑马券、汉服节等营销宣传活动。创新推出景区实景“剧本杀”、木偶戏展演、婺剧表演等多样化宣传活动，引导游客从单一观看式体验向多元沉浸式体验转变，增加景区二次消费，激发景区新活力。对接全市大型商超、专业电商平台提供特色农产品销售服务支持，与浙江冒个泡电子商务有限公司等专业电商平台达成意向，助力优质农产品打开线上销售渠道。

【推进工程项目建设】 仙霞关旅游综合体项目主体工程、保安老街整体改造提升工程、廿八都古镇基础配套提升及景区灯光亮化、万商城文商旅综合体基础配套设施提升等基本完工；廿八都非遗活化博览园一期项目非遗木偶剧展馆建成正式开放；“1358”土地整治项目的62个子项目均开工建设，规划新增耕地面积332.27公顷，其中新塘边镇上平天等7个垦造耕地项目已基本完成；李坪红糖制作体验中心和小塘源、鲍阳夯土房民宿标准地项目完成总投资额的70%以上。全年累计完成项目入库投资7128万元，完成年度目标任务的125.5%。加大新业态项目开发力度，年内成功招引归野高端品牌民宿等一批业态项目落地，推动景区由观光型向休闲度假及文化体验型转型升级。

【提升景区品质】 推进景区“微

3月22日，仙霞关景区旅游综合体项目基础施工

改造，精提升”工程，高品质提升旅游服务力。深化共建共享共融机制，实施保安老街外立面改造工程，优化景区游线环境，推进廿八都古镇景区居民庭院整治改造、衣物晾晒点以及非机动车停放点建设；完善A级景区环境卫生考核机制，江郎山景区成功创建衢州市第一批“无废景区”；五大核心景区成功实现保牌，仙霞关景区、浮盖山景区顺利通过国家AAAA级景区省级复评复核，江郎山入选浙江省第二批“名山公园”，仙霞古道入选全省首批大花园“耀眼明珠”。

【拓展农旅融合业务】 以中国共产党成立100周年为契机，推出仙霞关景区“重走红军路，忆苦思甜游线”以及清漾景区“小小讲解员，红色训练营”研学游产品。多娇旅行社成功创建浙江省四星级品质旅行社，紧盯市场发展需求，加快农旅融合步伐，精准谋划多元集群式融合产业项目，培育乡村旅游、民宿经营、农产品（红糖、胚芽米等）加工及销售、绿色光伏产业等新的支柱产业，增强产业带动力。

【发展数字赋能】 依托“衢州文旅”微信公众号等线上平台，精准落实景区疫情防控措施；实施智游宝分时预约系统、社保一卡通景区售票系统，实现游客“便捷游”；以现有的智能烟感系统、智慧用电系统为基础，推进清漾景区安消一体化示范项目建设，采用人工智能、安消一体等先进技术，实现景区消防应急联动“秒响应”；创新应用无人机、VR（虚拟现实）等技术手段，成功引进江郎山傲鹰空中之旅体验仓项目；在城乡综合信息智慧治理线上平台“江山一家亲”设立“两山银行”数字化模块，推行线上线下协同服务模式，推动农旅产业数字化革新。

【提升员工素质】 年内完成2个批次17个岗位的竞争性选拔工作，优化人员配置，加强中层管理力量。不断健全员工素质培养提升体系，组织员工参与安全生产、旅游管理等专业培训学习，外派员工参加导游讲解大赛、博览会、推介会等各类综合平台。员工先后获2021年衢州市乡村振兴职业技能大赛红色宣讲员二等奖、江山市第三届森林防灭火比武竞赛一等奖等优异成绩，34名安全员100%持证上岗，锻造一支业务精湛、素质过硬的旅发职工队伍。

（陈　磊）

传 媒

江山传媒

【概况】 2021年，江山传媒集团设13个内设机构，旗下媒体平台含江山电台、江山电视台、报纸《今日江山》（含《传媒内参》）、“多娇江山”手机客户端以及江山新闻网，江山发布、江山新闻网2个微信公众号，江山发布、江山新闻网视频号，江山传媒集团抖音号，并承办编辑《江山骄子》杂志。先后获浙江省广播电视节目技术质量金鼎奖、浙江乡村振兴共富带头人评选优秀组织奖、省绿化模范单位等荣誉。

【推进媒体深度融合】 成立由集团领导和业务中心（科室）负责人组成的集团编委会，加强对新闻宣传工作的宏观指导、管理和组织协调。制定《江山传媒集团关于推进媒体融合建设发展的实施方案》，完善融媒体运行和管理机制，健全新闻策、采、编、审、发顺畅流程和运作模式，实现各种新闻要素充分共享，各种媒介互联互通，新闻宣传“一体策划、一次采集、多种生成、多元传播”。加大融媒体产品开发，全年“多娇江山”App共推送点击量超10万人次的网红新闻13条，视频号推出超10万人次的新闻6条，微信公众号发布超万人次的微信作品30余条，抖音播放量百万的4条。

【提升舆论引导水平】 紧扣市委市政府中心工作，通过在报纸、电视、广播、新媒体等全平台开设的“做有礼江山人　创全国文明城”“奋斗百年路　启航新征程”“聚力‘三个年’奋进十四五”等专题专栏，集中力量持续抓好文明城市创建、共同富裕、党史学习教育、营商环境建设、疫情防控、防诈骗以及市委十四届九次全会、党代会、“两会”等相关主题宣传，引领正确导向，

10月12日，第八期电视问政《请江山人民阅卷》录制现场

营造浓厚氛围。开设《监督哨》《创文随手拍》《有礼红黑榜》等栏目，围绕中心、重点工作持续开展曝光，推出《农贸城脏乱差现象反弹》等报道，开展全方位舆论监督。聚焦全国文明城市创建等工作开展电视问政，同步推出8期问政反馈栏目，助推曝光问题及时整改、中心工作落实到位。

【抓好外宣工作】 以浙报集团县级融媒体中心共享联盟江山工作站、衢报传媒集团江山工作部为依托，加强与上级媒体合作，聚焦主题主线，讲好江山故事。全年有6条稿件被中央电视台录用，21条稿件被新华社、《人民日报》、学习强国总社等新媒体平台录用，150多条稿件被浙江卫视录用，500多条稿件被《衢州新闻联播》《衢广新闻》等衢州广播电视栏目录用，20多条稿件被《衢州日报》等平台采用，其中《以学促行 推动党史学习教育走深走实》在央视新闻联播播出。

【注重专项宣传】 围绕党史学习教育等专项工作，江山新闻网视频号推出首个竖屏系列短视频《红色传家宝》，讲述红色老物件背后的故事，吸引大量网友参与互动、点赞传播，12件作品全部被“学习强国”平台采用，阅读量破80万人次。江山新闻网微信特别策划采用“体验式”的视频＋图文方式，带着读者一起游“1＋5”红色研学路线，该系列报道各平台总阅读量超30万人次，5条视频也同步被“学习强国”、美丽浙江、衢州影像等平台采用。多娇江山App专门推出“万名师生向党说”专栏，推出70余篇视频动画稿件，其中《我从“红”中来》《红歌想唱就唱》2条稿件阅读量超20万人次。

9月10日，传媒集团举行师徒结对仪式

【夯实基础保障】 启动实施“中国蓝云”融媒体中心业务服务采购、非编媒资升级改造、西山发射机房生活及消防用水改造、信息系统等保测评、集团办公网国产化适配等项目，提升技术保障水平。按照打造“两专”队伍目标和新时代媒体融合发展的工作要求，实施“师徒结对”工作制度，优化员工绩效考核机制，启动员工综合素质和新闻业务能力大提升行动，全面加强员工业务培训，培养一批“提笔能写、对麦能讲、举机能拍”的全媒型人才。

【实施“新闻+”工程】 围绕“新闻+政务”，重点依托多娇江山客户端等平台，在做好日常信息资讯供给的基础上，优化调整版面设计，增加直播、视频、地方号、社区服务、8090宣讲以及媒体聚焦等板块，提高点击量、扩大受众面。围绕“新闻+生活”，在多娇江山App增加新的社区模块，通过打造个性化社群圈子，激发用户参与互动热情，增强用户黏性。围绕“新闻+服务”，承办江山市青年理论宣讲大赛暨微型党课大赛、江山人发展大会等活动，推出首档纪检监察电视专题栏目《清廉江山》，录制8090党史宣讲、“百名人才话百年”人才颂党恩、《霞光印迹》等各类专题片。

（徐 璐）

江山华数

【概况】 2021年，江山华数广电网络有限公司实现责权收入比上年增长28%，跨入亿元公司行列；实现利润比上年增长16%，保持7年持续稳定增长。获中央宣传部、文旅部、国家广播电视总局“第九届全国服务农民、服务基层文化建设先进集体”、省广电局“有线广播电视运营服务考核荣获优秀等级”、广播电视安全播出“成绩杰出集体”、衢州市文广新局“广播电视安全播出先进集体”、华数集团“安全播出杰出集体”等。

【完成中国共产党成立100周年安播保障工作】 2021年是中国共产党成立100周年，重要节日和重大活动多，按照“统筹部署、全面防范、突出重点”工作思路，把“确保宣传舆论导向正确、确保广播电视及相关业务安全可控、确保广电基础设施平稳运行和生产经营正常稳定、确保不发生安全生产责任事故”作为工作落脚点，织牢安全防护网，从组织动员、责任落实、排查整改、完善流程、培训演练、值班值守等多方面着手，排除隐患，堵塞漏洞，严防死守，实现全年安全播出“零”事故，圆满完成安全播出保障任务。

【推进基础网络建设】 投资1151万元用于完善基础网络设施建设，完成江山至常山和江山至衢州两条新增主干线路建设，衢州至江山信号实现四路由双环网保障。市级主干网络新建杆路1.5公里，架设主干光缆7.4公里，完成8个行政村接入网结构优化改造提升，覆盖户数4100多户。完成7个新建小区和1个空白自然村的网络建设，覆盖住户2500多户。完成上余镇江村、苦叶田最后两个村的有线覆盖网建设，行政村有线广播电视网络覆盖率100%。配合市政府市区老旧小区改造提升工程，完成2个小区光纤入户改造。

【抓好集客业务】 成功申领“电子与智能化工程专业承包二级建筑企业”资质，跨过工程类项目竞标的资质门槛。聚集智慧警务、数字化改革、条抓块统、智慧城管、智慧移民、政务上云、乡村振兴、行业监控等重点领域，提前对接，精心谋划，重点保障，成功中标智慧警务二期大项目，实施清湖街道“智慧感知平台”、商务局“数字生活地图”、交警大队“创文电子警察”、移民办“智慧移民村居”、石门镇“智慧驾驶仓”、丰益村“群众教育展馆”、农商行“智慧菜市场”、大陈乡未来社区一南孔书屋等一批有复制推广价值和标杆意义的数字化项目，集客业务占总收入比重提高到54.7%。

（郑小容）

乡镇　街道

双塔街道

【概况】 2021年，规上工业企业产值完成1.82亿元，同比增长47.31%；完成年度固定资产投资1.83亿元，完成计划的108%。城镇常住居民人均可支配收入达到5.4万元，比上年增长10.2%，农村常住居民人均可支配收入达到3万元，比上年增长10.3%；地方财政收入达1.75亿元。街道获评衢州市文明乡镇，街道司法所获评浙江省“枫桥式”司法所，街道党工委获评衢州市先进基层党组织，周家青社区党委获评浙江省先进基层党组织，陶村村、上耀村获评浙江省善治示范村，塔东村、黄家村获评省级森林人家，和贤村获评省级一村万树示范村，莲塘村获评全国首批地质文化村。

【招商引资】 紧扣“招大引强”主线，绘制招商地图，实行全员招商，发挥双塔商会和乡贤优势，上报招商信息7条，新增用地类项目4个，招商引进新项目4个，总投资6.8亿元。其中，投资5.5亿元的浙江西垄人生态农业园项目，已完成土地流转及建设用地清表；新引进的江山口腔医院已完成备案。树立“项目为王”理念，全力争项目、谋项目，连续举办7届项目谋划擂台赛，谋划推送的谷舞江山（胚芽米）示范园项目在市项目谋划擂台赛上获三等奖。

【项目征迁】 开展重大项目征迁破难“清零”行动，破解双塔小学项目工业企业征收问题，成功征收拆除遗留企业厂房5375平方米，新校园于9月顺利投入使用；完成迎宾大道西接线3家企业国有土地收储2827平方米，全线贯通无障碍施工。参与城东新城、江东化工园区项目征迁，主动领办36户房屋征迁，如期实现签

9月，食用菌产业园项目钢结构厂房建设完成

约、腾空、拆除“三清零”。完成黄陈小区北侧区块、牛头岭 8 号区块、西垄人生态农业园等项目 10.6 公顷土地清表。

【产业发展】 深挖土地整治潜力和发挥交通区位优势，盘活资源要素。东片：依托年产 5000 吨西垄人项目实施，实现 186.67 公顷土地整治后连片流转，助力一、二、三产业融合发展。西片：依托年产2000吨君缘食用菌产业园项目实施，借势推进丰足、新塘坞等村联建物业经济用房，带动乡村特色产业发展。北片：依托星级酒店、交通客运枢纽、商业综合体等集聚发展，电商、物流等支柱型服务业提质增效、做大做强，新增入库贸易企业 4 家，服务业企业 5 家。

【环境整治】 常态化推进“五四三”专项行动，交办整治“五水共治”找寻查挖问题点 12 个、自查自纠问题点 17 个，第一时间处置塔东村牛蛙养殖水污染问题，整改实效得到衢州市级媒体正面报道。完成省市级交办“四边三化”问题点 75 个、自查自纠问题点 265 个，在全市乡镇街道农村环境专项督查评比中位列前茅，杨墩村成功创建市级农村生活垃圾分类智慧管理试点村。投资 260 余万元建设“一支队伍管执法”示范点，实战运行后见行见效，第一时间发现处置湖畔山庄 10 幢别墅连片违法装修改造，全年共查处新增违建、破坏绿化等违法行为 189 宗，依法拆除或限期内自行整改 164 宗。

6 月，文苑社区组织志愿者宣传创文工作

【双创工作】 紧抓国卫复审和文明城市创建“牛鼻子”，全面开展市容市貌、环境卫生、防盗窗专项整治，全速推进老旧小区改造，在全市率先完成江滨二区、湖溪里（第一批）、江滨四区 935 户防盗窗整治签约，拆除各类违建 50 余宗。大力推进辖区污水零直排区创建，顺利通过衢州市级验收。全面推进城市精细化管理，聚焦背街小巷、开放小区等重点区块，开展环境卫生大整治和设施短板大提升，投资 1000 多万元完成 121 条楼道美化、44 处路面修复、500 余个停车位施划等基础设施微改造项目，进一步提升城市品质。

【乡村风貌】 以美丽乡村“七个一”建设为抓手，实施社后村凤情大道建设、杨墩村乡村道路拓宽等 104 个美丽乡村建设项目，累计投入资金6400余万元打造出各具特色的美丽风情线、示范带。结合“衢州有礼”诗画风光带建设，围绕“产业兴、乡村美、农民富”的发展思路，投资 1700 多万元重点建设大夫第诗画风光带标杆村，率先打造一个可复制、能推广的新时代美丽乡村。通过全域规划引领，点线连成片，盆景变风景，风光带沿线创建新时代中国幸福乡村 2 个、新时代美丽乡村 7 个。

【疫情防控】 坚持人民至上、生命至上，全程闭环管控、精密智控，做到“内防反弹、外防输入、接种疫苗”深入人心。以常态监测、网格预警为抓手，密切关注疫情最新发展动态，及时上传下达，做细做实境内中高风险地区、拟出入境等人员的监测管控。推进新冠疫苗接种，全力构建人群免疫大屏障，辖区加强针累计接种3万余人次。文苑社区承办衢州市、江山市、双塔街道“市县乡”三级政府大规模核酸检测演练，获得上级肯定、推广。

【民生保障】 城乡居民养老保险、医疗保险参保率稳步提升，推进“惠衢保”补充险参保工作，完成42014人次参保。推进杭衢高铁涉双江线项目失地农民参加基本养老保险，累计完成参保172人。聚焦脱贫攻坚成果，落实低收入群体社会救助体系，完成医疗救助7011人次，审批临时救助27户62人，合计帮扶救助金额249.6万元。残疾人保障成效明显，完成16户省慈善残联危房救助，做好重残人员上门服务，落实两项补贴412万余元。

【惠民项目】 推进民生实事项目实施，投资300万元完成3座病险山塘机械能除险整治，投资90万元完成5个美丽河湖及农村水系进行修复、清淤，投资320多万元完成金家至赵家农村公路大中修工程。丰足溪山洪沟防洪治理、乌木山郊野公园生态修复、坳里村安置地建设等工程项目顺利推进。投资1600多万元新建召石、和贤等5个村党群服务中心，实现村部面貌焕然一新。围绕消薄增收目标，推进光伏、电商等消薄项目实施，23个村集体经济年收入全部达15万元以上，4个村实现百万元跨越。

【安全生产】 以争创“平安江山十二连冠”为目标，消除和化解群众热点难点问题，全面开展安全生产、交通安全、防汛防灾、防网络诈骗、国家安全等宣传教育，提高街道“平安三率”。累计整改道路隐患点30余处，铁路隐患点10余处；摸排整治企业隐患150余处、消防安全隐患34处。签订防诈承诺书7万余份、制作悬挂横幅标语200余条、推送反诈短信60万余条，网络诈骗发案率同比下降18.1%。

【平安建设】 常态化开展树正打歪、清风护航、扫黑除恶等专项斗争，动态摸排、重点打击社会治安、征地拆迁、项目建设、违法信访、干部作风等领域的歪风邪气，着力营造风清气正的良好环境。紧扣“无信访积案街道”创建目标，开展信访“治旧控新”和矛盾纠纷调处百日攻坚行动，累计化解各类信访积案11件，治理重复访16件，调处矛盾纠纷562件。成功打造省级“枫桥式”司法所和省级金牌调解室“江城调解室”，司法工作得到省司法厅领导的肯定。

【体制改革】 顺应数字化改革趋势，发挥基层数字化改革实效，推进残疾人数字化系统、房地信息系统等线上App应用，切实提升数字化服务能力，着力解决乡村治理“最后一公里”。推进“县乡一体、条抓块统”改革，推广清湖街道改革模式，助推“152”和“141”融合，以综合信息指挥室为指挥中枢，对上联通市社会治理中心，对下贯通街道73个网格，实现事件快速有效处置，累计处置各类事件10485件。创新打造天余村“天余e家”、周家青社区“蜂巢”治理、文苑社区“五层治理”新模式。

（陈珍珠　程嘉郁）

虎山街道

【概况】 2021年，虎山街道城市居民人均可支配收入达57279元，同比增长10.5%；农村居民人均可支配收入34322元，同比增长10.8%。完成固定资产投资1.72亿元；实现财政总收入3.1851亿元，其中地方财政收入1.46亿元。先后获城东新城项目征迁专项工作集体三等功、“浙江省电商镇”、“浙江省数字生活新服务特色镇”称号等荣誉。东门社区成功创建全国示范性老年友好型社区，市心社区获评浙江省文明单位。

【基层党建】 迭代升级“三联工程”，实行“上提一级抓党员、上提一级抓网格、上提一级抓组团”，全链条压紧压实党员、网格员、网格长、村社书记工作责任，成功举办网格好故事PK赛，激活网格员履责尽责主体意识和荣誉感。优化村社队伍，强化社区主职干部“两专”能力建设，选派2名“80后”优秀干部担任城南社区、桐岭社区党委书记。推进“红色物业联盟”，整合小区党支部、业委会、社会组织等参与基层治理，撬动居民发挥主体作用。10月20日，衢州市“红色物业联盟”服务篇现场会在市心社区设点。

【项目攻坚】 实施城东新城征迁、桑淤大桥及接线工程、城南新城二期、智慧农批市场、大唐（江山）林光互补等大型征迁项目，累计征收土地112.13公顷、拆除房屋917户、拆除蔬菜大棚298个、流转林地160公顷，创造5天完成天际互感器项目最后7户房屋的签约“清零”，2天完成智慧农批市场一期项目5.33公顷土地的组件报批和98%征用款支付，15天完成大唐（江山）林光互补项目95%的山场流转。在城东新城征迁中，按照“20+120+X”（自身领办的20户+120户党员、村民代表+68个兄弟单位需要助攻的X户）的目标开展签约谈判，通过打好“党员示范+党规党纪+财务审计+违章整治+治安处理”组合拳，取得首日签约率突破57%、首周突破90%，3天完成领办20户房屋的签约“清零”，16天完成120户党员、村民代表的签约“清零”，24天实现841户签约“清零”，刷新江山城市征迁新纪录。

【重大改革】 统筹推进数字化改革和“县乡一体、条抓块统”改革，聚力推进“一支队伍管执法”改革试点工作，整合办事处南面建筑面积1039平方米的房屋作为“改革楼”，投资350万元打造集应急、指挥、执法、综治、武装“五位一体”的综合治理平台，实现一个枢纽、一支队伍、一体协同、一键指挥。推进“七张问题清单”整改，多跨协同推进道路交通安全整治，开展交通劝导员队伍“增员增时增资提质”行动和221省道何家山路口等重大隐患等整治，加大重点路口、重要路段监控探头布局密度，新增或接入指挥室视频监控，实现交通劝导“线上”督查“一屏掌控”。

9月23日，街道领导实地踏勘桑淤大桥接线工程房屋安置点（毛立忠 摄）

【平安建设】 全年处置市级以上来信来访266件、“12345”热线377件，发挥“网格+”力量，累计化解信访积案17件。

【文明城市创建】 应对国卫复审迎检“回头看”和全国文明城市创建，以“双联双服务”夯实筑牢“十乱整治”和“五清行动”成果，累计清运垃圾2600多吨，清理“脏、乱、差”杂乱点2300多处。市心社区“5060”党员创文先锋队的典型做法在全市范围内进行推广。完善城市基础设施，新增免费停车位1877个，建成22个村社志愿者服务站和8个就业服务群体综合站点。推进江东社区防盗窗整治，通过例会制、赛马制，实现25天完成第一轮227户签约，22天完成第二轮549户签约。

【民生实事】 深化“最多跑一次”

9月27日，景星西路提升集中行动（毛立忠 摄）

改革，推动公安、社保、公积金等服务事项进驻受理，打造“一站式”服务平台，街道可受理部门事项达596项，50%以上民生事项实现街道可办。有序推进殡葬改革，完成江山底、店前、金坞、桑淤4个村节地生态公墓建设。高标准推进民生项目建设，快速完成彭里村哑塘自然村路面硬化工程、江山底村道路硬化零星工程、店前村产业基地基础配套项目等项目建设，高质量完成店坝头水库、敌垄水库除险加固。

（毛肖肖　毛立忠）

清湖街道

【概况】 2021年，清湖街道实现一般公共预算收入5325.77万元，农村居民可支配收入3.19万元，规上工业产值2020万元，规下工业产值4425万元，固定资产投资6342万元。年内，基层治理“清湖模式”被评为衢州改革突破一等奖项目，作为集成展示点承接全省“县乡一体、条抓块统”改革现场会。

【改革创新】 以“七个一”（即指综合指挥“一枢纽”、监管执法“一队伍”、治理底座“一网格”、应急管理“一站通”、矛盾调处“一扇门”、基层治理“一件事”、争先激励“一考评”）为主要内容的“清湖模式”得到省委书记袁家军的充分肯定，要求总结提炼，在全省进行推广。承接全省“县乡一体、条抓块统”改革现场会，并作为全省唯一的乡镇（街道）代表在大会上交流发言。接待省内外50多批次领导干部来街道调研学习。“清湖模式”内涵是“平台用的实、办好百姓事、矛盾少发生、遇事响应早”。

【疫情防控】 成立疫情防控专班，抓好“疫苗接种+精准防控+应急准备”的常态化疫情防控工作，推动疫苗接种应接尽接，精密摸排研判管控风险人员，健全完善街村两级应急处置方案，按照“五

12月15日，“同享清福”党建联盟项目研讨会在清泉村召开

包一机制”要求，明确各网格疫情防控应急处置人员力量，开展掌上基层、掌上指挥等应用系统的操作培训，依托“141”（“一中心、四平台、一网络”）体系，常态化开展应急演练，提升应急处置水平。

【经济发展】 清湖抽样样板企业产值达2991.5万元，同比增长83.03%，新增16个固定资产投资项目，全年累计完成固投6000余万元，超额完成投资任务目标15.3个百分点。坚持招商引资“一号工程”不动摇，狠抓项目招引、产业集聚、平台提升，成功引进亿元项目2个、总投资3.75亿元。在谈清湖湾古镇文旅项目，总投资54亿元，已提交市级层面洽谈。

【村庄共富】 持续推进村级集体经济发展，年经营性收入20万元实现全覆盖，14个村达50万元以上，5个村实现100万元以上，超额完成市级任务。建强党建联盟推动共同富裕，以“1+7”模式打造“同享清福”党建联盟，开创山里山外相互扶持、线上线下融合发展的良好格局。17个水库移民村党建联盟共同富裕现代农业示范区项目启动建设，争取省项目扶持资金700万元。

【征迁攻坚】 保障城南A3区块、毛墩区块、高新东路等11个市重点项目推进。“城东新城”项目和“江东化工园区”项目，清湖以“首战用我，用我必胜”的信念，

清湖三村巨幅墙绘（2021年）

分别领办21户和15户最复杂困难的征迁任务，经过不懈努力圆满完成项目清零，打出清湖铁军不畏艰难实干担当气势。

【民生福祉】 支持配合“双拥”工作，妥善完成2021年新兵征集任务，开展现役军官慰问。树立“规范、高效、便民”的理念，优化队伍管理，推进便民改革。全年无差别受理窗口共办理服务事项13200件，其中掌上办件量9240件，按期办结率100%，群众满意率100%。持续巩固脱贫攻坚成果，坚持脱贫攻坚工作专题研究部署常态化，以组团联村为“作战单位”，落实“摸排+强推”工作制度，确保扶贫政策落细落实，扶贫对象无一遗漏，高质量完成低保、低边、养老服务补贴等特殊人员申报调整及维护工作。全年帮扶低保495户733人，低边51户143人，特困61户61人，发放低保金565.8万元。

【风貌提升】 通过迎国卫复审、创全国文明城市和打造诗画风光带等措施，会同19个支援乡镇发扬连续作战工作作风，集中攻坚，整治问题点2321处。积极投身全国文明城市创建，强化市容秩序管理，全面入户宣传，发动先进个体以点带面，激发群众参与热情。以清湖古镇为核心，江山港、长台溪等“百里须江、美丽长廊”沿线村为纽带，串点成线。清湖古镇3个村全部高分通过省历史文化村落保护与利用项目考核验收，“侠客行（徐霞客）”“仙霞古道丝路明珠”等古镇历史烟火系列故事持续挖掘，成功打造江山港、长台溪沿线诗画风貌精品村12个。

【平安稳定】 压实安全工作责任，

组织针对辖区企业的安全消防检查90余次，摸排整改安全隐患252处，开展电信防诈骗宣传，累计签订承诺书、告知书3.44万份，全年案发数和损失额同比下降38.53%和39.09%，抓实道路交通安全，累计投入资金90多万元，整改消除交通安全隐患点位525处。

（姜永高）

上余镇

【概况】 2021年，上余镇财政一般公共预算收入5116.67万元，同比增幅12.3%；一般公共预算税收（不含开发区企业）收入1596.18万元，同比增幅38.82%；规上企业产值11400万元，同比增幅45.1%；全社会固定资产投资19240万元，同比增幅91%；农村居民人均可支配收入31891元，同比增幅12.82%。年内，江东化工园区村庄搬迁项目获衢州市主要领导批示肯定；基层社会治理体系高效有序、研一公司年产15000吨新型锂盐项目进展迅速、城东新城征迁项目领办任务签约“清零”、高质量完成补充耕地和不实耕地整改等工作。

【项目攻坚】 发挥基层党组织战斗堡垒作用，组建“征迁共富党建联盟”，强化领导班子难点兜底，镇村干部分组包片入户，党员征迁户带头签约，成立由村两委干部+党员+乡贤的“征迁红色议事堂”，开展“支部建在征迁一线，党员冲在攻坚前线”的征迁实践。城东新城项目12天完成领办21户签约清零；五家岭矿地综合开发利用项目际上区块48小时完成23户签约清零；江东园区研一项目（二期）完成11.33公顷土地征收；杭衢铁路220千伏信霞4P36线和110千伏仙特线迁改项目完成土地征收、租用4.09公顷；江东化工园区村庄搬迁项目首日签约率98.4%，444户15天全部签约清零，刷新江山征迁纪录。

【基层治理】 全年接收各类信访投诉、“12345”政府服务热线446件，成功调解矛盾纠纷639件，办结“两难”问题1285件；化解信访积案16件，其中国家级4件，省级4件，衢州市级4件，江山市级6件。重点防控非法采砂、制砂、堆砂，清理完成1处非法制砂场（点）。排查整治14幢危房，其中一般户危房拆除10幢，腾空2幢，非自建房危房拆除2幢。市综合执法局上余中队入驻上余镇，集镇秩序有效规范，通过日常巡查发放责令限期整改通知书120余份，立案调查90件，规范店外经营85余家，取缔流动摊贩40起，开展集镇区乱搭乱建专项整治，发放限期拆除通知书20份，拆除乱搭建17起。

【乡村振兴】 巩固拓展脱贫攻坚成果同乡村振兴有效衔接，项目建设快马加鞭。推进市重点项目12个，其中新建上余镇诗画风光带项目、上余镇美丽集镇建设项目、上余镇幼儿园、上余镇青阳殿溪余航村渡船头段防洪堤项目、华电上余65MWp农业林业光伏产业园、上余镇社会综合服务中心业务用房改造及附属设施建设工程、上余镇江山港房屋拆迁安置小区市政配套工程等7个项目，续建项目上余镇区块基础设施建设、上余镇李坪村物业经济用房、雁塘下山搬迁建房安置点基础设施建设项目、三虎多孔砖生产线、宏澳塑料制品生产线等5个项目。成功创建“新时代美丽乡村”李坪村、上余村。打造江村畲族民族村、衢州第二中专“村校合作”乡村振兴实践基地，在民族特色村寨打造、农产品种植、市场化开发等方面进行深度合作，提升民族村知名度、美誉度。推进村集体经济发展，实现村集体经济经营性收入20万元全覆盖，其中20万—30万元村10个，40万—50万元村1个，50万元以上村7个。

【数字赋能】 紧扣“县乡一体、条抓块统”改革试点契机，全面推进数字化改革。集成“一枢纽”最强大脑，靶向打通综合指挥、智慧执法、基层治理工作闭环，集聚优势、集中资源、集成推进，打好“业务协同+制度重塑+技术

新建的上余镇综合信息指挥室（王家豪 摄于2021年）

创新”改革“组合拳”，实现基层治理领域“全周期管理”。推动“一件事”最快办理，围绕农民建房服务监管、非法采砂制砂处置等“一件事”办理重点，加强业务培训、加快流程梳理、加大力量配备。打造“一考评”最实样板，围绕镇村干部“四维考核”、公务员平时考核机制，将镇、村、网格工作实绩进行有效捆绑，开发镇村干部四维考评小程序，在全市通用功能的基础上，引入上余镇村四维考核算法，实现考核扁平化向立体化、人工化向数字化转变，考核形式逐渐丰富、考核结果更加精准。

【民生服务】 以“便民、规范、高效、廉洁”为原则，以让人民受益为出发点、让人民满意为落脚点，全心提升服务效能。办理民生事项3800余件，网格员代办2400余件，办结率100%。低保总保障金68万元，实施临时救助总金额28.12万元，慈善捐款14.27万元，定向捐款20万元，改造低收入农户厕所57户。争取困难残疾人“两项”补贴资金320.84万元，完成无障碍设施进家庭项目13户。协调处理劳资纠纷5起，涉及拖欠工资9人次，追回拖欠薪金23.2万元。农民建房“线上+线下”双提速，完成建房审批226户（含江东五期拆迁安置户），同步上传房地信息系统。

（周静滢）

四都镇

【概况】 全年完成固定资产投资1.11亿元，实现工业总产值14.53亿元，其中规上企业总产值12.3亿元，同比增长33.5%；财政总收入1.27亿元，同比增长26.39%；农村居民可支配收入29658元，同比增长11.29%。全镇有企业54家，其中规上企业14家，国家高新技术企业6家，浙江省科技型中小企业15家，亿元企业4家。年内，成功创建省级森林城镇，四都镇退役军人服务站获评省级“新时代枫桥退役军人服务中心（站）”。傅筑园村获评衢州市先进基层党组织，江北村获评省级民主法治村和省“一村万树”示范村，金山村获评衢州市民主法治村。

【党建统领】 增强政治定力，牢牢抓住班子领导和村书记这一关键少数，立足工作实际，制订党委理论学习中心组2021年学习计划，明确全面从严治党、党章党规党纪、习近平法治思想等方面12个学习专题。严格执行党委领导班子议事规则。提级管理，常态化落实村书记参加每周镇机关干部周一例会制度。提升履职能力，围绕疫情防控、项目推进等中心工作开展专项督查，梳理问题清单，逐项书面交办。定期开展整改情况“回头看”，形成“督查+整改+销号”闭环。全年梳理书面交办单35件，整改问题167个。着力激发干部干事创业激情，完善机关干部模块优化调整，建立“1+2+N”组团联村机制，联村力量配齐配足。制定“赛马争先”活动实施细则，每月围绕干部工作实绩、特色亮点，一月一评比、一月一通报，年度评选10名“赛马先锋”统一表彰，形成“比学赶超”的良好氛围。聚焦村两委干部队伍管理，畅通进退“换血”机制。对工作主动性不强、履职不力的村干部予以劝退，从村务工作者、网格队伍中择优录取优秀后备力量进入两委干部队伍。

【工业发展】 对接热威公司电加热器产业园等优质项目，达成初步合作意向。成功洽谈申帛、镇海泰晶等智能制造企业落户园区。深化园区智能化改造，通过盘活低效用地和闲置厂房等综合措施，成功引进田木家纤维板、志鹏圣诞树等项目4个，推进安贝、科硕、热威等5个企业技改扩建项目完工投产。支持企业加大研发投入，年内规上企业研发费用完成率144.29%。年内申报小升规企业4家，新增亿元以上企业1家，3亿元以上企业1家。深化校企合作，安贝与中高等院校联合成立产教融合实训基地。投资300余万元，完成园区4条主干道修复、绿化、亮化，园区基础配套进一步完善。全年规上企业税收约7600万元，亩均贡献达17.7万元。宏电环保获市委市政府创新成长一等奖；热威、友和获市委市政府企业上台阶奖和亩产效益一等奖。

【项目建设】 牢牢把握“山海协作”“诗画风光带”项目建设契机，投资542万元，实施埠头村水美淤蓬、柑橘精品园三期、双溪村“幸福古渡”等项目建设。启动四村联建物业经济用房项目建设。推进“1358”全域土地整治项目，用最短时间、最快速度完成农户签约、坟墓迁移等政策处理事项，双溪毛头山区块等6个垦造耕地项目全面开工。推进村庄亮化、道路改造提升、美丽城镇大湖山庄一期配套、桐村小区室外配套等一批民生项目。发扬“铁军”精神，创造10天完成五家岭矿地综合开发利用项目90户房屋搬迁签约的四都征迁新速度。

9月17日，副市长程佳华（中）走访服务热威电热科技有限公司

【基层治理】 做深做实做细“一讲三评”网格工作机制，先后获得时任衢州市委汤飞帆书记的两次批示，相关经验做法先后在《农民日报》、《浙江法制报》、衢州电视台、《衢州日报》、《今日江山》等媒体发表。探索建立“微网格”机制，发挥村民小组长在矛盾纠纷排查化解工作中的“前哨”“探头”作用。做深做细信访矛盾第一时间化解工作法。全年共调处各类矛盾纠纷137起，实体性成功化解1件国家级交办信访积案，2件省级交办信访积案。

【民生事业发展】 深化政务服务“无差别受理”，完成便民服务中心大厅规范化建设，增设公安办事窗口及24小时服务区。完善镇级服务中心功能，加强“跑小二”队伍建设，实现部门审批服务事项下沉乡镇596项，基本实现村级服务群众业务代办。成功获评衢州市五星级便民服务中心。推进民政“应保尽保，主动保障”的精准救助政策，落实低保、低边户303户共540人，做好五保特困人员救助工作。开展临时救助工作，救助困难对象26人，累计发放救助资金302万余元。持续有效开展残疾人服务工作，全镇288人享受重度残疾补贴，202人享受困难残疾补贴。完成城乡居民医保和惠衢保投保工作，惠衢保投保率80.24%。解决杭衢高铁2020年被征地农民参保问题，共58人确定参保。杭衢铁路江山段江北安置点市政设施配套建设项目顺利开工。

【平安四都建设】　筑牢疫情防控防线。以网格为单位，通过电话、微信、走访、大数据等方式累计摸排管控各类重点人员170余人，实现辖区内全年“零感染”。推进疫苗接种，累计接种新冠疫苗2.1万剂次，牢牢构筑群体免疫防线。守牢安全生产底线。做好安全生产、食品安全、森林防火、道路交通安全等工作，全年无重大安全事故发生。成功创建省级民主法治村1个，衢州市级民主法治村1个。

（何　臻）

大陈乡

【概况】　2021年，大陈乡实现地区生产总值21206.46万元，同比增长10%；乡财政税收收入达到1200万元，同比增长16%；农民人均可支配收入达27171元，同比增长11.3%。年内，获评浙江省生态文化突出贡献集体、衢州市文明乡镇、衢州市平安建设突出贡献集体、江山市全面从严治党先进集体、江山市党建统领突出贡献集体等荣誉。

【党建统领】　坚持“一张蓝图绘到底，一任接着一任干”，以数字化改革为抓手，推出“发展清单”“稳定清单”和“干部成长清单”“三张清单”制度，通过解决问题来抓党建，优化党建联盟，强化党建统领下“四治融合”，全年共服务群众1万余人次。全乡党建工作连续7个季度争获衢州市党建统领基层治理生态型乡镇第一，获衢州市优秀基层党组织，大陈村党总支书记汪衍君获全国优秀党务工作者称号，早田坂村党总支书记成建明获省担当作为好支书称号。

【未来乡村】　以大陈村和早田坂村为核心大陈未来乡村被纳入首批未来乡村创建试点，以“村歌发祥地·大陈幸福家”主题定位，围绕人本化提升、数字化赋能、市场化运营、生态化改造，推进未来乡村建设。年内完成项目32个，总投资2200余万元，未来乡村、未来生活初步显现。

【全域旅游】　先后实施乌龙红军大陈战斗遗址公园、大陈红色美丽村庄、早田坂“乡村振兴帮富”等提升项目。大陈古村景区获评国家AAAA级旅游景区、凤鸣早田景区获国家AAA级旅游景区，乌龙村获AAA级景区村。全年接待游客30万人，带动周边经济收益1000余万元。结合村播培训，加快培育“新农人”，做好“农业+”文章，建设未来乡村田园实验室和研学实验室，打造早田坂农产品展销中心，推动农业与休闲旅游、农业与互联网融合。

【乡村风貌】　秉承“微改造·精提升”理念，植入产业业态，建设共享场景，打造香樟邻里中心、古村邻里空间、未来乡村会客厅三大邻里空间。投资160万元，对早田坂大樟树底至萃文小学沿线和大陈村泉目塘顶沿线进行环境综合整治，通过景观节点改造提升，增设村歌主题墙绘，配置共享鱼塘、“步影翩蝶”“时光隧道”等业态景观，配置村庄标识设置和导视导览系统。农村风貌建设得到省委书记袁家军和时任衢州市委书记徐文光的肯定。

【队伍建设】　在城东新城征迁工作中，大陈乡二部第二次跨区域作战，在一周之内就完成12户签约工作。深化“以实干论英雄”干事导向，增强干部在克难攻坚中历练，圆满完成“1358”土地整治、文明城市创建、信访积案化解等一系列中心工作。深化“县乡一体、条抓块统”改革，加快从“事”向“制”转变，干部“两专”能力、担当精神和自律意识均得到充分提升。

【文化建设】　沉浸式村歌剧《大

陈见面》持续开演，累计演出66场，吸引观众1万余人次，获评浙江省最受欢迎原创演艺节目。打造提升红军大陈战斗研学游基地，与红军北上抗日先遣队纪念馆、老兵之家、红军路等红色资源衔接，形成一个覆盖大陈、乌龙、夏家红色主题研学圈。扶持本土旅游公司——浙里栖，将大陈红色主题研学游统一包装，推出系列研学游产品，接待团队80余批次，游客6000余人，带动周边旅游收益80余万元。以农村党员为骨干，组建一支60人农民合唱队，作为唯一一支农民合唱队参加省“庆建党百年·享美好生活”浙江省群众合唱大赛，获得银奖。

【民生服务】 围绕“一老一小”，“学在大陈”条件进一步优化，将萃文小学改造成江山市城乡学校里设备最先进学校，大陈公办幼儿园投入使用，打造江山市第一家农村版顶配南孔书屋。“医在大陈”品牌进一步打响，基本医疗和公共卫生服务得到保障。智慧化提升大陈乡卫生院和江山蛇伤肝病专科医院两家医院。打造老年人活动中心，配备老年人爱心食堂和一套健康智能终端——一分钟诊所，为本地村民提供7×24小时虚拟诊所服务。“养在大陈”保障进一步健全，完成红星村居家养老服务中心、早田坂老年之家建设，开展适老化改造20户，推进居民医保、农村社会养老保险全覆盖，“惠衢保”实现全年85%覆盖。打造“数字化”康养服务平台，为20名独居老人，安装居家智能看护、SOS紧急按钮和智能定位呼叫胸卡，营造一个留守老人智慧化幸福家。

（谢宇涛）

碗窑乡

【概况】 2021年，碗窑乡完成生产总值4.05亿元，同比增长3.8%，其中第一产业9357万元、第二产业11160万元、第三产业19983万元。财政可支配收入2873.14万元，其中地方财政收入754.75万元，完成年初预算729.32万元的103.49%。人均可支配收入27990元，同比增长11.7%。先后获浙江省小城镇环境综合整治突出贡献集体、省级美丽城镇达标镇、省级森林城镇、省AAAA级景区镇等荣誉称号。

【招商引资】 全乡有工业企业9家，主要产业为水力发电和蜂产品加工，产值超千万的企业有江山市碗窑水电站和浙江千红蜂产品有限责任公司。招商引税新数字经济项目2个，衢州微享网络公司实现全年纳税301万元，衢州钉商电子商务公司实现线上营业额逾亿元，疫情防控期间累计提供近百个就业岗位。对接洽谈碗窑村精品民宿村、井源云顶精品民宿、陶瓷研学基地等项目。完成固定资产投资2582万元，占计划任务的103.28%。

【农业经济】 全年农作物播种总面积1477公顷，其中粮食作物面积845公顷，总产量5203吨；油料253.3公顷，总产量418吨；甘蔗17.2公顷，总产量729吨；蔬菜262.8公顷，总产量4978吨；食用菌总产量601吨；果用瓜29公顷，总产量631吨；茶园25.2公顷，茶叶产量15吨；果园130公顷，水果总产量1651吨；羊存栏数463头，出栏数2551头；家禽存栏数5.2万羽，出栏数15万羽；养蜂年末存1.2万箱。全年完成农业总产值9357万元。

【项目建设】 开展江山港流域综合治理红石桥段工程，市政配套工程开始实施，达河溪综合整治工程顺利开工，按时保质推进省重点工程建设。融入土地整治“1358”工程，完成旱改水设计0.87公顷，建设用地复垦潜力摸排4公顷。争取50万元资金对府前村井源、天井村下床实施高标准农田质量提升66.67公顷，可辐射农户193户。深化美丽城镇建设，实施集镇道路“白改黑”、江碗线夜间灯光秀、“渔家乐一条街”改造、古窑址群修缮、智慧集镇管理系统升级等项目，高质量获评美丽城镇省级达标镇。

【环境整治】 推进“一村万树”，新增国土绿化面积10.67公顷，除治松材线虫病疫木 200 吨，完成达河村、府前村等区域的景观绿化提升，成功创建省级森林城镇。开展碗窑溪河道清淤疏浚，出境水全年达到Ⅱ类水质。14 个水库、山塘推行洁水养鱼，创建 3 个洁水养鱼示范点，改善水库水环境，加强库区水源地保护。聚焦创国卫和创文工作，建立集镇管理长效机制，实行领导包街、干部联店负责制，开展卫生整治集中攻坚，创国家卫生乡镇高分通过省级验收。

【休闲旅游】 融入“衢州有礼”诗画风光带建设，以 315 省道、江碗骑行线、碗窑溪滨水线，纵贯乡域 9 个村，串联起凤凰移民筑梦点、达河一米菜园示范点、库区月亮湖风光点等村品特色，打造串珠成链风光带。提升醉美碗窑景区建设，成功创建省 AAAA 级景区镇、省 AAA 级景区村 3 个、AA 级景区村 2 个、A 级景区村 4 个、省新时代美丽乡村特色精品村 2 个，实现景区村全覆盖。有农家乐 14 家，其中星级 9 家，拥有餐位 2000 余个，床位 200 余张。

【法治建设】 加强法治乡村建设，在“12·4”宪法宣传日、“国家禁毒日”、反邪教日等重要时间节点，利用乡村振兴讲堂、法治文化长廊、电子显示屏等平台，开展普法宣传专题活动 10 余场，参加群众 2100 余人次，开设法制橱窗专栏 5 期，接待群众咨询 60 余人次，推动法律法规进乡村、入人心。组织人民调解员、法律顾问、普法宣传员等工作力量，结合普法宣传与人民调解，做到宣讲一场、调解一件、教育一片，提升群众的法治意识和法律素养。凤凰村获评“全国民主法治示范村”。

美丽庭院（2021 年）

【平安建设】 年内各网格共上报事件 3307 件，其中矛盾纠纷 452 件，治安隐患类 73 件，交通安全 205 件，困难救助 398 件；共接到应急联动警情 103 起，及时反馈、完成处置。受理各类信访件 90 件，其中江山市访 9 件、各级来信 4 件、领导信箱 8 件、网上信访 69 件，报结率达 100%。实施信访化解交办、信访专项考核制度，实现市级信访积案全部销号清零，全年无越级赴京上访事件，金龙村连续 4 年创建无信访村。筑牢疫情防控战线，累计入户摸排 8.5 万人次，排查相关人员 72 人，完成疫苗接种 2.4 万剂，接种进度在全市排名稳居靠前。创新设计“12345”人员信息摸排表，实施“五包一”工作机制，投入 30 余万元配置疫情防控物资设备，开展核酸检测采样和综合应急演练培训，落实常态化长效化防控措施。

【民生实事】 结对帮扶 478 户 807 人低收入农户，扩面开发公益性岗位 20 个，每人年增收 9960 元以上。谋划实施各村产业扶贫项目，其中向上争取资金 358.6 万元，落地上坂经济物业用房等 3 个项目，每年为村集体增收 27 万元。年内 8 个村集体经营性收入实现 20 万元以上，其中府前村达 155 万元、凤凰村达 55 万元。

实施省民生实事项目农村公路建设，投资1000余万元完成金义线硬化、乡村公路大中修等工程，提前推进溪华线—上坂线白改黑项目。谋划达河村大坝头区块，建设农民建房集聚区，推动集镇建设提升和规范管理。做好农村宅基地改革试点，推进农房确权登记发证工作，办证率在全市排名第一。

（叶雪晨）

12月10日，市委常委、贺村镇党委书记毛晓荣（右二）走访镇域木门企业（朱迪 摄）

贺村镇

【概况】 2021年，贺村镇全年完成规上工业总产值49.64亿元、规上工业增加值11.72亿元，同比增长15.52%和8.35%；完成固定资产投资5.6亿元；财政总收入7.46亿元，同比增长62.5%，其中税收收入1.54亿元，一般公共预算收入6.03亿元；农村居民人均可支配收入31296元，同比增长10.8%。村集体经营性收入合计1775.9万元，实现20万元以上全覆盖，50万元以上占比18%。全年获国家级荣誉2项、省级荣誉6项、衢州市级荣誉3项、江山市级荣誉8项。

【招商引资】 全年共招引项目49个，其中新增用地项目共招引8个，新增投入类项目41个，百多升项目开创农贸市场经营新模式。8个新增用地项目中，阿普电炉、佳上佳新材料总投资分别在10亿元和5亿元以上，4个项目已动工建设。

【工业经济】 全镇有工业企业法人单位440家，其中规上企业66家，上市企业1家，10万平方米的可津产业园建成投用。推进门业（家居）、消防应急、健康生活三大特色产业稳步发展，全镇木业门业规上产值达34.9亿元。其中，欧派门业销售额达13.6亿元，消防器材形成区域特色，从事消防器材生产和销售就业人员达万余人，销售网络遍布全国各地；高档羽毛球出口到东南亚、韩国、日本、丹麦等国家，有羽毛球生产企业37家，中低端羽毛球产量占全国的70%，年产值达1.6亿元。全年“小升规”工业企业16家，新增国家高新技术企业3家、省级科技型企业16家。

【农业经济】 农作物播种总面积6632公顷，其中粮食作物面积4167.5公顷；油料1186.6公顷，总产量2380.4吨；棉花19公顷，总产量31.2吨；甘蔗31.6公顷，总产量1775.4吨；蔬菜1068公顷，总产量1.47万吨；果用瓜58.4公顷，总产量1485.5吨；茶园26.7公顷，产业产量40.9吨；果园107.2公顷，水果总产量1460吨。全镇生猪饲养总量25.25万头，年末存栏数4.2万头；牛年末存栏数1009头，年内出栏数833头；羊年末存栏数2346头，年内出栏数2360头；家禽存栏数130.9万羽，年内出栏数253万羽。

【党史学习教育】 谋划部署“三进五学”大学习大宣讲、“六讲六做”宣讲月等活动，围绕村社“一肩挑”、“8090”年轻干部、“两新”书记等组建7支“宣讲团”、69支学习小组，开展系列活动146场次。召开理论学习中心组、专题学习会，积极学习“4+2”下发书籍和习近平总书记在中共十九届六中全会、庆祝中国共产党成立100周年大会、党史学习教育动员大会上的讲话精神，增强“四个意识”、坚定“四个自信”、做到“两个维护”。践行“三服务”和“五个我为”专题实践活动，为群众、企业纾难解困1200余个，针对发展、减负等制定对策26条。

【城镇建设】 坚持“项目为王”，全年共实施65个项目，完成“固投”5.6亿元。加快江贺一体化、产城融合步伐，紧抓江山市新一轮产城融合规划，完善贺村总体城市设计，完成新一轮城镇设计编制。投资2800万元，串联9个村、惠及4万名群众的吴村大道全线通车；投资6300万元的贺康大桥重建项目及550万元的贺康路改造项目完成形象进度70%；投资1.3亿元的异地搬迁二期项目、2000万的淤头集镇整治一期项目全面竣工。投资7220万元的吴村大道亮化、城市休闲绿道项目等10个民生实事项目全部完成。投资2200万元的46个村级“开门一件事”项目全部落实。获全市首批项目攻坚“金牛奖”。

【土地整治】 推进建设用地复垦13.27公顷、垦造耕地65公顷、旱改水质量提升7.67公顷，完成补充耕地整改213.49公顷、“非粮化”整治63.53公顷，激活乡村土地资源。大力推进低效用地整治，共整治“低散乱”企业10家，盘活工业用地10.93公顷。

【项目征迁】 共完成敖坪、礼贤、陈塘、山塘等区块5个征迁项目，征收土地475.65亩、拆除房屋16户，万青山地质灾害点避让搬迁工作顺利“清零”。领办市城东新城征迁24户、江东化工园区征迁21户任务，分别于12天和4天高质量“清零”，获全市城东新城拆迁专项工作嘉奖。

【城镇管理】 完善综治平台建设，投资150余万元实施“天网工程”三期工程，建设镇北、镇中临时停车场，新建汽车、电瓶车停车位400余个。投资300万元对集镇区域的破损道路、窨井盖更换等公建设施进行修补；打造零星节点5处；对大成路、杨柳湾小区、淤头集镇等进行亮化提升；投资70多万元打造吴村生态停车场；投资340多万元对江滨景观绿化带进行亮化、绿化提升；推进小区和安置地配套建设：贺村镇中原学府及悦城华府等商住小区、老虎滩拆迁安置地小区、八里坂安置小区、河东村湖边安置地配套等6个工程均通过验收。投入100万元建设食品安全队伍及“五化”提升镇南农贸市场，打造“贺村食安”新模式，创成全省首批五星级食安办。

【风貌提升】 以创文创卫工作为抓手，推进美丽城镇、美丽乡村建设，打造口袋公园、“一米菜园”、健身跑道、美丽庭院等景观节点超200个，新建垃圾分类示范点32个，整治提升背街小巷

7月16日，贺村镇城市休闲绿道投用（余丹翔 摄）

4000余处、集中清运垃圾6000余车，国家卫生乡镇创建通过省级验收，创成省级引领型农村社区1个、省首批低(零)碳村1个。

【文旅产业】 加快全域旅游发展建设，重点推进耕读、永兴坞、青塘尾、通贤等12个景区村庄提升，谋划实施耕读未来社区、礼贤古城、山底羽毛球博物馆等重点项目建设，推动“村村有特色、处处见风景”，创成1个AAA级、2个AA级、8个A级景区村庄。启动《贺村镇志》编纂，保护好、发扬好礼贤城隍庙、湖前徐氏祠堂等省市重点文保单位和佛堂渔灯、漆画、剪纸、根雕等非遗文化。启动村级羽毛球馆“三馆合一”建设三年行动，推动“村村有场馆、球球出贺村”。

【县乡一体、条抓块统改革】 做实做细改革“八件套”“七个一”，100天时间高标准建成镇社会治理中心。“一支队伍管执法”，成功争取省“统一行政处罚办案系统”试点，“基层治理四平台”实现迭代升级，“智慧园区”“智慧网格”“智慧执法”等3类29项数字化应用投入使用，常态化运行“无证无照处置”等16件基层治理“一件事”办结294件(办结率91%)，建立应急管理“平战”机制。

【数字化改革】 数字化改革入选全省“152”“141”体系贯通试点。在全市率先打造“四平台”智治中心，探索建立浙智“兴”村网格工作平台，谋划“七张问题清单”“防汛防台”等4个省级重大应用的贯通机制、贯通路径，有效承接落地。

【国资改革】 作为全市唯一启动国资改革的乡镇，通过公司性质认定、全民所有制改制、股东变更股权划转“三步走”，完成改制工作。改制后的新城建设发展有限公司，助力江山“交投”完成主体信用AA评级，具备银行融资条件，为贺村长远发展注入资金“活水”。

【宅基地改革】 山底村作为全市首批试点突破先行，共摸排宅基地540宗，农房办证295宗；探索“两进两回”“金融赋能”“有偿退出”等机制，首批完成农房抵押授信6户，授信金额216万元，有效推动农民增收、集体增益。全面铺开农房确权工作，全镇已完成7668户。

【“五水共治”】 推进江山港流域综合治理、山塘整治、水系连通等项目建设。投资600万元的集镇“污水零直排”项目全面完成；投资1836万元的坛石溪生态修复工程完成70%；总投资5000万元的鹿马山、金塘山、淤头三大园区污水管网“零直排”项目一期竣工验收，二、三期有序建设。出境水水质达到Ⅱ级标准以上。

【平安建设】 建立矛盾纠纷多元调解、初信初访组团负责、不满意件党委书记二次交办、积案化解党委书记负责、上行复盘核查、后续追踪关怀“六大机制”，强化源头管控、长效治理。化解信访积案80件、矛盾纠纷549件，信访总量同比下降17%，明星村在衢州6个信访矛盾集中村中率先“清零”。推动村社、群众遗留问题“清零”，解决73个。按照“遏重大”的工作要求，对道路交通、消防、燃气等11个安全领域精细化监管，整治安全隐患点3400余处，全年未发生较大及以上安全事故。打造“贺村食安”新模式，承办衢州现场会，创成全省首批五星级食安办。推进“清网扫楼”专项行动，法治、平安、电信防诈等宣传覆盖群众10万人次。加强法治宣传阵地建设，创建省级“枫桥式”站所3个、各级民主法治村38个、村级“共享法庭”2个，获评省首批法治化综合改革试点乡镇、创成衢州首批法治建设示范乡镇。

【疫情防控】 成立人员排查、数据协查、核酸采样、疫苗接种、企业防控等“防控八组”，按照“三区”最小单元划分封控区，制定“一图三单”(各村封控图、村民清单、镇封控组名单、村封控组名单)，落实疫苗接种15.5万针、核酸检测9372人次、人员排查5.3万人次。

(汪徐凯)

新塘边镇

【概况】 2021年，新塘边镇围绕“浙赣边际宜居镇”战略目标，以发展社会经济为主线，以打赢脱贫攻坚战、落实民生政策、推动乡村振兴统揽工作全局，经济社会发展取得明显成效。全年实现财政总收入6228.22万元，全社会固定资产投资8500万元，完成全年计划的108%，规模以上工业企业产值5.6亿元，同比增长5.6%，招商引资总额1.21亿元，农村居民人均可支配收入43200元。成功创建“国家卫生乡镇”“浙江省美丽城镇达标乡镇”“衢州市级美丽城镇”，获评浙江省AAA级景区镇，积极参与城东新城征迁、江东化工园区征迁等市级重点项目，被市委、市政府纳入执行“十条军规”正面典型通报表彰。

【完成镇人大换届选举工作】 全镇选民总参选率达99.9%以上，26个小选区中有16个小选区的参选率达100%，高票选出12名市人大代表(含2名市放选代表)和66名镇人大代表。选举完成后，立即审查并确认代表资格，确保代表质量、确认选举合法性，并收集、整理、归档各类选举文件资料。投票选举工作实现零投诉、零信访目标，选举阶段各项任务出色完成。

【有效应对新冠肺炎疫情】 江西铅山突发疫情后，新塘边镇反应迅速、行动及时，分企业、集镇、农村3条线连夜布控，出台6个方案1个应急预案，设立淤八线省际卡点、3个边界村设立9个劝导岗，镇村干部“三班倒”24小时值守，“五天三墟”镇村干部全员压上，镇域范围内重点场所全天不定时督导检查，联户党员主动上门宣传，牢牢守住基层一线防线。

【提升镇村风貌】 成功创建国家卫生乡镇、浙江省美丽城镇达标乡镇。实施外立面改造、集镇交通优化、基础设施完善、背街里巷打造等系列创建举措，开展各类集中整改行动30余次，清理垃圾700余吨、清除牛皮癣50余处。加大拆违控违和乱搭乱建整治力度，消除80余处安全隐患，翻新沿街商铺店招及卷闸门70余处，配套25万余元资金对辖区44条、71.27公里的农村公路进行养护。常态化开展巡察整改工作，重拳整治乱堆乱放、乱贴乱画和车辆乱停放等行为。

【建成垃圾资源化处理站】 新塘边镇垃圾资源化处理站项目占地面积约为1393.5平方米，项目投入510万元，8月5日完成一期项目竣工验收， 7月30日完成二期项目竣工验收， 9月15日开始试运行。该站点服务的行政村有15个，日处理垃圾约20.72吨，是衢州市首家集垃圾资源化处理、垃圾中转、垃圾分类智能化宣教等功能于一体的综合性场所。

【打响文旅品牌】 成功创建浙江省AAA级景区镇、4个AAA级景区村，全镇19个村文化礼堂、

10月18日，第四届全国美丽乡村攀岩系列赛泥地拔河比赛(严佳澜 摄)

新时代文明实践站、村级党群服务中心改造提升、网格党小组(党支部)活动阵地标准化建设实现全覆盖。毛村山头村、勤俭村通过浙江省文化示范村复核，勤俭村获评浙江省生态文化基地，毛泽东像章馆、勤俭研学基地、彭村竹艺、毛村山头攀岩等项目规范提升。承办2021“三衢味·江山”杯第四届“美丽乡村”全国攀岩系列赛，吸引全国32支代表队、128名选手参赛。

【抓好招商引资工作】 围绕“乡贤回归、产业优势”持续发力，全年引进成邦消防、彩雁飞科技、弘昌消防技改项目、镭冠消防技改项目和民龙塑胶等5个招商引资项目，招商总额1.21亿元，成邦消防年产10万具悬挂干粉灭火器生产线等一批重大项目顺利落地。

(周江炅)

坛石镇

【概况】 2021年，坛石镇实现地区生产总值6.14亿元，同比增长0.16%，实现公共财政预算收入4579.18万元，其中税收收入完成491.24万元，非税收入完成2276.09万元，转移性收入完成1811.85万元。农民人均收入2.8万元，同比增长0.72%。年内成功创建国家卫生乡镇、浙江省农村文化礼堂建设示范乡镇、浙江省新时代枫桥式退役军人服务中心等集体荣誉。

【项目推进】 完成固定资产投资6360万元，完成率达135.32%。摸排招商引资项目信息10条，招商引资项目2个，洪兴火腿项目仅用两个半月完成落地过户，新增用地类项目1个，完成投资额5000万元以上的年度招商考核目标。持续发展“白银耳鸡”为主的高效畜禽产业，辖区内共有规模养殖场56家，温氏合作养殖户39户。翰音农业产业基地项目通过全省乡村振兴综合试点项目评审，争取省级资金3000万元，带动全市30个重点帮促村增收致富。

【旅游产业】 紧抓“省级红色美丽村庄建设试点村”契机，投资近700万元建成上王村闽浙边革命斗争纪念馆，完成竹子林周边美丽水系打造、外围环境提升，全年吸引3000人次到镇参观学习，逐步实现“红色资源”向红色经济转化。竹子林成功创建浙江省AAA级景区村，成为坛石新地标。加大青龙洞开发力度，通过“点线面”布局，旅游产业崭露头角。

【村集体经济】 提升村级组织号召力，加大各村特色经济扶持力度，探索“集体+企业”“产业+项目”合作模式，蛋鸡生态示范园扶贫项目、中药材种植项目、温氏养鸭项目等项目落户坛石。13个村经营性收入实现20万元全覆盖，50万元以上3个村。

【党史学习教育】 竹子林获评衢州市爱国主义教育基地、衢州市党史现场学习基地，入选江山市党史研学线路。开展党史学习教育青年理论宣讲大赛暨微党课大

6月，坛石镇2021年青年理论宣讲大赛暨微党课大赛举行

赛，组织“千百同看”活动，千名党员各自收看纪录片《山河岁月》，百名党员观看红色电影《红船》，提升党史学习教育感染力。累计开展党委理论学习中心组集中学习10次，邀请专家授课2次，主题党日活动40余次，辐射党员群众1000余人次。

【文化事业】 开展8090红色宣讲、“领头雁”上“微党课”等活动，讲述红色故事，赓续红色文化。选拔出100名群众积极参与“迎建党百年，享美好生活”浙江省群众（乡村）合唱大赛开幕式活动。完成13个文化礼堂建设全覆盖，在市委文化工作会议上作典型发言。立足乡村振兴讲堂“三主”定位，开设各类课程180次，线上开课24次，近2万人次参加学习，其中中药材种植、温氏养鸭、烹饪等技术类课程已成为村民喜爱。

【疫情防控】 常态化抓好疫情防控工作，建立“五包一”工作机制，以“三联工程”为载体，全力做好境外和境内重点地区输入疫情防控工作。全年核对境外人员数据3000多条，摸排境外人员212人，纳入微信群管理129人。调整完善《坛石镇秋冬季新冠肺炎疫情防控工作方案》《坛石镇新冠肺炎疫情应急核酸检测工作方案》。推进新冠肺炎疫苗接种工作，完成18周岁以上第一剂疫苗接种13503人，第二剂接种12982人。

【平安建设】 打好交通安全攻坚战，205国道安装中央隔离带10公里，投入20万元安装雷达测速提示器等防护设施，排查整治隐患点39处。利用“浙里党群心联心”应用，答复党员信息上报1632条，制定并办结微事快办2519件，难事协办116件，群众满意度达99%以上。激活网格党支部战斗堡垒作用，年度矛盾纠纷件数同比下降41.9%，提前完成3件信访积案化解清零任务。“7·1”突发强降雨中，占村村占村网格35户60人一小时内全部成功转移。

【集镇管理】 巩固浙江省三星级乡镇食安办创建成果，联合综合执法、市场监管、派出所常态化开展巡查，发现问题及时查处。对集镇店铺占道经营、乱堆乱放等现象进行集中整治，全年开展集中行动21次，整治问题点60余处。组织创国卫集中行动16次，参与3750人次，创建国家卫生乡镇。

【生态环境】 聚焦“两山”理念实践，持续落实“一村万树”行动，新增国土绿化面积30.67公顷。投资100万元，完成新叶村省级“一村万树”示范村创建。推进农村生活污水治理工作，完成设施移交排查问题整改，做好基础设施运维，完善好农村生活污水监管平台，完成农村生活污水审计工作。

【营商环境】 通过专家线下培训与“安全学院”App平台线上培训相结合，发挥线下面授培训、集中培训的作用，提升安全管理水平、提高员工安全素养的主体责任，举办4期企业负责人与安全管理员线下培训会，培训80余人次，线上培训500余人。提升政务服务中心服务效能，完成镇便民服务中心星级评定工作，政务2.0办件量768件，打通服务群众的“最后一公里”。

【民生事业】 做好江玉公路前期工作，3天内完成46.67公顷土地分户、14户被征收户房屋评估。投资500万元在7个村新增移动信号基站23个。争取“一事一议”项目7个，总投资667万元。全年投入37.8万元支持本地教育事业，投入15万元项目资金建设小学篮球场。

（徐慕云）

大桥镇

【概况】 2021年，大桥镇全镇财政总收入4032.69万元，完成年初预算的100.11%；全镇规上工业总产值1.94亿元，同比增长约12%；完成固定资产投资约3600万元，达年度目标任务的102.8%。入围省农业农村厅2022年绿色农田建设项目名单；获评省农业农村厅“平安农机”示范单位、省农业农村厅农业“机器换人”示范单位。全镇15个村集体经营性经济收入均达20万元，50万元以上经营性收入村2个。乡镇换届，镇党委、人大、政府三套班子均满票当选。成功推选江山市级党代表4个，人大代表8个；衢州市级党代表2个。

【农业转型】 实行永久基本农田保护，打造特色水稻优质高产高效示范片33.33公顷，常年种植粮食面积1733余公顷，累计建成粮食生产功能区854.5公顷，高标准农田1600公顷。持续推进规模粮食生产，培育3.33公顷以上粮食生产主体30户，承包耕地面积589.8公顷，建立水稻培育中心、粮食烘干中心各1个。唱响“大桥稻花米”品牌，“嘉禾香1号大米”获浙江省好稻米优质奖、衢州十大好稻米金奖。推进土地连片流转，累计流转土地933.33公顷。探索推广稻渔综合种养333余公顷，建成仕阳尾泥鳅养殖基地，完成陈家稻渔综合种养基地规范提升。做好农机推广工作，全镇共有农机115台，水稻耕种收综合机械化率达81.6%。

【项目建设】 入选省“十四五”规划的江玉公路已完成勘测定界、分户测量等前期工作。浙赣边际合作（衢饶）示范区建设项目成功争取资金1000万元。大桥溪流域综合治理项目成功入选省中小河流治理“十四五”规划，其中入选年度省级民生实事项目的陈家至上仓段已完工。勇夺衢州市粮食生产先进乡镇“三连冠”，开展高标田建设，社墩畈绿色农田位列省农业农村厅2022年绿色农田建设项目名单，实施面积140公顷。完成“一事一议”项目3个。江山市四省边际残疾人共同富裕综合服务中心、产业扶贫光伏发电等项目前期加快推进。衢饶示范区（江山片区）水系治理工程、农业基础设施建设项目有序开展。完成省级土地垦造审核验收38公顷，建设用地复垦市级验收20.7公顷、省级入库3.62公顷。

【招商引资】 精准开展以商招商，完成固定资产投资约3600万元，达年度目标任务的102.8%。年度上报项目总投资1.05亿元，新引进浙江汇凌材料科技有限公司年产3000吨纳米晶合金材料建设项目及浙江中宏消防科技有限公司年产灭火器18万具项目。总投资9500万元的江山益聚钙业年产68万吨冶金钙粉清洁化生产项目和江山市奋发农业发展有限公司年加工大米4万吨、菜籽油1000吨生产线建设项目于年内完工。引进江山市龙达商贸有限公司，年内增加税收120万元。

【环境治理】 推进“五水共治”，完成污水零直排区后续问题整改，成功创建江山市首个集镇污水零直排建成区。全年发放五水共治宣传手册、海报上万余份，获评全市“五水共治”公众幸福感提升工作先进单位。推进集镇提质改造工程，巩固农房管控和农村风貌提升成果，大桥公园、中心广场等一批民生项目顺利建成。成功创建国家卫生乡镇。持

大桥镇在全市率先完成“惠衢保”参保任务(2021年)

续推进农业特色型美丽城镇、省美丽宜居示范村创建。深化落实“河长制”，全年巡河完成度100%，解决巡查整改问题16起。推进松材线虫病治理工作，全年清理疫木1600余吨。

【民生实事】 坚持“以人为本”，在全市各乡镇（街道）率先完成2022年度“惠衢保”参保任务。15个联村服务团累计完成建房、水利等群众实事80余件。浙江红火投资有限公司董事长王金火捐赠“红火”共同富裕基金100万元。加强文化建设，大桥镇文联顺利成立。立足乡贤资源众多优势，做好深化提升文章，毛松友纪念馆顺利建成。成功创建“衢州市乡村振兴AAA级讲堂”1个，“江山市乡村振兴AAA级讲堂”1个。坚决打赢精准脱贫攻坚战，推进低收入农户收入稳步增长，“两不愁，三保障”问题得到有效解决。

【基层治理】 推进“县乡一体、条抓块统”试点改革，高效运行“基层治理四平台”。制定村级信访月度考核和组团联村干部信访专项考核制度，创新推行“红黄黑”三色榜，13个村成功创建无信访村。全年基层治理综合信息平台共受理事件5457条，其中四级事件95条、三级事件488条、二级事件782条、一级事件4092条，办结率达99.87%。抓好矛盾纠纷和各项隐患的前期排查和事前防范，助力矛盾纠纷调处与信访积案化解，成功化解2起历经多年的信访积案，筑牢平安稳定基石。

【疫情防控】 建立抗疫“五联”模式，疫情跨省传播“零目标”。落实境内人员管控161人，完成疫苗接种19107人次。发动广大干部群众奋战一线，成立流动宣传队15支，设置文明劝返点47个。133个乡村大喇叭、16个流动音响每日循环播放宣传，悬挂横幅200余条，粘贴标语1000余条，编发防疫微信6期。严格管控居家硬隔离人员169名，成功劝导农户推迟或取消各类宴席和聚餐23场238桌。推行“扫码+测温”通行，安装健康码超1万人。入境“云”提醒，返乡人员短信温馨问候及提示，累计提醒4.2万余人次。

（王 宠）

凤林镇

【概况】 2021年，凤林镇完成财政总收入5898.03万元，同比增长8.34%，其中税收收入1857.04万元，同比增长101.85%。农民人均可支配收入31861元，同比增长11.7%。先后获浙江省农业绿色发展示范区、浙江省粮食增产保供成绩突出集体等荣誉称号，获评江山首个“衢州市水美乡镇”，通过国家卫生乡镇创建检查评估。

【党建统领】 开展党史学习教育，在白沙村设立“六讲六做”宣讲基地，开展宣讲70余次，累计接待党史研学团队36次2300多人。开展“初心启程”活动，为新一届村“两委”和村民小组进行履职培训，对优秀村民小组长进行表彰。开展“红雁培育”村干部培训，组织“两委”干部前往开化县中共浙皖特委旧址集中研学。做好村级组织换届“后半篇”文章，启动“群雁结对”村干部帮带行动，安排5对新老书记师徒结对；举办庆祝中国共产党成立100周年系列活动暨2021年“南坞三月三”民俗文化节、“致敬百年路、党员话初心”凤林镇“七一”表彰大会等活动，对优秀党员、优秀党务工作者集中表彰，激活党员干部荣誉感。

【疫情防控】 常态化抓好疫情防控工作，上饶市疫情突发时，在全镇设置省界测温亮码卡点9个，落实党员干部24小时值守，严防疫情向江山市蔓延扩散。制定完善《凤林镇大规模核酸检测实战演练工作方案》，在花溪岙村、桃源村等6个边界村开展2轮全员核酸检测，应检尽检数9037人次。排查中高风险地区到江返江人员1095名，落实422名重点对象的隔离管控服务，163名境外以及重点地区返江人员全部得到精密智控。推动疫苗全民接种，提供接送服务，累计完成新冠疫苗接种40864剂次。

【农业经济】 稳定粮食生产，完成粮食播种2593.33公顷，总产量1.72万吨。粮食规模经营再创新高，规模种植大户53户，承包面积1466.67公顷，水稻复种面积达1866.67公顷。总投资1500余万元的高标田建设项目全面完工，提升农田面积646.67公顷，完成耕地“非粮化”整治107.8公顷。启动土地整治“1358”工程，先后7次组织开展潜力资源摸排，实施土地整治项目15个，其中山岗一期土地整改面积46.17公顷，垦造耕地项目面积17.67公顷，旱改水项目面积19.53公顷。全国唯一一个油茶良种试种园项目落户白沙村，高坂村、政棠村被列为中央国土绿化项目“百千万亿亩森林质量精准提升工程”试点示范村。

【工业经济】 将振兴工业作为经济发展的头等大事来抓，做好规上企业的培育和指导，全年新增规上企业3家，亚峰木业实现月度升规，红牌装饰、贝克管业实现年度升规，全镇规模以上工业企业8家。对接3家企业智能化改造项目，协助企业提质增效。深化“亩均论英雄”改革，全镇23家工业企业纳入全市企业综合绩效评价系统。全年完成规上工业总产值4.4亿元，同比增长10.1%，完成工业增加值1.17亿元，同比增长10.84%。正泰林农光伏发展有限公司获江山市政府杰出贡献奖一等奖。

桃源村风貌（2021年）

【休闲旅游】 打造“游在江郎、玩在凤林”乡村休闲旅游模式，推进本元乳业、鸟语花香、军扬凤林等项目建设，初步形成文旅项目集群优势。总投资11.5亿元的本元乳业项目，已全面完成土地流转；总投资2.5亿元军扬凤林国防教育文化综合体项目，完成首期建设并开放营业，游客峰值达1500余人；鸟语花香项目一期顺利推进，完成鸟语林、科普馆、萌宠园等建设，成功开园并进行试营业；安邦护卫苑二期项目全面完工；持续推动江山如画景区提质增效。全年累计接待游客达15万人次，鸟语花香生态园项目被列入衢州市重点项目。

【环境风貌】 启动桃源村整体风貌提升百日攻坚行动，累计拆除乱搭乱建234宗5575平方米，整治乱堆乱放点位150余处，整治庭院266户，圈养家禽205户。抓好集镇综合整治工作，完成乡贤街风貌提升工程，投资295万元完成卅二都街街面整治工程，完成凤里、茅坂、南坞传统文化古村落项目编制。在桃源村、南坞、凤溪等村建设“一米菜园”、美丽庭院210余处，盘活拆后闲置土地、弥补村庄造景能力空白现象，实现移步换景、园在景中。开展五水共治“找寻查挖”专项行动，整治问题点22个。成功创建江山市首个“衢州市水美乡镇”，卅二都溪获评“浙江省美丽河湖”，卅二都村获评浙江省“一村万树”示范村。

【平安建设】 严格落实安全生产责任，提前完成两家衢州市级挂牌企业整改工作，组织32家企业开展消防演练，组织“百万员工安全大培训”560人次，完成涉爆粉尘、危化品行业摸排整改。组织开展食品安全检查563次，发出责令整改6份，全年共监管农村群体性聚餐103次，涉及3000余人次。开展道路交通安全专项整治行动，投资65万元对辖区内县乡道交通隐患点进行整治，整改消除安全隐患点位160余处，在15个重点隐患路口安排16名交通安全劝导员上岗执勤，连续173天安排镇干部500多人次上岗执勤劝导。开展“四无一降”平安凤林星级网格创建活动，网格员开展代跑代办服务500余次，完成网格信息上报6485条，走访网格重点人员1978人次，巡查重点场所498批次。深化“网格+代表”工作，推动解决民生问题17个。

【民生保障】 巩固脱贫攻坚成果，强化低收入农户动态监测，完成低收入农户医疗救助581人，发放救助金88万元。对全镇96户低收入农户统一完成卫生厕所改造。帮助1113名残疾人申领两项补贴251多万元，残疾人之家投入运营，为23名残疾人提供康复照料和辅助性就业。发放义务兵家属优待金，对60周岁以上部分退役军人落实医保补缴，实现义务兵家属体检活动全覆盖。全面推进退役军人服务站建设，创建枫桥式退役军人服务站2个、全国示范型退役军人服务站12个、衢州市示范型退役军人服务站2个。凤林镇残疾人之家被评定为衢州市三星级残疾人之家。

（鲁苗苗）

峡口镇

【概况】 2021年，峡口镇以“1361”战略体系为抓手，以打造“古道明珠、富美峡口”金名片为目标，全力抓好产业发展、美丽建设、改革创新、平安稳定、民生保障等工作。全年完成税收收入4282.25万元，财政总收入23332.53万元，同比增长18.69%。农村常住居民人均可支配收入达到3.36万元，同比增长11.63%。先后被授予全国重点镇、国家级生态镇、全国文明镇、全国生态文明先进乡镇、国家卫生镇、国家级AAA级景区镇等荣誉称号，是第二批省级中心镇、衢州市经济强镇。年内成功创建县域副中心型的省级美丽城镇样板镇。获评省特级文化站、浙江省生猪增产保供成绩突出集体、衢州市第一批法治建设示范乡镇、江山市法治建设示范乡镇。

【乡村风貌提升】 完成枫石村乡村振兴党建示范带党群文化广场提升、三卿口村竹山底景观提升等一批党建示范带项目。完成王村、枫石、同桥新时代中国幸福乡村项目建设。完成枫石、三卿口、柴村、广渡传统村落保护项目建设，提升群众的满意度、获得感。向上争取5000万元资金用于枫石村诗画风光带标杆村打造，枫石村被列为衢州第二批未来乡村创建村。

新时代中国幸福乡村同桥村（王一飞 摄于2021年）

【美丽集镇建设】 整合资源力量，群策群力，成功创建江山唯一的县域副中心型省级美丽城镇样板镇。稳步推进南部集聚区建设，水库移民避险解困项目B区块前三标段12幢公寓楼建设，完成交房166户498人，四五标段8幢已完成主体建设。完成兴华街改造提升，迎宾路外立面改造，三卿口溪集镇段夜景打造。加快推进集镇项目建设，定村移民体育健身中心、敬老院扩建工程已完成主体工程，江山市第三人民医院进行主体建设，集镇区农贸市场地块成功出让。

【产业转型升级】 坚持走好“转型发展”之路，产业实力显著提升。工业经济逆势增长，新增规上企业2家，新增亿元企业4家，全年实现规上企业产值16.40亿元，同比增长71.20%，排名全市乡镇（街道）第一。聚焦平台能级提升，完成开洋木业二期8.8公顷土地平整及丽丰木业0.8公顷土地平整。完成迎祥路西段、峡南路西段、新丰路地下雨污管网铺设及道路硬化。精准招商强化，全年完成项目招引6个，协议总投资0.96亿元，其中新增用地类项目1个，新增投入类项目4个。完成全社会固定资产总投资4.59亿元。

【改革赋能】 推进全国农村宅基地改革及住房确权登记换证工作，累计发证2640户。枫石、王村两村，农房签订收储协议56户4286.63平方米，收储资金共409.3万元；有意向抵押融资农户40户。推进全域土地综合整治国家试点工作，第一批已确定实施垦造耕地项目共计新增耕地面积24.37公顷，积极挖掘潜力，破解茶叶山政策处理难题，累计摸排并确认新增实施项目7.8公顷，获江山市土地整治破题攻坚奖。

【基层治理】 推进“县乡一体、条抓块统”改革，推动“141”体系落实落细，总投资700万元的社会治理中心建成并投入使用。探索智慧场景应用，针对集镇违章停车、占道经营、园区消防等高频事项开发的视频感知智慧治理平台部分投入使用。深化一支队伍管执法，提高执法效率。推进17个“一件事”闭环管理，完善非法加油“一件事”处置权责和流程，实现多部门联动，处置时间从改革前的1小时缩减到15分钟。成功化解信访积案9起，在全市率先实现双清零。成功调处矛盾纠纷326件，其中重大疑难矛盾纠纷35件；受理和调处各类案件202件，其中法院委托调解121件，成功调处69件。

【民生保障】 推进2022年度城乡居民医疗保险和惠衢保征缴工作。推进医保电子凭证激活工作，全镇共激活28799人，激活率达73.98%。实施临时救助31户41人，救助金额17.12万元。关心关爱残疾人群体，合计发放两项补贴385.77万元。扎实做好退役军人事务工作，向困难退役军人、烈士遗属、士兵家属发放优待金。做好年度征兵工作，向部队输送优质兵员。建立企业安全生产红、黄、绿管理机制，开展企业安全生产专项检查12次，涉及企业57家，查处问题112个，累计整

美丽城镇创建（王一飞 摄于2021年）

改隐患 44 处。开展 3 次防汛隐患大排查，拆除水库山塘拦鱼网 15 处、主要水系河道钓鱼台 42 处，完成王坛水库溢洪道防汛应急改造工程项目。森林防火实现全年零火情。组建峡口镇综合应急救援队，及时应对突发情况。

【共同富裕】 聚焦“两不愁三保障”，通过政策兜底、公益帮扶、产业扶贫等形式确保农户顺利脱贫。规范社会保障领域审批程序，共享大救助信息平台数据。加快扶贫项目进度，盘活资产，挖掘资源，拓宽集体经济收入渠道，地山岗村、王村村物业经济楼建设推进顺利。开启华欣牧业食草农牧一体的“羊来羊回”“种来种去”“人来人往”共同富裕实践，成功引进杭州联众集团，省级农村综合集成改革试点落地峡口。全镇 18 个行政村村集体经营性收入均达 20 万元以上，其中 50 万元以上 6 个。

【文化事业】 完成村级文化礼堂、新时代文明实践站 100%全覆盖。以“8090”新时代理论宣讲、衢州有礼“八个一”等系列活动为载体，建设群众乐于参与、便于参与的综合文化站，打造乡风文明新阵地，综合文化站被评定为省特级综合文化站。全年吸引多名优秀教师到峡口镇任教，“学在峡口”品牌日益增强，峡口初中 27 名学生考取省重点高中江山中学，其中 2 名学生考入江中学军班、2 名学生考入实验班，数量位居乡镇前三。

（詹圣如）

保安乡

【概况】 2020 年，保安乡全年完成固定资产投资 3567 万元，完成当年任务的 102%；接待游客数 30.43 万人次，旅游收入 162.37 万元；农民人均可支配收入达 2.4 万元，同比增长 11.4%。

【农业经济】 农作物播种总面积 735.5 公顷，其中粮食作物面积 467.4 公顷，总产量 2868.5 吨；油料 49 公顷，总产量 90.2 吨；中草药材面积 5.2 公顷，总产量 57.3 吨；蔬菜 146.7 公顷，总产量 1704.8 吨，食用菌 25 吨。毛竹和茶叶是两大特色产业，其中茶园 112 公顷，茶叶产量 91.2 吨；果园 82 公顷，水果总产量 1476 吨。

【项目建设】 投资 3500 万元的江山港流域综合治理项目即将完工；示范型居家养老服务中心项目顺利竣工；投资 4800 万元的仙霞关旅游综合体项目已进入施工阶段；经过努力，保安支线白改黑、上箬山至阴垄林区道路硬化等项目成功纳入项目库；赵宅门拆后利用示范村、保安老街改造等项目已进入施工阶段；邻里中心建设、竹艺文创中心、保安溪滨水旅游配套设施建设等项目有序推进。全乡建设用地复垦项目实施 6.4 公顷，圆满完成全年任务。野度山地度假区、龙井镇精品民宿等亿元以上招商引资项目取得实质性进展。

【全域旅游】 持续推出红红火火过大年、绿牡丹开茶节、“重走红

3 月，保安乡开展重走红色古道活动

色古道”游线等文旅品牌，先后参与承办国际越野跑、新年登高、浙江省记者主题采风等活动。“西坡·箬山”精品民宿正式对外营业，广受好评。年内，保安乡成功获评国家级卫生乡镇以及省级AAAA景区乡镇；保安村被评为浙江省历史文化名村以及浙江省AAA级景区村，并入选首批衢州市职工疗休养基地；龙溪村被评为浙江省AA级景区村；保安村、后坂村箬山自然村获评第一批省级传统村落。

【环境治理】 全力推进衢州有礼“八个一”新时代文明践行等系列工作，乡村风貌明显改观。全面落实环卫一体化，常态化开展“一支队伍管执法”巡逻，极大改善集镇环境卫生秩序。全方位推进国土绿化美化进程，栽种各类苗木2万余株，新增国土绿化面积10.67公顷。强化公益林管护，全年共发放生态公益林补助263.79万元。持续深化“五四三”中心工作，有效改善农村人居环境。

【农房管控及风貌提升】 坚持因地制宜、因户施策、就地取材原则，结合民需民求民愿谋划好拆后利用、资源转化、风貌提升的农房风貌提升后半篇文章。通过优先保障农民建房、建设公共停车场、打造一米菜园（果园）等多种方式，按照“一村一带、一季一花、一庭一果、一户一景、一旬一味”主题，推进拆后土地应用尽用，全乡拆后利用率已达100%。投资200万元重点打造赵宅门拆后利用示范村，开展绿化提升、景观改造、标识打造、地面铺装等工程。

【民生保障】 惠民政策全面落实，城乡居民养老、医疗保险参保率均达平均水平。全年共发放低保金118.27万元，共发放特困金8.19万元。切实维护残疾人权益，发放残疾人生活困难补贴、护理补贴共计45.15万元。年家庭人均收入8000元以下农户实现清零，深化“消费终端+集体经济合作社+小农户”等消薄模式，2020年全乡7个村集体经济经营性收入全部达10万元以上，其中有6个村达20万元以上。

【自身建设】 推动党委理论中心组学习、干部夜学等常态化制度化，促进乡村干部更好地用理论武装头脑、指导实践、推动工作。以“木桶理论”建立“底线考、排位考、专项考、网格考、综合考”五度奖惩体系，每季度通报“十条军规”正反典型，大力营造鼓励先进、鞭策后进、严厉治庸治懒的干事氛围，树立争先创优导向。持续深化模块化改革，为机构瘦身、为效能添翼。做深廉洁政府建设，严控“三公”经费支出，压减一般性支出，切实过好“紧日子”。加强重大事项民主决策和风险评估，重大开支集体商定，重大项目公开招投标等机制。强化内审监督及外部监督，突出重点领域和关键岗位廉政风险防控。自觉接受人大及社会各界监督，办复人大代表建议17件。高标准完成“三资”工程专项巡察整改工作，顺利承办衢州市乡镇（街道）党委巡察整改现场会。

（毛慧琴）

廿八都镇

【概况】 廿八都镇实现地区生产总值3.19亿元。年内成功创建省乡村旅游重点镇、省级森林康养名镇、省革命老区乡镇，获省生态文化建设突出贡献集体等荣誉称号。

【党建强基提能】 强化政治建设，开展党员春训、书籍送学、“六讲六做”大宣讲等形式的党史学习教育20余次。建强红色堡垒，新任用村书记1名，发展党员9名，举办党建统领月度主题竞赛等活动，以“组团亮特色、书记述实绩、网格展风采”激励党员干部深耕责任田，完成两个后进村整转验收花桥、坚强、林丰党群服务中心建设加速，“五好型”支部占比达77.78%。构建全域“Y”字形党建联盟，成立以浔里村为盟主的“浔梦古塞”党建联盟，赋能乡村片区化发展。抓好党史学习教育成果转化，依托党群服务中心平台、人大联络站，建立民意采集监督工作闭环，走访群众 6000 多人次，征求意见建议 682 条，梳理形成“问题清单”“任务清单”“项目清单”，办理民生实事 10 余件。以党建引领对台工作，启动廿八都省级对台交流基地创建，承办衢州市台办组织对台交流篝火晚会等活动。

【文旅提质增效】 融入浙皖闽赣四市“联盟花园”建设发展格局，深化区域旅游协作，扩大旅游产品消费圈，全年接待游客量 70 万人次，旅游收入 5780 万元。统筹推进“微改造、精提升”，实施“五精工程”（精美景观、精良设施、精心服务、精心运营、精致体验），投入资金 5000 余万元，完成文保单位修缮、强弱电改造、成功亭建设等项目 80 余项，推进国际非遗活化博览园等重点项目建设。深化全域旅游建设，推进霞客文化村、历史文化保护重点村等重要节点打造，花桥村、枫溪村成功创建国家 AA 级、AAA 级景区村庄，林丰村通过国家 AAA 级景区资源评估。打响“念念不忘”旅游品牌，配合完成浙江卫视《还有诗和远方》节目组拍摄，推动打造“诗画浙江·百县千碗”古镇特色美食街区获省专家评审组高度肯定。致力文化惠民，成立廿八都镇文化联合会，改造提升镇文化站，开展“建党百年·我的中国梦”主题绘画课、首届太极拳展演、徐霞客文化主题读书会暨重走霞客路等活动 30 多场，山歌、排舞等文化培训 15 场，镇文化站获评省“一级综合文化站”。

【产业培育升级】 围绕“吃住行游购娱”培育新业态，延伸产业链，挖掘带动实现村强民富，村集体经济收入实现 20 万元全覆盖，50 万元、100 万元以上各 1 个。探索“政校企”合作模式，推进“产、学、研、游”特色研学小镇创建，入选“在浙学”浙江省市民终身学习体验基地和衢州市、江山市中小学生研学实践教育基地，全镇民宿农家乐接待各类院校写生、研学团队 50 批次、2800 余人。聚力精品民宿集聚区建设，提升改造精品民宿 10 余家，大山明珠、和悦民宿等多家民宿成功创建省级银宿，“归也·仙霞驿”成功创建浙江省银鼎级特色文化主题饭店，兴墩村、浔里村成功创建衢州民宿集聚村，全镇全年民宿行业经营收入 2200 余万元。做优做强农特产业，加快发展林下经济，推动全镇 45 家家庭农场提质增效健康发展，种植猕猴桃、薏米、黄精、竹荪等 120 公顷，并引导创立兴墩村“强村公司”，拓宽生态农特产品外销通道，助推生态产业化。

【民生福祉增进】 有序推进脱贫攻坚成果同乡村振兴有效衔接，完善落实监测帮扶机制，全年清理不符合低收入条件对象 17 户，落实精准帮扶 230 户 398 人，实现“应保尽保、应退尽退”；落实就业指导、助学帮扶等举措，“雨露计划”补助 37 人，完成残疾人信息动态更新调查 418 人、残疾人家庭无障碍改造 7 户，发放两项补贴 77.41 万元，“匠心残韵”

5 月，浙江卫视《还有诗和远方》节目组在廿八都镇拍摄(徐程翀 摄)

工坊通过传授残疾人竹编技艺推动就业，获评“十三五”期间省残疾人工作成绩突出集体，浔里村获评衢州市高质量就业村。狠抓未来乡村学校、农民饮用水提标改造等惠民工程建设。实施“民生安居”工程，统筹推进炉峰小区扩容、龙山花苑小区基础设施配套等项目建设，解决枫溪村51户农户的建房安置需求，完成827户搬迁户宅基地确权办证。深化双拥共建，花桥村成功创建省级“枫桥式”退役军人服务站。

【环境优化美化】 统筹推进乡村风貌整治提升，开展集镇区、205国道沿线环境综合整治，改造不协调风貌25处，完成“三改一拆”1100平方米、复垦复绿2公顷，建成“一米菜园”“口袋公园”20余处，实施农村公路改造提升、巾竹溪段改造提升、改厕等基础设施配套项目20多个。践行“两山”理念，落实落细“林长制”“河长制”，治理河道3公里，清理淤泥1000余吨，打造林区道路村域风光线，深化与仙霞岭保护区管理中心及桃花源基金会合作，推进公益治理模式，生态环境持续向好，出境水质常年达到地表Ⅱ类以上标准，浮盖山村、花桥村、浔里村分别获评浙江森林氧吧、省美丽乡村特色精品村、省首批美育村。

【古镇平安建设】 构建“党建+平安+群众”架构，营造共建共治共享治理格局。健全完善“141”基层治理体系，抓好“镇、村、网格”三级防疫责任落实，发挥三省边际乡镇疫情联防联控机制作用，筑牢三省边疫情防控防线，实现“零输入、零感染、零发病”。坚持和发展新时代枫桥经验，完善多元解纷机制，化解各类矛盾纠纷50余起，全年实现信访积案清零，创建“无信访村”6个，获评衢州市无信访积案乡镇。层层签订责任书38份，开展安全生产、消防和食品检查检查宣传，全年排查整改企业安全生产隐患49个、特种设备检查隐患14个，获评省四星级乡镇（街道）食安办。

【政府效能提升】 强化实绩工作导向，高质量完成镇三套班子换届选举，调整划分六模块平台；完善立体化考评体系，修订干部轮岗、驻村联格、项目挂联、专班运作等工作机制，开展“雏鹰展翅”计划、模块季PK赛等，通过常态练兵提升“两勤”“两专”能力。强化法治政府建设，推行法制审核“三项制度”，开展合法性审查事项20余件，组织机关干部参加学法用法考试，通过率100%，开展宪法主题日等宣传活动10余场次，实现衢州市级民主法治村全覆盖，坚强村成功创建省级民主法治村。加强执纪监督，突出重点领域和关键岗位廉政风险防控，完成林丰村巡查整改。推进“最多跑一次”，实现村级民生高频事项网办、掌办，全年累计“无差别受理”600多件。推进政务信息公开，全年累计公开信息283条。

（叶 成）

12月，廿八都镇浮盖山村获评浙江森林氧吧

长台镇

【概况】 2021年，长台镇实现地区生产总值5.1亿元，同比增长9.9%；地方财政收入340.6万元，同比增长9.3%；农村常住居民人均可支配收入3.04万元，同比增长11.5%。先后被授予国家级生态镇、省级卫生镇、省体育强镇、省体育特色乡镇、省级蜂业特色农业强镇、省级森林城镇、省级园林城镇等荣誉称号。

【工业发展】 把“项目为王”贯穿发展全局，完成网上直报投资项目15个，其中5000万元以上投资项目2个，实现固定资产总投资7967万元。加快推进甜蜜客厅、嵩溪幼儿园等在建项目进度，其中投资1.2亿元的甜蜜客厅项目已基本建成，嵩溪幼儿园项目已完成主体建设。推动宏辉仪表、皇朝门业等企业完成厂房升级，实现生产机械智能化；支持健康蜂业、天霖电子商务等企业做优做强，加快电商换市推动经济转型。开展“我为企业解难题”、组团联企等服务行动，持续助推企业发展。持续深化项目谋划与储备工作，成功举办第三届项目谋划擂台赛，共谋划镇级项目13个，全面营造“人人参与、人人谋划、人人推进”的浓厚氛围。

【特色农业】 全面落实惠农强农政策保民生，耕地地力保护调查总面积达970.27公顷，预计发放补贴147.5万元。全力开展早稻订单申报工作，共上报早稻订单321.27公顷，预计收购早稻1927.6吨，奖励资金115.6万元。扎实推进粮食绿色高产高效创建工作，下徐分畈千亩示范片连续六年申报省级千亩示范片。加快推进基础设施建设促生产，共浇筑机耕路7714米，灌排渠7109米，平整土地10.67公顷，大幅增加特色水稻种植业产值。结合美丽乡村建设，推进水利工程，完成7个水利工程项目顺利竣工，配合实施江山港流域综合治理工程，共协调现场存在问题8个。

长台甜蜜客厅（2021年）

【旅游经济】 利用自然生态优势，围绕“两山”转化战略，做好农旅结合文章，花园村黑莓基地、贺新鹿鸣山庄水果基地、长安村鸡爪槭基地、华峰千亩稻田观光园、乾湖万亩香榧基地等休闲农业观光点成为长台旅游打卡地，全年各类特色农业观光基地接待游客1.5万余人。做足“旅游+”文章，成功举办第四届“蜜蜂·韵香梨花节”，吸引游客1000余人。发展工业旅游，开发集食宿、产品展览、休闲体验等服务为一体的工业旅游模式，甜蜜客厅项目完成主体建设，与健康蜂业公司遥相呼应，形成“特色蜂蜜产业+甜蜜乡村生活”的双线游，打造江山东部区域性旅游目的地。

【国土空间】 把握政策红利期、窗口期，高质量开展土地整治，逐一制定项目区块《项目攻坚作战图》和《项目推进问题清单》，实行挂图作战，销号处理，共计投资1.03亿元整治土地176.98公顷，打造高效节约的乡村空间新格局。加强农村风貌提升，开展危旧房整治、农房管控、“三改一拆”等行动，共计拆除面积 3.5 万平方米。注重拆后利用，规划建设一批口袋公园、宅基地、停车场，拆后利用率达 90%以上。

【安全生产】 筑牢疫情防控战线，落实“五包一”管控方案。持续做好重点区域人员滚动摸排工作，累计摸排上报涉境外人员 137 人，在境外 63 人。推进疫苗接种工作，完成全镇 18 岁以上人员首剂接种 11004 人，第二剂接种 10773 人，第三剂接种 4070 人。守住安全生产底线，开展“护航建党百年”安全生产大排查大整治行动，停产整改企业 3 家，限期整改 8 家，发现隐患 41 个。升级食品安全大督查，对全镇的食品小作坊和饮食店进行定期和不定期的检查，共出动特种设备安全监察人员 24 余人次，检查特种设备 45 台，发现一般隐患 5 处，现场下达整改 5 处，已全部完成整改。聚焦交通安全常抓不懈，启动镇村干部联合执勤制度，累计出动 500 余人次于早、晚高峰在重要路段执勤劝导。

【平安创建】 依托“两难钉钉群”工作机制，抓好源头矛盾化解，以“专业力量+社会力量”为支撑，处置上报各类矛盾纠纷 86 起，书写正式卷宗 17 本，其中镇调委会共调解重大矛盾纠纷 2 起，涉及金额 400 多万元。全年来信来访同比下降 14.2%，初信初访同比下降 5.9%，主要领导接访率、化解率、满意率均为 100%。开展矛盾隐患全面摸排、信访纠纷精准化解、常态稳控三大行动，平安护航中国共产党成立百年。

【社会治理】 依托基层治理四平台改革，加强综合信息指挥室“一个枢纽”作用，配齐配强干部队伍；落实事件分级处置机制，处置各级事件 4.1 万条，实现“微事不出格、小事不出村、大事不出镇”。深化“网格+代表”工作，以基层代表“小角色”发挥基层治理“大作用”，打造人大代表联络站“升级版”。坚持开展领导干部理论中心组集体学法、“法雨春风”法律服务月、“5 · 28”民法典专题宣讲、“12 · 4”宪法宣传月等活动，切实做到村有普法宣传队、组有普法宣传人，户有法律明白人，构建懂法用法学法守法的和谐社会。

【集镇发展】 聚焦基础设施完善，先后实施中心街外立面改造、东西路口改造提升、嵩溪两岸亮化绿化、中心街强弱电“上改下”等项目，完善集镇功能。聚焦发展空间拓宽，开展集镇东部征迁工作，推动营盘山精品小区、长台嵩溪幼儿园、嵩山路道路延伸等工程落地，打通集镇“三纵三横”道路交通网络。以创建美丽城镇样板镇为契机，以“一山一溪一路一口一街”改造提升为驱动，科学有序拓展集镇生产、生活、生态空间布局，并成功创建“省级园林城镇”。以常态长效管理为目标，制定日常管理方案，及时整治占道经营、违章停车等问题，有效规范集镇秩序。

【环境卫生】 积极参与全国文明城市创建，开展全域性环境卫生综合整治行动，将集镇范围划分为九大区块，形成班子成员带头干、机关干部自觉干、人民群众跟着干的良好氛围，累计发动人员 1000 人次，开展集中行动 20 次，清除乱搭乱建、乱堆乱放 130 多处，清理牛皮癣、小广告、玻璃胶痕 220 多处，清运房前屋后杂物、垃圾 150 余吨。巩固“五水共治”工作成效，持续加强水资源利用、水污染防治、水环境治理和水生态保护，发动群众共同参与河道巡查管理。

【民生保障】 巩固脱贫攻坚成果，实施农村困难群众救助，重视残疾人、困难党员、孤寡老人、重病户等特殊群体生活帮扶，发放各类帮扶资金 504.23 万元。推动镇“残疾人之家”、社会工作站顺利运行，实现 100 多名残疾人和 30 余名群众受益，经常性开展入户关爱慰问、心理疏导等。提升长台养老水平，养老服务中心 3 号楼全面完工，居家型示范养老服务中心正式投入使用。

【文化教育】 深化文化礼堂的“建管用育”，利用文化礼堂乡村振兴讲堂、新时代文明实践战的辐射作用，开展主题党日、党史学习教育等各类活动30余次。持续发扬崇学之风，打响"学在长台"教育金品牌，长台初中2021年中考成绩再创辉煌，教学质量居全市农村初中前列。填补学前教育短板，擦亮"学在长台"教育金名片，长台嵩溪幼儿园项目落地施工，顺利完成主体建设，全力打造长台教育集聚区。

【难点攻克】 凝聚矛调合力，推动"网格+专业+社会"三力合一，信访苗头排查到位，化解矛盾纠纷313个，实现全年信访量同比下降14.2%，初信初访同比下降5.9%。信访积案化解到位，实现信访积案1件停访息诉、1件听证终结，获"衢州市无信访积案乡镇"称号。

【省级园林城镇创建】 在巩固省级森林城镇、小城镇综合整治、美丽乡村建设的原有成果上，坚持以"项目添绿""监管护绿""产业活绿"三大工程为主抓手，纵深推进省级园林城镇创建工作。编制《长台镇美丽城镇绿地系统规划》，形成"一心、一带、两片"的规划格局，该方案被衢州市评为优秀方案。重点打造2个功能性、景观性俱佳的园林，形成127个富含文化性、生态性的微园林。实现建成区绿化覆盖率35.22%，绿地率30.88%，人均公园绿地面积33.20平方米，基本建成"300米见绿、500米入园"的公园绿地服务体系，成功创建"省级园林城镇"。

（姜建科）

石门镇

【概况】 2021年，石门镇实现财政总收入5410.31万元，一般公共预算收入2891.89万元，农村居民人均可支配收入31453元。年内，获评省AAAA级景区镇、省"五水共治"工作考核优秀乡镇，成功创建省四星级食安办，评为衢州市级文明规范公正司法所，溪底村、界牌村、泉塘村成功创建"新时代枫桥式退役军人服务站"，延龄村成功创建衢州市级民主法治村。

【旅游业】 石门运动休闲乡镇完成省级终评验收；江郎山旅游度假区可行性研究报告通过省级联席审查；烟雨江郎景区通过国家AAA级旅游景区景观质量评审；达篷村、西山村通过浙江省AAA级景区村验收；江郎山村通过衢州市民宿集聚村验收；中高端民宿农家乐达到45家，其中省级银宿5家。康悦民宿获评浙江省高等级银宿，新增山塘舍里、东篱下民宿，云端觅境、云七民宿等4家高端民宿。

【农业经济】 经济作物播种总面积611.8公顷；油料267.2公顷，总产量455吨；棉花37公顷，总产量61.1吨；甘蔗14.13公顷，总产量382.4吨；蔬菜及食用菌214.47公顷，总产量11715.8吨；瓜果类21.73公顷，总产量583.2吨；其他作物57.27公顷；茶叶

高端民宿云端觅境俯瞰图（2021年）

总产量188吨；园林水果总产量699.9吨；牛年末存栏165头，年内出栏61头；羊年末存栏350头，年内出栏120头；家禽年末存栏529598羽，年内出栏2153130羽；兔子年末存栏710只，年内出栏1704只；肉类总产量2781.4吨，其中牛肉10.5吨，羊肉1.7吨，禽肉2766.8吨，兔肉2.4吨；鸡鸭鹅蛋总产量590.5吨。

11月20日，石门镇综合应急救援队成立（萧杭 摄）

【“县乡一体、条抓块统”改革】 迭代升级“基层治理四平台”，构建“4+2”平台模块架构体系，撤销生态文旅办公室，成立综合行政执法队，整合部门派驻人员8名、乡镇执法力量12名。通过“业务协同、流程再造、制度重塑”，“V”字拆解校园周边安全防控、扬尘处置、无证无照处置等19件高频多跨事项，实现基层治理一件事“一次办、集成办、高效办”。

【土地征迁和整治】 完成蓝城E、F、G三个区块的210亩土地报批和征迁工作，迁移坟墓200多穴。推进“1358”土地整治工作，确立实施两个千亩方项目，整治面积达86.67公顷，其中73.33公顷已完成第一批验收，同时已立项确认实施垦造耕地面积35.88公顷，超额完成48%。

【未来乡村】 江郎山未来乡村从3月开始实施，共谋划梳理22个项目，总投资约3000万元。完工江郎山未来乡村农业基地及展示中心、村播中心、小镇主道路一期建设、石门初中电力管线改造、学校污水管网改造、未来乡村道路连接线项目。毛氏家宴中心进行初步设计；清漾核心区块道路铺装工程完成稳定层施工；健康绿道、清漾核心区道路硬化、荷花池道路提升、清漾大道绿化提升、凤尾池周边景观提升、强弱电改造等项目完成预算；清漾供销社、健康体验馆完成设计。

【村级集体经济】 全镇15个行政村集体经济20万元全覆盖，30万元以上4个，50万元以上1个，来源以租金收入和市级抱团项目为主。指导延龄村谋划建设石门镇延龄村物业经济综合用房建设项目，每年可为村集体创收14万余元；筹资800多万元建设集旺铺、商超和仓储功能于一体的集镇农贸市场综合体项目，每年可为溪底村集体经济创收41万元。

【应急管理】 设立应急管理办公室，归口整合防汛防台、森林消防、公共卫生安全、农村领域消防安全、道路交通安全、环境保护、减灾赈灾等职能。率先在全市组建成立石门镇综合应急救援队，其中专职消防应急分队11人、水域山地救援队16人、森林防火灭火分队59人、特勤处置救助小组8人，与江山市红十字应急救援队建立合作关系。投入10万余元完善应急物资储备，实现救援装备物资的统一调度。依托高空天眼和监控探头，基本实现镇域范围和景区各重要节点视频监控全覆盖。

【干部培养】 组建“尚书院”，建立“领导班子+老干部+年轻干部”导师帮带制，通过“结对一个导师、驻联一个村、领办一个提案、调研一类课题、化解一批信访”等“五个一”方式，为“8090”年轻干部搭建平台。实施“双雁齐飞”村干部队伍培养工程，一肩挑作为领头雁，每月一次学习会、每季一次观摩会、每年一次总结会；村两委干部作为雁阵群，成立一支娘舅队、每季一次培训会、每年一次分享会。

【民生事业】 投资1439万元，实施石门镇中心幼儿园建设项目；投资950万元实施延龄街至通景公路、花峡线至蓝城•春风江山、达篷村日光垄至八岗山道路等3个项目；投资200万元完成石门镇敬老院改造提升工程。在溪底村建立镇示范型养老服务中心，开展助配餐服务。通过国家卫生乡镇创建工作省级评审。全程做好疫苗接种和公共防疫工作。

【扶贫工作】 指导谋划建设4个扶贫产业增收项目；统一归集镇内648户对象的空间信息，完成石门镇低收入农户共同富裕地图绘制；高质量完成系统内648户888名对象各字段数据采集录入，常态化管理，动态化维护；完成204名结对干部、398户结对情况的动态调整，7776次结对走访信息创建。

【矛盾调处】 实施镇村便民服务中心改造升级工程，高标准打造一站式综合智治中心，集成石门人民法庭、江郎山派出所、司法所、社治办、“老娘舅”金牌调解、便民服务中心等力量入驻，真正实现服务群众“最多跑一次”、群众解忧“最多跑一地”。利用“基层治理一件事”“掌上指挥”平台，强化“网格村镇”三级摸排上报流转机制，健全网格事件消化处置、警格融合调解、组团联村协处、法律服务融入和“揭榜挂帅”等多元调解体系，实现矛盾纠纷化解多层联调、一线贯穿。年内共成功调处各类矛盾纠纷430件，其中口头协议181件，形成卷宗249件，重大案件6件。

【“五水共治”】 先后分3个标段进行项目建设，共投入资金1200余万元，解决集镇区域内2132户、石门小学及石门初中雨污分流和污水截污纳管问题。立项实施集镇污水处理站改扩建工程，处理站总规划规模将由750吨/天提升至3000吨/天。投资500万元，实施清漾村农村污水零直排工程。在集镇范围内安装5个污水管道监测感应探头，4个雨水管道感应探头，3个集水井观测探头，实现集镇污水数字化运维。获评衢州市“污水零直排区”标杆镇。

（徐 迅）

张村乡

【概况】 2021年，张村乡财政总收入3351.61万元；固定资产投资5093万元；农村常住民居人均可支配收入22585元，同比增长9.3%。年内，被认定为浙江省革命老区乡，获衢州市无偿献血促进奖单位奖、江山市最多访一次四星级单位称号。张村乡文化站被评为省一级综合文化站，琚源村被评为省级民主法治村、省美丽宜居示范村，太阳山村被评为省级森林人家、省“一村万树”示范村。

【特色农业】 推进土地复垦、高标准农田提升，完成龙头店等村百亩土地复垦项目、秀峰等村高标准农田提升项目。打造“一村一品”努力培育农业特色，猕猴桃、山茶油、茶叶为主体的生态农业平稳发展，种养植面积不断扩大，集聚效应和辐射带动能力显著增强。中药材、石斑鱼养殖等新兴产业发展势头强劲，建成浙江省百亩中药材示范基地。

【旅游产业】 深入推进“万千百”工程，毛长甫村、安顶村成功创建浙江省A级景区村，实现张村乡A级景区村全覆盖。培育民宿产业，统筹资金完成状元居民宿农家乐建设。依托乡贤资源，推进多村联建物业经济用房项目，探索“跨村飞地”共富新模式，以小资源撬动大资本，促进村集体增收。“又见炊烟”民宿、“寻梦记”民宿获评江山市精品民宿。挖掘红色游线，加快红色旅游发展，全面贯彻落实衢州市委主要领导到乡宣讲指示精神和市委1号交办单精神，推进红岩顶红色基地保护修缮，完成红军广场、红军馆等一批革命老区环境提升项目，制定《红岩顶红色教育基地提升打造方案》。

【党建智治】 全面融入数字化改革大局，推动基层治理“四平台”建设迭代升级，形成“县乡一体、条抓块统”高效协同治理格局。发挥网格员“哨兵”作用，处置各类事件信息3575件。加快推进“152”体系与“141”体系衔接贯通，提升综合信息指挥室战斗堡垒作用。发挥“两难”问题钉钉群中枢协调作用，成功化解疑难问题151件、4件信访积案，受理各类信访及“12345”投诉热线177件，办结率为100%，医保、惠衢保、疫苗接种等工作位列全市前三。先锋村、琚源村成功创建省级民主法治村。

【村企结对】 与省国贸启动新一轮结对帮扶，签订“1+5”结对帮扶协议，谋划“两山”项目13个，确定结对项目6个，其中中药材研学基地、岩茶基地、高山蔬菜基地、塔山酒产业基地等4个产业项目转化落地、有序推进。强化沟通交流，输出农特产品，把高山蔬菜、山茶油、猕猴桃等农特产品送上国贸餐桌，使双方“亲”结得更深。

【项目建设】 坚持“项目是发展的生命线”，大抓招商，大干项目，以项目起势打造发展优势。全力谋项目，举办乡第三届项目擂台谋划赛，全乡共谋划项目16个，入库2个，其中毛长甫箬缘民宿集群项目获市项目谋划擂台赛三等奖。全速推项目，全年完成固定资产投资5093万元，完成乡村振兴综合体、太阳山路风貌提升、状元居民宿等6个重大文旅项目建设。投资1178万元，推进太阳山寺扩建（修缮）项目。投资1.1亿元的凯胜项目基本完工，投资5.2亿元的太阳谷神话乐园完成一期基础游乐设施建设。

太阳谷神话乐园项目场景（2021年）

【民生实事】 乡村振兴综合体建成投用，内设江山市图书馆张村分馆、红岩顶展厅、农特产品展示厅等功能布局，丰富群众文化生活。示范型居家养老服务中心、残疾人之家改造投用，实现就近养老，提升群众幸福感。打造知新桥水幕灯光秀，点亮张村夜景靓丽风景线。建优“四好农村路”，投入1320万元完成太阳山村、双合丰、安顶等6村主干道拓宽提升工程，投入1180万元实施乡域水毁道路修复，畅通群众出行“最后一公里”。实施修建19个单村水厂，8台水泵接白水坑水源入村，解决群众饮水安全问题。

【疫情防控】 完成核酸采样点规范化建设。高标准开展疫情防控综合演练。重视疫苗接种工作，累计完成两针疫苗接种4841人、加强针接种1147人，接种覆盖率长期排名全市前列。

【安全生产】 扛起森林防火安全责任，组建市级森林防火队3支、乡级5支，开展森林防火培训15场，全乡防灭火意识和消防实战能力显著提升，五年内未发生重大森林火情，获评闽浙赣毗连地区护林联防先进乡镇，张村乡代表队获2021年全市森林防灭火比武竞技一等奖。强化防汛救灾，发挥基层网格和“一长三员”作用，全面打赢“6·6”“6·30”抗灾救灾战役，保障群众生命财产安全。强化行业安全监管，加强应急队伍建设，常态化开展巡查，推动安全生产、食品药品、农村消防、交通安全等工作有效落实，五年来无重特大事故发生。

（王　贤）

塘源口乡

【概况】 2021年，全年实现固定资产投资2074万元，同比增长51.39%；财政总收入5269.87万元，同比增长24.76%；农民年人均纯收入22081元，同比增长8%，被评为省气候康养乡村、衢州市2021年度无信访积案乡镇、衢州市乡村悦读驿站、江山市“五水共治”公众幸福感提升工作先进单位等。洪福村被列入“中央红色美丽村庄”试点村名录，被评为“浙江省关心下一代教育基地”、浙江省中小学思政课教师实践教育基地、衢州市实训基地等。

【党史学习教育】 创新党史学习形式，3月组织乡村两级干部开展“踏寻革命先辈足迹、领略红色美丽村庄”主题党日活动，通过穿红军服、走红军路、吃红军饭等形式提升干部政治素养。5月组织开展“讲好红军故事，传承挺进师精神”党史理论宣讲大赛，20名“朝习吧”8090宣讲团成员参加，年轻干部通过宣讲成为党史思想的传播者。7月组织召开全乡党员大会，共200余人参加，9个村党员分批次参观红

3月22日，“踏寻革命先辈足迹，领略红色美丽村庄”党史学习教育启动

军挺进师在江山主题馆，并聆听党课教育，提升党性修养，传承红色根脉。

【洪福村创建“中央红色美丽村庄”试点村】 洪福村被列入“中央红色美丽村庄”建设试点名录，乡党委以党史学习教育为契机，先后前往遂昌王村口等地考察，深入挖掘福石岭、洪公、龙旗、油麻庶、长洋等5个自然村革命史料和遗迹，做好红色资源的梳理和保护，采集红军挺进师在江山故事40余个。投资200万元建成“红军挺进师在江山主题馆”、临水讲解平台、星级公厕、教育基地停车场等，在红军路沿线植入红色音响播放系统。承办江山市庆祝中国共产党成立100周年开展“红色根脉 薪火相传”主题党日暨新党员集中宣誓活动。发展红色研学产业，全年共接待前来开展党史学习教育的单位120余个，接待人数1.4万余人，带动周边民宿农家乐发展和村民致富。

【干部队伍建设】 开展5轮6批次新任村干部培训，组织业务培训12次，实现上任即上岗。结合乡村振兴讲堂开展培训，各村累计共开课160节，其中思想政治类约80节，产业发展类约50节，疫情防控类约20节，提升服务能力和水平。持续深化“朝习吧”8090学习平台，先后组织开展党史宣讲大赛、挺进师主题馆讲解大赛、项目谋划大赛、每周一图文点评等活动，两名宣讲员党史讲解受衢州市委宣传部部长钱伟刚的肯定。搭建“赛马”平台，将城东新城征迁和江东化工园区村庄搬迁作为干部素质提升“历练场”，老中青结合组建征迁专班，圆满完成2批15户征迁任务，以赛促学，以干促优，全面提升干部综合素质，打造过硬队伍。

【乡镇换届】 选好一批党代表，全乡10个选举单位均一次性圆满完成选举，共有党员430人，其中有选举权和被选举权的党员425人，应到会党员275人，实到会党员274人，顺利选出48名乡第十四次代表大会代表，4个村全部满票（前墩村、塘源村、白石村、仓源村），平均得票率95.15%，其中得票率100%的有25名（其中村书记7名，两委干部6名，其他党员12名）。10月18—19日顺利召开中国共产党塘源口乡第十四次代表大会，并圆满完成各项议程，选出新一届党委领导班子（共8人）和纪委班子（共5人）。

【“县乡一体、条抓块统”改革】 结合乡情实际，对全科网格进行精简合并，由21个网格合并为20个网格。深化“三个三”基层党建工程，组建“一老一新”联村服务团，互补短板，优化服务。村组织换届后，同步更新“一长三员”队伍，组织业务培训8次。印发《塘源口乡2021年度机关干部四维考评办法（暂行）》，优化考评指标、创新考评方式、增强考评实效，在中层干部选拔任用及评优评先上用好干部素质考察成果。完成乡综合信息指挥室改造提升、农业农村办公室外立面改造提升，新增公安办事窗口，为民服务环境更加温馨。强化基层治理“四平台”日常管理，配强指挥室力量，完成2549件上报事件处置，将矛盾化解在网格。充分发挥“清风和事佬”职能，全年化解矛盾纠纷81件，做到小事不出村、大事不出乡。

【人才工作】 引入江山“两山银行”，推进龙旗自然村旅游资源开发。协助解决“云端觅境”外来团队的雇工、住宿等问题，完成“福瑞居”高端民宿建设。联合中科院、省农科院、“强乡壮村”服务团等专家组建猕猴桃专家工作站，承办衢州市“新115人才”科技下乡活动，指导提升猕猴桃栽培保鲜、新品种引进、种植管理等技术。组织30余名果农前往张村乡开展技术交流活动，壮大“土专家”队伍。深入开展新乡贤摸排，动态更新人才信息库。成立江山源味品牌运营公司，建立农业主体村播人才队伍，引进20

名电商主播带领本地果农开展线上直播，为“江山源味”农产品“代言”，助农增收。

【平安建设】 以“三联工程”为基础，严格执行“细致排查、强化宣传、精准引导”的闭环工作机制。全年开展辖区民宿农家乐、矿区安全生产排查26次，村民煤气隐患排查2350户，完成生产安全问题隐患整改109个。开展道路安全隐患排查10次，完成36处问题点位整改。与60岁以上老年人签订交通安全承诺书4000余份，组织入户播放交通安全宣传片、防诈骗宣传片等5000人次，乡村大喇叭每日循环播放方言版交通安全、消防安全等宣传语，实现宣传全覆盖。开展交通劝导活动，电动车“两率”（头盔佩戴率和守法率）从上年的80%提升到94%，群众出行安全意识显著提升。一年来，辖区内无森林火情、电信诈骗案件，也无安全生产、交通安全等事故发生。全乡9个村中有8个村为无信访村，占比达89%，其中3年无信访村1个，5年无信访村2个，并被评为衢州市2021年度无信访积案乡镇。

【“五水共治”】 实施塘源村饮用水水源补给工程和洪福村福石岭自然村增压泵站工程，完成全乡20个农村生活污水终端问题清单整改工作，配合市水利局、水务集团完成单村水站问题整改，切实保障群众用水需求。发挥民间河长作用，完成公众护水平台注册465人，市五水共治“找巡查挖”问题点全面整改到位，获评2021年江山市“五水共治”公众幸福感提升工作先进单位。

7月28日，全国首单夯土房资源交易签约仪式举行

【特色农业】 深化浙江省猕猴桃特色农业强镇创建成果，争取到省级区域协同发展补助奖励和特色产业发展强镇奖励资金1500万元，投资实施猕猴桃产业提升工程，推动猕猴桃综合体建设和猕猴桃品种引种试种基地建设。乡辖区内中药材产业发展日渐壮大，其中覆盆子种植面积增至100公顷，亩产量达60余公斤，位列全市首位；20公顷黄精种植地被列入国家农产品地理标志保护范围；塘源和龙旗的3.33公顷灵芝种植基地完成收割，每亩净收益约7万元。成立江山源味品牌运营有限公司，举办线上猕猴桃采摘节，邀请网红和果农共同开展直播带货，为优质猕猴桃推广搭建好载体，推动果农增收致富。

【土地整治】 完成11.33公顷补充耕地整改项目，其中涉及猕猴桃564株，油茶10192株，受市“十条军规”典型事项通报表扬。完成冷浆塘村1.03公顷垦造耕地项目，并出动800余人次，完成5个项目31个图斑38.14公顷的不实耕地整改，并全部入库，整改数量和速度位列全市第二。

【基础设施建设】 投资270万元完成垃圾资源化站建设，为保持环境洁美提供硬件保障。仓源村、前墩村、塘源村完成党群服务中心建设，服务阵地更为完备。投资170万元完成张塘线改善提升工程，为相邻乡镇的往来提供便利及安全保障。完成冷浆塘村、青石村A级公厕建设和洪福村星级公厕、停车场建设，为群众生产生活提供便利。完成仓坂村、前墩村文化礼堂建设，乡文化站实现社会化运行，为乡村文化振兴提供载体。

【脱贫攻坚】 全乡238户低保户，50户低保边缘户和74户特困户全部纳入保障范畴，做到应保尽保，应退尽退。落实最低生活保障制度，全年累计发放最低生活保障金128.7万元、特困供养金45.3万元。临时救助9户14人，累计发放救助金1.6万元。春节期间走访困难群众95人，发放慰问金5.65万元。全乡350余名重残、瘫养等困难群众享受残疾补助，累计发放残疾人两项补贴90万余元。

【村集体经济】 盘活生态资源，完成青石、塘源、冷浆塘、白石4个省级扶贫重点村联合购买塘源口茹田电站40%股权项目，每村股权占比10%，各村每年村集体经济收入可增加10万元。借助“山海协作”东风，成功引进浙江海丰花卉菊花种植项目，每年为村集体经济增收5万元，并带动当地低收入农户就业。完成白石村400千瓦光伏发电项目建设，预计每年为村集体增收14万元。促成洪福村与“两山银行”合作，签订全国首单夯土资源储蓄单，由“两山银行”对15幢夯土房进行集中开发，打造精品民宿，预计村集体和农户合计保底收益150多万元，后期还将结合资源经营收益，给予农户相应的溢价分红，在保护夯土房资源的同时带动村集体和村民共同致富。全乡各村村集体经营性收入均达20万元以上，其中4个村达到50万元。

【便民服务】 深化“最多跑一次”改革，全年来塘源口乡城乡居民医疗保险参保率达99.7%。市公安局江郎山派出所综合服务业务进驻乡政务服务中心，办理相关业务10件，为群众提供咨询服务80多起；使用手机App累计办理生育服务登记23人，实现零上门服务。

（王丽雯）

人　物

人物传

方岳年（1928—2021）字亨衡，笔名岳年，浙江龙游人。中共党员，江山市文联原副主席、江山市书法家协会原主席。

方岳年出身书香门第，自幼练习书法，临摹颜真卿《多宝塔碑》，继而效仿王羲之、米芾、黄庭坚、文徵明诸家碑帖，练就一手好字。

1950年8月，衢州师范毕业，到江山任教。历任峡口中学教导主任、校长，廿八都中学负责人，县文教局调研室负责人等职。1978年，任江山一中校长。教学之余，与志同道合的书法爱好者开创江山书画艺术研究之先河，成立“须江书画社”，研修学习近现代书法家沙孟海等作品，后为江山诗词学会创始人之一，担任多届诗词学会会长和顾问。

1980年年底，任江山中学校长、支部书记。1984年4月，任县文联副主席。

方岳年崇尚艺术，注重在修养、气质、学养等修炼，为浙江省书法家协会会员，担任江山市书法家协会主席、衢州市书法家协会理事。他淡泊名利，不参加任何形式的比赛，不参与商业性的展览，有人请他题字、赋诗，不取报酬。

1989年，方岳年退休，受聘担任江山市政协学习文史委特聘委员。1994年，参加市老年书画研究会，任第一、二、三届副会长，后任顾问兼书法老师。

朱云亨（1938—2021）江山市长台镇人，中共党员，原中共江山市委史志办公室副主任、支部书记、副局（科）级调研员。

1961年8月，朱云亨金华师范学院毕业，先后在峡口中学、江山中学任教，从事语文教学工作，研究古汉语、现代汉语、文学史等。1985年，任江山县志办公室副主任（主持工作）、《江山市志》副主编。后又主编《江山城关镇志》《江山交通志》《江山市民政志》《江山土地志》《江山供销合作社志》《江山市粮食志》《江山市工会志》等志书及地情之类的书籍，约600万字。1990年、1992年两度获评浙江省地方志优秀工作者，业绩被录入《中国当代方志学者辞典》。1993年，任市委史志办公室副主任、主任科员。1995年，被省志办公室聘请为特约副研究员。

2006年，退休的朱云亨参与《江山市志（1998—2007）》的续编工作，并出任副主编。其间，主持标点整理清康熙五十二年（1713）《江山县志》；编辑出版《江山姓氏渊源考略》《心画集》等著作。参与编著的《江山姓氏渊源考略》获浙江省地方志优秀成果奖二等奖。

（徐义祥）

人物录

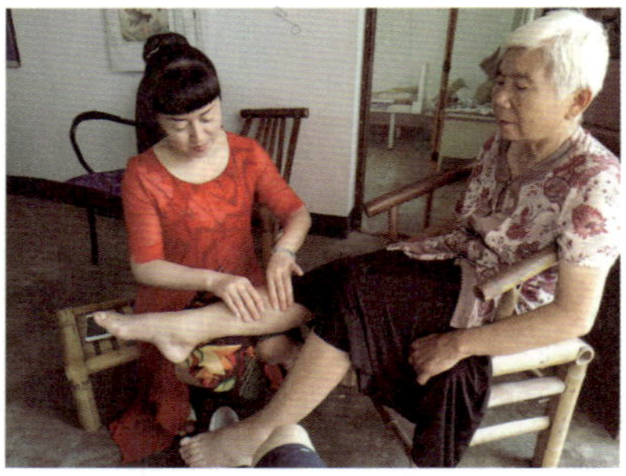

周朝霞，女，1971年12月生，中共党员，江山市虎山街道南门社区居民，江山经济开发区管委会工作人员。她七年如一日照顾患阿尔茨海默病的婆婆，赢得大家赞扬。2021年9月，被评为“中国好人”。

江书修，男，1965年出生，江山市双塔街道天余村人，中共党员，江山市恣凤百货经营部负责人。30年来，他以优质的商品、良好的信誉，深受顾客信赖，创下“经营百货30年无假货，心诚货真30载无投诉”的口碑。身为退伍军人，他守初心不褪色，扶危济困、乐于助人、热心公益，积极参与新冠肺炎疫情防控，连续50多天奋战在抗疫一线。先后获浙江省“诚信工商户”、浙江省先进个体工商户、衢州市首届“最美个体工商户”、全国先进个体工商户、2020年“最美诚信浙江人”等荣誉称号。2021年，入选第九届“最美衢州人”十大年度人物。

文件选辑

中共江山市委
关于制定江山市国民经济和社会发展第十四个五年规划和二〇三五年远景目标的建议

（2021年1月22日中国共产党江山市第十四届委员会第八次全体会议通过）

市委发〔2021〕1号

中国共产党江山市第十四届委员会第八次全体会议，认真学习贯彻中共十九届五中全会、省委十四届八次全会和衢州市委七届九次全会精神，紧密结合江山实际，就制定国民经济和社会发展“十四五”规划和二〇三五年远景目标提出以下建议。

一、深化建设江山大花园，全力打造“一地三区”，开启高水平全面建设社会主义现代化新征程

1. 在江山大花园目标引领下高水平全面建成小康社会取得决定性成就。“十三五”时期面对国际国内复杂严峻形势，市委坚决贯彻党中央和省委、衢州市委各项决策部署，团结带领全市人民，紧紧围绕江山大花园建设目标，全力打造“一地三区”，深化落实“两轮驱动”“融衢接杭”战略举措，奋力续写“八八战略”的江山新篇章。综合实力稳步提升，地区生产总值跃上300亿元台阶，各项主要经济指标保持平稳发展势头；全面振兴工业卓有成效，构建形成“1+3+2”工业重点产业体系，成功培育中国木门第一股，数字和美丽“两大经济”贡献度不断攀升，荣膺首批国家全域旅游示范区。美丽形态更加显现，夺得“五水共治”大禹鼎银鼎，成功创建省级生态文明建设示范县，荣膺联合国“国际花园城市”称号；城市规划编制系统推进，城市品质优化提升，城北新城繁荣丰满，江化基地关停、

通禄门征迁“清零”、城南新城征迁等打开城市新空间，为新一轮城市发展提升积蓄潜能；乡村振兴纵深推进，获评首批全省美丽乡村示范县，成功承办全省美丽乡村和农村精神文明建设现场会。开放活力持续迸发，融衢接杭步伐加快，杭衢高铁（江山段）落地建设，科创飞地建设实现“零”的突破；“最多跑一次”改革引领环境优化、效率变革，跃升赛迪全国营商环境榜单50强。幸福生活更加美好，统筹疫情防控和经济社会发展成效明显，民生保障更加健全，“学在江山”“健康江山”“文化江山”品牌进一步打响，平安建设实现“十连冠”。党建统领不断强化，基层党组织全领域建强、全区域提升，党建统领基层治理“主”字型体系架构、“王”字形运行机制构建形成，法治江山、清廉江山建设成效明显。“十三五”规划目标任务基本胜利完成，与全省同步高水平全面建成小康社会胜利在望，为开启高水平全面建设社会主义现代化新征程奠定了坚实基础。

2. 新发展阶段面临的机遇挑战和使命任务。当前，世界百年未有之大变局加速演进，新一轮科技革命和产业变革深入发展，新冠肺炎疫情全球大流行加速世界变局。我国进入高质量发展的新阶段，经济长期向好的基本面没有变。重大国家战略和国家大事带来了前所未有的宝贵机遇和战略支撑，我省经济社会发展迈上新的大台阶，全省上下忠实践行“八八战略”、奋力打造“重要窗口”，争创社会主义现代化先行省。衢州已经站上发展“风口”，加快建设四省边际中心城市，争创四省边际社会主义现代化先行市。随着高铁时代、数字时代和消费升级时代的到来，我市发展的优势和条件更加显现，发展的基础和动能更加坚实。但阔步迈向新发展阶段，我市仍处于“爬坡过坎”关键时期，经济总量不大质量不高，产业转型步伐不快，科技创新能力不强，重点领域关键环节改革任务繁重，发展要素、城市能级、开放合作、民生保障等方面自身问题还比较突出，特别是还肩负加快打造“一地三区”，推进江山大花园跨越发展，与全省同步高水平全面建成社会主义现代化的艰巨使命。全市上下既要深刻认识到新发展阶段我市未来可期、大有可为，又要深刻认识到面临的矛盾挑战、使命任务，胸怀“两个大局”，增强机遇意识、风险意识、争先意识，遵循发展规律，发扬斗争精神，树立底线思维，准确识变、科学应变、主动求变，善于在危机中育先机、于变局中开新局，全力推动大发展快发展高质量发展。

3. 到二〇三五年远景目标。“一地三区”全面建成，江山大花园建设实现更高层次的“发展高质量、治理现代化”，与全省同步基本实现高水平现代化。基本实现经济发展体系现代化，人均地区生产总值年均增幅高于全省平均水平，基本实现新型工业化、信息化、城镇化、农业农村现代化，建成现代化基础设施体系，构建完善的科技创新体系，形成具有江山特色的现代化经济体系；对外开放水平显著提高，深度融入长三角一体化，与边际地区形成常态化协作，区域竞争力明显增强。基本实现县域治理体系现代化，党建统领基层治理体系完善形成，高水平建成“整体智治、高效协同”治理格局和“整体智治、唯实惟先”现代政府，县域治理现代化水平走在全省前列；法治观念成为全民共识，基本建成法治政府、法治社会。党的全面领导落实到各领域各方面的高效执行体系全面形成，全面从严治党持续推进，清廉江山全面建成，政治生态风清气正，中国特色社会主义制度优势充分彰显。基本实现生态文明体系现代化，绿色发展体系基本形成，生态环境质量、生态文明水平省内领先、国内先进，美丽城市、美丽城镇、美丽乡村、美丽田园全域美丽形态更加完善，成为展现人与自然和谐共生、绿水青山就是金山银山的生动样本。基本实现民生保障体系现代化，实现教育、卫生健康现代化，建成体育强市，文化软实力全面增强，社会主义精神文明和物质文明全面协调发展；基本公共服务实现均等化，城乡区域发展差距和居民生活水平差距显著缩小，共同富裕取得实质性进展，安全保障体系不断健全，平安建设走在全省前列。

4.“十四五”时期经济社会发展总体要求。高举中国特色社会主义伟大旗帜，以习近平新时代中国特色社会主义思想为指导，深入贯彻中共十九大和十九届二中、三中、四中、五中全会精神，全面贯彻党的基本理论、基本路线、基本方略，统筹推进“五位一体”总体布局，协调推进“四个全面”战略布局，坚持党的全面领导，坚持以人民为中心，坚持新发展理念，坚持深化改革开放，坚持系统观念，牢牢把握稳中求进工作总基调，统筹发展和安全，以推动高质量发展为主题，以深化供给侧结构性改革为主线，以改革创新为根本动力，以满足人民日益增长的美好生活需要为根本目的，深入贯彻落实“八八战略”“八个嘱托”“八大任务”，深化落实习近平同志浙江工作期间在江山调研时的重要指示精神，对标衢州市委“1433”发展战略体系，朝着建设高质量、现代化的江山大花园奋斗目标，全力打造“一地三区”，接续深化“两轮驱动”“融衢接杭”战略举措，在构建新发展格局中奋勇争先，在打造“重要窗口”中展现作为，加快推进经济发展体系、县域治理体系、生态文明体系、民生保障体系“四个现代化”，为高水平全面建设社会主义现代化开好局、起好步。

5.“十四五”时期经济社会发展主要目标。锚定二〇三五年远景目标，立足开好局、起好步，着力固根基、扬优势、补短板、强弱项，产业发展、科技人才、城市建设、民生福祉、对外开放等方面短板有效补齐，县域治理、生态建设、旅游发展、乡村振兴、文化文明等方面优势更加凸显，“一地三区”打造取得阶段性成果，江山大花园建设迈上新的更大台阶，争创社会主义现代化先行县。

——努力打造四省边际智能制造强县。以智能化生产、网络化协同、个性化定制、生产性服务为重点的智能制造达到全省先进水平、领跑四省边际地区，“1+3+2”工业重点产业形成高端化、集群化发展态势，数字经济智慧产业支撑更加有力，新产业、新业态培育涌现新亮点，经济高质量发展态势全面呈现。多层次高能级创新平台建设取得突破，创新体系基本形成，R&D经费支出占地区生产总值比重达到2.5%，每万人人才资源总量达到11.3人（次），科技创新引领发展能力明显增强。地区生产总值确保达到450亿元，力争达到480亿元，人均地区生产总值与全省平均水平差距进一步缩小，经济总量全省排位稳步上升，衢州龙头地位更加巩固。

——努力打造中心城市品质幸福之城。依托衢州打造四省边际中心城市，加快城市跃迁升级。城南新城成为产城融合发展新样本，城北新城更加繁荣丰满，城东新城基本成型，成功打造通禄门未来社区、老火车站商圈、风情鹿溪等城市新风景线，城市区块错位联动、可持续发展的长效机制形成。城市重点基础设施、公共服务配套在衢州地区达到领先水平，城市精细化智慧管理体系基本成熟。城镇化率达到63%。市民群众诗意栖居，居民人均可支配收入增长与经济增长同步并争取快于经济增长，城乡居民收入比优化为1.81∶1，教育、医疗、运动、休闲等公共服务更加优质暖心，人均预期寿命达到80岁以上，成为令人向往的幸福美好家园。

——努力打造区域协作开放开发枢纽。以数字化改革牵引全面深化改革，体制机制不断完善，发展环境持续优化，市场活力、社会活力充分激发，成为中国营商环境最优城市。区域综合立体交通网络更加完善，目的地和集散地功能更加完备，浙西南门户区位优势更加凸显。融衢接杭步伐加快，与衢州杭州同城一体化格局基本形成，与长三角区域更紧密协同共享，山海协作形成“全方位、深层次、多领域、立体化”新格局，浙江西向发展“桥头堡”地位更加巩固，开放发展的通道和空间全面拓宽。

——努力打造诗画浙江最美核心花园。国土空间开发保护格局得到优化，生产生活方式绿色转型成效显著，科学完备的环境管控体系构建完善，能源资源配置更加合理、利用效率大幅提高，主要污染物排放总量持续减少，生态环境质量全省领先，市区 PM2.5 年平均浓度小于 26 微克/立方米，出境水断面水质稳定达到Ⅱ类以上。深度融入钱塘江诗路黄金旅游带和浙皖闽赣国家生态旅游协作区建设，全域旅游享誉全国。在东部沿海地区率先加快推进农业农村现代化，乡村美丽形态更加彰显、产业发展更加兴旺、中国幸福乡村品牌更加响亮，乡村振兴先行引领，形成全域大美格局，绿色成为江山动人的色彩。

——努力打造四省边际文化文明高地。“文化江山”成为区域引领新坐标。社会主义核心价值观深入人心，市民文明素养和社会文明程度明显提高。“衢州有礼 · 锦绣江山”城市品牌持续打响，成功创建全国文明城市。优秀传统文化得到大力弘扬，“4+1”区域特色文化内涵更加彰显，新时代江山人精神持续激扬，乡愁记忆、文化基因成为内外江山人密切联系的情感纽带，上下文化认同、奋斗动力显著增强。文化事业持续壮大，公共文化服务体系更加健全，文化产业加快发展，人民精神文化生活日益丰富。

——努力打造中国之治县域治理标杆。党的全面领导落实到各领域各方面的高效执行体系基本形成，清廉江山建设纵深推进，政治生态更加优化。民主法治实践持续深化，党建统领、整体智治全面推进，“县乡一体、条抓块统”高效协同治理格局率先建成，“整体智治、唯实惟先”的现代政府基本建成，共建共治共享社会治理体系更加完善。重大风险防范化解能力、防灾减灾救灾能力显著增强，现代应急体系基本建成，平安建设体系更加完善，发展安全保障更加有力，治理体系和治理能力现代化建设达到一流水平。

二、强化科技人才支撑，全力提升创新引领发展水平

坚持创新在现代化建设全局中的核心地位，大力培育创新主体，加快引才育才步伐，优化创新生态，构筑全域创新体系，增强区域发展竞争力。

6. 培育科创主体。完善形成以企业为主体的科技创新体系，健全“科技型中小微企业、高成长科技型中小企业、高新技术企业、创新型领军企业”梯次培育机制，开展对企业研发创新的精准化服务，加快培育一批科创型企业。加强与省内外高校院所合作，加快培育建立一批以研究院、工程技术中心、重点实验室、研发中心等为重点的各级各类研发机构。依托省“双尖双领”计划，力争一批重大关键核心技术和重大引领性科研项目攻关取得突破，推进高新技术成果转移转化，提升创新应用水平。

7. 加快人才引育。牢固树立人才意识，突出集聚青年，全面落实人才高质量发展的政策意见，构建更加精准高效的人才政策体系。加大人才引进力度，聚焦工业经济、数字经济、美丽经济等重点领域，统筹推进乡村振兴和社会事业发展，突出领军创业型、急需紧缺型、名优特专型、兴业带富型、借脑引智型等“五大领域”人才引进，不断壮大人才基数。完善聚才体制机制，深入实施领军人才创业孵化、存量人才登高赋能、数字经济人才青苗育长、社会事业人才示范领航等“十大人才”计划，提升区域人才吸引力。推进职业教育高水平发展，培育本土技能型人才。强化双招双引工作格局，激发市场主体引才活力，落实党管人才、

人才服务制度，为引才育才落实强大保障。完善人才服务暖心机制，在住房保障、联系慰问、医疗保健、子女入学、交通出行、休闲旅游等方面优化举措，确保人才“引得进、干得好、留得住”。

8. 优化创新生态。内外协同建设创新平台，推进智能装备高新技术产业园区创建，加快城北科创小镇建设，做强木门、输配电、数字消防等产业创新服务综合体，优化提升科创园、小微企业园、电商园，持续营优浙大飞地、江干飞地，积极打造上海飞地，建设数字消防产品质量监督检验中心，构建内外联动的“一区一镇三体三园三飞地”创新平台体系。不断推动财政与金融支持科技创新，大力推进专利权质押融资等创新举措，注重防范金融风险。实施更严格的知识产权保护制度，加强科技企业合法权益保护，构建更加公平有序的科技市场体系。加大科技体制改革力度，健全政府投入为主、社会多渠道投入机制，形成全市上下齐抓共推科技创新工作格局。

三、融衢接杭扩大开放，全力融入“双循环”新发展格局

坚持把开放作为最大改革，统筹深化开放和扩大内需，深度融入区域一体化发展，全力畅通“双循环”，融入强大国内市场，扩大投资和消费，在构建新发展格局中展现新作为。

9. 打造综合立体交通网络。突出交通先导，谋划建设便捷高效的对外通道网、互联互通的城乡基础网、协调联动的客货枢纽网等“三张网”，加快构建边际县级交通枢纽、大通道浙西南门户黄金节点。确保杭衢高铁（江山段）建成运营，推进衢武铁路、衢州—江山市域轨道等项目前期，谋划江郎山站、廿八都站等铁路车站，形成“三线入杭、四线连衢”铁路系统。加快甬金衢上等高速公路项目前期，力争形成“一横一纵”高速公路网。加快江山江航道、通用机场等重大水运和航空项目前期。谋划实施清湖大桥改建、虎山大桥拓宽、桑淤大桥、205 国道外移、江衢快速路、双江线拓宽、319（原315）省道东移、江遂公路等项目，高水平推进“四好农村路”建设，提升智能化、一体化的公交服务水平。

10. 主动融入长三角一体化发展。紧抓长三角一体化发展和全省打造山海协作升级版、实施义甬舟开放大通道西延行动契机，以全面融入衢州、加快对接杭州为重点，积极推进与上海市辖区和长三角核心区县（市、区）交流合作，深层次融入长三角一体化发展；谋划北部乡镇发展规划，加快融入衢州市域发展进程。积极融入长三角和杭州都市圈产业发展、科技创新、金融服务生态链，全力推进产业链供应链协同创新和提升合作，助力经济高质量发展。积极促进教育医疗、文化体育、生态保护等社会民生领域的公共服务便利共享，在一体化发展中优化公共服务、补齐民生短板。

11. 提升浙江西向拓展“桥头堡”地位。紧抓衢州加快建设四省边际中心城市契机，提升辐射带动能力，主动向西拓展，推进西向开放，全力打通“牵动四省边际”开放大通道，打开区域开放协同发展新局面。主动对接江西内陆开放型经济试验区，加快推进浙赣边际合作（衢饶）示范区建设，进一步完善合作机制，全力推进江玉公路等一批重大基础设施项目，积极争取重大产业、重大基础设施布局和土地资金要素资源支持，形成更加紧密的省际毗邻区域协同。积极对接长江经济带、中部崛起、西部大开发等国家战略，深化东西部协作机制，努力在产业、生态等重点领域寻求合作，打造成为全省西向开放的枢纽节点。

12. 积极扩大有效投资。充分发挥投资对优化供给结构的关键作用，聚焦重点领域、重大战略、重要短板，实施新一轮扩大有效投资行动，保持投资合理增长。围绕产业发展、基础设施、农业农村、公共安全、生态环保、公共卫生、民生保障等重点领域，

推进省市县长工程、省市重点项目，落实市领导挂联等项目工作机制，每年滚动编制一批重大建设项目，逐个构建项目链条、工作链条、责任链条，确保项目能批、土地能供、资金能保，以高质量的项目建设夯实发展支撑。加大招商引资力度，统筹推进挂帅招商、中介招商、以商招商、产业招商、专职招商，发挥江山人经济优势，优化完善重大招商项目全周期服务机制，形成“信息归集、研判洽谈、决策落地、推进服务”工作闭环，扩大投资增量。

13. 促进消费提质升级。增强消费对经济发展的基础性作用，提升传统消费，培育新型消费，适当增加公共消费。积极抢占线上消费市场，积极发展生鲜电商、无接触配送等“宅经济”、“云生活”消费新模式，加快创建省数字生活新服务样板县及特色镇。大力推进高品质商业街、商业综合体和智慧商圈建设，加快发展夜间经济。推动汽车等消费品由购买管理向使用管理转变，促进住房消费健康发展，支持健康养老、教育培训、家政服务等消费，不断做大提升消费市场。落实和完善带薪休假制度，扩大节假日消费。发挥生态旅游资源优势，迎合绿色、健康、安全消费趋势，丰富旅游消费市场。抓住“一带一路”沿线国家基础设施建设，以及创建浙江自贸试验区衢州创新区江山片区契机，大力支持企业、产品“走出去”，推动对外贸易稳步健康发展。

四、加快全面振兴工业，全力建设特色先进制造业基地

坚持工业第一经济，锚定“存量+增量”“上市+科技”“平台+资源”“政府+企业”“扶优+倒逼”根本路径，切实提高工业基础高级化、产业链现代化水平，成为特色鲜明、集群发展的先进制造业基地。

14. 推进产业规模化、高端化。聚力提升产业量级，加快建材化工产业绿色转型，稳固传统产业“百亿”支撑；推进“1+3+2”重点产业集群发展，积极打造智能家居、数字消防、智能装备等标志性产业链，全力创建木门行业智能制造示范市，打造中国数字消防产业第一城，加速重点产业“百亿”崛起；壮大复合材料、新型动力电池等新材料新能源产业，力争新兴产业“百亿”突破。深入推进省智能制造试点，坚持“突出重点、统筹推进”原则，分阶段分领域推广智能生产线、数字化车间、未来工厂等产业数字化改造模式，强化工业互联网平台支撑，持续推动制造业数字化改造提质扩面。持续深化“亩均论英雄”改革，推动资源要素向高端产业和优质企业集中，实现“腾笼换鸟”、“凤凰涅槃”。落实“凤凰、雄鹰、雏鹰”三大行动，大力推进企业股改上市，加快龙头企业、“隐形冠军”、“单打冠军”培育，全面推进市场主体升级。

15. 推进平台集约化、高效化。抢抓全省开发区改革提升契机，突出江山经济开发区产业主平台，按照高能级产业新城定位，加快整合扩容、挖潜提升、产城融合步伐，力争规模能级加速提升，全力创建国家级绿色园区、省级高新技术产业园区。做好整合提升文章，坚持“组团连片、功能集成、资源共享”原则，剥离社会管理职能，明晰权责边界，完善派驻授权，锁定托管区块和乡镇功能区四至范围，优化整合空间资源，推动城南工业园、莲华山工业园、江东工业园整合提升，打造江山版“智造新城”。做好挖潜提升文章，按照“收储一批、倒逼一批、腾退一批”思路，统筹推进“园中村”整治搬迁、闲置空间转化利用、低效用地处置盘活、低丘缓坡有序开发，实现园区用地有机更新。做好融合提升文章，围绕园区基础设施配套、产业功能配套、生活服务配套等方面，加快推进与城南新城、贺村小城市融合发展。

16. 推进数字产业化、融合化。对标全省数字经济五年倍增计划要求，紧抓衢州打造全国数字经济第一城副中心城市契机，加快数字产业化步伐，推动数字

经济与实体经济深度融合。聚力做大做强电子商务，坚持“外引+内培”，积极引进电商总部、国内外知名电商企业，努力培育壮大本地电商优势企业。抢抓“网红带货”风口，打造“1+1+N”直播电商产业带。建设中国（衢州）跨境电子商务综合试验区江山园区，积极融入杭州义乌跨境电商产业链，构建完善跨境电商生态体系。大力推动本地农产品“上网”，打响农村电商“买全国、卖全国”品牌。强化数字经济多元支撑，鼓励企业开发工业机器人、医疗电子、可穿戴设备等智能终端产品，探索引培互联网、大数据、云计算、人工智能等高端信息技术企业，提升数字经济规模和品质。加快建设数字社会，积极推进5G、物联网、数据中心等信息基础设施建设，不断拓展数字化基建应用场景，着力提升数字化的广度和深度。

17. 推进配套多元化、完备化。优化关键资源要素供给，构建更趋多元、更加完善的配套服务体系。鼓励发展分享经济、区块链等新经济新业态。紧盯专业化、高端化方向，推进网营物联智能供应链和公铁联运综合物流园等项目建设，大力发展现代物流、批发贸易、中介咨询、研发设计、法律服务等生产性服务业，推动生产性服务业与制造业深度融合。全力打造融资畅通工程升级版，挖掘金融潜力，加大金融产品创新、信贷结构优化、政府产业基金引导等力度，提升金融支持实体经济水平。坚持“节约优先、合理利用、规划引导、市场配置”原则，滚动式推进土地整治、项目征迁攻坚战，促进土地要素有序流动、优化布局，提升土地节约集约利用水平。积极探索市场化机制降低企业用能成本的新方式、新途径。

五、加快旅游产业化步伐，全力打造全国一流的休闲旅游目的地

以满足游客个性化旅游需求为导向，推动旅游资源转化、市场转化，推进设施、产品、业态、服务全面升级，提高旅游业产业化水平，推进全域旅游再出发、再提升。

18. 升级全域旅游发展格局。坚持全域景区化理念，做好国家全域旅游示范区“后半篇文章”，深化落实“百千万”工程，切实推进景区城、景区镇、景区村创建，构建核心景区、乡村休闲景区、新型体验式景区等多层次旅游格局，形成全域大美格局。强化重大旅游基础项目布局，提升旅游公共服务设施，加强智慧旅游体系建设，提高旅游信息化水平，形成便捷、舒适、安全、高效的旅游服务体系。以提升整体旅游服务水平为目标，健全落实旅游服务全行业标准体系，支持石门、保安、廿八都等重点乡镇发展特色高端民宿，支持有条件乡镇（街道）打造民俗集聚区，擦亮“衢州有礼·江山味道”品牌。以开放共享姿态，积极推进浙皖闽赣国家生态旅游协作区共建等区域旅游合作，建立与周边知名景区捆绑营销机制，扩大江山旅游影响力。

19. 打造高等级旅游度假区。以“千万级核心景区”培育为目标，加快推进以“春风江山”田园文旅颐养小镇为核心的江郎山省级旅游度假区创建，加快推进廿八都古镇二期、仙霞关综合体建设。积极跟踪一批央企、上市公司及头部企业，持续推进一批重大旅游项目招商，全面完善基础配套、景观风貌以及旅游度假、运动健身、文化创意、康体疗养、夜间娱乐等休闲业态，做强旅游核心板块。加快完善构建以城市为中心集散地、“衢州有礼”诗画风光带为连接，江郎山旅游度假区、廿八都—保安南部旅游区以及大陈、清湖为核心窗口的旅游平台体系，形成功能完备、特色鲜明、业态多元的旅游产品体系，增强休闲度假功能。

20. 做好“旅游+”文章。大力推动旅游业融合发展，促进旅游产业全方位发展、多角度拓展。做响“旅游+体育”，顺应大众户外运动休闲潮流，推进全国登山户外产业示范城市建设，力争固

化全国新年登高等一批国内外精品体育健身赛事承办权，开发多形态运动旅游产品，打造一批运动休闲旅游基地和精品线路，争创省极限运动小镇。做精“旅游+农业”，依托良好生态资源、特色农产品、民俗文化，积极培育生态游、观光游、农业体验游等旅游业态。做特“旅游+工业”，以木门、消防器材、蜂产业等特色工业产品为核心内容，注入旅游元素，实现旅游与工业融合发展，培育一批特色工业旅游示范基地。迎合旅游消费市场需求，结合人口老龄化等趋势，大力发展“旅游+养老”“旅游+养生”等业态。

六、聚焦城市品质空间重塑，全力建设“四宜兼具”的美丽江城

坚持完善城市体系和提升城市功能互促共进，重塑城市空间结构和品质功能，更加注重城市赋能兴产、数字转型和软实力提升，全面增强城市承载能力，建设“宜居宜业宜游宜文”的美丽城市。

21. 优化城市发展布局。坚持“按需配套、适度超前”原则，结合国土空间规划，完成城市各区块控制性详规重大专项规划的修编，形成等级清晰、服务全面、功能完善的城市规划体系，全面强化规划引领。树立“精明增长”理念，严格落实控规，统筹城市开发建设时序，推动城市建成区面积、城区人口合理增长。明确城市区块功能定位，科学合理推进各区块联动错位发展，力争将城东新城打造成为以旅游消费服务业、生活服务业为主的城市未来休闲新区。推进城南新城与江山经济开发区融合发展，打造人文、产业高度融合的城市新亮点。加快城北新城科技服务、数字智慧经济、旅游消费服务业布局，打造融衢接杭门户和科创小镇。有序推进中心城区有机更新，全面提升城市内涵。

22. 提升城市能级水平。聚焦城市品质功能提升，加大对城市建设的投入力度，构建系统完备、高效实用、智能绿色、安全可靠的现代化基础设施体系。加强路网建设，谋划推进一批城市交通主干道、主要出入口道路项目，打通“断头路”、修复“瓶颈路”，加快形成“八横六纵两环”核心路网，打造城市大环线。实施老旧生活小区综合改造、主要街道外立面改造、危旧房改造、拆迁安置小区改造、中心城区雨污管网改造、农贸市场“五化”改造提升、天然气入户工程等一批设施项目，加快推进虎山运动公园等一批公共服务项目，打造老火车站商圈、通禄门未来社区、风情鹿溪等特色亮点。建好城市公园、山体、水系、标志性建筑等综合性景观，打造城市优美天际线。

23. 做精城市经营管理。打造新型智慧城市，建设“城市大脑”，推动传统和新型基础设施整体优化、协同融合。依托智慧城市平台、雪亮工程，加快智慧城管建设，打通部门数据信息壁垒，形成以信息化建设为支撑的数字化城市管理格局，实现全时段、全方位、全覆盖管控城区。常态化长效式开展城市精细化管理，积极开展物业小区管理试点，加大对交通秩序、户外广告、农贸市场、违章建筑、施工污染等系统整治。发挥财政资金导向功能，积极吸引社会资本参与环卫保洁、园林养护、市政维护等城市管理，形成统一管理、有序竞争的运行机制。加快城市专业市场的规划建设，引导入室、入点规范经营。挖掘城市空间资源潜力，逐年增加停车泊位供给，有效破解“停车难”问题。

24. 统筹集镇协调发展。强化中心镇集聚辐射、统筹城乡区域发展功能，加快推进贺村镇小城市新一轮培育试点、峡口镇省级中心镇建设工作。支持贺村镇围绕江贺中心城区一体化发展目标，按照区域一体化、产城融合化、发展协同化总体方向，以城市一体建设标准，推进江贺公路沿线综合整治，加快打造市域副中心，成为浙闽赣边界第一重镇。支持峡口镇立足省级中心镇，大力发展绿色工业、商贸流通，打

造江山的南部副中心。完善乡镇财政体制，引导集镇区块组团联动发展，统筹推进集镇道路交通、社会福利、商贸物流等生产生活服务设施建设，健全依托集镇、布局合理、城乡衔接的公共服务网络，全面促进集镇增强综合承载能力和提升集聚水平。巩固提升小城镇综合整治成果，推进美丽城镇迭代升级。

七、成为乡村振兴先行引领，全力擦亮“中国幸福乡村”品牌

紧扣乡村振兴“二十字”方针，持续落实“千万工程”，按照“3752”党建治理大花园体系，深入总结提升“中国幸福乡村”建设成果，找准先行方向再出发，确保让乡村“兴旺起来”。

25. 深化“衢州有礼”诗画风光带建设。坚持“片区化开发、集聚化建设”理念，推动引导土地、资金、技术、人才、政策等优质资源率先在带上集聚，全力将诗画风光带建设成为乡村振兴示范带、未来社区先行地、幸福产业大平台、改革创新试验区。依托“百里须江·美丽长廊”，以江山港流域综合治理项目为基础，加快打造风光带沿线“最江南”绿色休闲实验区等示范样板。加大对有实力、有品位、有情怀投资主体引进力度，注重与核心景区、产业功能区、田园综合体、特色城镇等有机衔接，努力在风光带上形成世遗江郎休闲样板区、花园门户风光段、品质城区风景段、美丽镇村风情段、仙霞古道风韵段“一区四段”的发展格局。

26. 高质量发展乡村产业。深入实施藏粮于地、藏粮于技战略，采取长牙齿的硬措施，严格执行耕地保护制度，坚决遏制耕地“非农化”、防止“非粮化”，新建、提标改造一批高标准农田及粮食生产功能区，争创稻鱼综合种养重点示范县，提升粮食安全保障能力。大力推动畜禽养殖规模化、标准化，发展现代畜牧业。强化农业科技支撑，推动智慧农业发展，提升农业产业数字化水平。加快农业供给侧结构性改革，推动蜜蜂、茶叶、猕猴桃、食用菌、中药材等传统产业转型升级，建设一批国家级农业产业强镇、特色农产品优势区。大力发展农村电商，培育线上交易、直供直销、三产融合等新经济新业态，打造一批示范带动强、辐射范围广的村播基地，推动农产品出村进城。大力发展民宿经济、乡村夜间经济、乡村旅游等新业态新经济新模式，促进农民持续增收。

27. 塑造美丽乡村风貌形态。坚持“全域谋划、整体打造”理念，高标准统筹乡村规划和风貌建设，构建山水格局、生态基底、历史肌理、聚落形态更加融合共生的美丽乡村形态。强化超前思维、整体融合理念，注重规划系统衔接，构建完善市域乡村建设规划+村庄布点规划、村庄规划、村庄设计、农房设计+农村特色风貌规划“1+4+1”乡村规划体系，优化乡村发展空间布局。不断做优农房管控“后半篇文章”，加强房地信息系统推广应用，健全农房整治风貌提升长效机制。全面实施乡村建设行动，推进农村厕所、垃圾、污水“三大革命”，推广落实生态节地公墓建设，补齐乡村基础设施和公共服务短板，全面提升农村人居环境，力争省级新时代美丽乡村全覆盖。大力实施全域土地综合整治与生态修复工程，在资源整合中塑美山水田园形态。

28. 深化农村综合改革。稳步推进全国农村宅基地制度改革试点，加快盘活农村宅基地和农房资源。落实第二轮土地承包到期后再延长三十年政策，加快培育种养殖大户、家庭农场、专业合作社、农创客、新农人等新型经营主体，健全农业专业化社会化服务体系，发展多种形式适度规模经营，实现小农户和现代农业有机衔接。加快推进村级集体经济组织市场化运营改革，深化完善农村集体“三资”管理改革，强化农村集体“三资”服务、监管体系。深化农村集体产权制度、集体林权制度改革，完善农村产权交易市场，发展壮大新型农村集体经济，持续巩固农村消薄成果。

八、深化生态文明建设，全力成为“绿水青山就是金山银山”实践的示范样本

坚持尊重自然、顺应自然、保护自然，突出保护优先，巩固提升生态环境质量，打开转换通道，完善绿色发展统筹协调机制，以国家级生态文明建设示范县创建为统领，全力建设美丽中国美丽浙江的示范样本，让绿色成为江山发展最动人色彩。

29. *形成绿色低碳的生产生活方式*。全面落实“碳达峰、碳中和”要求，推动生态环境质量持续改善。全面实行新排污许可证制度，积极推行排污权市场化交易。推进绿色技术创新，加强园区循环化改造建设，加快水泥建材、化工等重点行业领域绿色化转型，推进节能减排、资源综合利用。发展绿色建筑、装配式建筑。发展环保产业，引导各类资本参与环境治理，提高环保技术装备、新型节能产品和节能减排专业化服务水平。实施清洁能源替代工程，大力发展光伏等新能源，谋划建设抽水蓄能电站，支持新能源汽车使用，提高非化石能源在能源消费结构中的比重。深化国家绿色金融改革创新实验区建设，推进银行“个人碳账户”试点。开展生态系统生产总值（GEP）核算工作。倡导绿色生活方式，开展创建节约型机关、绿色家庭、绿色学校、绿色社区等行动。全面推行垃圾分类，实现垃圾减量化、资源化、无害化。

30. *构建集约高效的国土空间*。深入实施主体功能区战略，全面完善落实国土空间规划。统筹优化生态、农业、城镇等功能空间布局，严守生态保护红线、永久基本农田、城镇开发边界等空间。建立和实施常态化国土空间动态监测评估预警和监管机制。建立健全“三线一单”生态环境分区管控体系，将“三线一单”作为区域资源开发、产业布局、结构调整、城乡建设和重大项目选址等的重要依据。实施差异化国土空间开发保护，推动形成以市域西北部和东南部生态保护区、市域中北部城镇产业集中发展区、市域中南部生态经济区为主的国土空间开发保护格局。

31. *建设天蓝地绿水清的生态环境*。打好“蓝天”“碧水”“净土”保卫战，打赢“清废”攻坚战，让天更蓝、地更绿、水更清、空气更清新。推进清新空气行动，深化燃煤、工业、机动车、扬尘、餐饮油烟污染治理，加强细颗粒物和臭氧“双控双减”，实现大气环境质量显著改善，争创清新空气示范区。深化“五水共治”碧水行动，统筹水资源利用、水污染防治、水环境治理和水生态保护，强化控源、治污、扩容、严管，推进“污水零直排区”建设，提高农村生活污水处理设施建设运维水平，推动截污纳管和污水处理设施全覆盖，全面提升地表水水质优良比例。推进土壤环境源头预防、过程阻断、治理修复全过程风险管控，持续改善土壤环境，创建“无废城市”。坚持自然修复为主、人工修复为辅，持续推进河湖、湿地、山区重要水源地修复，打通河流生态廊道。推进“森林江山”建设，强化公益林建设和天然林保护，加快全市废弃矿山生态环境治理与修复利用，提高森林覆盖率。积极创建浙江仙霞岭国家级自然保护区。严格饮用水源保护地保护，防止生态破坏和非法开发。保护生物多样性，保持自然生态平衡。

32. *健全科学严格完备的管控体系*。建立健全绿色导向的领导责任体系、生态环境治理监管体系、环境治理企业责任体系，推行生态环境报告制度，深化河长制、湖长制，严格落实环境准入和生态资源有偿使用制度，提升环境保护规范化水平。持续推进生态环境监测网络建设，形成要素全覆盖、天地湖河一体化的环境监测体系。健全环境风险防控预警和应急处置机制，提高常态化生态环境风险应对能力。完善环境行政执法与司法协调联动机制，常态化开展“双随机一公开”执法监管，落实生态环境损害赔偿、环境公益诉讼、环境违

法有奖举报等制度，坚决制止和惩处破坏生态环境行为。推进市内外区域生态环境联防联控，共保共治。

九、建设文化强市，全力提升文化软实力

坚持以社会主义核心价值观为引领，深化新时代“文化江山”品牌建设，加快发展文化事业和文化产业，强化公共文化服务供给，传承弘扬本土优秀传统文化，激扬新时代江山人精神，不断提升区域文化软实力，打造四省边际文化文明新高地。

33. 增强社会主义核心价值观引领作用。加强理论武装，深入实施铸魂工程、溯源工程、走心工程，高质量深入推进8090新时代理论宣讲工作，坚持理想信念教育常态化制度化，推动学习贯彻习近平新时代中国特色社会主义思想走深走心走实。以打造“一座最有礼的城市”为目标，深化“八个一”系列有礼活动，全社会引导推广文明礼仪标准规范，打响“衢州有礼·锦绣江山”城市品牌。巩固国家卫生城市创建成果，全力争创全国文明城市。大力弘扬“崇学、务实、包容、创新”江山精神，持续注入敢闯敢拼、勇于争先、美美与共的时代内涵，不断增强文化认同和情感认同。加强家庭家教家风建设，深入推进移风易俗、完善志愿服务体系，提升公民道德素养。加强好人关爱帮扶机制建设，常态化实施“最美江山人”评选，打造好人好事频出的大美江山。

34. 提高公共文化服务能力。全面繁荣新闻出版、广播影视、文学艺术、哲学社会科学等事业，推进文艺精品创作，围绕中国共产党成立100周年等重要节庆活动，推出一批思想深邃、艺术精湛、特色鲜明、群众喜爱的精品力作。推进媒体深度融合，建强用好融媒体中心。优化城乡文化资源配置，加快推进文化艺术中心二期等文化设施建设，发挥档案馆、图书馆、博物馆等作用，提档升级公共文化服务标准。全面夯实县、乡、村三级公共文化阵地，提升乡镇（街道）、村级各类文化场所，实现农村文化礼堂建设全覆盖，推进农村文化礼堂、乡村振兴讲堂、新时代文明实践站融合共建，提升整体功能。实施文化惠民工程，围绕重大主题和中心工作，积极举办“三山”艺术节等各类特色活动、群众活动。

35. 弘扬和发展优秀传统文化。注重传承文化基因，保护文化记忆，让居民望得见山水，更记得住乡愁。深入推进文化研究工程，深化“4+1”区域特色文化和优秀传统文化的内涵挖掘研究和延伸，实施“城市记忆工程”，推进江山婺剧、廿八都木偶戏等国家级非物质文化遗产活态传承保护、品牌培育。加强历史文化、重点古镇、古村落和重点文物、自然遗迹等系统保护、研究、利用。加强红色遗址遗迹保护，推进江山西砚等老字号品牌转型升级振兴，鼓励支持编纂出版江山历史文化系列著作，讲好江山故事。

36. 激发文化创新创造活力。全面深化文化领域改革，完善文化发展体制机制，激发文化发展活力和创造力，推动文化产业转型升级。完善文化产业扶持政策，加大对骨干文化企业和文化企业升规上限入库的扶持力度，推动转型升级，发展壮大文化市场主体。聚焦文化产品生产、文化艺术服务、向其他行业提供文化附加值三大功能，加快发展新型文化企业、文化业态、文化消费模式，重点发展以微电影、创意设计、数字出版等为代表的各类新兴文化产业，开发多样化、个性化的系列本土优秀文创产品，扩大优质文化产品供给，推动文化与科技、金融、制造、旅游、体育等产业深度融合。开展文化人才和文化名家培育行动，加强高素质文化人才队伍、基层文化人才队伍建设。

十、扎实推进共同富裕，全力满足人民群众对美好生活的向往

坚持以人民为中心发展思想，把握共同富裕导向，尽力而

为、量力而行，健全基本公共服务体系，使改革发展成果更多更公平惠及广大人民群众，不断增进民生福祉，构建幸福家园。

37. 提高就业质量和收入水平。坚持发展保障就业导向，提升就业容量和质量，促进充分就业，保障劳动者待遇和权益。大力推动创业带动就业，加强大学生创业园、返乡农民创业基地等平台建设。健全就业公共服务体系，探索建立人力资源产业园。支持和规范发展新就业形态，引导平台经济、共享经济等创新模式发展。深化建设“无欠薪市”，落实联合预警监控、治欠保支等长效机制，提升劳动争议案件处置效能，构建和谐劳动关系。加强城镇各类就业困难人员就业培训、托底安置就业和帮扶，健全失业监测预警机制，实施零就业家庭动态清零。健全企业职工工资正常增长机制，落实和完善按要素分配政策制度，多渠道增加居民财产性收入。

38. 加快民生事业现代化。深化“学在江山”品牌建设，积极创建教育现代化学校和现代化市。补齐教育基础设施短板，推进公办幼儿园和民办幼儿园协调优质发展、义务教育优质均衡发展、高中教育特色化多样化发展。深化教育综合改革，完善教育督导体系，强化校长教师队伍建设，加强与名校、知名高校合作，加大各类优质教育资源引育力度，加强智慧教育建设，全面提升中小学教育教学质量。大力引培高等教育，力争实现高等教育机构“零的突破”。完善特殊教育、专门教育保障机制。深化“健康江山”品牌，优化各级医疗资源布局，推进市人民医院争创三级乙等医院，加快医疗卫生基础设施建设。全面推进医联体、医共体深度融合，深化与邵逸夫医院医疗服务合作，加大高层次、紧缺型医疗卫生人才引进，提升医疗服务能力。加快建设强大公共卫生体系，完善疾病预防控制体系和重大疫情防控体制机制，加强传染病医疗救治能力建设。加强公共体育设施建设，推进全民体育，发展一批本土品牌体育赛事，争创省体育现代化市。落实积极应对人口老龄化国家战略，提高人口素质和优生优育服务水平，促进人口长期均衡发展。

39. 健全完善社会保障体系。实施全民参保计划，健全灵活就业人员社保制度，加快实现法定人员社保全覆盖。落实渐进式延迟法定退休年龄政策，加快健全多层次、多支柱养老保险体系。落实基本医疗保险、失业保险、工伤保险省级统筹，强化基本医疗保险、大病保险、医疗救助三重保障能力，鼓励商业健康保险发展，推动多层次医疗保障体系更加成熟定型。深化医保支付方式改革，提高基金可持续保障能力，健全医保基金监管体制机制，推进医保治理创新，优化医疗保障公共服务。健全退役军人工作体系和保障制度。加快完善大救助体系，推进分类分档精准救助，动态落实最低生活保障。健全完善新型住房保障体系，加快推进保障性安居工程，促进房地产市场健康平稳发展，让广大人民群众居住条件有效改善。

40. 关注帮扶重点群体。巩固脱贫攻坚成果，建立健全低收入群体防止返贫动态监测和帮扶机制，探索建立先富帮后富、推动共同富裕的目标体系、工作体系、政策体系、评价体系，推动低收入群体同步基本实现现代化。构建高质量的残疾人服务保障体系，落实残疾人就业、就学、就医的帮扶政策，鼓励残疾人就业创业，推动残疾人事业高质量发展。关切老年群体，健全创新养老服务体系，引导社会资本投资养老机构，发展居家养老服务，加快医康养护融合发展，提高养老服务质量，打造幸福颐养江山样板。切实保障妇女儿童合法权益，提高妇女就业技能，推动就业，加强完善儿童福利保障制度。大力发展社会福利和慈善事业，促进和谐社会建设。

十一、构建高效协同治理体系，全力提升县域治理现代化水平

围绕形成“整体智治、高效

协同”治理格局，推动基层治理各领域从“事”到“制”再到“治”根本转变，全面提升基层治理体系和治理能力现代化水平，实现更加平安稳定的社会环境和更加便捷高效服务环境。

41. 增强统筹安全发展的理念和能力。强化总体国家安全观，切实把安全发展理念贯穿于全市经济社会发展各领域和全过程。牢固树立底线思维，始终保持危机意识应对各类风险挑战，做到居安思危。加强统筹安全发展能力系统性培训，着力深化对政治安全、国土安全等传统安全和文化安全、经济安全等非传统安全的认识，提高识别和应对能力。广泛开展国家安全宣传教育，增强全市人民国家安全意识，推动双拥工作发展，巩固国家安全人民防线。

42. 形成“县乡一体、条抓块统”高效协同治理格局。坚持将“县乡一体、条抓块统”作为改革“一号工程”，与“主”字形体系架构、“王”字形运行机制等整套党建统领基层治理体系深度融合，做实做细做深做优“三联工程”、“周二无会日”、“网格+”、基层治理“四平台”、社会矛盾纠纷调处化解中心、“三通一智（治）”以及三级“两难”问题钉钉群。深度完善乡镇（街道）“属地管理”事项责任清单，构建明晰化县乡权责体系。优化乡镇（街道）机构设置和相关运行机制，构建模块化乡镇（街道）职能体系。落实“大综合一体化”行政执法体制改革，推进基层“一支队伍管执法”向“一个平台管执法”升级。集成县乡之间跨领域、跨部门、跨层级的“一件事”和乡镇（街道）内部“一件事”，加强数字赋能、业务协同、流程再造，构建集成化事项运行体系。迭代升级基层治理“四平台”，打造集合集成数据资源、信息系统、基础设施的数字治理平台，推动平台整合、数据共享和场景应用协同化，提升基层“智治”水平，构建数字化平台支撑体系。健全乡镇（街道）派驻人员管理和干部考评机制，构建制度化考核评价体系。

43. 积极优化营商环境。突出数字化转型引领改革，围绕“审批事项最少、办事效率最高、投资环境最优、企业获得感最强”要求，实现办事“最多跑一次”，更高水平建设“掌上办事之城”、“无证明办事之城”、“信用示范之城”，推动营商环境水平保持全国县域前列。加快政务服务 2.0 建设，深化“一件事”集成改革，推动改革向乡镇（街道）、村（社）基层延伸、向公共场所延伸，全面实现政务服务“一网通办、全域通办、就近可办”。深化商事制度改革，探索以承诺制为核心的极简审批，进一步为企业松绑减负。深化信用江山建设，全面实施信用“531X”工程，加快构建完善现代化信用体系。深化市场经济体制改革，加大国资国企、民营经济、财政体制等重点领域改革力度，全面激发市场主体活力。

44. 深化“平安江山”建设。树牢“大平安”理念，统筹推进各领域平安建设，全面提高公共安全保障能力，保障人民群众生命财产安全。健全扫黑除恶长效机制，坚决打击暴力恐怖、黑恶势力、新型网络诈骗等重点领域犯罪。完善落实安全生产责任制，建立公共安全隐患排查和安全预防控制体系。健全应急管理体制，落实自然灾害和事故灾难防范应对措施，全面提升防灾、减灾、抗灾、救灾能力。实施网络生态“瞭望哨”工程，开展网络治理行动，健全网络安全保障体系。完善重大决策社会风险评估机制，构建源头防控、排查梳理、纠纷化解、应急处置的社会矛盾综合治理机制。健全领导干部接访下访制度，完善信访制度，争创信访工作“三无县”。

十二、加强党的全面领导，凝心聚力为深化江山大花园和“一地三区”建设而努力奋斗

实现“十四五”规划和二〇三五年远景目标，必须把党的全面领导贯穿始终，充分调动一切积极因素，广泛团结一切可以团

结的力量，凝聚形成推动发展的强大合力。

45. 强化党建统领。坚持以党的政治建设为统领，增强“四个意识”、坚定“四个自信”、坚决做到“两个维护”，确保习近平总书记重要指示精神和党中央决策部署高效落地。认真贯彻执行民主集中制，健全党委议事决策机制。坚持和加强党对意识形态工作的全面领导，落实意识形态工作责任制，维护意识形态领域安全。健全落实党的全面领导高效执行体系，突出强化党建“三个用来”，增强党对经济社会发展各领域各方面各环节的领导，确保党的领导上下贯通、执行有力。全面贯彻新时代党的组织路线，深入实施“组织力提升工程”，把各领域基层党组织建设成为实现党的领导的坚强战斗堡垒。树立正确用人导向，选好配强各级领导班子和领导干部，加快干部年轻化进程，完善激励机制和容错纠错机制，激励广大干部担当作为。

46. 推进社会主义政治建设。坚持和完善人民代表大会制度，健全人大对“一府一委两院”监督制度。坚持和完善中国共产党领导的多党合作和政治协商制度，充分发挥民主党派、工商联和无党派人士作用，加强人民政协专门协商机构建设，提高建言资政和凝聚共识水平。完善统战工作格局，巩固基本理论、团结各方力量、完善新时代侨务工作机制，推动统战工作向大局聚焦、与大局融合、为大局聚力。发挥工会、共青团、妇联等人民团体作用，把各自联系的群众紧紧凝聚在党的周围。完善基层组织监督机制，健全群众自治制度，增强群众自我管理、自我服务、自我教育、自我监督实效。坚持法治政府、法治社会一体建设，加大普法力度，全面贯彻实施宪法，提高依法行政水平。完善司法监督权、审判权、检察运行和监督机制，促进司法公正。

47. 深入推进清廉江山建设。深化从严治党，始终坚持“严”的主基调，完善落实“四责协同”机制，持续推进高压反腐、高效监督、高度自律，一体推进不敢腐、不能腐、不想腐。锲而不舍落实中央八项规定精神，持续纠治形式主义、官僚主义，切实为基层减负，坚决防止“四风”问题反弹，努力营造干部清正、政府清廉、政治清明、社会清朗的政治生态和良好发展环境。强化政治监督，推动纪律、监察、巡察、派驻“四项监督”有机贯通，精准运用监督执纪“四种形态”，提升监督执纪实效。

48. 健全规划制定和落实机制。按照中共十九届五中全会、省委十四届八次全会、衢州市委七届九次全会精神和市委十四届八次全会部署，科学制定“十四五”规划纲要、专项规划和行动计划，形成定位准确、目标明确、功能互补、统一衔接的规划体系。深化重点领域重大政策研究，谋划推进重大平台建设，深入实施重大项目，深化重大改革攻坚，为“十四五”全方位各领域高质量跨越式发展强支撑增动力。健全政策协调和工作协同机制，实施清单台账管理，强化督查检查考核，确保“十四五”规划各项目标任务落到实处。

实现“十四五”规划和二〇三五年远景目标，意义重大，任务艰巨，前景光明。全市人民要更加紧密团结在以习近平同志为核心的党中央周围，同心同德，凝心聚力，拼搏进取，在全省建设“重要窗口”和衢州建设四省边际中心城市中展现江山风采，奋力夺取高水平现代化新胜利！

中共江山市委
关于构建“四责协同”廉共体
推进全面从严治党纵深发展的实施意见

市委发〔2021〕39号

为进一步推动全面从严治党纵深发展，压实全市各级党组织管党治党政治责任，根据《党委（党组）落实全面从严治党主体责任规定》及中央、省委、衢州市委关于加强对“一把手”和领导班子监督的有关文件精神，现就构建“四责协同”廉共体，推进我市全面从严治党纵深发展提出如下意见。

一、指导思想

以习近平新时代中国特色社会主义思想为指导，深入贯彻落实中共十九大和十九届二中、三中、四中、五中、六中全会精神，增强“四个意识”、坚定“四个自信”，、做到“两个维护”，坚持以人民为中心的发展理念，坚定不移推进全面从严治党纵深发展，推动党委（党组）主体责任、党委（党组）书记第一责任、班子成员“一岗双责”和纪委监督责任同频共振、同向发力，让干部干事创业有方向、有目标、有动力，为全力打造江山大花园和“一地三区”、争当山区县高质量发展建设共同富裕示范区的先行示范提供坚强保障。

二、主要目标

坚持党要管党，把党委（党组）主体责任、党委（党组）书记第一责任和班子成员“一岗双责”、纪委监督责任的横向协同协作与纵向压力传导结合起来，围绕5个方面重点内容，建立健全9项制度机制，推动知责明责、履责督责、考责问责等各个环节形成闭环，构建“四责协同”责任共同体、任务共同体、执行共同体，形成主体明晰、有机协同、层层传导、问责有力的全面从严治党责任落实体系，推动清廉江山建设取得新成效，着力营造风清气正的政治生态和干事创业的良好氛围。

三、工作路径

（一）明确职责，构建“四责协同”责任共同体

始终坚持压力层层传导、责任层层压实，构建党委（党组）牵头、党委（党组）书记主抓、班子成员主动参与、纪委协助并监督的工作格局。

1. 党委（党组）牵头抓总，落实主体责任。各级党委（党组）要充分发挥党总揽全局、协调各方的作用，将党的建设与经济社会发展同谋划、同部署、同推进、同考核，加强对本地本单位全面从严治党各项工作的领导，积极

推进机关纪委建设，加强对其他三个责任履行的全面领导、组织。带头执行全面从严治党各项制度规定，认真研究解决本地本单位管党治党中存在的突出问题，统筹协调解决并督促整改落实。

2. 党委（党组）书记挂帅出征，履行第一责任。各级党委（党组）书记要认真履行第一责任人责任，以身作则、当好表率，管好班子、带好队伍，对纪委监督责任和班子成员“一岗双责”进行引领和督促，把责任传导给所有班子成员，压给下一级党组织负责人。要自觉接受党组织、党员和群众监督，在全面从严治党中发挥示范表率作用，做到重要工作亲自部署、重大问题亲自过问、重要环节亲自协调、重要案件亲自督办，发现问题及时提醒纠正。

3. 班子成员各司其职，履行“一岗双责”。各级党委（党组）领导班子其他成员要履行分管领域从严治党责任，严格按照工作分工管好“责任田”，对职责范围内的全面从严治党工作负重要领导责任，推动业务工作与全面从严治党有机融合、协调发展。对分管条线和分管单位的党员干部加强教育管理监督，做到上下步调一致、内部有效衔接。

4. 纪检组织跟进保障，履行监督专责。各级纪检组织要担负起监督责任，把检查主体责任落实情况作为监督执纪重点，强化追责问责，推动其他三个责任落实到位。通过重大事项请示报告、提出意见建议、监督推动党委（党组）决策落实等方式，协助同级党组织落实全面从严治党主体责任。要主动接受同级党委（党组）的领导和监督，增强协作配合意识，完善责任协同的制度机制、方法举措。各派驻机构要牢牢把握“上对下”监督角色定位，重点加强对驻在部门“一把手”和领导班子成员的监督。

（二）扛起使命，构建“四责协同”任务共同体

以党的政治建设为统领，全面推进党的政治建设、思想建设、组织建设、作风建设、纪律建设，加强对全面从严治党各项工作的领导。重点是协同抓好5个方面工作。

1. 始终把党的政治建设摆在首位。聚焦党的政治属性、政治使命、政治目标、政治追求，坚定政治信仰，强化政治领导，提高政治能力，净化政治生态，以政治上的加强推动全面从严治党向纵深发展。各级党委（党组）对本地本单位党的政治建设工作负主体责任，将其摆在首要位置来抓，做到党的政治建设与各项业务工作特别是中心工作紧密结合、相互促进。党委（党组）书记要认真履行第一责任人责任，班子成员要抓好分管部门和领域党的政治建设工作。市委党的建设工作领导小组要发挥统筹协调的职能作用。各级纪检组织要把开展政治监督作为履行推进党的政治建设工作相关职责的重要内容。

2. 旗帜鲜明坚持党管宣传、党管意识形态。坚持党对意识形态工作的领导权，高质量全面落实意识形态工作责任制，坚决落实意识形态工作的政治责任、领导责任。各级党委（党组）对宣传工作负主体责任，将学习贯彻习近平总书记重要讲话和指示批示精神作为党委（党组）会议第一议题，加强对宣传领域重大战略性任务的统筹指导和重大问题的分析研判。党委（党组）书记要带头把方向、抓导向、管阵地，班子成员要抓好分管部门和领域的意识形态工作。各级纪检组织应当加强对落实意识形态责任制工作的政治监督、纪律监督，加强对失职失责问题的查处通报，切实增强制度执行的刚性。

3. 认真贯彻落实新时代党的组织路线。健全党的组织体系，不断增强各级党组织的创造力、凝聚力、战斗力，坚持党管干部原则，坚决整治选人用人上的不正之风。各级党委（党组）对组织工作负主体责任，进一步突出选人用人政治标准，担负起对干部培养、选拔、任用的领导责任，从严教育、监督和管理干部。党

委（党组）书记必须抓好下级“一把手”，班子成员要督促分管部门和领域“一把手”履行全面从严治党责任。各级纪检组织要严把党风廉政入口关，坚持严管和厚爱结合、激励和约束并重，落实“三个区分开来”，健全完善澄清正名机制。

4. 持之以恒加强和改进作风建设。深入开展党的优良传统和作风教育，坚持问题导向，完善作风建设长效机制。各级党委（党组）要从讲政治的高度，坚决落实中央八项规定及其实施细则精神和省市各级操作办法，坚决防止形式主义、官僚主义滋生蔓延，对享乐主义、奢靡之风露头就打、反复敲打，高度警惕隐形变异问题，坚决防止“四风”问题反弹回潮。党委（党组）书记、班子成员要带头把自己摆进去，从自身抓起，发挥示范表率作用，一级做给一级看。各级纪检组织要始终坚持严的主基调，保持定力、寸步不让，守住重要节点、紧盯薄弱环节，持续保持高压、强化执纪问责，久久为功、一严到底。

5. 一体推进不敢腐、不能腐、不想腐。坚定不移推进反腐败斗争，把惩治、制度和教育贯通起来，把惩治的震慑力与制度的约束力、政策的感召力、文化的影响力叠加起来，实现“三不”一体推进战略目标。各级党委（党组）要深化对党风廉政建设和反腐败工作的领导，始终保持惩治腐败的高压态势，强化对权力运行的制约和监督。各级纪检组织要建立健全监督检查、分析研判、查处整改、通报曝光、警示教育等工作机制，做到查处一案、警示一片、规范一域，维护党的肌体健康。

（三）完善机制，构建“四责协同”执行共同体

通过制定完善相配套的各项机制制度，构建知责明责、履责督责、考责问责责任落实闭环，形成系统严密、管用有效的责任落实体系，真正把“四责”协同起来，带动各级党组织各尽其责、齐抓共管，形成制度执行共同体。重点是建立健全并执行好 3 个方面 9 项机制。

1. 坚持以上率下，层层知责明责。“四责协同”机制建设，知责明责是前提，把管党治党责任具体化项目化，确保主体明晰、任务明确。

（1）建立健全任务清单机制。每年第一季度，党委（党组）“一把手”应当主持召开党委（党组）会议，结合本地本单位全面从严治党形势和任务，制定落实全面从严治党主体责任的年度任务安排，明确责任分工和完成时限；党委（党组）、书记及其班子成员应当根据职责职能和工作分工，制定责任清单，明确所分别承担的全面从严治党具体责任。年度任务安排和责任清单每年 3 月底前报送上级纪委、抄送同级纪检组织。

（2）建立健全研判分析机制。党委（党组）每半年应当至少召开 1 次党委（党组）会议专题研究全面从严治党工作，分析研判形势，研究解决问题，提出改进措施；建立政治生态定期分析研判机制，每半年开展一次政治生态建设状况自查自纠，认真查找自身存在的突出问题，采取有力措施加以解决。党委（党组）书记应当注重听取社会各界关于全面从严治党的意见建议，发现和推动解决本地本单位全面从严治党实践中的突出问题。市纪委要加强全市范围内重点领域党风廉政建设情况的专题分析，每季度开展一次信访举报、检举控告情况分析研判，督促问题比较集中的党组织查找分析原因，制定整改措施。

（3）建立健全述责述廉机制。市委每年12月底前向衢州市委书面报告当年度落实全面从严治党主体责任情况，乡镇（街道）、市机关部门党组织每年12月底前向市委书面报告当年度落实全面从严治党主体责任情况。每年 12 月初，市委召开常委扩大会议，四套班子领导、法检两长及乡镇（街道）、机关部门党组织“一把手”进行述责述廉，并接受评议，述责述廉以书面报告和口头报告相

结合方式进行，其他各级党组织参照执行。党委（党组）书记每年至少召开1次党委（党组）专题会议，听取领导班子其他成员履行“一岗双责”情况报告。市委常委会每年至少1次听取市人大常委会、政府、政协、法院、检察院党组落实全面从严治党责任、开展政治生态分析研判情况报告。

2. 坚持问题导向，推动履责督责。“四责协同”机制建设，履责督责是关键，构建横向联动、纵向一体的责任链，确保有机协同、层层传导。

（4）建立健全约谈提醒机制。党委（党组）应当加强对下一级党组织落实全面从严治党主体责任情况的监督检查，发现下级“一把手”落实责任不到位、问题比较突出的，应当及时约谈。党委（党组）书记发现班子成员和下一级“一把手”、班子成员发现分管部门和单位“一把手”存在苗头性、倾向性问题的，应当及时对其进行提醒谈话；发现存在落实全面从严治党责任不到位、管党治党问题较多、党员群众来信来访反映问题较多的，应当及时进行约谈，严肃批评教育，督促落实责任。党委（党组）书记对班子成员所作的函询说明签署意见时，要进行教育提醒，不能“一签了之”。

（5）建立健全分类谈话机制。上级“一把手”应带头同下级“一把手”开展日常谈心谈话。市委主要领导每年与下级党政“一把手”谈话至少一次，与部门单位“一把手”有计划地开展谈话；采用集体或个别谈话形式对新任职下级“一把手”开展任职谈话；定期同下级“一把手”开展监督谈话，发现存在苗头性、倾向性问题和轻微违规违纪问题的，及时进行提醒、批评教育或予以诫勉，其他各级党组织参照执行。上级纪检组织负责人定期同下级“一把手”开展谈心谈话，对下级新任职“一把手”开展任职廉政谈话；上级纪检组织根据工作需要，报经同级党委同意后，与下级“一把手”及领导班子成员开展集体谈话。

（6）建立健全对照检查机制。党委（党组）及其领导班子成员应当将落实全面从严治党责任情况作为年度民主生活会对照检查内容，深入查摆问题，认真开展批评和自我批评，提出有效整改措施。本地本单位发生重大违纪违法案件、严重“四风”问题的，党委（党组）书记应及时召开专题民主生活会，分管领导班子成员要认真对照检查，深刻剖析反思，明确整改责任，其他领导班子成员要吸取教训、举一反三，结合分管领域和单位全面从严治党工作，提出加强和改进工作的意见建议。加强对下级“一把手”和领导班子贯彻执行民主集中制的日常监督检查，有针对性地，指定若干下级“一把手”结合民主生活会对照检查，对贯彻落实民主集中制情况开展年度自查评估，坚决防止出现“一言堂”“家长制”问题。

3. 强化机制保障，严格考责问责。“四责协同”机制建设，考责问责是保障，必须发挥考核指挥棒作用，坚持有责必考、失责必问，把全面从严治党的各项措施落到实处。

（7）建立健全考核评价机制。市委建立全面从严治党主体责任考核制度，统筹开展党风廉政建设、意识形态工作、基层党建工作考核，在考核中突出了解“一把手”和班子成员落实全面从严治党责任情况，考核结果列入市委综合考核，同时作为对领导班子总体评价和领导干部选拔任用、实绩评价、激励约束的重要依据。各级党委（党组）在制定本地本单位以及对下一级党组织考核办法时，应将全面从严治党作为考核重要内容。

（8）建立健全失责问责机制。在党的建设、党的事业中失职失责的党组织和党的领导干部，应该严肃追究其主体责任、监督责任和领导责任。问责决定应由有管理权限的党组织作出，党委（党组）可以直接进行问责调查，也可以指定纪检组织、党的工作部门进行调查。各级纪检组织应当履行监督专责，协助同级党委（党组）开展问责工作。组织部、宣传部、统战部等党的工作部门应当依据职能履行监督职责，实施本机关本系统本领域的问责工作。严格区分党委（党组）、书记、班子成员和纪委各自责任，以精准问责强化责任担当。

（9）建立健全情况通报机制。加强通报曝光，及时通报因责任落实不力被问责的典型问题，采取组织调整或者组织处理、纪律处分方式问责的，应当以适当方式公开。实行“廉情双抄告”制度，市纪委每季度向市委市政府班子成员通报其分管部门和单位领导干部因违规违纪受“四种形态”处理情况，推动落实“一岗双责”。加强警示教育，对严重违纪违法案件中暴露出的问题开展警示教育，做好“后半篇”文章。加强思想政治教育，特别是党章党规和党性党风党纪教育，市委党校主体班次应当设置全面从严治党课程。

四、工作要求

（一）统一思想，深刻认识构建“四责协同”廉共体的重大意义。各级党委（党组）要切实提高政治站位，充分认识构建“四责协同”廉共体是压紧压实管党治党政治责任、推进全面从严治党纵深发展的重要举措，要以强烈使命担当和务实管用举措抓好本地本单位全面从严治党“四责协同”机制建设，切实加强组织领导和协调推进、协同配合，形成横向到边、纵向到底的责任落实体系。

（二）抓常抓长，充分发挥构建“四责协同”廉共体的制度优势。深化全面从严治党是一项长期任务，构建“四责协同”廉共体是一项系统工程。各级党委（党组）要严格抓好“四责协同”各项机制制度的贯彻执行，在严抓严管、抓常抓长上持续用力，将“四责协同”机制制度积累、价值凝聚、组织创新更好融入社会治理、机关政治建设等各个方面，切实将制度优势转化为治理效能，以全面从严治党的新成效推动全市经济社会发展不断取得新进展。

（三）强化宣传，积极营造构建“四责协同”廉共体的浓厚氛围。各级党委（党组）要通过主题党课、8090宣讲等多种方式加强构建“四责协同”廉共体机制的学习教育，充分发挥“两微一端”、报纸网络等媒介作用，引导全市各级党组织和党员领导干部真正把管党治党政治责任放在心上、扛在肩上、抓在手上，营造守土有责、守土负责、守土尽责的良好政治责任氛围。

中共江山市委
关于加快推进新时代文化江山工程的实施意见

市委发〔2021〕33号

为深入贯彻中共十九大和十九届二中、三中、四中、五中全会精神，认真落实习近平总书记关于社会主义文化建设的系列重要论述精神，根据省委、衢州市委文化工作会议部署要求，现就加快推进新时代文化江山工程制定如下实施意见。

一、指导思想

以习近平新时代中国特色社会主义思想为指导，围绕举旗帜、聚民心、育新人、兴文化、展形象的职责使命，忠实践行“八八战略”，聚焦打造“重要窗口”、高质量发展建设共同富裕示范区的新使命，着力形成文化发展新格局，全面实施文化先行战略，持续激发文化活力、挖掘文化内涵、用好文化力量，努力在共同富裕中实现精神富有，在现代化先行中实现文化先行，为争当山区26个县高质量发展建设共同富裕示范区的先行示范提供强大的思想保证、舆论支持、精神动力和文化条件。

二、总体目标

围绕建设与山区县共同富裕示范区的先行示范相匹配的新时代文化高地总目标，加快推进新时代文化江山工程，全力打造全国文明城市、最有礼城市、特色文化城市“三个城”，着力抓好以文铸魂、以文化人、以文塑城、以文惠民、以文兴业、以文传声等“六项举措”，深入实施形成一批理论成果、建成一批文化项目、创作一批文艺精品、引育一批文化人才、培育一批文化企业、实施一批惠民工程等“六个一批”计划。到2025年，文化事业繁荣发展，文艺精品不断涌现，基本公共文化服务水平得到有效提升，文化产业成为重要经济增长点，文化创新创造活力迸发，文化软实力和区域特色文化影响力显著增强。“15分钟品质文化生活圈”“15分钟文明实践服务圈”覆盖率达100%，文化艺术中心二期、虎山运动公园、档案馆等一批重大场馆建成使用，全国文明城市成功创建，各项文化发展主要指标得到明显提升。到2035年，物质富裕和精神富有达到新高度，成为全省山区26个县新时代文化高地建设的典范。

三、着力抓好“六大举措”

1. *以文铸魂，打造理论走心善学品牌。*深入实施理论铸魂工程，健全完善学习宣传贯彻习近平新时代中国特色社会主义思想长效机制，全面推进党委（党组）理论学习中心组学习制度化规范化建设，深化“第一议题”制度，落实理论学习中心组巡听旁听、重大决策前专题学习制度。深入实施理论走心工程，依托“学习强国”学习平台、“两堂一站”等理论普及阵地，高质量推进8090新时代理论宣讲提档升级，常态化开展理论政策宣讲、展播活动，推动党的创新理论“飞入寻常百姓家”。深入实施以史育人工程，全力巩固深化党史学习教育成果，深入开展“四史”学习教育活动。加快红色文化资源挖掘、保护和利用，充分发挥爱国主义教育基地的功能作用，持续打造红色研学线路，弘扬红色文化、传承红色基因、守好“红色根脉”。结合“两专工程”建设，完善党员干部理论学习教育制度体系，创新理论宣讲与文艺宣传相融合的微平台等载体，凝聚推动高质量发展的强大正能量。

2. 以文化人，打造文明生活有礼品牌。深入践行社会主义核心价值观，大力弘扬“崇学、务实、包容、创新”江山精神，持续打响“衢州有礼锦绣江山”城市品牌。全面深化全国文明城市创建工作，持续推进“八个一”系列有礼行动，推广文明礼仪标准规范，促进文明好习惯养成，提高城乡居民文明素质和城乡文明程度。实施全域文明创建计划，大力推进文明单位、文明村镇、文明校园、文明家庭等群众性精神文明创建，打造“15分钟文明实践服务圈”。深入推进公民道德建设，做好“最美江山人”选树，加强好人关爱帮扶机制建设，打响“小蜜蜂”志愿服务品牌。强化青少年德育工作，加强未成年人思想道德建设工作。推进“四治”融合，加快诚信文化建设，创新社会诚信治理，多渠道选树诚信典型，广泛开展诚信宣传教育，高水平建设信用江山。加强新时代美育工作，大力推进法治文化、清廉文化、校园文化、生态文化等建设，用先进文化凝聚人、引导人、激励人、塑造人。

3. 以文塑城，打造区域文化特色品牌。推动“4+1”区域特色文化与时俱进、守正创新，充分提炼、弘扬具有历史内涵和当代价值的精神标识及文化精髓。推进文旅资源普查和文化基因解码工作，实施地域性文化标识培育项目，建立文旅开发“资源库”，科学保护红色遗址遗迹，系统加强对历史文化、自然遗迹、重点村镇（文物）、非遗文化等的保护、研究和利用。深化“江山韶山一脉同宗”理念，加强与湖南韶山多领域、深层次的合作交流，进一步擦亮清漾毛氏文化品牌，提升区域品牌影响力、竞争力。实施“城市记忆工程”，推进非物质文化遗产抢救性记录，加快传承人群研培工作，做好江山婺剧、廿八都木偶戏等非遗文化的活态传承。开展文化创作“攀峰计划”，深入实施传统婺剧传承保护与发展、舞台艺术精品打造、优秀文学作品创作、影视剧（微电影）生产等系列文化工程。从思想、制度、经济、社会、文学艺术等方面对江山宋韵文化进行挖掘和研究，争取形成一批具有江山特色的文化成果。

4. 以文惠民，打造文化生活幸福品牌。根据全省城乡一体“15分钟品质文化生活圈”建设标准，高标准建成用好“四馆一院”，优化城乡公共文化空间布局，助推城市能级提升。围绕群众需求，谋划建设提升一批具有江山辨识度的文化综合体、历史文化街区、公共文化空间、传统村落和古村落。全面梳理新时代文明实践所（站）、综合文化站、文化礼堂、农家书屋等公共文化服务阵地使用过程中的痛点堵点，创新机制、丰富内容，提高供需匹配程度、场地利用率和群众参与率。鼓励和引导社会力量参与公共文化服务体系建设，探索乡镇综合文化站、南孔书屋等社会化运营模式。深化公共文化数字化改革，加快公共图书馆、文化馆、博物馆、文化礼堂等数字化转型升级，推进“家头条”“邻里帮”“文E家”等公共文化智能化场景在未来社区和未来乡村的应用，推动文化惠民活动线上线下共同发力，提升群众的获得感和幸福感。

5. 以文兴业，打造文化融合示范品牌。坚持文化赋能理念，把融合思维贯穿于产业规划、项目推进、内容建设、宣传展示等全过程。围绕农业、旅游、体育、教育、科技、生态、廉政、法治等领域，统筹做好“文化+”高质量融合发展文章。坚持全域景区化理念，做好国家全域旅游示范区“后半篇文章”，加快构建以中心城区为核心，以百里须江·诗画风光带为脉络的全域旅游大美格局。推动重点区域集聚发展和重点项目建设，促进文旅融合高质量跨越式发展。坚持数字创新理念，支持文化产业发展，鼓励文化企业拓展电商平台、直播带货等展示销售渠道，协调推进线上线下业务。结合承办的大型体育赛事活动，推动体育用品制造业发展。积极开发更多沉浸式、体验型数字文化旅游项目，打造一批各具特色的网红村庄、网红打卡点。支持江山西砚等老字号转型升级、新兴文创企业做大做强，力争涌现更多新产品、新业态、新模式。

6. 以文传声，打造传播影响创新品牌。深入推进媒体融合发展，做强融媒体中心、做精权威新闻产品、做优用户交互体验，深化打造特色新型传播平台，构建精准触达的现代传播体系，推进江山市融媒体中心建设提质增效，不断壮大主流舆论影响力。深入推进“多娇江山”客户端建设，加强与上级主流媒体合作，深化“新闻+政务”“新闻+民生”“新闻+服务”等应用，扩大宣传报道覆盖面和影响力，把江山好故事、好声音传播得更广更远。深入推进网络综合治理，加快依法治网体系建设步伐，深化实施网络生态“瞭望哨”工程，建成网络安全应急指挥中心（瞭望哨指挥中心），强化对互联网行业政治引领，完善网上风险闭环管控机制，有效防范网络风险，保持网络空间风清气正。

四、深入实施“六个一批”计划

1. 形成一批理论成果。围绕习近平新时代中国特色社会主义思想在江山的生动实践和习近平总书记主政浙江期间对江山的重要指示精神，组织开展系列理论和实践问题研究，形成一批研究成果。加强与社科院等机构的战略合作，搭建高端智库机构合作平台，深入开展调查研究，共谋科学发展大局，推动成果转化。

2. 建成一批文化项目。强化系统思维，将“4+1”特色区域文化有机融入衢州有礼诗画风光带建设。结合城市能级提升、乡村振兴、公共服务提升、文化产业发展等，谋划推进通禄门文旅综合体、特色文化街区、城市会客厅、万商城文旅科创综合体、江郎山世遗文化体验园、廿八都非遗一条街、大陈村歌小镇、清湖古镇文化休闲康养度假区、烟雨礼贤、三卿口古瓷村传统村落保护等文化项目，打造一批具有新时代江山特质的文化地标。

3. 创作一批文艺精品。牢固树立以人民为中心的创作导向，坚持把社会效益放在首位，深入挖掘多元多样的江山文化元素，在美术、文学、音乐、舞蹈、书法、摄影、婺剧、影视等方面，推出更多反映新时代主题、江山特质、温润人心、文质兼美的精品力作。积极举办“三山”艺术节、村歌传唱、乡村村晚等群众性文化文艺活动，努力打造活动品牌。实施“宋韵文化在江山”创作计划，开展系列宋韵文化主题活动。到2025年，争取在省级以上“五个一工程”等重大奖项上取得突破。

4. 引育一批文化人才。加大文化人才的培养、引进和使用力度，进一步做好人才库建设工作，不断优化文化人才发展环境，破解制约文化事业和文化产业的发展瓶颈。进一步打通文化人才流通渠道，积极引导城区优秀文化人才向乡镇、村社等基层一线流动。建立文化领域紧缺急需和拔尖人才引进“一事一议”“一人一策”制度，积极与上级专业院团“攀亲结对”，实施“江籍文化文艺名家回归”工程，鼓励文化人才回江投资创业、设立工作室。

5. 培育一批文化企业。优化文化产业区域布局，培育壮大各类市场主体，增强发展内生动力。积极引进文化企业，支持知名文化企业来江设立区域总部或分支机构。鼓励引导有特色、成长性好的中小微文化企业实现规下转规上，对主营业务收入达到规上服务企业要求的给予奖励。支持利用空置工业厂房、仓储用房、古建筑、老建筑等存量资源兴办文化创意产业项目，促进中小文化企业发展。建立重点文化产业项目库，对入库项目优先给予扶持。鼓励支持文化企业积极开展和参与推介、展示和交流活动。

6. 实施一批惠民工程。加快实施公共文化服务“补短”和“提质”计划，实现基本公共文化服务标准化。争取落实公共文化服务补助资金，持续跟进基层项目资金支出进度，确保文化专项资金专款专用，发挥出最大效益。针对外来务工人员、残疾人、老年人等群体开展个性化文化服务。深入实施文化惠民“三送一走”工程，推动优质公共文化资源向基层、乡村延伸，促进城乡均衡共享，保障群众共享、乐享文化资源。

五、工作保障

1. 强化组织领导。各级党委（党组）要贯彻落实党对文化工作的全面领导，树立“不重视文化是失职、抓不好文化是渎职”的理念，明确职责分工，加强工作协同，落实工作责任，细化实施清单，确保各项任务落到实处。高质量全面落实意识形态工作责任制，构建闭环工作机制，形成齐抓共管格局，有效防范化解意识形态领域风险。强化宣传思想文化工作领导小组统筹协调职能，加强文化工作机构建设和力量配备，组建工作专班。建立健全市委宣传部归口领导和归口管理市级宣传文化单位有关工作机制。把文化改革发展成效纳入市委年度工作考核和意识形态工作责任制落实情况考核，并加大考核赋分权重，作为评价领导班子和干部的主要依据之一。

2. 强化政策保障。强化资金、财税、土地、人才等资源要素保障，制定出台《江山市加快文化旅游体育高质量发展的若干政策意见》，设立文旅专项资金，建立健全财政文化投入稳定增长机制，更好发挥大文旅专项资金的激励引导作用。完善文化人才和文艺团队扶持政策，创新文化事业单位扶持激励政策，鼓励金融机构和社会力量投资文化产业，完善政府投资、产业基金、银行信贷、债券融资等组合融资政策。建立完善文化荣誉制度，增加优秀文化工作者在各级党代表、人大代表、政协委员以及劳动模范等各类先进典型评选中的名额和比例。

3. 强化改革驱动。持续深化文化体制改革，完善文化管理体制、创新生产经营机制，不断激发文化创新创造活力。持续深化宣传思想文化领域数字化改革，实现文化领域体系重塑、功能优化、高效协同、闭环管理，以数字赋能实现各项文化工作向“制度”“治理”“智慧”转变。持续深化文化市场综合执法改革和文化领域“最多跑一次”改革，营造更优的营商环境。

4. 强化队伍建设。把文化素养作为党员干部的基本素养，纳入“两专工程”重要内容和干部教育培训体系，不断塑造以文化力量推动社会进步的新能力。选好配强宣传文化部门领导班子、乡镇（街道）党委宣传委员和宣传文化干部。完善宣传思想文化系统干部综合考评机制，强化作风建设，深化推进“四提升”行动，努力打造一支兼具专业技术能力和专业科学精神的文化干部人才队伍。

2021 年 11 月 4 日

中共江山市委办公室　江山市人民政府办公室
江山市实施工业强市战略推动工业高质量发展的若干意见

市委办〔2021〕69号

为进一步凝聚全市合力，强化产业第一支撑，突出工业第一引擎，唱响主攻工业主旋律，锚定“做大产业、做强工业”总目标，全面振兴江山工业，加快推动“一地三区”建设，力争在26个县中率先实现共同富裕。特制定如下实施意见。

一、工作目标

通过五年努力，实现工业经济“一个突破、两个倍增、三个赋能、四个做强”：

——一个突破：全市规上工业总产值和规上工业增加值实现翻番，确保分别达到530亿元和120亿元，力争分别突破600亿元和150亿元。

——两个倍增：全市规上工业亩均税收达到28万元/亩，规上工业亩均增加值达到115万元/亩，规上工业全员劳动生产率达到35万元/人，实现质效双倍增。

——三个赋能：工业数字化改革赋能。规上数字经济核心产业制造业营业收入突破60亿元，年均增速达到20%，规上数字经济核心产业增加值占国内生产总值比重达到7%。科技创新赋能。高新技术产业增加值占规上工业增加值比重超54%，全社会R&D经费支出占国内生产总值比重达到2.8%。资本赋能。全市上市公司新增5家，市值累计达到300亿元。

——四个做强：做强企业。全市培育雄鹰企业8家，其中年产值10亿元以上企业6家、50亿元以上企业2家。做强产业。提升两大产业链，实现总产值超270亿元，力争达到350亿元，占全市规上企业总产值50%以上；力争引进20亿元以上制造业项目14个，到位资金累计达230亿元以上。做强平台。江山经济开发区进入全省前24位，江山省级智能装备高新区进入全省前35位。做强外贸。货物贸易进出口额达到105亿元，实现货物贸易总额、跨境电商出口额翻番。

二、工作任务

（一）实施制造业“招大引强”专项行动

按照“瞄准高端、沿链聚合、龙头引领、集群推进”的原则，进一步聚焦重点产业、全面优化招商机制、创新招商方式、加强要素保障、优化投资环境，进一步突出大企业大项目的龙头带动作用，全力开展产业链招商，加快创新融合发展，培育“百亿”

产业集群。充分发挥经济开发区主战场、主引擎、主力军作用，做好“存量+增量”文章，持续推进大项目向大平台集聚。(牵头单位：市协作中心)

（二）实施工业企业“培大育强”专项行动

充分发挥领军型企业的引领、示范和带动作用，对“十四五”期间纳入产值10亿元以上培育库的企业和投资10亿元以上的工业项目（简称“双十亿”），制定“135”年度发展规划，按照“一名领导、一个部门、一个方案、一个专班”的“四个一”工作体系，建立“一企一档”，实行“一事一议”，加大要素和政策支持力度，制定细化培育实施方案。通过培育，形成龙头型和成长型两大类规模企业梯队，全面提升我市工业企业规模和竞争力。(牵头单位：市经信局)

（三）实施科技型中小企业培育专项行动

加大政策供给力度，建立梯度培育机制，充分激发科技型中小企业成长活力，推动科技型中小企业提质增效。搭建创业创新平台，加强创新能力建设，构建完善科技型中小企业孵化体系，提升企业技术创新水平。建立科技型企业动态培育库，着力培育一批有影响力的创新型领军企业，全面提升科技型中小企业的数量和质量，推动科技型中小企业成为带动全市高质量发展的重要力量。(牵头单位：市科技局)

（四）实施两大产业延链补链强链专项行动

聚焦两大产业链，实施延链补链强链行动，提升产业链现代化水平，加快推进时尚门业智能家居产业、智慧能源装备产业两大特色产业集群发展，选择1—2家龙头骨干企业和一批高成长型企业作为“链主型”培育企业加以重点培育，着力打造一批行业领军企业和“链主型”企业。谋划一批产业契合度高、协同效应强的项目，瞄准国内外行业龙头企业，加快实施一批延链补链强链项目。(牵头单位：市经信局)

（五）实施开发区创强高新区进位专项行动

突出经济开发区工业主平台引领，强化主体培育，提升平台的创业创新活跃度，加快培育壮大创新主体，夯实发展基础。强化对外开放，增强产业国际竞争力，积极引入先进制造业、现代服务业领域的外商投资企业，提升外资利用水平。强化科技创新，推进创新平台建设，提升企业核心驱动力。强化平台配套，聚焦产城融合、区块联动。(牵头单位：经济开发区)

（六）实施深化“亩均论英雄”改革专项行动

启动新一轮低效企业改造提升，通过“五个一批”方式分类引导、逐年推进。优化亩均效益评价机制，完善评价办法。深化要素配置，强化结果应用，完善差别化政策，推动关键要素更多流向优质产业和企业。严把项目准入关，强化工业项目决策咨询工作。(牵头单位：市经信局)

（七）实施工业数字化改革专项行动

招引一批集成电路、新能源材料、新型电子元器件等标志性项目和行业领军企业，壮大数字经济核心制造业。支持欧派门业、天际互感器等企业建设企业级工业互联网平台，推进木门(家居)、数字消防等行业工业互联网云平台建设。推进中小企业“轻量化智改+样本化推广”，实现规上工业企业线上线下智能化诊断和数字化改造全覆盖。打造一批省级“未来工厂”“智能工厂/数字车间”，发挥示范引领和辐射带动作用，实现新智造试点示范新突破。(牵头单位：市经信局)

（八）实施推进企业上市专项行动

按照“引导推进一批、培育壮大一批、辅导报会一批、上市挂牌一批、做大做强一批”工作思路，筛选一批对接资本市场意愿强烈、条件成熟或成长性良好的企业，进行重点培育，夯实上市后备企业资源。建立覆盖企业培育、股改、挂牌、上市全过程的政策支撑体系，支持企业登陆多层次资本市场，不断拓宽企业上市渠道。引导上市公司加大对“两大产业链”领域项目投资力度，重点支持上市公司开展产业并购，有效整合产业链上下游及内外部资源。（牵头单位：市金融服务中心）

（九）实施外贸创强专项行动

加大外贸主体培育，融入国内国际双循环相互促进的新发展格局，拓展进出口业务，全力帮助企业逆势抢占国际市场。推进外贸平台能级提升，加快衢州综试区江山园区、中国（浙江）自由贸易试验区衢州联动创新区建设，推动电商平台与传统制造业、商贸业对接合作。瞄准生产基地在江山、产品出口在外地的生产企业，“一企一策”加大精准招引贸易总部力度。（牵头单位：市商务局）

三、工作保障

（一）加强组织领导。进一步完善工业强市建设领导小组，统筹推进工业强市工作，各专项行动由分管市领导任组长，市府办分管领导和牵头部门主要负责人任副组长，建立专项行动工作组，以“两勤”和“两专”要求切实抓好具体落实。领导小组办公室设在市经信局，实施专班化运行，具体负责各项工作协调推进、要素保障、实绩考核等工作。各专项行动牵头单位负责制定本专项行动的工作清单和项目清单，按照“135”年度时间节点分步落实，确保各专项行动见人、见方案、见企业、见项目、见行动。

（二）强化要素保障。统筹土地、能源、金融、科技、人才五大要素，强化用地、用能指标市域统筹使用，发挥金融、科技、人才等关键要素作用，向重点园区、重点企业、重点项目、重点产业倾斜，全力保障专项行动推进。用地保障，每年出让土地总量中工业用地占比不低于 50%，通过低效用地整治，提高土地节约集约利用水平。用能保障，按照“质好优先、快则优先、技改优先、内挖优先、贡献优先”的“五优先”分配原则，通过省配、外争、内挖等途径予以保障，加快推进“高效发展挤一点、腾笼换鸟盘一点、产业延伸挖一点、再生能源抵一点、协同发展增一点”五个举措落地落实。金融保障，围绕“总量只增不减、成本只降不升、期限只长不短、审批只简不繁”的要求，高水平推进绿色金融改革，深入实施融资畅通工程，完善现有产业基金，强化金融要素保障。科技保障，围绕“科研平台动力链、科技成果转化链、科技创新攻关链、科技创新服务链”四链提升，强化政策支撑，创新培育机制，搭建创新平台和提升创新能力。人才保障，聚焦需求，通过引进一批、培养一批、留住一批，着力引进“高精尖缺”产业人才，培育江山产业急需的技术型人才，加快高端人才向制造业企业汇聚。

（三）深化服务机制。完善全市服务企业机制，坚持问题导向和结果导向，注重难题破解，每季度召开一次企业服务重大问题协调解决会，形成“问题收集—研判分析—会商交办—办结评价”的良性服务闭环。创新建立政企干部“双挂制”，对“双十亿”企业派驻企业指导员，从各经济部门择优选择一批懂经济、懂项目、懂管理、懂运营的干部担任企业指导员。同时，选拔一批企业高层管理人员到各经济部门担任局长（主任）助理，发挥企业高管才智，推动形成“对策变决策、计划变规划”共商共议局面，政企联动优化亲商、助商、安商、富商的营商环境。

（四）合力浓厚氛围。在全市上下树立大抓工业的鲜明导向，合力营造开展十大专项行动的浓厚氛围。市委市政府每年度召开工业强市发展大会，总结成绩、表彰先进、部署工作；每季度召开互看互学、比学赶超、实绩晾晒现场推进会，推进成效纳入十大军规表彰通报；各专项行动组每月召开推进研判会，对专项行动推进过程中存在的问题及早研判、及时解决。加大企业家队伍建设，搭建学习考察交流各类平台，提升企业家素质。各新闻媒体要加大宣传力度，开设专栏聚焦十大专项行动中的典型案例，充分提振企业家发展信心，全力营造全社会共同关注工业发展、关爱企业成长的良好氛围。

（五）注重督查考评。坚持“结果+过程”，以结果和实绩为导向，按照“月推进、季比晒、年考评”的工作机制，一盘棋联动推进，加强工作评估考核。工业强市建设领导小组办公室牵头定期通报各专项工作推进情况，市政府督查科对十大专项涉及的清单化项目推进情况实施每月督查，并将十大专项工作当年完成情况纳入市委市政府年度综合考核的重要内容，做到奖罚分明。

2021 年 8 月 31 日

江山市人民政府
江山市跨越式高质量发展五年行动计划
（2021—2025 年）

江政发〔2021〕18 号

为深入贯彻习近平总书记在庆祝中国共产党成立 100 周年大会上的重要讲话精神，贯彻落实习近平总书记关于共同富裕的重要论述精神，对标省市推进共同富裕工作任务，全面落实《浙江省山区 26 个县跨越式高质量发展实施方案（2021—2025 年）》《衢州市跨越式高质量发展五年行动计划》，结合江山市情和趋势分析，现就江山市跨越式高质量发展制定如下五年行动计划。

一、发展背景

（一）发展成效。

经济基础进一步夯实。2020 年全市地区生产总值突破 310 亿元，位居 26 个县第五，常住人口人均地区生产总值突破 6.34 万元。主要经济指标在 26 个县及衢州市均位居前列，财政总收入为 34.96 亿元，一般公共预算收入达到 21.31 亿元，固定资产投资达到 111.28 亿元，规上工业总产值完成 276.6 亿元，社会消费品零售总额达到 150 亿元。

产业转型进一步加快。高水平启动全面振兴工业三年行动，完成“小升规”企业 222 家，“1+3+2”产业占规上产值达 66.1%。门业产业实现百亿产业“零的突破”，江山欧派成为中国木门“第一股”。数字经济提质发展，荣获国家电子商务进农村综合示范试点县，网络零售额领跑衢州。积极打造“中国数字消防产业第一城”，成功创建国家应急产业示范基地，海康威视全国消防运营总部落地运营。美丽经济快速发展，成功入选首批国家全域旅游示范区、中国县域旅游竞争力百强县，江郎山—廿八都旅游区成功创建国家 AAAAA 级旅游景区。扛起农业担当，连续三年入选河姆渡杯粮食生产先进县，江山绿牡丹茶、江山猕猴桃、江山黄精获国家农产品地理标志认证。

城乡发展进一步协调。城镇化水平不断提高，2020 年常住人口城镇化率为 58.5%，较 2015 年增长近 10 个百分点。城乡居民收入水平不断提升，城镇和农村常住居民人均可支配收入分别达到 51987 元和 28415 元，年均增长 8.4%和 9.2%，城乡居民人均可支配收入比缩小至 1.83：1，连续 20 年优于全国、全省平均水平。城乡面貌不断改善，获评美丽浙江建设考核优秀单位县，成功通过国家园林城市复查，获评“国际花园城市”，城乡公交在衢州地区率先实现移动支付全覆盖。

美丽乡村进一步蜕变。持续打造中国幸福乡村升级版，荣膺首批省美丽乡村示范县，成功承办全省美丽乡村和农村精神文明建设现场会，实现省新农村建设优秀单位“十连冠”。成功创建部省共建乡村振兴示范县、省“四好农村路”示范县，AA 级景区庄实现乡镇全覆盖。全力打好污染防治攻坚战，五夺“五水共治”大禹鼎，捧回衢州首座“大禹鼎银鼎”。获评省级生态文明建设示范县、国家森林城市。

民生事业进一步提升。实现以峡口—白水坑水库为主水源、碗窑水库为备用水源的“双水源供水”，农村自来水普及率达 99.9%。实现教育基本现代化，五年新增 19 所学校投用，义务教育标准化学校创建率、中职学校省等级创建率均实现 100%。医共体、医联体落地运行。社会保险覆盖面继续扩大，文化艺术中心二期等一批公共服务项目持续推进，成功创建省食品安全市，连续九次荣膺省双拥模范城称号。

（二）短板不足。

新旧动能转换仍未破题。2020 年地区生产总值增速低于全省平均水平，发展动能仍需进一步释放。规上工业亩均增加值、亩均税收远低于全省平均水平，发展质效亟待进一步加强。高新技术产业增加值、战略性新兴产业增加值增长乏力，R&D 经费投入占比、每万人拥有发明专利数低于全省平均水平，各类产业平台、科创平台等载体的支撑效应未充分显现，科创能力亟需进一步提升。上市公司数量仅为 2 家，主体培育仍要进一步加强。

人口流出形势仍然严峻。2020 年全市户籍人口 61.55 万人，常住人口 49.44 万人，户籍、常住人口多年倒挂且数量居衢州市第一，人口流出态势明显。城市能级不高，市域范围无法有效形成人口集聚。高层次人才“引进难，留住更难”问题较为突出。人口老龄化现象逐步加剧，全市常住人口中 60 岁及以上人口占比 26.69%，较 2010 年六普数据上升 7.69 个百分点，迈入中度老龄化阶段。

“融衢接杭”步伐仍待加快。作为衢州地区距离杭州最远的县市，交通能级、产业、文旅承接等多方面能力难以提供有力支撑，缺少融衢、接杭快速路，杭衢高铁江山段、浙西公铁联运无水港等交通互联互通项目建设有待加快。产业尚未有效嵌入杭州都市圈发展当中，生态环境优势未有效转化为经济优势，康养经济、文创经济、共享经济等新产业、新业态仍处于起步阶段，难以有效承接杭州、宁波、上海等长三角地区中心城市的资源溢出。

财政平衡压力仍在加大。财政收入总量偏小、财源基础较薄弱等问题仍然存在，内生动力有待进一步强化，2019 年江山市按总人口计算的人均可用财力 6271 元，排名 44，仅为第一名嵊泗县的 23.8%。2020 年全市人均公共预算收入 4310 元（按常住人口计算），仅为全省平均的四分之一。“十三五”期间，省财政对江山市补助年均增长速度总体低于江山市一般公共预算支出的增长。

基础设施短板仍未补齐。对外主要交通通道数量少、不顺畅，尚未建立适应三省门户区位优势的综合交通运输体系，地域边缘化风险加剧。对内交通等级偏低，公路网分布东疏西密，公路等级北高南低，公路网通达深度不够，公路网密度未达衢州市平均水平，远低于全省平均。水运发展滞后，航道开发仍处于前期争取阶段。基础设施的利用效率、综合效益较低。

二、总体要求与发展目标

（一）指导思想。

以习近平新时代中国特色社会主义思想为指导，坚持生态优先、内生发展，深化改革、开放发展，山海协作、借力发展，创新驱动、转型发展，共同富裕、共享发展原则，深入实施做大产业扩大税源行动和提升居民收入富民行动，对标衢州市委“1433”发展战略体系，加快“一地三区”建设，突出新旧动能转换与理念模式途径创新，突出竞争优势培育做强与开放融合能级提升，努力走出一条江山跨越式高质量发展的新路子，努力在新一轮区域竞争中抢占制高点、优先位，争当26个县跨越式高质量发展建设共同富裕示范区的先行示范，力争在26个县中率先实现共同富裕。

（二）功能定位——26个县工业跨越发展新标杆，乡村振兴新榜样，文旅富民新旗帜。

依托区位交通基础及产业城市基础，强化工业主导，聚焦工业振兴，深度参与浙江省全球先进制造业示范基地建设，加大传统产业转型升级和数字经济、智能制造培育做强，大抓招商大干项目，努力在新一轮区域竞争中抢占制高点、把握主动权。充分发挥区域文旅资源禀赋，健全现代农业生产体系，全面推进乡村振兴，探索现代农业与小农户的有机衔接带动千家万户增收致富，全面整合高等级旅游景区，绘就全域旅游锦绣画卷，为打造“重要窗口”、高质量发展建设共同富裕示范区注入强大动能。

（三）主要目标。

内生发展动力增强，综合实力稳居26个县第一方阵。到2025年，国内生产总值实现450亿元，力争达到485亿元，年均增速达9%，人均国内生产总值达95000元，人均国内生产总值达到全省平均的70%。一般公共预算收入达32.7亿元，年均增速与国内生产总值增速持平，人均一般公共预算收入达到6600元。常住人口城镇化率达到65%。城镇居民和农村居民人均可支配收入分别达到76740元和43700元，低收入农户人均收入达到23800元。

产业转型效益明显，打造四省边际智能制造强县。到2025年，特色生态产业平台投资50亿元以上，引进亿元以上项目20个以上，总投资达40亿元。山海协作“产业飞地”规上工业总产值突破100亿元大关，引进营业收入超10亿元企业1家以上。智能制造发展成效更加明显，打造省级“未来工厂”“智能工厂/数字车间”15家以上，规上工业企业数字化改造实现全面覆盖。新增规上工业企业数量125家，规上工业增加值确保达到120亿元，力争达到150亿元，规上工业亩均税收达到28万元/亩。旅游业增加值达到40.1亿元，农林牧渔业增加值达到27.5亿元。社会消费品零售总额达到210亿元，网络零售额达到300亿元。

公共服务水平提升，全面建设品质幸福之城。到2025年，基本公共服务水平明显提升，累计城镇新增就业人数4万人，教育现代化指数超70，每千人口拥有执业（助理）医师数3.2人，农村生活垃圾分类处理率达到95%。行政村通双车道比例达到60%以上，百人以上自然村通公路比例达到100%。

绿色发展路径打通，最美核心花园彰显别样风采。到2025年，生态系统生产总值年均增长2%，单位国内生产总值能耗完成上级下达目标任务，清洁能源占能源消费比重稳步提升，光伏总装机规模达到70万千瓦。空气质量优良天数比例达到95%，地表水达到或优于Ⅲ类水质比例100%。盘活存量建设用地750亩。

三、重点任务

（一）做大产业扩大税源，大力度提升现代产业实力。

培育壮大工业经济规模。全

力助推“1+3+2”工业重点产业向高端化、集群化迈进，工业经济实力持续领跑衢州市和26个县。立足百亿规模新起点，围绕做强“一县一业”推动时尚门业智能家居提质增效，以木门为基础，推动产品由木门向智能家居、全屋定制拓展，形成产业链上下游协同，构建系统完善的产业链生态圈。推动消防应急、装备制造、健康生活三大特色产业做大做强，推广消防装备、电力电器装备、体育用品等一批“江山制造”品牌。聚焦新能源汽车专用零配件、氟硅等精细化工、电子化学材料等领域，进一步构建百亿级化工业产业生态，推进化工产业结构调整，主动与衢州高新区形成产业协同，培育新能源新材料“两新”产业集群。（市经信局、市发改局，列第一位的为牵头单位，下同。以下各项工作均需有关乡镇、街道落实，不再列出）

加快推进数字赋能引领。锚定四省边际智能制造强县目标，推动智能制造提质扩面，加快建设综合性专业性的行业级、区域级工业互联网云平台，引导推动优秀第三方中介机构来江开展智能化发展服务，推进省级“未来工厂”、智能工厂及数字化车间建设。强化龙头企业示范引领作用，推进欧派两业融合试点与省级木门、数字消防、输配电产业创新服务综合体建设。依托海康威视全国消防运营总部项目，加快打造一批数字消防产品制造、工程产业、云服务产业、培训、创新基地，积极筹办数字消防产业发展大会，打造数字消防产业第一城。分阶段、压茬式将“轻量化智改+样本化推广”的“6250”中小企业智改模式在工业全领域范围内推开。（市经信局、市科技局、市发改局、市商务局）

聚力提升产业平台能级。巩固深化开发区（园区）整合提升成效，突出做大做强经济开发区主平台，省级经济开发区考评力争前30名，经济体量占全市比重力争达到90%以上，全力争创国家级经济技术开发区。全面开展工业低效用地全域整治，持续优化城南工业园、莲华山工业园、江东工业园空间资源，加快江贺经济走廊土地更新和整治提升，布局建设电镀城、工业固废危废处理中心、物流园基地、产业邻里中心、商业综合体、开发区第二小学、匠心公寓等生产生活配套项目，推进与城南新城、贺村小城市融合发展。锁定乡镇工业功能区四至范围，提升贺村、峡口、四都等功能区能级，向创业创新园转型提升。加快推进江山—柯桥山海协作产业园建设，向“百亿级”山海协作产业园目标迈进。（市发改局、市资规局、市经信局、江山经济开发区、市协作中心）

全面迸发产业主体活力。落实“凤凰、雄鹰、雏鹰”三大行动，力争新增上市公司5家、新三板创新层6家、并购重组8家，新培育雄鹰企业8家、雏鹰企业5家，新增规上工业企业125家。全力支持江山欧派实施“百亿战略千亿梦”，并向“链主型”企业发展。做实做细做新企业股改上市工作，以亿元工业企业为重点，建立股改企业清单，形成目标企业梯队，让更多企业成为“金凤凰”。支持雄鹰企业发展壮大，做好专业化核心业务，加大企业技术升级及市场推广资助力度，积极申报国家“专精特新”小巨人、单项冠军、隐形冠军、首台套、产业链协同项目。继续加大雏鹰企业培育扶持力度。实施融资畅通工程升级版，创新推行权益类产品质押、商票质押等融资新模式，形成新型融资体系。（市金融服务中心、市经信局、市科技局、人行江山支行）

打造“招大引强”攻坚样板。对标长兴迭代升级招商体系，强化市领导挂联重大招商引资项目机制，提档项目流转机制、项目洽谈落地服务机制，优化考核激励机制，完善招商项目全生命周期管理信息平台。对标“两勤两专”标准，深化专职招商“百人团”建设。推进资本（基金）招商、中介招商、商会招商、以商招商，深化“飞地”招商。深化产业研究，升级产业树、产业招商地图，用好研究成果，紧盯“链主”企业、“单项冠军”“隐形冠军”精准招商，引进一批产业链项目。坚持高质量招商，做好项目源头把控，加大低能耗、低碳和“高优美精”项目的招引。紧抓新型帮共体结对帮扶新机遇，引导上市公司、国企、央企到江山投资布局，对特别重大产业项目实施“一事一议”协调支持。提高项目审批服务效率、优化营商环境，确保重大产业项目按期开工、顺利投产、正常运营。做好江山人经济转化文章，持续推进异地商会建设，统筹发挥江山人发展大会等平台作用，加快推动“江商回归”。（市协作中心、市委统战部、市发改局、市经信局、江山经济开发区）

（二）提升收入加速富民，全面提升获得感和幸福感。

做强高效生态农业。实施科技强农、机械强农“双强行动”，抓好农业高质量发展，加快提高农业生产效率和效益，不断提升高效生态农业发展水平。加快推动猕猴桃、食用菌、蜜蜂等“3+X”特色产业转型升级。大力发展农产品精深加工、冷链物流等现代农业技术研发和应用，推进农村三产深度融合项目、农业现代化示范区、农业产业强镇建设。全面推进华欣湖羊生态融合示范园、食用菌智慧产业园建设。以产业联合体建设为抓手，创新发展“公司运营+集体自营+农户植入”乡村产业发展模式。培育发展“旅游+”“文化+”“体育+”“康养+”等乡村新产业新业态，全面推进5个传统产业“产加销”融合基地，加快推动星菜植物工厂等一批项目建设。积极建立种质资源基因库，谋划建设国家“种源硅谷”。深化推行“一亩山万元钱”行动，大力发展以毛竹林下多花黄精复合经营为主的林下经济模式，推广清水养鱼、温氏养鸡、藕鳅共生等致富技术，加大对蜂业主体的技术培训力度。依托农业农村大数据中心建设，着力构建覆盖农业全产业链的数字化平台，数字化改造种养殖基地，加快提升农业产业数字化水平，积极推广滴滴农机等场景应用。实施品牌强农工程，打造特色农产品区域品牌，提升江山绿牡丹、江山猕猴桃、江山蜂产品、江山白菇、江山米糕等特色农产品知名度、美誉度。（市农业农村局、市林业局、市科技局）

做美全域旅游示范区。做好国家全域旅游示范区“后半篇文章”，构建形成“一心一带两核多点六线”的全域旅游格局。加快核心景区做大做强，以江郎山核心区块创建省级旅游度假区为牵引，建立完善资源向核心景区集聚体制机制，加快旅游项目建设和招引，深化清湖古镇文化休闲度假区、廿八都二期等项目前期，推进“春风江山”田园文旅颐养小镇、太阳谷主题神话乐园等重点旅游项目建设，持续推进大夫第田园综合体、通禄门文旅综合体等一批重大旅游项目招商。实施“微改造、精提升”行动，补齐全域旅游短板，加强旅游数字赋能，推出一批文旅应用场景建设，将基础设施和公共服务配套从景区拓展到全市域。做强“旅游+”文章，丰富“旅游+”业态融合产品，全面提升民宿农家乐品质，依托旅游航道建设，开发夜间旅游消费“打卡”地，打造夜间消费“文化IP”，打响“衢州有礼·江山味道”品牌。坚持融合理念，推进清漾毛氏文化、江郎山世遗文化、仙霞古道文化、廿八都古镇文化及村歌文化“4+1”特色文化创新性发展、创造性转化，加快非遗文化有机融入旅游产业发展，提升旅游动能。（市文旅局、市农业农村局、市发改局）

做宽就业创业渠道。多渠道扩大就业岗位，推动灵活就业，构建新就业形态良性发展政策体系，健全新业态从业人员劳动权益保障机制。健全就业公共服务体系，探索建立人力资源服务产业园，加强大学生创业园、返乡农民创业基地等载体建设。强化就业困难人员帮扶，加大公益性岗位开发力度，促进高校毕业生、农民工、退役军人、残疾人等各类群体就业。加强劳动者技能培训，结合江山产业体系实际用工需求，加快推动劳动力职业技能培训全覆盖，发挥“农民学院+乡村振兴讲堂”平台作用，开展多层次农民技能培训，提升农民创业就业能力。加强创业扶持，深入实施青春助力乡村振兴、青年英才集聚、青年志愿者培育等行动，完善四个“亲清”服务体系。大力发展银发经济，推动终身制培训体系建设。（市人社局、市农业农村局）

做实公共服务均等化。打响“学在江山”“健康江山”“安居江山”三大品牌。加快教育现代化进程，优化教育资源布局，建设全生命周期教育服务体系。推进党建引领下的集团化教育联盟，实现优质教育资源互联共享，争创全国学前教育普及普惠县、全国义务教育优质均衡发展县。深化与学军中学等市外优质教育资源合作办学，提升教学质量水平。推进产教融合、校企合作、普职融通，完善中职与高职院校中高职一体化人才培养模式，提升中等职业教育办学水平。（市教育局）推动高级技工学校升级为技师学院。（市人社局）打造高水平的卫生健康服务体系，加强公共卫生体系建设，建立新型公共卫生应急保障体系，以打造三省边际县域医疗中心为目标推进医疗资源优化布局，推进医联体、医共体深度融合，深化与邵逸夫医院合作，人民医院成功创建“三乙”医院，确保县域就诊率90%以上、基层就诊率提高至65%以上。（市卫健局）实施“养老机构跟着老人走”行动，优化社区居家养老服务网络，发展“公建民营”“康养联合体”等养老新业态新模式，健全长期照护综合保障体系。（市民政局）

做好低收入群体增收。实施低收入农户同步基本实现现代化行动。健全“两不愁三保障”部门联络协调机制，确保“两不愁三保障”突出问题动态清零。开展精准就业帮扶，挖掘公益性就业岗位，确保有劳动能力低收入家庭至少一人就业。加大产业创业帮扶力度，低收入农户人均可支配收入年均增长10%以上。（市农业农村局、市人社局）

（三）加快新型城镇化建设，促进城乡区域协调发展。

提升县城综合能级。深入实施小县大城、产城融合、组团发展战略，加强城市规划建设管理，激发城市发展活力，推进江山县域经济向城市经济转型，高标准建设中等规模的现代城市。大力推进老城有机更新行动，提升县城城市基础设施建设与管理运营水平，特色化建设具有江山风情的宜居宜业宜游县城。加快城北、城东、城南三大新城建设，分别成为融衢接杭门户和科创小镇、城市未来休闲新区、产业人文高度融合新城。统筹推进“八横六纵两环”核心路网、海绵城市、综合管廊以及虎山运动公园、老火车站商业圈等公共服务项目建设，打造城市“15分钟幸福生活圈”。构建城市绿色廊道，打造显山露水、疏密有致城市天际线，全方位彰显城市魅力。推动农业转移人口市民化，加强农业转移人口技能和文化培训，提高农业转移人口素质和融入城镇能力，加快县城人口集聚。（市住建局、市发改局、市农业农村局）

深化城乡风貌整治提升。深入实施“百镇样板、千镇美丽”工程，推进新时代“五美”城镇建设，巩固小城镇综合整治成果，高标准全面推进美丽城镇建设，力争成功创建8个省美丽城镇样板，持续推进城市能级提升三年行动计划。全面提升供水水质，加快雨污分流改造和“污水零直排区”建设。全面落实新时代美丽乡村“六大行动”和“千万工程”，全域创成新时代美丽乡村、三分之二以上行政村创成新时代幸福乡村。统筹市、镇、村公共交通布局，健全城南、城北、贺村及工业区等公交枢纽站，以及峡口镇、廿八都镇等重点乡镇公交首末站。加快城镇老旧小区改造，推进城镇功能迭代升级，提升人居环境品质。统筹推进峡口中心镇发展、贺村小城市培育试点建设，充分发挥中心型和特色城镇辐射带动作用，强化镇村联动、区域联动，推动美丽城镇组团式、集群式发展，打造镇村生活中心圈。以江郎山、大陈等乡村未来社区为样板，打造一批引领生活体验、呈现未来元素、体现江山特色的示范性未来乡村，加快启动通禄门和周家青城市未来社区建设，打造一批城市与县域风貌样板区、示范区。（市住建局、市农业农村局、市资规局、市发改局）

绘就城乡融合蓝图。坚持以人为核心的新型城镇化，统筹推进城乡空间布局优化、要素平等交换、公共服务均等化和基础设施建管一体化，有序推进撤乡并镇、撤村并居，稳妥推动县域行政区划和管理模式优化，走出以县城为中心，以中心镇为节点，以中心村为补充的具有山区特色的新型城镇化之路。（市民政局）强化县城综合服务能力，发挥小城镇连接城市、服务乡村作用，实现县乡村功能衔接互补全面推动“两进两回”，有序促进城乡科技、人才、资本等双向高效流动，激发乡村活力。（市农业农村局）加强农村水利公共服务，提高城乡同质化供水覆盖率。（市水利局）

强化交通网络畅通。高水平打造四通八达的快速铁路网，积极推进杭衢高铁江山段建设，加快衢州至南平（武夷新区）铁路、江衢市域轨道项目前期，形成“三线入杭”“四线连衢”的铁路系统。加快推进公铁联运无水港专用线建设。完善中心城区路网，加快城区路网配套建设，重点实施桑淤大桥及连接线、迎宾大道西延伸工程、清湖大桥改建工程、江滨路下穿城中路地下通道建设工程、城东片区市政基础设施建设工程一期等项目，加快形成“八横六纵两环”核心路网。推进“四好农村公路”建设，提升智能化、一体化公交服务应用水平，构建周密通达的乡村公路网络。积极谋划推进甬金衢上高速公路、缙云至江山高速公路、江山江航道、江衢快速路、双江线拓宽、江遂公路、315 省道东移、通用机场等重点项目。加快推进江玉公路、虎山大桥拓宽、205 国道峡口段外移、沿江公路改移工程等项目，高水平打造外联内畅的现代交通网。（市交通运输局、市发改局、市铁建中心、市住建局）

完善水利能源设施。充分利用成熟的自然条件优势，推进水资源转化为水经济，加快江山抽水蓄能电站前期工作，力争项目尽早转化实施。深入实施江山港流域综合治理、钱塘江源头治理项目，加速谋划峡口水库扩容提升工程，完成水系连通及农村水系综合整治，加快张村水库、碗窑灌区续建配套与现代化改造，积极推进“幸福河湖”建设，着力构建防洪安全屏障，补齐区域防洪薄弱环节。积极打造乐水小镇、水美乡村示范区，推进水资源转化为水经济。全面提升流域防洪减灾能力和江山港干流行洪能力，深入实施“百项千亿防洪排涝工程”，加速江山港干流城区段治理等工程，完成市域内小型水库除险加固、提能保安和山塘综合整治工程，提速城市防洪工程建设，增强排涝能力，构建城市防洪体系。（市水利局、市发改局）

建构新型基础设施体系。加快布局新一代数字基础设施网络，重点聚焦 5G 基站、双千兆宽带网络、大型云数据中心、下一代互联网、物联网、人工智能平台、卫星时空信息服务设施、区块链基础设施等领域，构筑新一代数字基础设施网络。推行 5G 产业生态培育，支持示范工程项目建设。加快物联网基站建设，促进系统集成和新型传感器应用，打造安全物联网架构和应用平台，逐步实现市域全覆盖。（市大数据中心、市住建局、市发改局）依托数字化手段赋能传统交通基础设施，谋划推进复合型通道设施建设。（市交通运输局）全面推动传统基础设施智能化升级，率先开展未来社区、智慧工厂等方向的先导性示范应用，积极发展智慧医院、智慧养老、智慧助残、智慧社区。聚焦工业互

联网、生物医药、汽摩配等重点行业与领域，加快实体经济智能化改造。（市住建局、市经信局、市科技局）

（四）加快推动数字化改革，完善绿色发展体制机制。

强化数字化改革牵引。聚焦“152”工作体系，搭建好数字化改革的“四梁八柱”，以数字化改革牵引全面深化改革纵深推进。以县级公共数据平台自建模式试点为契机，加快打通各类政务信息数据资源，推进重要应用系统和数据综合集成，协同推进数字“三农”应用项目建设。推进“五大综合应用”建设，聚焦迭代升级普惠金融、民生保障等智慧应用，全面建成“掌上办事之城”“无证明办事之城”。推动残疾人服务数字化应用案例在全省应用推广。推进理论体系和制度规范体系建设，不断健全数字化改革制度规范体，率先开展人口集聚趋势数字化分析和要素优化配置数字化分析。（市委改革办、市委办、市府办、市委政法委、市发改局、市经信局、市大数据中心、市人社局、市营商办、市残联）

健全生态综合保护利用机制。以创建仙霞岭国家级自然保护区为契机，统筹推进生态修复和生物多样性保护，对重点生态功能区、生态环境敏感区和脆弱区实行最严格生态保护制度，建立产业准入负面清单。加快自然资源及其产品价格改革，建立土地、水、矿产、森林等自然资源有偿使用制度。健全水源地生态协同保护与利用体系，创新开发高附加值涉水产品。以创建省清新空气示范区为载体，深化大气污染治理，实施碳达峰碳中和行动。编制实施碳达峰及重点领域行动方案，推进生产方式绿色低碳循环化改造，实施节能、节水、节地、节材行动，开展近零碳排放示范试点，打造零碳市、零碳城镇、零碳村、零碳企业试点示范体系，推广建设一批以清洁低碳能源、节能低碳建筑、垃圾分类、智慧管理等为特征的未来低碳社区。建立污染源监管动态信息库，打造智慧化生态环境管理系统，融入城市大脑平台，推进生态环境大数据协同管理，提高生态环境治理科学化、精细化和智慧化水平。（衢州生态环境局江山分局、市发改局、市经信局、市资规局、市水利局、市林业局、市仙保中心）

拓宽“绿水青山就是金山银山”转化通道。构建全域覆盖GEP核算技术规范体系以及GEP核算成果全链闭环应用体系，推进GEP进规划、进决策、进项目、进交易、进监测、进考核。落实“一县一品”，探索夯土房、生态农产品、整县光伏等品类资源开发利用路径，打造“两山银行”试点样板。摸清绿色家底，开展“两山银行”试点，推进银行“个人碳账户”试点。建立市场化和可持续的生态产品价值实现机制，制订完善生态产品和生态产品价值实现相关标准规范，推进资源环境市场交易机制，全面实行新排污许可证制度，完善排污权、用水权、用能权、碳排放权等交易制度。依托宅基地改革试点，盘活土地资源。发展生态创意经济，积极招引省属高校、科研院所、企业集团通过设立子公司及第二空间的形式开展远程办公、科研攻关、创意设计、文艺创作。加强智慧旅游体系建设，以“浙里好玩”公共服务平台为依托，提高旅游信息化水平，推进核心景区5G全覆盖，形成便捷、舒适、安全、高效的全域旅游体系。（市发改局、衢州生态环境局江山分局、市林业局、市文旅局、市科技局、市国资中心）

探索推进绿色金融改革。深入开展绿色金融改革，出台“生态资源资产增信融资”等办法，探索构建以绿色信贷、绿色债券、绿色保险等为主要内容的绿色金融服务体系，创新绿色金融产品。积极将大数据、云端技术、人工智能等前沿科技运用于金融业务领域，加快“金融大脑”平台建设，大力推进金融领域“最多跑一次”改革。实施担保余额倍增行动，加大金融有效供给，增加对现代服务业、乡村振兴、金融扶贫等经济社会发展重点领域和薄弱环节的信贷支持倾斜力度。推进农民住房财产权（含宅基地使用权）抵押融资，充分激活农民住房财产抵押融资的金融属性，助力“三农”创新发展。构建集体经营性资产保值增值和集体成员财产权益联结机制，探索农村集体资源性资产产权改革。依托一体化智能化公共数据平台，深化“无感授信、有感反馈、按需用信”的农户小额普惠贷款“江山模式”，对有市场、有订单、有信用的农业经营主体给予贷款利率优惠。探索建立基于农合联平台的农村普惠金融服务体系。（市金融服务中心、人行江山支行、市农业农村局、市大数据中心）

（五）加快融衢接杭先行地建设，构建开放共融格局。

创新开展优势产业协同。加强与衢杭及长三角地区在思想认知、基础设施、产业发展、生态资源等方面的全面衔接。推进与杭州都市圈、上海市辖区和长三角核心区县（市、区）合作交流，积极融入长三角、杭州都市圈产业发展、科技创新、金融服务生态链，全力推进产业链、供应链协同创新和提升合作，助力经济高质量发展。加强对接沪杭创新中心开展技术合作，积极参与长三角人工智能产业联盟，推动人工智能与装备制造业应用融合，协力成为长三角数字智造转化应用基地。加快提升绿色农产品生产能力，强化品牌建设和推广，将江山打造成为长三角地区重要的绿色农产品生产基地。联动实施长江经济带共抓大保护战略，全力推进生态环境治理和生态保护修复，打造长三角生态绿色屏障。（市发改局、市经信局、市科技局、市农业农村局、市交通运输局、衢州生态环境局江山分局）

全面深化省际交流合作。全面落实义甬舟开放大通道西延行动，全力推进甬金衢上、江玉公路等一批重大支撑性、标志性项目，积极谋划衢州至南平（武夷新区）铁路、江山江航道等一批重大交通、物流项目前期，打通“牵动皖闽赣”开放大通道。主动对接江西内陆开放型经济试验区，加快推进浙赣边际合作（衢饶）示范区建设，完善合作机制，积极争取重大产业、重大基础设施布局和土地资金要素资源支持，形成省际毗邻区域协同发展的新标杆。积极对接长江经济带、中部崛起、西部大开发等国家战略，深化东西部协作机制，努力在产业、科创、人才等重点领域寻求合作，打造成为全省西向开放的枢纽节点。积极参与浙皖闽赣国家生态旅游协作区创建，全面推进浙皖闽赣（衢黄南饶）联盟花园建设，高标准打造“95号联盟大道”，扎实推进浙西南生态旅游带和衢丽花园城市群建设，加强江郎山—廿八都AAAAA级旅游景区与区域内国家级风景名胜区、国家AAAAA级旅游景区、国家级旅游度假区联动互通，谋划共建交通轻轨专线，共创国际级旅游目的地。（市发改局、市文旅局、市经信局、市交通运输局）

四、标志性工程

（一）时尚门业融入智能家居产业链发展工程。

以木门为基础，融合物联网等新一代信息技术，推动门业生产数字化、产品智能化，推进传统木门向智能家居领域延伸、向融入全屋智能方向拓展发展空间，全力打造成为全省智能家居产业链细分领域重要产业基地。积极开展时尚门业智能家居产业强链延链补链，积极引进智能家居、全屋定制等泛家居行业领军企业落地江山，引进上市公司、国企、央企到江山投资布局，引进木工机械、五金配件等专业配套企业落地江山。推进江山时尚门业智能家居产业平台能级提升，加快园区污水处理中心等基础设施配套项目建设。积极推进南方水泥绿色建材产业园整合提升项目，为时尚门业智能家居产业发展腾出空间。加快产业贸易平台建设，争创江山木门产业国家级外贸转型升级基地。

（二）智慧能源装备产业平台提升发展工程。

利用江山经济开发区江贺经

济走廊整合提升范围，通过“腾笼换鸟”拓展平台空间，打造不小于3平方公里特色生态产业平台，重点布局智慧能源装备、健康生活等产业。积极引导相关产业链环节的重点企业与杭州市钱塘区等结对地区优势产业项目在平台内落地。统筹谋划产业、城市、生态功能布局，引进生活居住、生态休闲、公共服务等配套设施。力争到2025年，完成固定资产投资50亿元左右（不含住宅和商业综合体项目），累计引进投资超过6亿元的项目5个以上，规上工业亩均增加值达到120万元/亩，带动就业1万人以上。

（三）江东工业园新材料产业赋能升级工程。

以打造百亿产业园为目标，以“绿色循环、功能集聚、智慧高效”为导向，深化与长三角先进新材料园区的产业链协同发展，构建以新材料为引领，以涂料、助剂、高分子材料、电子化学材料为重点的“1+X”的多元化产业体系。加快园区“低小散”企业整治、非化工企业腾退与“园中村”搬迁，力争通过腾挪拓展新增2000亩开发空间，推进园区集聚化、规模化、循环化、智慧化发展。加快推进研一新型功能材料产业园二期三期等一批优质项目落地，积极招引发展精细化工、电子化学材料等项目，发展绿色环保阻燃复合材料。依托园区信息数据集成管理平台，加快推进园区数字化改造。主动向上争取，解决土地、资金、用能等要素保障问题。力争到“十四五”末，建成浙江省优质化工新材料园区，实现产值突破100亿元。

（四）山海协作“产业飞地”建设工程。

认真贯彻落实省政府关于山海协作“飞地”建设工作的有关文件精神，高水平建设不小于1平方公里的柯桥—江山山海协作“产业飞地”，联合设立国有合资公司，共同开展建设运营。实行“产业飞地”双方统一规划、统一招商、统一政策，原则上长期合作、长期经营。加快布局高端装备、新材料等战略性新兴产业，着力引进“链主型”企业，打造江山作为飞出地的新经济增长点。力争到2025年，“产业飞地”规上工业总产值突破100亿元大关，规上工业亩均增加值达到100万元/亩以上，引进营业收入超10亿元企业1家以上。

（五）城北科创小镇协同孵化工程。

规划用地约1平方公里，计划总投资30亿元。依托高铁枢纽区位优势，以融衢接杭联沪“四地同频”为目标，以产、学、研、用“四位一体”为路径，以高新技术、高端企业、高效资本、高优人才“四高联动”为方向，在城北新城建设数字经济创新区、总部经济区、科教创新区、科教展示区、企业孵化区等5个功能区块，建成数字消防、大健康、电商、文创等一批产业板块。引进一批科研机构入驻，大力吸引电子信息软件及电商区域总部项目，争列省级跨境电商产业集群试点，成为我市打造“一地三区”的创新高地，衢州四省边际中心城市和我省“重要窗口”的创新示范点。

（六）“三港一中心”开放合作工程。

依托江山虎物流基地、富春集团等现有公路运输物流枢纽，充分发挥江山公路港的条件优势和物资集散枢纽功能，建设省边际物流园（公路港）。充分依托国铁上海局集团、浙江铁发集团、宁波港集团公司以及省市海关等部门，围绕集装箱到宁波港后的后续对接，通过集聚干线运输企业、零担运输企业、公铁联运无水港运营服务商及汽贸流通企业等相关经营主体，建设浙西铁路货场综合物流园（无水港）。依托沪昆物流大通道和钱塘江“黄金水道”，以江山江三级航道开发建设为契机，建设临港物流园（江山港）。围绕莲华山工业园产业的发展需要，建设融合供应链、现代物流、现代商贸和互联网于一体，及产业配套物流运输、工业仓储、流通加工、区域分拨与中转、配套服务等多功能服务为一身的莲华山工业园配套物流中心。

（七）“衢州有礼”诗画风光带（江山段）暨百里须江·全域旅游风情带示范工程。

“衢州有礼”诗画风光带（江山段）暨百里须江·全域旅游风情带江山大花园建设的核心区域，以“市县一体、彰显特色，生态优先、绿色发展”为主思路，以“百里须江·美丽长廊”为主平台，构建“一区四段”（世遗江郎休闲样板区、花园门户风光段、品质城区风景段、美丽镇村风情段、仙霞古道风韵段）的发展布局。聚焦示范段、标杆村建设，积极开展诗画风光带沿线新时代美丽乡村、幸福乡村创建，持续推进江山港综合治理、华欣湖羊生态示范园等重点工程，积极发展休闲农业、文化旅游、运动康养等产业，力争打造成为乡村振兴示范带、未来社区先行地、幸福产业大平台、改革创新试验区，形成乡村共同富裕示范带。

（八）城市与县域风貌样板区工程。

按照上级相关要求，加深前期基础摸排调研，加快推进城乡风貌整治提升工作，积极谋划江东新城城市新区类、城南清湖区块传统风貌区类、城北科创小镇特色产业区类、石门廿八都县域风貌示范区等四种类型项目谋划储备。强化顶层设计、聚焦示范引领、突出内涵提升、增强治理效能，点面结合，持之以恒，联动推进城乡风貌整治提升和未来社区建设工作，精心营造“整体大美、浙江气质”的基本单元。

五、保障举措

（一）进一步完善政策支持。

加强与省级部门对接，与省级部门协同形成干部上挂下派、资金向山区县倾斜、重大产业项目和重大基础设施高效落地的良好局面。加强与市本级衔接，积极争取衢州市产业基金支持和跨区域重大项目、重大基础设施建设等，积极对接市级各职能部门，促进省级各类专项扶持政策有效传导落地。与省26个县跨越式高质量发展工作专班建立高效对接，主动谋划一系列合理且符合江山发展实际需求的举措，积极争取省级各部门支持。

（二）进一步强化组织保障。

坚定不移加强党的全面领导，明确各级党委和政府职责。积极贯彻落实省26个县跨越式高质量发展工作专班相关工作要求，按照“整体智治、高效协同”要求，组建江山市跨越式高质量发展工作专班，明确年度工作任务和目标，细化部门、乡镇（街道）责任分工，清单化、项目化推进等，确保各项任务稳步推进。健全行动计划实施监测自评机制，自我监督、自我考核，配合上级探索构建省市县共推共建的工作机制。

（三）进一步突出借力发展。

健全山海协作工作机制，加强与结对地区合作，不断深化拓展协作领域，积极选派优秀干部挂职锻炼，加快推动山海协作“飞地”高质量建设。积极向柯桥区、钱塘区等学习招商引资、人才招引等方面先进经验。主动对接以省林业局为组长的帮扶团组，与各类帮扶主体共同谋划项目落地、政策倾斜等事项。积极参与央企走进浙江26个县建设共同富裕示范区系列活动等。

（四）进一步加强宣传引导。

健全信息报送、工作发布制度，多渠道、全方位对接各级各类媒体加强策划组织，深入宣传江山市跨越式高质量发展的重要部署和举措，适时总结推广成功经验做法，积极报送帮扶典型、发展典型、合作典型等各类先进信息，做好重大平台和重点项目建设中典型做法的宣传推广，引导形成全社会共推跨越式高质量发展的良好氛围。

附件：1. 江山市跨越式高质量发展指标体系表（略）

2. 江山市跨越式高质量发展重大项目表

3. 江山市跨越式高质量发展重大改革（政策）表

4. 江山市跨越式高质量发展重大平台表

2021 年 11 月 30 日

文件选目

2021 年度党的规范性文件目录（市委发）

市委发〔2021〕18 号	关于纵深推进清廉江山建设的实施意见
市委发〔2021〕23 号	关于印发《江山市全国县域共青团基层组织改革试点工作实施方案》的通知
市委发〔2021〕26 号	关于贯彻落实《中国共产党组织工作条例》的实施意见
市委发〔2021〕32 号	关于印发《江山市民兵荣誉体系建设实施办法》的通知
市委发〔2021〕33 号	关于加快推进新时代文化江山工程的实施意见
市委发〔2021〕39 号	印发《关于构建“四责协同”廉共体推进全面从严治党纵深发展的实施意见》的通知
市委发〔2021〕41 号	关于印发《中国共产党江山市委员会关于加强自身建设的决定》的通知

2021 年度党的规范性文件目录（市委办）

市委办〔2021〕10 号	关于印发《江山市受处理党员干部谈心谈话实施办法》的通知
市委办〔2021〕16 号	关于印发《江山市化工行业安全整治提升攻坚行动方案（2021—2022 年）》的通知
市委办〔2021〕18 号	关于印发《江山市乡镇（街道）“一支队伍管执法”工作实施意见（试行）》的通知
市委办〔2021〕20 号	关于印发《江山市进一步建立健全专职招商工作机制的实施方案》的通知
市委办〔2021〕22 号	关于印发《江山市加快慈善事业高质量发展实施意见》的通知
市委办〔2021〕30 号	关于印发《江山市城镇老旧小区改造工作实施意见》的通知
市委办〔2021〕40 号	印发《关于进一步规范农村集体资金资产资源管理的意见》的通知

市委办〔2021〕47号	关于印发《江山市创建全国文明城市工作实施意见》的通知
市委办〔2021〕53号	关于印发《江山市企业服务工作机制方案》的通知
市委办〔2021〕58号	关于印发《江山市村级集体经济巩固提升行动实施方案》的通知
市委办〔2021〕61号	关于印发《江山市党委（党组）理论学习中心组学习巡听旁听制度（试行）》的通知
市委办〔2021〕62号	关于印发《江山市创建全国文明城市部门（单位）包干小区制度》的通知
市委办〔2021〕69号	关于印发《江山市实施工业强市战略推动工业高质量发展的若干意见》的通知
市委办〔2021〕92号	印发《关于全面推行林长制的实施意见》的通知

2021年江山市政府（市府办）发文行政规范性文件目录

江政办发〔2020〕113号	江山市人民政府质量奖管理办法（2020年修订）
江政办发〔2021〕5号	江山市调整城镇土地使用税差别化减免政策促进土地集约节约利用工作实施方案
江政办发〔2021〕13号	江山市促进电子商务产业高质量发展的若干政策意见
江政发〔2021〕11号	关于印发江山市城区防盗窗（网）专项整治三年行动方案（2021年—2023年）的通知
江政办发〔2021〕29号	关于进一步加强政府投资工程建设项目招标投标领域管理的意见
江政办发〔2021〕41号	加快农村宅基地及住房确权登记发证工作实施方案
江政办发〔2021〕42号	江山市土地整治项目管理办法
江政办发〔2021〕33号	江山市工业用地项目全生命周期管理实施意见
江政办发〔2021〕51号	江山市国有工业用地收储补偿奖励实施意见（试行）
江政办发〔2021〕56号	江山市人民政府办公室关于废止江政办发〔2019〕51号文件的通知
江政办发〔2021〕62号	关于印发江山市国有土地上房屋征收补助和奖励标准的通知
江政办发〔2021〕63号	江山市房屋征收重置价格、附属物（构筑物）、临时建筑补偿标准及装饰装修补偿参考价格
江政发〔2021〕15号	关于印发江山市国有土地上房屋征收与补偿办法的通知
江政通〔2021〕1号	关于双塔街道等6个乡镇（街道）相对集中行使行政处罚权的通告

附　　录

2021 年度江山市组织机构及其负责人

市级机构

中共江山市委员会

书　　记：童炜鑫（—2021.11）
　　　　　朱素芳（女，2021.11—）
副 书 记：王光华（—2021.11）
　　　　　胡炳泉（—2021.08）
　　　　　徐明峰（2021.08—）
　　　　　何日根（2021.11—）
常　　委：姜方云（—2021.12）
　　　　　郑东清（—2021.11）
　　　　　刘明鹤（—2021.03）
　　　　　马亦忠（—2021.01，挂职）
　　　　　李　骏（—2021.03）
　　　　　郑勇钦（—2021.11）
　　　　　陈雪良（—2021.07）
　　　　　钱　伟（挂职）
　　　　　温胜浩
　　　　　俞耀根（2021.03—）
　　　　　雷雅丞（2021.03—2021.11）
　　　　　杨　君（2021.07—）
　　　　　朱永平（2021.11—）
　　　　　程佳华（2021.11—）
　　　　　高　峰（2021.11—）
　　　　　毛香水（女，2021.12—）
　　　　　毛晓荣（2021.12—）

江山市人大常委会

主　　任：汪　胜
副 主 任：宁　晔
　　　　　毛正彩（女）
　　　　　毛吉泽
　　　　　毛长明
　　　　　李培荣
　　　　　郑贤文

江山市人民政府

市　　长：王光华（—2021.11）
　　　　　徐明峰（2021.11—）
副 市 长：刘明鹤（—2021.03）
　　　　　马亦忠（—2021.01，挂职）
　　　　　钱　伟（挂职）
　　　　　巫小雄
　　　　　何正芳（女，—2021.11）
　　　　　张志军
　　　　　杨　君（—2021.07）
　　　　　程佳华（—2021.11）
　　　　　郭林将（—2021.11）
　　　　　吴晓炯［2021.01（2021.02 当选）—，挂职］
　　　　　俞耀根［2021.03（2021.04 当选）—］
　　　　　朱永平（2021.11—）
　　　　　詹虎山（2021.11—）
　　　　　郑爱萍［女，2021.11（2021.12 当选）—］
　　　　　汪晓勤（2021.11（2021.12 当选）—］

政协江山市委员会

主　　席：郑朝基
党组书记、主席候选人：
　　　　　胡炳泉（2021.08—）
副 主 席：王子平
　　　　　姜　英（女）
　　　　　毛水芳
　　　　　祝继友
　　　　　毛慧卿（女）
　　　　　周立武
副主席候选人：

何正芳（女，2021.11—）

江山市纪律检查委员会

书　　记：温胜浩

副 书 记：陈宗仁

徐小明

江山市监察委员会

主　　任：温胜浩

副 主 任：陈宗仁

徐小明

党群系统

市委办公室

主　　任：姜小闯（—2021.12）

市党委信息网络中心

主　　任：姜富旺（—2021.08）

市委组织部

部　　长：郑勇钦（—2021.11）

程佳华（2021.11—）

常务副部长：

徐东升（—2021.11）

市委新经济和新社会组织工作委员会

书　　记：毛　彦（—2021.08）

郑新卫（2021.09—）

市委统一战线工作部

部　　长：姜方云（—2021.12）

毛香水（女）（2021.12—）

常务副部长：

徐亿雄（—2021.08）

市信访局

局　　长：廖勇兴（—2021.08）

陈晓峰（2021.08—）

市委机构编制委员会办公室

主　　任：姜炳旺

市公共资源交易监督管理办公室

主　　任：毛剑飞

市委巡察工作领导小组办公室

主　　任：毛水生

市委巡察组

第一巡察组组长：毛建梅（女）

第二巡察组组长：姜经纶

第三巡察组组长：祝新洪

第四巡察组组长：徐正军

市委党校

校　　长：郑勇钦（—2021.11）

程佳华（2021.11—）

常务副校长：

张　阳

市委老干部局

局　　长：郑星勤

市档案馆（市委史志研究室）

馆长（主任）：

徐　青

市总工会

主　　席：汪立中（—2021.08）

廖勇兴（2021.08—）

共青团江山市委员会

书　　记：柴效楠

市妇女联合会

主　　席：武邱琦（女）（—2021.04）

段淑霞（女）（2021.04—）

市科学技术协会

主　　席：柴琼颖（女）（—2021.11）

市残疾人联合会

理 事 长：姜　励

市红十字会

会　　长：何正芳（女，—2021.11）

党组书记、专职副会长：

周晓杜

市工商业联合会

主　　席：徐忠辉

党委书记、副主席：戴春兵

民革江山市委会

主　　委：姜　英

民盟江山市总支部

主　　委：毛慧卿

民建江山市支部

主　　委：王冠平

民进江山市总支部

主　　委：柴琼颖

农工党江山市支部

主　　委：刘建英

九三学社江山市基层委员会

主　　委：毛水芳

人大机关

办公室

主　　任：王峰平

研究室

主　　任：周志亮

监察和司法工作委员会

主　　任：周继仓（—2021.01）

应维忠（2021.05—）

财政金融工作委员会

主　　任：周中太

经济工作委员会

主　　任：施　建

农业与农村工作委员会

主　　任：毛恭旺

建设与资源环境保护工作委员会

主　　任：龚国祥（—2021.01）

杨　军（2021.01—）

教育科技文化卫生民族华侨工作委员会

主　　任：孟丽华（女）

社会建设工作委员会

主　　任：毛建华

代表与选举任免工作委员会

主　　任：张肖晓

政府机关

市人民政府办公室

主　　任：姜建铭

政协机关

秘 书 长：陈昂辉（—2021.01）

　　　　　毛有祥（2021.01—）

办公室

主　　任：廖庆荣

研究室

主　　任：徐晓军

提案工作委员会

主　　任：倪亦农

文化文史和学习委员会

主　　任：胡汉民

经济科技委员会

主　　任：周献泉

社会和法制委员会

主　　任：陈建宏

农业和农村委员会

主　　任：李佩军

委员工作委员会

主　　任：赵　敏（女）（—2021.01）

　　　　　武邱琦（女）（2021.01—）

宣传系统

市委宣传部

部　　长：陈雪良（—2021.08）

　　　　　杨　君（2021.08—）

常务副部长：

　　　　　姜明山（—2021.08）

传媒集团

总裁（台长）：

　　　　　赵卫国（—2021.04）

　　　　　刘笑飞（2021.08—）

总编辑：徐　彬

市教育局

局　　长：毛香水（女，—2021.12）

市科学技术局

局　　长：周树仁

市文化广电旅游局

局　　长：姜淑芬（女）

市卫生健康局

局　　长：应维忠（—2021.04）

　　　　　赵卫国（2021.04—）

市文学艺术界联合会

主　　席：姜　英（女）

党组书记、副主席：

　　　　　李治本（—2021.08）

　　　　　姜明山（2021.08—）

浙江广播电视大学江山分校

校　　长：王晓华（—2021.08）

　　　　　姜海龙（2021.08—）

政法系统

市委政法委

书　　记：胡炳泉（—2021.08）

　　　　　徐明峰（2021.08—2021.11）

　　　　　何日根（2021.11—）

常务副书记：

　　　　　祝　君

江山市人民法院

院　　长：谢炳连（—2021.11）

　　　　　祝志昌（2021.11—）

江山市人民检察院

检 察 长：郑柯迅（—2021.11）

　　　　　殷一村（2021.11—）

市公安局

局　　长：郑东清（—2021.11）

　　　　　詹虎山（2021.11—）

政　　委：姜小标

市司法局

局　　长：毛慧卿（女）

市社会矛盾纠纷调处化解中心

主　　任：廖勇兴（—2021.08）

　　　　　陈晓峰（2021.08—）

综合系统

市民政局

局　　长：周剑兵（—2021.01）

　　　　　姜晓东（2021.04—）

市退役军人事务局

局　　长：祝建青（—2021.04）

　　　　　黄德洪（2021.04—）

市人力资源和社会保障局

局　　长：邵建水

市医疗保障局

局　　长：陈新华

市住房和城乡建设局

局　　长：姜晓东（—2021.04）

　　　　　钟炳根（2021.04—）

市自然资源和规划局

局　　长：柴登祥

市交通运输局

局　　长：毛舒锋

市审计局

局　　长：周建荣

衢州市生态环境局江山分局
局　　长：杨　军（—2021.01）
　　　　徐群年（2021.04—）
市市场监督管理局
局　　长：王振德
市综合行政执法局
局　　长：毛振荣
政　　委：徐以兵（2021.09—）
市体育局
局　　长：吴正荣
市机关事务保障中心
主　　任：戴建辉
市营商环境建设办公室
主　　任：祝应志
市大数据中心
主　　任：林刚
市征迁事务中心
主　　任：王利文

农口系统

市农业农村局
局　　长：陆天军
市林业局
局　　长：周克俊
江山仙霞岭省级自然保护区管理中心
主　　任：王荣华
市水利局
局　　长：钟炳根（—2021.04）
　　　　姜孝荣（2021.08—）
市碗窑水库管理中心
主　　任：毛有祥（—2021.01）
　　　　刘泽华（2021.04—）
市峡口水库管理中心
主　　任：徐小明

计经系统

市发展和改革局
局　　长：王永华
市铁路建设管理中心
主　　任：严然春
市经济和信息化局
局　　长：吴松高
市商务局
局　　长：王招裕
市统计局
局　　长：刘方华
江山经济开发区
主　　任：徐元安
市招商投资促进中心
主　　任：周秋林
市应急管理局
局　　长：郑建伟

财经系统

市财政局
局　　长：郑水根
市国资管理服务中心
主　　任：毛水芳
市供销合作社联合社
党委书记：徐霄鸣（—2021.01）
　　　　柴建荣（2021.01—）
主　　任：刘建英（女，2021.08—）
市金融服务中心
主　　任：毛东升
江山市城市建设投资有限公司
副总经理（主持工作）：
　　　　王卓奇
市旅游发展有限公司
执行董事、总经理：
　　　　曹慧郎
江山经济开发区建设投资有限公司
执行董事、总经理：
　　　　毛耀延
市交通建设投资有限公司
执行董事、总经理：
　　　　祝增华（2021.04—）

乡镇（街道）

双塔街道
党工委书记：姜晓东（—2021.08）
　　　　徐正贵（2021.08—）
办事处主任：吴伟剑（—2021.09）
　　　　毛锋君（2021.09—）
虎山街道
党工委书记：杨子勋
办事处主任：陈小华（—2021.09）
　　　　郑华新（2021.09—）
清湖街道
党工委书记：毛晓荣（—2021.08）
　　　　余　丰（2021.08—）
办事处主任：余　丰（—2021.08）
　　　　周世有（2021.08—）
上余镇
党 委 书 记：周建慧（—2021.08）
　　　　杨子洪（2021.08—）
镇　　长：杨子洪（—2021.08）
　　　　周春高（2021.12—）
四都镇
党 委 书 记：黄日忠
镇　　长：毛金旺（—2021.08）
　　　　范冬俊（2021.12—）
大陈乡
党委书记：刘笑飞（—2021.08）
　　　　姜富旺（2021.08—）

乡　　长：蔡一红（女）

碗窑乡

党委书记：黄德洪（—2021.04）
　　　　　刘海军（2021.08—）

乡　　长：毛锋君（—2021.09）
　　　　　夏华敏（2021.12—）

贺村镇

党委书记：徐明峰（—2021.08）
　　　　　毛晓荣（2021.08—）

镇　　长：毛建森

新塘边镇

党委书记：姜孝荣（—2021.08）
　　　　　毛　彦（2021.08—）

镇　　长：丁日金

坛石镇

党委书记：严献明

镇　　长：毛秋晨

大桥镇

党委书记：刘泽华（—2021.04）
　　　　　毛才明（2021.04—）

镇　　长：徐荣清（—2021.08）
　　　　　张吉耀（2021.12—）

凤林镇

党委书记：徐正贵（—2021.08）
　　　　　徐亿雄（2021.08—）

镇　　长：华　伟

峡口镇

党委书记：李勇建（—2021.09）
　　　　　吴伟剑（2021.09—）

镇　　长：叶剑波（—2021.04）
祝建平（2021.12—）

保安乡

党委书记：陈晓峰（—2021.08）
　　　　　王　超（女，2021.08—）

乡　　长：姜　波

廿八都镇

党委书记：周顺福

镇　　长：姜剑宏（—2021.04）
占苗淼（2021.12—）

长台镇

党委书记：毛方堃

镇　　长：姜增胜

石门镇

党委书记：郑勤勇（—2021.09）
　　　　　郑李慧（女，2021.09—）

镇　　长：刘海军（—2021.08）
　　　　　王江水（2021.12—）

张村乡

党委书记：何小围（—2021.02）
　　　　　徐　骏（2021.04—2021.09）
　　　　　毛世军（2021.09—）

乡　　长：徐　骏（—2021.04）
　　　　　周东剑（2021.06—）

塘源口乡

党委书记：郑李慧（女，—2021.09）
　　　　　陈小华（2021.09—）

乡　　长：毛才明（—2021.04）
　　　　　黄　维（2021.05—）

（市委组织部、统战部提供）

2021年度重点工作突出贡献集体和个人

一、落实全面从严治党主体责任突出贡献集体和个人

集体（10个）：石门镇、双塔街道、峡口镇、坛石镇、审计局、卫健局、财政局、农业农村局、人社局、住建局

个人（10名）：毛方堃（长台镇）、杨子勋（虎山街道）、姜富旺（大陈乡）、周顺福（廿八都镇）、姜慧军（检察院）、范宏英（法院）、姜小标（公安局）、姜炳旺（编办）、毛振荣（综合行政执法局）、毛舒锋（交通运输局）

二、党建统领突出贡献集体和个人

集体（10个）：清湖街道、公安局、四都镇、虎山街道、贺村镇、经济开发区、教育局、档案馆、资规局、塘源口乡

个人（15名）：郑李慧（石门镇）、严献明（坛石镇）、俞辉（医疗保障局）、柴小旺（碗窑乡）、周洪军（市委办）、黄康（农业农村局）、朱天锦（长台镇）、吴维新（财政局）、毛鉴波（统战部）、朱镇飞（宣传部）、金超（农业农村局）、姜励（残联）、徐轶群（法院）、毛明勇（市场监管局）、周非雁（编办）

三、基层治理（平安、信访维稳）突出贡献集体和个人

集体（10个）：公安局、信访局、市场监管局、教育局、贺村镇、峡口镇、清湖街道、石门镇、四都镇、大陈乡

个人（15名）：单剑非（市委办）、郭燕波（宣传部）、宁晓军（信访局）、严靓（检察院）、黄德洪（退役军人事务局）、钟炳

根（住建局）、郑芳俊（法院）、徐建震（司法局）、徐哲（政法委）、刘孟浩（组织部）、朱伟（生态环境分局）、刘益斐（虎山街道）、周剑波（双塔街道）、毛传来（上余镇）、郑建清（廿八都镇）

四、改革创新（数字化改革、“县乡一体、条抓块统”）突出贡献集体和个人

集体（16 个）：残联、大数据中心、纪委监委、编办、清湖街道、政法委、经信局、发改局、农业农村局、教育局、综合行政执法局、市场监管局、营商办、应急管理局、贺村镇、石门镇

个人（15 名）：周俊玮（市委办）、梅杰（组织部）、张妙苗（宣传部）、毛玲玲（编办）、郑慧芸（残联）、戴逢春（政法委）、张浩（公安局）、姜祥修（综合行政执法局）、林刚（大数据中心）、华潇萍（气象局）、余丰（清湖街道）、叶益文（上余镇）、徐娟芳（贺村镇）、吴伟剑（峡口镇）、毛圣（数改办）

五、招商引资（异地商会、山海协作、营商环境）突出贡献集体和个人

集体（12 个）：招商中心、商务局、农业农村局、发改局、教育局、住建局、林业局、峡口镇、人社局、统战部、经济开发区、营商办

个人（15 名）：周恺（招商中心）、陈红（财政局）、郑武士（统战部）、夏鹏（经济开发区）、柴建荣（供销联社）、毛慧斌（发改局）、王方才（市场监管局）、章莉（招商中心）、周吟莲（贺村镇）、祝鹏飞（经信局）、刘兵（组织部）、徐辛汝（市委办）、王朝阳（市场监管局）、毛健（司法局）、吴欣悦（工商联）

六、城市能级提升（未来社区）突出贡献集体和个人

集体（5 个）：资规局、发改局、住建局、征迁中心、司法局

个人（5 名）：王利文（征迁中心）、吴志军（资规局）、罗江根（城建投公司）、郑云芬（监管办）、王灵（峡口镇）

七、疫情防控突出贡献集体和个人

集体（10 个）：卫健局、公安局、机关事务保障中心、交通运输局、市场监管局、商务局、教育局、经济开发区、贺村镇、双塔街道

个人（10 名）：毛立雄（卫健局）、柴晓东（卫健局）、李冰（卫健局）、姜玲菊（外事办）、姜剑宏（市府办）、姜智峰（公安局）、姜秀（政法委）、祝兴高（卫健局）、周俏俏（传媒集团）、金梅珍（民政局）

乡镇、街道、经济开发区、机关部门综合考核

一、乡镇（街道）

1. 经济型乡镇（街道）

一等奖：贺村镇、峡口镇、虎山街道

二等奖：清湖街道、双塔街道

三等奖：四都镇、上余镇

2. 复合型乡镇

一等奖：石门镇、新塘边镇

二等奖：坛石镇、长台镇

三等奖：凤林镇、大桥镇

3. 生态型乡镇

一等奖：张村乡、大陈乡

二等奖：塘源口乡、廿八都镇

三等奖：保安乡、碗窑乡

二、经济开发区：

二等奖

三、机关部门

1. 党群综合类

一等奖：组织部、政法委、宣传部、统战部、信访局、传媒集团、编办、人武部

二等奖：机关事务保障中心、残联、妇联、总工会、团市委、文联、工商联、电大

三等奖：档案馆、老干部局、党校、科协、红十字会

2. 经济发展类

一等奖：发改局、财政局、农业农村局、资规局、招商中心

二等奖：住建局、水利局、商务局、经信局、林业局

三等奖：交通运输局、科技局

3. 社会管理类

一等奖：公安局、教育局、司法局、卫健局、应急管理局、人社局、文旅局、审计局

二等奖：综合行政执法局、生态环境分局、市场监管局、统计局、营商办、医保局、法院、民政局、检察院、监管办

三等奖：体育局、仙保中心、供销联社、峡水中心、碗水中心、退役军人事务局、铁建中心

4. 垂直管理类

一等奖：税务局、气象局、供电公司、消防救援大队、华数公司

二等奖：电信公司、联通公司、国安站、海关联络处、公积金中心、邮政局

三等奖：烟草公司、移动公司、江山火车站

5. 金融类

一等奖：农商银行、建设银行、农业银行、人行、银保监监管组、工商银行、中国银行、泰隆银行

二等奖：浙商银行、温州银行、人保财险、中国人寿、邮储银行、交通银行、金华银行、杭州银行、浙商证券、台州银行

三等奖：招商银行、民泰银行、财通证券、浦发银行、农发银行、村镇银行、北京银行

2021年度招商引资工作考核

一、第一类招商引资考核单位

一等奖：农业农村局、发改局、招商中心、经济开发区

二等奖：资规局、财政局、经信局、贺村镇

三等奖：峡口镇、住建局、商务局、林业局、水利局

二、第二类招商引资考核单位

一等奖：教育局、卫健局、审计局、公安局、文旅局

二等奖：应急管理局、新塘边镇、司法局、凤林镇、市场监管局、坛石镇

三等奖：医保局、人力社保局、石门镇、供销联社、仙保中心、法院、检察院

三、第三类招商引资考核单位

一等奖：市委办、市府办、组织部、统战部、虎山街道、双塔街道

二等奖：清湖街道、政法委、宣传部、张村乡、保安乡

三等奖：廿八都镇、塘源口乡、传媒集团、妇联、总工会、机关事务保障中心

2021年度全市经济发展工作中作出突出贡献集体和个人名单

一、工业强市（数字化改造、腾笼换鸟、创新发展、平台能级提升）

（一）数字化改造

1. 集体5个

经信局、财政局、经济开发区、农商行、贺村镇

2. 个人5名

周悦欣（经信局）、严方森（商务局）、彭明明（贺村镇）、祝建平（峡口镇）、俞倩颖（四都镇）

（二）腾笼换鸟

1. 集体5个

经信局、经济开发区、税务局、凤林镇、生态环境分局

2. 个人5名

吴松高（统战部）、姜文伟（资规局）、周启法（公安局）、林肖（法院）、刘善祥（经济开发区）

（三）创新发展

1. 集体5个

四都镇、峡口镇、税务局、科技局、农业农村局

2. 个人5名

刘云丽（组织部）、柴晨滋（科技局）、徐平（财政局）、徐婉鸣（市府办）、金一波（经济开发区）

（四）平台能级提升

1. 集体5个

经济开发区、林业局、清湖街道、审计局、四都镇

2. 个人9名

姜之浩（财政局）、邱柏源（发改局）、陆云水（税务局）、周刚坤（上余镇）、郑小真（经济开发区）、周肖龙（资规局）、王小明（住建局）、邵叶飞（四都镇）、徐方义（审计局）

二、项目推进（项目推进、资金保障、土地保障）

（一）项目推进

1. 集体5个

住建局、贺村镇、峡口镇、资规局、经济开发区

2. 个人5名

廖学军（财政局）、姜玲珍（发改局）、罗江根（城建投公司）、徐小强（纪委监委）、周刚（教育局）

（二）资金保障

1. 集体5个

财政局、农业农村局、水利局、资规局、峡口镇

2. 个人5名

吴小正（发改局）、姜小燕（文旅局）、蔡惠华（经济开发区）、严子超（住建局）、柴虎（审计局）

（三）土地保障

1. 集体5个

资规局、发改局、财政局、林业局、贺村镇

2. 个人10名

毛水根（市委办）、周建芬（资规局）、徐亦迅（经济开发区）、毛秋晨（坛石镇）、周良军（生态环境分局）、祝继云（大桥镇）、蔡荣（石门镇）、管帆（双塔街道）、徐日旺（新塘边镇）、叶剑波（市府办）

三、电子商务

1. 集体5个

组织部、农业农村局、市场监管局、贺村镇、塘源口乡

2. 个人5名

黄小飞（商务局）、陈连招（财政局）、郑志成（发改局）、俞明建（招商中心）、江山（虎山街道）

四、服务业发展

1. 集体5个

宣传部、人社局、交投保安公司、文旅局、农业农村局

2. 个人5名

邓小莉（商务局）、郑节波（发改局）、姜闽（招商中心）、姜卓凌（财政局）、吴康勇（旅发公司）

五、生态环保

1. 集体5个

生态环境分局、住建局、综合行政执法局、碗水中心、资规局

2. 个人9名

姜坤杰（治水办）、宁晓军（信访局）、周海龙（水利局）、何宗义（财政局）、洪雨薇（发改局）、王剑（应急管理局）、毛晓风（峡水中心）、李小飞（城建投公司）、史诚（贺村镇）

六、应急管理（安全生产）

1. 集体10个

公安局、生态环境分局、水利局、供电公司、住建局、清湖街道、贺村镇、大桥镇、大陈乡、张村乡

2. 个人9名

徐可（市府办）、严雄文（城建投公司）、毛剑峰（发改局）、徐方强（资规局）、郑樟飞（应急管理局）、谢小伟（教育局）、赵佳俊（交通运输局）、王崇毛（坛石镇）、蔡渊靖（市委办）

记功奖励集体和个人

一、城东新城工作表现突出集体和个人

（一）集体三等功（5个）：市司法局、市财政局、市市场监管局、市城建投公司、虎山街道。

（二）集体嘉奖（12个）：市资规局、市碗窑水库管理中心、江山经济开发区、市民政局、市人力社保局、市发改局、市教育局、贺村镇、峡口镇、清湖街道、市农业农村局、市峡口水库管理中心。

（三）个人三等功（5个）：杨子勋（虎山街道）、王国庆（溪东村）、冯国敖（双龙村）、毛小华

（市公安局）、周刚坤（市征迁中心）。

（四）个人嘉奖（24个）：王建军（市水利局）、侯海乾（市经信局）、严雄华（市住建局）、郑庆辉（市卫健局）、徐树忠（市税务局）、徐惠明（市府办）、曾小伟（市委组织部）、徐小炜（市交通运输局）、徐群年（衢州生态环境局江山分局）、陈小华（虎山街道）、姜小华（虎山街道）、马才华（虎山街道）、刘慧军（凤林镇）、毛雨龙（石门镇）、姜正德（四都镇）、蔡荣（坛石镇）、祝继云（大桥镇）、邵艳华（大陈乡）、郑培良（张村乡）、毛建辉（新塘边镇）、严宗军（市纪委监委）、戴利平（市公安局）、赵皇军（市公安局）、邵海军（市公安局）、李勇（市征迁中心）、韩卫东（市城东新城征迁指挥部）、周达辉（市城东新城征迁指挥部）、林涛涛（市城东新城征迁指挥部）、郑建国（调解代表）、童爱玉（调解代表）、姜继贵（乡贤代表）、姜祥修（市综合执法局）、张松（市林业局）、周晓东（市文旅局）、杨子洪（上余镇）、吴伟剑（双塔街道）。

二、城南征迁工作表现突出集体和个人

（一）集体三等功（5个）：市公安局、市征迁事务中心、市教育局、江山经济开发区、清湖街道。

（二）集体嘉奖（14个）：市司法局、市住建局、市财政局、市资规局、市市场监管局、市民政局、市综合执法局、市府办、市委组织部、市发改局、市审计局、市委宣传部、市纪委监委、清湖街道蔡家山村。

（三）个人三等功（3个）：毛吉泽（市城南新城征迁指挥部）、徐东升（市委组织部）、戴利平（市公安局）。

（四）个人嘉奖（24个）：周信扬（市城南新城征迁指挥部）、李国栋(市城南新城征迁指挥部)、郑潇雨(市城南新城征迁指挥部)、毛金彪（市公安局）、郑全荣（清湖街道）、王新华（江山经济开发区）、彭明明（市交通运输局）、侯海乾（市经信局）、郑群祺（市商务局）、周克俊（市林业局）、周洪波（市人力社保局）、叶岸青（市农业农村局）、应维忠（市卫健局）、姜淑芬（市文旅局）、杨晓华（市碗水中心）、杨春来（市峡水中心）、陈新华（市医保局）、徐剑敏（市应急管理局）、邵益武（市传媒集团）、邹翠敏（生态环境局江山分局）、王祖军（市水利局）、姜孝荣（新塘边镇）、刘笑飞（大陈乡）、周日忠（虎山街道麻车村）。

三、其他项目征迁工作表现突出集体和个人

（一）集体三等功（1个）：上余镇。

（二）集体嘉奖（3个）：贺村镇、双塔街道、四都镇。

（三）个人嘉奖（3个）：胡铭福（清湖街道）、王灵（江山经济开发区）、戴水法（上余镇）。

四、江化关停工作表现突出集体和个人

（一）集体三等功（1个）：虎山街道。

（二）集体嘉奖（2个）：市委政法委、市人力社保局。

（三）个人三等功（2个）：徐群年（市府办）、柴建荣（江山经济开发区）。

（四）个人嘉奖（5个）：赵皇军（市公安局）、王剑（市应急管理局）、姜大福（市教育局）、金建军（市退役军人事务局）、吴菲（虎山街道）。

2021年度农业农村工作中贡献突出集体和个人名单

一、乡村产业发展

1. 集体：组织部、编办、发改局、资规局、农业农村局、文旅局、财政局、统计局、人力社保局、科技局、农商行、双塔街道、坛石镇、塘源口乡、长台镇、峡口镇、凤林镇、大桥镇、四都镇、贺村镇

2. 个人：吴剑忠（市委办）、

郑建飞（市府办）、毛恭旺（人大办）、李佩军（政协办）、徐学勋（编办）、吴建忠（农业农村局）、郑嘉（农业农村局）、赵晨辉（农业农村局）、严献明（坛石镇）、姜增胜（长台镇）、姜波（保安乡）、毛华（双塔街道）、何俊敬（财政局）、陈博烜（人力社保局）、王锋（农商行）、高连生（商务局）、吴增军（农业农村局）、程杨奕（文旅局）、周晓华（虎山街道）、姜庆华（上余镇）、毛梦瑶（传媒集团）、毛俊男（资规局）、徐江龙（峡口镇）、黄俊峰（大桥镇）、毛云（张村乡）

二、美丽乡村建设

1. 集体：农业农村局、财政局、住建局、发改局、水利局、林业局、审计局、碗水中心、峡水中心、教育局、气象局、妇联、城建投公司、新塘边镇、清湖街道、张村乡、保安乡、上余镇、虎山街道、廿八都镇

2. 个人：徐欣然（市委办）、柴宇浩（诗画风光带专班）、王国栋（农房专班）、王惠（林业局）、姜云彬（水利局）、刘建华（美镇办）、李亿坤（治水办）、华伟（凤林镇）、陈磊（碗窑乡）、毛黎伟（资规局）、毛项峰（坛石镇）、姜金光（财政局）、祝日云（教育局）、周峰（发改局）、朱佳艳（新塘边镇）、姜瑜（双塔街道）、李翔（农业农村局）、徐林凤（诗画风光带专班）、周易（未来乡村建设推进办）、童鑫（农业农村局）、祝维荣（坛石镇）、林明生（廿八都镇）、郑砚雯（财政局）、江晓军（住建局）、姜小隆（农业农村局）

三、乡村文化工作

1. 集体：宣传部、文旅局、传媒集团、坛石镇、大陈乡

2. 个人：沈天法（文联）、刘笑飞（传媒集团）、朱锡群（文旅局）、姜建娇（妇联）、毛雪芳（文联）、董志成（财政局）、郑惠（宣传部）、虞菲（新塘边镇）、杨华骁（贺村镇）、黄维（塘源口乡）

四、乡村人才工作

1. 集体：农业农村局、人力社保局、衢州第二中专、商务局、石门镇

2. 个人：李建新（林业局）、陈磊（张村乡）、毛家佳（上余镇）、王小波（宣传部）、王睿宁（组织部）、曾小伟（长台镇）、毛斌斌（保安乡）、黄日忠（四都镇）、徐亿雄（凤林镇）、祝苏珊（文旅局）

市长特别奖

一、杰出贡献奖

一等奖

江山欧派门业股份有限公司

江山南方水泥有限公司

江山正泰林农光伏发展有限公司

二等奖

浙江健盛集团江山针织有限公司

江山市城市建设投资有限公司

贝林集团有限公司

衢州南方水泥有限公司

江山虎集团有限公司

赢家时尚（江山）电子商务有限公司

浙江雷士灯具有限公司

二、亩产效益奖

一等奖

江山市友和建材有限公司

江山市鑫源电气有限公司

江山热威电热科技有限公司

二等奖

江山市诚辉钙业有限公司

科润智能控制股份有限公司

浙江京创商品混凝土有限公司

浙江天际互感器有限公司

江山南方水泥有限公司

鸣宇消防设备制造（江山）有限公司

浙江为康制药有限公司

三、投资贡献奖

（一）工业企业

浙江研一新能源科技有限公司

浙江交投金属新材料科技有

限公司

浙江天际互感器有限公司

江山欧派门业股份有限公司

华电浙江江山新能源有限公司

（二）农业企业

浙江华欣牧业有限公司

（三）服务业企业

江山无水港国际物流有限公司

四、企业上台阶奖

（一）首次达 20 亿元

江山虎集团有限公司

（二）首次达 10 亿元

国网浙江省电力有限公司江山市供电公司

衢州南方水泥有限公司

（三）首次达 5 亿元

浙江天际互感器有限公司

赢家时尚（江山）电子商务有限公司

浙江大卡汇供应链管理有限公司

（四）首次达 1 亿元

浙江亿正电工科技有限公司

浙江超亿消防装备有限公司

浙江奇龙建材有限公司

江山热威电热科技有限公司

江山大北农农牧科技有限公司

江山市友和建材有限公司

浙江百家万安门业有限公司

江山正泰林农光伏发展有限公司

浙江新华新材料科技有限责任公司

江山永成混凝土有限公司

江山市富士特化工有限公司

浙江江山恒亮蜂产品股份有限公司

江山市金瑞商品混凝土有限公司

浙江王牌门业有限公司

江山思进纺织辅料有限公司

浙江伟丰新材料有限公司

五、创新成长奖

一等奖

浙江旺林生物科技有限公司

浙江国石磁业有限公司

浙江宏电环保装备有限公司

二等奖

浙江国盛源实业有限公司

浙江三晟化工有限公司

江山市丰泽木业有限公司

浙江奇恩特汽车零部件有限公司

浙江宝威电气有限公司

江山永利百合实业有限公司

浙江亚宁消防设备有限公司

六、行业先锋奖

（一）现代农业

天蓬集团有限公司

江山科皇牧业有限公司

浙江红盖头农业科技有限公司

浙江新天润农业发展有限公司

（二）休闲旅游

江山市旅游发展有限公司

江山金陵大酒店有限公司

江山市八方旅游有限公司

（三）商贸经济

浙江冒个泡电子商务有限公司

浙江宝格商贸有限公司

浙江江山健康蜂业有限公司

赢家时尚（江山）电子商务有限公司

（四）外向型经济

浙江雷士灯具有限公司

浙江健盛集团江山针织有限公司

浙江江山五福门业有限公司

人才金梧桐奖

浙江江山变压器股份有限公司

浙江科力车辆控制系统有限公司

江山欧派门业股份有限公司

浙江同景新能源集团有限公司

浙江天际互感器有限公司

政府质量奖

江山花木匠家居有限公司

浙江开洋木业有限公司

2021 年度“无信访村（社区）”名单

（共 176 个）

双塔街道（12）：陶村村、丰足村、上耀村、黄家村、杨敦村、莲塘村、陈村村、社后村、新塘

坞村、乌木山社区、文苑社区、县前社区

虎山街道（10）：孝子村、达道村、彭里村、何家山村、市心社区、东门社区、桐岭社区、南门社区、城南社区、江东社区

清湖街道（19）：清湖一村、清湖三村、路陈村、童家村、七斗村、毛塘村、浮桥头村、祝家坂村、泉家垄村、九村村、十村村、贺周村、和睦村、贺仓村、东儒村、花园岗村、前村村、清泉村、七里社区

上余镇（6）：高洋村、木车村、七一村、江村畲族民族村、望江村、塘岭二村

四都镇（6）：傅筑园村、江北村、上峰村、双溪村、前岭村、金山村

大陈乡（4）：早田坂村、红星村、乌龙村、夏家村

碗窑乡（4）：金龙村、天井村、凤凰村、府前村

贺村镇（17）：友爱村、狮峰村、富益村、丰益村、吴村村、水晶山底村、羡家村、龙头村、南塘村、寺后村、青塘尾村、三塘村、达埂村、棠坂村、通贤村、乌鹰垄村、溪淤村

新塘边镇（16）：勤俭村、千坞村、外坞村、毛村山头村、达路边村、爱丰村、东亭村、东陈村、上平天村、恩深村、永丰村、东山村、彭村村、上洋村、日月村、毛家仓村

坛石镇（10）：鳌头村、郭丰村、新叶村、占塘村、潭边村、上王村、占村村、五圳村、横渡村、定家坞村

大桥镇（12）：大桥村、冷水村、陈家村、福塘村、湖游村、葩坞村、仕阳村、仕阳尾村、西坂村、店边村、芳源村、黄石村

凤林镇（9）：凤祥村、凤里村、中岗村、苗青头村、株树村、政棠村、官田村、游溪村、南坞村

峡口镇（10）：峡南村、峡新村、双潭村、地山岗村、新和村、连丰村、柴村村、广渡村、枫石村、定村村

保安乡（5）：西洋村、赵宅门村、化龙溪村、裴家地村、龙溪村

廿八都镇（5）：山峰村、周村村、枫溪村、兴墩村、浔里村

长台镇（9）：长安村、长兴村、花园村、乾湖村、金檀村、长台村、朝旭村、华峰村、贺新村

石门镇（8）：延龄村、清漾村、金炉村、灵岗口村、长山源村、岭底村、江郎山村、界牌村

张村乡（5）：先锋村、安顶村、琚源村、毛长甫村、秀峰村

塘源口乡（9）：塘源口村、仓坂村、塘源村、青石村、洪福村、仓源村、前墩村、白石村、冷浆塘村

2019 年至 2021 年连续三年“无信访村（社区）”名单

（共 25 个，不含连续四年、五年名单）

清湖街道（3）：十村村、和睦村、浮桥头村

上余镇（1）：望江村

四都镇（1）：前岭村

大陈乡（1）：早田坂村

新塘边镇（5）：外坞村、东亭村、永丰村、上洋村、东山村

坛石镇（2）：横渡村、上王村

大桥镇（2）：仕阳尾村、西坂村

凤林镇（1）：凤祥村

峡口镇（2）：地山岗村、峡新村

廿八都镇（1）：兴墩村

长台镇（1）：花园村

张村乡（1）：秀峰村

塘源口乡（4）：仓坂村、塘

源村、洪福村、白石村

2018年至2021年连续四年“无信访村（社区）”名单

（共20个，不含连续五年名单）

双塔街道（2）：上耀村、丰足村

清湖街道（2）：清泉村、东儒村

大陈乡（1）：乌龙村

贺村镇（3）：友爱村、水晶山底、棠坂村

新塘边镇（1）：勤俭村

坛石镇（2）：郭丰村、占塘村

凤林镇（2）：株树村、南坞村

峡口镇（2）：双潭村、枫石村

保安乡（1）：西洋村

长台镇（2）：朝旭村、金檀村

塘源口乡（2）：前墩村、塘源口村

2017年至2021年连续五年“无信访村（社区）”名单

（共28个）

双塔街道（3）：陶村村、乌木山社区、县前社区

虎山街道（2）：孝子村、桐岭社区

清湖街道（3）：毛塘村、泉家垄村、前村村

上余镇（1）：塘岭二村

碗窑乡（1）：金龙村

贺村镇（1）：寺后村

新塘边镇（7）：爱丰村、千坞村、毛村山头村、毛家仓村、达路边村、日月村、东陈村、

坛石镇（1）：鳌头村

大桥镇（1）：湖游村

峡口镇（1）：连丰村

保安乡（2）：赵宅门村、龙溪村

长台镇（1）：长安村

张村乡（3）：安顶村、琚源村、毛长甫村

塘源口乡（1）：仓源村

图书在版编目（CIP）数据

江山年鉴. 2022 / 江山市档案馆（市委史志研究室）编. —北京：方志出版社，2022.12
ISBN 978—7—5144—5386—7

Ⅰ. ①江… Ⅱ. ①江… Ⅲ. ①江山－2022－年鉴
Ⅳ. ①Z525.53

中国版本图书馆 CIP 数据核字（2022）第 242734 号

责任编辑：刘方圆
责任校对：刘玉霞
责任印制：梅中英
出 版 者：方志出版社
地　　址：北京市朝阳区潘家园东里 9 号（国家方志馆 4 层）
邮　　编：100021
网　　址：http：//www.zgfzcb.cn
发　　行：方志出版社图书营销中心（010—67110500）
印　　刷：浙江江山鑫华印刷有限公司
开　　本：889 毫米× 1194 毫米　1/16
印　　张：28.25
字　　数：743 千字
版　　次：2022 年 12 月第 1 版
印　　次：2022 年 12 月第 1 次印刷
定　　价：218.00 元